江蘇文脈整理與研究工程

江蘇文庫

精華編

33

馬氏文通校注

上

（清）馬建忠 著　章錫琛 校注

鳳凰出版社

圖書在版編目（CIP）數據

馬氏文通校注 / (清) 馬建忠著 ; 章錫琛校注. -- 南京 : 鳳凰出版社, 2023.12
（江蘇文庫. 精華編）
江蘇文脉整理與研究工程
ISBN 978-7-5506-4040-5

Ⅰ. ①馬… Ⅱ. ①馬… ②章… Ⅲ. ①《馬氏文通》—注釋 Ⅳ. ①H141

中國國家版本館CIP數據核字(2023)第235336號

書　　名	馬氏文通校注
著　　者	(清)馬建忠 著　章錫琛 校注
責任編輯	許　勇
裝幀設計	姜　嵩
責任監製	程明嬌
出版發行	鳳凰出版社(原江蘇古籍出版社)
	發行部電話025-83223462
出版社地址	江蘇省南京市中央路165號,郵編:210009
照　　排	南京凱建文化發展有限公司
印　　刷	蘇州市越洋印刷有限公司
	江蘇省蘇州市吴中區南官渡路20號,郵編:215104
開　　本	787毫米×1092毫米　1/16
印　　張	33.25
字　　數	412千字
版　　次	2023年12月第1版
印　　次	2023年12月第1次印刷
標準書號	ISBN 978-7-5506-4040-5
定　　價	148.00圓(全二册)
	(本書凡印裝錯誤可向承印廠調換,電話:0512-68180638)

江蘇文脉整理與研究工程

總主編

信長星　許昆林

學術指導委員會

主　任

周勛初

委　員（按姓氏筆畫排序）

茅家琦　郁賢皓　周勛初　袁行霈　張豈之　程毅中　鄔書林　馮其庸

蔣贊初　戴　逸

編纂出版委員會

主　編

張愛軍　徐　纓

副主編

梁　勇　趙金松　章朝陽　樊和平　莫礪鋒

出版説明

江蘇文化源遠流長，歷久彌新，文化經典與歷史文獻層出不窮，典藏豐富；文化巨匠代有人出，彪炳史册，在中華民族乃至整個人類文明的發展史上有着相當重要的地位。爲了在新時代裏科學把握江蘇文化的内涵與特徵，彰顯江蘇文化對中華優秀傳統文化作出的貢獻，增强文化自信，江蘇省委省政府決定組織全省首個大型文化發展工程『江蘇文脉整理與研究』。通過工程的實施，梳理江蘇文脉資源，總結江蘇文化發展的歷史規律，再現江蘇歷史上的『文化高地』，爲當代江蘇把準脉動，探明趨勢，勾畫藍圖。

組織編纂大型江蘇歷史文獻總集《江蘇文庫》，是『江蘇文脉整理與研究工程』的重要工作。《文庫》以『編纂整理古今文獻，梳理再現名人名作，探究追溯文化脉絡，打造江蘇文化名片』爲宗旨，分六編集中呈現：

（一）書目編。完整著録歷史上江蘇籍學人的著述及其歷史記録，全面反映江蘇圖書館的圖書典藏情況。

（二）文獻編。收録歷代江蘇籍學人的代表性著作，集中呈現自歷史開端至一九一一年的江蘇文化文本，呈現『江蘇文化』的整體景觀。

（三）精華編。選取歷代江蘇籍學人著述中對中外文化産生重要影響、在文化學術史上具有經典性代表性的作品進行整理。並從中選取十餘種，組織海外漢學家，翻譯成各國文字，作爲江蘇對外文化交流的標志性文化成果。

（四）方志編。從江蘇現存各級各類舊志中選擇價值較高、保存較好的志書，以充分發揮地方志資治、存史、教化等作用，保存江蘇的地方文獻與歷史文化記憶。

（五）史料編。收録有關江蘇地方史料類文獻，反映江蘇各地歷史地理、政治經濟、文化教育、宗教藝術、社會生活、風土民情等。

（六）研究編。組織、編纂當代學者研究、撰寫的江蘇文化研究著作。

文獻、史料、方志三編屬於基礎文獻，以影印方式出版，旨在提供原始文獻，以滿足學術研究需要；書目、精華、研究三編，以排印方式出版，既能滿足學術研究的基本需求，又能滿足全民閲讀的基本需求。

『江蘇文脉整理與研究工程』工作委員會

江蘇文庫·精華編編纂人員

主　編

莫礪鋒　徐興無

副主編

徐興無（經　部）

卞東波（史　部）

許　結（子　部）

俞士玲（集　部）

江蘇文庫·精華編前言

莫礪鋒　徐興無

江蘇行政區域的形成，始於清康熙六年（一六六七）劃分江南省爲江蘇和安徽兩省。但是江蘇歷史文化的形成，依靠的是中華民族數千年來在這塊土地上開展的卓越而偉大的文化實踐。

江蘇的自然地理得天獨厚，控江淮而臨黄海，主要爲淮河、長江下游的衝積平原，水土豐饒，交通便利，是孕育高度發達的文明和文化的温床。江蘇是華夏文化南北交往的東部通道，是中華文明連通東亞文明的出海口，是近代中國開風氣之先的地區，因此，江蘇的文化地理積澱豐厚。新石器時代，北方的龍山文化、南方的良渚文化等地域文明在這裏碰撞融合；夏商周時期，北方的齊魯文化，淮河的東夷文化、南方的吴、楚、越等文化在這裏交替演進。秦漢統一之後，中國歷代王朝在淮河南北以及長江中下游南北設立了一系列行政區域，在此基礎上形成了南北延伸、東西拓展的黄淮文化、江淮文化和江南文化，爲江蘇的歷史文化提供了更爲遼闊的發展空間。自東吴的建業到民國的南京，中國歷史上十個王朝或政權曾在江蘇建立首都；自春秋的邗溝到京杭大運河，中國南北最大的交通動脈在江蘇形成主幹。江蘇作爲南方政治、經濟和文化的中心之一，不斷地爲中華民族的統一、中華文化的復興和發展以及東亞文明的交流提供着有力的支撑。

任何文化都可以分爲器物文化、制度文化與精神文化三個逐漸深化的結構，精神文化是最深層的結構。它既是最高級的文明成果，又是最穩定的文化傳統和精神力量。在文化繁榮的時代，精神文化爲文化的發展創新提供積極的資源；在文化危機的時代，精神文化是實現文化變革與復興的力量。精神文化的成果集中體現在思想、宗教、科學、文學、藝術等方面，而文化典籍則是這些成果的重要載體。江蘇的精神文化及其成果形成於數千年的歷史進程之中，留下了浩如烟海、豐富精彩的文化典籍。

春秋戰國時期，中國的思想文化『百家争鳴』，和世界一道進入了所謂的『軸心文明時代』，諸子百家的代表人物孔子、孟子、墨子、老子、莊子等生活於魯、宋、楚等國，江蘇的北部和西部都是他們的足跡所履之處，他們的學派中不乏江蘇地區的人物。比如孔子的弟子言偃（字子游）來自江南的吴國，其言論見載於《論語》《禮記·禮運篇》等儒家經典，應該是最早與江蘇文化相關的儒家思想，特别是《禮運篇》中孔子向言偃闡説的『天下爲公』的思想，是中國近現代民主革命借鑒的優秀傳統文化資源，至今鎸刻在南京中山陵的牌坊之上。

西漢王朝的政治勢力興起於江蘇北部，漢朝前期的吴、楚、淮南等諸侯王國贊助學術和文學，『招賓客著書』，文學之士雲集，江蘇成爲西漢的文化重鎮。漢高祖劉邦的少弟、楚元王劉交和魯人申公曾經跟隨荀子的門人浮丘伯學習《詩經》，兩人皆爲《詩經》作傳，號稱元王《詩》和魯《詩》。申公成爲漢代魯《詩》的宗師，漢文帝時擔任博士；沛人（今徐州市）施讎傳授《周易》，成爲漢代施氏《易》的宗師，漢宣帝時立爲博士；沛人慶普傳授《禮》，是漢代慶氏《禮》的宗師；東海下邳（今睢寧縣）人嚴彭祖傳授《公羊春秋》，漢宣帝時擔任博士，是漢代嚴氏《春秋》的宗師。淮南王劉安和賓客所作《淮南子》，是秦漢道家思想集大成的經典。漢成帝時，著名學者、目録學家、辭賦家、漢室宗親劉向、劉歆父子受詔典校皇家秘書，他們『辨章學術，考鏡源流』，撰寫《七略别録》，奠定了中國古代校讎學的基本原則和圖書分類法。漢代辭賦源自戰國時期的楚辭，淮陰（今淮安市）人枚乘、枚皋、會稽吴（今蘇州市）人嚴忌、朱買臣等都是西漢著名的辭賦作家。劉向搜集戰國屈原、宋玉以及漢代淮南小山、東方朔、王褒等人的作品，附以自己所撰《九嘆》，整理編纂了《楚辭》。《楚辭》是文學總集之祖，與《詩經》一道構成中國古代詩歌的經典源頭。

東漢末期，江南地區的社會比較安定，經過赤壁之戰，魏、蜀、吴三國鼎立的局面形成。東吴的政治中心先後建立在吴（今蘇州市）和建業（今南京市）。這一時期孕育了易學家陸績、文學家陸機、陸雲這樣的文化家族。西晋滅亡，北方漢族政治勢力南渡，與南方士族聯合建立了東晋王朝，定都建康（今南京市）。此後經歷宋、齊、梁、陳，形成與北方諸民族政權『北朝』對峙了二百七十多年的『南朝』。北方僑民帶來中原地區的文化，與本土文化不斷融合，使得南朝成爲中華文化的中心，江蘇文化進入了第一個輝煌時代。南方的經學别開生面。東晋范甯的《春秋穀梁傳集解》代表漢魏以來《穀梁》學的最高成就，也是現存最早的《穀梁傳》注本，列入儒家『十三經』之中。南朝經學與玄學、佛教互相借鑒，發展出疏解經義的義疏之學。梁代吴郡（今蘇州市）人皇侃的《論語義疏》是現今唯一完整的南朝義疏學典籍，清乾隆年間從日本回流，被收入《四庫全書》之中。南朝的史學成就也很高。『二十四史』中有三部南朝人的作品：范曄的《後漢書》、沈約的《宋書》、蕭子顯的《南齊書》。裴松之爲西晋陳壽的《三國志》作注，補充了大量的史料，創新了史書的注解方式。南方地理的開闢、家園意識的覺醒，激發了南朝歷史地理學的發展，周處《風土記》、陸澄《地理書》等都是代表性的作品。以道家學説爲主體的魏晋玄學發源於北方，與道教、佛教相互借鑒，提高了中國古代哲學的思辨水平。同時，高蹈清談、品鑒人物等所謂的『魏晉風度』也成爲文化士族的生活態度。隨着北方士族的南渡，玄學對南朝的文學藝術如玄言詩、山水詩、山水畫、書法、文學理論、書畫音樂理論等産生了極大的影響。劉宋臨川王、彭城（今徐州市）人劉義慶所撰《世説新語》中記載了許多漢魏東晉玄學名士的軼事，是中國文學和史學的名著。南朝的文學極一時之盛，文學理論著作和文學選集層出不窮。自西晉陸機的《文賦》到齊梁鍾嶸的《詩品》、劉勰的《文心雕龍》等，奠定了中國古代文學理論的雄厚基礎。梁昭明太子蕭統組織編寫了中國歷史上第一部文學作品選集《文選》，以詩賦爲文學，將五經、諸子、史書拒之於外，表現了文學主體意識的覺醒。隋唐之際，江都（今揚州市）人曹憲等講授《文選》，他的學生李善所撰《文選注》，對中國文學産生了深遠的影響。南方的文化創新更新了學術分類和知識領域，東晉李充撰寫的《四部書目》確立了『經史子集』的圖書分類法。劉宋時期在國子學中設立儒學、玄學、史學、文學和陰陽學『五部學』，改變了漢代以『五經』作爲太學科目的局面。

隋唐實現了南北統一，政治和文化中心再度回到黄河流域，但是中國的經濟重心已經偏於東南，『賦之所出，江淮居多』，江蘇地區成爲國家命脉所繫，從而成爲文化重鎮。幾乎唐代所有的大詩人都來過江蘇，而江蘇的詩人也有卓越的表現，著名的有潤州丹陽（今丹陽市）人包融、儲光羲、許渾，長洲（今蘇州市）人陸龜蒙等，而初唐時期揚州詩人張若虚的《春江花月夜》，長篇鉅製，被譽爲『孤篇横絶，竟爲大家』。江蘇的思想學術多有創新。天寶末年做過潤州丹陽縣主簿的啖助破除《春秋》三傳的經學師法壁壘，注重汲取大義。他的學生、吴郡（今蘇州市）人陸淳和經學家趙匡一道整理充實了他的《春秋集傳集注》及《統例》，編成《春秋集傳纂例》，開啓了唐宋新儒學的學術路徑。唐代大史學家、彭城（今徐州市）人劉知幾曾擔任史官，他撰寫的《史通》是中國歷史上第一部史學理論著作。『五代十國』時期，定都金陵的南唐中主李璟、後主李煜父子和他們的一些文臣，如廣陵（今揚州市）人馮延巳等沉浸於小令詞作，爲宋詞的發展開闢了道路。吴縣（今蘇州市）人范仲淹、高郵人秦觀、楚州（今淮安市）人張耒、吴縣人葉夢得、范成大等都是宋代著名的詞人。漢字是中國文化的重要載體，東漢經學家、河南人許慎編撰了中國第一部字典《説文解字》，爲分析漢字結構，規範漢字書寫，識別古文字打下了堅實的學術基礎。南唐文臣、文字訓詁學家、廣陵（今揚州市）人徐鉉、徐鍇兄弟對《説文解字》的研究貢獻至鉅。北宋統一後，徐鉉奉旨校勘《説文解字》，由朝廷刊行，世稱『大徐本』；徐鍇撰有《説文解字繫傳》等，世稱『小徐本』。

宋元時代，中國社會發生了世俗化的轉型，印刷術的發明普及了書籍和知識，民間學術興盛。泰州人胡瑗和山西人孫復、山東人石介被譽爲宋初儒學的『三先生』。胡瑗在泰州創辦安定書院，又被范仲淹聘往蘇州府學講學，他的《周易口義》《洪範口義》等講義記録是宋代新儒學的重要典籍。北宋河南人程顥、程頤兄弟創發的理學號稱『洛學』，他們的門人楊時學成後南下江蘇，在無錫建造東林書院，將理學傳授給無錫人喻樗和南劍州（今福建省）人羅從彦等。喻樗的學生、無錫人尤袤是南宋的大學者和藏書家，他編寫的《遂初堂書目》是中國古代目録學經典。在福建地區，羅從彦傳授李侗，李侗傳授朱熹。朱熹是宋代理學的集大成者，號稱『閩學』。明代重建的東林書院石牌坊上鎸刻着『閩洛中樞』四個字，説明江蘇是宋代理學南傳和發展的中樞站。宋代的文學成就很高，文壇領袖和大文學家如歐陽修、王安石、蘇東坡、陸游等人的創作與人生都與江蘇關係密切。江西詩派是宋代著名的詩歌流派，彭城（今徐州市）人陳師道是其中的代表作家之一。南宋詩壇上，無錫人尤袤、吴縣（今蘇州市）人范成大和吉州

(今屬江西)人楊萬里、越州(今屬浙江)人陸游被譽爲『中興四大詩人』。

明清兩代,江蘇文化進入了第二個輝煌時代。江南發達的手工業、江淮地區的運河與鹽業成爲中國經濟的重要命脉,書院、藏書、出版業興盛,科舉登仕和家族文化繁榮,城市與市民文化發達。明朝開國時定都南京,江蘇地區一度成爲中國的經濟和文化中心。明成祖遷都北京之前,在南京編纂了一系列大型的文化典籍。比如二萬二千多卷的《永樂大典》,被譽爲『世界上有史以來最大的百科全書』。民間學術也不斷地發展。泰州安豐場(今東臺市)鹽民王艮發揚王陽明開創的心學,將儒家的道理平民化、世俗化,號稱『泰州學派』。上元(今南京市)人焦竑博覽群書,在理學、史學等許多領域建樹豐碩,有《焦氏筆乘》《國史經籍志》等著作傳世。萬曆年間,無錫人顧憲成、高攀龍等重建東林書院,主張經世致用,砥礪氣節。他們聚衆講學,批評朝政,被目爲『東林黨』。顧憲成撰寫的書院楹聯『風聲雨聲讀書聲,聲聲入耳;家事國事天下事,事事關心』,永遠激勵着中國的讀書人。

明清之際,崑山人顧炎武總結家國興亡的教訓,反對理學空談心性的學風。他在音韻訓詁、歷史地理、社會經濟等一系列學術領域均有開創之功,撰寫了《日知録》《肇域志》《天下郡國利病書》等學術巨著。清代以程朱理學立國,但是對知識的追求和實證的治學方法形成了清代學術的新世界,經學、史學、諸子、文學均取得了一系列總結性的成就。山陽(今淮安市)人閻若璩撰寫《尚書古文疏證》,考證傳世的四十五篇《尚書》中有十六篇是東晉豫章人梅賾根據古代文獻拼湊造作的文字,爲清代文獻考據學樹立了典範。清乾隆、嘉慶時期形成的『乾嘉樸學』是清代學術的巔峰標誌。區别於理學所代表的『宋學』,乾嘉學術標榜漢代經學,號稱『漢學』,其中以皖派和江蘇的吴派、揚州學派爲代表,産生了一大批江蘇籍的經史大家及其學術名著。吴派的開創者是吴縣的惠周惕、惠士奇、惠棟祖孫三人。惠棟的《周易述》對漢儒的《易》學做了系統的考證。甘泉（今揚州市）人江藩有感於學術的時代特徵，撰寫了《國朝漢學師承記》和《國朝宋學淵源記》等，是有關清代思想學術史的重要著作。吴派在歷史考據學方面也有建樹。嘉定人（今屬上海市）王鳴盛從惠棟遊學，定居蘇州，著有《十七史商榷》；另一位嘉定人錢大昕也在蘇州生活，師事惠棟，著有《廿二史考異》《十駕齋養新録》等。他吸收吴、皖和浙東學派之長，主張『實事求是，不偏主一家』，對吴派以求古爲求是的理念進行了糾正。陽湖（今常州市）人趙翼不僅是著名的詩人，而且是一位史學家，著有《廿二史劄記》。此書追跡顧炎武《日知録》的治學精神，探求中國古代史書的内在法則，關注朝代興亡、制度沿革等重大史事，堪稱清代史識最高的史學著作。此外，陽湖（今常州市）人孫星衍、武進（今常州市）人張惠言都是乾嘉時期著名的經學家。金壇人段玉裁是皖派學術大師戴震的傳人，他花費四十年撰成學術巨著《説文解字注》，繼承了顧炎武、戴震的音韻訓詁學方法，以時代考察音變，借字義探求思想。清代的揚州是漕運和鹽運的樞紐，富甲天下，也是學術名家輩出的地方。揚州學派的治學方法融合吴、皖，精通兼備。高郵人王念孫、王引之父子俱爲學術大家，號稱『高郵二王』。王念孫少時入戴震門下，著有《廣雅疏證》《讀書雜誌》等，是清代音韻訓詁和校勘學方面的名著。王引之著有《經義述聞》《經傳釋詞》，『用小學（文字音韻訓詁之學）説經，用小學校經』，追求客觀的經義，善於從字音和語境中求字義，奠定了語言文字學的基本學理。江都（今揚州市）人汪中關注中國古代的學術源流，著有《述學》，將樸學治經的方法拓展至諸子學的研究，見解精辟。江都人焦循對戴震極爲推崇，撰成《孟子正義》，貫徹了戴震《孟子字義疏證》的思想觀點。儀徵人阮元的學識極爲通達，善於從字義考察經義，精於天文曆算之學，主張融通中西。他主編的《疇人傳》，匯集中國歷代及西方天文、數學家傳記，是中國第一部科學家傳記集。他是清代學者中的高官，組織了許多大型的學術工程。他廣集宋代善本，對儒家『十三經』進行了精細的校勘，根據《校勘記》刻成《十三經注疏》，成爲迄今儒家經典最權威的版本。他主持編纂的《經籍籑詁》是中國古代最大的經學詞典；《皇清經解》是清代經學研究成果的匯總。就在漢學興盛之際，武進（今常州市）人莊存與、莊述祖父子和劉逢禄等學者另闢蹊徑，推崇《公羊春秋》，開創並發展了『常州學派』。『常州學派』以發凡起例，探求微言大義爲治學目標，突破了漢學注重名物訓詁的局限，對晚清政治思想變革產生了影響。近代中國變法運動的兩大思想先驅、浙江人龔自珍和湖南人魏源皆出劉逢禄門下，晚清經學家、思想家王闓運、廖平、康有爲、譚嗣同、梁啓超、皮錫瑞等人都受到『常州學派』的感召與影響。

明清時期，江蘇的文學成就蔚爲大觀。吴縣（今蘇州市）人徐禎卿、太倉人王世貞、武進（今常州市）人唐順之、崑山人歸有光等，分別是明代文學流派『前七子』『後七子』和『唐宋派』中的成員。明清之際，崑山人顧炎武、歸莊、東臺人吴嘉紀、太倉人吴偉業等的詩作道出了明清時代的變革和遺民的心聲。長洲（今蘇州市）人沈德潛、武進（今常州市）人黄景仁、陽湖（今常州市）人趙翼等均是清代的著名詩人。文壇領袖、常熟人錢謙益不僅開創了新的詩歌創作風氣，而且學識淵博，所撰《錢注杜詩》和《列朝詩集》是清代的詩學經典。詞在清代得以復興，以詞學家張惠言爲代表的常州詞派主張詞有寄託，提倡深美閎約的詞風。他的《詞選》和丹徒（今鎮江市）人陳廷焯的《白雨齋詞話》、吴江（今蘇州市）人徐釚的《詞苑叢談》等都是清代詞學的經典。清代的散文雖然以安徽桐城派爲大宗，但以張惠言、陽湖（今常州市）人惲敬、李兆洛等爲代表的陽湖派則主張駢散結合，博採衆家，別開生面。清代駢文名家中，更不乏江蘇作家，如陽湖（今常州市）人孫星衍、洪亮吉、江都（今揚州市）人汪中等。明清時期是中國通俗文學高度繁榮的時代，通俗小説、戲曲、説唱文學等名著層出不窮，膾炙人口，其中許多巔峰性的作品均出自江蘇作家之手。白話小説有明代長洲(今蘇州市)人馮夢龍編著的短篇小説集《三言》(《喻世明言》《警世通言》《醒世恒言》),長篇則有興化(今泰州市)人施耐庵創作的《水滸傳》、淮陰(今淮安市)人吴承恩創作的《西遊記》等。自明代崑山人魏良輔變革崑山腔以後,崑腔傳奇成爲明清戲曲的主流劇種,出現了崑山人梁辰魚創作的《浣紗記》、吴縣(今蘇州市)人李玉創作的《清忠譜》等名作。由於清代揚州鹽業的管理由皇家直接掌控,許多皇家主持的欽定圖書均在揚州設局編纂刊刻,其中不乏著名的文學典籍,比如康熙年間的《欽定全唐詩》、乾隆年間的《曲海總目》等。

江蘇也是中國古代宗教發展的重要地區,留下了大量的宗教經典。東漢末期,臨淮(今盱眙縣)人嚴佛調撰寫的《沙彌十慧章句》是最早的漢人佛教著作之一。東吴時期,從交趾(今越南)北上的天竺高僧康僧會,在建業(今南京市)建造了中國南方最早的佛寺——建初寺,編譯《六度集經》等佛經。東晉義熙九年(四一三),西行求法達十四年之久的中國僧人法顯,自海上輾轉回國,抵達建康,撰寫了中國第一部有關中亞、印度、南洋的旅行記《佛國記》(又稱《法顯傳》)。梁代彭城下邳人僧祐創立了佛經目録學,他編纂的《出三藏記集》是中國第一部經書目録和高僧傳記;《弘明集》是研究六朝佛教和社會文化的重要史料。在佛教譯經的過程中,漢字的聲母、韻母和四種聲調被總結出來,啓發了中國聲韻學的發明。齊永明年間,周顒撰成《四聲切韻》,沈約、謝朓、王融等人在創作上加以響應,提出『四聲八病』説,形成了中國古代格律詩的雛形『永明體』,中國的詩歌找到了自己的韻律,爲唐代格律詩的繁榮創造了條件。隋唐以來,江蘇成爲中外文化交流的重要地區。唐代律宗大師、揚州大明寺高僧、江陽(今揚州市)人鑒真應日本天皇和僧衆的邀請,經過六次東渡,到達日本奈良。他不僅傳授了中國佛教的戒律,而且帶去了豐富的文化典籍和建築、醫藥等知識。明洪武、永樂年間,在南京完成了大藏經《洪武南藏》和《永樂南藏》的編纂刊刻。晚清時期，佛學家、安徽人楊文會在南京創辦金陵刻經處，從日本引進中國東傳的漢文佛經三百多種，刊刻傳播，促進了中國近代佛學的研究。

徐州是中國道教策源地之一。東漢末期，吴人魏伯陽寫成道教内丹修煉的經典《周易參同契》，曾在青州、徐州一帶傳授。東晉時期，丹陽郡句容（今句容市）人葛洪撰寫了著名的道教經典《抱朴子》内外篇。他是道教高士，也是偉大的思想家、文學家和醫學家。他的傳世著作還有《肘後備要急方》《金匱藥方》等醫學著作以及《神仙傳》《西京雜記》等小説。南朝時期，天師道上清派道士陸修靜在建康整理道教經典，創設了道經分類法，編成了中國第一部道經目録《三洞經書目録》。另一位上清派道士、丹陽秣陵（今南京市）人陶弘景隱居句容茅山，撰寫了道教經典《真誥》，整理注解了中國最早的藥學著作《神農本草》。

從唐代開始，西方的宗教也隨着商人和外交使節進入中國。江蘇的港口城市揚州、鎮江等地都有景教、祆教、伊斯蘭教傳播的記載或寺院遺址。明末清初，南京的回族伊斯蘭教經師王岱輿撰寫了《正教真詮》等闡發伊斯蘭教教義的著作，將伊斯蘭教教義與中華傳統文化相結合。另一位南京回族伊斯蘭教經師劉智發展了王岱輿的理論，構建了中國伊斯蘭教的理論體系，著有《纂譯天方性理》等十多部著作。明代，天主教由意大利耶穌會傳教士利瑪竇等傳入江蘇，他們帶來了西方的天文曆算、數學、地理學等方面的知識，受到中國士大夫的尊重。

近代中國面臨嚴重的政治、經濟、文化危機和挑戰，一批考察西方社會文化的江蘇學者提倡學習西方的長處，變法自强。晚清政論家、著名報人、甫里（今蘇州甪直）人王韜，著有《弢園文録外編》《漫遊隨録》等，主張變革政治、教育、軍事，以實業强國；無錫人薛福成曾擔任出使英、法、意、比四國大臣，著有

《籌洋芻議》《出使四國日記》等，闡述了發展工商、變法强國的思想。新文化運動以後，思想學術界從不同的角度討論中國文化的問題，或激進，或保守，而文化自覺和文化自信始終是中流砥柱。在建構中國文化史學方面，江蘇學者做出了突出的貢獻。他們放眼世界，重新審視自己的文化，希望在世界文化秩序中確定中國文化的地位。丹徒（今鎮江市）人柳詒徵與梅光迪、吴宓、胡先驌、劉伯明等東南大學教授一起，於一九二二年創辦了《學衡》雜誌，主張『昌明國粹，融化新知』。他撰寫的《中國文化史》教科書，旨在『一以求人類演進之通則，一以明吾民獨造之真際』，被譽爲『中國文化史的開山之作』。抗戰期間，無錫人錢穆撰寫了《中國文化史導論》，指出中國的改進『不僅爲中國一國之幸，抑於全世界人類文化前程以及舉世渴望之和平，必可有絶大之貢獻』。

綜上所述，可以歸納出江蘇典籍文化的一些明顯的特徵。比如經典性。江蘇具有一批能够代表中華優秀傳統文化、影響中外文化的杰出經典，如《淮南子》《抱朴子》《文選》《文心雕龍》《真誥》《史通》《日知録》《西遊記》《水滸傳》等。再如地域性。中華文化早期的原創性成果多産生於北方，比較集中於經部和史部的典籍。江蘇文化典籍的精華則比較多地集中於子部和集部，而文學典籍尤爲豐富。這是因爲中國文學的自覺時代發生於南方的六朝時期。明清以來，不僅傳統的詩、文、詞的流派與創作在江蘇繁榮興盛，而且由於城鎮文化發達，産生了許多一流的戲曲、小説等通俗文學作品。還有學術性。江蘇的文化在經史之學、文學理論、醫學、科學以及近代新學等方面産生了杰出的成果。特别是清代江蘇學術對中華傳統文化的研究形成了許多總結性的成果。

歷朝歷代，中國人都自覺地通過各種方式保存、整理古代的典籍，進而從中擷取精華，闡釋其中的文化内涵，『温故知新』。自孔子選取六經加以整理傳授，就開創了這一優秀的文化傳統。當代中國正處於文化復興的時代，隨着不同地區社會經濟和文化的發展，對本土文化資源進行深入梳理、發掘、研究，不僅能够爲地域文化的發展創新提供資源，而且能爲當代中國文化的發展創新提供地域經驗。『江蘇文脉整理與研究工程』是江蘇省委、省政府於二〇一六年啓動的大型文化工程，是對這一時代要求和文化使命的自覺與承擔。

按照《江蘇文脉整理與研究工程實施方案》的要求，《江蘇文庫·精華編》從古代至一九四九年的各個歷史階段中，選擇對中外文化産生重要影響的江蘇籍作者的著作二百種左右，出版整理的文本，再從中選取十多種翻譯爲外文出版。在『文脉工程』領導小組和編纂委員會的組織與領導下，《精華編》編委會通過選擇書目和版本，提交海内外專家評審，徵求江蘇地方文史專家意見等工作，力求爲江蘇的文化典籍找準主脉，勾勒特色，標定高峰。爲此，《精華編》確立了三條主要編選原則：

一、全面系統，以經典爲主。在經史子集四部和民國時期的書目中全面系統地選取，重視經過學術史、文化史長期選擇出來的經典，聚焦名人名著，選出在中國和世界歷史文化發展過程中具有典範價值的江蘇文獻，突出這些文獻在中國學術史和中華文化發展脉絡中的地位與價值。

二、有著有述，以著作爲主。優先編選原創性和創新性較强的著作類文獻，兼顧有重大影響的闡述、研究、注釋類文獻。按照《江蘇文庫》的整體分工，《精華編》不收大型叢書、方志、年譜、大型工具書類文獻，在時代、地域和文獻種類方面不求全面。

三、版本從善，以通行爲主。《精華編》所選文獻以整理排印本的面貌問世，一方面從已有的整理本中選擇善本加以修訂，另一方面對未曾整理過的文獻加以整理研究，形成既能供學界使用，又能供大衆閲讀的通行本。其中一九一二年以前的文獻按照經史子集四分法編目，一九一二年至一九四九年的文獻按現代學科分類編目。

繼承優秀傳統文化，不僅是爲了守護遺産，更要爲時代服務，實現文化的創造性轉化和創新性發展。我們相信，通過『文脉工程』的實施和《精華編》的編纂，將建構一個能够集中表現江蘇文脉的文獻體系，發揚江蘇文脉中貫穿的中華優秀傳統文化精神，彰顯其歷史内涵和時代意義，讓江蘇的優秀文化爲中華民族的偉大復興做出更大的貢獻。

馬氏文通校注　目次

論句讀卷之十

序

昔古聖開物成務，廢結繩而造書契，於是文字興焉。夫依類象形之謂文，形聲相益之謂字；閱世遞變而相沿，訛謬至不可殫極。上古渺矣；漢承秦火，鄭許輩起，務究元本，而小學迺權輿焉。自漢而降，小學旁分，各有專門。歐陽永叔曰：「爾雅出於漢世，正名物講説資之，於是有訓詁之學；許慎作説文，於是有偏旁之學；篆隸古文，爲體各異，於是有字書之學；五聲異律，清濁相生，而孫炎始作字音，於是有音韻之學。」吴敬甫分三家：一曰體制，二曰訓詁，三曰音韻。胡元瑞則謂小學一端，門徑十數，有博於文者、義者、音者、迹者、考者、評者，統類而要删之，不外訓詁、音韻、字書三者之學而已。

三者之學，至我朝始稱大備；凡詁釋之難，點畫之細，音韻之微，靡不詳稽旁證，求其至當。然其得失異同，匿庸與嗜奇者，又往往互相主奴，聚訟紛紜，莫衷一是。則以字形字聲，閱世而不能不變，今欲於屢變之後以返求夫未變之先，難矣。蓋所以證其未變之形與聲者，第據此已變者耳；藉令沿源討流，悉其元本所是正者，一字之疑、一音之訛、一畫之誤已耳。殊不知古先造字，點畫音韻，千變萬化，其賦以形而命以聲者，原無不變之理；而所以形其形而聲其聲，以神其形聲之用者，要有一成之律貫乎其中，歷千古而無或少變。蓋形與聲之最易變者，就每字言之；而形聲變而猶有不變者，就集字成句言之也。易曰：「艮其輔，言有序。」詩曰：「出言有章。」曰「有序」，曰「有章」，即此有形有聲之字，施之於用各得其宜而著爲文者也。傳曰：「物相雜故曰文。」釋名謂：「會集衆采以成錦綉，會集衆字以成詞誼，如文綉然也。」今字形字聲之最易變者，則載籍極博，轉使學者無所適從矣；而會集衆字以成文，其道終不變者，則古無傳焉。

士生今日而不讀書爲文章則已，士生今日而讀書爲文章，將發古人之所未發而又與學者以易知易能，其道奚從哉？學記謂：「比年入學，中年考校，一年視離經辨志。」其疏云：「離經，謂離析經理，使章句斷絶也。」通雅引作「離經辨句」，謂：「麗于六經使時習之，先辨其句讀也。」徐邈音豆，皇甫茂正云：「讀書未知句度，下視服杜。」度，即讀，所謂句心也。然則古人小學，必先講解經理，斷絶句讀也明矣。夫知所以斷絶句讀，必先知所以集字成句成讀之義。劉氏文心雕龍云：「夫人之立言，因字而生句，積句而成章，積章而成篇。篇之彪炳，章無疵也；章之明靡，句無玷也；句之清英，字不妄也。振本而末從，知一而萬畢矣。」顧振本知一之故，劉氏亦未有發明。

慨夫蒙子入塾，首授以四子書，聽其終日伊吾；及少長也，則爲之師者，就書衍説。至於逐字之部分類別，與夫字與字相配成句之義，且同一字也，有弁於句首者，有殿於句尾者，以及句讀先後參差之所以然，塾師固昧然也。而一二經師自命與攻乎古文詞者，語之及此，罔不曰此在神而明之耳，未可以言傳也。噫嚱！此豈非循其當然而不求其所以然之蔽也哉！後生學者，將何考藝而問道焉！

上稽經史，旁及諸子百家，下至志書小説，凡措字遺辭，苟可以述吾心中之意以示今而傳後者，博引相參，要皆有一成不變之例。愚故罔揣固陋，取四書、三傳、史、漢、韓文爲歷代文詞升降之宗，兼及諸子、語、策，爲之字櫛句比，繁稱博引，比例而同之，觸類而長之，窮古今之簡篇，字裏行間，渙然冰釋，皆有以得其會通，輯爲一書，名曰「文通」。部分爲四：首正名。天下事之可學者各自不同，而其承用之名，亦各有主義而不能相混。佛家之「根」「塵」「法」「相」，法律家之「以」「准」「皆」「各」「及其」「即若」，與夫軍中之令，司官之式，皆各自爲條例。以及屈平之「靈脩」，莊周之「因是」，鬼谷之「捭闔」，蘇張之「縱横」，所立之解均不可移置他書。若非預爲詮解，標其立義之所在而爲之界説，閲者必洸洋而不知其所謂，故以正名冠焉。次論實字。凡字有義理可解者，皆曰「實字」；即其字所有之義而類之，或主之，或賓之，或先焉，或後焉，皆隨其義以定其句中之位，而措之乃各得其當。次論虚字。凡字無義理可解而惟用以助辭氣之不足者曰「虚字」。劉彦和云：「至於『夫』『惟』『蓋』『故』者，發端之首唱；『之』『而』『於』『以』者，乃劄句之舊體；『乎』『哉』『矣』『也』，亦送末之常科。」虚字所助，蓋不外此三端，而以類別之者因是已。字類既判，而聯字分疆庶有定凖，故以論句讀終焉。

雖然，學問之事，可授受者規矩方圓，其不可授受者心營意造。然即其可授受者以深求夫不可授受者，而劉氏所論之文心，蘇轍氏所論之文氣，要不難一蹴貫通也。余特怪伊古以來，皆以文學有不可授受者在，併其可授受者而不一講焉，爰積十餘年之勤求探討以成此編；蓋將探夫自有文字以來至今未宣之祕奥，啓其緘縢，導後人以先路。掛一漏萬，知所不免。所望後起有同志者，悉心領悟，隨時補正，以臻美備，則愚十餘年力索之功庶不泯也已。

光緒二十四年三月十九日，丹徒馬建忠序。

後序

荀卿子曰：「人之所以異於禽獸者，以其能群也。」夫曰群者，豈惟群其形乎哉！亦曰群其意耳。而所以群今人之意者則有話；所以群古今人之意者則惟字。傳曰：「形聲相益之謂字。」夫字形之衡從、曲直、邪正、上下、内外、左右，字聲之抑揚、開塞、合散、出入、高下、清濁，其變幻莫可端倪。微特同此圓頂方趾散處於五大洲者，其字之祖梵、祖伽盧、祖倉頡，而爲左行、爲右行、爲下行之各不相似而不能群；即同所祖，而世與世相禪，則字形之由圓而方，由繁而簡，字聲之由舌而齒、而唇，而遞相變，群之勢亦幾於窮且盡矣。然而言語不達者，極九譯而辭意相通矣；形聲或異者，通訓詁而經義孔昭矣。蓋所見爲不同者，惟此已形已聲之字，皆人爲之也。而亘古今，塞宇宙，其種之或黄、或白、或紫、或黑之鈞是人也，天皆賦之以此心之所以能意，此意之所以能達之理。則常探討畫革旁行諸國語言之源流，若希臘、若辣丁之文詞而屬比之，見其字别種而句司字，所以聲其心而形其意者，皆有一定不易之律；而因以律吾經籍子史諸書，其大綱蓋無不同。於是因所同以同夫所不同者，是則此編之所以成也。

而或曰：「吾子之於西學，其形而上者性命之精微，天人之交際，與夫天律人律之淑身淑世，以及古今治教之因革，下至富國富民之體用，縱横捭闔之權策，而度、數、重、化、水、熱、光、電製器尚象之形而下者，浩浩乎，淵淵乎，深者測黄泉，高者出蒼天，大者含元氣，細者入無間，既無不目寓而心識之，間嘗徵其用於理財使事，恢恢乎其有餘矣。今下闕之撫初成，上下交困，而環而伺者與國六七，岌岌乎，識時務者方將孔孟西學，蒭狗文字也。今吾子不出所學以乘時焉，何勞精敝神於人所唾棄者爲？是時不馮唐而子自馮唐也，何居？」曰：「天下無一非道，而文以載之；人心莫不有理，而文以明之。然文以載道，而非道；文以明理，而非理；文者，所以循是而至於所止，而非所止也，故君子學以致其道。

「余觀泰西，童子入學，循序而進，未及志學之年，而觀書爲文無不明習；而後視其性之所近，肆力於數度、格致、法律、性理諸學而專精焉，故其國無不學之人，而人各學有用之學。計吾國童年能讀書者固少，讀書而能文者又加少焉，能及時爲文而以其餘年講道明理以備他日之用者，蓋萬無一焉。夫華文之點畫結構，視西學之切音雖難，而華文之字法句法，視西文之部分類別，且可以先後倒置以達其意度波瀾者則易。西文本難也而易學如彼，華文本易也而難學如此者，則以西文有一定之規矩，學者可循序漸進而知所止境；華文經籍雖亦有規矩隱寓其中，特無有爲之比擬而揭示之。遂使結繩而後，積四千餘載之智慧材力，無不一一消磨於所以載道所以明理之文，而道無由載，理不暇明，以與夫達道明理之西人相角逐焉，其賢愚優劣有不待言矣。

「斯書也，因西文已有之規矩，於經籍中求其所同所不同者，曲證繁引以確知華文義例之所在，而後童蒙入塾能循是而學文焉，其成就之速必無遜於西人。然後及其年力富强之時，以學道而明理焉，微特中國之書籍其理道可知，將由是而求西文所載之道，所明之理，亦不難精求而會通焉。則是書也，不特可群吾古今同文之心思，將舉夫宇下之凡以口舌點畫以達其心中之意者，將大群焉。夫如是，胥吾京陔億兆之人民而群其材力，群其心思，以求夫實用，而後能自群，不爲他群所群。則爲此書者，正可謂識當時之務。」

光緒二十四年九月初九日，丹徒馬建忠又序。

例言

是書本旨，專論句讀；而句讀集字所成者也。惟字之在句讀也必有其所，而字字相配必從其類；類别而後進論夫句讀焉。夫字類與句讀，古書中無論及者，故字類與字在句讀所居先後之處，古亦未有其名。夫名不正則言不順，語曰：「必也正名乎。」是書所論者三：首正名，次字類，次句讀。

古經籍歷數千年傳誦至今，其字句渾然，初無成法之可指。乃同一字也，同一句也，有一書迭見者，有他書互見者。是宜博引旁證，互相比儗，因其當然以進求其所同所異之所以然，而後著爲典則，義訓昭然。但其間不無得失，所望後之同志匡其不逮，俾臻美備。

此書在泰西名爲「葛郎瑪」。「葛郎瑪」者，音原希臘，訓曰字式，猶云學文之程式也。各國皆有本國之葛郎瑪，大旨相似，所異者音韻與字形耳。童蒙入塾，先學切音而後授以葛郎瑪，凡字之分類與所以配用成句之式具在。明於此，無不文從字順，而後進學格致數度，旁及輿圖史乘，綽有餘力，未及弱冠，已斐然有成矣。此書係仿葛郎瑪而作，後先次序皆有定程；觀是書者，稍一凌躐，必至無從領悟。如能自始至終，循序漸進，將逐條詳加體味，不惟執筆學中國古文詞即有左宜右有之妙，其於學泰西古今之一切文字，以視自來學西文者，蓋事半功倍矣。

構文之道，不外虚實兩字；實字其體骨，虚字其神情也。而經傳中實字易訓，虚字難釋。顔氏家訓有音辭篇，于古訓罕有發明。獨賴爾雅、説文二書，解説經傳之詞氣，最爲近似，然亦時有結籥爲病者。至以虚實之字措諸句讀間，凡操筆爲文者，皆知其當然；而其當然之所以然，雖經師通儒亦有所不知。間嘗謂孟子「親之欲其貴也，愛之欲其富也」，兩句中「之」「其」兩字，皆指象言，何以不能相易？論語「愛之能勿勞乎，忠焉能勿誨乎」，兩句之法相似，何爲「之」「焉」二字變用而不得相通？「俎豆之事則嘗聞之矣，軍旅之事未之學也」，兩句之法亦同，「矣」「也」二字何亦不能互變？凡此之類，曾以叩攻小學者，則皆知其如是而不知其所以如是。是書爲之曲證分解，辨析毫釐，務令學者知所區別，而後施之於文各得其當。若未得其真解，必將窮年累月伊吾不輟，執筆之下，猶且與耳謀，與口謀，方能審其取舍。勞逸難易，迥殊霄壤。

此書爲古今來特創之書。凡事屬創見者，未可徒托空言，必確有憑證而後能見信於人。爲文之道，古人遠勝今人，則時運升降爲之也。古文之運，有三變焉：春秋之世，文運以神；論語之神淡，繫辭之神化，左傳之神雋，檀弓之神疏，莊周之神逸。周秦以後，文運以氣；國語之氣樸，國策之氣勁，史記之氣鬱，漢書之氣凝，而孟子則獨得浩然之氣。下此則韓愈氏之文，較諸以上之運神運氣者，愈爲僅知文理而已。今所取爲憑證者，至韓愈氏而止；先乎韓文而非以上所數者，如公羊、穀梁、荀子、管子，亦間取焉。惟排偶聲律者，等之「自鄶以下」耳。凡所引書，皆取善本以是正焉。

書中正文，只叙義例，不參引書句，則大旨易明。正文内各句有須引書爲證者，則從十三經注疏體，皆低一格寫，示與正文有別。

引論語、孟子、大學、中庸與公羊、穀梁，只舉「論」「孟」「學」「庸」「公」「穀」一字以冠引書之首。國語、國策只舉「語」「策」而以所引語策之國名冠之。公穀之後綴以某公某年；引左氏則不稱「左」，單標公名與其年；莊子只稱篇名。史記只稱「某某本紀」「某某世家、列傳」，八書亦如之；前漢只稱「某帝」「某傳」「某志」；若引他史必稱史名，如後漢、三國、晉書之類。韓文單舉篇名，且删其可省者。

諸所引書，實文章不祧之祖，故可取證爲法。其不如法者，則非其祖之所出，非文也。古今文詞經史百家，姚姬傳氏之所類纂，曾文正之所雜鈔，旁至詩賦詞曲，下至八股時文，蓋無有能外其法者。

凡引書句，易與上下文牽合誤讀。今於所引書句，俱用小字（居中）印；於所引書名篇名之旁以線誌之，以示區別。（校注者按：此係木刻本版式。商務書鉛印本，書句改爲小字雙行夾排，書名篇名旁無線。）

校注例言

一、本書依據一九〇四年（清光緒三十年）商務印書館初版本排印，添加標點符號。

二、原本一律用三號字排成，引書用五號字雙行夾注。正文頂格，說明概低一格。現在把正文改用五號字，說明和引書概用新五號字，校注用六號字。書名篇名加方括弧〔 〕，引句後的說明用——隔開。

三、馬氏引三傳時，公羊、穀梁標明「公」「穀」，左傳只標某公某年。引史記只稱某某本紀，某某世家、列傳，引漢書只稱某帝、某傳、某紀，莊子和韓文都單舉篇名，雖然在例言中已經說明，但讀時很容易迷亂，現在都添加了「左」「史」「漢」「莊」「韓」等。易書詩和論語孟子等都沒有注明篇名，現在也都一一加上。大學、中庸、檀弓等原只是禮記的篇名，現在都加上「禮」字。

四、馬氏例言雖有「凡所引書皆取善本以是正焉」的話，可是實際上怕並沒有這樣做。所引的書，有許多只憑記憶，或者根據類書或字書，因此三傳史漢莊列諸子的互相混淆，以及錯訛衍敓的字句，很是不少。校時對於每一引語，都檢對原書，逐一改正，並加注明。但遺漏或因重排發生的錯誤，仍屬難免，等將來重版時再加訂正。

五、本書用兩種引號，一是普通的「 」『 』，用於引用的句子或文法上的術語；一是〈 〉，專用於單字或短句。

六、原書目次上本來只有大標題；現在爲了便於檢閱起見，特就各節中述及的內容，製成小標題，排在大標題的後面。

本書由中華書局一九八八年出版，經中華書局授權，江蘇文庫精華編編委會審定，并依據文庫體例作相關技術處理，如統一部分异體字、舊字形，改正原書字詞、標點訛誤等，收入文庫，特此説明。

江蘇文庫精華編編委會
二〇二三年一月

正名卷之一

凡立言，先正所用之名以定命義之所在者，曰『界説』。界之云者，所以限其義之所止，使無越畔也。書中所命之名，有因儒先所經用者，有今所特創者，今爲各立界説，而命義乃明。至其因者或與儒先之義攸乖，而創者又或見爲捏湊而不能醒目。兩者知所不免，然且爲之，以便論説耳。惟名義一正，則書中同名者必同義，而誤會可免。

【界説一】 凡字①：有事理可解者，曰『實字』。無解而惟以助實字之情態者，曰『虛字』②。實字之類五，虛字之類四。

説文分別部居，十四篇，九千三百五十三文，立一于耑，畢終於亥，皆有事物可解，未見字有無解者。不知説文惟解字原，原其初所以成此文字者，必有所指名，故無無解之字。而虛字則概皆假借於有解之字，如〈焉〉爲鳥名，〈爲〉爲母猴之屬。故字原原無無解者也。翻閱往籍，往往以〈所〉〈攸〉〈其〉〈斯〉〈凡〉〈曰〉〈孰〉〈得〉諸有解者，與夫〈蓋〉〈則〉〈以〉〈而〉諸無解者同科，又以〈何〉〈必〉〈未〉〈無〉〈是〉〈非〉諸有本義者，等諸〈於〉〈雖〉〈及〉〈矣〉〈焉〉〈哉〉〈乎〉〈也〉諸無義者之字，互相混淆，不可枚舉。先儒書内，更有以動字名爲虛字，以與實字對待者。近世曾滌生氏③與人書云：「何以謂之實字虛用？如『春風風人』『夏雨雨人』『解衣衣我』『推食食我』『春朝朝日』『秋夕夕月』『入其門無人門焉者』『入其閨無人閨焉者』，以上兩字同者，上一字皆實字也，下一字則虛用矣。後人或以實者作本音讀，虛者破作他音讀，若〈風〉讀如〈諷〉，〈雨〉讀如〈籲〉，〈衣〉讀如〈裔〉，〈食〉讀如〈嗣〉之類，古人曾無是也。何以謂之虚字實用？如〈步〉，行也，虚字也。然韓文之『步有新船』，詩經之『國步』『天步』，則實字矣。〈薄〉，迫也，虚字也。然因其叢密而林曰『林薄』，因其不厚而簾曰『帷薄』，以及爾雅之『屋上薄』，莊子之『高門懸薄』，則實用矣。〈覆〉，敗也，虚字也。然左傳設伏以敗人之兵，如『鄭突爲三覆以待之』『韓穿設七覆於敖前』，是虚字而實用矣。」以上曾氏之説，是以動字爲虚字者也。然若〈焉〉〈哉〉〈乎〉〈也〉諸字，（〈焉〉〈哉〉〈乎〉〈也〉諸字，本書始謂之虚字，例見後。）不知曾氏將何以名之。讀王懷祖④、段茂堂⑤諸書，虚實諸字，先後錯用，自無定例，讀者無所適從。今以諸有解者爲實字，無解者爲虚字，是爲字法之大宗。其别，則實字有五，虚字有四，外此無字。故虚實兩宗，可抱⑥括一切字。

①本書分别詞性，皆以『字』爲本位。馬氏以後，言文法者，則多以『詞』爲本位。章士釗氏中等國文典（以下簡稱文典）云：「一字可爲一詞，而一詞不必爲一字。泛論之則爲字，而以文法規定之則爲詞。此字與詞之别也。」（頁一）黎錦熙氏國語文法（以下簡稱語法）論『字與詞』云：「字就是一個一個的『單字』。詞就是説話的時候表示思想中一個觀念的『語詞』。有時一個字就是一個詞，如〈人〉〈馬〉〈紅〉〈來〉等。有時要兩個字以上組合起來才成功一個詞，如〈鸚鵡〉〈老頭子〉〈便宜〉〈吩咐〉等。文法中分别詞類，是把詞作單位，不問他是一個字或幾個字，只要是表示一個觀念的，便叫做詞。」（頁二）②楊樹達氏文通刊誤（以下簡稱刊誤）云：「馬氏分别虚實字，自較前人爲精密。但此云以無解者爲虚字，則彼所分析，實未盡然。蓋若介字之〈以〉字當〈拿〉字〈因〉字解，〈爲〉字當〈助〉字〈代〉字解，〈自〉〈由〉〈從〉〈與〉諸字及〈之〉字皆各有解。又連字中〈與〉〈及〉〈且〉〈然〉等字亦皆有解。計馬氏虚字四種中，絶對無解者，僅助字及嘆字耳。」陳承澤氏國文法草創（以下簡稱草創）云：「此定義……實爲未愜。虚字中連字介字之一部分，仍有事理可解，一也。其無解者亦不得稱之爲助實字之狀態，二也。……然馬氏虚字實字之説誠有未當，而其分界之標準尚屬可通。仍其標準而修正其定義，則亦可存爲一説。」（頁三一——三二）

③曾國藩，字滌生，清湘鄉人。道光進士。以大學士任兩江總督。卒謚文正。著有求闕齋集。此所引爲復李眉生書中語。

④王念孫，字懷祖，號石臞，清高郵人，乾隆進士。從學休寧戴震，受聲音、文字、訓詁，著有讀書雜志、廣雅疏證等書。子引之，

字伯申，能世其學，推廣庭訓，成經義述聞、經傳釋詞等書。官至工部尚書，卒謚文簡。⑤段玉裁，字若膺，一字懋堂，清金壇人。乾隆舉人。精小學，著有説文解字注。⑥抱，疑「包」之誤。

【界説一】凡實字以名一切事物者，曰『名字』，省曰『名』①。

事物二字，一切畢賅矣。在天之〈日〉〈月〉〈星〉〈辰〉，在地之〈河〉〈海〉〈華〉〈嶽〉，人倫之〈君〉〈臣〉〈父〉〈子〉，物之有形者也。〈怪〉〈力〉〈亂〉〈神〉，〈利〉〈命〉與〈仁〉，物之無形者也。而所教者〈文〉〈行〉〈忠〉〈信〉，所治者〈德〉〈禮〉〈政〉〈刑〉，所得者〈位〉〈禄〉〈名〉〈壽〉，所藝者〈禮〉〈樂〉〈射〉〈御〉〈書〉〈數〉，皆事也，皆名也。凡目所見耳所聞、口所嗜、鼻所嗅、四肢之所觸，與夫心之所志、意之所感，舉凡别聲被色與無聲、無臭，苟可以語言稱之者，無非事也，無非物也，無非名也。

①名字，通常稱『名詞』。英文爲 Nouns，嚴復氏英文漢詁譯爲『名物字』。

【界説二】凡實字用以指名者，曰『代字』①。

事物有在當前者，不必名也，以〈爾〉〈我〉〈彼〉〈此〉諸字指之。其不在當前而其名稱已稱之於前者，以後可以〈其〉〈之〉〈是〉〈此〉諸字指之，以免重複。〔論公冶〕弗如也，吾與女弗如也。〔又述而〕惟我與爾有是夫。〔孟梁上〕彼奪其民時。〔公莊三十二②〕夫何敢，是將爲亂乎？——以上〈吾〉〈女〉〈我〉〈爾〉〈彼〉〈夫〉〈是〉諸字，皆代當前所稱名之人也。又〔孟梁上〕王見之。——〈之〉指前文之牛。〔又〕是乃仁術也。——〈是〉指前文所言不忍之心。〔又公上〕管仲以其君霸，晏子以其君顯。——兩〈其〉字即指管晏。〔又告上〕爲此詩者，其知道乎！——〈此〉字指前引鴟鴞之詩③。故有〈之〉〈是〉〈其〉〈此〉諸字以指前文，前文可不必重言，蓋有所以代之矣。故曰代字。代字之異於名者，名因事物而各殊，代字則所指異而爲字則一。先儒或以代字列諸虚字，或謂爲死字，而無有與名爲比者。蓋未知夫凡代者必與所代者同其體用耳。故代字者，不變之名也，用與名同④。

①代字，通常稱『代名詞』。英文爲 Pronouns，嚴氏譯爲『稱代字』。②原誤〈二十三〉。③刊誤云：「〈此〉字乃

『指示静字』，西文或稱『代名静字』。馬氏於此種但認作代字，不另分析指示静字一種，致獨立用之代字與附於名詞用之静字毫無區別，其説非也。……『指示代字』包含區別作用與代替作用之字也。『指示静字』，則第有區别作用，不含代替作用者也。」　④草創云：「代字本爲名字之一種，外國文所以獨立爲一類而研究之者，以其有『格』（Case）之變化，又有關係代字等須加特别説明者耳。今吾國既無關係代字，而如『格』之變化等形式上之特徵，又爲我國文之所無，似不如存其名目，而作爲名字中之一細類，眉目較爲清朗。代字在解剖國文時雖亦重要，而在字論上，似可無須獨立爲一類也。」（頁一六）

【界説四】　凡實字以言事物之行者，曰『動字』①。

天下事物，隨所在而必見其有行。其行與行相續，即有由此達彼之一境，所謂動也。故實字以言事物之行者曰動字。夫事物無一時無行，即無一時不動。其動之顯者，鳶之〈飛〉，魚之〈躍〉，犬之〈吠〉，雞之〈鳴〉，其隱者，如制心之〈克〉〈伐〉〈怨〉〈欲〉，學詩之〈興〉〈觀〉〈群〉〈怨〉，大之則雷之〈動〉，風之〈散〉，雨之〈潤〉，日之〈晅〉，精之則〈鈎〉深〈致〉遠，〈知〉來〈數〉往，而生財之〈生〉〈食〉〈爲〉〈用〉，道國之〈敬〉〈信〉〈節〉〈愛〉，處世之〈用〉〈行〉〈舍〉〈藏〉，行道之〈立〉〈道〉〈綏〉〈動〉，學修之〈切〉〈磋〉〈琢〉〈磨〉，誠之之〈學〉〈問〉〈思〉〈辨〉，凡心之感與意之之，皆動字也。

動字與活字無別。不曰活字而曰動字者，活字對待者曰死字，未便於用，不若動字對待之爲静字之愈也。

①動字，通常稱『動詞』。英文爲 Verbs，嚴氏譯爲『云謂字』。

【界説五】　凡實字以肖事物之形者，曰『静字』①。

形者，言乎事物已有之情境也。故静字與動字兩相對待。静字言已然之情景，動字言當然之行動。行動必由事物而發，而情景亦必附事物而著。如但曰〈長短〉，曰〈輕重〉，曰〈多寡〉，曰〈大小〉，則懸而無憑，又誰知〈長短〉者何，〈輕重〉者何，〈多寡〉者何，〈大小〉者何哉。必曰「布帛長短同」，「麻縷絲絮輕重同」，「五穀多寡同」，「屨大小同」，而後所言不齊之情乃有所屬矣。夫然而天地之〈博厚〉〈高明〉〈悠久〉，至聖之〈聰明睿智〉、〈寛裕温柔〉、〈發强剛毅〉、〈齊莊中正〉、〈文理密察〉，與夫荀子榮辱篇「目辨白黑美惡，耳辨音聲清濁，口辨酸鹹甘苦，鼻辨芬芳腥臊，骨體膚理辨寒暑疾養」，皆静字也。

① 静字，通常稱『形容詞』。英文爲 Adjectives，嚴氏譯爲『區别字』。陳氏草創稱爲『象字』。

【界説六】 凡實字以貌動静之容者，曰『狀字』①。

事物不齊之情，有静字以形之。而事物之行，亦至不一也。一人之語默行止，有疾徐輕重久暫之别。故學欲〈博〉，問欲〈審〉，思欲〈慎〉，辨欲〈明〉，行欲〈篤〉，皆以貌動字之容也。天子〈穆穆〉，諸侯〈皇皇〉，君子〈謙謙〉，王臣〈蹇蹇〉，大人〈諤諤〉，重言之以狀其容②。〔孟滕上〕何爲紛紛然與百工交易。——〈紛紛然〉狀〈交易〉之容也。〔又滕下〕匍匐往將食之。——〈匍匐〉，狀艱〈往〉之容。不特此也，凡記事物所動之時與所動之處，亦狀字也。〔又梁上〕及寡人之身，東敗於齊，長子死焉；西喪地於秦七百里；南辱於楚寡人耻之。——其〈東〉〈西〉〈南〉三字，各記〈敗〉〈喪〉〈受〉〈辱〉之處。〔又公下〕王驩朝暮見。〔又〕明日出吊於東郭氏。〔又〕公孫丑曰：「昔者辭以疾，今日吊，或者不可乎？」——〈朝暮〉〈明日〉〈昔者〉〈今日〉諸語，皆以記其時也，用同狀字。〔論八佾〕子謂韶盡美矣，又盡善也。謂武盡美矣，未盡善也。——〈善〉〈美〉兩静字，〈盡〉狀字，以狀〈善〉〈美〉之進境，而〈未〉〈又〉兩狀字，則又兼狀狀字與静字矣。——凡狀字，必先於其所狀。

① 狀字，通常稱『副詞』。英文爲 Adverbs，嚴氏譯爲『疏狀字』。

② 刊誤云：「〈穆穆〉等當爲重言静字，不當以爲狀字。若下文所引孟子『紛紛然與百工交易』，〈紛紛然〉乃確是狀字耳。」

右實字之類凡五。

【界説七】 凡虚字以聯實字相關之義者，曰『介字』①。

凡文中實字，孰先孰後，原有一定之理，以識其互相維繫之情。而維繫之情，有非先後之序所能畢達者，因假虚字以明之，所謂介字也。介字也者，凡實字有維繫相關之情，介於其間以聯之耳。〔孟滕上〕昔者孟子嘗與我言於宋。——〈孟子〉同〈我〉，兩不相關者也，介以〈與〉字，所以明〈孟子〉對〈我〉發〈言〉之義。又〈宋〉地名，與〈言〉又不相關也，介以〈於〉字，以明發〈言〉之地。〈與〉〈於〉二字，皆介字也。〔又盡下〕城門之軌，兩馬之力與？——兩〈之〉字介於兩名之間，以明相屬之義也。〈軌〉非他處之〈軌〉，乃在〈城門〉内者；〈力〉非他〈力〉，乃〈兩馬〉所發者。〔又梁上〕殺人以挺與刃，有以異乎？——〈挺〉〈刃〉之於〈殺〉，不相涉也，介以〈以〉字，明其〈殺〉之所〈以〉也。〔論子罕〕博我以文，約我以禮。——〈以〉字同上。

①介字，通常稱『介詞』。英文爲 Prepositions，嚴氏譯爲『介系字』。

【界説八】　凡虚字用以爲提承展轉字句者，統曰『連字』①。

字句相接，不外提、承、展、轉四者，皆假虚字以明其義。〔論述而〕若聖與仁，則吾豈敢。抑爲之不厭，誨人不倦，則可謂云爾已矣。——〈若〉字用以提〈聖〉〈仁〉而論者也②，〈則〉字直承上文，〈抑〉字略轉上義，〈則〉字又爲承接，要皆用以相連句讀而已。〔又〕富而可求也，雖執鞭之士，吾亦爲之。如不可求，從吾所好。——此〈而〉字有假設意，所以展拓也。〈雖〉字跌進一層，兼展轉兩意。〈如〉字亦展轉上意。皆爲連字。〔孟梁下〕今燕虐其民，王往而征之——〈今〉字用以起下承上也。〔論先進〕今由與求也，可謂具臣矣。——〈今〉字承上起下也。

①連字，通常稱『連詞』，或稱『接續詞』。英文爲 Conjunctions，嚴氏譯爲『挈合字』。　②刊誤云：「『若聖與仁』之〈與〉字，亦連字也，而馬氏竟不及。卷八論連字卷中亦無〈與〉字。蓋馬氏只認〈與〉字爲介字，即不復認爲連字，不知此類『若聖與仁』之〈與〉字，乃英文之 and，非英文之 with，不得視爲介字也。」

【界説九】　凡虚字用以煞字與句讀者，曰『助字』①。

凡字句但以實字砌成者，其決斷婉轉，虚神未易傳出，於是有〈也〉〈矣〉〈乎〉〈哉〉諸字以之頓煞，而神情畢露矣。所謂助字者，蓋以助實字以達字句内應有之神情也。〔孟梁上〕無傷也，是乃仁術也，見牛未見羊也。——三〈也〉字煞三句，皆以表決斷口氣也。〔又〕寡人之於國也，盡心焉耳矣。——〈也〉字所以頓讀，即以起下，示句意未盡絶也。〈矣〉字所以決其事之有也。〈耳〉字有惟此之意〈焉〉代字也，若以此處〈焉〉字亦作爲助字者，誤矣，解見後。〔論里仁〕惡不仁者，其爲仁矣，不使不仁者加乎其身。——此〈矣〉字所以煞讀，亦以起下也。〔又雍也〕於從政乎何有。——〈乎〉字亦以呼起下文也。〔孟梁上〕賢者亦樂此乎？——〈乎〉字以詢問，亦以煞句也。〔論公冶〕回也聞一以知十，賜也聞一以知二②。〔又學而〕巧言令色，鮮矣仁。〔又泰伯〕焕乎其有文章。——〈也〉〈矣〉〈乎〉三字，今以助一字而已。故同一助字，或以助字，或以助讀，或以助句，皆可，惟在作文者善爲驅使耳。其詳見後。

①助字，通常稱『助詞』，英文所無。　②原本誤作「賜也聞一以知二，回也聞一以知十」。

【界説十】　凡虚字以鳴人心中不平之聲者，曰『嘆字』①。

文中遇有哀樂不平之感喟，因用虚字以肖其聲。如書經中之〈都〉〈俞〉〈吁〉〈咈〉，諸書中之〈嗚呼〉〈噫嘻〉，皆無義理，惟以鳴心中所發哀樂之聲，故曰嘆字。

①嘆字，通常稱『嘆詞』，或稱『感嘆詞』。英文爲Interjections，嚴氏譯爲『叱嘆字』。陳氏草創稱爲『感字』。

右虚字之類凡四。

字類凡九，舉凡一切或有解，或無解，與夫有形可形、有聲可聲之字胥賅矣。

字分九類，足類一切之字。無字無可歸之類，亦類外無不歸之字矣。

字各有義，而一字有不止一義者，古人所謂「望文生義」者此也。義不同而其類亦别焉。故字類者，亦類其義焉耳。

字有一字一義者，亦有一字數義者。後儒以字義不一而别以四聲，古無是也。凡字之有數義者，未能拘於一類，必須相其句中所處之位，乃可類焉。經籍中往往有一句疊用一字而其義不同者：〔論學而〕求之與？抑與之與？——第二〈與〉字爲動字，上下兩〈與〉，皆虚字也。〔又〕夫子之求之也。——上〈之〉，虚字也，下〈之〉，代字也。〔孟萬上〕訟獄者不之堯之子而之舜。——第二〈之〉字，虚字，上下兩〈之〉，解往也，動字也。〔史淮陰侯列傳〕陛下不能①將兵而善將將。——兩前〈將〉字，解用也，動字也，末〈將〉字，名也。〔公宣六〕勇士入其大門則無人門焉者，入其閨則無人閨焉者②。——前〈門〉字，名也，後〈門〉字，解守也，動字也。〈閨〉字同。〔莊德充符〕人莫鑑於流水而鑑於止水。惟止能止衆止。——〈止〉字四用：〈止水〉之〈止〉，静字，言水不流之形也。〈惟止〉與〈衆止〉兩〈止〉字，泛論一切不動之物名也。〈能止〉之〈止〉，有使然之意，動字也。是一〈止〉字而兼三類矣③。〔史蕭相國世家〕夫置衛衛君，非④以寵君也。——兩〈衛〉字，上〈衛〉，兵也，名也，下〈衛〉，護守也，動字也。凡此之類，不可枚舉，讀者當自得之。

①原誤〈善〉。　②原敚〈大〉字及二〈則〉字。　③草創云：「以余觀之，馬氏所舉之三類，皆屬〈止〉之活用。〈止〉之字類，應爲自動字，即『絀然而止』之〈止〉字也。」(頁二〇)　④〈非〉字原敚。

字無定義故無定類。而欲知其類，當先知上下之文義何如耳。夫文者，集句而成，如錦綉然，故謂之文。欲知文，當識句。

【界説十一】　凡字相配而辭意已全者，曰『句』①。

文心雕龍②云：「置言有位，位言曰句，句者，局也，局言者聯字以分疆。」所謂聯字者，字與字相配也，分疆者，蓋辭意已全也。句者，所以達心中之意。而意有兩端焉：一則所意之事物也，夫事物不能虚意也；一則事物之情或動或静也。意達於外曰詞。説文云：「意内而言外曰詞。」

①句，英文爲 Sentence。　②文心雕龍，梁劉勰撰。勰，字彦和，東莞莒人。事迹具南史本傳。其書自原道以下二十五篇，論文章體製，神思以下二十四篇，論文章工拙，合序志爲五十篇。舊有黄叔琳注。最近有范文瀾注，極詳贍。

【界説十二】　凡以言所爲語之事物者，曰『起詞』①。

起者，猶云句讀之緣起也。

①起詞，通常稱『主語』或『主詞』。英文爲 Subject，嚴氏譯爲『句主』。

【界説十三】　凡以言起詞所有之動静者，曰『語詞』①。

語者，所以言夫起辭也。語字之義雖泛，而一切可賅焉。〔論公冶〕子說。——一句。〈子〉，名也，起詞，志所爲語也。〈說〉，動字，語詞也，所以語起詞之事。蓋記者見漆雕開對語之後，欲記子之有所動也，故先言〈子〉而後記其〈說〉。〔又微子〕孔子行。——〈孔子〉，起詞，〈行〉，語詞。記者於三日不朝之後見子之行也，故先言〈孔子〉而後言〈行〉。凡句讀必有起語兩詞，兩詞之長短不同，而大旨不外乎是。此取最簡明者以爲則。〔又陽貨〕佛肸召，子欲往。——兩平句，〈佛肸〉爲起詞，〈召〉其語詞也。〈子〉，起詞，〈欲往〉，兩動字，其意相貫，語詞也。〔孟梁上〕彼奪其民時。——〈彼〉，起詞，指暴君也，〈奪民時〉，其語詞也。凡欲知書中若者爲起詞若者爲語詞，設問便明。如「子說」句，〈說〉者誰？〈子〉也，〈子〉爲起詞。〈子〉何事？曰〈說〉，〈說〉其語詞也。然則句之成也，必有起語兩詞也明矣。蓋意非兩端不明，而句非兩語不成。〔論陽貨〕來，予與爾言。——〈來〉一字絶句。〔書堯典〕往，欽哉。——〈往〉一字絶句。〔莊人間世〕密，若無言。——〈密〉一字絶句。則句似有無庸兩詞者。不知曰〈來〉曰〈往〉曰〈密〉，皆對語口氣，其起詞即爲與語者，當前即是，故無庸贅言也。

①語詞，通常稱爲『述語』，或稱『説明語』。英文爲 Predicate，嚴氏譯爲『謂語』。劉復氏中國文法通論（以下簡稱通論）稱爲『表詞』。

字之爲語詞者①，動字居多，而動即行也。既曰行矣，則行必有所自發者，亦必有所止。使所止者即爲所自發者，則其行存乎發者之内，而非止乎外也。不然，則其行出自發者，將有所止於外也。

〔孟梁上〕王笑。——〈笑〉，動詞也，〈笑〉之行，〈王〉發之，惟王自覺之而已，其行未交乎外也。〔論公冶〕②子說。——〈說〉之行，〈子〉自覺之，其行亦未交乎外也。人所見者，〈笑〉與〈說〉之效耳，而未與〈笑〉〈說〉之行相交相引也。〔又子罕〕吾從衆。——〈從〉，動字也，〈從〉之行，發自夫子而止於〈衆〉也。〔又八佾〕爾愛其羊，我愛其禮。——〈愛〉，動字，發自子貢與夫子，而所施及者，一則〈其羊〉，一則〈其禮〉也。然則動字統分兩宗。

①劉復氏中國文法講話（以下簡稱講話）云：「語詞在歐洲語文中，必須是『動詞』，或中間包含着一個動詞。……中國語

文中的語詞，不必是動詞，也不必包含動詞。……我們可以把語詞分作兩種：一種是『動語詞』，一種是『静語詞』。」（頁二六——二三）　②原作「又」，從楊氏改正。

【界説十四】凡動字之行仍存乎發者之内者①，曰『内動字』，省曰『内動』②。

①刊誤云：「『仍存乎發者之内』，語意不明。當云：『凡動字之影響不及於他物事者，曰内動字，影響及於他物事者，曰外動字。』」　②内動字，通常稱『自動詞』。英文爲 Intransitive Verbs，嚴氏譯爲『不及物云謂字』。

【界説十五】凡動字之行發而止乎外者，曰『外動字』，省曰『外動』①。

①外動字，通常稱『他動詞』。英文爲 Transitive Verbs，嚴氏譯爲『及物云謂字』。

【界説十六】凡名代之字，後乎外動而爲其行所及者，曰『止詞』①。

夫然，語詞之爲内動字者，雖隻字亦足以見意，如「子説」之〈説〉，「王笑」之〈笑〉是也。蓋曰「子説」，曰「王笑」，而其意已明。若語詞之爲外動字者，概有止詞以續之。設如「吾從衆」，而僅曰「吾從」，則不知所從之爲何，「爾愛其羊，我愛其禮」，而惟曰「我愛」「爾愛」，則不知所愛之維何。必伸之曰「從衆」，曰「其羊」，「其禮」，而詞意乃畢達矣。〔莊齊物論〕曩子行，今子止，曩子坐，今子起。——〈行〉〈止〉〈坐〉〈起〉皆内動也，故隻字可見意。〔論雍也〕子見南子，子路不説。——〈説〉，内動字，無止詞，〈見〉，外動字，〈南子〉，其止詞也。〔漢東方朔傳〕夫殷作九市之宫而諸侯畔，靈王②起章華之臺而楚民散，秦興阿房之殿③而天下亂。——〈作〉〈起〉〈興〉，皆外動也，故續以止詞。〈畔〉〈散〉〈亂〉内動字也，故無止④詞。〔莊徐無鬼〕羊肉不慕蟻，蟻慕羊肉。——〈慕〉，外動字也，〈蟻〉與〈羊肉〉，其止詞也。

①止詞，通常稱爲『目的語』，或稱『賓語』。英文爲 Object，嚴氏譯爲『受事字』。　②〈靈王〉原誤〈楚〉。　③二字原敓。　④『止』字原誤作『起』，從楊氏改。

以上所論之語詞，皆動字也。動字之爲語詞，凡以言起詞之行也。若語詞言起詞之何似、何若，狀其已然之情者，當以静字爲主。静字後乎起詞而用作語詞，所以斷言其爲何如也。惟静字爲語詞，則名曰『表詞』，所以表白其爲如何者，亦以别於止詞耳①。

〔論先進〕柴也愚，參也魯，師也辟，由也喭。——〈愚〉〈魯〉〈辟〉〈喭〉，各後乎其名，所以斷柴之爲〈愚〉，參之爲〈魯〉，師之爲〈辟〉，由之爲〈喭〉，而用如語詞，各成其句，因以表白諸賢之性爲何如，故曰表詞。〔史李斯傳〕臣聞地廣者粟多，國大者人衆，兵彊則士勇。——〈廣〉〈多〉〈大〉〈衆〉〈彊〉〈勇〉静字，各後乎名，皆表其名爲何如耳。

①表詞，劉復氏中國文法講話稱爲『静語詞』，以與『動語詞』相對。黎氏語法稱之爲『形容詞作述語用』（頁一六二）。

起詞表詞之中，間有以〈是〉〈非〉〈爲〉〈即〉諸字參之者，或於句讀收處尾以〈乎〉〈歟〉〈也〉〈矣〉諸助字，或兩者兼用者，皆以表决斷口氣也。又或表詞不用静字，而用名字、代字者，是亦用如静字，以表起詞之爲何耳①。

〔論學而〕禮之用，和爲貴，先王之道，斯爲美。——〈和〉〈斯〉兩字，一名也，一代字也，皆起詞也。〈貴〉與〈美〉兩静字，其表詞也，間以〈爲〉字，所以决其兩是也。〔禮中庸〕天地之道：博也，厚也，高也，明也，悠也，久也。——〈博〉〈厚〉〈高〉〈明〉〈悠〉〈久〉六静字，以爲表詞，助以〈也〉字，以决言其如是也。〔漢賈誼傳〕且天下非小弱也②。——〈小弱〉兩静字，天下之表詞，〈非〉以决其不然，更以〈也〉字助之。〔史項羽本紀〕梁父即楚將項燕。——〈即〉字所以斷〈梁父〉之爲〈楚將〉某也。〈楚將〉名字，用爲表詞，以表〈梁父〉爲何人也③。〔論微子〕長沮曰：「夫執輿者爲誰？」子路曰：「爲孔丘。」曰：「是魯孔丘與？」曰：「是也。」——〈爲〉〈是〉皆决辭，參於起表兩詞之間，〈誰〉與〈孔丘〉，一代字，一名字，皆表詞也。問曰「爲誰」，答曰「爲孔丘」，兩句問答，有决辭而無助字。曰「是魯孔丘與」，曰「是也」，又兩句一問一答，則有决辭而兼助字矣。故曰：「文無定法，惟其是爾。」雖然，無法之中，未始無法，法詳於後。

①此等表詞，普通稱爲『補足語』，或稱『補語』，或稱『足詞』。英文爲 Complements of the Predicate，嚴氏譯爲『補足謂語』。

②此語見賈誼過秦論，載史記秦始皇本紀。漢書賈誼傳不載。又原文爲「且夫天下非小弱也」。此脱「夫」字。

③刊誤云：「史記文章在側重説明梁父即項燕，燕之爲楚將，乃因燕附帶説出耳。故表詞當爲項燕。『楚將』二字，在英文爲『同位詞』(Appossitioo)，用馬氏之術語，則當爲『加詞』，不得徑以爲表詞也。」

前論名代諸字與動静諸字，所有相涉之義，已立有起詞、語詞、止詞、表詞諸色名目，今復以名、代諸字位、諸句讀，相其孰先孰後之序而更立名稱，凡以便於論説而已。

【界説十七】　凡名代諸字在句讀中所序之位，曰『次』①。

①次，通常稱『格』。英文爲 Case，嚴氏譯爲『位』。

【界説十八】　凡名代諸字爲句讀之起詞者，其所處位曰『主次』①。

①主次，通常稱『主位』『主格』。英文爲 Nominative Case，嚴氏譯爲『主名之位』。

【界説十九】　凡名代諸字爲止詞者，其所處位曰『賓次』①。

①賓次，通常稱『賓格』，或稱『目的格』。英文爲 Objective Case，嚴氏譯爲『受事之位』。

主賓者，義取對待，亦猶起止之義互相照應耳。故詞分起止者，以言句讀所集之字；而次分賓主者，以言諸字所序之位。其實起詞之於主次，止詞之於賓次，一也。故不更引書以明之。

文中遇有數名連用而意有偏正者，則先偏於正。

〔孟公下〕天時不如地利，地利不如人和。——〈天時〉兩名字連用，雖似天字作主，而明其爲〈天〉之〈時〉，正意恰在〈時〉，則〈天〉字意轉偏，故先之。〈地利〉〈人和〉，亦此解也。

兩名之中意有偏正者，每參〈之〉字，以明屬偏於正之意。雖行文者不必盡參〈之〉字，然偏正兩名之中，加〈之〉字者其常也。

〔論學而〕道千乘之國。——〈千乘〉與〈國〉，兩名字也。正意在〈國〉，〈千乘〉者明其爲何如之〈國〉，參以〈之〉字，以表〈千乘〉之屬於〈國〉耳①。〔孟梁上〕仲尼之徒，無道桓文之事者。〔又〕明足以察秋毫之末，而不見輿薪。〔又離上〕離婁之明，公輸子之巧。〔又公下〕域民不以封疆之界，固國不以山谿之險，威天下不以兵革之利。——胥是例也。

①刊誤云：「中文偏正兩次之間固參〈之〉字，而静字與名字之間亦參〈之〉字。如左傳云『慈惠之長，忠信之師』，是也。論語例之。〈千乘〉雖爲名字，其效用實同静字。故馬氏云『千乘者，明其爲何如之國』，是也。然馬氏却泥於其名字之形，忘其静字之實，而以爲偏正次之例，乃有『表千乘屬於國』之言，失之牽强不自然矣。」

【界説二十】　凡數名連用而意有偏正者，則正意位後，謂之『正次』。

【界説二十一】　凡數名連用而意有偏正者，偏者居先，謂之『偏次』①。

正者，對偏而言。凡在主賓次而爲偏次所先者，亦曰正次。而以言句讀中所處之位，則仍以主賓爲次焉。

〔漢霍光傳〕君行周公之事。——〈君〉者主次，〈事〉者賓次。〈事〉對〈周公〉偏次言，則爲正次。〔漢霍光傳〕霍氏之禍，萌於驂乘。——〈禍〉主次，而亦爲正次者，則對〈霍氏〉偏次言之也。

①偏次，通常稱『領格』『領位』，或稱『所有格』。英文爲 Possessive Case，嚴氏譯爲『主物之位』。講話稱爲『静位』。正次，通常稱『被領格』。

介字所以聯實字有相關之義者；而爲所聯者即其所司之詞。

【界説二十二】　凡名代諸字爲介字所司者，曰『司詞』①。司詞之次，亦爲賓次②。

〔孟梁上〕王坐於堂上。——〈於〉介字，〈堂上〉其司詞，〈於堂上〉，以言〈王坐〉之處也，即以聯〈堂上〉與〈王〉兩實字也③。〔又〕殺人以梃與刃，有以異乎？——〈梃〉〈刃〉兩名，〈與〉字聯之。上〈以〉字介字，以聯〈梃〉〈刃〉與〈殺〉也。下〈以〉字用法另詳。〔又〕斧斤以時入山林——〈以〉介字，以明可〈入〉之〈時〉，即以聯〈時〉與〈入〉兩實字也。〔又離上〕故爲淵敺魚者獺也，爲叢敺爵者鸇也，爲湯武敺民者桀與紂也。——三〈爲〉字皆各介所司之詞於〈敺〉字，以明何〈爲〉而〈敺〉也④。〈與〉字以聯〈桀〉〈紂〉兩名也。〔漢召信臣傳〕信臣爲民作均水約束，刻石立於田畔，以防分争。——〈爲〉〈於〉〈以〉三介字，各以聯司詞與動字也。

①司詞，黎氏語法稱爲『介詞的賓語』（頁四六）。 ②此種賓次，語法稱爲『副位』（頁五四）。 ③刊誤云：「此當云：『〈於〉，即以聯〈堂上〉與〈坐〉兩實字也。』」 ④又云：「此二〈與〉字，乃連字，非介字。」

由是觀之，凡所以達意，莫要於起詞與語詞耳。語詞而爲外動字者，概有止詞以續之。語詞而爲表詞者，則静字其常，而名、代諸字亦可用焉。至句讀中所有介字，蓋以足實字之意焉爾。介字與其司詞，統曰『加詞』①，所以加於句讀以足起語諸詞之意。要之起詞、語詞兩者備而辭意已全者，曰『句』。

①刊誤云：「卷三論同次云：『凡名代動静諸字所指一而無動字以爲聯屬者，曰加詞。』所説凡六式，皆與此所云介字與其司詞之例不合。所指異而名同，乃未細覆勘之故耳。今用馬氏『足起語諸詞之意』語意，定名曰『足詞』。」

【界説二十三】 凡有起、語兩詞而辭意未全者曰『讀』①。讀之式不一：或用如句中起詞者，或用如句中止詞者，則與名代諸字無異；或兼附於起、止兩詞以表其已然者，則視同静字；或有狀句中之動字者，則與狀字同功。此大較也，詳後卷。

〔孟離上〕三代之得天下也以仁。其失天下也以不仁。——〈三代〉，起詞，〈得天下也〉，語詞，合之爲一讀，而爲〈以仁〉之起詞，〈以〉，動字，〈仁〉，止詞，合之爲語詞，共爲一句②。設惟曰「三代之得天下也」，則辭意未伸，故謂之曰讀。繼之曰「以仁」，語氣足矣。「其失天下也以不仁」仿此。〔又梁上〕未有仁而遺其親者也。未有義而後其君者也。——兩句，猶云「仁而遺其親者未有也」云云。故以〈仁而遺其親者〉爲讀，爲〈未有〉之止詞。〈有〉字用法不一：有有起詞與止詞者，如「周有八士」之類；有無起詞而惟有止詞者，如「有孺子歌曰」之類。〔孟公下〕丑見王之敬子也，未見所以敬王也。——〈丑〉所〈見〉者何？〈王之敬子〉也。所〈未見〉者何？子之〈所以敬王〉也。〈王之敬子〉與〈所以敬王〉兩讀，各爲〈見〉字止詞。〔又梁下〕民惟恐王之不好勇也。——〈民〉起詞，〈恐〉其語詞，所〈恐〉者何？非第曰〈王〉也，乃〈王之不好勇〉也，故以〈王不好勇〉一讀爲〈恐〉之止詞。〈王〉乃讀之起詞，〈不好勇〉其語詞也。〈不〉，狀字，以狀〈好〉字也。以上明讀之可爲起止詞者。〔又梁下〕以大事小者，樂天者也。——〈以大事小者〉一讀，句之起詞也。〈者〉字乃泛指人君，而爲讀之起詞，〈事小〉其語詞。〈以〉，介字，〈大〉，〈以〉之司詞，言何以〈事小〉之狀也。此〈以大事小者〉五字連成，乃囫圇設一〈事小〉之人在，故此讀用同靜字。〈樂天者〉，句之表詞，〈樂天者〉三字，亦讀也。〈者〉字亦泛指人君，爲讀之起詞。〈樂天〉，其語詞，而〈樂〉爲動字，〈天〉，其止詞也。此句煞以〈也〉字，有決爲如是之詞氣。合兩讀以達意，而正句在其中矣。〔又梁上〕天下之欲疾其君者，皆欲赴愬於王。——〈天下〉至〈者〉字，一讀也，而爲句之起詞，以表何如之人，故視同靜字。〈者〉字，讀之起詞。〈欲疾其君〉，其語詞也。〈欲赴愬於王〉，句之語詞也。〔又公上〕管仲，曾西之所不爲也。——〈管仲〉，句之起詞，〈曾西之所不爲〉一讀，表詞也。〈曾西〉，讀之起詞，〈爲〉，動字，〈所〉，代字，指〈管仲〉，猶云「管仲乃曾西不爲之人，」以明〈管仲〉爲何如人，用如靜字，即爲句之表詞也。煞以〈也〉字，直決之辭氣也。〔又滕下〕仲子所居之室，伯夷之所築？與抑亦盜跖之所築與？所食之粟，伯夷之所樹與？抑亦盜跖之所樹與？——共六讀，而〈仲子所居之室〉以及〈所食之粟〉兩讀爲起詞，餘皆表詞也。以上引讀之可爲靜字者。

讀之狀句中動字者，或記行事之處，或明行事之時，或叙作事之故，或肖行事之式。〔孟公下〕當在宋也，予將有遠行。——〈當在宋也〉一讀，起詞，孟子自謂，不言可知，且下有〈予〉字，辭氣已串。〈在宋〉，其語詞，〈也〉字，以頓讀也，亦以重明其時也。此讀記〈將有遠行〉之處，并記其時也。〔又萬上〕我豈若處畎畝之中，由是以樂堯舜之道哉。——〈我〉，起詞，〈處畎畝之中〉，其語詞，〈豈若〉，兩狀字，以狀〈處〉字，以明假爲相比之意，共爲一讀，以記〈樂道〉之所。此記行事之處也。至記成事之時者，如：〔孟滕下〕堯舜既没，聖人之道息。——〈堯舜既没〉一讀，記〈道息〉之時。〔又梁下〕比其反也，則凍餒其妻子。——〈比其反也〉，一讀，記〈凍餒〉之時[3]。其記作事之故者，如：〔孟滕下〕孔子懼，作春秋。——〈孔子懼〉，一讀，明〈作春秋〉之由。〔又公下〕有寒疾，不可以風。——〈有寒疾〉，明〈不可以風〉之故。〔又滕上〕今也父兄百官不我足也，恐其不能盡於大事。子爲我問孟子。——〈父兄不足〉而〈恐其不能盡事〉兩讀，以明〈問孟子〉之故，而〈父兄百官不足於我〉又爲〈恐其不能盡事〉之故。至肖事之式者，如：〔孟梁上〕民望之，若大旱之望雲霓也。——〈若〉至〈也〉，爲讀，〈望雲霓〉，以狀〈民望〉之式。〔又滕下〕士之失位也，猶諸侯之失國家也。——〈猶〉至〈也〉，爲讀，此以〈諸侯之失國〉比〈士之失位〉，皆謂『比讀』，乃『狀讀』中之一也。比讀皆後置，不若他讀概置於前。以上所引諸讀之式，舉隅耳，其詳見後。

①讀，英文爲 Clause，嚴氏譯爲『子句』。　②刊誤云：「〈以〉字是介詞，〈仁〉字乃〈以〉之司詞。此以足詞作表詞之用耳。……蓋此語在常法當云『三代以仁得天下』，然孟子之語氣欲側重在〈以仁〉，故與常法之組織先後不同，而詞性則無異也。」　③又云：「此是托妻子者發見其妻子凍餒之時，非即妻子凍餒之時也。」

右界說凡十三，大抵用以集句也。文心雕龍有云：「位言曰句。」蓋句讀所集之字，各有定位，不可易也。觀乎界說，證以所引，凡起詞必先乎語詞。語詞而爲外動字也，則止詞後焉。如爲內動字也，不必有後之者矣。間有介字與其司詞，繫乎內動字而爲加詞者，則先後無常。語詞而爲表詞也者，亦必後乎起詞。凡狀詞必先其所狀。夫静字以肖事物者，亦所以狀名代字也，故先所肖焉。推此意也，讀之爲起止詞者，先後各從其位。其用若狀詞者，亦必先其所狀；不先者，惟以爲所比之讀耳。此句讀集字與其所位之大都也。

今取史記孔子世家贊分注逐字之類以爲式：

余代字。讀外動。孔氏名字。書名字。想見兩連動字。其代字。爲動字。人名字。適內動。魯地名。觀外動。仲尼廟堂皆名字。車服同上。禮器同上。諸静字。生名字。以介字。時名字。習動字。禮名字。其代字。家名字。余代字。低徊狀字。留內動。之代字。不狀字。能動字。去內動。云外動①。天名字。下静字②。君王兩名。至外內動③。於介字④。賢静字。人名字。衆静字。矣助字。當動字。時名字。則連字。榮內動。沒內動。則連字。已內動。焉助字。孔子名字。布衣兩名。傳外動⑤。十静字。餘同上。世名字。學動字。者代字。宗外動。之代字。自介字。天名字。子名字[6]。王侯兩名。中静字。國名字[7]。言外動。六静字。藝名字。者代字。折動字。中名字。於介字。夫静字。子名字[8]。可動字。謂動字。至狀字。聖静字。矣助字。

①刊誤云：「此〈云〉字乃助字。王氏經傳釋詞（卷三）所謂『語已字』是也。馬氏認作〈云曰〉之〈云〉字，而以下文爲〈云〉字之止詞，誤矣。下節亦同誤。」②又云：「〈天下〉爲一名字，不必分析。」③〈外内動〉，疑衍〈外〉字。④刊誤云：「下段云：『〈至於〉二字，并作介字用。』其説是也，當從之。」⑤又云：「傳，内動字。據下段，馬氏以〈十餘世〉爲司詞，則固以爲内動也。」⑥〈天子〉〈中國〉〈夫子〉，楊氏以爲均當作爲一名，不必分析。⑦〈天子〉〈中國〉〈夫子〉，楊氏以爲均當作爲一名，不必分析。⑧〈天子〉〈中國〉〈夫子〉，楊氏以爲均當作爲一名，不必分析。

今仍前書，於逐字下注其所居之次以爲式：

余主次，居首。讀語詞，後置。孔氏偏次，在先。書讀之止詞，在賓次，又爲正次，故後之。想見語詞也，其起詞蒙上〈余〉字。其讀之起詞。爲語詞人賓次，又〈其爲人〉三字成讀，乃〈想見〉之止詞。適語詞。其起詞仍蒙上文〈余〉字。魯司詞，含〈於〉字，猶云於魯也。觀語詞，其起詞同上。仲尼偏次。廟堂亦在偏次，然爲〈仲尼〉之正次。車服禮器〈觀〉之止詞；而四字皆居正次，猶云仲尼之廟堂中所陳之車服以及禮器也。諸静字。言〈生〉之多少，故先之。生起詞。以介字。時其司詞。習〈生〉之語詞。禮〈習〉之止詞。其代字而居偏次。家司詞，猶云於其家也。余起詞。低徊狀〈留〉字，故先之。留語詞。之止詞[1]。不狀〈能〉，故先之。能去語詞。云動字。後置，以明所述之事。天偏次。下偏次，〈天〉之正次[2]。君王兩正次，猶云〈天之下之君王〉。〈衆矣〉之起詞。至於并作介字用。賢人介字司詞。衆矣表詞。當語詞。其起詞蒙上〈君王〉等字，時止詞。則連字。榮語詞。没語詞。則已焉。亦語詞。孔子布衣，起詞[3]。傳語詞。十餘世司詞，含於字也。學者起詞。宗之語詞。自介字。天子王侯皆司詞。中國偏次，猶云中國之言六藝者。言語詞。六藝止詞。者〈者〉爲起詞字，必後置。又自〈天〉字至〈者〉字，皆〈折〉之起詞。折語詞。中作止詞用。於介詞，夫子其司詞。可語詞。

其起詞承上文。即〈夫子〉。謂動字，附於〈可〉字。至聖矣表詞。

①刊誤云：「〈留〉字，上段馬氏注云『内動』，是也。内動不當有止詞，〈留之〉猶云〈留於此〉。〈之〉字實司詞，但省去介字耳。」　②又云：『以〈下〉爲偏次，正次，是又以爲名字，與上段認爲静字者自相矛盾矣。要之〈天下〉當合爲一名，馬氏前後兩説皆未當。』　③又云：『〈布衣〉針對上文君王而言。〈孔子〉處讀當略逗。蓋〈孔子〉爲起詞，〈布衣〉爲表詞。』

以上言起詞者，即主次也；言止詞者，即賓次也。下仍引前書，爲注句讀先後以明之：

余讀孔氏書，此讀也，既以言〈想見〉之時與〈想見〉之由，皆所以狀〈想見〉也，故先之。想見句中語詞。其爲人。自成爲讀，乃〈想見〉之止詞。適魯，言地之讀，以表所〈觀〉之地。狀讀，故先焉。觀仲尼廟堂車服禮器，此言所〈觀〉之器，下言〈習禮〉之人。諸生以時〈以時〉加詞，言習之時，故亦先置。習禮其家，〈諸生〉至〈其家〉言〈習禮〉之人，可作一讀，亦爲〈觀〉之止詞。至此句止。余低徊留之讀也。言不能之故，故先置。不能去云。至此句止。天下君王至於賢人，至此爲起詞。衆矣；一句。當時讀，言時。則榮，句。没讀，言時。則已焉。句。兩小平句。孔子布衣，傳十餘世，〈十餘世〉爲加詞。至此一句。學者宗之。又句。自天子王侯中國言六藝者，至此爲讀，而爲起詞。折中於夫子，句。以上之句，亦可作讀觀皆以言〈至聖〉之由。可謂至聖矣。句止。

右界説都計二十三，凡以正名也。閲者先將界説之義玩索有得，以知其命意之所指，與其孰先孰後之位，而後接觀下卷，方能了然。切勿以其淺易而忽視之也。

實字卷之二

名字二之一

名字所以名一切事物者，省曰『名』。

名字共分兩宗：一以名同類之人物，曰『公名』①。禽獸二名，凡翼者皆名曰禽，凡蹄者皆名曰獸，故禽獸名爲公名。凡名之不止名一物者，皆此類也。

① 公名，通常稱『普通名詞』。英文爲 Common Nouns，嚴氏譯爲『公名』。

一以名某人某物者，曰『本名』①。曰堯曰舜者，古今來止一人爲堯，一人爲舜，故稱曰本名。嵩岳泰岱止一山之名，江淮河漢止一水之名，皆曰本名。

① 本名，通常稱『固有名詞』。英文爲 Proper Nouns，嚴氏譯爲『本名』。

書籍有用本名爲公名者，

〔孟滕下〕在於王所者，長幼卑尊皆薛居州也，王誰與爲不善？——〈薛居州〉本名也，而此則公用矣，猶云「皆如薛居州之善士」也。〔孟盡上〕附之以韓魏之家，如其自視欿然，則過人遠矣。——〈韓魏〉本名也，而用以表富如韓魏者之家，則公名矣。

又有用地之公名指人者，

〔孟滕下〕四海之内皆曰非富天下也。——四海之内，代指四海内之人。〔史貨殖傳〕天下熙熙，皆爲利來；天下壤壤，皆爲利往。——〈天下〉，以指天下之人。〔史李廣列傳〕故怒形則千里竦，威振則萬物伏。——〈千里〉亦指千里内所居之人也。他如〈陛下〉〈閣下〉之名，皆以指人，蓋以所居者指其所居之人也。

更有以地之本名指人者。

〔韓送楊支使序〕知其客可以信其主者，宣州也；知其主可以信其客者，湖南也。——〈宣州〉〈湖南〉兩地本名也，今以指宦於斯地之人。人以地名，古無是也，唐以後則然。

公名別分爲二：一曰『群名』①，所以稱人物之聚者。

二千五百人爲〈師〉，五百人爲〈旅〉，又五家爲〈鄰〉，二十五家爲〈里〉，萬二千五百家爲〈鄉〉，五百家爲〈黨〉，故〈師〉〈旅〉〈鄰〉〈里〉〈鄉〉〈黨〉皆群名也。

① 群名，通常稱『集合名詞』。英文爲 Collective Nouns，嚴氏譯爲『凡最之名(Collective Names)』。

一曰『通名』①，所以表事物之色相者，蓋離乎體質以爲言也。

〔論學而〕夫子温良恭儉讓以得之。——〈温〉〈良〉〈恭〉〈儉〉〈讓〉，皆夫子之德耳。又〈恭〉〈寬〉〈信〉〈敏〉〈惠〉與夫〈剛〉〈毅〉〈木〉〈訥〉〈位〉〈禄〉〈名〉〈壽〉等字，皆通名也②。

① 通名，通常稱『抽象名詞』。英文爲 Abstract Nouns，嚴氏譯爲『懸意之名』，省曰『懸名』。　② 文典於上諸名外，更列『物質名詞』一種，其定義謂：「物質者，謂其物有一定之原質，爲他物之所從出者也。」其論物質名詞與普通名詞之不同，則謂：「普通名詞者，同類多數之物之名也。有數，自可直接限以數字，如一草、一木之類。物質名詞者，乃同類多量之物之名也。既曰量矣，則自非得如數之可指而數之者也。故物質名詞不得用如一米、一鹽之類。」因是楊氏刊誤主張當於名詞中列入『物質名詞』。而語法更列『量詞』一種，謂「量詞就是表數量的詞，添加在數詞之下，用來作所計數的事物之單位」云。

書中通名最習見，而通名往往假借静字，

〔漢張敞傳〕夫心之精微，口不能言也；言之微眇，書不能文也。——〈精微〉與〈微眇〉皆静字，今用爲通名矣。〔韓釋言〕賜之大，禮之過，知之至，是三者於敵以下受之，宜以何報。——〈大〉〈過〉〈至〉三字，本静字也，而用爲通名。〔韓上于相公書〕不知鞍馬之勤，道途之遠也。——〈勤〉〈遠〉二字本静字，而用如通名。〔孟萬下〕用下敬上，謂之貴貴；用上敬下，謂之尊賢。——〈上〉〈下〉〈賢〉〈貴〉本静字也，而用以指人。經籍中假借静字以爲通名者，皆是也。

假借動字，

〔韓上于相公書〕聖賢之能多，農馬之知專故也。——〈能〉〈知〉動字也，而用如通名。〔韓上鄭相公書〕竊自計較，受與報不宜在門下諸從事後。——〈受〉〈報〉動字也，而用如通名。〔韓答侯繼書〕冀足下知吾之退未始不爲進，而衆人之進未始不爲退也。——〈進〉〈退〉動字也，而用作通名。其見於他書者，不可枚舉。

更有假借狀字者。

〔莊逍遥游〕天之蒼蒼，其正色耶？——〈蒼蒼〉重言，本狀字也，今假借爲名。〔史商君列傳〕千人之諾諾，不如一士之諤諤——兩重言本狀字也，而名用之。〔史屈原列傳〕人又誰能以身之察察受物之汶汶者乎？〔韓原道〕彼以煦煦爲仁，孑孑爲義，其小之也則宜。——義皆同上。〔孟盡下〕賢者以其昭昭使人昭昭，今以其昏昏使人昭昭。——上〈昭昭〉與上〈昏昏〉皆狀字也，而用如名字[①]。

① 刊誤云：「重言之字，仍當各以其字之性質與用法定之。此〈蒼蒼〉及下文之〈昏昏〉〈昭昭〉，皆静字假借爲名；〈諾諾〉〈察察〉，則本爲動字而假借爲名。馬氏之説非是。」

至同一字而或爲名字，或爲别類之字，惟以四聲爲區別者，皆後人强爲之耳。稽之古籍，字同義異者，音不異也。雖然，音韻之書，今詳於古，亦學者所當切究。而况聲律之文，惟此之務乎。爰録如干爲則：

〈比〉字：「皋比」，虎皮也，名也，當平讀。禮學記之「比物醜類」，解比較也，則動字矣，當上讀。而周禮夏官「大國比小國」，解親近之義，亦動字也，則去讀。〈分〉字：易繫辭上「物以群分」，別也，動字，平讀。禮禮運「禮達而分定」，名分也，名也，則去讀。〈王〉字：名用，平讀。詩大雅皇矣「王此大邦」，動字，去讀。〈尼〉字：〈僧尼〉，名也，平讀。孟子梁惠王上「止或尼之」，動字，入讀。〈令〉字：名字，去讀。動字，平讀。〈衣〉字：名則平讀，動字去讀。〈妻〉字：名則平讀，動字去讀。〈空〉字：静字也，詩小雅白駒「在彼空谷」，平讀。考工記函人「眡①其鑽空」，名字也，上讀。論語先進「回也其庶乎屢空」，窮也，亦静字去讀。〈思〉字：名用，去讀。動字，平讀。〈除〉字：解殿陛也，名用，平讀。書泰誓「除惡務本」，漢書田蚡傳「君除吏盡未」，皆動字，平讀。惟詩唐風蟋蟀「今我不樂，日月其除」，解去也，則去讀。〈慮〉字：淮南子原道訓「澹然無慮」，解思慮，名用，平讀。書太甲下「弗慮胡獲」，憂疑也，動字，去讀。〈冠〉字：名用，平讀。動字，去讀。〈咽〉字：曰「咽喉」，名也，平讀。曰「哽咽」，動字，入讀。〈庭〉字：易節「不出户庭」，名字，平讀。莊子逍遥游「大有徑庭」，静字，去讀。〈衷〉字：書湯誥「降衷於下民」，解方寸所藴也，名字，平讀。左傳隱公九年「衷戎師」，當也，動字，去讀。惟史記孔子世家贊「折衷於夫子」，此〈衷〉字平仄兼讀。〈扇〉字：禮月令「乃修闔扇」，又箑也，名字，去讀。束皙補亡詩「四時遞謝，八風代扇」，動字，平讀。〈釘〉字：名也，平讀。動字以釘釘也，去讀。〈乘〉字：詩小雅六月「元戎十乘」，名也，去讀。易乾「時乘六龍以御天」，解駕也，孟子公孫丑上「不如乘勢」，解因也，詩豳風七月「亟其乘屋」，解治也，皆動字，平讀。〈疏〉字：揚雄解嘲「獨可抗疏時道是非」，解奏疏也，名也，去讀。孟子滕文公上「禹疏九河」，解通也。禮祭義「祭不欲疏」，解稀也，一爲動字一爲静字，皆平讀。〈培〉字：名字去讀。左傳襄公二十四年「培塿②無松柏」，小阜也，名也，去讀。禮中庸「栽者培之」，養也，動字也，平讀。〈牽〉字：挽舟索也，通〈縴〉，名也，去讀。易夬「牽羊悔亡」，引也，動字，平讀。〈教〉字：易觀「聖人以神道設教」，解所以教也，名也，去讀。解教之也，動字也，平讀。〈荷〉字：芙蕖也，名也，平讀。論語憲問「有荷蕢而過孔氏之門者」，動字也，上讀。〈盛〉字：書泰誓「犧牲粢盛」，祀器中之黍稷也，名也，平讀。易繫辭上「日新之謂盛德」，静字也，去讀。〈屏〉字：名也，平讀，詩大雅板「大邦維屏」。動字，上讀，禮王制「屏之遠方」，解除去也。〈鈔〉字：名也，去讀，楮貨名，一貫二貫三貫五貫謂「大鈔」，一百二百三百五百七百謂「小鈔」，見宋史食貨志。動字，平讀，漢書公孫瓚傳「剋期會日攻鈔郡縣」，略取也。又與俗〈抄〉字同解。〈創〉字：名也，平讀，史記蕭相國世家[3]「身被七十創」，解傷也。動字，去讀，孟子梁惠王下「創業垂統」，解始也，造也。書益稷「予創若時」，懲也。〈湯〉字：名也，平讀，楚辭九歌「浴蘭湯兮沐芳[4]」。又「殷湯」，去讀，動字也，熱水沃也。〈量〉字：名也，去讀，書舜典「同[5]律度量衡」。動字，平讀，丈量，商量也，周禮夏官「量人」。〈喪〉字：平讀，名也，論語八佾「臨喪不哀」，持服曰〈喪〉，去讀，動字也，又「二三子何患於喪乎」。又子罕「天之將喪斯文也」。〈楷〉字：平讀，名也，孔林之木。上讀，動字也，禮儒行「今世行之，後世以爲楷」。式也，法也。又「模楷」。〈聞〉字：去讀，名也，聲所至也，詩大雅卷阿「令聞令望」，又「聲聞」。平讀，動字也，書堯典「俞，予聞如何」，聞知也。〈傳〉字：去讀，名也，「經傳」與「驛傳」「列傳」之類。平讀，動字也，續也，布也，禮曲禮上「七十曰老而傳」。〈號〉字：去讀，名也，「號令」「稱號」之類。易渙「渙汗其大號」。又齊語「使周游於[6]四方，以號召天下之賢士」。平讀，動字也，詩大雅蕩「式號式呼」，大呼也。〈膏〉字：平讀，名也，「脂膏」，又肥也，孟子告子上「所以不願人之膏粱之味也」。去讀，動字也，詩曹風下泉「陰雨膏之」。〈稱〉字：去讀，名也，權衡也，俗作〈秤〉；又度也。作動字用，易繫辭上「君子以稱物平施」，適可之也。平讀，動字也，禮月令「蠶事既登，分繭稱絲，效功以共郊[7]廟之服」，知輕重也。又揚也，禮表記[8]「稱人之美[9]則爵之」。又言也，禮檀弓「言在不稱徵」。〈劑〉字：平讀，名也，「質劑」，券書也。去讀，動字也，「調劑」「藥劑」之意。〈鋪〉字：去讀，名也，賈肆，俗作〈舖〉。平讀，動字也，詩序「賦之言鋪陳今之政教善惡」[10]，解布也。而「金鋪」，則門之銜環者，亦名也。〈墳〉字：平讀，名也，禮檀弓「古者墓而不墳」。仄讀，静字也，書禹貢「白墳」「赤墳」，土膏肥也。〈論〉字：平讀，名也，「評論」「魯論」「齊論」之類。去讀，動字也，書周官「論道經邦」，禮王制「凡官民材，必先論之」。〈彈〉字：去讀，名也，行丸也，又「彈丸」。

平讀，動字，鼓爪也，史記屈原列傳「新沐者必彈冠」。又糾劾也。〈緣〉字：去讀，名也，衣純也。漢書公孫弘傳「緣飾以儒術」，注云「猶衣加純緣也」。平讀，動字，循也，「緣木求魚」。又因也。〈監〉字：平讀，名也，禮王制「天子使其大夫爲三監」。詩小雅賓之初筵「既立之監」。去讀，動字，視也，詩大雅皇矣「監觀四方」。又〈監〉〈鑒〉通，書酒誥「人無于水監，當于民監」。而官寺爲〈監〉，名也，去讀。〈縫〉字：去讀，名也，禮檀弓「古者冠縮縫，今也衡縫」。平讀，動字，以針紩衣也，詩召南羔羊「羔羊之縫」。〈親〉字：去讀，名也，「親家」「姻親」之屬。左傳桓公二年「庶人工商各有分親」。平讀，動字，近也，愛也，「身親庶務」。又論語學而「因不失其親」。〈橈〉字：平讀，名也，博雅[11]「楫謂之橈」。去讀，動字，易大過「棟橈」，枉也。又禮月令「乃命[12]有司申嚴百刑，斬殺必當[13]，毋或枉橈。」〈燒〉字：去讀，名也，野火曰〈燒〉。平讀，動字，爇也。〈操〉字：去讀，名也，「節操」「琴操」之屬。平讀，動字，禮曲禮上「必操几杖以從之」。〈磨〉字：去讀，名也，石磑也。隋書天文志「如蟻旋磨」[14]。平讀，動字，詩衛風淇奥「如琢如磨」。〈興〉字：去讀，名也，趣也，「詩興」「乘興」之屬，而「比興」讀亦同。平讀，動字，詩衛風氓「夙興夜寐」。又静字，盛也，詩小雅天保「天保定爾，以莫不興」。〈擔〉字：去讀，名也，左傳莊公二十二年「弛於負擔」。平讀，動字，國策秦策「負書擔橐[15]」。〈騎〉字：去讀，名也，「軍騎」「驃騎」之類。平讀，動字，跨馬也。〈難〉字：去讀，名也。禮曲禮上「臨難毋苟免」，患難也。又詰辨之解，則動字矣，平讀。「難易」之解，静字也，亦平讀。〈藏〉字：去讀，名也，禮中庸「寶藏興焉」。平讀，動字，匿也，易文言「陽氣潛藏」。又蓄也，易繫辭「君子藏器於身」。〈籠〉字：去讀，藏也，「箱籠」「藥籠」。平讀，動字，漢書食貨志「盡籠天下之貨物」[16]。而盛矢之器曰〈籠〉，亦名也。〈觀〉字：去讀，名也，「宮觀」「京觀」之稱，卦名同。平讀，動字，書盤庚上「予若觀火」。〈鹽〉字：平讀，名也，周禮天官「鹽人掌鹽之政令，以供百事之鹽[17]」。去讀，動字，禮内則「屑桂與薑，以灑諸上而鹽之」。

①原誤〈胝〉。　②〈培塿〉，左傳作〈部婁〉。　③原誤〈曹〉。　④原衍〈華〉。　⑤〈同〉字原敚。　⑥〈於〉字原敚。　⑦原誤〈宗〉。　⑧原衍〈君子〉。　⑨原誤〈善〉。　⑩詩序正義引注(周禮注)曰：「賦之言鋪，直鋪陳

今之政教善惡。」馬氏以爲詩序，誤。　⑪博雅，原名廣雅，魏張揖撰。揖字稚讓，清河人，太和中官博士。書凡十卷，因爾雅舊目，而增廣之，隋祕書學士曹憲爲之音釋，避煬帝諱，改名博雅。　⑫〈乃命〉原誤〈令〉。　⑬此句原敚。　⑭按漢書無此語，此例蓋自康熙字典轉引。字典僅著「天文志」，亦未詳何史。惟隋書天文志有「譬之於蟻行磨石之上，磨左旋而蟻右去，磨疾而蟻遲」之語，字典或節取其辭也。　⑮原誤〈囊〉。　⑯原作「籠貨物」，「籠鹽鐵」，亦自康熙字典轉引，食貨志無此語。　⑰原敚〈鹽人〉及〈之鹽〉四字。

按古籍中諸名往往取雙字同義者，或兩字對待者，較單辭隻字，其辭氣稍覺渾厚。雙字同義者，如〈規模〉〈威儀〉〈形容〉〈紀綱〉〈典章〉〈矩矱〉〈德政〉〈禮樂〉〈度數〉〈制度〉〈性命〉之類。其對待之名，率假借於動静諸字，此〈古今〉〈是非〉〈升沈〉〈通塞〉〈升降〉〈可否〉〈安危〉〈出入〉〈寬嚴〉〈否泰〉〈因革〉〈盛衰〉〈進退〉之屬。

左傳成公十三年呂相絶秦篇内，雙字之名難以盡舉。如「申之以盟誓，重之以昬姻」，又「文公躬擐甲冑，跋履山川，逾越險阻」，又「散離我兄弟，撓亂我同盟，傾覆我國家」，又「又欲闕翦我公室，傾覆我社稷，帥我蝥賊，以來蕩搖我邊疆」云云。

莊子馬蹄「馬蹄可以踐霜雪，毛可以禦風寒」。又「連之以羈馽，編之以阜棧」，又「故純樸不殘，孰爲犧尊，白玉不毁，孰爲珪璋，道德不廢，安取仁義，性情不離，安用禮樂」云云。

漢文最渾厚，其名字多用雙字。漢書高帝紀内，有「美須髯」，「願爲箕帚妾」，「珍寶盡有之」，「婦女無所幸」，「籍吏民，封府庫」，「丁壯苦軍旅，老弱罷轉餉」，「命蕭何次律令，韓信申軍法，張蒼定章程，叔孫通制禮儀」云[1]。刑法志内，「大刑用甲兵。其次用斧鉞，中刑[2]用刀鋸，其次用鑽鑿，薄刑用鞭扑」，「亂獄滋豐，貨賂並行」，「畜積歲增，户口寖息[3]，風流篤厚，禁罔疏闊」，「畫衣冠，異章服以爲戮[4]」，「夫刑至[5]斷支體」云云，蓋有不可勝指者。

①疑敚〈云〉字。　②原誤〈其次〉。　③此句原敚。　④三字原敚。　⑤三字原敚。

名字之前，加静字以表其已然之情者，常也，兹不具論。而有時加一狀字——如「不」字「無」字——於静字名字之先，而并爲一名者。

〔左隱元〕多行不義。——〈義〉，静字也，〈不〉字先之，并成一名，而指〈不義〉之事。〔又昭四〕晉有三不殆。——〈殆〉亦静字，〈不〉字先之，而解爲〈不殆〉之事。〔又文十八〕且多行無禮於國。——〈無禮〉者，無禮之行也。〔韓與柳中丞書〕屠燒縣邑，賊殺不辜。——〈不辜〉者，無辜之人也。〔史趙世家〕愚者闇成事，智者睹未形，則王何疑焉。——〈未形〉者，未見之事也。〔韓韋公墓誌銘〕上書告公所爲不法若干條。——〈不法〉者，非法之事也。

名有一字不成詞，間加「有」字以配之者，詩書習用之。若所加「有」字，無實義之可指，而爲有無之解，亦散見於他書。

書經邦曰〈有邦〉，居曰〈有居〉，夏曰〈有夏〉，政曰〈有政〉。易經家曰〈有家〉，廟曰〈有廟〉。詩經北曰〈有北〉，昪曰〈有昪〉，梅曰〈有梅〉。左傳濟曰〈有濟〉，帝曰〈有帝〉。而國號之上，率加〈有〉字，如〈有虞〉〈有夏〉〈有殷〉〈有周〉之類，以上見經傳釋詞①。若莊子則陽篇：「有名有實，是物之居。无名无實，在物之虚。可言可意，言而愈疏」。其〈有〉字乃有無之解，非此例也。

①見經傳釋詞第三，云：「〈有〉，語助也。一字不成詞，則加〈有〉字以配之。」

至於公名、本名後殿以「者」字者，所以特指其名而因以詮解其義也。其殿以「也」字者，所以頓宕其名而因以剖明其義也。或叠用「也」字爲殿者，則以歷陳同類之事，要皆以助詞氣之用耳。另詳助字篇内。

公名殿〈者〉字者，論語所稱〈仁者〉〈知者〉之類①。〔又八佾〕三家者以雍徹。——〈者〉字特指〈三家〉，而心斥其非分之事。〔莊列禦寇〕人者厚貌深情。——〈者〉字指意中所感之〈人〉，非泛常之〈人〉，而特詮其義於後。〔又庚桑楚〕且夫二子者又何足以稱揚②哉。——其義同上。

本名殿〈者〉字者，〔莊逍遥游〕南冥者，天池也。齊諧者，志怪者也。——〈南冥〉〈齊諧〉皆本名，〈者〉煞之，所以爲詮解之地步也。〔韓答衛中行書〕如愈者又焉能之。——〈者〉所以特指也，猶云「有如是之愈何能爲之耶」。〔史淮陰侯列傳〕至如信者，國士無雙。——特指〈信〉以明其才之不可匹也。〔又高帝本紀〕呂公者好相人。——〈者〉以特指〈呂公〉。〔又屈原列傳〕屈原既死之後，楚有宋玉唐勒景差之徒者皆好辭。——〈者〉指以上諸人而總記之也。

名後殿以〈也〉字者，本名居多。〔論八佾〕賜也爾愛其羊，我愛其禮。——他如〈回也〉〈由也〉〈求也〉之類，不一而足，皆頓宕其名而因以申明其義也。〔莊逍遥游〕野馬也，塵埃也，生物之以息相吹也。——〈野馬也〉一頓，〈塵埃也〉解之也，〈生物之以息相吹也〉所以申明之也。〔韓行難〕齊也晉也，且有二與七十，而可謂今之天下無其人邪？——〈齊〉〈晉〉一頓，下則剖明其義，猶言「二國尚有二盜與七十人之可舉，豈今天下無人耶」。〔公莊三十二年〕般也存，君何憂焉。〔又〕魯一生一及，君已知之矣，慶父也存。——兩〈也〉字殿諸本名之後，皆所以頓宕其詞氣也。〔韓鄆州谿堂詩序〕惟鄆也截然中居。——義亦如前。〈也〉字殿本名，見於古籍者亦有之。至如論語子罕「麻冕，禮也」，「拜下，禮也」，皆決斷之詞，不在此例。

〔禮中庸〕曰君臣也，父子也，夫婦也，昆弟也，朋友之交也。〔韓與崔群書〕至於稻也，粱也，膾也，炙③也，豈聞有不嗜者哉？——〈也〉殿諸名之後，皆以歷數同類之事。

①刊誤云：「〈仁〉〈知〉二字，乃馬氏所謂通名，此以爲公名之例，亦誤。」　②原誤〈物〉。　③原誤〈炙〉。

要之名無定式，凡一切單字偶字，以至集字成頓成讀，用爲起詞、止詞、司詞者，皆可以名名之①。

〔漢霍光傳〕君行周公之事。——〈君〉名也，單字而爲起詞者，其止詞則爲〈周公之事〉。〔又〕霍氏之禍，萌於驂乘。——〈霍氏之禍〉四字，爲〈萌〉之起詞，視同一名。〈驂乘〉偶字，名也，而爲〈於〉之司詞。〔又賈誼傳〕凡人之智，能見已然②，不能見將然。夫禮者禁於將然之前，而法者禁③於已然之後。——〈凡人之智〉與〈禮者〉〈法者〉，皆爲起詞，又〈已然〉〈將然〉，皆兩狀字，而爲〈見〉之止詞，又〈將然之前〉〈已然之後〉集四字而成者，則爲〈於〉之司詞，用與名字無異。〔韓送文暢師序〕如吾徒者，宜④當告之以二帝三王之道，日月星辰之行，天地之所以著，鬼神之所以幽，人物之所以蕃，江河之所以流而語之。——〈五帝三王之道〉、〈日月星辰之行〉，集字成頓，而爲〈以〉之司詞。〈天地之所以著〉至〈江河之所以流〉，四讀也，亦爲〈以〉之司詞，皆作名字觀。〔史趙世家〕夫論至德者不和於俗，成大功者不謀於衆。——〈論至德者〉與〈成大功者〉兩讀也，各爲起詞，視同名字。〔論子罕〕吾未見好德如好色者也。——〈好德如好色者也〉，一讀也，而爲〈見〉之止詞，用如名字。學者閱書，要當玩索字句，則取譬宏矣。

①章氏文典稱此類之詞爲『名詞短語』。　②原衍〈而〉字。　③原誤〈施〉。　④原誤〈固〉。

代字二之一

代字者，所以指名也，文中隨在代名而有所指也。凡行文所以用代字者，免重複，求簡潔耳。〔孟滕下〕曰是何傷哉，彼身織屨，妻辟纑，以易之也。——〈是〉〈之〉皆代字，指上文〈仲子之室〉〈仲子之粟〉①。〈彼〉代字，代上文〈仲子〉。假使無代之者，則必字字重書，而行文累贅矣。〔史滑稽列傳〕馬者，王之所愛也。以楚國堂堂之大，何求不得而以大夫禮葬之？薄請以人君禮葬之。——〈所〉字與〈葬〉後兩〈之〉字，皆用以代〈馬〉也②。如不用代字，則當云「馬者王愛之馬，以楚國堂堂之大，何求不得，而以大夫禮葬馬？薄，請以人君禮葬馬」云，豈不重複可厭！

①刊誤云：「〈是〉字指仲子所居之室非伯夷所築，仲子所食之粟非伯夷所樹而言，不單指仲子之室與粟也。」　②〈所〉字諸家多認爲『代字』。惟楊樹達氏以爲『被動助動字』，陳承澤氏則以爲『冠象』（冠於名字上之象字），而劉復氏更分爲三種：一，表被動，二，副詞，三，代詞。詳見楊氏文通刊誤、高等國文法叙及陳氏國文法草創、劉氏中國文法講話半農雜文二集奉答楊君遇夫文。

凡爲所代者：前乎代字而見者曰『前詞』①。亦有後乎代字而見者，亦曰『前詞』。蓋意中必先有所代者，而後代者從之，則前者其意，不前者其文耳。

〔漢高帝紀〕賢士大夫有肯從我游者，吾②能尊顯之。——〈之〉指賢士大夫中之〈從游者〉故〈從游者〉爲〈之〉之前詞。〔莊逍遥游〕夫子立而天下治，而我猶尸之。——〈之〉指〈天下〉故〈天下〉乃〈之〉之前詞。〔孟告下〕軻也請無問其詳，願聞其指，説之將何如？——兩〈其〉字指宋牼之所以説秦楚也，〈之〉指〈秦楚〉也。故凡所指者，即其前詞也。

〔孟公下〕吾聞之③，君子不以天下儉其親。——〈之〉指〈君子〉一句而反先焉，所指雖後，而爲〈之〉之前詞猶若也。論語雍也：「吾聞之也，君子周急不繼富。」同。

① 章氏國文典謂之『先行詞』。 ② 原誤〈我〉。 ③ 原衍〈也〉字。

代字指前詞，則所指非特一字已也，凡與前詞攸關者胥指焉。故前詞或爲頓，或爲讀，或爲句，或爲節，舉爲所指。『頓』者，集數字而成者也①。蓋起詞、止詞、司詞之冗長者，因其冗長，文中必點斷，使讀時不至氣促『節』者，集數句數讀而成，詞意畢達，無剩義也。

〔論先進〕如用之，則吾從先進。——〈之〉惟指〈禮樂〉二字。〔禮中庸〕君子依乎中庸，遯世不見知而不悔，惟聖者能之。——〈之〉指前兩句。〔論顏淵〕君子成人之美，不成人之惡，小人反是。——〈是〉字統指兩句。〔孟盡下〕及其爲天子也，被袗衣，鼓琴，二女果，若固有之。——〈之〉指〈被袗衣，鼓琴，二女果〉。〔史汲鄭列傳〕東越相攻，上使黯往視之。——〈之〉指〈東越相攻〉一讀。〔史酷吏列傳〕於故人子弟爲吏及貧昆弟，調護之尤厚。——〈於故人〉至〈貧昆弟〉一頓，〈之〉指焉。〔史游俠列傳序〕至如閭巷之俠，脩行砥名，聲施於天下，莫不稱賢，是爲難耳。——〈是〉指以上一節。〔史滑稽列傳〕臣見其所持者狹而所欲者奢，故笑之。——〈之〉指道旁爲此之人。〈其〉〈所〉兩字亦各有所指。

①『頓』，普通稱『短語』。英文爲 Phrase，嚴氏譯爲『仂語』。

有有代字而無前詞者，則以所指者爲共知之事理，讀者可默會耳。

〔孟盡上〕附之以韓魏之家。——〈之〉懸指如此之人，亦無前詞先之也。〔論學而〕其爲人也孝弟，而好犯上者鮮矣。——〈其〉亦懸擬其人而指之也。〔莊駢拇〕若其殘生損性，則盜跖亦伯夷已。——〈其〉亦懸擬之人，非有前詞也。〔又則陽〕斯而析之，精至於无倫，大至於不可圍。或之使，莫之爲，未免於物，而終以爲過。——〈之〉指理，前文未見。〔論學而〕學而時習之。——〈之〉指道，亦空指也。

文内間有應用代字之處，其顯豁者，不用固無害於義，亦有不用而文晦者。

〔禮大學〕此以没世不忘也。——注云：「此所以既没世而人思慕之，愈久而不忘也。」則〈此〉下含一〈所〉字明矣①。〔又〕道盛德至善，民之不能忘也。——即「民之所不能忘也」。〔莊大宗師〕造適不及笑，獻笑不及排。——應云「造適者不及笑」，蓋〈不及笑〉乃〈造適〉之人，非其事也，故〈造適〉下含一〈者〉字。下句同。〔史高帝紀〕擇可立立之。——猶云「擇可立者立之」，蓋所〈擇〉者〈可立〉之人也。〔漢霍光傳〕曲突徙薪亡恩澤，燋頭爛額爲上客。——上文云「謝其鄰人灼爛者」「而不録言曲突者」，則此二句猶云「曲突徙薪者」「燋頭爛額者」。〔韓胡良公墓神道碑〕非其身力，不以衣食。——猶云「非其身所力者不以衣食」，而刪〈所〉〈者〉兩代字，句益遒勁。愚謂無害於義者，皆此之類，古籍中往往而有。〔史淮陰侯列傳〕淮陰屠中少年有侮信者，曰②：「若雖長大，好帶刀劍③，中情怯耳。」——而漢書刪去〈若〉字，文義較晦。又新唐書段秀實傳云：柳宗元稱太尉曰：「吾戴吾頭來矣。」乃文自明。改唐書云：「吾戴④頭來矣」，閲者縱不至誤謂他人之頭，然節去一〈吾〉字，便無精神。史家積習，喜改舊文，類然。

①注，指朱熹氏集注。劉淇氏助字辨略云：「〈此以〉，猶云〈是以〉〈所以〉。刊誤云：「〈此以〉，疑與〈是以〉同。」　②原誤「淮陰少年辱信云」。　③此句原敚。　④按馬説蓋本宋邵博氏聞見後録卷十四而誤。後録云：「柳子厚書段太尉逸

事：「解佩刀選老躄者一人，持馬至郭晞門下。甲者出，太尉笑且入曰：吾戴吾頭來矣。」宋景文修新書曰「吾戴頭來矣」，去一〈吾〉字，便不成語。〈吾戴頭來〉者，果何人之〈頭〉耶。」舊唐書段秀實傳内不采柳宗元所書逸事，新書全就柳文删改，非改舊書，亦不著「柳宗元」云云也。又兩〈戴〉字原均誤〈帶〉。

代字共别爲四宗：曰『指名代字』，曰『接讀代字』，曰『詢問代字』，曰『指示代字』，各爲疏解於左①：

①『指名代字』，英文爲 Personal Pronoun，嚴氏譯爲『三身稱代』。普通多稱『人稱代名詞』『接讀代字』，英文爲 Relative Pronoun，嚴氏譯爲『複牒稱代』，楊樹達氏即稱爲『複牒代名詞』，黎錦熙氏稱爲『聯接代名詞』，劉復氏稱爲『關接代詞』，章士釗氏即合於人稱代名詞中，而陳承澤氏則以爲於國文非甚必要。『詢問代字』，英文爲 Interrogative Pronoun，嚴氏譯爲『發問稱代』，普通多稱『疑問代名詞』『指示代字』，英文爲 Demonstrative Pronoun，嚴氏譯爲『指事稱代』，劉復氏稱爲『静性代詞』。

指名代字二之三

一、指名代字更判兩種：一指所語者，一指前文者①。

①前者即普通所謂『人稱代名詞』。

（一）指所語者，當前對語，不呼本名，惟取公共之字以代人己之稱。己者，發語者也，其代字爲〈吾〉〈我〉〈余〉〈予〉諸字。人者，或爲與語者，其代字爲〈爾〉〈汝〉〈而〉〈若〉諸字，或爲所爲語者，其代字爲〈彼〉〈夫〉〈之〉字。凡此代字，可無前詞而直指者也。各字用法不同，今爲引書一一以明之①。

①〈發語者〉普通稱爲『第一人稱』(The First Person)，〈與語者〉爲『第二人稱』(The Second Person)，〈所爲語者〉爲『第三人稱』(The Third Person)。

發語者〈吾〉字，按古籍中用於主次、偏次者其常，至外動後之賓次，惟弗辭之句則間用焉，以其先乎動字也。若介字後賓次，用者僅矣。

〔孟公下〕吾甚慚於孟子。——〈吾〉在主次。〔孟梁上〕王曰何以利吾國，大夫曰何以利吾家，士庶人曰何以利吾身。——三〈吾〉皆偏次也。〔左襄十一年〕楚弱於晉，晉不吾疾也。——猶云「晉不疾吾也」，此爲弗辭之句，〈吾〉代字，止詞，在賓次，而先於外動〈疾〉字弗辭之句。止詞爲代字，位概先其動字，其例見後。〔韓送廖道士序〕訪之而不吾告，何也？——同上。〔左成十六〕夫子嘗與吾言於楚，必是故也。——〈吾〉在賓次，而爲介字司詞，實僅見也。同一句法，孟子則易爲〈我〉字。——昔者夫子嘗與我言於宋，於心終不忘。（滕上）①

①按史陸賈傳「過汝，汝給吾人馬酒食極欲」，韓祭十二郎文「嫂嘗撫汝指吾而言曰」，〈吾〉在動字後賓次。左桓六年「是其生也，與吾同物」，史張儀傳「爲吾謝蘇君」，〈吾〉在介字後賓次。

〈我〉〈予〉兩字，凡次皆用焉。

〔論爲政〕我對曰無違。〔孟萬上〕予既烹而食之矣。——此主次也。〔孟梁上〕於我心有戚戚焉。〔又公下〕於予心猶以爲速。——此偏次也。〔孟梁上〕願夫子明以教我。〔又公上〕爾何會比予於是。——此動字後之賓次也。〔孟離下〕尹公之他學射於我。〔論述而〕天生德於予。——此介字後賓次也。惟〈我〉字古書皆用之，而〈予〉字則論孟而外，鮮見於他書者①。〔史封禪書〕九合諸侯，一匡天下，諸侯莫違我。——左傳吕相絶秦書内，〈我〉字數見。〔史留侯世家②〕爲我楚舞吾③爲若楚歌。

①刊誤云：「詩書中屢見。」　②原誤〈高帝本紀〉。　③原誤〈我〉。

〈余〉字用於主次與動字後賓次者居多；若偏次，有間以〈之〉字者；而介字後賓次則罕見。

〔左宣十五①〕余，而所嫁婦人之父②也。〔史晏子列傳〕余雖爲之執鞭，所忻慕焉。——此主次也。〔離騷〕名余曰正則兮，字余曰靈均③。——〈余〉兩用，皆動字後賓次也。〔韓丞廳壁記〕余不負丞而丞負余。——〈余〉兩用，一主次，一賓次。〔史自序〕是余之罪也夫，是余之罪也夫，身毀不用矣。——〈余〉在偏次，間以〈之〉字。〔左襄十四〕是而子殺余之弟也。——同上。〔又襄十④〕既無武守而又欲易余罪。——同一偏次而無〈之〉字爲間矣。

〈吾〉〈我〉〈予〉之爲偏次也，概無〈之〉字爲問，而〈余〉字有之，故特表之。

①原誤〈成二〉。　②原誤〈夫〉。　③〈正則〉下原敚〈兮〉字。此爲離騷文，原誤作屈原列傳。　④原誤〈十六〉。

〈朕〉〈台〉兩字，亦發語者自稱也，書經用之。古者貴賤皆自稱〈朕〉，秦始皇二十六年，定〈朕〉爲皇帝自稱，臣下不得僭焉，至今仍之。古者〈臣〉字亦對人之通稱，非如後世之專指臣下也。

〔書大禹謨〕朕宅帝位。〔又湯誥〕罪當朕躬。〔史始皇本紀〕吾慕真人，自謂真人，不稱朕。——所引〈朕〉字，一主次，一偏次，一賓次。至〈台〉字則散見於書經。〔史信陵君①列傳〕臣乃②市井鼓刀屠者，而公子親數存之。——〈臣〉乃朱亥對公子自稱，非有君臣之分。〈臣〉者僕也。如今之自稱〈僕〉云，秦後乃專指臣下矣。

①原作〈魏公子〉。　②〈乃〉字原敚。

代與語者，〈爾〉〈汝〉兩字，各次皆用。〈若〉字用於主賓兩次，偏次則惟用於稱呼之人，未有用於物者。〈而〉字用於主次者其常，偏次亦惟合於稱呼之人，賓次則罕用之。

〔左宣十五①〕我無爾詐，爾無我虞②。——爾之在主次賓次也。〔孟萬下〕爾爲爾，我爲我。——〈爾〉在介字後賓次也③。〔又〕其至，爾力也其中，非爾力也。——〈爾〉在偏次。

〔左僖二十四〕女爲惠公來求殺余，命女三宿，女中宿至。——〈女〉三用，其一主次，其二賓次，其三又主次也。

〔左文十八〕人奪女妻而不怒，一抶女，庸何傷。——〈女〉兩用，其一偏次，其二賓次。〔漢陸賈傳〕與女約，過女，女給人馬酒食，極欲④。——〈女〉三用，其一介後賓次，其二動字後賓次⑤，其三主次。

〔莊齊物論〕既使我⑥與若辯矣，若勝我，我不若勝，若果是也，我果非也邪？——〈若〉字四用，其一介後賓次，其二主次，其三動字後賓次，其四又主次。〔史曹相國世家〕若歸，試私從容問而父曰。——〈若〉在主次。〔又〕然無言吾告若也。——〈若〉在賓次。〔史項羽本紀〕吾翁即若翁，必欲烹而翁，則幸分我一杯羹。——漢書作「吾翁即汝翁，必欲亨迺⑦翁，幸分我一盃羹」。是則〈若〉〈而〉〈乃〉三字皆〈汝〉也，皆用於偏次，且皆附於稱呼之人。

〔左宣十五⑧〕余，而所嫁婦人之父也。——〈而〉在主次。〔史留侯世家〕呂后真而主矣。——〈而〉在偏次。〔又曹相國世家〕若歸，試私從容問而父曰。——〈而〉在偏次。〔左定八〕而先皆季氏之良也。——〈而〉在偏次。且皆合於稱呼之人，未有合於物者，與〈若〉字同。⑨

經史内指與語者，習用〈子〉字。〈子〉，男子美稱，名也，然每用如代字，故在偏次必間以〈之〉字。文中凡語所親者曰〈爾〉〈汝〉，此韓祭十二郎文與祭女挐文疊呼〈爾〉〈汝〉者也。而語所友者，古曰〈子〉，今曰〈君〉，曰〈公〉，曰〈執事〉，曰〈閣下〉，則又以代〈爾〉〈汝〉之代字矣。

①原誤〈成二〉。②原誤「爾無我詐，我無爾虞」。下〈主次〉〈賓次〉應互易。③刊誤云：「此〈爲〉字乃論語『子爲誰』之〈爲〉，是動字，非介字。」④二字原敓。⑤刊誤云：「〈過女〉乃〈過於女〉之省略……〈女〉當爲介字後賓次，非動字後賓次。」⑥原誤〈吾〉。⑦〈亨迺〉，原作〈烹乃〉。⑧原誤〈成二〉。⑨按馬氏謂〈若〉〈而〉〈乃〉三字之偏次，惟合於稱呼之人，未有用於物者，其説非也。如史吴王濞傳「若狀有反相」，管子山權數「賜若服中大夫」，呂覽慎大「若國有妖乎」，左昭六年「而罪一也……而罪二也……而罪三也」，齊策「剗而類」，史張儀傳「我不盜而璧」，皆非罕見之例。至〈乃〉字之用於物者，在尚書中不勝枚舉，費誓一篇，〈乃〉字凡十見，其下多爲〈弓矢〉〈甲冑〉〈戈矛〉等字。

所爲語者，惟一〈彼〉字用於句之主次，而讀之主次則用〈其〉字。（另詳）〈彼〉字用於賓次者其常，而用爲偏次者則爲指示代字矣。至〈他〉〈伊〉〈渠〉三字，經籍中雖有其字，而無〈彼〉字之解，爲此解者，蓋後世俗文假用耳。〈夫〉字間與〈彼〉字互用，或單用，惟主次耳，他次則未之見也。用於偏次者，則亦爲指示代字，非此例也。

〔孟梁上〕「彼奪其民時」「彼陷溺其民」。——兩〈彼〉字無前詞，皆指所爲語之〈王〉。〔又滕上〕彼丈夫也，我丈夫也，吾何畏彼哉！——兩〈彼〉字，一主次，一賓次。〔又梁上〕以小易大①，彼惡知之。——〈彼〉在主次，指前之〈百姓〉也。〔史留侯世家〕彼背其主降陛下②。——〈彼〉在主次。〔韓師説〕彼與彼，年相若也。——兩〈彼〉字，一主次，一介後賓次。〔史留侯世家〕上怪之③，問曰：「彼何爲者？」——〈彼〉在主次。〔漢賈誼傳〕彼自丞尉以上④遍置私人。——〈彼〉亦在主次。統觀以上〈彼〉字之在主次，若易以〈其〉字，則不成文矣。此〈彼〉爲句之主次而〈其〉爲讀之主次，兩字之別耳。〔孟梁下〕君如彼何哉。〔又盡下〕在彼者皆我所不爲也。〔又滕下〕如枉道而從彼，何哉？〔又盡上〕何不使彼爲可幾及而日孳孳也。——以上〈彼〉字，皆在賓次。孟子內〈彼〉字多用於賓次，皆有輕視口氣，他書則不概見。〔左僖二十八〕君退臣犯，曲在彼矣。——蓋〈在〉字後習用〈彼〉字。

〔漢賈誼傳〕彼且爲我死，故吾得與之俱生；彼且爲我亡，故吾得與之俱存；夫將爲我危，故吾得與之皆⑤安。——〈彼〉兩句兩用，第三句易〈彼〉爲〈夫〉，皆在主次，此〈彼〉與〈夫〉互用之明證也。〔孟盡上〕夫有所受之也。——〈夫〉單用主次，如易爲〈彼〉亦可。〔莊公三十二〕夫何敢，是將爲亂乎，夫何敢？——兩〈夫〉字皆作〈彼〉字解。〔左襄二十六〕夫獨無族姻乎？——〈夫〉亦〈彼〉也。

〈彼〉〈夫〉二字用於偏次者，則有指示之意，詳於指示代字。

①原誤作「以大易小」。 ②按留侯世家無此語。 ③二字原敓。 ④原誤〈下〉。 ⑤原誤〈俱〉。

（二）指名代字用以指前文者，〈之〉〈其〉二字最爲習用。韻會①解〈其〉爲指物之辭，所謂〈物〉者，兼人物言，且兼人已言。

〔左隱元〕愛公叔段，欲立之。——〈之〉指〈叔段〉，指人。〔又〕請京，使居之。——〈之〉指〈京〉，指物。〔史汲鄭列傳〕合己者善待之，不合己者不能忍見。——〈之〉指人。〔史馮唐列傳〕閫以內者，寡人制之，閫以外者，將軍制之。——兩〈之〉指閫內外之事，此〈之〉之指人物者。

〔史大宛列傳〕大祿怒其不得代太子也，乃收其諸昆弟。——兩〈其〉字，一主次，一偏次，皆指大祿。〔又〕奮行者官過其望，以適過行者皆絀其勞。——兩〈其〉字偏次，指兩等之人。〔莊齊物論〕夫吹萬不同，而使其自己也，咸其自取，怒者其誰邪？——前兩〈其〉字，皆主次，指萬不同之竅。〔又人間世〕汝不知夫養虎者乎？不敢以生物與之，爲其殺之之怒也；不敢以全物與之，爲其決之之怒也。時其飢飽，達其怒心，虎之與人異類，而媚養己者順也，故其殺者逆也。——五〈其〉字皆指〈虎〉。此〈其〉之指人物者。〔史信陵君列傳②〕臣乃③市井鼓刀屠者，而公子親數存之。——〈之〉指〈朱亥〉，對〈公子〉自稱，謂己也。〔秦策〕今先生儼然不遠千里而庭教之。——〈之〉，秦王對蘇秦④言，謂己也。〔韓上張僕射書〕愈蒙幸於執事，其所從舊矣。若寬假之使不失其性。——〈其〉偏次，〈之〉賓次，皆愈謂己也。〔韓劉正夫書〕足下家中百物，皆賴而用也，然其所珍愛者必非常物。——〈其〉主次，指與語之人。〔又崔群書〕足下之賢，雖在窮約，猶能不改其樂。——〈其〉偏次，指與語之人。〔孟滕上〕今也父兄百官不我足也，恐其不能盡於大事。——〈其〉主次，滕文公自謂也。

惟〈之〉字無指與語者，〈其〉字所指，人已無分。

①韻會，本稱古今韻會，元黄公紹撰，凡三十卷，併古韻之二百六部爲一百七韻，今已散佚。馬氏此文，蓋據康熙字典轉引者。

②原誤〈魏公子世家〉。

③原敚〈乃〉字。

④原誤〈范雎〉。

〈之〉字單用，賓次者其常。

〔史封禪書〕臣師非有求人，人者求之。——〈之〉乃〈求〉之止詞，位居賓次。〔史陸賈傳〕試爲我著秦所以失天下吾所以得之者何。——〈之〉〈得〉之止詞。〔莊人間世〕有人於此，其德天殺。與之爲无方則危吾國，與之爲有方則危吾身。〈之〉兩用，皆介後賓次。〔又〕彼且爲嬰兒，亦與之爲嬰兒，彼且爲无町畦，亦與之爲无町畦，彼且爲无崖，亦與之爲无崖，達之入於無疵。——〈之〉凡四用，皆賓次也。〔左昭二十五①〕君其許之，政自之出久矣。——〈之〉兩用，亦皆賓次。〔韓與衛中行書〕存乎己者，吾將勉之，存乎天②，存乎人者，吾將任彼而不用吾力焉。——〈之〉在賓次。〔論顔淵〕愛之欲其生，惡之欲其死。——〈之〉亦然。〔孟離上〕所欲與之聚之，所惡勿施爾也。——〈之〉兩用，一〈與〉字後，一動字後，皆賓次。〔韓原道〕是故③以之爲己，則順而祥。——〈之〉，〈以〉字後賓次。〔又盤谷序〕與之酒而爲之歌曰。——〈爲〉介字也，〈之〉其司詞，在賓次。此本左傳襄公二十九年季札觀樂篇內「爲之歌」等句。

①原誤〈二十六〉。　②原衍〈者〉字。　③二字原敚。

〈之〉字有爲主次者，經籍中僅一二見。

〔禮檀弓〕公再拜稽首，請於尸曰：「有臣柳莊也者，非寡人之臣，社稷之臣也，聞之死，請往。」——「聞之死」，〈之〉爲〈死〉之主次。「聞之死」，猶之「聞其死」也。然究不若「聞其死請往」之爲順也。〔荀子王制〕之所以接下之人百姓者。——第一〈之〉字主次。「之所以」作「其所以」，語氣更順。

〈之〉在〈爲〉字後有偏次之解；其他動字後，則〈之〉爲偏次者僅矣。

〔公成十五〕爲人後者爲之子也①。——下云「爲人後者爲其子」，則〈之〉解〈其〉字之確證，故〈之〉居偏次。〔論先進〕吾不徒行以爲之椁。〔又公冶〕千室之邑，百乘之家，可使爲之宰也。——〈之椁〉〈之宰〉兩〈之〉字，可作〈其〉字解。〔史匈奴列傳〕今天下大安，萬民熙熙，朕與單于爲之父母。——〈之〉偏次，猶云「爲其父母」也。〔又廉頗列傳〕且相如素賤人吾羞不忍爲之下。——猶云「吾羞爲其下」也。〔莊逍遥游〕覆杯水於坳堂之上，則芥爲之舟。——猶云「則芥可爲水之舟」也。設改作「則芥爲舟焉」亦通。〈焉〉者代〈於此〉也，故〈之〉字應作轉詞，詳後。前引「吾不徒行以爲之椁」句，〈之〉亦轉詞也。〔趙策〕亡則二君爲之次矣。——云「爲其次」也。〔又②〕彼則肆然而③爲帝，過而遂止於天下，則連有赴東海而死矣④，吾不忍爲之民也。——云「爲其民」也。〔韓上于襄陽書〕莫爲之前，雖美而不彰，莫爲之後，雖盛而不傳。——猶云「爲其前」「爲其後」也。〔左哀元〕逃奔有虞，爲之庖正。——云「爲其庖正」也。〔又昭五〕國家之敗，失之道也，則禍亂興。——云「失其道也」。〔韓文暢師序〕人固有儒名而墨行者，問其名則是，校其行則非，可以與之游乎？如有墨名而儒行者，問之名則非，校其行則是，可以與之游乎？——前云「問其名」，後云「問之名」，則〈之〉可通〈其〉而在偏次，且不在〈爲〉字之後。然究不若「問其名」之爲詞順也。〔左昭十六〕斬之蓬蒿藜藋⑤而共處之。——上〈之〉字可作〈其〉字解。〔史項羽本紀〕項王乃⑥

疑范增與漢有私，稍奪之權。——猶云「奪其權」也。然此〈之〉字可作轉詞解。故除〈爲〉字外，〈之〉字在動字後而爲偏次者僅矣⑦。

〔書泰上〕作之君，作之師。——猶云「爲之立君，爲之立師」也。昌黎本此，於原道作「爲之君，爲之師」，於句甚順。而其後連用「爲之衣」「爲之食」「爲之宫室」「爲之工」諸句，諸〈之〉字皆不可以偏次例之。蓋可解作「爲之立君」「爲之立師」「爲之製衣」云云，則〈之〉爲司詞矣。

①〈也〉字原敚。　②原誤〈秦策〉。　③〈而〉字原敚。　④原誤〈耳〉。　⑤原誤〈藿〉。　⑥〈項王乃〉，原誤〈項羽〉。　⑦刊誤云：「……古文〈之〉〈其〉二字互用者甚多，馬氏但引左傳項羽本紀韓文四例，謂爲僅見之例，實不然也。」

〈之〉在偏次，有指示之意，與〈此〉〈是〉諸字同義，則爲指示代字。

〔莊逍遥游〕之二蟲，又何知？——「此二蟲」也。〔又知北游〕知以之言也問乎狂屈。——「知以此言」也。〔又逍遥游〕之人也，之德也，將磅①礴萬物以爲一世蘄乎亂。——〈之人〉〈之德〉，猶云〈此人〉〈此德〉②。

①原作〈旁〉。　②刊誤云：「此類用法之〈之〉字及〈此〉〈是〉諸字，當定爲指示静字，不當以爲偏次代字。」

〈之〉合〈於〉字，疾讀之曰〈諸〉，書中〈諸〉字代〈之於〉者常也，而亦有單用〈之〉字以代〈諸〉者。

〔論衛靈〕子張書諸紳。——即云「子張書之於紳」也。〔左襄二十六〕棄諸堤下。——「棄之於堤下」也。〔魯語〕君若①使有司求諸故府。——「求之於故府」也。〔論憲問〕與文子同升諸公。——「升之於公」也②。〔漢董仲舒傳〕少則習之學，長則材諸位。——此〈諸〉〈之〉互用之證。〔又賈誼傳〕臣請稽之天地，驗之往古。——猶云「稽之於天地，驗之於往古」也。〔孟滕上〕禹疏九河，瀹濟漯而注諸海，决汝漢，排淮泗而注之江。——〈之〉〈諸〉互用。〔韓與崔群書〕至於心所仰服，考之言行而無瑕尤，窺之閫奥而不見畛域，明白淳粹，輝光日新者，惟吾崔君一人。——兩〈之〉皆代〈之於〉也。〔又左司馬李公墓誌銘〕讒宰相者言之上曰。——「言之於上」也。〔史孟荀列傳〕作先③合，然後引之大道。——「引之於」也。〔又廉頗藺相如列傳〕得璧傳之美人以戲弄臣。——「傳之於」也。

①二字原敚。　②刊誤云：「此〈諸〉字只代〈於〉字，不代〈之於〉。……蓋此〈升〉字爲内動字……也。」　③原誤〈先作〉。刊誤云：「古人文字最喜省略介字：廉頗傳、孟荀傳、賈誼傳、李公墓誌四例，皆省去介字〈於〉字耳，非以〈之〉代〈諸〉也。」

〈諸〉代〈之於〉，而〈於〉與〈乎〉同聲，故〈諸〉又代〈之乎〉。

〔論雍也〕堯舜其猶病諸。——「病諸」者，「病之乎」也。〔論先進〕子路問：「聞斯行諸？」——「行之乎」也。〔左文五①〕皋陶庭堅②不祀忽諸？——「忽之乎」也③。

以上〈之〉代〈之於〉，皆有所指。若大學「人之其所親愛而辟焉」，〈之〉亦代〈之於〉，則惟代其聲耳，此〈之〉字乃所以成讀之語氣，而非有所指也，其例見後。經學家直謂〈之〉當作〈於〉，並無左證。蓋不知〈之〉代〈之於〉之例，更不知〈之〉爲成讀之語氣，故未免武斷耳。④

①原誤〈三〉。　②四字原敚。　③〈忽諸〉杜注云「忽然而亡」，馬氏解似誤。　④經學家，蓋指王引之氏。王氏經傳釋詞九云：「〈之〉猶〈於〉也。〈諸〉〈之〉一聲之轉，〈諸〉訓爲〈於〉，故〈之〉亦訓爲〈於〉。禮記檀弓曰：『之死而致死之，不仁；之死而致生之，不知。』言：『於死而致死之，則不仁；於死而致生之，則不知也。』鄭訓〈之〉爲〈往〉，失之。大學曰：『人之其所親愛而辟焉。』言：『於其所親愛而辟焉。』鄭訓〈之〉爲〈適〉，亦失之。」朱熹章句亦云：「〈之〉猶〈於〉也。」按此〈之〉字似當從鄭訓，〈適〉也，〈往〉也，〈至〉也，「之其所親愛而辟焉」，猶言「至其所親愛而辟焉」。

〈其〉字指名有兩用焉：一爲讀之起詞而居主次，一以附名而居偏次。〈其〉爲讀之主次者，或其讀爲一句之起詞，或爲一句之止詞，或其讀有連字而詞氣未全者。至承接之讀，則〈其〉字仍居主次，而爲接讀代字，非此例也。若〈其〉字附名，或指前文，或代己字，或有指示之意，則皆先乎名而居偏次，與静字無異。

讀爲一句之起詞而〈其〉字在主次者：〔孟梁上〕惡在其爲民父母也？——問句倒文，猶云「其爲民父母也果何在乎」，故〈其爲民父母也〉之讀，乃〈在〉之起詞，而〈其〉字其主次也。〔孟告下〕其爲人也好善。——〈其爲人也〉一讀，乃〈好〉之起詞，〈其〉字其主次也。〔孟萬下〕其至，爾力也，其中，非爾力也。——兩〈其〉皆讀之主次。〔史匈奴列傳〕故其見敵，則逐利如鳥之集，其困敗，則瓦解雲散矣。——〈其見敵〉一讀，乃〈逐利〉之起詞，〈其困敗〉一讀，乃〈瓦解〉之起詞，兩讀皆以〈其〉字冠之。〔又管晏列傳〕其爲政也，善因禍而爲福，轉敗而爲功。——〈其〉冠讀，居主次，而讀爲〈善〉之起詞。〔又汲鄭列傳〕其見敬禮如此。——〈其見敬禮〉一讀，乃〈如此〉之起詞，而〈其〉字主之。〔論里仁〕其爲仁矣，不使不仁者加乎其身。——〈其爲仁矣〉一讀，〈其〉字其主次也。〔莊列禦寇〕故其就義若渴者，其去義若熱。——〈其就義〉〈其去義〉兩讀，〈其〉字主之。

讀爲一句之止詞，而〈其〉字爲其主次者：〔孟梁上〕王若隱其無罪而就死地，則牛羊何擇焉？——〈其無罪而就死地〉，讀也，而爲〈隱〉之止詞。蓋〈王〉所〈隱〉者非其〈牛〉也，乃〈牛無罪而死〉故也，〈其〉字主次。〔孟滕下〕雖日撻而求其齊也，不可得矣。——〈其齊也〉乃〈求〉之止詞，而〈其〉字主之。〔孟萬上〕親之欲其貴也，愛之欲其富也。——〈其貴〉〈其富〉乃〈欲〉之止詞。蓋所〈欲〉者非其人也，乃欲其人之〈富〉也。此與論語顔淵「愛之欲其生，惡之欲其死」同一句法。句中〈之〉〈其〉兩字，同指一人，而兩字卒不可互易者，則〈之〉必賓次，而〈其〉必主次之故耳①。如孟告子上「天下莫不知其姣也」，「人見其禽獸也」，盡心下「惡莠恐其亂苗也」諸句，〈其〉皆主次。〔韓與崔群書〕人無賢愚，無不説其善，伏其爲人。——〈其善〉〈其爲人〉，皆止詞之讀也。〔又〕青天白日，奴隸亦知其清明。——〈其清明〉，〈知〉之止詞。〔又上宰相書〕則將大聲疾呼而望其仁之也。——〈其仁之也〉，〈望〉之止詞。〔趙策〕且秦無已而帝，則且變易諸侯之大臣，彼將奪其所謂不肖，而與其所謂賢，奪其所憎，而與其所愛。——四〈其〉字皆讀之主次，而四讀皆止詞也。〔左僖二十三〕及曹，曹共公聞其駢脅，欲觀其裸。浴，薄而觀之。——兩〈其〉字讀之主次，而爲〈聞〉字〈觀〉字之止詞。〔趙策〕媪之送燕后也②，持其踵③爲之泣，念悲其遠也，亦哀之矣。——〈其遠也〉〈悲〉之止詞。

讀蒙連字而〈其〉爲主次者：〔孟梁上〕爲其象人而用之也。——〈爲〉連字，蒙讀以言其故，而〈其〉字爲讀之主次。〔孟梁下〕比其反也，則凍餒其妻子，則如之何。——〈比〉連字，蒙讀以記其時，而〈其〉字主之。〔孟公上〕人之有是四端也，猶其有四體也。——〈猶〉亦連字，蒙讀以爲比。〔孟盡上〕如其自視欿然，則過人遠矣。——〈如〉連字，蒙讀以爲假設也。〔左僖二十八〕入曹，數之以其不用僖負羈而乘軒者三百人也。——〈以〉連字，蒙讀以言故。〔又〕若其不還，君退臣犯，曲在彼矣。——〈若〉字假設之詞，連字也。〔又昭二十〕雖其善祝，豈能勝億兆人之詛。——〈雖〉字，推宕之連詞也。〔史平原君列傳〕士方其危苦之時易德耳。——〈方〉字記時之連字也。〔又項羽本紀〕會其怒，不敢獻，君爲我獻之。——〈會〉亦記時也[4]。以上諸蒙連字者，皆詞氣未完之讀，而主次則惟〈其〉字易以〈彼〉字，則不詞矣。〈其〉字用於偏次者最爲習見：〔孟梁上〕我非愛其財而易之以羊也。——〈其〉指〈百姓〉，猶云「百姓之財」，故在偏次。〔孟梁下〕工師得大木，則王喜，以爲能勝其任也[5]。——〈其〉指〈工師〉[6]。〔莊在宥〕其熱焦火，其寒凝冰，其疾俛仰之間，而再撫四海之外。——〈其〉指上文〈人心〉也。〔史屈原列傳〕其文約，其辭微，其志潔，其行廉。——諸〈其〉字指上文〈離騷〉，皆偏次也。書籍中〈其〉字爲偏次者，所在皆是。

〈其〉解如〈己〉字者，則所指必同一句讀也。〔孟梁上〕彼奪其民時。——「奪己民之時」也。〔又公下〕諫於其君而不用，則怒，悻悻然見於其面。——兩〈其〉字皆謂己也。〔又盡上〕盡其心者，知其性也。知其性，則知天矣。存其心，養其性，所以事天也。——四〈其〉字皆謂己也。〔莊胠篋〕當時是也，民結繩而用之，甘其食，美其服，樂其俗，安其居。——四〈其〉字亦謂己也。〔史貨殖列傳〕人各任其能，竭其力，以得所欲。——兩〈其〉字代己字。〔禮大學〕君子賢其賢而親其親，小人樂其樂而利其利。——四〈其〉字謂己也。〔韓何蕃傳〕蕃之力不任其體，其貌不任其心。——〈其體〉〈其心〉猶云己體己心也[7]。以上所引，〈其〉字爲偏次者，皆指同句同讀之起詞也。

〈其〉字用爲指示者：〔史項羽本紀〕今欲舉大事，將非其人不可。——猶云「非有如此之人」也。〔左昭五〕苟有其備，何故不可。——即云「苟有如是之備」也。〔史文帝本紀〕其歲，新垣平事覺。——〈其歲〉者，〈是歲〉也。〔後漢禮儀⑧志〕其日，乘輿先到辟雍禮殿。——〈其日〉者，〈是日〉也⑨。

〈其〉有指示之意而習以爲更端之語者：〔史大宛列傳〕其屬邑大小七十餘城，衆可數十萬⑩。其兵弓矛騎射。其北則康居，西則大月氏⑪，西南則大夏，東北則烏孫，東則扜罙于窴⑫。于窴之西，則水皆西流注西海。其東，水東流注鹽澤，鹽澤⑬潛行地下。其南則河源出焉。——皆用〈其〉字蒙句以爲更端。而其後句法同者，則省〈其〉字，如〈其北〉後則惟云〈西則大月氏〉，至更端處，則又云〈其東〉〈其南〉云。書經無逸有「其在高宗」「其在祖甲」，則〈其〉字單用以爲更端也⑭。

更有〈其〉字用爲分數之母而在偏次者：〔孟公上〕夫二子之勇，未知其孰賢。——猶云「其二人之中孰賢」也。〔孟公下〕惡得有其一以慢其二哉！——〈其一〉者，猶云「三者中之一」也，〈其二〉者，猶云「三者中之二」也。〔左閔二〕寡人有子，未知其誰立焉。——〈其誰立〉者，猶云「諸子之中立誰」也。至〔韓上崔虞部書〕三人之中，其二人者⑮，固所傳聞矣。——〈其二人者〉猶云「三人中如彼二人者」云。則〈其〉字有指示之意而非爲分母矣。

①通論云：「〈之〉字是單格的代詞，他只做〈親〉〈愛〉兩字的受格；〈其〉字是兼格的代詞，他一面做了〈欲〉字的受格，一面又做了〈富〉〈貴〉兩字的主格。」　②〈也〉字原敓。　③原衍〈而〉字。一本作「持其踵而泣之甚悲，念其遠也」。　④刊誤云：「〈爲〉〈比〉〈以〉〈方〉皆介字，〈猶〉，同動字。馬氏俱以爲連字，誤矣。」　⑤原誤〈矣〉。　⑥按〈其〉指〈巨室〉，非指工師。　⑦刊誤云：「〈其〉字只當〈彼之〉二字解……固不必認爲當〈己〉字解。」　⑧原誤〈儀禮〉。　⑨〈其人〉〈其備〉〈其歲〉〈其日〉之〈其〉，普通均認爲指示形容詞。　⑩此句原敓。　⑪原作〈氏〉。　⑫〈窴〉原均作〈闐〉。　⑬二字原敓。　⑭〈其屬邑〉，〈其兵弓〉，〈其北〉與〈其東〉〈其南〉諸〈其〉字，楊氏以爲代〈大宛〉及〈于闐〉，不應既有指示之意又兼是更端之詞。　⑮〈者〉字原敓。

〈其〉字用諸賓次罕見。

〔韓殿中侍御史李君墓誌銘〕星官曆翁，莫能與其校得失。——〈與其校得失〉猶云〈與之校〉也。〔齊策〕孟嘗君使人給其食用，無使乏。——〈給其食用〉，猶云〈給之食用〉也①。〔韓左司馬李公墓誌銘〕是與其故，故得用。——言「與辛相有雅故」也。所引三〈其〉字，皆在賓次，誠不概見。

①刊誤云：「『給其食用』，猶云『供給他的食用』，〈其〉在偏次。」

指名代字，除〈之〉〈其〉兩字外，有〈此〉〈是〉〈斯〉〈茲〉四字，各指前詞而人已無分，且主賓偏三次胥位焉。日知録謂：「論語之言〈斯〉者七十，而不言〈此〉，檀弓之言〈斯〉者五十有二，而言〈此〉者一而已。大學成於曾氏之門人，而一卷之中，言〈此〉者十九。語言輕重之間，世代之别從可知已。」①蒙按尚書多言〈茲〉，論語多言〈斯〉，而孟子則通用〈此〉〈是〉諸字，惟引書一言「惟〈茲〉臣庶」而已。至〈是〉〈此〉二字，確有不可互易之處。凡指前文事理，不必歷陳目前，而爲心中可意者，即以〈是〉字指之。前文事物有形可迹，且爲近而可指者，以〈此〉字指之②。博雅云：「〈是〉，〈此〉也。」六書故③云：「〈此〉，猶〈茲〉也，〈斯〉也。」總承上文之辭。

〔孟梁上〕是乃仁術也。——〈是〉指以羊易牛之事。〔又滕上〕是率天下而路也。——〈是〉指許行之道。〔又公下〕其心曰是何足與言仁義也云爾。——〈是〉指齊王。〔左哀二十五〕是食言多矣。——〈是〉指郭重。〔又昭十二〕是良史也，子善視之。〔又〕是能讀三墳五典八索九丘。——兩〈是〉字指人。以上皆爲主次。〔孟公上〕無是餒也。〔又〕姑舍是。〔又離下〕有本者如是。——三〈是〉字指前文之事。〔莊養生主〕天之生是使獨也。——〈是〉指上文右師。〔漢高帝紀〕非盡族是，天下不安。——〈是〉指上文諸將。以上皆賓次。

〈是〉字習爲〈於〉〈以〉兩介字所司。〈是〉爲〈於〉字所司者則後焉，而爲〈以〉字所司者必先焉。其他介字鮮有爲所司者④。〔孟梁上〕吾何快於是。〔又公上〕爾何曾比予於是。〔又公下〕則不敬莫大乎是。——兩〈是〉字皆後〈於〉字。後〈乎〉字者亦然，〈乎〉〈於〉固可互也。〔漢鄭吉傳〕吉⑤於是中西域而立莫府。〔左僖十五〕於是展氏有隱慝焉。——兩〈是〉同上。〔莊天道〕是以行年⑥七十而老斲輪。〔左僖十五〕三施而無⑦報，是以來也。〔孟梁上〕是以後世無傳焉。〔又告上〕是以若彼濯濯也。——四〈是〉字皆司於〈以〉字而居先焉，此定式也⑧。

〈是〉字用於偏次者，凡書皆有。〔孟梁上〕是心足以王矣。〔又公下〕予豈若是小丈夫然哉。〔漢高帝紀〕是日，車駕西都長安。——〈是〉附於名，皆有指示之意。

〈此〉字用於主次者：〔孟梁上〕此率獸而食人也。〔又離下〕此亦妄人也已矣。——〈此〉字用於賓次者：〔孟梁上〕賢者亦樂此乎？〔又公下〕不識可以繼此而得見乎？〔又梁下〕今王鼓樂於此。〔又公上〕雖由此霸王不異矣。——此字用於偏次者：〔孟梁上〕此心之所以合於王者何也？〔又公上〕惟此時爲然。〔又〕今此下民。——凡〈此〉皆指上文之物，或當前可指之事也。〔左莊二十二〕陳衰，此其昌乎！——〈此〉，主次，指人，敬仲也。〔史貨殖列傳〕此有知盡能索耳。——〈此〉主次，指上文之人。〔漢高帝紀〕此聞帝崩，諸將皆誅，必連兵還鄉。——〈此〉指上文陳樊等，〈此〉與〈是〉字無異。詳觀以上所引諸句，〈是〉〈此〉二字⑨之别，學者可自得之。

〔論公冶〕斯焉取斯。——上〈斯〉主次，指〈其人〉，下〈斯〉賓次，指〈其德〉。〔論述而〕不圖爲樂之至於斯也。〔又泰伯〕於斯爲盛。——〈斯〉爲〈於〉後司詞，而在賓次。〔孟梁上〕如之何其使斯民飢而死也。〔又梁下〕必先斯四者。〔又〕鑿斯池也，築斯城也。〔又離上〕斯二者天也。——五用〈斯〉字，皆附名而在偏次。〔吕覽重言〕兹故不言。〔左昭元〕兹⑩心不爽。——兩〈兹〉字一主一偏。〔書大禹謨〕念兹在兹。〔論子罕〕文不在兹乎？〔詩大雅緜〕築室於兹。——三〈兹〉字皆在賓次。

①日知録，清顧炎武撰。炎武字寧人，號亭林，崑山人，著述甚富。此書共三十卷，爲讀書心得之劄記。所引見原書卷六檀弓條注。

②刊誤云：「以馬氏此説細按下文馬氏所舉諸例，『此率獸而食人也』，〈此〉字指前文事理，乃不用〈是〉而用〈此〉。『是良史也』，其事有形可迹，近而可指，亦用〈是〉而不用〈此〉。又就馬氏所舉之例比較之，『是率天下而路也』『此率獸而食人也』，句法完全相同，乃一用〈是〉，一用〈此〉。若取其文易爲『此率天下而路也』『是率獸而食人也』，又未嘗不可通。」

③六書故（原作〈六書〉，敚〈故〉字），元戴侗撰。侗字仲達，永嘉人。書凡三十三卷，分數、天文、地理、人、動物、植物、工事、雜、

疑九部，大旨主於以六書明字義，謂字義明，則貫通群籍，理無不明。 ④刊誤云：「〈自是〉〈由是〉，乃古書習見之例，是〈是〉字常爲介字〈自〉字〈由〉字所司。」 ⑤〈吉〉字原敚。 ⑥原誤〈是行年以〉。 ⑦原誤〈不〉。 ⑧按孟子萬章下「以是爲不恭」，左傳襄公十三年「以是觀之」，哀公元年「以是求伯」，穀梁傳桓公三年「以是爲近古也」，禮記三年問「以是象之也」，皆〈以〉先於〈是〉之例。 ⑨原衍〈兩字〉。 ⑩經傳釋詞八云：「〈兹〉者，承上起下之詞。」

〈於〉，介字也，不司〈之〉字。凡用〈於之〉兩字之處，〈焉〉字代焉①。玉篇②云：「〈焉〉，〈是〉也。」高郵王氏云：「〈焉〉，〈於是〉也。」〈焉〉代〈於是〉者，指事也，代〈於此〉者，指地也，代〈於之〉者，指人也③。〈焉〉代〈之〉字者，惟用於賓次耳。然皆用以煞句也。其用於句中者，藉以頓挫耳。〈焉〉字别用，散見於後④。

〔論憲問〕愛之能勿勞乎？忠焉能勿誨乎？——〈忠焉〉者，〈忠於君〉也。〈忠〉爲内動字，不若〈愛〉爲外動字也。上云〈愛之〉，則下句當云〈忠於是〉矣。而〈於是〉不習用，故〈焉〉代焉。〔左襄二十一⑤〕昔陪臣書能輸力於王室，王施惠焉。——〈王施惠焉〉者，「施惠於書」也。〔史屈原列傳〕其存君興國而欲反覆之，一篇之中，三致意焉。——〈三致意焉〉者，「三致意於是」也。〔左隱元〕虢叔死焉，佗邑唯命。——〈虢叔死焉〉者，「虢叔死於此」也。〔又隱十一〕使營菟裘吾將老焉。——〈吾將老焉〉者，「老於此」也。〔又僖五〕初，晉侯使士蔿爲二公子築蒲與屈，不慎，寘薪焉。——〈寘薪焉〉者，「寘薪於此」也。以上〈焉〉代〈於是〉〈於此〉者，皆以煞句也。

二事相比，必用〈於〉字以置所與比者之先，而〈焉〉代〈於此〉，用煞比較句者，最爲習見。〔孟梁上〕晉國天下莫强焉。——〈莫强焉〉者，「莫强於是」也。〔孟梁上〕曰殆有甚焉。——「甚於是」也。〔孟盡上〕樂莫大焉。〔又〕求仁莫近焉。——皆此類也。〔左僖二十四〕尤而效之，罪又⑥甚焉。——「甚於是」也。

〈焉〉代〈於是〉〈於此〉用於句中者：〔論雍也〕女得人焉爾乎？——猶云「女於此得人耳乎」。〔孟梁上〕寡人之於國也，盡心焉耳矣。——猶云「盡心於此耳矣」。孟子正義引高誘注〈焉〉作〈於是〉解⑦。〔公宣六〕勇士入其大⑧門，則無人門焉者，入其閨，則無人閨焉者。——猶云「無人門於此者，無人閨於此者」。〔漢文帝紀〕是從事焉尚寡，而吏未加務也。——猶云「是從事於是者尚寡」也。〔韓柳子厚墓誌銘〕落陷穽[9]不一引手救，反擠之，又下石焉者皆是也。——猶云「又下石於是者」也。〔荀子議兵〕若赴水火，入焉焦没耳。——猶云「入於此即焦没耳」[10]。〔禮月令〕天子焉始乘舟[11]。——猶云「天子於是始乘舟」也。〈於是〉者，〈於其時〉也，古書習用之。〔晉語〕乃立奚齊，焉始爲令。——同上。惟高郵王氏必以〈焉始〉兩字連讀，似牽合耳[12]。〈焉〉代〈於是〉者，記始爲令之時也，〈始〉記其事之緣起也，兩者有不必相連者矣。

〈焉〉代〈之〉者，〔論衡靈〕衆惡之，必察焉；衆好之，必察焉。——孟子梁惠王下有「國人皆曰賢，然後察之」，此〈焉〉可代〈之〉之證，惟〈焉〉以煞句較宜耳。〔左僖二十三[13]〕子女玉帛，則君有之；羽毛齒革，則君地生焉。——下句〈焉〉代〈之〉，以煞句也。〔史十二諸侯年表序〕秦因雍州之固，四國迭興，更爲伯主，文武所褒大封，皆威而服焉。——〈焉〉代〈之〉，上指秦。〔漢循吏傳〕太守甚任之，吏民愛敬焉——同上。〔韓送文暢師序〕惜其無以聖人之道告之者，而徒舉浮屠之説贈焉。——亦前意也。〔又畫記〕絶人事而摸得[14]之，游閩中而喪焉。〔又〕余幸勝而獲焉。——〈焉〉代〈之〉以殿句也。

①陳氏草創云：「馬氏以〈焉〉爲代字而解爲〈於此〉〈於是〉之義。〈焉〉亦助字，非代字也。如孟子『於此有人焉』，公羊傳『隱於是焉而辭立』，北史『於焉靡既』等例，决不能仍認〈焉〉爲代字也。用〈焉〉之時，往往不須目的副語，或略去〈於此〉〈於是〉等字，此誠有之，然徑以〈焉〉字爲代字則不可。」（頁一〇）　②玉篇，梁顧野王撰。野王字希馮，吴人。書凡三十卷，依説文部首分類，每字下先列音切，次注字義，間引古籍作證。　③刊誤云：「〈焉〉字本可兼指事、指地、指人三項。」　④又云：「〈焉〉代〈之〉字……古書不專以之煞句也。如左傳襄二十一年云：『若大盗，禮焉以君之姑姊妹與其大邑。』……却在句中……又並不作頓挫之用也。」　⑤原誤〈二十〉。　⑥原誤〈有〉。　⑦孟子正義，清焦循撰。循字理堂，江蘇甘泉人。乾隆舉人，不應禮部試，閉户著書。自易書詩禮春秋經傳以及論孟諸書皆有述作。尤以孟子正義與易學諸書爲最著。高誘，漢涿郡人，著有孝經解，及注戰國策吕氏春秋淮南子等。按孟子正義引公羊傳何休注〈焉爾〉猶〈於是〉也，謂〈焉耳〉當作〈焉

爾〉。馬氏作高誘注，誤。　⑧〈大〉字原敚。　⑨原誤〈井〉。　⑩經傳釋詞訓〈焉〉爲〈乃〉，云「言入乃焦没也」。　⑪按今本禮記作「乃告舟備具於天子焉，天子始乘舟」。王氏經傳釋詞以爲〈焉〉字應從吕氏春秋置〈始乘舟〉上，馬氏所引蓋從釋詞。　⑫經傳釋詞訓〈焉〉猶〈於是〉，引儀禮聘禮、禮記月令、晉語、山海經諸例，以爲「皆古人以〈焉始〉二字連文之證」，證明今本月令之誤，非謂〈焉始〉兩字必須連讀也。　⑬原誤〈二十五〉。　⑭〈摸得〉，原誤〈摹〉。

〈身〉〈親〉〈自〉〈己〉四字，皆重指代字，人己通稱，而〈身〉〈親〉二字必居主次。〈身〉者，明其人之與其事也，〈親〉者，表其人之行其事也，有動静之分焉。

〔史項羽本紀〕乃遣其子宋襄相齊，身送之至無鹽①。——〈身送之〉，記宋襄之自送也。〔漢高帝紀〕必身勸爲之駕。——必自往勸也。〔史項羽本紀〕吾起兵至今八歲矣，身七十餘戰。——羽自經七十餘戰也。〔荀子議兵〕身苟不狂惑戇陋，誰睹是而不改也哉。——〈身苟不〉如是者，其人苟不如是也，指其人，不必指其行也。〔韓潮州請置鄉校牒〕刺史縣令不躬爲之師，里閭後生無所從學耳。——〈不躬爲之師〉者，不自爲其師也，〈躬〉猶〈身〉也。〔秦策〕寡人乃以身受命，躬竊閔然。——皆言自也。〔漢賈誼傳〕陛下之與諸公，非親角材而臣之也，又非身封王之也。——〈親角材〉者，乃與之比較材力也，有所事事也。〈身封王之〉者，及身封之也，惟與事而無所作用也。此〈身〉〈親〉二字之别。〔論陽貨〕親於其身爲不善者，君子不入也。——親自爲惡也，有所爲也。〔公宣六〕親弑君者，趙盾也。——〈親弑君〉者，親手弑之也。〔公宣十二〕莊王親自手旌。——親手持旌也。〔漢叔孫通傳〕此陛下所親見。——親目見也。〔又張釋之傳〕此人親驚吾馬。——〈親驚吾馬〉者，有所爲也。如云〈身驚吾馬〉者，乃適自橋出而驚吾馬也，則文帝亦不必加罰矣。〔又李廣傳〕而廣身自射彼三人者。——〈身自〉者，親身也，〈身自射彼三人〉者，猶云親手射彼三人也。〔韓與柳中丞書〕②親與爲辛苦。——〈親與〉者，有與共嘗辛苦之意也③。〔漢霍光傳〕皇后親安女。——〈親安女〉者，安之親女也，用於偏次，與所解〈親〉字不同④。

①三字原敚。　②原衍〈足下〉二字。　③〈身〉〈親〉之别，通論及刊誤均加以駁正。通論云：「李廣傳『而廣身自射彼三人者』，這個〈身〉字，和馬氏所引左傳宣公十二年『莊王親自手旌』一句裏的〈親〉字用法完全一樣。馬氏也明知這個〈身〉字不能再説〈無所爲〉，就説『〈身自〉者親身也』；〈身自射彼三人〉者，猶云親手射彼三人也』；其解『親自手旌』的〈親〉，也説是『親手持旌也』。這不是説來説去，終於自相矛盾，自己取消了自己的話麽？」刊誤云：「此二字固有區别，但不如馬氏所云耳。〈身〉字是〈身體〉之〈身〉，本是名字，時時轉作狀字〈親〉字用。至若〈親〉字，本是狀字，既非名字，又非代字。故凡〈身〉字或〈躬〉字作狀字用者，都可以〈親〉字易之。如『身送之』『必身勸爲之駕』『不躬爲之師』……〈身〉字〈躬〉字皆可改作〈親〉字。……但作名字用之〈身〉字……如『身苟不狂惑戇陋』『寡人乃以身受命』『親於其身爲不善者』三例之〈身〉字，萬不能改爲〈親〉字。……如此，則〈身〉字有二用法，用法寬；〈親〉字只有一用法，用法窄。」　④刊誤又云：「『親安女者，安之親女也。』馬氏解釋當矣。如此，則此〈親〉字明是静字，非代字也。」

〈自〉字可主可賓，而其居賓次者，必先乎賓之者，賓於介字者亦先焉。然惟〈爲〉字〈以〉字所司，他無司之者。〔孟盡下〕然則非自殺之也，一間耳。〔又滕上〕自織之與？〔又公上〕是自求禍也。又〔漢黄霸傳〕侍中樂陵侯高，帷幄近臣，朕之所自親，君何越職而舉之。——以上〈自〉字四用，皆先乎動字而在主次。〔韓孔公墓誌銘〕爲州者皆憚之。不自奉事，常稱疾命從事自代。——〈自〉字兩用，其一在主次，其二〈代〉之止詞，居賓次而位先焉①。〔孟萬上〕其自任以天下之重也如此。〔莊達生〕公則自傷，鬼惡能傷公？〔又人間世〕山木自寇也，膏火自煎也。〔韓答殷侍御書〕不復自比於人。〔漢東方朔傳〕朔文辭不遜，高自稱譽。〔史管子列傳〕分財利②，多自與。〔韓王君墓誌銘〕高固奇士，自方阿衡太師。〔又太師許國公神道碑〕寡言自可，不與人交。——以上〈自〉字，皆動字止詞，而位先焉。〔漢霍光傳〕顯及禹山雲自見日侵削，數相對啼泣自怨。——〈自〉字兩見，皆爲止詞而先焉。此類動字曰「自反動字」，詳後。如〈自悔〉〈自侮〉〈自傷〉諸動字，以其行之出乎己仍反乎己也，故云然③。〔孟告下〕先名實者爲人也，後名實者自爲也。——〈爲〉介字，上〈爲〉字司詞〈人〉字居後，後〈爲〉字司詞〈自〉字而先焉。〔左成二〕其自爲謀也則過矣，其爲吾先君謀也則忠。〔韓圬者傳〕謂其自爲也過多，其爲人也過少。〔史張耳陳餘傳〕遣人立六國後，自爲樹黨，爲秦益敵也。〔又屈原列傳④〕人君無愚智賢不肖⑤，莫不欲求忠以自爲，舉賢以自佐。——諸〈自〉字皆〈爲〉之司詞，雖居賓次而位先焉⑥。〔莊秋水〕自以比形於天地。——〈自〉爲〈以〉字所司，而亦先之⑦。然〈以〉字司詞，凡爲代字，常居其先，不僅〈自〉字爲然也。詳介字篇。

①刊誤云：「馬氏所舉孟子、黄霸傳四例及韓文『不自奉事』一例，皆以代字作狀字用。」②原誤〈則〉。③草創以〈自〉當爲副字，頁十云：「〈自〉非止詞也，惟置諸他動詞之上時，類止詞耳。……〈自〉字之後，常有隨以他動及其止詞者，例如『自賊其身』，如更解〈自〉爲止詞，則更牽强矣。」④原誤〈賈誼傳〉。⑤原敚〈無愚智賢不肖〉六字。⑥刊誤云：「此〈例爲〉字與〈佐〉字同是動字，非介字。」⑦又云：「此〈以〉乃〈謂〉及〈以爲〉之義，非介字也。」

〈己〉字則主焉，賓焉偏焉，守常而已。

〔孟公下〕使己爲政不用，則亦已矣。〔左昭三十一〕己所能見夫人者有如河。——兩〈己〉字皆在主次①。〔史刺客列傳〕士爲知己者死，女爲説己者容。〔孟離上〕視天下悦而歸己，猶草芥也。〔燕策〕詘指②而事之，北面而受學，則百己者至。先趨而後息，先問而後嘿③，則什己者至。人趨己趨，則若己者至。——以上諸〈己〉字。〈知己〉至〈什己〉皆在賓次，而〈人趨己趨〉之〈己〉字，則在主次。〔孟公上〕禍福無不自己求之者。——〈自〉爲介字，〈己〉其司詞，而在賓次。〔韓樊紹述墓誌銘〕然而必出於己，不襲蹈前人一言一句，又何其難也！——〈己〉爲〈於〉之司詞，而在賓次。〔孟滕下〕他日歸，則有饋其兄生鵝者，己頻顣曰。——〈己頻〉者，仲子之頻也，故〈己〉在偏次④。〔又滕上〕堯以不得舜爲己憂，舜以不得禹皋陶爲己憂。夫以百畝之不易爲己憂者，農夫也。——三〈己〉字皆在偏次。〔韓重答張籍書〕抑非好己勝也，好己之道勝也。——上〈己〉字乃〈勝〉字主次，下〈己〉字偏次，而參用〈之〉字者。

①刊誤云：「『使己爲政』之〈己〉字，固可謂爲〈爲〉之起詞；然在全句言之，實〈使〉字之止詞也。」②原誤〈己〉。

③原誤〈然〉。　④刊誤云：「〈頻顣〉當連讀，〈己〉在主次。」

敘事之文，〈我〉字間有代〈己〉字用者，特不常耳。

〔史張釋之列傳〕王生老人①，曰：「吾韈解。」顧謂張廷尉爲我結韈。——〈顧謂〉者，不述口氣也，而曰〈爲我結韈〉者，猶云「爲己結韈」也②。〔韓柳子厚墓銘〕諸公要人争欲令出我門下，交口薦③譽之。——〈令出我門下〉者，猶云「令出己門下」也。

太史公報任少卿書：「彼觀其意，且欲得其當而報漢。」以上下文言之，〈彼〉當太史公自謂，不應用〈彼〉字。而遍查各本，皆用此字，實無他書可爲比證。未敢臆斷，附識於此④。（以上指名代字之指前文者。）

①二字原敚。　②刊誤云：「『爲我結韈』，乃直述王生之語，『顧謂張廷尉』下省去一〈曰〉字耳。」　③〈口薦〉原誤〈稱〉。　④刊誤引高元氏云：「〈彼〉〈其〉二字並指李陵。〈彼〉乃句之主詞，『且欲得其當而報漢』，其謂詞也。『觀其意』爲插注的散動，例無主詞，不得曰『吾觀其意也』。此句若以破折標易讀點分之，則意更曉矣。如『彼，——觀其意，——且欲得其當而報漢』。」

接讀代字二之四

二、接讀代字，頂接前文，自成一讀也。字有三：一〈其〉字，獨踞讀首。二〈所〉字，常位讀領。三〈者〉字，以煞讀脚。三字所指，不一其義，而用法殊焉。

（一）〈其〉字領讀，獨踞其首，用法有二：一在主次，一在偏次。其在主次者，有前詞爲名而〈其〉字頂接者。

〔史十二諸侯年表序〕齊晉秦楚，其在成周微甚。——〈齊晉秦楚〉，四國本名也，〈其〉頂指之，合〈在成周〉三字以成讀，〈其〉乃主次也。〈微甚〉者，〈齊晉秦楚〉之表詞也。如是〈其在成周〉四字一讀，參於句中。以下所引皆仿此。〔韓原毁〕古之君子，其責己也重以周，其待人也輕以約。——兩〈其〉字皆頂指〈古之君子〉，餘同上。〔又原道〕噫，後之人①，其欲聞仁義道德之説，孰從而聽之。——〈其〉字指〈後之人〉，而爲〈欲聞〉之主次。〈孰從而聽之〉者，猶云「後之人從何人而聽之」也。〈孰〉字賓次先置，其例見後。〔荀子議兵〕秦人，其生民也陿阸，其使民也酷烈。劫之以埶，隱之以阸，忸之以慶賞，鰌之以刑罪②，使天下之民所以要利於上者，非鬥無由也。——〈其〉字兩用，直頂〈秦人〉。〔韓送文暢師序〕浮屠師文暢，喜文章，其周游天下，凡有行，必請於搢紳先生，以求咏歌其所志。——兩〈其〉字，第一〈其〉字，直指〈文暢〉，而爲〈周游〉之主次，以成一讀。〔又師説〕古之聖人，其出人也遠矣，猶且從師而問焉。——〈其〉字直接〈古之聖人〉。〔又張中丞後叙〕二公之賢，其講之精矣。——〈其〉字直接〈二公〉。

①〈人〉原誤〈君子〉。 ②原誤〈罰〉。

有前詞爲代字而〈其〉字直接者，

〔莊秋水〕此其過江河之流，不可爲量數。——〈其〉頂接〈此〉字。〈此〉，代字也，今爲前詞，〈其過江河之流〉爲讀，〈不可爲量數〉爲句，而〈此其〉二字連用，似成一語，細按之，則各爲句讀之主次。〔又〕此其比萬物也，不似毫末之在於①馬體乎？——法同。下引〈是其〉〈彼其〉皆同〈此其〉。〔荀子榮辱〕是其爲②相縣也，幾直夫芻豢稻粱之縣糟糠爾哉！〔莊駢拇〕彼其所殉仁義也，則俗謂之君子；其所殉貨財也，則俗謂之小人。——〈彼其〉二字相連，而第二句則〈彼〉字不用，惟用〈其〉字。是則〈彼其〉二字，名爲主次而非一語也明矣。然則〈此其〉與〈是其〉亦當然矣。此句〈彼〉字乃句中之賓次，今先置焉，又以〈之〉字重指。此例詳後。〔莊人間世〕且也彼其所保與衆異，③以義譽④之，不亦遠乎！〔韓答尉遲生書〕彼其得之，必有以取之也。〔左哀十一〕夫其柔服，求濟其欲也。〔漢東方朔傳〕是其不可一也。——所用〈彼其〉〈夫其〉〈是其〉皆同上。〔韓送齊暤下第序〕古之所謂公無私者，其取舍進退，無擇於親疏遠邇，惟其宜可焉。——〈者〉亦代字，〈其〉字直接。〔荀子議兵〕爲人⑤主上者也⑥，其所以接⑦下之百姓者，無禮義忠信，焉慮率用賞慶刑罰埶詐，除阸其下，獲其功用而已矣。——〈者〉〈其〉二字相接，各爲句讀。

①〈於〉字原敚。　②〈爲〉字原敚。　③原衍〈而〉字。　④原誤〈喻〉。　⑤原衍〈之〉字。　⑥〈也〉字原敚。按此句應與上文「不足以盡人之力致人之死」連屬，馬氏删去〈也〉字，以之屬下句，而謂「〈者其〉二字相接」，大誤。　⑦原誤〈操〉。

有前詞在前句，而〈其〉字指之以綴其後者，蓋皆以〈其〉字爲讀之主次也。

〔孟離下〕有人於此，其待我以横逆，則君子必自反也。——〈有人於此〉爲句，〈其〉指其人，自成一讀以附之。〔漢刑法志〕有君如①是其賢也。——〈有君〉爲句，〈其〉指〈君〉，猶云「有君其爲賢也如是」。〔莊德充符〕平者，水停之盛也，其可以爲法也，内保之而外不蕩也。——〈平〉者，水平也，〈其〉指〈水平〉，自爲一讀，而成下句之起詞。

①原誤〈若〉，下同。

〈其〉字在偏次也前詞先置，而〈其〉字下必接名字，〈其〉字冠讀首以頂指焉。間有所指前詞或空寄句首，而不必自爲句讀者，如是則〈其〉字與前詞若相連屬者然。總之，『接讀〈其〉字』以〈其〉與前詞緊接，而又自爲一讀故以别於『指名〈其〉字』耳。

〔左僖七〕夫諸侯之會，其德刑禮義，無國不記。記奸之位，君盟替矣。——〈其〉者頂指〈諸侯之會〉也，猶云「會中所有之德刑禮義，無國不記之」也，故〈其〉字爲偏次，而〈其德刑禮義〉爲〈記〉之止詞，今先置焉。其例見後。〔孟盡上〕君子居是國也，其君用之，則安富尊榮。——〈其〉指君子，而附於〈君〉，以領一讀①。〔史游俠列傳〕今游俠，其行雖不軌於正義。然其言必信，其行必果，已諾必誠，不愛其軀，赴士之阸困。既已存亡死生矣，而不矜其能，羞伐其德，蓋②亦有足多者焉。——〈今游俠〉三字單置於首，〈其〉字附於名以頂指焉，疊成數讀，直至〈赴士之阸困〉，然後續書〈既已存亡死生矣〉一句，上接〈今游俠〉之起詞，猶復叠拖數句。句讀起伏，聲調婉轉，最爲可法。

〔韓贈崔復州序〕雖然，幽遠之小民，其足迹未嘗至城邑，苟有不得其所，能自直於鄉里之吏者鮮矣，況③能自辨於縣吏乎？能自辨於縣吏者鮮矣，況能自辨於刺史之庭乎？——〈幽遠之小民〉五字，乃〈能自辨於縣吏〉句之起詞，今置於首，以〈其〉字附於〈足迹〉，直接以領讀，間於其中，文勢展宕，下續兩句，再跌一層，可法。

〔孟滕下〕梓匠輪輿，其志將以求食也。——〈其〉附〈志〉字，在偏次，直接〈梓匠輪輿〉。惟〈梓匠輪輿〉後無坐動以爲句，則四字空而無着。實則於義當云〈梓匠輪輿之志〉，又不成句，故用〈其〉字，所以緩其氣也。〔韓送楊少尹序〕今楊與二疏，其意豈異也。——句法與上同。〔又師説〕郯子之徒，其賢不及孔子。——〈其〉字之用，亦與上同。〔史老莊列傳④〕子所言者，其人與骨皆已朽矣，獨其言在耳。——〈者其〉二字連用，〈其〉在偏次。

①刊誤云：「〈其〉指上文〈國〉字，非指〈君子〉。」　②〈蓋〉字原敚。　③以上十二字原敚。　④原誤〈老子〉。

（二）〈所〉字常位領讀，或隸外動，或隸介字，而必先焉。讀有起詞者，〈所〉字後之。

〔莊天運〕彼，人之所引，非引人也。——〈人之所引〉，讀也，〈所〉，指〈彼〉，〈引〉，外動也，〈所〉爲〈引〉之止詞而先焉。〈人〉者讀之起詞，而〈所〉後焉。故〈所〉適居一讀之領，常也，〈非引人也〉句，〈彼〉其起詞也。〔禮大學〕孝者，所以事君也。——〈以〉介字，〈所〉隸焉而居其先。餘同上。

〈所〉字必居賓次，其用法視其前詞之先後有無爲别。

㈠前詞先乎〈所〉字者，有近與〈所〉字相連者焉，有遠在前文者焉。而其近者則有爲名字焉，有爲代字焉，要當各爲疏證者也。

〔漢食貨志〕爵者上之所擅，出於口而亡窮。粟者民之所種，生於地而不乏。——兩〈所〉字一指〈爵〉，一指〈粟〉，而〈爵〉〈粟〉皆先〈所〉字，〈所〉字又爲〈擅〉〈種〉之止詞，位賓而先焉。〔左昭二十五〕唯是編柎所以藉幹者，請無及先君。——〈所〉指〈編柎〉，〈編柎〉先置，〈所〉爲〈以〉所司，而亦先焉。〔韓藍田丞廳壁記〕丞之職所以貳令。——〈丞之職〉，〈所〉之前詞也，〈所〉乃〈以〉之司詞而先焉。〔又毛穎傳〕穎爲人彊記而便敏，自結繩之代以及秦事，無不纂録，陰陽卜筮占相醫方族氏山經地志字書圖畫九流百家天人之書，及至浮屠老子外國之説，皆所詳悉。——〈所〉統指以上諸學。〔左襄十四〕賜我南鄙之田，狐狸所居，豺狼所嗥。——兩〈所〉字皆指〈南鄙之田〉。〔左昭四〕冀之北土，馬之所生，無興國焉。——〈所〉指〈冀北〉之地。〔漢王尊傳〕尊撥劇整亂①，誅暴禁邪，皆前所稀有，名將所不及。——兩〈所〉字皆指〈前〉事。〔左襄三十一〕大官大邑，身之所庇也。——〈所〉指〈大官大邑〉。〔莊逍遥游〕今子之言，大而無用，衆所同去也。——〈所〉指〈子之言〉。〔漢儒林傳〕六學者王教之典籍②，先聖所以明天道，正人倫，致至治之成法也。——〈所〉指〈六學〉，而司於〈以〉字。〔韓柳子厚墓誌銘〕播州非人所居。——〈所〉指〈播州〉。以上所引諸書，〈所〉之前詞皆名也，而先置焉。〔史魏其傳〕諸所與交通，無非豪桀大猾。——〈所〉指〈諸〉字，爲〈與〉字之司詞而先焉〈諸〉者，指示代字也。（例另詳。）〈交通〉之起詞，即前文之〈灌夫〉也。猶云「諸凡灌夫所與交通之人，無一非豪桀大猾」也。〔史游俠列傳〕諸所嘗施，唯恐見之。——〈所〉指〈諸〉字，同上，猶云「諸凡魯朱家所嘗施之人唯恐人見之」也。〔韓徐偃王廟碑〕凡所以君國子民待四方，一出於仁義。——〈所〉指〈凡〉字，〈凡〉亦指示代字也。〔莊天運〕彼，人之所引，非引人也。——〈所〉指〈彼〉字，〈彼〉代字也。〔漢高帝紀〕三③者皆人傑，吾能用之④，此吾所以取天下者⑤也。——〈所〉指〈此〉字，而隷於〈以〉字。〔又賈誼傳〕此所以爲主上豫遠不敬也，所以禮貌大臣而厲其節也。——兩〈所〉字皆指〈此〉字，而〈此〉字只一見者，可見〈此〉〈所〉兩字之不相連也，而〈所〉指〈此〉字益明矣〔史李斯列傳〕此五帝三王之所以無敵也。〔又張耳陳餘列傳〕此臣之所謂傳檄而千里定者也。——兩〈所〉字皆指〈此〉字。〔孟告下〕夫徐行者，豈人所不能哉，所不爲也。——兩〈所〉字皆指〈徐行者〉。〔莊庚桑楚〕此三言者，趎之所患也。——〈所〉指〈此三言者〉。上引諸書〈所〉字前詞，皆代字也。有以〈所〉字遠指，包舉前文者，此概與前節以〈此〉字爲前詞者句法相似。〔韓盤谷序〕大丈夫之遇知於天子，用力於當世者之所爲也。〔又〕大丈夫不遇於時者之所爲也。——兩〈所〉字皆指前段，猶云「此大丈夫之云云」。〔漢賈誼傳〕所以明有敬也，〔又〕所以明有孝也，〔又〕所以明有度也，〔又〕所以長恩且明有仁也。——四〈所〉字皆各指前文四段。設加〈此〉字，與前節所引句法無異。〔左襄二十一〕祁大夫所不能也。——〈所〉字指前事。〔左襄三十一〕抑心所謂危，亦⑥以告也。——〈所〉指論子皮以尹何爲邑事，在前文甚遠。凡此句法，皆以煞段也。

①原誤〈規〉。 ②〈籍〉字原敚。 ③原作〈彼三人〉，衍〈彼〉字、〈人〉字。 ④此句原敚。 ⑤〈者〉字原敚。 ⑥原誤〈是〉。

㈡ 前詞後乎〈所〉字者，亦有名代之分。

〔孟滕下〕仲子所居之室，伯夷之所築與？抑亦盜跖之所築與？所食之粟，伯夷之所樹與？抑亦盜跖之所樹與？——〈所居之室〉〈所食之粟〉兩〈所〉字，一指〈室〉，一指〈粟〉，皆置其後。〔史匈奴列傳〕天所立大單于，敬問皇帝①無恙。——〈所〉指〈大單于〉，猶云「大單于天之所立，敬問皇帝無恙」。〔又〕匈奴所與我界甌脱外棄地，匈奴非能至也。——〈所〉指〈棄地〉也。〔又〕悉復收秦所使蒙恬所奪匈奴地者。——上〈所〉指〈蒙恬〉，下〈所〉指〈地〉，皆各後焉。〔漢賈誼傳〕漢之所置傅相方握其事。——〈所〉指〈傅相〉。〔燕策〕將軍自爲計則可矣，而亦何以報先王之所以遇將軍之意乎？——〈所〉指本句下〈意〉字。〔燕策〕臣恐侍御者之不察先王之所以畜幸臣之理，而又不白於臣之所以事先王之心。——兩〈所〉字一指〈理〉，一指〈心〉，皆在其後。〔史李斯列傳〕所賜長子書及符璽皆在胡亥所。——上〈所〉字指下〈書〉及〈符璽〉。〔論述而〕子之所慎，齊戰疾。——〈所〉指三端。〔韓與柳中丞書〕雖國家故所失地，旬歲可坐而得。——〈所〉指〈地〉。〔又與鄭相公書〕前後人所與及裴押衙所送錢物，並委樊舍人主之。——兩〈所〉字皆指〈錢物〉。〔漢陸賈傳〕所死家得寶劍車騎侍從者。——〈所〉指〈家〉，猶云「我死之家」也。〔韓黄家賊事宜狀〕比者所發諸道南討兵馬，例皆不諳山川，不伏水土。——〈所〉指下文〈兵馬〉。以上引書，〈所〉之前詞皆名也而後置者。

〈所〉字前詞置後而爲代字者，概爲〈者〉字。〔孟告上〕其所以放其良心者，亦猶斧斤之於木也。——〈所〉指〈者〉字，原其所以放心之事與斧斤伐木無異，故〈者〉亦空指事理耳。〔又〕拱把之桐梓，人苟欲生之，皆知所以養之者。——〈所〉指〈者〉，即云「皆知所以養之之術」也。〔禮大學〕其所厚者薄而其所薄者厚。——〈所〉指〈者〉者，皆據人而言。〔漢賈誼傳〕及秦而不然，其俗固非貴辭讓也，所上者告訐也；固非貴禮義也，所上者刑罰也。——兩〈所〉各指〈者〉字，猶云「其俗所上之事」也。〔莊德充符〕所愛其母者，非愛其形也，愛使其形者也。——〈所〉指〈者〉字，猶云「所愛於其母之故」也。〔齊策〕視吾家所寡有者。——〈所〉指〈者〉，即云「視吾家所寡有之物」也。〔莊養生主〕臣之所好者道也，進乎技矣。——〈所〉指〈者〉，猶云「臣所好之事」也。〔史酷吏列傳〕所愛者撓法活之，所憎者曲法誅滅之。——猶云「其所愛之人」「其所憎之人」也。〔莊胠篋〕闔四竟之內，所以立宗廟社稷治邑屋州閭鄉曲者，曷嘗不法聖人哉！——猶云「所以爲此之道」也。〔又達生〕器之所以疑神者其是與？——猶云「所以疑神之道」也。〔史蕭相國世家〕漢王所以具知天下阨塞户口多少彊弱之處民疾苦者以何具得秦圖書也。——〈所〉指〈者〉，〈所以具知〉云云者，猶云「所以具知如此之故」也。凡〈所以者〉之句，皆原其故也。〔漢循吏傳〕庶民所以安其田里而亡歎息愁恨之心者，政平訟理也。——原民所以如此之故也。〔史蕭相國世家〕上所爲數問君者，畏君傾動關中。——〈所〉乃〈爲〉字司詞，指〈者〉字，亦原故之詞氣也。若此句法，凡書皆有，蓋不及博引也。

①原衍〈陛下〉二字。下同。

[1]有以〈所〉字領起者，則其前詞詳觀上下文，有可不言而喻者。禮大學之「所謂修身在正其心者」，「所謂誠其意者」，乃承上文而言。猶云「上文之謂修身在正其心者」，「上文之謂誠其意者」云。更有傳中誓文以〈所〉字領起者，而杜注與經學家直謂〈所〉字係當時誓詞，蓋曾未細味其文，故武斷耳②。〔趙策③〕所貴於天下之士者，爲人排患釋難解紛亂而無所取也。——此推言世人所以貴士之道，〈所〉字突起者，不言可喻也。〔左文十三〕所不歸爾帑者有如河。——〈所〉指〈者〉，此句含〈余如〉兩字，猶云「余如不歸爾帑有如河」云。蓋誓文必有假設之詞④。〔又定三〕余所有濟漢而南者有若大川。——此加〈余〉〈有〉兩字，益明矣。猶云「余如有濟漢而南之事有若大川」。他如〔又襄二十三〕所不請于君焚丹書者有如日。——猶云「余如有不請君焚丹書之心」。〔又二十五〕嬰所

不唯忠於君利社稷者是與，有如上帝。——此倒文也。猶云「嬰如有不唯與忠君利社稷之人有如上帝」也。〔又僖二十四〕所不與舅氏同心者有如白水。——猶云「余如有不與舅氏同心之事有如白水」云。〔又定六[5]〕所不以爲中軍司馬者有如先君。——猶云「余如有不以爲中軍司馬之事」也。〔論雍也〕予所否者天厭之。——猶云「余如有不安之心天厭之」。注疏解〈所〉字亦云誓辭[6]，蓋未知〈所〉〈者〉兩字互指之例耳。

①原誤連上節。　②〈傳中誓文〉即指下所引左傳諸語。〈杜注〉即杜預春秋左傳集解。預字元凱，晉杜陵人。此云「杜注與經學家直謂〈所〉字係當時誓詞」，考杜注並無以〈所〉爲誓詞解。孔穎達疏亦僅以〈有如〉爲誓詞而不言〈所〉。惟阮元校勘記於僖二十四年傳稱「誓詞多云〈所不〉」，所云經學家或即指此。　③原誤〈秦策〉。　④按經傳釋詞九云：「〈所〉，猶〈若〉也，〈或〉也。」馬氏說本此。　⑤原誤〈三〉。　⑥按正義云：「『予所否者，天厭之，天厭之』者，此誓辭也。」惟朱熹集注云：「〈所〉，誓辭也。」馬氏殆指朱注而言。

經史中〈所〉字先乎動字而上下文並無爲所指者，直可視如所指之名。若〈所〉字前加以〈有〉〈無〉之字，其用法尤習見也。

〔禮中庸〕舟車所至，人力所通，天之所覆，地之所載，日月所照，霜露所隊，凡有血氣者，莫不尊親。——六〈所〉字皆先其動字，其先後並無爲所指者。其意猶云「舟車人力所可通到之處，天地覆載之宙合，日月照臨之乾坤，霜露降澤之田土，凡有血氣之人」云云，不必明言所指諸名而其意可知。故〈所〉合動字，直可視同名字也。〔又〕所求乎子，以事父未能也。——〈所求乎子〉者孝也，猶云「以孝事父未能」也。〔史貨殖列傳〕所至國君無不分庭與之抗禮。——〈所至〉者，凡至之國也，猶云「所至之國其君」云云。〔又〕以所多易所鮮。——即以己多之物易其少物也。〔論爲政〕所損益可知也。——〈所損益〉者，猶云「損益之禮」也。〔孟告下〕則魯在所損乎，在所益乎？——猶云「當損當益之國」也。〔孟盡下〕仁者以其所愛及其所不愛，不仁者以其所不愛及其所愛。——〈所愛〉與〈所不愛〉即以代人民土地也。〔史韓非列傳〕凡說之務，在知飾[1]所說之所敬而滅其所醜。——〈所說〉代與説之人，〈所敬〉〈所醜〉者即所敬所醜之事也。〔孟離下〕又極之於其所往。——〈所往〉者，所往之地也。〔史酷吏列傳〕所治即上意所欲罪予監史深禍者。——〈所治〉〈所欲罪〉，皆指人也，猶云「湯所欲治之人即上意所欲罪者與監史深禍者」。〈予〉〈與〉也[2]。〔孟萬上〕吾聞觀近臣以其所爲主，觀遠臣以其所主。——〈其所爲主〉者〈遠臣〉也，〈其所主〉者〈近臣〉也。〔莊胠篋〕罔罟之所布，耒耨之所刺，方二千餘里。——〈所布〉〈所刺〉者，猶言水陸可漁可耕之地也。〔漢陸賈傳〕令我日聞所不聞。——所不聞之事也。〔又叔孫通傳〕吾不忍爲公所爲。公所爲不合古。——〈所爲〉之禮儀也。〔漢賈誼傳〕夫天子之所嘗敬，衆庶之所嘗寵，死而死耳，賤人安宜[3]得如此而頓辱之哉！——〈所敬〉〈所寵〉者即大臣也。〔漢司馬相如傳〕今割齊民以附夷狄，弊所恃以事無用。——〈所恃〉者中國之民也。〔韓上于相公書〕所觀變於前，所守易於内，亦其理宜也。——〈所觀〉者，言外景也，〈所守〉者，言内心也。〔又答崔立之書〕苦家庭[4]衣食不足，謀於所親。——猶言「其所親之戚友」也。〔莊養生主〕庖丁爲文惠君解牛，手之所觸，肩之所倚，足之所履，膝之所踦，砉然嚮然，奏刀騞然。——猶云「手肩足膝接於牛身之處其奏刀如是」也。〔齊策〕故明主察相，誠欲以伯王也[5]爲志，則戰攻非所先。——〈非所先〉者，不當先之事也。以上所引，皆〈所〉合動字，即以代所指之名字爲用也。

〈所〉合動字，其先或加〈無〉字者，所以決其事之無也；加〈有〉字則反是，而〈所〉字實仍爲其後動字之止詞。蓋所爲決〈有〉〈無〉者，即〈所〉字所指之事物也。〔史曹相國世家〕舉事無所變更。——猶云「無變更之事」也，〈所〉爲〈變更〉之止詞，即指變更之事。下仿此。〔又酷吏列傳〕問遺無所受，請寄無所聽[6]。——同上。〔又魏其傳〕蚡事魏其無所不可。——即云「無不可之事」也，同上。〔又〕夫無所發怒，乃罵臨汝侯。——猶云「夫正無發怒之處」。〔漢傳常等傳〕樓蘭鼀兹數反復[7]而不誅，無所懲艾。——猶云「將無懲艾之事」。〔史淮陰侯列傳〕非信無所與計事者。——猶云「非信無與計事之人」。〔論先進〕於吾言無所不説。——即無不説之言也。〔韓代張籍書〕無所能人，乃宜以盲廢，有所能人，雖盲，廢於俗輩，不當廢於行古人之道者。——〈無所能人〉即人之無能爲者也。

〔又樊紹述墓誌銘〕其富若生蓄，萬物必具，海含地負，放恣横從⑧，無所統紀。——即云「無有統紀其財富」者。至若〔禮檀弓〕君之臣免於罪，則有先人之敝廬在，君無所辱命。〔左成二〕能進不能退，君無所辱命。〔公襄二十七〕無所用盟，請使公子鱄約之。——高郵王氏以〈所〉字爲語助解⑨，不知〈無所辱命〉者即〈無辱命焉〉，〈焉〉，〈於此〉也，〈所〉代〈於此〉者，以轉詞在先。〈於〉字可省故也。其例詳後。故〈所〉在〈無〉後，爲止詞與爲轉詞，其義判然也。

〔漢疏廣傳〕數問其家金餘尚有幾所。〔史留侯世家〕父去里所復還。——〈所〉合名静諸字，師古云：「〈幾所〉者，〈幾許〉也，」〈故里所〉者，〈里許〉也，非代字也。因附識焉。

①〈飾〉字原敚。　②按馬解誤也。下文曰：「即上意所欲釋，與監史輕平者。」傳蓋謂湯善於迎合上意，所治之獄，如其人爲上所欲加之以罪者，則發交苛刻之監史；如其人爲上意所欲釋者，則發交寬平之監史。〈即〉，〈若〉也；〈予〉，動字，非連字。　③〈宜〉字原敚。　④此三字原敚。　⑤〈也〉字原敚。　⑥原誤〈托〉。　⑦〈復〉字原敚。　⑧以上十二字原敚。　⑨見經傳釋詞弟九。

（三）〈者〉字必煞讀脚，所謂語已詞也。説文謂之别事之辭，增韻①謂之即物之辭者，以其有所指也。惟〈者〉字煞讀義若起詞，故以列入接讀代字。其成讀也，爲用有七：一爲句之起詞，二爲止詞，三爲表詞四爲司詞，五居偏次者，六用若加語者，七有假説詞氣者。

①增韻，原名增修互注禮部韻略。禮部韻略，本係宋廷敕撰，毛晃爲之增注，其子居正復校勘重增，故又稱增韻。

（一）〈者〉字煞讀爲句之起詞者。

〔孟公上〕爲此詩者，其知道乎！——〈者〉指人，猶云「爲此詩之人其知道乎」，故〈爲詩者〉乃〈知道〉之起詞也。〔孟盡上〕是故知命者，不立乎巖墻之下。——猶云「知命之人」也，〈知命者〉乃全句之起詞。〔孟公上〕以力假人者霸，霸必有大國。以德行仁者王，王不待大。——兩〈者〉讀皆各爲其句之起詞也。〔孟盡上〕爲機變之巧者，無所用恥焉。——其句法同上。〔史蕭相國世家〕誰可代君者？——猶云「可代君之人是誰」，問詞，故倒文也，詳後。〈可代君者〉句之起詞也。〔韓何蕃傳〕爲禮部者，率蕃所不合者。——猶云「爲禮部之人，概皆是不與蕃相合之人」。句義同上。〔史游俠傳[①]〕竊鈎者誅，竊國者侯。——兩讀皆煞〈者〉字，各爲句之起詞。〔漢劉向傳〕夫執狐疑之心者，來讒賊之口。持不斷之意者，開群枉之門。——兩〈者〉讀，皆各爲下句之起詞。〔齊策〕今夫鵠的非咎罪於人也，便弓引弩而射之，中者則善，不中則愧。少長貴賤，則同心於貫之者，何也？惡其示人以難也。——猶云「能中之人則以爲善，不中之人則愧」。故〈中者〉爲句之起詞。下句〈不中〉兩字，既有〈不〉字，故不加〈者〉字也。其下〈少長貴賤則同心於貫之者〉，乃〈何也〉之起詞，猶云「其心如是果何爲」也[②]。〔莊天運〕以富爲是者不能讓祿，以顯爲是者不能讓名，親權者不能與人柄。——三〈者〉讀，皆各爲句之起詞。〔荀子議兵〕好士者强，不好士者弱。——句法同上。〔韓柳子厚墓誌銘〕衡湘以南爲進士者，皆以子厚爲師。——猶云「衡湘以南凡爲進士之人皆師子厚」也。〔史貨殖列傳〕故善治生者，能擇人而任時。——句法同上。〔又〕若至力農畜工虞商賈，爲權利以成富，大者傾郡[③]，中者傾縣，下者傾鄉里者，不可勝數。——猶云「至如盡力於農工商爲權利以成富厚，其大者傾郡，中者傾縣，下者傾一鄉等，人多至不可量數」，諸讀皆爲〈不可勝數〉之起詞。〔又項羽本紀〕奪項王天下者，必沛公也。——「奪項王天下之人必爲沛公。」〔莊徐無鬼〕夫爲天下者，亦奚以異乎牧馬者哉，亦去其害馬者而已矣。——〈爲天下者〉乃下句之起詞也。

①原誤〈老子〉。　②刊誤云：「〈貫之者〉之〈者〉字，乃提示起詞之助字，與『仁者人也，義者宜也』之〈者〉字同。」

③原誤〈都〉。下同。

㈡爲止詞者。

〔孟滕上〕吾聞用夏變夷者，未聞變於夷者也。——所〈聞〉者用夏禮變夷俗之道，所〈未聞〉者反乎此之説也。故兩〈者〉讀，乃〈聞〉之止詞。〔史封禪書〕於是進[①]而論次自古以來用事於鬼神者。——所〈論次〉者即自古以來用事於鬼神者，故爲止詞。〔又酷吏列傳〕善視有勢者，即無②勢者視之如奴。——所〈善視〉者有勢之人，故〈有勢者〉爲止詞，〈即無勢者〉乃假設之讀，見下。〔韓送韓御史序〕吏得盡償其所亡四十萬斛者。——所〈償〉者即所亡四十萬斛之米。〔史灌夫傳〕亦欲倚灌夫③引繩批根生平慕之後棄之者。——所欲〈引繩批根〉者，即先慕後棄之人。〔又匈奴列傳〕冒頓立斬不射善馬者。——所〈斬〉者不射善馬之人。〔漢高帝紀〕願從諸侯王擊楚之殺義帝者。——句法同上。

〈有〉字④後所有之讀，習以〈者〉字爲煞者。〔孟梁上〕未有仁而遺其親者也，未有義而後其君者也。——是猶云「仁而遺其親者未有也，義而後其君者未有也」。〔又〕仲尼之徒，無道桓文之事者。——是如云「仲尼之徒之中無有道桓文之事之人」也。他如〔孟梁上〕「有牽牛而過堂下者」，「有復於王者」，〔又梁下〕「王之臣有托其妻子於其友而之楚游者」，「無非事者」，「古之人有行之者」，〔又公下〕齊人無以仁義與王言者，〔又滕上〕有爲神農之言者許行，〔又公下〕今有受人之牛羊而爲之牧之者，〔又盡上〕「有事君人者」，「有安社稷臣者」，〔又公下〕「必有得天時者矣」諸句，與夫〔史平準書⑤〕有能告者，以其半畀之。〔又酷吏列傳〕是類有以吾謀告之者。〔韓竇公墓誌銘〕卒莫與公有怨嫌者。〔左閔二〕鶴有乘軒者。〔韓上宰相書〕將有介於其側者。〔趙策〕是以外客游談⑥之士無敢盡忠於前者。〔秦策〕由此觀之，惡有不戰者乎！——等句，皆此類也。

①原誤〈近〉。　②原衍〈所〉字，下同。　③此三字原敚。　④疑當作「有無二字」。　⑤原誤〈河渠書〉。
⑥原誤〈外賓游客〉。

㊂ 用若表詞者。

〔孟公上〕取諸人以爲善，是與人爲善者也。——〈與人爲善者〉，乃句之表詞。凡有表詞之句，即起詞與語詞同爲一事，而以此表彼之爲若斯也。表詞概爲静字者，以静字肖名字已然之境也。故表起兩詞，先後之次皆同，蓋兩者同語一事也，其詳見後。〔孟公上〕量敵而後進，慮勝而後會，是畏三軍者也。——〈畏三軍者〉，表詞也，猶云

「其進其會如此是即畏三軍之人」也。他如〔孟梁下〕以大事小者，樂天者也，〔又〕出乎爾者，反乎爾者也，〔又公上〕自謂不能者，自賊者也，〔又告上〕不知子都之姣者，無目者也——等句，所有起表兩詞，皆〈者〉字所煞之讀。〔史伯夷列傳〕此其尤大彰明較著者也。——〈此〉爲起詞，其表詞即〈者〉字。〔又平原君列傳〕公等録録，所謂因人成事者也。——猶云「公等録録，即所謂因人成事之人」，故〈因人成事者〉之讀，乃〈所〉字表詞，而〈所〉字即指〈公等〉也。〔又張耳陳餘列傳〕趙人多爲張耳陳餘耳目者。——猶云「趙人中之爲張陳之耳目者其人不少」也。〈張陳耳目者〉，乃〈多〉之表詞也①。〔又酷吏列傳〕是類有以吾謀告之者。——〈有以吾謀告之者〉，乃〈是〉之表詞，蓋彼此相〈類〉，必有所同者矣。〔論先進〕回也非助我者也。——〈助我者〉乃〈回〉之表詞，猶云「回非助我之人」也。〔史日者列傳〕此夫爲盜不操矛弧者也，攻而不用弦刃者也。——兩〈者〉讀，皆〈此〉之表詞。

①刊誤云：「馬氏上二句解釋文意，當矣。依其説而剖析文句之組織，則〈爲張耳陳餘耳目者〉當爲起詞，〈多〉當爲表詞，〈趙人〉當爲省略介詞〈於〉字之轉詞矣。而下文又云「張陳耳目者乃多之表詞也」，是又以〈多〉爲起詞，〈張耳陳餘耳目者〉爲表詞。……今細按二説，前説是，後説非也。蓋馬氏誤認此文〈爲〉字爲斷詞，果爲斷詞則文但當云『趙人多爲張耳陳餘耳目』，不必贅一〈者〉字矣。蓋此〈爲〉字乃〈做〉字之義，係外動字，非馬氏所謂斷詞。」

㈣爲司詞者。

〔史刺客列傳〕士爲知己者死，女爲説己者容。——〈知己者〉〈説己者〉兩讀，皆〈爲〉之司詞。〔韓張中丞傳後敘〕親祭於其所謂雙廟者。——〈其所謂雙廟者〉乃〈於〉之司詞。〔又答侯繼書〕猶將愈於汲汲於時俗之所争既不得而怨天尤人者。——第一〈於〉後一長讀，皆〈於〉之司詞也。〔漢高帝紀〕又加惠於諸侯王有功者。——猶云「加惠於王侯中有功之人」。〔莊徐無鬼〕夫爲天下者亦奚以異乎牧馬者哉，亦去其害馬者而已矣。——〈牧馬者〉乃〈乎〉之司詞，〈乎〉，猶〈於〉也。

㈤居偏次者。

〔孟梁上〕曰，不爲者與不能者之形何以異？——〈不爲者〉與〈不能者〉，皆屬於〈形〉字，故居偏次而先焉。〔史平原君列傳〕臣願得笑臣者頭。——猶云「得笑臣之人之頭」也。〔論述而〕子食於有喪者之側。——猶云「有喪之人之側」也。〔漢鼂錯傳〕此與東方之戍卒不習地勢而心畏胡者功相萬也。——當於〈功〉字下略頓，塾師往往點於〈者〉字後者，蓋未能離經辨讀也。猶云「與此等戍卒之功相較遠」矣。〔又司馬遷傳〕是僕終已不得舒憤懣以曉左右，則長逝者魂魄，私恨無窮。——猶云「逝者之魂魄」也。前所引〈者〉煞之讀，皆在偏次。

㈥用如加語者。

加語者，前有名代諸字，後續他語以表名代之爲何若也，義若静字者然。〔史河渠書〕佗小渠披山通道者，不可勝言。——〈披山通道者〉所以記〈佗渠〉之何若也。〈渠〉，名也。〈者〉以指焉，而成一讀。〔又平準書〕諸賈武功爵官首者，試補吏先除。——〈諸〉代字也，〈者〉以指之，讀加於後，以言其何若也①。〔又曹相國世家〕擇郡國吏木詘於文辭重厚長者，即召除爲丞相史②。——〈木詘於文辭重厚長者〉一讀，後乎〈郡國吏〉，以貌其何若也③。〔韓張君墓碣銘〕且曰：「夫子，天下之名能文辭者，凡所言，必傳世行後。」——〈天下之名能文辭〉者，後乎〈夫子〉，所以記其何如人也④。〔東周策〕君必施於今之窮士，不必⑤且爲大人者，故能得欲矣。——〈不必且爲大人者〉，記如何之〈窮士〉也。〔史信陵君⑥列傳〕於是公子立自責，似若無所容者⑦。——此一讀記〈公子〉之〈容〉也。〔又刺客列傳〕請益其車騎壯士可爲足下輔翼者。——此一讀以言所〈益〉之〈壯士〉應何如也。

①刊誤云：「〈諸〉爲表不定之多數之静字，非代字。馬氏云代字，誤一也。〈諸〉所以狀〈者〉，〈者〉並不指〈諸〉。云〈者〉指〈諸〉，馬氏之誤二也。〈買武功官爵首〉乃以散動字修飾〈者〉字；〈買武功官爵首者〉乃一名詞頓，非讀。云讀，馬氏之誤三也。〈買武功官爵首者〉乃起詞，非加語。云加語，馬氏之誤四也。以〈買武功官爵首者〉爲加詞，則是以〈諸〉爲起詞，其誤五也。」按史記本文作「買武功爵官首」，集解：「官首，武功爵名。」是刊誤作「買武功官爵首」誤。　②原誤〈吏〉。　③按〈長者〉複詞，乃有德行者之稱，〈者〉字不當單用。　④刊誤云：「〈天下之名能文辭者〉，乃表詞，非加語也。」　⑤〈必〉字原敓。

⑥原作〈魏公子〉。　⑦刊誤云：「〈似若無所容者〉是一句，非加語。」

㊆有假設詞氣者。

〔孟梁下〕樂民之樂者，民亦樂其樂，憂民之憂者，民亦憂其憂。——其句意若云「人君如能樂民之樂，憂民之憂，民亦樂其樂而憂其憂矣」。〔孟離下〕其有不合者，仰而思之。——猶云「如有不合之道，則必仰而思之」云。〔史項羽本紀〕猛如虎，很如羊，貪如狼，彊不可使者，皆斬之。——猶云「軍中若是之人」云。〔又平準書①〕有能告者，以其半畀之。——猶云「如有能告之人，以其半與之」也。〔又汲鄭列傳〕合己者善待之，不合己者不能忍見。——猶云「其人如合己也，則善待之，否則不能忍見」也。其他如一切誓辭，皆含〈如有〉二字，即在此例。〔左文十三〕所不歸爾帑者，有如河。——猶云「余如有不歸爾帑之事，則有如河」云。〔又定三〕余所有濟漢而南者，有若大川。〔又哀十四〕所不殺子者，有如陳宗。——皆有假設之詞也②。

①原誤〈河渠書〉。　②刊誤云：「諸〈者〉字完全是代字，絶無假設之意。……馬氏釋『其有不合者』作『如有不合之道』，釋項羽紀例爲『軍中若是之人』，釋『有能告者』爲『如有能告之人』，是皆以代字釋〈者〉也。」

句讀中有〈所〉〈者〉兩字，或〈所以者〉三字並用者，概爲推原事故之詞，前已言之矣。而句讀之長者，或單以〈者〉字殿之，而並無所指者，亦以明其故也，則〈者〉字惟以提頓其句讀已耳。

〔史屈原列傳〕人君無愚智①賢不肖，莫不欲求忠以自爲，舉賢以自佐，然亡國破家相隨屬，而聖君治國累世而不見者，其所謂忠者不忠，而所謂賢者不賢也。——自〈人君〉起至〈而不見者〉止，皆一氣呵成，而殿以〈者〉字，則句調略頓，以明以上諸句遞相聯屬，而句意則推原其故也。〔又貨殖列傳〕由此觀之，賢人深謀於廊廟，論議朝廷，守信死節，隱居巖穴之士，設爲名高者，安歸乎？歸於富厚也。——此段言賢人出仕與隱居之故，亦以〈者〉字煞諸讀後。至以後諸段，歷數在軍之壯士，閭巷之少年，與夫趙女鄭姬，博戲馳逐之徒，以及舞文弄法之吏士各段，皆以〈者〉字爲煞，以言其皆爲利之故耳。〔漢張釋之傳〕吾屬廷尉者，欲致之族。——猶云「吾以其人屬於廷尉之故，欲致之族耳」。〔史李斯列傳〕斯，上蔡閭巷布衣也，上幸擢爲丞相，封爲通侯，子孫皆至尊位重禄②者，故③將以存亡安危④屬臣也，豈可負哉！——明上擢用之故，將以安危屬臣也。〔又貨殖列傳〕夫使孔子名布揚於天下者，子貢先後之也。〔又張陳列傳〕然而慈父孝子，莫敢倳刃公之腹中者，畏秦法⑤耳。〔莊山木〕向也不怒而今也怒者，向也虚而今也實也⑥。——然則凡有〈者〉字爲煞而無所指者，概言故也。

①原誤〈智愚〉。　②二字原敓。　③〈故〉字原敓。　④原誤〈安危存亡〉。　⑤原誤〈故〉。　⑥按莊子原文無〈者〉字及句末〈也〉字。

至静字動字①狀字單用，有以〈者〉字殿之者，各詳於後，此不贅焉。

①〈動字〉，原誤作〈活字〉，從刊誤改。

詢問代字二之五

三、詢問代字。

詢問代字者，所以求知夫未知者也，故無前詞。曰前詞，則已知矣。其所以答所問者，曰後詞。

〈誰〉〈孰〉〈何〉三字，所以詢不知之人物也。〈奚〉〈胡〉〈曷〉〈惡〉〈安〉〈焉〉六字，亦所以爲詢問者，而或爲代字，或爲狀字，則以其所用爲定。

詢問代字凡在賓次，必先其所賓，其不先者僅矣。此不易之例也。

〈誰〉字惟以詢人，主次、賓次、偏次皆用焉。而在偏次，其後概加之字。

〔孟離下引詩〕誰能執熱，逝不以濯？——〈誰〉在主次，詰何人也。〔史蕭相國世家〕誰可代君者。〔漢趙充國傳〕使御史大夫丙吉問誰可將者。〔齊策〕後①孟嘗君出記問門下諸客：「誰習計會能爲文收責於薛者乎？」——三

〈誰〉字皆在主次，所詰者皆人也。〔論微子〕子爲誰？〔孟離下〕追我者誰也？〔史淮陰侯列傳〕若所追者誰？〔韓與孟東野書〕吾言之而聽者誰歟？〔史日者列傳〕今夫子所賢者何也？所高者誰也？——五〈誰〉字皆爲表詞，所詰者亦皆人也。〔左閔二〕寡人有子，未知其誰立焉。——猶云「寡人有子，未知其中將立誰」也。〈誰〉爲〈立〉之止詞，在賓次而先焉。〈誰〉，詰所立之子。〔史李斯列傳〕朕非屬趙君，當誰任哉？〔論子罕〕吾誰欺，欺天乎？〔漢賈誼傳〕陛下誰憚而久不爲此？——三〈誰〉字皆止詞，賓次，而皆先焉。〔楚策〕寡人誰用於三子之計？——猶云「於三子之計，寡人未知將用誰」也。〈誰〉爲〈用〉之止詞，在賓次而先焉。〔韓送温處士序〕士大夫之去位而巷處者，誰與嬉游？——猶云「與誰嬉游」也。〈與〉介字，〈誰〉其司詞也。而亦先焉者，賓次也。〔老子〕吾不知其②誰之子。——〈誰〉爲〈子〉字偏次，〈之〉字間焉。〔韓張中丞傳後叙〕天下之不亡，其誰之功也？——句法同上。上諸引〈誰〉字，皆以詰人。

①〈後〉字原敚。　②〈其〉字原敚。

〈孰〉字人物並詢，其用則主次多於賓次，而未見其在偏次者。

〔莊逍遥游〕孰肯以物爲事？——〈孰〉在主次，指人。〔論八佾〕孰謂鄹①人之子知禮乎？——〈孰〉主次，指人。〔禮檀弓〕夫明王不興而②天下其孰能宗予？〔左成八〕辟陋在夷，其孰以我爲虞？——兩云〈其孰〉，同語。〈其〉泛指，猶云「其諸人中誰能宗予」，「誰將以我爲虞」也，皆在主次，且指人也③。〔晉語〕孰是人斯而有是臭也？——〈孰〉爲表詞，猶云「是人誰也而有此」也，故在主次④。兩者對舉，習用〈孰〉爲較量之詞。〔論公冶〕女與回也孰愈？——猶云「女與回兩人之中誰愈」也。〔論先進〕子貢問：「師與商也孰賢？」——同上。〔漢陸賈傳〕我孰與蕭何曹參韓信賢？——猶云「我與三人相較誰賢」也。〔史匈奴列傳〕漢議擊與和親孰便。——猶云「擊與和親兩事之中孰爲便利」也，此指事。〔史虞卿傳⑤〕予秦地何如毋予，孰吉？——同上。而〔史曹相國世家〕陛下自察，聖武孰與高帝？——〈孰與〉二字，有謂有〈何如〉之意⑥，猶云「何如高帝」也，實則其意當云「陛下自察與高帝相較孰爲聖武」也。則〈孰〉字當作表詞⑦。〔秦策〕秦昭王謂左右曰：「今日韓魏孰與始强？」對曰：「弗如也。」王曰：「今之如耳⑧魏齊孰與孟嘗芒卯之賢？」對曰：「弗如也。」——猶云：「今之韓魏與始孰强」也。〔齊策〕田侯召大臣而謀曰：「救趙孰與勿救？」——同上⑨。〔公隱元〕王者孰謂？謂文王也。——〈孰〉字亦是表詞。

〔韓原道〕噫，後之人其欲聞仁義道德之説，孰從而聽之？——〈孰〉，〈從〉之止詞，而先焉，猶云「將從何人而聽其説」也。

〔論顔淵〕百姓足，君孰與不足？——〈孰〉字，〈與〉之司詞，而先焉，猶云「君將與何人足用哉」⑩。〈誰〉〈孰〉兩字所隸介字，惟〈與〉字耳，其他概不見用⑪。

①原誤〈鄒〉。　②上六字原敚。　③刊誤云：「〈其〉有〈將〉義，見王氏經傳釋詞卷五。此二例〈其〉皆當訓〈將〉，乃狀字也。」　④此以下疑當另行。　⑤原誤〈趙策〉。按趙策作「與秦城何如，不與何如」。　⑥見經傳釋詞弟一。陸賈傳顔注亦曰：「〈與〉，〈如〉也。」　⑦刊誤云：「〈謂〉……乃外動字……〈孰〉當爲止詞，非表詞也。」　⑧此下諸句原敚。⑨刊誤云：「齊策之〈孰與〉，當訓〈何如〉，與秦策不一律。蓋秦策有静字〈强〉字爲所較之事，而齊策無之故也。」　⑩吴昌瑩氏經詞衍釋云：「〈與〉，猶〈爲〉也。〈孰〉，〈何〉也)言『君何爲不足』也。」　⑪按論語顔淵：「非夫人之爲慟而誰爲。」史記自序：「誰爲爲之。」公哀十四：「孰爲來哉！」皆〈誰〉〈孰〉兩字所隸介字不僅〈與〉字之證。刊誤亦謂「孰從而聽之」之〈從〉，乃介字，非動字。

〈何〉字單用，以詰事物。附於稱人之名，則以詰人。三次皆用焉，而用爲表詞者居多。〈何〉字合〈也〉〈哉〉〈者〉諸字爲助者，則以詰事理之故也。合於静字，則列爲狀字。

〈何〉字單用於主次者，概爲表詞。

〔公隱元〕元年者何？君之始年也。春者何？歲之始也。——兩〈何〉字皆爲表詞，一以詰〈元年〉爲何，一以詰〈春〉爲何也。〔漢高帝紀〕吾所以有天下者何？項氏之所以失天下者何？——兩〈何〉字各爲兩讀，表詞也。〈何〉

字之位，或先或後，句法異而用以詰事理之故則一。〔史陸賈傳〕試爲我著秦[1]所以失天下吾所以得之者何。——句法同上。〔漢賈誼傳〕何三代之君有道之長，而秦無道之暴也？——〈何〉字亦表詞，置於前耳，猶云「三代之君有道之長而秦無道之暴者是何也」。〔史管晏列傳〕何子求絶之速也？——猶云「子求絶之速是何也」，句法同上。〔又淮陰侯列傳〕今大王誠能反其道，任天下武勇，何所不誅？以天下城邑封功臣，何所不服？——猶云「誠如此，所不誅者尚何人也，所不服者尚何人也」，〈何〉字一字成句，而爲表詞，與上同一句法。〔又項羽本紀〕白起爲秦將，南征鄢郢，北坑馬服，攻城略地，不可勝計，而竟賜死。蒙恬爲秦將，北逐戎人，開榆中地數千里，竟斬陽周。何者？功多，秦不能盡封，因以法誅之。——猶云「諸將有功於秦而卒死是何故」云。故〈何者〉用如表詞，以詰其事之故也。〔漢儒林傳〕冠雖敝，必加於首，履雖新，必貫[2]於足何者？上下之分也。——〈何者〉義同上。〔論顏淵〕何哉爾所謂達者？——猶云「爾所謂達者何意」云。〈何哉〉先置，亦表詞也。〔孟梁下〕何哉君所謂輕身以先於匹夫者，以爲賢乎？〔又〕何哉君所謂逾者？——兩〈何哉〉同義，凡先置者，呼起以設問也。〔孟萬下〕如不待其招而往何哉？——猶云「如不招而往則何義之可取」也。〈何哉〉後置，亦有表詞之義。〔孟梁上〕今恩足以及禽獸，而功不至於百姓者，獨何與？——猶云「今愛物而不仁民者何故」。〈何與〉猶〈何哉〉也。他如〈何也〉用如表詞者，是書皆有，其起詞概爲讀耳。〔史叔孫通列傳〕今不能進臣等專言大猾，何也？——猶云「不進賢而獨言不肖者何故」也。〔漢梅福傳〕昔者秦穆公之霸終不兼并六國者，何也[3]？〔史平原君列傳〕吾君在前，叱者何也？〔齊策〕然二國勸行之者，何也？衛明於時權之藉也。——凡言〈何也〉，皆有何故之解，而前此之讀概爲起詞也。若前文非讀而句意已全，今以〈何〉字呼起以求其故者，則用〈何則〉兩字。〔史田齊世家〕中國白頭游敖之士，皆積智欲離齊秦之交，伏式[4]結軼西馳者，未有一人言善齊者也[5]，伏式結軼東馳者，未有一人言善秦者也。何則？皆不欲齊秦之合也。——此〈何〉字亦表詞也。猶云「上言如是是何也」，〈則〉字以下，申言其故。經生家皆以〈何則〉二字連讀[6]，愚謂〈何則〉二字，亦猶〈然而〉兩字，當析讀，則〈則〉字方有著落。且〈則〉字所以直接上文，必置句讀之首，何獨於此而變其例哉？〔史孔子世家〕丘聞之也，刳胎殺夭，則麒麟不至郊，竭澤涸漁⑦，則蛟龍不合陰陽，覆巢毁卵，則鳳凰不翔。何則？君子諱傷其類也。〔漢司馬遷傳〕蓋鍾子期死，伯牙終身不復鼓琴。何則？士爲知己用⑧，女爲説己容。〔齊策〕語曰：「騏驥之衰也，駑馬先之，孟賁之倦也，女子勝之。」夫駑馬女子，筋骨力⑨勁，非賢於騏驥孟賁也。何則？後起之藉也。——三引〈何則〉，與上同義。

曰〈何如〉，曰〈何若〉，曰〈如何〉，曰〈奈何〉，曰〈若何〉，曰〈如之何〉，曰〈若之何〉，曰〈謂之何〉共八語，微有異同。〈何如〉與〈何若〉用意相似，用如表詞。〔史留侯世家〕漢王方食，曰：「子房前，客有爲我計橈楚權者。」具以酈生語告於子房，曰：「何如？」——此〈何如〉者，問其計是何計也⑩。〔又張耳陳餘列傳〕始吾與公言何如？今見小辱而欲死一吏乎？——〈何如〉者，問其言是何言也。〔論公冶〕臧文仲居蔡，山節藻棁，何如其知也！——怪其知是何知也。三引〈何〉字，皆表詞也。〔漢兩龔傳〕常恚謂勝曰：「我視君何若。」——〈何若〉者，視君何人也。〔史淮陰侯列傳〕僕欲北攻燕，東伐齊，何若而⑪有功？——猶云「必何爲而有功」也。兩引〈何若〉，一爲表詞，一如止詞。

至如〈何〉〈奈何〉〈若何〉三語，意或相同，而書中用〈奈何〉者爲多。〔書堯典〕帝曰：「予聞如何？」——猶云「予亦聞之，果何爲」也。〔後漢班固傳〕今其如台而獨闕也。——注以爲封禪之事，「今其如何至我而獨闕」⑫，此〈如何〉，猶〈爲何〉也。〔左襄二十六〕夫小人之性，釁於勇，嗇於禍，以足其性而求名焉⑬者，非國家之利也，若何從之？——猶云「爲何從之」也。〔又僖十五〕對曰：「君實深之，可若何？」——〈可若何〉者，猶云「尚能爲何」也。總言之，〈如何〉〈若何〉〈奈何〉，皆俗云〈爲甚〉也。〔書五子之歌〕爲人上者，奈何不敬。——猶云「爲何不敬」也。〔史蕭相國世家〕奈何欲以一旦之功而加萬世之功哉？——此〈奈何〉亦猶〈爲何〉也。〔又刺客列傳〕妾其奈何畏殁身之誅，終滅賢弟之名？——亦言〈何爲〉也⑭。以上三引〈奈何〉，皆置句首，所以詢其故也。其置句尾者，則以詢事之可否，而作爲較量之辭。〔素問〕帝曰：「余聞得其人不教，是謂失道。傳非其人，慢泄天寶。余誠菲德，未足以受至道然而衆子哀其不終，願夫子保於無窮，流於無極，余司其事，則而行之，奈何？」〔漢高帝紀〕謂⑮張良曰：「諸侯不從，奈何？」——兩引〈奈何〉，皆作商較之詞。〔史周本紀〕太史伯陽曰：「禍成矣，無可奈何。」〔又項羽本紀〕於是項羽乃悲歌忼慨，自爲詩曰：「力拔山兮氣蓋世，時不利兮騅不逝。騅不逝兮可奈何，虞兮虞兮奈若何？」——〈可奈何〉？亦〈無可奈何〉也，猶云「無可商計」也。以上所引〈何〉字，皆可作〈如〉〈若〉〈奈〉三字之止詞，至〈如〉〈若〉〈奈〉三字後有止詞而後殿以〈何〉字者，則〈何〉字單用，有〈何以〉〈何爲〉之意。〔漢匈奴列傳〕又⑯邊人奴婢愁苦，欲亡者多，曰：「聞匈奴中樂，無奈候望急何。」——猶云「邊人之欲亡者，無奈候望者多，將何爲也」。〔漢王莽傳〕夫唐堯有丹朱，周文王有管蔡，此皆上聖亡奈下愚子何。——猶云「堯文雖聖，其如子孫下愚，將何爲耶」？由是〔孟滕下〕一薛居州，獨如宋王何？——猶云「一薛居州之善士，其奈宋王勢孤，將何爲乎」？〔周語〕叔父其懋⑰昭明德，物將自至，余敢以私勞變前之大章，以忝天下⑱，其若先王與百姓何，何政⑲令之爲也？——〈其若先王與百姓何〉者，猶云「余即欲改變前章，其如先王與百姓之觀瞻將何如哉」。由此觀之，〈如之何〉〈若之何〉，與前引之句法相同之字，蓋確有所指，不可以語助視之也。〔左莊十一〕天作淫雨，害于粢盛，若⑳之何不吊？——〈若之何〉者，猶云「不吊其如天灾何」。〔孟公下〕昔者病，今日愈，如之何不吊？——猶云「不吊其如病愈何」。〔左僖十五〕晉侯謂慶鄭曰：「寇深矣，若之何？」——猶云「其若寇何」。至如〔論爲政〕季康子問：「使民敬忠以勸如之何？」〔又先進〕仍舊貫，如之何？〔又衛靈〕不曰如之何如之何者，吾末如之何也已矣。——〈如〉後〈之〉字，皆有所指，〈吾末如之何也〉〈之〉字所指，異於兩〈如之何〉，然則〈之〉字非徒爲語助也明矣。總之，〈如何〉〈何如〉〈若何〉〈何若〉〈奈何〉〈如之何〉〈若之何〉，雖爲成語，而其意則隨所用而各異，實未可囿於一解也。此因推論〈何〉字而及之耳。

又〈謂何〉〈何謂〉兩語，亦有區别。〔論八佾〕「孟孫問孝於我，我對曰無違」。樊遲曰：「何謂也？」——猶云「其意爲何」也，乃問〈無違〉二字所指之事。〔史禮書〕孝文即位，有司議欲定儀禮。孝文好道家之學，以爲繁禮飾貌，無益於治，躬化謂何耳。——猶云「但求躬行教化之爲何，繁禮所不計」也。〔左成二〕以師伐人，遇其師而還，將謂君何？——如是無君人之心，〈將謂君何〉者，猶言「何以對君」也。〔史禮書〕漢亦一家之事，典法不傳，謂子孫何？——〈謂子孫何〉，猶言「何以對子孫」也。則詩邶風之「天實爲之，謂之何哉」，〈之〉字亦有所指，與以上〈如之何〉同一句法。〔左昭十三〕國不競亦陵，何國之爲。——〈何國之爲〉者，猶云「如是尚將爲何國」也，〈之〉字所以明其爲倒文，詳後介字篇内。如是，則〈何〉字附於名而用爲静字，當在偏次。〔左僖三十三[21]〕秦則無禮，何施之爲？〔又成十二〕若讓之以一矢，禍之大者，其何福之爲？〔又昭元[22]〕諸侯之會，衛社稷也。我以貨免，魯必受師，是禍之也，何衛之爲？〔周語〕其若先王與百姓何，何政令之爲也？〔楚語〕若夫白珩，先王之玩也，何寶之爲？[23]——句法皆同。論語顔淵「何以文爲」句，皇侃疏[24]曰：「何用於文華乎？」則〈以〉字解作〈用〉字，而〈爲〉字無解，視同語助。邢昺正義[25]曰：「何用文章乃爲君子。」則〈爲〉字有解。愚案〈以爲〉二字析用，其例詳後。〈何以文爲〉者，即言「以文爲何」也，而〈何〉字仍爲表詞，故可先焉[26]。〔左襄十七〕是之不憂，而何以田爲？——言「以田爲何」也。〔又襄二十二〕雨行何以聖爲[27]？——言「以聖爲何」也。〔孟萬上〕我何以湯之聘幣爲哉？——言「我以湯之聘幣爲何哉」。〔荀子議兵〕然則又何以兵爲？——言「[28]以兵爲何」也。〔呂氏春秋異寶〕今我何以子之千金劍爲乎？——言「我以子之千金劍爲何」也。〔趙策〕君又[29]何以疵言告韓魏之君爲？——言「君以疵言告韓魏之君爲何」也。

①原衍〈之〉字。②原誤〈闕〉。③梅福傳無此語。④原作〈軾〉。⑤〈也〉字原敚。⑥按助字辨略卷二云：「〈何則〉，〈何者〉，並先設問後陳其事也。」馬氏所謂經生家，殆指劉淇氏言。⑦〈漁〉字原敚。⑧原誤〈死〉。⑨原誤〈力骨〉。⑩刊誤云：「〈何如〉恰當於今語之〈怎樣〉。」⑪〈而〉字原敚。⑫按此語轉引助字辨略。後漢書原注云：「〈台〉，我也。今其如我何獨闕也。」文與此異。⑬原誤〈也〉。⑭刊誤云：「馬釋文意固合。然此皆以代字作狀字用，當於論狀字卷中論之。」⑮原誤〈詔〉。⑯〈又〉字原敚。⑰原作〈茂〉。⑱此四字原敚。⑲原誤〈改〉。⑳原誤〈如〉。㉑原誤〈二十三〉。㉒原誤〈七〉。㉓按〈爲〉字國語作〈焉〉。㉔論語義

疏，魏何晏注，梁皇侃疏。侃，吴郡人，青州刺史皇象九世孫，事迹具梁書儒林傳。書凡十卷。㉕論語正義，魏何晏注，宋邢昺疏。昺字叔明，曹州濟陰人。官至禮部尚書，事迹具宋史本傳。書凡二十卷。㉖刊誤云：「〈爲〉字古書多用爲語末助字，皇侃之説是也。（如是，〈何〉爲狀字，非代字。）……邢疏及馬氏之説皆誤。（馬氏云『以文爲何』，則〈何〉字爲止詞甚明。其云表詞，則誤中之誤也。）」　㉗原衍〈也〉字。　㉘原衍〈我〉字。　㉙〈又〉字原敚。

〈何〉字單用於賓次者，爲止詞則先於動字，爲司詞則先於介字，不先者鮮矣。

〔孟梁下〕吾何脩而可以比於先王觀也？——〈吾何脩〉者，吾將脩爲何事也。〈何〉爲〈脩〉之止詞而先焉。〔史張耳陳餘列傳〕今必俱死，如以肉委①餓虎，何益？——〈何益〉者，猶云「如此所益何事」也。〈何〉爲〈益〉之止詞而先焉。〔左昭四〕有是三者，何鄉而不濟？——〈何鄉〉者，任鄉何處也。〔漢陸賈傳〕生揣我何念？——猶云「生試揣我念及何」也。〔論顔淵〕夫何憂何懼！〔史平原君列傳〕汝何爲者也②。〔論爲政〕何爲則民服？〔史太史公自序〕夫子所論，欲以何明？〔韓釋言〕夫何恃而敖？〔又劉公墓誌銘〕兩界耕桑交迹，吏不何③問。〔齊策〕客何好？〔又〕客何能？——以上引〈何〉字，皆爲動字止詞而先焉。

惟〈何〉字爲〈於〉字司詞，間置於後。〔韓送温處士序〕小子後生，於何考德而問業焉？——〈於何〉者，於何人也。〈何〉司於〈於〉字而後置焉。若然者，以〈何〉字指人故也。指地，則〈於何〉二字，概以〈焉〉字代之。〔孟離上〕天下之父歸之，其子焉往？——〈焉往〉者，於何處可往也。〔論八佾〕人焉廋哉！——〈焉廋〉者，廋於何處也。兩引〈焉〉字，皆指何處，而亦用以指人者。〔論公冶〕魯無君子者，斯焉取斯？——猶云「魯國如無君子，彼將於何人而取斯」也④。〔公莊三十二〕寡人即不起此病，吾將焉致乎魯國？——〈焉致〉者，致於何人也。

①原誤〈餧〉。　②此句原誤「客何爲也」。　③東雅堂本注云：「〈何〉或作〈阿〉。」　④刊誤云：「文言『此人何用有此德』，〈焉〉字明是疑問狀字。」

〈何〉字合名用如静字。

〔論公治〕何器也？——〈何〉字合〈器〉，云何如之器也。〔孟萬下〕王何卿之問也？——詢其所問爲何如之卿也。〔韓進士策問〕其所守者何事，其不合於道者幾何？孟子所以辭而闢之者何説？——〈何事〉〈何説〉同上。〔史孟嘗君列傳〕今君又尚厚積餘藏，欲以遺所不知[1]何人。——同上[2]。〈何〉字合名，經史中所在皆是，故不多引〈何〉字合於静字，有甚之之意者，則列諸狀字矣。〈何〉字單用，有〈爲何〉〈何故〉之解者亦然，此故不贅。

①原衍〈之〉字。　②刊誤云：「〈何〉字普通固表疑問，而又有一引伸用法，則表〈不知〉之義。……近於〈某人〉。馬氏以爲詢問代字之例，非其實矣。」

〈奚〉〈曷〉〈胡〉〈惡〉〈安〉〈焉〉六字，亦所以爲詰問者也，而用如代字者，則惟在賓次耳。〈奚〉字，先秦之書，用如表詞者有焉，而用爲偏次者蓋未之見也[1]。〈惡〉字用爲司詞，必合〈乎〉字。〈安〉〈焉〉二字概代〈於何〉，猶〈諸〉字之代〈之於〉也。凡此六字，用爲狀字者其常。

〔論子路〕子將奚先？——猶云「所先何事」也。〈奚〉爲〈先〉之止詞，雖在賓次而先之。〔論八佾〕奚取於三家之堂？——〈奚取〉者，〈何取〉也，同上。〔論先進〕由之瑟奚爲於丘之門？——〈奚爲〉者，〈何爲〉也，〈奚〉爲〈爲〉字司詞，而亦先焉。〔莊駢拇〕問臧奚事，則挾筴讀書，問穀奚事，則博塞以游。——〈奚事〉者，何所事也，〈奚〉爲〈事〉之止詞。莊子諸篇，〈奚〉字數見。〔吕覽貴直〕水奚自至。——〈奚〉司於〈自〉字而先焉。

〔論憲問〕夫如是，奚而不喪。——猶云「如是而不喪者何也」。故〈奚〉字用如表詞而居主次[2]。〔莊逍遥游〕奚以之九萬里而南爲？——猶云「以之九萬里而南爲何」也，與「何以文爲」句同解，則〈奚〉字仍爲表詞[3]。〔論子路〕雖多亦奚以爲！——句法同上。猶云「誦詩雖多亦將用爲何」也。

〔易損〕曷之用，二簋可用享。——〈曷〉爲〈用〉之止詞，間以〈之〉字，所以明其爲倒文也。〔公隱元〕曷爲先言王而後言正月？王正月也。——〈曷〉爲〈爲〉字司詞，而先之。〔公宣六〕夫畚曷爲出乎閨？——同上。〔漢王褒傳〕則胡禁不止，曷令不行。——〈胡〉〈曷〉皆爲止詞，而各先焉[4]。〔詩邶式微〕胡爲乎泥中？——〈胡〉司於〈爲〉字而先焉。蓋〈胡〉〈曷〉二字，惟爲〈爲〉字所司，未見有司於其他介字者。〔論里仁〕君子去仁，惡乎成名？——猶云「君子而去仁也，將於何而成名哉」，故〈乎〉字用如〈於〉字，〈惡〉爲所司而先焉。〔孟梁上〕惡在其爲民父母也？——猶云「其爲民父母也將何在乎」，〈惡〉猶〈何〉也。〔禮檀弓〕吾惡乎哭諸？〔又〕吾惡乎用吾情？——〈惡〉司於〈乎〉字而先之。〔史貨殖列傳〕安歸乎？歸於富厚也。——猶云「若是者歸於何事，答云歸於富厚也」，此〈安〉代〈於何〉二字之證。〈安〉字習用爲狀字，有〈豈〉字之解，其用爲代字者，不概見也。〈焉〉字代〈於何〉二字，已引於前。

①刊誤云：「韓非子人主篇云：『賢智之士奚時得用？』又云：『法術之士奚時得進用？人主奚時得論哉？』又孤憤篇云：『法術之士奚時得進？』又吕氏春秋慎勢篇云：『以宋攻楚，奚時止矣？』又不屈篇云：『蝗螟，農夫得而殺之，奚故？爲其害稼也。』列子仲尼篇云：『此奚疾哉？奚方能已之乎？』又楊朱篇云：『將奚方以救二子。』然則先秦書中此種用法多矣。又〈惡〉字亦有用於偏次者。墨子非樂篇云：『舟車既已成矣，曰：吾將惡許用之？』〈惡許〉者，〈何處〉也。馬氏謂〈奚〉〈曷〉〈胡〉〈惡〉〈安〉〈焉〉六字用如代字惟在賓次，亦非。」②又云：「此〈奚〉字當作狀字解。」③又云：「〈奚〉乃狀字，〈爲〉乃語末助字，馬氏説非。（如馬氏説，〈奚〉當爲止詞。其云表詞，又錯中之錯也。）」④又云：「馬氏認〈禁〉〈令〉爲動字，説固亦可通。余謂僖五年左傳云『以此攻城，何城不克？』晉書劉毅傳云：『將軍自興兵以來，何攻不剋？何戰不勝？』句例正與此同。則〈禁〉〈令〉二字當視爲名詞，〈胡〉〈曷〉二字乃静字用法。」

指示代字二之六

四、指示代字。

指示代字者，所以指明事物以示區别也。其别有四：一以逐指者，二以特指者，三以約指者，四以互指者①。

①講話云：「馬氏文通裏的『指示代字』一節，實在講得不大好。他把指示代詞分爲『逐指』『特指』『約指』『互指』四類，據我看，只特指類中的〈彼〉〈此〉〈是〉等字是代詞，而且是静性代詞。……文言中的〈彼〉字，如相當於白話中的〈他〉，與〈我〉〈爾〉

相對待，則爲人稱代詞；如相當於白話中的〈那〉，與〈此〉字相對待，則爲静詞或静性代詞。」

（一）逐指代字，惟〈每〉〈各〉二字，其用不同：〈每〉字概置於名先，〈各〉字概置於其後，間或無名而單用。大抵事物不一，歷叙之而見煩，今有以每之，則無事歷叙，而其事物之名，正如逐一指之矣。〈每〉〈各〉二字而爲賓次，先所賓者常也。

〔論八佾〕子入大廟，每事問。——所問之事不一，附以〈每〉字，即逐事問之也。〈每〉合於〈事〉，〈事〉在賓次，而位先焉。〔孟離下〕每人而悦之。——解同上。惟〈悦〉後加〈之〉字以重指者，因有〈而〉字間之也。〔史馮唐傳〕今吾每飯意未嘗不在鉅鹿也。——〈每〉字附〈飯〉，猶云「每次飯時」也，則〈飯〉字可作動字觀。如爲名，則〈每飯〉先置者記時也，非以其爲賓次之故，不可不辨。〔三國王粲傳注①〕每一念至，何時可言②。——〈每一〉者，猶〈逐一〉也，解與上同。〈每〉字單用無〈逐次〉之意，或解如〈雖〉字③，或解如〈常〉字④，非此例也⑤。

〔論公冶〕盍各言爾志。——〈各言〉者，〈每人言〉也。〈各〉字單用，而在主次。〔史五帝本紀〕至長老皆各往往稱黄帝堯舜之處。——〈各〉字用如上。〔漢霍光傳〕各自有時。——同上。〔史游俠列傳〕不可者各厭其意。——〈各〉在賓次，而位先動字。〔韓淮西事宜狀〕今若分爲四道，每道各置三萬人。——猶云「每道應置各三萬人」，〈各〉居賓次而先焉。〔史周勃世家〕最從高帝得相國一人，丞相二人，將軍二千石各三人。——〈各三人〉者，言每一輩有三人也。〈各〉字單用於中，逐指以上兩輩之人也。〔又匈奴列傳〕歲奉匈奴絮繒酒米食物各有數。——〈各有數〉者，言四物每一有定數也。〈各〉字用法同上。〔又〕赤綈緑繒⑥各四十匹。——同上，言定數也。〔趙策〕破趙則封二子者各萬家之縣一。——同上⑦。

①原誤〈魏文帝紀〉。　②原作〈忘〉，乃轉引助字辨略致誤。　③爾雅云：「〈每有〉，〈雖〉也。」郭注云：「辭之〈雖〉也。」　④助詞辨略引「每一念至」文云：「此〈每〉字猶〈常〉也。其事非一，故云〈每〉也。」　⑤文典云：「指示形容詞中，有〈每〉字者，乃逐事物而一一指示之者也，故別名爲『逐指詞』。此種逐指詞，僅用爲形容詞及副詞，無用爲代名詞者。『每人而

悦之』。『子入太廟每事問』。」刊誤云：「漢書外戚傳云『每輒決上』，謂每事輒決於上也。法言問明篇云『小每知之』，謂小事每事知之也。二例〈每〉字皆單獨用，信爲代字矣。若馬氏所謂概置於名字之先者，如所舉『每事問』『每人而悦之』諸例，則已爲指示静字，非復代字矣。」　⑥原誤〈絹〉。　⑦文典云：「〈各〉字〈每〉字，乃逐指副字。此兩字者，皆有代名詞之性質；而〈每〉字僅用爲形容詞與副詞，無用爲代名詞者；〈各〉字僅用爲副詞，無用爲代名詞及形容詞者。〈各〉字多用以指人物；〈每〉字多用以指事。歐陽脩朋黨論：『紂之時，億萬人各異心。』韓進學解：『夫大木爲杗，細木爲桷……各得其宜。』又與許孟容書：『每讀古人一傳。』〈各〉，一指〈億萬人〉，一指〈杗〉〈桷〉等。〈每〉，指讀古人傳之事。」講話云：「馬氏認〈每〉〈各〉二字爲逐指代字；其實〈每事〉是白話中的〈每一件事〉，〈每〉是静詞；〈各言〉是白話中的〈一個一個的説〉，〈各〉是副詞。」

經史中凡遇逐指事物，有單用其名爲代者，亦或有重言其名者，其重者，即所以每之也。

〔莊養生主〕良庖歲更刀，割也，族庖月更刀，折也。——〈歲〉〈月〉兩字單用，即〈逐歲〉〈逐月〉之意。〔又〕澤雉十步一啄，百步一飲。——〈十步〉〈百步〉即〈每十步〉〈每百步〉也。〔史貨殖列傳〕庶民農工商賈，率亦歲萬息二千。——猶云「每歲每萬得息二千」。〔韓許國公神道碑〕使日月至。〔又〕我代與田氏約相保援。——猶云「每日每月遣使來」也，又猶云「我世世代代與田氏約相保援」也。〔史貨殖列傳〕米石至萬。——猶云「米每石價至萬」也。〔韓孔公墓誌銘〕自海抵京師，道路水陸遞夫積功，歲爲四十三萬六千人。——〈歲〉字同上。〔又送韓侍御序〕秋果倍收，歲省度支錢千三百萬。——〈歲〉字解如前。

〔史陸賈列傳〕分其子，子二百金。——猶云「分與其子，每子各得二百金」。重言〈子〉字，上〈子〉〈諸子〉也，下〈子〉〈每子〉也。〔又衛將軍列傳〕封三子爲侯，侯千三百户。——重言〈侯〉字，上〈侯〉爵名也，下〈侯〉每之也。〔又貨殖列傳〕及名國萬家之城帶郭①千畝，畝鍾之田。——猶云「千畝之田，必每畝可得一鍾者」，非常田可比。〔又匈奴列傳〕故其戰人人自爲趣利。——兩人字同意，重之者，每之也。〔又十二諸侯年表序〕魯君子左丘明，懼弟子人人異端，各安其意，失其真，故因孔子史記具論其語，成左氏春秋。——〈人人〉重言同上。下用〈各〉字者，叠指也。

① 以上九字原敓。

（二）特指代字前置於名，所以明注意之事物也，〈夫〉〈是〉〈若〉〈彼〉〈此〉諸字是也。

凡確有所指而必爲提明者，則用〈夫〉字。〈夫〉字或合本名，或合公名，或前乎一讀皆可[1]。經生家誤以〈夫〉字爲提倡之連字，蓋未知夫〈夫〉字之位，在句首者其常，而在句中者亦數見也。

爾雅郭叙「夫爾雅者」，邢疏云：「〈夫〉者發語辭，亦指示語。」蓋近之矣[2]。〔左隱四〕夫州吁阻兵而安忍。——其下又云，——夫州吁弑其君而虐用其民，——兩〈夫〉字先於本名。論者注意〈州吁〉，故以〈夫〉字提明而特指焉。此〈夫〉字合本名而置句首者。〔又昭七[3]〕日君以夫公孫段爲能任[4]其事而賜之州田。——〈夫〉先本名而在句中，惟以指示耳。〔史日者列傳〕此夫老子所謂「上德不德，是以有德」。——同上。

〔左僖二十四〕夫袪猶在，女其行乎？——〈袪〉公名，〈夫〉先之，以指當日所斷之袪也。此置句首亦所以爲發語辭也。〔論先進〕夫人不言，言必有中。——〈人〉雖公名，〈夫〉先焉，特指所語者。〔孟公下〕夫士也亦無王命而私受之於子。——〈士〉公名，〈夫〉先焉，以指一類之士。〔周禮考工記〕夫人而能爲鎛也。——亦以指一類之工人也。[5]又〈夫〉字亦可解作〈此〉字。〔左成十六〕則[6]夫二人者，魯國社稷之臣也。——與〔又隱四〕此二人者，實弑寡君，敢即圖之。——〈此〉〈夫〉二字，語氣相同。上引〈夫〉字，皆先公名而冠句首者。〔又宣二〕公嗾夫獒焉。——〈獒〉公名，〈夫〉先之，以指靈公自豢之獒。〔孟萬下〕宜與夫禮若不相似然。——〈禮〉公名，先以〈夫〉字，特指以上所引之禮。〔論先進〕是故惡夫佞者。——〈夫佞者〉，特指子路。〔禮祭義〕忌日不用，非不祥也，言夫日志有所至而不敢盡其私也。——〈夫日〉者，〈此日〉也，特指忌日而言。〔論先進〕非夫人之爲慟而誰爲？——〈夫人〉指顏淵。〔莊田子方〕若夫人者，目擊而道存矣。——〈夫人〉，特指所語之人。〔左僖三十〕微夫人之力不及此。——〈夫〉人特指秦穆公也。上引〈夫〉字，皆先公名而位句中者。〔禮檀弓〕予惡夫涕之無從也。——〈涕之無從也〉讀也，〈夫〉先之，以志所惡也。〔齊策〕乃歌夫長鋏歸來者也。——〈長鋏歸來〉，所歌之語，〈夫〉先之，所以爲指也。〔論季氏〕君子疾夫舍曰欲之而必爲之辭。——此〈夫〉字直貫一讀。〔莊大宗師〕吾思夫使我至此極者，而弗⑦得也。——〈使我至此極者〉乃〈思〉之止詞，〈夫〉先之，特指〈思〉之所志也。〔韓答崔立之書〕設使與夫今之善進取者，競於蒙昧之中，僕必知其辱焉。——〈今之善進取者〉一讀，〈夫〉字冠之，所以特指此類之人也。上引〈夫〉字，皆冠於讀首以爲特指者。由是觀之，凡公名前有静字或有偏次以成一頓者，與凡静字代字用如名者，皆可加以〈夫〉字。〔左文十三〕請東人之能與夫二三有司言者。——〈有司〉名也，〈二三〉静字也，而〈夫〉字冠之。〔莊徐無鬼〕子⑧不聞夫越之流人乎！——此名前有偏次而〈夫〉字冠之者。〔論憲問〕夫我則不暇。——此代字前加〈夫〉字者⑨。〔荀子解蔽〕不以夫一害此一。——此〈夫〉合静字者，可解如〈彼〉字，猶云「不以彼一害此一」。如是，〔鄭語〕夫其子孫必光啓土。〔楚語〕夫其有故。——兩〈夫〉字皆可作〈彼〉字解。若〈夫〉字單用而解如〈彼〉字者，則爲指名代字矣。

① 刊誤云：「此種用法，便是静字用法矣。」　② 晉郭璞注爾雅，〈郭叙〉，即郭璞所撰之序文。璞，字景純，河東聞喜人，官至弘農太守。邢，邢昺，爲郭注撰疏。今所傳者，有爾雅注疏三十一卷。　③ 原誤〈十七〉。　④〈任〉字原敚。

⑤ 刊誤云：「此〈夫人〉乃〈人人〉之義，與馬引他例不同。」　⑥〈則〉字原敚。　⑦ 原衍〈可〉字。　⑧〈子〉字原敚。

⑨ 刊誤云：「此〈夫〉字是連字非是代字。」

〈是〉〈此〉〈若〉三字，先於公名，所指皆當前者；非當前者，間以〈彼〉字先之。

〈是〉〈若〉〈此〉三字，先乎公名，則在偏次，前論指名代字已引證矣。〔左昭四〕有是三者，何鄉而不濟！——〈三者〉用如公名，前以〈是〉字，以指示焉。〔論憲問〕丘何爲是栖栖者與？——〈栖栖者〉用如名字，加〈是〉以特指焉。〔顏氏家訓風操〕吕尚之兒，如不爲上，趙壹之子，儻不作一。便是下筆即妨，是書皆觸也。——〈是書〉者，猶云「凡是書札皆犯諱」也，與此所云〈是〉字不類。〔史封禪書〕諸此祠皆太祝常主。——〈諸此祠〉者，前叙之祠也。

〔又酷吏列傳〕其治獄所排大臣自爲功，多此類。——〈此類〉者，指上文所叙之事也。〔又〕非此母不能生此子。——〈此母〉〈此子〉者，指彼此確有所指也。〔又張釋之列傳〕此兩人言事曾不能出口。——〈此兩人〉，指前叙之兩人也。〔又信陵君列傳〕此子賢者，世莫能知。——同上。〔莊人間世〕使予也而有用，且得有此大也邪？——〈此大也〉，指上文所形木之廣大。〔論公冶〕君子哉若人，尚德哉若人！〈若人〉者，〈此人〉也。〔公羊定四〕楚人爲無道，君如有憂中國之心，則若時可矣。——〈若時〉者，〈此時〉也。〔又隱四〕公子翬恐若其言聞乎桓。——〈若其言〉者，〈此其言〉也。〔史刺客列傳〕彼秦大將擅兵於外，而内有亂，則君臣相疑。——此言秦將遠在秦國，故冠〈彼〉字以指焉①。〔又商君列傳〕彼王不能用君之言任臣，又②安能用君之言殺臣乎！——〈彼王〉者，指魏王，不在當前也。〔又屈原列傳〕又怪屈原以彼其材游③諸侯，何國不容，而自令若是。——〈以彼其材〉者，遠指屈原生前之材也。〔又留侯世家〕我欲易之，彼四人輔之，羽翼已成，難動矣。——〈彼四人〉者，指不在當前之人也。〔又李將軍列傳〕而廣身自射彼三人者。——〈彼三人〉者，非在近之人也。〔韓師説〕彼童子之師，授之書而習其句讀者④。——此論傳道之師，今以〈童子之師〉爲比，故冠以〈彼〉字，示非指目前所論者也。而詩經召南騶虞之「彼茁者葭」與小星之「嘒彼小星」等句，皆明指其遠者而言。

①刊誤云：「〈彼秦〉二字當一頓。〈彼〉者，〈彼秦〉，非彼大將。馬氏誤。」　②〈又〉字原敚。　③原誤〈從〉。
④原衍〈也〉字。

故所指而有遠近先後之别者，别以〈彼〉〈此〉二字，單用爲常。

〔史酷吏列傳序〕由是觀之，在彼不在此。——〈彼〉〈此〉指前文所言遠近兩端也。〔漢司馬相如傳〕陛下患使者所①司之若彼，悼不肖愚民之如此。——〈彼〉〈此〉二字所指，亦在上文所言先後兩事。〔史秦楚之際月表序〕以德若彼，用力如此，蓋一統若斯之難也。——所指同上。〔孟盡下〕在彼者皆我所不爲也，在我者皆古之制也。——〈彼〉〈我〉亦猶〈彼〉〈此〉，接指上文，次其先後也。〔秦策〕息壤在彼。——〈彼〉字單用，明指以前盟地，非如指名代字僅指所爲語者，故列於此。

①原誤〈有〉。

〈此〉〈是〉諸字單用，以指上文而爲起詞者，已詳指名代字矣。先以〈如〉〈若〉諸字，如〈如此〉〈如是〉〈若斯〉之類，則爲表詞，位在句末爲常，先乎静字者，所以甚之也。〈若〉字單用，間亦訓作〈如此〉，非常解也。

〔論子路〕夫如是，則四方之民，襁負其子而至矣。——〈夫如是〉者，總言上之好禮義信也。〈夫〉起詞，〈如是〉其表詞也①。論語用〈夫如是〉三次，句法皆同。〔孟梁下〕如此然後可以爲民父母。——〈如此〉亦指上文而爲表詞，其起詞不言而喻句法與〈夫如是〉無異。〔又萬下〕其自任以天下之重如此。——〈此〉，指上文伊尹推極其澤民之心無使一人之或遺也，今以〈如此〉總指之而爲表詞，〈其自任以天下之重〉，讀也而爲起詞。〔史酷吏列傳〕其欲薦吏，揚人之善，蔽②人之過如此。——句法同上。〔漢刑法志〕宣帝自在閭閻而知其若此。——〈若此〉指上文，爲表詞，〈其〉字起詞也。〔又〕有君如③是其賢也。——猶云「有君其賢也如是」，〈如是〉乃表詞也。今先乎静字，甚言其賢故云爾。〔韓與陸員外書〕待梁與王如此不疑也，梁與王舉人如此之當也。——〈不疑〉静字，〈當〉字亦然，〈如此〉二字先之，所以甚之也。〔史韓非列傳〕夫事以密成而以泄敗，未必其身泄之也，而語及其所匿④之事，如是者身危。——猶云「其人而如是也其身危矣」。〈如是〉二字表詞，〈者〉字其起詞也，與〈夫如是〉句法相同。〔漢刑法志〕夫以孝文之仁，平勃之知，猶有過刑謬論如此甚也。——猶云「以孝文之仁，平勃之知，而用刑之過，持論之謬，其甚也猶如此」云云，故〈如此〉先乎〈甚〉字者，所以甚之也。前節所引司馬相如傳與秦楚之際月表序可參觀，則知〈如彼〉〈若斯〉亦間用也。

〔書大誥〕王曰：「爾惟舊人，爾丕克遠省，爾知寧王若勤哉！」——〈若勤〉者，〈若此勤〉也。但曰〈若〉者，省文也。〔孟梁上〕以若所爲，求若所欲。——猶云「以如此所爲，求如此所欲」也。〔史禮書〕人苟生之爲見，若者必死，苟利之爲見，若者必害。——索隱云：「人苟以貪生爲見，不能見危致命，如此者必刑戮及身也。」⑤〔漢賈誼傳〕頑頓亡耻，奚詬亡節，廉耻不立，且不自好，苟若而可。——〈苟若而可〉者，言「苟且如此而即可」也。

①刊誤云：「此〈夫〉字無所指，乃連字，非代字也。馬氏以爲起詞，大誤。」　②原誤〈覈〉。　③原誤〈若〉。　④原誤〈慝〉。　⑤按殿本無索隱此文。馬氏蓋轉引助字辨略者。

（三）約指代字又分兩種：一、後乎名代諸字而以之重指者，則與所指名代之字同次，蓋重指者必與所指相同也。二、後乎名代諸字而爲其分子者，則常在正次，蓋分子正次，分母偏次，乃約分之例也。凡約指代字之在賓次者，必先所賓焉①。

〔孟告下〕人皆可以爲堯舜，有諸？——〈人〉，名也，〈皆〉，約指代字，後乎名而重指之，同在主次，而爲〈可〉之起詞②。〔孟盡下〕衆皆悦之。——〈衆〉字亦約指代字也，〈皆〉重指之。餘與上同。〔史封禪書〕涇渭皆非大川，以近咸陽，盡得比山川祠而無諸加。——〈涇渭〉兩水名，〈皆〉字與〈盡〉字重指焉，而與之同次。〔左哀十六〕王與二卿士，皆五百人當之，則可矣。——〈王與二卿士〉諸名，後以〈皆〉字，同在賓次，而爲〈當〉字止詞，今先置焉。〔漢叔孫通傳〕諸言盜者皆罷之。——〈諸言盜者〉，接讀代字也，〈皆〉字後之，同在賓次，而爲〈罷〉字止詞。〔史匈奴列傳〕朕與單于皆捐往細故。——〈皆〉字重指以前兩名，同在主次。〔史蕭相國世家〕以何具得秦圖書也。——〈具〉字重指〈圖書〉，言所得無遺也。先於〈得〉字者，先所賓也。〔漢高帝紀〕餘悉除去秦法，吏民皆按堵如故。——〈悉〉字重指〈餘〉字，而兩字皆〈除去〉之止詞，故先置焉，猶云「其餘秦法盡除去焉」。〈皆〉字重指〈吏民〉兩字。〔又賈誼傳③〕若其它背理而傷道者，難遍以疏舉。——〈遍〉字重指前讀，而爲〈疏舉〉止詞，今先置者，先所賓也。〔史平準書〕置平準于京師，都受天下委輸。——〈都〉字重指委輸之物，故在賓次，而先於〈受〉字者，先所賓也。〔又曹相國世家〕舉事無所變更，一遵蕭何約束。——〈一〉字，〈皆〉也，〈悉〉也，猶云「悉遵蕭何所約束者」。〔韓高閑上人序〕可喜可愕④，一寓於書。——猶云「凡可喜可愕之事盡寓於書」也。〔又新修滕王閣記〕洪江饒虔吉信撫袁，悉屬治所。——〈悉〉字，總指上八府也。〔又〕公至之日，皆罷行之。——〈皆〉字重指上文，而爲〈罷〉

字止詞。〔又答崔立之書〕若都不可得……——〈都〉字亦重指上文之事。〔又許國公神道碑〕悉有其舅司徒之兵與地。——〈悉〉者，重指下文之〈兵與地〉也，今先於〈有〉字，所謂先其所賓也。〔又淮西事宜狀〕據行營所追人額，器械弓矢一物已上，悉送行營充給⑤。——〈悉〉者，重指〈一物已上之器械弓矢〉也，亦即〈送〉字止詞，而先置焉。〔又圬者傳〕其他所以養生之具，皆待人力而後完也，吾皆賴之。然人不可遍爲，宜乎各致其能以相生也。——第一〈皆〉字，重指〈具〉字，並在主次。以後〈皆〉字與〈遍〉字，亦指〈養生之具〉，同在賓次，而皆先焉。〔趙策〕今大王垂拱而兩有之，是臣之所以爲大王願也。——〈兩〉字重指上文，位於賓次而先焉。〔韓科斗書後〕天下之欲銘述其先人功行，取信來世者，咸歸韓氏。——〈咸〉，〈皆〉也，解與前同。以上所引約指代字，與所指同次者。

〔孟梁下〕諸侯多謀伐寡人者。——猶云「諸侯之中多有謀伐寡人者」，〈多〉字正次，〈諸侯〉偏次，猶分子與分母然⑥。〔又梁上〕晉國天下莫强焉。猶云「天下之國無强於晉國者」。〔史平準書〕商賈以幣之變，多積貨逐利。——〈多〉者，指商賈中有多人也。〔漢叔孫通傳〕盡問諸生，諸生或言反，或言盜。——〈或〉者，指上諸生中有其人也。〔又高帝紀〕相人多矣，無如季相。——〈無〉者，於所相多人之中無人如季相者。〔左成十六〕各顧其後，莫有鬥心。——〈莫〉者，〈無人〉也。〔史張耳陳餘列傳〕趙人多爲張耳陳餘耳目者，以故得脱出。——〈多〉者，趙人中有多人也。〔又項羽本紀〕諸侯軍救鉅鹿下者十餘壁，莫敢縱兵。——〈莫〉者，十餘壁之中無一軍也。〔又淮陰侯列傳〕項王所過無不殘滅者。——〈無〉者，項王所過之處，無一處不爲所殘滅也⑦。〔漢東方朔傳〕四方士多上書言得失自衒鬻者以千數。——〈多〉者，四方士中有多人也。〔又賈山傳〕雷霆之所擊，無不摧折者。——猶云「雷霆所擊之物無一物不爲摧折」也。〔韓送楊少尹序〕道路觀者，多嘆息泣下，共言其賢。——〈多〉者，觀者中不止一人也。〔孟告下〕二王我將有所遇焉。——〈有〉者二王中有一也。以上所引約指代字，皆爲分子者。

①講話云：「馬氏所認爲約指代字的，尤其漫無限制，幾乎可以把名詞、静字、動字、副字都可以拉進去。」　②刊誤云：「代字所以代名，當以能獨立用爲原則。馬氏此段所舉之字，惟〈衆〉字有獨立用法。如馬氏所舉孟子『衆皆悦之』，〈衆〉作起詞用者也。論語云：『吾（原誤〈我〉）從衆。』〈衆〉作止詞用者也。除〈衆〉字外，如〈皆〉〈盡〉〈具〉〈悉〉〈遍〉〈都〉〈一〉〈兩〉〈咸〉九字，皆無此等獨立用法；而此九字之狀字用法，〈衆〉字又却無之。以此，知〈衆〉字表實的體，而〈皆〉〈盡〉等九字但表虚的用，古人於此本有截然之界限。章君行嚴定此等字爲代名副詞，余定爲表數副詞，其説皆較馬氏爲妥帖。」　③原誤〈陸賈傳〉。　④原誤〈憎〉，下同。　⑤原衍〈所召募人〉四字。　⑥刊誤云：「〈多〉字亦不能獨立用，故亦不能認爲代字。其實此文〈多〉字，乃以静字爲表詞，『諸侯多謀伐寡人者』，猶云『諸侯之中謀伐寡人者多』也。」　⑦又云：「此二例句中既有代字〈者〉字，又認〈無〉作代字，文義豈可通乎？馬氏論動字章中謂〈無〉字爲同動字，此兩〈無〉字正是同動字矣。」

又〈等〉字用於平列諸名之後，以概夫同類而未列者，〈諸〉字則先於同類諸名，且可先乎一讀者，凡皆用爲統括之辭耳①。

〔史蕭相國世家〕今雖亡曹參等百數，何缺於漢？——〈等〉字後於〈曹參〉本名，猶云「凡與曹參相似之人」也。〔又魏其傳〕是以竇太后滋不説魏其等。——〈等〉者，非〈魏其〉一人，故言〈等〉以括之。〔又酷吏列傳〕天下所少，寧賈姬等乎？——〈等〉者〈賈姬〉之類也。〔又蕭相國世家〕臣等身披堅執鋭，多者百餘戰，少者數十合。——〈等〉者，不止〈臣〉一人也。〔韓爲人求薦書〕如某等比。——解同上。

〔史封禪書〕至如八神②諸明年凡山他名祠，行過則祠，行去則已。——〈諸〉字統指之辭，舉〈明年凡山〉以統其餘也。此〈諸〉字置先於名。〔又〕涇渭皆非大川，以近咸陽，盡得比山川祠而無諸加。——〈諸〉字亦先於名，〈加〉者，即上文諸祠所加之異數也。〔又匈奴列傳〕諸引弓之民，并③爲一家。——〈諸〉字同上。〔漢宣帝紀〕自今諸有大父母父母喪者，勿繇事。——〈諸〉字先於一讀，猶云「凡人之有大父母與父母喪者可免役」也。〔史叔孫通傳〕諸言盜者皆罷之。——解同上。〔又魏其列傳〕貴戚諸有勢在己之右，不欲加禮，必陵之。——猶云「貴戚中凡有勢而在己之右者，不禮焉而必陵之」。〔又〕諸所與交通，無非豪桀大猾。——諸字同上，并弁於讀，猶云「諸所與交通者」。

①刊誤云：「〈等〉字本是名詞，日本文法認爲接尾語，說亦可通。〈諸〉爲表不定之多數之静詞。」講話云：「〈等〉字是表示多數或表示約舉的符號，應與前所接名詞〈魏其〉歸併在一起算，不能分開來認爲代詞。」　②四字原敚。　③原誤〈並〉。

至〈凡〉〈慮〉與〈大凡〉〈大抵〉〈大要〉〈大歸〉以及〈亡慮〉〈都計〉諸字，皆用以爲總括之辭，亦可列諸約指代字。〔詩小雅常棣〕凡今之人，莫如兄弟。〔孟告上〕故凡同類者，舉相似也。〔史陸賈傳〕陸生迺粗述存亡之徵，凡著十二篇。——〈凡〉字三句，法各異而如說文所云「爲最括之詞」者一也。〔又高帝本紀〕凡吾所以來，爲父老除害，非有所侵暴，毋恐。——此〈凡〉字亦總括之意，先置。〔漢萬石君傳〕於是景帝曰：「石君及四子皆二①千石，人臣尊寵，迺舉集其門。」凡號奮爲萬石君。——此〈凡〉字乃合計之也。猶云「五各二千石，合計爲萬石」也。〔韓上于相公書〕自幕府至鄧之北境，凡五百餘里，自庚子至甲辰，凡五日。——兩〈凡〉字亦合計之意②。〔又伯夷頌〕今世③之所謂士者，一凡人譽之，則自以爲有餘，一凡人沮之，則自以爲不足。——〈凡人〉者，〈常人〉也，不在此例。〔荀子榮辱〕故與人善言，煖于布帛，傷人之言，深于矛戟。故薄薄之地，不得履之，非地不安也，危足無所履者④，凡言在也。——〈凡〉者，〈皆〉也，〈舉〉也，謂禍福皆在於言也⑤。

〈慮〉字，漢書賈誼傳最習用，「慮亡不帝制而天子自爲者」，又「一二指搖，身慮亡聊」，又「逐利不耳，慮非顧行也」。又「至於俗流失，世壞敗，因恬而不知怪，慮不動於耳目，以爲是適然耳」。諸〈慮〉字師古皆訓爲〈念慮〉之〈慮〉，似未是⑥。經生家解作「率辭」，猶云〈大率〉也⑦。〔荀子議兵〕其所以接下之百姓者，無禮義忠信焉，慮率用賞慶刑罰埶詐，險⑧阨其下，獲其功用而已矣。——〈慮率〉二字，重言也。古書多有叠用兩字同意者，高郵以〈焉慮〉連讀，解作〈亡慮〉者，未免牽合。不知〈無〉字後大率煞以〈焉〉字，見後⑨。

古人以〈凡〉〈慮〉等字單用，不足以見總括之意，于是加以〈大〉字，冠以〈亡〉字，而〈大抵〉〈大要〉〈大歸〉亦寖用矣⑩。〔史吴世家〕大凡從太伯至壽夢十九世。——〈大凡〉者，總計之也。〔又平準書〕於是商賈中家以上大率破。——〈大率〉者，〈大概〉之意。〔又禮書〕至於高祖，光有四海，叔孫通頗有所增益減損，大抵皆襲秦故。——〈大抵〉者，亦辜較而概之之詞。〔漢禮樂志〕大氐皆因秦舊事焉。——〈抵〉〈氐〉同字。〔又王莽傳〕大歸言莽⑪當代漢有天下云。〔又陳萬年傳〕具曉所言，大要教咸諂也。——〈歸〉是收束之所，〈要〉是總括之區，與上引〈抵〉字亦所止之處，皆同義也。〔又食貨志〕天下大氐無慮皆鑄金錢矣。——〈大氐〉〈無慮〉與〈皆〉字，三語同義。

由是而孟子滕文公上「此其大略也」。史記貨殖傳「此其大較也」，又「大體如此矣」。與後漢袁術傳「天命符驗可得而見。未可得而言也，然大致受大福者歸於信順乎」。所謂〈大略〉〈大較〉〈大體〉〈大致〉，爲表詞，爲起詞者，並是〈大概〉〈大都〉〈大凡〉〈大段〉總括之意⑫。又史記荆燕世家「臣觀諸侯王邸第百餘，皆高祖一切功臣」，又漢書平帝紀「吏在位二百石以上，一切滿秩如真」，又路温舒傳「婾爲一切」，又諸侯王表「秦據執勝之地，騁狙詐之兵，蠶食山東，壹切取勝⑬」，又張敞傳「偷長曰『今一旦召詣府，恐諸偷驚駭，願壹切受署』」與禮大學「自天子以至於庶人，壹是皆以脩身爲本」，朱注云：「〈壹是〉，〈一切〉也。」諸所引〈一切〉，索隱解作「一例同時」者，師古解爲「權時之事，如刀切物，苟取整齊，不顧長短縱横」者，亦有解作「權宜之辭」者，愚按：〈一切〉者，亦約計辜較之意，其用法與約指代字相似，故附識焉。

①〈二〉字原敓。　②講話云：「兩〈凡〉字均等於〈共有〉或〈共是〉或〈共計〉，是動詞和副詞的合體。」　③〈世〉字原敓。　④原誤〈也〉。盧文弨曰：「〈者〉下宋本有〈也〉字，今據元刻去之，與注合。」　⑤刊誤云：「詩之〈凡〉字修飾名字頓〈今之人〉，孟子〈凡〉字修飾名詞頓〈同類者〉，皆静字也。高紀『凡吾所以來』，猶云『凡吾所以來之故』；〈凡〉字亦修飾名字頓，亦静字也。萬石君傳〈凡〉字修飾動字〈號〉字，韓上書兩〈凡〉字修飾静字〈五百〉與〈五〉，荀子〈凡〉字修飾動字〈在〉字，皆狀字也。」　⑥顏師古，唐萬年人，字籀，博學能文，精訓詁學。高祖時，授朝散大夫，累遷中書舍人。太宗即位，拜中書侍郎嘗受

詔於祕書省考定五經文字，又爲太子承乾注班固漢書，時謂之班孟堅忠臣。按：「慮無不帝制而天子自爲者」，師古曰：「〈慮〉，大計也。」「慮非顧行也」，師古曰：「念慮之中，非顧行之善惡也。」非皆訓爲〈念慮〉之〈慮〉。⑦見助字辨略卷四。⑧〈險〉字，荀子本作〈除〉，馬氏據王氏改。⑨王氏經傳釋詞引荀子議兵篇曰：「『其所以接下之百姓者，無禮義忠信，焉慮率用賞慶刑罰埶詐，險阨其下，獲其功用而已矣。』言無禮義忠信以接下，乃慮率用賞慶刑罰埶詐而已也。（楊倞注曰：『〈焉慮〉，〈無慮〉，猶言〈大凡〉也。』案：〈焉〉，猶〈乃〉也。〈慮〉〈率〉，皆謂〈大凡〉也。漢書賈誼傳『慮無不帝制而天子自爲者』，顔師古注：『〈慮〉，〈大計〉也。』）」⑩刊誤云：「賈誼傳之〈慮〉字，荀子之〈慮率〉，及此節馬氏所引史記之〈大凡〉〈大率〉〈大抵〉，漢書所引之〈大氐〉〈大歸〉〈大要〉，皆狀字也。」⑪〈莽〉字原敚。⑫講話云：「〈大略〉〈大較〉，都是很明顯的名詞。」⑬又云：「『壹切取勝』，等於『取勝一切』，亦應以名詞論。」

（四）互指代字，必合動字，以明其互爲賓主也。蓋動字之行，有施有受，施者爲主，而受者爲賓，故有賓主之次互指代字，即〈自〉〈與〉〈相〉〈交〉諸字，先於動字，即以表施者受者之爲一也。

〔莊人間世〕山木自寇也，膏火自煎也。——〈自〉者，山木寇己，膏火煎己也，以明寇者煎者與所寇所煎者，皆山木也，皆膏火也。如是，〈自怨〉〈自艾〉〈自悔〉〈自傷〉，皆此類也，此爲自反動字，詳後。前論〈自〉字已言之矣。至動字之前加〈相〉字，而與〈自〉字或合或否者，明施者受者，所指不一，故有交互之行也。〔漢陸賈傳〕君何不交驩太尉，深相結。——〈相結〉者，明兩人彼此結納也。〔史衛將軍列傳〕時已昏，漢匈奴相紛拏，殺傷大當。——〈相紛拏〉者，明漢軍與匈奴互相亂也。〔韓答楊子書〕況又崔與李繼至而交説邪，故不待相見，相信已熟。——〈交説〉者，即〈相説〉也，〈相見〉者，〈彼此互見〉也，〈相信〉者，〈彼此交信〉也。〔漢霍光傳〕群兒自相貴耳。——此〈自相〉兩字合用。〈自相貴〉者，各人自貴，又交相貴也。即謂光等自侯，又彼此互侯也。孟子〈相友〉〈相助〉〈相扶持〉又〈相嚮〉〈相什伯〉〈相千萬〉諸語，皆此類也①。

①講話云：「馬氏援莊子人間世『山木自寇也，膏火自煎也』的〈自〉字，把〈相〉〈交〉二字定爲代詞。不知〈自寇〉等於〈寇

自〉，〈自煎〉等於〈煎自〉，把倒裝的動詞還了原位，仍舊可以講得通。若把〈相結〉改作〈結相〉，〈交説〉改作〈説交〉，就不成話説。這可見〈相〉〈交〉二字與〈自〉字的性質不同，不能併作一談。就意義而論，〈相〉〈交〉二字的確相當於英語中的 each other 或 one another。但 each other 可拆成 each 與 other 兩個代詞，one another 也可以拆成 one 與 another 兩個代詞，〈相〉〈交〉既然都不能如此分拆，決不能因爲意義相同的緣故，就定爲代詞，不如認爲副解，略與英語中 mutually 一字相當。至於〈自相〉二字，馬氏認爲『合用』……我的意思，却以爲仍應分開解釋〈自〉是代詞，〈相〉是副詞，不能把兩字混在一起，都認爲代詞。」

實字卷之三

主次三之一

『次』者，名代諸字於句讀中應處之位也。次有四：曰『主次』，曰『偏次』，曰『賓次』，曰『同次』。今次其用於左①：

①『次』，章氏國文典稱『格』。格凡三：一、『主格』（即此之『主次』）；二、『目的格』（即此之『賓次』）；三、『所有格』（即此之『偏次』）。主格有四：（甲）爲動詞之主格（即普通之主次）；（乙）『表格』（即此之『同次』）；（丙）『呼格』（詳後）；（丁）『虚格』（謂因其文語氣之不同或其動詞别有特性而主格竟虚者）。目的格有五：（甲）他動詞之目的格（即普通之賓次）；（乙）前置介詞之目的格（即介字後之賓次，此所謂『司詞』及『轉詞』者）；（丙）雙格（謂一動詞兼有（甲）（乙）兩目的格者）；（丁）『副格』（謂副詞性之格，亦即此所謂『司詞』及『轉詞』）；（戊）先行格（此謂之『前詞』）。而所有格又另有所謂『先行所有格』者，亦與此之『前詞』相同。詳見原書第二、第三章。黎氏比較文法稱『次』曰『位』，而分之爲七，曰：「七位者，一曰『主位』（馬氏文通曰『主次』），詞之爲『主語』（馬曰『起詞』）者也。二曰『賓位』（馬曰『賓次』），詞之爲外動詞之『賓語』（馬曰『止詞』）者也。三曰『副位』（馬曰『轉詞』，又曰『司詞』，而皆視同『賓次』），詞之爲副詞性附加語者也。四曰『補位』（馬屬之『同次』），詞之爲補足語者也。五曰『領位』（馬曰『偏次』），詞之爲形容性附加語者也。六曰『同位』（馬曰『同次』），詞之同於以上五位而複指之者也。七曰『呼位』（馬亦屬之『主次』），詞之離句而獨立者也。」又曰：「此所謂『位』者，不盡同於英文法之Case，寧謂之爲Position of Words耳。蓋西文法之言位（Case），所以規字形之變易（Declensien）；而吾之言位，所以究『句法之殊異』：二者爲用，截然不

同，極當明辨，不容混爲一談也。」

一、主次。

凡句讀中名代諸字之爲表詞①、起詞者，皆居主次，已詳於前。間有名字不爲表詞②、起詞，而歸入主次者，有三：（一）凡呼人對語者，泰西古語，名字因次而變，凡呼人之名别爲一次。今之方言，其名不變者，呼人之次，概列主次③。凡稱人或本名或公名無常，而其位先呼後語者爲多，呼於後者變例也。

〔論泰伯〕而今而後，吾知免夫，小子！——〈小子〉者，曾子呼弟子之公名也。〔又公冶長〕賜也非爾所及也。——〈賜也〉，孔子呼子貢之名。〔漢東方朔傳〕昔伯姬燔④而諸侯憚，奈何乎，陛下！——〈陛下〉，公名也。〔史留侯世家〕孺子，下，取履！——〈孺子〉者，呼之也。〔左定十四年〕夫差，而忘越王之殺而父乎？——〈夫差〉，本名也。〔左僖三十二〕孟子，吾見師之出而不見其入也！——〈孟子〉，本名也。〔史平原君列傳〕公，相與歃此血於堂下⑤！——〈公〉，公名也。〔莊逍遥游〕歸休乎，君！——〈君〉亦公名。〔韓元侍御書〕微之乎，子真安而樂之者！——〈微之〉⑥，本名也。〔史李將軍列傳〕霸陵尉醉⑦，呵止廣。廣騎曰：「故李將軍。」——故〈李將軍〉者，乃應對之名，猶云「來者爲誰，應之曰，乃故李將軍也」，蓋表詞也。

①『表詞』，原本均誤『止詞』，從刊誤改。　②『表詞』，原本均誤『止詞』，從刊誤改。　③此種主次，普通多稱爲『呼格』，英文爲 Vocative Case，嚴氏譯爲『呼告之位』。　④原誤〈燆〉。　⑤原誤〈庭中〉。　⑥〈微之〉原本均誤〈微子〉。　⑦〈醉〉字原敚。

（二）凡慨歎而呼及名字者①。

〔書堯典〕帝曰：「咨；汝羲暨和！」——〈羲〉〈和〉本名，因歎而稱及也。〔詩周頌〕噫嘻成王。——〈成王〉本名。〔左文元〕曰：呼；役夫，宜君王之欲殺女而立職也。——〈役夫〉者，呼而詈之之名也。〔史匈奴列傳〕嗟，土室之人，顧無多辭。——〈土室之人〉，公稱也。〔史廉頗列傳〕吁，君，何見之晚也！——〈君〉者，因歎而稱之也②。〔楚策〕嗟乎，子乎！楚國亡之日至矣！——〈子乎〉，亦因歎而及之。公名後助以〈乎〉字者，以鳴不平也。凡兹引稱諸名，皆以發其慨歎之辭，上節所引，有惟呼以對語者，此兩者之微有不同也。

①刊誤云：「同是呼名，不因有歎詞與否而有别也。」　②又云：「馬氏於〈君〉字逗句，非是。〈君〉乃動字〈見〉字起詞，非呼名也。」

（三）凡題書名碑記者。

〔史陸賈傳〕號其書曰新語。——〈新語〉書名，今在句中，與〈其書〉同次。若但曰〈新語〉，以額書名，則可視同主次。〔三國志諸葛亮傳〕諸葛氏集目録。……右①二十四篇。——此傳内記諸葛氏所著之書。〔韓黄陵廟碑〕題曰湘夫人碑，今論其文，乃晉太康九年②。又其③額曰虞帝二妃之碑。——總之，書名碑記，以弁於書碑之首者，皆可視同主次。

①原誤〈後録〉。　②二句原敓。　③〈其〉字原敓。

偏次三之二

二、偏次。

凡數名連用，而意有偏正者，則正者後置，謂之『正次』，而偏者先置，謂之『偏次』。偏次之用，不能枚舉：有以言正次之所屬者①：

〔莊秋水〕且吾嘗聞少仲尼之聞而輕伯夷之義者。——猶云「仲尼所有之聞，伯夷所有之義」也，故其〈聞〉屬於〈仲尼〉，其〈義〉屬於〈伯夷〉也。〔漢賈誼傳〕元王之子，帝之從弟也。——猶云「元王所有之子，即帝所有之從弟」也，亦此屬於彼之意。〔史淮陰侯列傳〕夫隨厮養之役者，失萬乘之權；守儋石之禄者，闕②卿相之位。——〈萬乘之權〉者，王侯所有之權也，〈卿相之位〉者，公卿所有之位也③。〔孟梁上〕仲尼之徒，無道桓文之事者。——義與上同。〔史貨殖列傳〕耳目欲極聲色之好，口欲窮芻豢之味。——猶云〈聲色〉所闗之〈好〉，〈芻豢〉所有之〈味〉也④。

①此種性質之偏次，文典屬諸所有格之（一）表示所有之義者。比較文法謂之『統攝性領位』。②原誤〈失〉。③刊誤云：「〈萬乘〉〈卿相〉皆係以名字作静字之用以明爲如何之權如何之位耳。與上文〈仲尼之聞〉〈伯夷之義〉〈元王之子〉下名屬於上名者不同。馬氏誤列。」又云：「馬氏下節度數條有〈千乘之王〉〈萬家之侯〉等例，此〈萬乘之權〉列於所屬，又爲矛盾矣。」④比較文法以秋水、賈誼傳、淮陰傳諸例列於表物之所屬者，貨殖傳之例列於表物之所闗者。

有以言所有之度數者①：

〔史貨殖列傳〕夫千乘之王，萬家之侯，百室之君，尚猶患貧，而况匹夫編户之民乎！——〈千乘〉〈萬家〉〈百室〉者，以别〈王〉〈侯〉〈君〉〈公〉國之大小也。〔漢王尊傳〕一郡之錢，盡入輔家。——〈一郡〉者，以言〈錢〉之多也。〔史叔孫通傳〕千金之裘，非一狐之腋也。——〈千金〉者，言〈裘〉之價也。〔漢梅福傳〕秩以升斗之禄，賜以一束之帛。——〈升斗〉言〈禄〉之度，〈一束〉言〈帛〉之數。〔史平原君列傳〕毛先生以三寸之舌，彊於百萬之師。——〈三寸〉言小，〈百萬〉言多，皆度數也。

①此種性質之偏次，文典列爲所有格之（二）純爲形容詞之意義者。比較文法謂之『修飾性的領位』。

有以言其形似者①：

〔左宣四〕是子也，熊虎之狀，而豺狼之聲。——言〈狀〉如〈熊虎〉，〈聲〉如〈豺狼〉也。〔史屈原列傳〕秦，虎狼之國，不可信，不如無行。——言〈秦國〉如〈虎狼〉也。〔莊胠篋〕雖有軒冕之賞弗能勸，斧鉞之威弗能禁。——言賞以軒冕，威以斧鉞也。〔史伯夷列傳〕非附青雲之士，惡②能施於後世哉！——言〈士〉如〈青雲〉之高也。

①此種性質之偏次，比較文法謂之『主語性的領位。』②原誤〈安〉。

有以言其地者：

〔史秦始皇本紀①〕秦孝公據殽函之固，擁雍州之地。——〈殽函〉言所〈據〉之〈固〉，〈雍州〉言所〈擁〉之〈地〉。〔又匈奴列傳〕嗟，士室之人；顧無多辭。——〈士室〉者，言其處也。凡春秋所言〈齊侯〉〈魯侯〉〈晉侯〉〈吴子〉者，皆此類也。

①原誤〈賈誼列傳〉。

有以言其時者①：

〔莊徐无鬼〕庶人有旦暮之業則勸②。——〈旦暮〉者，言〈業〉之時也。〔荀子榮辱〕行其少頃之怒；而喪終身之軀。——〈少頃〉〈終身〉，皆言時也。〔漢趙充國傳〕齎三十日糧③。——〈三十日〉者，言所〈齎〉之〈糧〉可食〈三十日〉，言其時也。

①此兩種偏次，文典列之（一）表示所有之意義之（丑）。比較文法歸入於『統攝性的領位』。②原誤〈勤〉。③原誤〈食〉。

更有言其故、其分、其效者。總之，凡名字之用，非正意者，皆先置而爲偏次也。

偏正兩次之間，〈之〉字參否無常。惟語欲其偶，便於口誦，故偏正兩奇，合之爲偶者，則不參〈之〉字。凡正次欲求醒目者，概參〈之〉字。

〔孟公下〕天時不如地利，地利不如人和。——猶云〈天之時〉，〈地之利〉，〈人之和〉也。而偏正各次皆奇，合而爲偶，故不參〈之〉字，便於口誦。又離婁上「既竭目力焉」，「既竭耳力焉」。又離婁下「其事則齊桓晉文」。又公孫丑上「如以朝衣朝冠坐於塗炭」。又萬章下「君十卿禄」。又〈天位〉〈天禄〉〈天爵〉〈人爵〉〈冬日〉〈夏日〉〈鼎肉〉〈輿薪〉等語，偏正字奇，皆不參〈之〉字。〔莊應帝王〕无爲名尸，无爲謀府，无爲事任，无爲知主。——又〔史趙世家〕毋爲怨府，毋爲禍梯。——以上所引，偏正兩次皆奇字也，而偏次之用，一如静字，合於正次以成一語，故不參〈之〉字也。〔孟離上〕仁之實，事親是也，義之實，從兄是也。——〈仁〉〈義〉〈實〉三奇字，此言〈仁義之實〉，欲其醒目，故參〈之〉字。〔又盡下〕禹之聲，尚文王之聲。——〈禹之聲〉，其義同上。〔左宣十二〕君之惠也，孤之願也。

〔又〕參之肉，將在晉軍，可得食乎？——其義同上。若在句中，偏正兩奇而與動字介字相連者，概參〈之〉字以四之。〔孟告下〕長君之惡其罪小，逢君之惡其罪大。——〈君〉〈惡〉兩奇字，上連〈長〉字，參〈之〉字以四之。〔又滕下〕以兄之禄爲不義之禄而不食也，以兄之室爲不義之室而不居也。——〈兄之禄〉〈兄之室〉，上連〈以〉字，則四也。〔又公下〕去則窮日之力而後宿哉！——〈日之力〉解同上。〔又萬上〕而居堯之宫，逼堯之子，是篡也，非天與也。——亦同上。〔漢兩粤傳〕寡人之妻，孤人之子，獨人父母。——〈人之妻〉，上合〈寡〉字，〈人之子〉上合〈孤〉字，皆以四之。故〈獨人父母〉一句，已四矣，不加〈之〉字。〔史淮陰侯列傳〕今①漢王復興兵而東，侵人之分，奪人之地。——〈人之分〉〈人之地〉。同上。〔又游俠列傳〕解姊子負解之勢，與人飲，使之嚼，非其任，彊必灌之。——〈解之勢〉解如上。諸上所引，凡參〈之〉字者，雖爲偶語計，而亦所以使正次之字更爲醒目也。至〔孟公上〕惻隱之心，仁之端也，羞惡之心，義之端也。——猶云「仁德中之一端」，「義德中之一端」，必參〈之〉字，正義方明②。

①〈今〉字原敚。　②刊誤云：「趙岐孟子注云：『端，首也。』此猶今人之言〈端緒〉。」

又或偏次字偶而正次字奇，與偏次字奇而正次字偶者，概參〈之〉字以四之。其或偏正兩次皆偶者亦然，不參者非常例也。

偏次字偶，正次字奇者：孟子公孫丑下「三里之城，七里之郭」，「封疆之界」，「山谿之險」，「兵革之利」，又公孫丑上「由百世之後，等百世之王」，又滕文公上「三年之喪，齊疏之服，饘粥之食」，「顔色之戚，哭泣之哀」，等語，不可僕數。〔莊天道〕聖人之心，静乎天地之鑒也，萬物之鏡也。〔史叔孫通傳〕千金之裘非一狐之腋也，臺榭之榱，非一木之枝也，三代之際，非一士之智也。〔漢東方朔傳①〕盡狗馬之樂，極耳目之欲，行邪枉之道，徑淫②辟之路，是乃國家之大賊，人主之大蜮也③。〔齊策〕夫權藉者，萬物之率④也，而時勢⑤者，百事之長也。——以上皆參〈之〉字以四之也。

偏次字奇而正次字偶者，〔孟公上〕夫仁，天之尊爵也，人之安宅也。——〈天〉〈人〉偏次字奇，其正次字偶，參〈之〉字以四之。〔又滕上〕子之兄弟，事之數十年。〔又〕夫夷子信以爲人之親其兄之子，爲若親其鄰之赤子乎？〔又公下〕今有受人之牛羊而爲之牧之者。〔又萬上〕太甲顛覆湯之典刑。〔又梁下〕問⑥國之大禁。——諸所引〈子之兄弟〉，〈鄰之赤子〉，〈人之牛羊〉，〈湯之典刑〉，〈國之大禁〉，皆參〈之〉字以四焉。〔左僖二十八〕民之情僞，盡知之矣。〔又昭四〕冀之北土，馬之所生。〔又成十三〕鄭人怒君之疆場⑦。——等語，亦此類也。

至正偏兩次皆偶者亦然。〔孟梁下〕孟子之後喪逾前喪。——〈孟子〉與〈後喪〉，偏正兩次皆偶，亦參〈之〉字，所以別也。〔又公下〕不告於王，而私與之吾子之禄爵。——〈吾子之禄爵〉同上。〔又離下〕千歲之日至，可坐而致也。〔又萬下〕一鄉之善士……天下之善士。〔又滕下〕居天下之廣居，立天下之正位，行天下之大道。——等語，皆此例也。〔史商君列傳〕千人之諾諾，不如一士之諤諤。——〈諾諾〉〈諤諤〉狀字而用如名者。〔又韓非列傳〕凡説之務，在知飾所説之所敬。——〈所説〉〈所敬〉，有偏正之意，用如名字，前已言矣。〔史封禪書〕高祖之微時，嘗⑧殺大蛇。〔左成八⑨〕三代之令王⑩，皆數百年保天之禄。〔史叔孫通傳〕叔孫生⑪誠聖人也，知當世之要務。〔又汲鄭列傳〕上不能褒先帝之功業，下不能抑天下之邪心。〔韓祭十二郎文〕雖萬乘之公相，吾不以一日輟汝而就也。——上引四節内，偏正次偶者，皆參〈之〉字。

〔史十二諸侯年表序〕上大夫董仲舒，推春秋義，頗著文焉。——不曰〈推春秋之義〉。〔史封禪書〕其後百有餘年，而孔子論述六藝傳。——不曰〈六藝之傳〉。〔史平準書〕咸陽齊之大煮鹽，孔僅南陽大冶，皆致生累⑫千金。——不曰〈南陽之大冶〉。〔史蕭相國世家〕以何具得秦圖書也。——不曰〈秦之圖書〉。〔史張釋之列傳〕人之無道，乃盗先帝廟器。——不曰〈先帝之廟器〉。〔又陸賈傳〕遺⑬陸生爲飲食費。——不曰〈飲食之費〉。〔漢東方朔傳〕又壞人冢墓，發人室廬。——不曰〈人之冢墓〉，〈人之室廬〉。〔史淮陰侯傳〕臣請言大王功略。——不曰〈大王之功略〉。〔又李將軍列傳〕青欲上書報天子軍曲折。——不曰〈軍之曲折〉。〔漢陸賈傳〕爲社稷計，在兩君掌握耳。——不曰〈社稷之計〉⑭〈兩君之掌握〉者，大率偏正次合并，上下文字已偶矣。如加〈之〉字，又復數奇。如〈爲社稷計〉，〈發人室廬〉，〈爲飲食費〉，〈得⑮秦圖書〉也，〈推春秋義〉等語，皆四字矣，詞意頗足，故不加〈之〉字。至如〈報天子軍曲折〉，〈論述六藝傳〉等句，不間〈之〉字，語方遒勁。

等句也，史記有〈之〉字，而漢書故删去者，指不勝屈，今録數則以示一斑，學者可自證也。史記季布列傳云：「夫陛下以一人之譽而召臣⑯，一人之毀而去臣，臣恐天下有識⑰聞之，有以闚陛下也。」漢書季布傳云：「夫陛下以一人譽召臣，一人毀去臣」云云。史記又云：「且僕楚人，足下亦楚人也，僕游揚足下之名於天下，顧不重邪！」漢書則云：「且僕與足下俱楚人，使僕游揚足下名於天下，顧不美乎！」史記張耳陳餘列傳云：「夫以一趙尚易燕，况以兩賢王左提右挈，而責殺王之罪，滅燕易矣。」漢書張耳陳餘傳云：「而責殺王罪⑱，滅燕易矣。」史記項羽本紀云：「此亦天亡秦之時也。」漢書項羽傳云：「此亦天亡秦時也。」史記又云：「陳餘爲將，將卒數萬人，而軍鉅鹿之北，此所謂河北之軍也。」漢書則云：「陳餘將卒數萬人，軍鉅鹿北，所謂河北軍也。」史記又云：「宋義論武信君之軍必敗。」漢書則云：「宋義論武信軍⑲必敗。」由是觀之，〈之〉字加否無定例，漢書删改史記數字，則成漢文，此筆削之妙也。

①原作〈又〉誤。　②原誤〈經涇〉。　③〈也〉字原敚。　④原誤〈卒〉。　⑤原誤〈事〉。　⑥原誤〈聞〉。
⑦原誤〈場〉。　⑧〈嘗〉字原敚。　⑨原誤〈三〉。　⑩原誤〈主〉。　⑪原誤〈通〉。　⑫〈累〉字原敚。
⑬原誤〈遺〉。　⑭刊誤云：「〈爲〉介字；〈社稷〉司詞；〈計〉乃動字。馬氏認〈爲〉爲動字。〈社稷〉爲偏次，〈計〉爲名詞，大誤。」　⑮原無〈得〉字。　⑯原衍〈以〉字。　⑰原衍〈者〉字。　⑱漢書無〈罪〉字。　⑲〈軍〉漢書作〈君〉。

若如偏次平列多字，字數皆偶，而正次惟一奇者，概加〈之〉字以爲別。正次字偶者，則無常焉。

〔孟梁下〕謂棺槨、衣衾之美也。——〈棺槨〉〈衣衾〉兩偏次平列，猶云「棺槨之美與衣衾之美」也。〈美〉字奇而用如名者，今爲正次，前加〈之〉字以自别也。〔又公上〕管仲、晏子之功，〔又滕上〕獸蹄、鳥迹之道，〔又〕悦周公、仲尼之道，〔又滕下〕楊朱、墨翟之言盈天下①。〔又離下〕豈不欲有夫、妻、子、母之屬哉，〔又告下〕無城郭、宫室、宗廟、祭祀之禮，〔又盡上〕是舍簞食、豆羹之義也，〔又梁上〕雞、豚、狗、彘之畜——等句，皆此例也。〔史平準書〕而山川、園池、市井、租税之入，自天子以至于封君湯沐邑，皆各②爲私奉養焉。〔韓毛穎傳〕自結繩之代以及秦事，無不纂録，陰陽、卜筮、占相、醫方、族氏、山經、地志、字書、圖畫、九流、百家、天人之書，及至浮圖、老子、外國之説，皆所詳悉。〔史十二諸侯年表序〕及如荀卿、孟子、公孫固、韓非之徒，各往往捃③摭春秋之文以著書。〔史蕭相國世家〕諸將皆争走金帛、財物之府分之，何獨先入收秦丞相、御史律令、圖書藏之。〔又〕漢王所以具知天下阸塞、户口多少、彊弱之處，民所疾苦者，以何具得秦圖書也。〔左隱二〕澗、谿、沼、沚之毛，蘋、蘩、蕰、藻之菜。〔莊在宥〕於是乎天下始喬詰卓鷙，而後有盗跖、曾、史④之行。〔史禮書〕是以君臣、朝廷、尊卑、貴賤之序，下及黎庶、車輿、衣服、宫室、飲食、嫁娶、喪祭之分，事有宜適，物有節文。〔漢東方朔傳〕徵天下舉方正、賢良、文學、材力之士。〔史趙世家〕變服騎射，以備燕、三胡、秦、韓之邊。〔韓答侯繼書〕至於禮、樂之名⑤數，陰陽、土地、星辰、方藥之書，未嘗一得其門户。——以上所引，皆正次一字，而偏次平列者，各參〈之〉字以别也。

〔孟梁上〕可使制梃以撻⑥秦楚之堅甲、利兵矣⑦。——偏次偶而正次四字平列，參以〈之〉字以相别。〔又盡上〕王子宫室、車馬、衣服多與人同。——〈王子〉偏次，其正次三耦平列，又不參〈之〉字矣。〔史十二諸侯年表序〕七十子之徒，口授其傳指，爲有所刺譏、褒諱、挹損之文辭，不可以書見也。——〈文辭〉正次字偶，其偏次四字先之，間以〈之〉字。〔韓應科目時與人書〕蓋非常鱗、凡介之品彙、匹儔也。——〈常鱗〉與〈凡介〉皆偏次平列，合成四字，其正次亦然。中間〈之〉字，文氣方不促也。而〔齊策〕夫駑馬、女子筋骨力⑧勁，非賢於騏驥、孟賁也。——猶云「駑馬、女子之筋骨、力勁」也，不間〈之〉字而句意亦明。〔漢陸賈傳〕足下中國人，親戚、昆弟墳墓在真定。——不曰「親戚、昆弟之墳墓」，而語氣更足⑨。故正次字偶者，〈之〉字加否無常，要以便於口誦爲則耳。

①三字原敚。　②〈各〉字原敚。　③原誤〈据〉。　④原誤〈曾史桀跖〉。　⑤〈名〉字原敚。　⑥以上六字

原敚。　⑦〈矣〉字原敚。　⑧原誤〈力骨〉，下同。　⑨刊誤云：「〈親戚〉〈昆弟〉〈墳墓〉三項並列，非謂〈親戚昆弟之墳墓〉也。　漢書兩粵傳載文帝詔書云：『親兄弟在真定者，已遣人存問。』史記南越傳云：『文帝召佗從昆弟，尊官厚賜寵之。』是佗昆弟在漢之證。」

有兩三偏次轉相屬者，〈之〉字參否無定。　大約諸次字奇者概參〈之〉字，奇偶不一者，無定例也。

〔禮檀弓〕南宫縚[1]之妻之姑之喪。　——前三名皆偏次，遞轉相屬，其後各加〈之〉字以爲别。　而經籍中如此句法，實所罕見。　〔孟萬上〕齊東野人之語也[2]。　——猶云「齊東之野人之語」，前兩偏次遞屬，不參〈之〉字。　〔史魏其列傳〕魏其侯竇嬰者，孝文后從兄子也。　——猶云「孝文后之從兄之子」也。　〔又〕所鎮撫多有田蚡賓客計筴。　——猶云「田蚡之賓客之計筴」也。　〔漢霍光傳〕今丞相用事，縣官信之，盡變易大將軍時法令。　——猶云「大將軍之時之法令」也。　〔史刺客列傳〕得趙人徐夫人匕首。　——猶云「得趙人之徐夫人之匕首」也[3]。　〔史游俠列傳〕解姊子負解之勢，與人飲，使之嚼，非其任，彊必灌之。　——猶云「解之姊之子」也。　上引五節，兩偏次與正次皆輾轉相屬，皆無〈之〉字爲間，而句意亦明。　此古人用筆簡潔，若今人正次之先，必加〈之〉字，曰〈孝文后從兄之子〉，〈田蚡賓客之計筴〉，〈大將軍時之法令〉，〈趙人徐夫人之匕首〉，〈解姊之子〉，則文氣弱矣。　〔史張釋之列傳〕其後有人盜高廟坐前玉環。　——猶云「高廟坐前之玉環」。　〔韓張中丞傳後叙〕又不載雷萬春事首尾。　——猶云「雷萬春事之首尾」。　所引兩節，三次遞屬，皆不參〈之〉字，義與上同。

①原誤〈滔〉。　②〈也〉字原敚。　③刊誤云：「〈趙人〉乃加詞，加詞之下例不得加〈之〉字。　馬氏以爲偏次，誤。」

凡言約分，母數偏次，子數正次，若母子皆名者，概參〈之〉字。　母爲名字而子爲静字，或爲代字，與母子皆非名者，〈之〉字加否，無常例也。

〔孟公上〕惻隱之心，仁之端也，羞惡之心，義之端也，辭讓之心，禮之端也，是非之心，智之端也。　——〈仁之端〉者，猶云「仁德中之一端」也，〈仁〉爲母而〈端〉爲子，故參〈之〉字以有别也。　餘同。　〔史匈奴列傳〕匈奴人衆，不能當①漢之一郡。——〈漢之一郡〉者，「漢郡中之一郡」也。〔又〕乃解圍之一角。——〈圍之一角〉者，「四圍之一角」也。皆約分也。〔漢律曆志〕法② 一月之日，二十九日八十一分日之四十三。——猶云「月行白道一周，合當二十九日又一日八十一分中之四十三分，即謂一日分爲八十一分，而白道一周合當二十九整日，又日之四十三分」也。〈四十三分〉者，數名也，今爲子，〈日〉爲母，中間〈之〉字以別之。〔孟盡下〕樂正子，二之中，四之下也。——兩約分，皆静字也，中間〈之〉字。〔又滕上〕其實皆什一也。——猶云「什分中之一」，母子皆數，不參〈之〉字，凡約分子母皆數名者詳後。〔史平準書〕是固前而欲③ 輸其家半助邊。——〈家半〉者，「家産之半」也。〈家〉，名而母〈也〉〈半〉者，静字而爲子也。不參〈之〉字，其義亦同。

又約分，母爲名而子爲約指代字者，前已詳矣。子爲接讀代字者，則〈之〉字參否無定。〔左文十三〕請東人之能與夫二三有司言者，吾與之先。——〈東人〉，母而名也，〈能與夫二三有司言者〉，接讀代字也。猶云「請東人中之能若是者」，中間〈之〉字以爲別。〔史大宛列傳〕而立宛貴人之故待遇漢使善者名昧蔡，以爲宛王。——猶云「宛貴人中之善遇漢使者」也，亦加〈之〉字以爲别也。〔又平原君列傳〕約與食客門下有勇力文武備具者二十人偕④。——猶云「與食客中之二十人偕」也，不參〈之〉字。〔又魏其列傳〕舉適諸竇宗室毋節行者，除其屬籍。——「諸竇宗室中之毋節行者」。〔又汲鄭傳〕賈人與市者坐當死者五百餘人。——猶云「賈人與市者中坐當死者五百餘人」。〔漢高帝紀〕徒中壯士願從者十餘人。——猶云「徒中壯士之願從者」也。原文皆不參〈之〉字，其辭義亦不因之而晦。

①〈當〉字原敚。　②〈法〉字原敚。　③五字原敚。　④原敚〈約〉字、〈者〉字。

賓次三之三

三、賓次。

名代諸字，凡爲動字之止詞，與爲介字之司詞者，則在賓次，已詳言矣。又句讀中，凡名字用以記地、記時、記價值、記度量、記里數，類無介字爲先者，皆可視同賓次①。今且臚證於左：

①種賓次，普通稱爲『副格』或『副位』。

記地之式有四：一、所在之地。二、從來之地。三、所經之地。四、所至之地。史籍中記所在之地與所至之地，間無介字爲先，故所記之地列於賓次。

〔史大宛列傳〕於是①天子始種苜宿、蒲陶肥饒地。——〈肥饒地〉者，記所種之地也，猶言「種之於肥饒之地」。今無介字以先之，〈肥饒地〉視同賓次。〔又張耳陳餘列傳〕項羽爲天下宰不平，盡王諸將善地，徙故王王惡地。——〈善地〉〈惡地〉者，猶言「王之於善地惡地」也。〔又刺客列傳〕見燕使者咸陽宫。——〈咸陽宫〉，猶言「見之於咸陽宫」也。〔又項羽本紀〕於是楚軍夜擊坑秦卒二十餘萬人新安城南。——〈新安城南〉者，「坑之於新安城南」也。

〔莊逍遥游〕立之塗，匠者不顧。——〈立之塗〉者，「立之於塗」也。以上所引，皆記所在之地也。

〔史游俠列傳〕及徙豪富茂陵也，解家貧不中訾。——〈徙豪富茂陵者〉，猶言「徙之於茂陵」也。此記所至之地，亦無介字爲先。〔漢高帝紀〕高祖以亭長爲縣送徒驪山。——「送之於驪山」也。

①二字原敚。

其他記地之式，有介字動字爲先者，無庸贅論。記時之式有四：一、事成之時。二、既往之時。三、幾時之久。四、未來之時。凡此四時，類無介字爲先，故亦列於賓次。

〔莊庚桑楚〕南榮趎贏糧七日七夜，至老子之所。——〈七日七夜〉，記路程之久。〔又徐无鬼〕子①不聞夫越之流人乎？去國數日，見其所知而喜。去國旬月，見其所嘗見於國中者喜。及期年也，見似人者而喜矣。——〈數日〉〈旬月〉〈期年〉等語，皆記去國之久也。〔左僖二十八〕晉侯在外十九年矣，而果得晉國。——〈十九年〉者，記既往至今之時也。〔莊養生主〕今臣之刀十九年矣，所解數千牛矣，而刀刃若新發於硎。——〈十九年〉者同上。〔漢李廣傳〕將軍其率師東轅，彌節白檀，以臨右北平盛秋。——〈盛秋〉者，諭以日後師至之日也②。〔漢賈誼傳〕是時賈生年二十餘，最爲少。——〈是時〉與〈二十餘〉者，皆記時也③。〔莊逍遥游〕適百里者宿舂糧，適千里者三月聚糧。——〈宿〉與〈三月〉皆記聚糧之久也。〔史張釋之傳〕張廷尉事景帝歲餘。——〈歲餘〉者，記所事之久也。〔漢傅常等傳〕元始中，録功臣不以罪絶者。——〈元始中〉，記其時也。至於春秋之紀年月日，與傳中之追記一事而言〈初〉者，皆記其時也。論語子路之「三年有成」、「爲邦百年」、「教民七年」，則記始終成事之久。經史記事，所在皆有，皆無介字爲先，故以列於賓次。

①〈子〉字原敚。　②刊誤云：「王氏漢書補注引王先慎説云：『〈臨盛秋〉即後世所謂〈防秋〉。唐書邢君牙傳：「田神功爲兖鄆節度使，使君牙將兵屯好時〈防盛秋〉」是也。』按：王説是也。據此，則〈盛秋〉乃動字〈臨〉字之止詞，與尋常記時間之詞不同。」　③又云：「〈二十餘〉乃以滋静字爲〈年〉之表詞，非是記時之詞，不當與〈是時〉並論。」

又記地記時之語，率用〈上〉〈下〉〈左〉〈右〉〈内〉〈外〉〈中〉〈間〉〈邊〉〈側〉等字，綴於地名、人名、時代之下，概無介字爲先。蓋〈上〉〈下〉〈内〉〈外〉諸字，即所以代介字之用，故泰西文字遇有此等字義，皆爲介字。

〔漢陸賈傳〕居蠻夷中久，殊失①禮義。——〈蠻夷中〉，言所處之地。〔又〕馬上得之，寧可以馬上治②乎？——其一〈馬上〉者，言其處也。〔又〕賈③以此游漢廷公卿間。——〈間〉者同上。〔史叔孫通傳〕何足置之齒牙間。——〈間〉者同上。〔又〕爲綿蕞野外習之。——〈野外〉者，亦言處也。〔韓書張中丞傳後叙〕位本在巡上，授之柄而處其下。——〈巡上〉〈其下〉者，皆指所處之位也。〔齊策〕臣之所聞，攻戰之道非師者，雖有百萬之軍，北之堂上；雖有闔閭吴起之將，禽之户内，千丈之城，拔之尊俎之間，百尺之衝，折之衽席之上。——曰〈上〉，曰〈内〉，曰〈間〉，曰〈上〉者，皆言其所也。〔史魏其列傳〕所賜金陳之廊廡下。〔又〕屏居藍田南山下④。——兩言〈下〉，皆指其處也。〔又匈奴傳〕天子自將兵⑤待邊。——〈邊〉字單用，亦記地也⑥。〔又張耳陳餘列傳〕遣人追殺王姊道中。——〈道中〉者，指其處也。〔又淮陰侯列傳〕斬成安君泜水上。——〈泜水上〉者，記地也。〔又信陵君⑦列傳〕

公子起爲壽侯生前。——〈侯生前〉者，指處也。〔又刺客列傳〕卒於邑悲哀而死政之旁。——〈政之旁〉，言死之所也。〔莊逍遥游〕楚之南有冥靈者。〔又〕窮髮之北有冥海者。〔又〕翺翔蓬蒿之間。〔又〕往見四子藐姑射之山，汾水之陽。——〈南〉〈北〉〈間〉〈山〉〈陽〉諸字，皆指其所也⑧。〔又徐无鬼〕久矣夫，莫以真人之言謦欬吾君之側乎！——〈側〉者，亦指處也。〔漢張禹傳〕上親拜禹牀下。——〈牀下〉者，指其處也。〔又外戚傳〕手書對牘背。——〈對牘背〉者，記手書之處也。〔又路温舒傳〕棰楚之下，何求而不得。——〈下〉者，指其處也。〔韓送楊少尹序〕于時公卿設供張，祖道都門外。——〈外〉者，亦指其所也。〔莊秋水〕我知之濠上也。——〈濠上〉，記地〔史陸賈傳〕一歲中往來過他⑨客，率不過再三過。——〈一歲中〉者，猶云「於一歲之中」也。〔漢王尊傳〕一尊之身，三期之間，乍賢乍佞，豈不甚哉！——〈三期之間〉，亦言其時之久也。〔莊庚桑楚〕千世之後，其必有人與人相食者也。——〈千世之後〉，指將來之時也。〔韓新修滕王閣記〕令修於庭户⑩數日之間，而人自得於湖山千里之外。——〈數日之間〉同上。〔左成九⑪〕莒恃其陋而不脩城郭，浹辰之間，而楚克其三都，無備也夫！——〈浹辰之間〉亦同上⑫。〔韓送殷員外序〕酒半……云云。——〈酒半〉者，宴會之中也。以上所引〈中〉〈外〉〈間〉〈後〉〈半〉諸字，皆以記時，而無介字先之者。〔莊秋水〕莊子與惠子游於濠梁之上。——〈濠梁之上〉，記地而先以〈於〉字爲介。〔又庚桑楚〕吾語女，大亂之本，必生於堯舜之間。——〈堯舜之間〉，記時。〔漢汲鄭傳〕黯⑬質責湯於上前。——〈上前〉，記其處。〔史平原君列傳〕公相與歃此血於堂下。——〈堂下〉者，指其所。以上引用〈上〉〈下〉〈間〉等字，皆記地記時，更以介字先之者。

①原誤〈無〉。　②原衍〈之〉字。　③〈賈〉原誤〈陸生〉。　④此爲漢書竇嬰傳文，史記〈下〉上有〈之〉字。　⑤〈兵〉字原敚。　⑥刊誤云：「此〈邊〉字謂〈邊境〉，已獨立成一名詞，不當與附在名詞之下之〈上〉〈下〉〈左〉〈右〉〈内〉〈外〉等詞並論。」　⑦原誤〈魏公子〉。　⑧刊誤云：「〈山〉字與〈南〉〈北〉〈間〉〈陽〉諸字，虚實不同，不當並列。」　⑨〈他〉字原敚。　⑩五字原敚。　⑪原誤〈十〉。　⑫刊誤云：「〈千世之後〉，固指將來之時。韓文與左傳，皆叙已然之事實，

何乃云〈同上〉耶?」　⑬〈黯〉字原敓。

凡記價值、度量、里數之文，皆無介字爲先，故以列於賓次。

〔莊田子方〕背逡巡，足二分垂在外。——〈二分〉者，言足垂石外之度也。〔又逍遥游〕請買其方百金。——〈百金〉者，言買方之價也。〔史陸賈傳〕賜陸生橐中裝直千金。——〈千金〉，言橐金所值之價也。〔漢東方朔傳〕朱儒長三尺餘，奉一囊粟，錢二百四十。——〈三尺〉〈一囊〉及〈二百四十〉，凡皆言度量也。〔又霍光傳〕長財七尺三寸。——〈七尺三寸〉，言身度也。〔史晏子列傳〕今子長八尺，乃爲人僕御。——〈八尺〉者，亦言身度也。〔莊達生〕孔子觀於吕梁，縣水三千①仞，流沫四十里。——〈三千仞〉言度，〈四十里〉言里。〔史十二諸侯年表序〕齊晉秦楚，其在成周微甚，封或百里，或五十里。——〈百里〉〈五十里〉，言所封之里數。〔又馮唐傳〕且雲中守魏尚，坐上功首虜差六級。——〈六級〉者，言所差之度。〔又魏其列傳〕生平毁程不識不直一錢。——〈一錢〉者，言所直也②。〔又貨殖列傳〕自汧雍以東至河華，膏壤③沃野千里。——〈千里〉者，言沃野之里數也。〔漢李廣傳〕未到匈奴陳④二里所止。——〈二里所〉者，二里餘也，言相間之里數也⑤。〔史留侯世家〕父去里所。——〈里所〉同上文。〔漢溝洫志〕水適至堤平，計出地上五尺所。——〈五尺所〉，言出地之度也。〔又趙充國傳〕臣前部士入山伐材木，大小六萬餘枚，皆在水次。——〈六萬餘枚〉，言伐木之數也。〔史廉頗列傳〕廉頗爲之一飯斗米，肉十斤，被甲上馬，以示尚⑥可用。——〈斗米〉〈肉十斤〉者，言所食之量也。〔又大宛列傳〕烏孫在大宛東北⑦可二千里。——〈二千里〉者，言相去之里數也。〔又〕控弦者可一二⑧十萬。——〈一二十萬〉，記數也。〔又留侯世家〕爲鐵椎，重百二十斤。——〈百二十斤〉，記量也。〔漢外戚傳〕昏夜平善，鄉晨傅⑨綺韝，欲⑩起，因失衣，不能言，晝漏上十刻而崩。——〈十刻〉者，記漏度也。〔又賈山傳〕又爲⑪阿房之殿，殿高數十仞，東西五里，南北千步。——〈數十仞〉，言高度也，〈五里〉〈千步〉，言廣袤之度也。〔又〕道廣五十步，三丈而樹。——〈五十步〉，廣度也，〈三丈〉者，相間之度也。上引諸書，或言價，或言度、量、里數，皆無介字爲先者，故以列於賓次。

①原誤〈十〉，下同。　②刊誤云：「〈直〉……是外動字……〈千金〉〈一錢〉乃止詞，本不當有介詞，馬氏列入無介字爲先例中，不合。」　③二字原敓。　④原誤〈東〉。　⑤刊誤云：「〈二里所〉即〈二里許〉，今言〈二里的光景〉〈二里之譜〉，視二里或多或少，不可知也。」　⑥〈尚〉字原敓。　⑦〈北〉字原敓。　⑧〈二二〉原誤〈三〉，下同。　⑨原誤〈傳〉。　⑩〈欲〉字原敓。　⑪原誤〈有〉。

更有名字不爲起詞，而置先動字，或言所事之緣由，或言所用之官，或狀形似者，皆可視同賓次。

〔史陸賈傳〕酒病免家居。——〈病〉者，因〈病〉而〈免〉，言〈免〉之緣由也。〈家〉者，言所居之處，狀其〈居〉也。〈病〉〈家〉二字，名也，而各在〈免〉〈居〉兩動字之先，既非起詞，故視同賓次。〔又留侯世家〕陛下輕士善罵，臣等義不受辱。——〈義〉者，言〈不受辱〉之故也，餘同上。〔又商君列傳〕我言若，王色不許我。——〈色〉者王所見於面者，以見其〈不許〉也。〔又禮書〕二者心戰，未能自決。——〈心戰〉者，交戰於心中也。〔莊知北游〕故九竅者胎生，八竅者卵生。——〈胎〉〈卵〉者，言所從生也。〔漢萬石君傳〕萬石君必朝服見之。——〈朝服者〉，言往見之容也。〔史魏其列傳〕乃效女兒呫①囁耳語。——〈耳語〉者，以〈耳〉與〈語〉也。〔又〕腹誹而心謗。——〈心〉〈腹〉者，所用之官司也。〔又平原君傳〕十九人相與目笑之。——〈目〉者，所以〈笑〉也。〔又〕毛遂左手持盤血而右手招十九人曰。——〈左右手〉者，皆以爲所事也。〔韓上于相公書〕手披目視，口詠其言②，心惟其義。——〈手〉〈目〉與〈心〉，皆所用之官司也。〔又潮州謝表〕故遣刺史面問百姓③疾苦。——〈面問〉者，猶身親問也。〔又進學解〕先生口不絶吟於六藝之文，手不停披於百家之編。——〈口〉〈手〉同上。〔漢萬石君傳〕因長老肉袒固謝罪，改之迺許。——〈肉袒〉者，形〈謝罪〉之狀也。〔漢汲鄭傳〕黯褊心不能無少望。——〈褊心〉者，言所以〈望〉之故也。〔史信陵君④傳〕公子威振天下。——〈威〉者，所以〈振天下〉者也。他如屈原傳之〈蟬蛻〉，賈誼過秦論⑤之〈席卷〉〈囊括〉，韓文之〈蜂屯〉〈蟻雜〉〈刃迎〉〈縷解〉〈神思〉〈鬼設〉等語，諸名之先於動字者，皆所以狀之也，故視同賓次。

①原誤〈咀〉。　②此句原敓。　③二字原敓。　④原誤〈魏公子〉。　⑤〈過秦論〉三字原誤作〈傳〉。

同次三之四

四、同次。

凡名代諸字，所指同而先後並置者，則先者曰『前次』，後者曰『同次』。至前次、同次，或一名也，一代也，或皆名也，或皆代也，皆可。

同次云者，猶言同乎前次者①。同乎前次者，即所指者與前次所指爲一也。凡主、賓、偏三次皆可爲同次，則皆得爲前次。

〔史禮書〕自子夏，門人之高弟②也③。——〈子夏〉爲前次，〈門人之高弟〉者，即〈孔門弟子之高者〉，故〈高弟〉爲表詞，亦指子夏，與子夏同，故曰同次。〔莊達生〕臣，工人，何術之有？——〈臣〉，爲鐻④者自稱，〈工人〉，重稱所執之事。〈工人〉所指同乎〈臣〉，故〈臣〉爲前次，〈工人〉爲同次。〔漢陸賈傳〕足下，中國人。——〈足下〉，呼佗也，〈中國人〉者，表其所自出也。〈足下〉前次，〈中國人〉同次。〔韓順宗實録〕伾，杭州人。〔又〕執誼，杜黄裳子婿。——與前同解。〔漢霍光傳〕臣，外國人，不如光。——同前。〔史貨殖列傳〕夫倮，鄙人牧長，清，窮鄉寡婦，禮抗萬乘，名顯天下，豈非以富邪？——亦與前同。〔莊駢拇〕臧與穀二人，相與牧羊而俱亡其羊。——〈二人〉與〈臧〉〈穀〉同次。以上所引皆主次。〔楚策〕遂生子男，立爲太子。——〈子〉，賓次而爲前次者，男，表其所生之〈子〉爲〈男〉也，指同乎〈子〉，故爲同次⑤。〈立爲太子〉者，猶云「立之爲太子」也，故前次爲〈之〉字，不言而喻（猶云立之爲太子也），〈太子〉其表詞，而爲同次也。〔韓答呂毉山人書〕務欲進足下趨死不顧利害去就⑥之人於朝，以争救之耳。——〈趨死不顧利害去就之人〉，加於〈足下〉之後，與爲同次，而皆賓次。〔史信陵君⑦列傳〕公子姊爲趙惠文王弟平原君夫人。——〈公子姊〉，前次，〈夫人〉其同次，皆在主次。〈趙惠文王弟〉前次，〈平原君〉其同次，皆在偏次。〔韓許國公神道碑銘〕悉有其舅司徒之兵與地。——〈其舅〉者，前次，〈司徒〉其同次，皆在偏次。

①刊誤云：「馬氏分同次之例爲二種，一用如表詞，一用如加詞，分類極當。表詞表明主語，例在主語之後，加詞或加於他詞之前或加於他詞之後，本無一定。如〈右丞相陳平〉，加詞〈右丞相〉在〈陳平〉之前；〈務欲進足下趨死不顧利害去就之人於朝以争救之耳〉，加詞〈趨死不顧利害去就之人〉在〈足下〉之後。以文句之成分言之，表詞加詞分量較輕，被表被加之詞分量較重。若如馬氏之説，在先者曰前次，在後者曰同次，是前次與同次分量之輕重無一定矣。余意當以被表被加之詞爲本次，表詞加詞爲同次。」　②原衍〈子〉字，下同。　③原衍〈猶云〉二字，應屬下句，今删。　④原誤〈斲輪〉。　⑤刊誤云：「古人稱子曰〈子男子〉，稱女曰〈子女子〉，楚策〈子男〉，即〈子男子〉也。馬氏析〈子男〉爲二名，誤。」　⑥二字原敚。下同。　⑦原誤〈魏公子〉。

同次之用有三：——

（一）申言以重所事也。

〔公宣十二〕莊王親自手旌。——〈親自〉代字，與〈莊王〉同次，申言之，所以鄭重乎〈旌〉也。〔史張釋之列傳〕此人親驚吾馬。——〈親〉同次，實指〈此人〉，所以重其罪也。〔又萬石君傳〕取親中帬厠牏，身自浣滌。——〈身自〉重言，與起詞同次，以表其孝也。①

①刊誤云：「〈親自〉乃副字……此條可删。」

（二）重言以解前文也。

〔史留侯世家〕不愛萬金之資，爲韓報讎①彊秦。——〈彊秦〉者，〈讎〉之同次，解所報之〈讎〉也②。〔史項羽本紀〕與漢戰滎陽南，京索間。——〈京索間〉同次，解〈滎陽南〉之所在也。〔左昭三〕則猶有先君之適及遺姑姊妹若而人。——〈若而人〉同次，重括以前所稱也。〔史淮陰侯列傳〕至如信者，國士無雙。——〈國士〉者，同次，所以稱〈信〉也。〔漢南粤傳③〕朕高皇帝側室之子。——側室之子同次，〈朕〉自稱，以明所自也。〔史馮唐傳〕夫士卒盡家人子，起田中從軍，安知尺籍伍符④。——〈家人子〉同次，以言〈士卒〉若何人也。〔又〕且雲中守魏尚，坐上功首虜差六級。——〈魏尚〉同次，以名〈雲中守〉也⑤。〔左定十〕公會齊侯於祝其，實夾谷。——夾谷者，以正〈祝其〉之稱也，因與同次。〔漢匈奴列傳〕何但⑥遠走亡匿於幕北寒苦⑦無水草之地爲？——〈寒苦無水草之地〉，所以解〈幕北〉之荒凉也，與〈幕北〉同次。〔史淮陰侯傳〕今臣敗亡之虜，何足以權大事乎？——〈敗亡之虜〉，以解〈臣〉之無可爲也，與〈臣〉同次。〔趙策⑧〕今⑨秦，萬乘之國，梁亦萬乘之國。俱據萬乘之國⑩，交有稱王之名。——兩〈萬乘之國〉，各爲〈秦〉〈梁〉之同次，解所以對比也。

①原作〈仇〉，下文及刊誤同。　②刊誤云：「爲韓報讎彊秦，乃〈爲韓報讎於彊秦〉之省略，在口語當爲〈給韓向彊秦報讎〉。馬氏認〈讎〉與〈彊秦〉爲同次，誤。」比較文法云：「〈彊秦〉亦可視爲後附的形附，且領位也，猶云〈報彊秦之讎〉也。或謂乃〈爲韓報讎於彊秦〉之省略，則〈彊秦〉亦得爲副位也。然馬説亦自可通。〈彊秦〉固可爲〈報〉之賓語，〈報秦〉猶云〈吾得當以報漢〉，前者報讎而後者報恩也。〈報讎彊秦〉，猶云〈抵抗我們的敵人日本國耳〉。」　③原誤〈文帝紀〉。　④原誤〈尺符伍籍〉。　⑤刊誤云：「〈雲中守〉加詞，在同次，〈魏尚〉當在本次。」　⑥原誤〈苦〉。　⑦原誤〈苦寒〉。　⑧原誤〈秦策〉。　⑨原誤〈且〉。　⑩此句原敚。

（三）疊言以爲警嘆也。

〔莊大宗師〕吾師乎，吾師乎！整①萬物而不爲義，澤及②萬世而不爲仁，長於上古而不爲老，覆載天地，刻雕衆形而不爲巧。——兩呼〈吾師〉，所以嘆美之也。〔穀僖十〕天乎天乎！國，子之國也，子何遲於爲君？——兩呼〈天〉者，明其無告也。〔史馮唐列傳〕臣誠愚，觸忌諱，死罪死罪。——兩稱〈死罪〉，以申儆也。〔又李斯列傳〕趙高曰：「時乎，時乎，間不及謀。嬴糧躍馬，唯恐後時。」——兩呼〈時〉者，以發深省也。〔論先進〕噫！天喪予，天喪予！——重言一句以自嘆也。凡重言一句，皆有警嘆之意，故重言之句亦引之。〔公哀十四〕有以告者曰：「有③麏而角者。」孔子曰：「孰爲來哉，孰爲來哉？」反袂拭面，涕沾袍。——重言〈孰爲來哉〉，警辭也。又論語雍也

「斯人也而有斯疾也」，與爲政「人焉瘦哉」等句，皆以發其警省，故重言耳④。

①原誤〈整〉。　②〈及〉字原脱。　③原誤〈爲〉。　④刊誤云：「疊句與同次無涉，此等例句當移入句論内。」

同次之例有二：——

（一）用如表詞者①，其式六：——

㊀凡静字用爲表詞者，亦在此例，蓋與所表者同也②。

〔史屈賈傳〕其文約，其辭微，其志潔，其行廉。——所有〈約〉〈微〉〈潔〉〈廉〉四静字，各表其起詞而與之同次焉。〔又大宛傳〕得烏孫馬好，名曰天馬。——〈好〉者，〈馬〉之表詞。〔左文二〕吾見新鬼大，故鬼小。——〈大〉〈小〉者，〈新故鬼〉之表詞。〔史蕭相國世家〕故秦東陵侯。秦破，爲布衣，貧，種瓜於長安城東，瓜美。——〈貧〉以言〈東陵侯〉，〈美〉言〈瓜〉，皆與同次。〔莊齊物論〕故爲是舉莛與楹，厲與西施，恢恑憰怪，道通爲一。——〈道通爲一〉者，猶云「道則通所舉者之爲一」也。故〈一〉者表所舉者之相同，隱與所舉者爲同次。〔孟離下〕晉之乘，楚之檮杌，魯之春秋，一也。——〈一也〉者，表三史之相同也。〔漢張敞傳〕今太后資質淑美，慈愛寬仁，諸侯莫不聞。——一切静字，以贊〈太后〉，皆同次。〔韓原毁〕古之君子，其責己也重以周，其待人也輕以約。——〈重以周〉，以言古君子之〈責己〉；〈輕以約〉，以言其〈待人〉；皆爲表詞，而各與起詞同次。〔韓盛山十二詩序〕人謂韋侯美士，考功顯曹，盛山僻郡。——〈美士〉表〈韋侯〉，〈顯曹〉表〈考功〉，〈僻郡〉表〈盛山〉，皆與同次，此則以名字爲表詞矣。

①比較文法以此爲『補位』，其言云：「英文但有『補足語』(Complement)；……至若馬氏文通，則並補足語而無之，蓋於其所因襲之『葛郎瑪』之組織中，獨不取 Complement 也。及其論『次』，則以此種『補位』概列爲『同次』之『用如表詞者』，而實亦因襲於風馬牛之『葛郎瑪』；如英文法，其説 Complement 之 Case 也，對於主語之補位，則謂之 Predicate Nominative；對於賓語之補位，則謂之 Predicate Objective；故馬氏承之而綜稱爲『用如表詞』之『同次』，其理通於西文，而用則大乖於華語。今爲

明辨其詞用而類區其句式計，故斬斷葛藤，創爲『補位』，意謂位成自我，不容爲西文法之Case所拘也。」　②刊誤云：「馬氏前云『〈次〉者，名代諸字於句讀中應處之位也』；則次之屬於名代甚明。馬氏此條下皆舉静字作表詞之例，絶不舉名代作表詞之例，非是。」

㊁凡注解之句，概以〈也〉字爲煞者，其表詞或爲名字，或爲一讀，而其次必同乎起詞。蓋注解者，所以決起表兩詞之爲一也①。

〔莊逍遥游〕南冥者，天池也。齊諧者，志怪者也。——猶云「南冥即天池之地，齊諧即志怪之書」，故〈天池〉與〈南冥〉同次，〈志怪〉與〈齊諧〉同次②。〔禮大學〕如切如磋者，道學也……云云。——此皆注解之文，所注者必與所解者同次。而公穀二傳，往往以問答之讀爲注解。夫所答必應其所問，故答者必與問者同次，學者可檢閲之。

①比較文法以此爲『對於主語之補位』，其言云：「凡在『補位』之實體詞，實即主語之注解，故馬氏謂爲『表詞』之用名代者，而其用如形容詞。至論其位，則馬氏列爲『同次之爲表詞者』之『第二式』，蓋謂其與主語爲同位也。然就詞之實質言，主『補』固爲同物而同體；就句之形式言，則在華文，主『補』初無説爲同位之必要，何者？位成自我，不關Case也。」　②刊誤云：「當云〈志怪者〉與〈齊諧〉同次。」

㊂凡〈封〉〈拜〉〈傳〉〈稱〉諸動字後，概加〈爲〉〈是〉諸字，而後或用名字，或用静字爲表詞，則其表詞必有與爲同次者①。

〔史陸賈傳〕陸生卒拜尉他②爲南越王。——〈拜〉字後〈南越王〉與〈尉他〉同次，此與前兩節同義。蓋所間〈爲〉字，即用以決前後兩詞之爲一也。〔又李將軍列傳〕後廣轉爲邊郡太守。——〈邊郡太守〉與〈廣〉同次。〔又汲鄭列傳〕乃召③拜黯爲淮陽太守。——〈淮陽太守〉與〈黯〉同次。〔漢霍光傳〕時年十餘歲，任光爲郎。——〈郎〉與〈光〉同次。〔韓烏氏廟碑〕王辰，詔用烏公爲銀青光禄大夫，河陽軍節度使，兼御史大夫，封張掖郡開國公。——〈爲〉字後一切官名，與〈烏公〉同次。〔又記宜城驛〕驛東北有井，傳是昭王井。——〈是〉字後〈昭王井〉，與上〈井〉字同次。凡〈傳〉〈述〉〈稱〉〈謂〉諸動字後用〈爲〉字者，率皆如此。〔左僖二十八④〕王命尹氏及王子虎内史叔興父⑤策命晉侯爲侯伯。——〈侯伯〉與〈晉侯〉同次。〔莊知北游〕臭腐復化爲神奇，神奇復化爲臭腐。——〈神奇〉與〈臭腐〉并爲同次。又〔史叔孫通列傳〕夫⑥天下合爲一家。——凡〈化〉〈合〉諸動字後有〈爲〉字者視此。

① 比較文法以此爲『對於賓語之補位』。　② 原從漢書作〈佗〉，下同。　③ 原誤〈詔〉。　④ 原誤〈十八〉。
⑤ 以上十三字原敚。　⑥ 原敚。

㊃ 史籍中往往用〈以爲〉二字。〈以爲〉有兩解：一作謂辭者，則〈以爲〉二字必聯用，一作以此爲彼者，則〈以爲〉二字可拆用，而〈爲〉字先後兩語必同次①。

〔禮文王世子〕武王對曰：「夢帝與我九齡。」文王曰：「女以爲何也？」——此〈以爲〉，謂辭也，猶云「女謂何如」也。非此例也。〔晉語〕晉國有難，而無以尹鐸爲少，無以晉陽爲遠，必以爲歸。——〈少〉〈遠〉皆静字，各與〈尹鐸〉〈晉陽〉同次。〈必以爲歸〉者，猶云「必以晉陽爲所歸之地」，〈歸〉與〈晉陽〉同次。〔燕策〕不量輕②弱，而欲以齊爲事。——〈事〉與〈齊〉字同次。〔漢馮唐傳〕景帝立，以唐③爲楚相。——〈楚相〉與〈唐〉同次。〈以爲〉二字，經傳習見，變用不一，後詳。

① 比較文法以此爲『對於變賓語之補位』。　② 原誤〈强〉。　③ 〈以唐〉原誤作〈唐以〉。

㊄ 凡静字先後動字以狀起詞者，應與起詞同次。

〔漢萬石君傳〕内史慶醉歸。——〈醉〉者，所以狀〈慶歸〉之容也；先乎動字，與〈慶〉同次①。〔史貨殖列傳〕丈夫相聚游戲，悲歌忼慨。——〈悲歌忼慨〉，皆作静字用；後乎動字，以形丈夫聚游之狀也。〔漢霍光傳〕出入禁闥②二十餘年，小心謹慎，未嘗有過。——〈小心謹慎〉皆静字，後乎動字，言霍〈二十餘年出入禁闥〉之容也。〔史淮陰侯列傳〕項王見人恭敬慈愛，言語嘔嘔。——下八字皆静字，以言項王〈見人〉之容也。〔漢東方朔列傳〕臣朔少失父母，長養兄嫂。——〈少〉〈長〉静字，先乎動字，以言朔〈失〉〈養〉之時也③。〔又賈誼傳〕先王執此之政，堅如金石，行此之令，信如四時，據此之公，無私如天地耳。——〈堅〉〈信〉〈無私〉皆静字，各後其動字以狀起詞。諸引所有静字，皆狀起詞，故與起詞同次。

①刊誤云：「〈醉歸〉之〈醉〉字，本是動字，此處作修飾〈歸〉字之用，乃以動字作狀字之用耳，無所謂次也。以下諸例皆然。」　②原誤〈聞〉。下同。　③刊誤云：「〈少〉〈壯〉乃狀字，無次之可言。」

⑥凡〈謂〉〈言〉諸動字，訓〈是爲〉〈解爲〉之意者，則先後兩語，所次必同，蓋其後語猶表詞也①。〔孟告上〕生之謂性。——〈性〉與〈之〉〈生〉同次，猶云「生謂之性」也。〔又滕下〕此之謂大丈夫。——猶云「此謂之大丈夫」也。〔史商君列傳〕反聽之謂聰，内視之謂明，自勝之謂彊。——三句同上。〔左莊二十二〕是謂觀國之光。——史記陳世家作〈是爲〉。故〈是謂〉者，猶云〈此爲〉也。〈光〉與〈是〉同次。推此，〈所謂〉二字，義亦相同。〔禮大學〕所謂修身在正其心者。——〈修身〉與〈所〉同次，而〈所〉字與下文〈者〉字互指。〔左隱三〕且夫賤妨貴，少陵長，遠間親，新間舊，小加大，淫破義，所謂六逆也。——此〈所〉字指上文，而〈六逆〉與〈所〉同次。〔漢高帝紀〕高祖②爲亭長，乃以竹皮爲冠，令求盗之薛治，時時冠之。及貴常冠，所謂劉氏冠也。——此〈所〉字，上指〈竹皮冠〉。〈劉氏冠〉與〈所〉同次。〔易繫辭〕德言盛，禮言恭。——〈盛〉恭兩字，各爲表詞。〔左僖十五〕歲云秋矣。——〈秋〉與〈歲〉同次。〔左成十二〕日云莫矣。——〈莫〉與〈日〉同次。總之，動字之後，或名代諸字，或静字，用如表詞者，必與前詞同次。

①文典稱此爲『表格』，其言曰：「名詞之次於動詞〈爲〉〈曰〉等字之後爲補足語者，其作用乃以表明主格之爲何，與主格之名詞實同一物。既爲同物，則一物不可有兩格；故名詞補足語用以表明主格者，謂之『表格』。」比較文法以此爲『變賓後之賓位』。　②原誤〈帝〉。

（二）用如加語者，式有六：凡名、代、動、静諸字所指一，而無動字以爲聯屬者，曰『加詞』。詳觀本節初引諸文可知。

㈠凡官銜、勳戚諸加詞先後乎人名者，皆曰『加詞』[1]。

〔史陸賈列傳〕右丞相陳平患之。——〈右丞相〉官名，加於〈陳平〉人名之先。〔又項羽本紀〕項王乃謂海春侯大司馬曹咎等[2]曰。——〈海春侯〉勳名，〈大司馬〉官名，加於〈曹咎〉人名之先。〔漢趙充國傳〕今先零羌揚玉，此羌之首帥名王，將騎四千。——〈首帥名王〉，官勳之名，附於〈揚玉〉本名之後[3]。〔史李斯列傳〕乃求爲秦[4]相文信侯呂不韋舍人。——〈秦相文信侯〉，亦官勳之名，加〈呂不韋〉本名之先，而皆在偏次。〔史廉頗列傳〕秦之所惡，獨畏馬服君趙奢之子趙括爲將耳。——〈馬服君〉勳名，加於〈趙奢〉本名之先，皆爲偏次。又〈子〉者五倫之名。加於〈趙括〉本名之先。〔又〕嘗與其父奢言兵事。——〈父〉亦五倫之名，加於〈奢〉本名之先。〔漢黃霸傳〕侍中樂陵侯高，帷幄近臣，朕之所自親，君何越職而舉之？——此句加詞，有〈侍中〉官名，〈樂陵侯〉勳名，〈帷幄近臣〉職名，〈朕之所自親〉，〈所〉字加詞，在氏族〈高〉姓之先後。又〈之〉字重指前名，亦加詞也[5]，詳下。〔韓與鄭相公書〕孟之深友太子舍人樊宗師，比持服在東都，今已外除，經營孟家事，不啻如己。——〈友〉者，五倫之名，〈太子舍人〉官名，加於〈樊宗師〉本名之先。其官銜勳戚諸名概先置，而謂之加詞者，蓋以本名乃諸名所加之本也。否則以後之者爲加詞，亦無不可。總之，諸名先後連置，而所指同者，則所次同，同則必有爲之加詞者矣。

①比較文法以此爲『相加的同位』，其説明云：「兩名以上同指而相加，概視後者爲前者之同位；然其輕重，則有『本名』，有『加名』：『加名』或加於『本名』之前，或加於後。」　②〈咎等〉，原誤〈無咎〉。高祖本紀作〈無咎〉。　③刊誤云：「此節馬氏述加詞。〈首帥名王〉，明是作表詞用，表明〈楊玉〉之爲何如人者，何乃以爲加詞耶？蓋馬氏謂凡官銜勳戚皆爲加詞，故致誤認。」　④原誤〈丞〉，下同。　⑤又云：「〈帷幄近臣〉，明是表詞，馬氏以其舉〈侍中〉〈樂陵侯〉相類，遂以爲加詞，一誤也。〈朕之所自親〉亦表詞，馬氏以〈所〉爲加詞，二誤也。霸薦史高〈高〉乃人名，馬云『氏族高姓』，三誤也。〈之〉字代上名詞之〈高〉，乃〈舉〉之止詞，既非加詞，并非下文馬氏所謂先置一句前之〈之〉字，馬氏以爲同次，四誤也。」

㈡凡諸詞相加，所稱雖同，而先後殊時者，亦曰『加詞』[1]

〔韓考功員外盧君墓銘〕余之宗兄，故起居舍人君②，以道德文學伏一世。——〈故起居舍人〉，明其前爲舍人也，今與〈宗兄〉同次，亦曰加詞。〔史汲鄭列傳〕一死一生，乃知交情，一貧一富，乃知交態，一貴一賤，交情乃見。——此以〈死〉〈生〉兩動字同指一人所歷之境，〈貧〉〈富〉〈貴〉〈賤〉四静字亦然③。〔韓河南府同官記〕於汜水主簿，則得故相國今太子賓客滎陽鄭公。——故今兩官名。同指一人。

①刊誤云：「同是官勳，今昔殊時，本無區别，此條應併入前例，不必别列。」 ②〈君〉字原敚。 ③又云：「此例〈死〉〈生〉〈貧〉〈富〉〈貴〉〈賤〉等字，已獨立成爲名詞，與同次毫無關涉。」

㊂約指、逐指代字，加於名代諸字之後，以爲總括之辭者，曰『加詞』①。

〔史項羽本紀〕不者，若屬皆且爲所虜。——〈皆〉約指代字，總結〈若屬〉，所指諸人，皆與同次。〔漢朱雲傳〕所過皆敬事焉。——〈皆〉者，重指〈所過〉之處②也。〔史張陳列傳〕秋毫皆高祖力也。——〈皆〉指〈秋毫〉所表諸事也。〔漢趙廣漢傳〕其後③彊宗大族，家家結爲仇讎。——〈家家〉猶逐指代字，分指〈彊宗大族〉也。〔又司馬遷傳〕夫僕與李陵俱居門下。——〈俱〉字約指以上兩人也。〔莊齊物論〕然則我與若與人俱不能相知也。——〈俱〉字並指以上人己諸稱也。〔趙策〕破趙，則封二子者各萬家之縣一。——〈各〉者，分指二子。此節可與逐指、約指諸節參觀。

①刊誤云：「此節所舉〈皆〉〈俱〉〈各〉等字，只是一種狀字，不必認爲加詞。」 ②〈處〉原誤〈居〉。 ③〈後〉字原敚。

㊃凡先提一事而後分陳者，亦曰『加詞』①。

〔左昭四〕晉有三不殆，國險而多馬，齊楚多難，其何敵之有②。——〈三不殆〉總提，〈國險〉〈多馬〉〈多難〉加詞，歷數其〈三不殆〉也。〔論述而〕子以四教，文行忠信。——〈文行忠信〉，歷數〈四教〉也。〔又先進〕德行，顔淵閔子騫。〔又述而〕子不語，怪力亂神。〔又〕子所雅言，詩書執禮。——皆此類也。〔史高帝本紀〕與父老約法三章耳，殺人者死，傷人及盜抵罪。——〈殺人者死〉至〈抵罪〉，乃歷數〈三章〉也。〔又商君列傳〕商君之法，舍人無驗者坐之。——同上。〔又李將軍列傳〕其治，米鹽大小事，皆關其手③。——先言〈其治〉，下叙所治之事。〔又叔孫通列傳〕儀，先平明謁者治禮……云云。——至「以次奉賀」，皆歷數早朝之儀，而〈儀〉字先提。〔漢司馬遷傳〕所以自惟，上之不能納忠效信，有奇策材力之譽，自結明主；次之又不能拾遺補闕，招賢進能，顯巖穴之士；外之④不能備行伍，攻城野戰⑤，有斬將搴旗之功；下之不能累日積勞⑥，取尊官厚禄，以爲宗族交游光寵。——所叙〈次之〉〈上之〉〈外之〉〈下之〉四者之〈不能〉，皆所以〈自惟〉之事。〔韓論小功不税書〕小功服最多：親則叔父之下殤，與適孫之下殤，與昆弟之下殤，尊則外祖父母⑦，常服則從⑧祖祖父母⑨。——〈最多〉後，皆歷數〈小功之服〉也。〔又韋公墓誌銘〕故事，使外國者⑩，常賜州縣官十員，使以名上，以便其私，號私覿官。——故事總提，以下叙明其事也。

①比較文法以此爲『總分的同位』。　②此句原敚。　③按李廣傳無此語。　④原衍〈又〉字。　⑤〈野戰〉原誤〈戰野〉。　⑥原誤〈積日累勞〉。　⑦〈父母〉原誤〈外父〉。　⑧原誤〈曾〉。　⑨原衍〈也〉字。　⑩〈者〉字原敚。

㈤起詞止詞後，凡繫讀以爲解者，亦曰『加詞』。

〔史河渠書〕佗小渠拔山通道者，不可勝言。——〈佗小渠〉，句之起詞，〈拔山通道者〉，所以解〈佗小渠〉也。〔韓師説〕古之聖人，其出人也遠矣，猶且從師而問焉。——〈古之聖人〉，起詞，〈其出人也遠矣〉，續加之讀也。〔楚策〕於是使吏①盡滅春申君之家。而李園女弟初幸春申君有身而入之王所生子者，遂立爲楚幽王也。——〈李園女弟〉，讀之起詞，初幸春申君有身，續加之讀也。〔莊天運〕彼，人之所引，非引人也。——〈彼〉起詞，〈人之所引〉加讀也。〔左襄十四〕賜我南鄙之田，狐狸所居，豺狼所嘷。——〈南鄙之田〉，止詞也，續加兩讀以解之。〔史曹相國世家〕擇郡國吏，木詘於文辭重厚長者，即召除爲丞相史②。——〈郡國吏〉，〈擇〉之止詞，後加讀以解之。若此之數，不可勝道，參觀接讀代字，可加詳焉。

①二字原敓。　②原誤〈吏〉。

㈥凡動字、名字歷陳所事，後續代字以爲總結者亦曰『加詞』。

〔莊大宗師〕墮肢體，黜聰明，離形，去知，同於大道，此謂坐忘。——〈墮〉〈黜〉〈離〉〈去〉諸動字但言事，〈此〉，代字也，統指以前四項，而爲句之起詞。〔漢鼂錯傳〕丈五之溝，漸車之水，山林積石，經川丘阜，中木所在，此步兵之地也。車騎二不當一。——後言①〈弓弩〉〈長戟〉〈矛鋋〉諸地，句法相同。——〈此〉字總指上文。〔漢劉歆傳〕夫可與樂成，難與慮始，此乃衆庶之所爲耳。——〈此〉字重指上文。〔漢賈誼傳②〕禮義廉耻，是謂四維。——〈是〉字總指四名。

①原衍〈車騎〉二字。　②原誤〈管晏列傳〉。

又或句中止詞先置句首，而於動字後以〈之〉字重指者，亦可附於同次之列①。以兩者所指同一事，又同一次也。

〔左僖二十八②〕險阻艱難，備嘗之矣。——〈之〉指詞，重指〈險阻艱難〉也。故〈險阻艱難〉既爲止詞，而置先句首者此也。下文同。〔又〕漢陽諸姬，楚實盡之。——〈之〉與上同。〔論爲政〕詩三百，一言以蔽之。——〈之〉指〈詩三百〉也。〔又述而〕聖人吾不得而見之矣。——〈之〉指〈聖人〉。〔燕策〕死馬且買之五百金，況生馬乎！——〈之〉指〈死馬〉。〔史汲鄭傳〕大將軍青侍中，上踞厠而視之。——〈之〉指〈侍中〉③。〔韓送陳秀才彤序〕潁川陳彤，始吾見之楊湖南門下。——〈之〉指〈陳彤〉。〔韓重修滕王閣記〕其江山之好，登望之樂，雖老矣，如獲從公游，尚能爲公賦之。——〈之〉指句首〈江山之好〉與〈登望之樂〉也。〔史管晏列傳〕管仲，世所謂賢臣，然孔子小之。——〈之〉指〈管仲〉。

①文典稱此爲『先行目的格』。　②原誤〈十三〉。　③刊誤云：「〈大將軍青侍中〉，謂衛青侍於宮廷也，〈之〉字即指〈衛青〉言。馬氏蓋誤認〈侍中〉爲官名。」

由是，凡句中主次或偏次先置句首，而後以〈其〉字重指者，亦此例也。

〔史老莊列傳〕鳥，吾知其能飛，魚，吾知其能游，獸，吾知其能走。——三〈其〉字皆爲主次，各指①句首〈鳥〉〈魚〉〈獸〉三名字也。〔韓獲麟解〕角者吾知其爲牛……云云。——同上。〔莊駢拇〕故此數子，事業不同，名聲異號，其於傷性以身爲殉，一也。——〈此數子〉者，空置句首，不屬下文，〈其〉字在主次重指之。〔孟滕下〕梓匠輪輿，其志將以求食也。——〈梓匠輪輿〉空寄句首，與下文無涉，〈其〉字偏次重指之。〔論雍也〕回也其心三月不違仁。——同上。〔韓送楊少尹序〕今楊與二疏，其意豈異也！——〈其〉字同上。〔史馮唐列傳〕馮唐者，其大父趙人，父徙代，漢興，徙安陵。——〈其〉字偏次，重指〈馮唐〉也。後論句法加詳。

①原誤〈其〉。

更有名、代等字連書而意平列者，概用〈與〉〈及〉〈以及〉爲連及之辭，今附記於此，以平列名、代諸字，所指或異，而所次盡同也。

〔論子罕〕子罕言利與命與仁。——〈利〉〈命〉〈仁〉三事平列，皆同爲〈言〉之賓次，而以〈與〉字連之。〔莊齊物論〕然則我與若與人，俱不能相知也，而待彼也邪？——〈我〉〈若〉兩字，代字也，〈人〉，名也，今以〈與〉字連之。〔韓原道〕仁與義爲定名，道與德爲虛位。——〈仁〉〈義〉〈道〉〈德〉連書，間以〈與〉字。〔莊逍遥游〕蜩與學鳩笑之曰。——〈與〉字以連〈蜩〉〈鳩〉兩鳥①。〔論公冶〕夫子之言性與天道，不可得而聞也。——〈性〉〈天道〉兩名也，〈與〉以連之。〔漢刑法志〕凡有爵者與七十者與未齔者，皆不爲奴。——〈與〉字以連諸色人也。〔左隱元〕生莊公及公叔段。——〈及〉字連兩本名。〔史酷吏列傳〕湯掘窟，得盜鼠及餘肉。——〈及〉字所以連〈鼠〉〈肉〉也。〔又〕於故人子弟爲吏及貧昆弟，調護之尤厚。——〈及〉字以連〈故人子弟〉與〈貧昆弟〉也。〔史大宛列傳〕騫因分遣副使，使大宛康居大月氏大夏安息身毒于窴扜罙及諸旁國。——〈及〉字以連〈諸旁國〉與以上平列之國名也。〔漢趙充國傳〕羌虜故田及公田民所未墾，可二千頃以上。——〈及〉字以連〈故田〉與〈公田〉也。〔史平原君列傳〕平原君②相趙惠文王及孝成王。——〈及〉③字以言所相之兩王也。〔漢霍光傳〕顯及禹山雲自見日侵削。——〈與〉字以連母子也。〔史項羽本紀〕所以遣將守關者，備他盜之出入與非常也。——〈出入〉〈非常〉作兩名用，〈與〉以連之，猶云「備他盜出入之路與非常之事」也。〔史老莊列傳〕去子之驕氣與多欲，態色與淫志④，是皆無益於子之身。——〈與〉字以連〈驕氣〉〈多欲〉也。〔史項羽本紀〕每吴中有大⑤繇役及喪，項梁常爲主辦，陰以兵法部勒賓客及子弟。——兩〈及〉字，皆以連諸名也。〔左文三〕秦伯伐晉，濟河焚舟，取王官及郊。——〈及〉字以連兩地名也。由是觀之，凡記事之文，概以〈及〉爲連，故左傳史漢輒用之；而論事之文，概用〈與〉字。〔韓論小功不税書〕親則叔父之下殤，與適孫之下殤，與昆弟之下殤。——兩〈與〉字，遞連諸色〈下殤〉也。〔漢趙充國傳〕留弛刑應募及淮陽汝南步兵與吏士私從者，合凡萬二百八十一人。——三色人名字稍長，則參用〈與〉〈及〉兩字以連之。〔韓孔公墓誌銘〕親戚之不仕與倦而歸者，不在東阡在北陌，可杖屨來往也。——〈與〉字以連兩讀也。〔又送温處士序〕自居守河南尹以及百司之執事與吾輩二縣之大夫，政有所不通，事有所不明，奚所諮而處焉⑥？——三色人名字稍長，則參用〈以及〉〈與〉字爲連也。〔又毛穎傳〕自結繩之代以及秦事，無不纂録。陰陽卜筮占相醫方族世山經地志字書圖畫九流百家天人之書，及至浮圖老子外國之説，皆所詳悉。——凡歷數諸項，則用〈以及〉〈及至〉爲連，亦無不可。

①〈蜩〉乃蟲名，非鳥也。〈兩鳥〉字可删。　②原衍〈以〉字。　③原誤〈以〉。　④此句原敚。　⑤〈大〉字原敚。　⑥此句原誤「奚何考德而問業焉」。

古籍中〈若〉〈如〉兩字，間代〈與〉字以連諸名者。然非其常。〈以〉字之代〈與〉字也僅矣。

〔左成十六〕我若群臣輯睦以事君，多矣。——猶云「我與群臣」也①。〔漢儒林傳〕其不事學若下材及不能通一蓺，輒罷之。——〈若〉猶〈與〉也②。〔韓贈張童子序〕然後升於州若府。——言「州與府」也。〔左襄十三〕請爲靈若厲。——言「靈與厲」也。〔儀禮鄉飲酒禮〕公如大夫③入。——言「公與大夫」也。〔論先進〕方六十七十如五六十，而非邦也者。——言「與五六十」也。〔史虞卿傳〕趙王與樓緩計之④曰：「予秦地何如毋予，孰吉？」——言「予與毋予」也⑤。〔左昭二十五⑥〕凡有季氏與無，於我孰利？——此⑦〈與〉字以連〈有〉〈無〉季氏之兩事也。〔孟公下〕得之爲有財。——〈爲〉亦解作〈與〉字。〔韓送楊少尹序〕道邊觀者，亦有歎息知其爲賢以否。——〈以否〉者，猶云〈與否〉也。

① 刊誤云：「此晉大夫范文子語，〈我〉指晉國言，不如馬氏所釋。」 ② 又云：「〈若〉字〈如〉字皆〈或〉字之義。漢書高紀注云：『若，或也。』禮記文王世子疏云：『〈若〉是不定之辭』此諸例及下引論語『如五六十』之例，皆是〈或〉義，不當徑釋爲〈與〉。〈與〉表連及，〈若〉表選擇，意義大不同也。」 ③〈大夫〉，原誤〈夫人〉。下同。 ④ 原作〈趙王問樓緩〉，係轉引經傳釋詞而誤。 ⑤「〈如〉，猶〈與〉也，〈及〉也。」馬氏此説及引例均本經傳釋詞第七。惟釋詞此例作「予秦地如毋予」，以〈何〉字爲後人所加，上文〈何〉字當刪。 ⑥ 原誤〈二十六〉。 ⑦ 原衍〈以〉字。

静字三之五

静字，所以肖事物之形者。

形者，附事物而生。左傳僖公十五年曰：「物生而後有象，象而後有滋。」是故静字統分兩門①：曰『象静』，曰『滋静』。象静者，以言事物之如何也；滋静者，以言事物之幾何也。曰如何，曰幾何皆形之顯著者也。象静之字至多，義詳於前，兹不復載。

① 静字，普通稱形容詞，文典分爲三類：（一）『示象形容詞』（即『象静』），（二）『示紀形容詞』（即『滋静』），（三）『代名形容詞』。語法及楊樹達氏高等國文法均分四類：（一）『性狀形容詞』（楊曰『性態形容詞』，即『象静』），（二）『數量形容詞』（即『滋静』），（三）『指示形容詞』（即文典之『代名形容詞』），（四）『疑問形容詞』。草創稱静字爲『象字』，分爲甲、『一般象字』（包括『象静』與『滋静』），乙、『指示冠象』（即『指示形容詞』），丙、『語助象字』三種。漢詁分區別字（即静字）爲Adjective of Quality（言物

之品，即『象静』），Adjective of Quantity（言物之量，即『滋静』）及 Demonstrative Adjective（所以指示，即『代名形容詞』）三種。

要有以公名、本名、代字、動字、狀字用如静字者。夫字無定類，是惟作文者有以驅遣之耳。

以他類之字用如静字者，如：〈王道〉〈王政〉〈臣德〉〈臣心〉之類，〈王〉〈臣〉二字，本公名也，今先於其他公名，則用如静字矣。又〈齊桓〉〈晉文〉〈堯服〉〈舜言〉之屬，〈齊〉〈晉〉〈堯〉〈舜〉皆本名，今則用如静字。〈吾國〉〈吾家〉〈其言〉〈其行〉諸語，〈吾〉〈其〉二字，皆代字也，今則用如静字。〈饑色〉〈餓莩〉諸語，〈饑〉〈餓〉本動字也，今則用如静字。至莊子逍遥游云：「腹猶果然。」〈果然〉本狀字也，今爲表語用如静字。而史籍内〈款款之愚〉〈拳拳之忠〉〈區區之辥〉等詞，凡重言皆狀字也。今則用如静字。遍閲古籍，其以他類之字用作静字者，所在皆有，故略舉一二以示隅耳。

静字有兩字同義者，

如〈公忠〉〈賢良〉〈端莊〉〈聖明〉〈優游〉〈從容〉〈空疏〉〈辛勤〉〈雍熙〉〈渾穆〉〈慷慨〉〈曠遠〉〈倜儻〉〈偃蹇〉〈狠愎〉〈奇特〉〈豪逸〉〈奢靡〉〈跅弛〉〈驕吝〉〈精微〉之屬。

有兩字對待者，隨所用爲類耳。

如〈窮通〉〈安危〉〈昏明〉〈賢奸〉〈公私〉〈縱横〉〈榮枯〉〈精粗〉〈高下〉〈方圓〉〈妍媸〉〈曲直〉〈清濁〉〈强弱〉〈厚薄〉〈長短〉〈真僞〉〈優劣〉〈通嗇〉之類。

静字諸用：

静字先乎名者常也單字先者，概不加〈之〉字爲襯。

孟子有〈孝子〉〈慈孫〉〈孤臣〉〈孽子〉〈廣土〉〈衆民〉〈令聞〉〈廣譽〉等語，皆單静字，各先於所附之名。〔莊子田子方〕當是時，猶象人也。——〈象〉静字，先乎〈人〉以明與〈人〉同〈象〉耳。〔史匈奴列傳〕朕①追念前事，薄物細故。——〈前〉〈薄〉與〈細〉，皆静字也，而先於名。〔漢李廣傳〕故李將軍。〔又〕今將軍尚不得夜行，何故也？——

〈故〉〈今〉，静字也，而先乎將軍。又〈將軍〉名非單字，而單静字先之，無加也。〔史刺客列傳〕於是太子豫求天下之利匕首。〔又〕皆白衣冠以送之。——〈利〉〈白〉兩静字，皆單字也，先於雙字之名，無加。無加者，即不加〈之〉字爲襯也。〔孟梁下〕今之樂，猶古之樂也。——〈今〉〈古〉單静字，先於〈樂〉而加〈之〉字爲襯，非常例也。〔漢循吏傳〕與我共此②者，其惟良二千石乎！——〈良〉静字，先於三字之名，亦無加也。〔史項羽本紀③〕大行不顧細謹，大禮不辭小讓。——〈大〉〈小〉〈細〉單静字，皆各先於所附之名。〔漢東方朔傳〕棄成功，就敗事。〔又〕逆盛意，犯隆指。——〈成〉〈敗〉〈盛〉〈隆〉，皆單静字，而各先於其所附之名，無加。

①原誤〈臣〉。　②原衍〈天下〉二字。　③原誤〈世家〉。

偶者亦先焉，惟襯以〈之〉字，若偏次然；不襯者僅耳。

〔莊胠篋〕惴耎之蟲，肖翹之物，莫不失其性。——〈惴耎〉〈肖翹〉，皆偶静字也，先附於名，間以〈之〉字，以便口誦也。〔史始皇本紀①〕東割膏腴之地，收要害之郡。——〈膏腴〉〈要害〉，亦偶静字也，同上。〔史淮陰侯列傳〕今將軍欲舉倦罷②之兵，頓之燕堅城之下。——〈倦罷〉偶静字。〔齊策〕今君有區區之薛。〔又〕無纖介之禍者。——〈區區〉〈纖介〉同上。〔韓荆潭唱和詩序〕夫和平之音淡薄，愁苦③之音要妙，懽愉之音難工，而窮苦之音易好也。——四〈音〉之先，各附偶静字，皆間〈之〉字。〔韓上于相公書〕閣下負超卓之奇材，蓄雄剛之俊德。——〈超卓〉〈雄剛〉，偶静字也，〈奇材〉〈俊德〉，偶名也，兩相附焉，亦參〈之〉字以爲别。〔漢王吉傳〕數以耎脆之玉體，犯勤勞④之煩毒，非所以全壽命之宗也。——與上同。〔史封禪書〕而海上燕齊怪迂之方士，多更來言神事矣。——〈怪迂〉〈方士〉，一静一名，皆偶也，而參以〈之〉字。〔又周昌⑤列傳〕陛下獨宜爲趙置貴彊相及吕后太子群臣素所⑥敬憚乃可。——〈貴彊〉偶静字，附於〈相〉字單名，不襯〈之〉字，詞氣更勁。〔韓上鄭相公啓〕伏念曾無絲毫事，爲報答效。——〔又〕愈無適時才用，漸不喜爲吏，得一事爲名，可自罷去，不啻如棄涕唾，無一分顧藉心。顧失大君子纖芥意，如丘山重。——〈顧藉〉與〈纖芥〉皆偶静字，附於單名而不襯〈之〉字亦可。

①原誤〈賈誼傳〉。　②原誤〈弊〉。　③原誤〈平〉。　④原誤〈苦〉。　⑤原作〈張丞相〉。　⑥〈群臣素所〉，原誤作〈郡臣所〉。

静字同義而蟬聯至四字六字先附於名者，亦惟一襯〈之〉字而已。

〔莊大宗師〕夫堯既已黥汝以仁義，而劓汝以是非矣，汝將何以游乎遥蕩恣睢轉徙之途乎？——〈遥蕩〉等六字同義，附於〈途〉字，參〈之〉字爲襯。〔史封禪書〕然則怪迂阿諛苟合之徒自此興。——〈怪迂阿諛苟合〉，皆静字也，附於〈徒〉字，惟襯〈之〉字而已。〔韓上宰相書〕枯槁沈溺魁閎寬通之士，必且洋洋焉動其心，峨峨焉纓其冠，于于焉而來矣。——八静字皆附一名，〈之〉字間焉。〔又〕居窮守約，亦時有感激怨懟奇怪之辭，以求知於天下。——〈感激〉等六字同上。

對待静字，如附單字之名，率參〈之〉字；附於雙字之名，概無參焉。有兩三静字類别而同附一名者亦然。其先後則以其義爲差。

〔漢賈山傳〕秦地之固，大小之執，輕重之權，其與一家之富，一夫之彊，胡可勝計也？——〈大小〉〈輕重〉，對待之静字也，附於單字之名，故加〈之〉字以四焉。〔史蕭相國世家〕漢王所以具知天下阸塞，户口多少彊弱之處。——〈多少〉〈彊弱〉同上。〔左莊十〕小大之獄，雖不能察，必以情。——〈小大〉同上。

〔史匈奴列傳〕置左右賢王左右谷蠡王①。——〈左右〉對待静字，附於雙名，不參〈之〉字〔韓權公墓碑銘〕考定新舊令②式爲三十篇。——〈新舊〉對待静字，附於雙名，不參〈之〉字。〔又送張道士序〕張道士，嵩高之隱者，通古今學，有文武長材。——〈古今〉〈文武〉，皆對待字，一附單名，一附雙名，皆無〈之〉字者，兩句平列，故一之也。

〔史叔孫通傳〕專言諸故群盗壯士進之。——〈諸故群〉三静字，其類不同：〈諸〉者，代字而用如静字者；〈故〉〈群〉者，象静字也：今附於〈盗〉而不參〈之〉字，其先後率以其義爲斷。〔左僖九③〕以是藐諸孤，辱在大夫，其若之何？——〈是藐諸〉皆可視同静字，附於〈孤〉字單名，而無〈之〉字爲間。詩經召南騶虞之「彼茁者葭」，與左傳桓公六年之「嘉栗旨酒」，皆此類也。〔史留侯世家〕今④諸將皆陛下故等夷。——〈故等夷〉三静字義别，單用而爲表語者⑤。凡單静字同附一名，則以意之所重輕者爲先後焉。

①原衍〈云〉字。　②〈令〉原誤作〈今〉。　③原誤〈十〉。　④〈今〉字原敚。　⑤刊誤云：「〈故〉固是静字，〈等夷〉則是名詞，猶今言〈同等人物〉，非復静字矣。」

静字單用如名者，前文必有名以先焉。

〔孟梁上〕以小易大，彼惡知之？——〈小〉〈大〉兩静字，今單用如名，以前文有〈牛〉〈羊〉兩名在先，故知〈小〉〈大〉所指之爲何。〔又〕以一服八，何以異於鄒敵楚哉？——〈一〉〈八〉兩静字，今單用如名，以前文有〈楚〉〈鄒〉二國相比之説先焉，故知〈一〉〈八〉所附之爲何。〔論先進〕方六七十，如五六十，求也爲之，比及三年，可使足民。——諸滋静字單用者，蒙上文〈邦〉字而言也。〔史淮陰侯列傳〕故善用兵者，不以短擊長而以長擊短。——〈長〉〈短〉静字單用，承上文〈兵〉字而言。〔史蕭相國世家〕吏皆送奉錢三，何獨以五。——〈以五〉者，「以五錢」也。〔韓論鹽法狀〕臣今①通計所在百姓，貧多富少。——〈貧〉〈富〉單用，承上文〈百姓〉而言。〔又行難〕齊也，晉也，且有二與七十。——〈二〉與〈七十〉，指上文所引之人也。〔孟離下〕則賢不肖之相去，其間不能以寸。——〈賢不肖〉單用，蒙上文〈父兄〉而言。〔又告上〕體有貴賤，有小大，無以小害大，無以賤害貴。——〈小〉〈大〉〈貴〉〈賤〉單用，皆蒙〈體〉字。〔左昭二十〕清濁小大，短長疾徐，哀樂剛柔，遲速高下，出入周疏，以相濟也。——静字二十單用，皆承上文〈聲〉字。〔孟梁下〕君之民，老弱轉乎溝壑，壯者散而之四方者，幾千人矣。——〈老弱〉兩静字，單用，蒙上〈民〉字。〔史李斯列傳〕今取人則不然，不問可否，不論曲直。——〈可否〉〈曲直〉皆静字，單用，蒙上〈人〉字。〔又淮陰侯列傳〕大王自料勇悍仁彊，孰與項王？——〈勇悍仁彊〉静字，獨用，貼〈自〉字。〔又屈原列傳〕人君無愚智②賢不肖，莫不欲求忠以自爲，舉賢以自佐。——〈愚智賢不肖〉，貼〈人君〉。〔韓潮州謝表〕子養億兆人庶，無有親疏遠邇。——〈親疏遠邇〉貼〈人庶〉。〔左僖二十八〕及其玄③孫，無有老幼。——〈老幼〉兩字同上。〔莊人間世〕

凡事若小若大④，寡不道以懽成。——〈小〉〈大〉〈不道〉皆静字，單用，上貼〈事〉字。〔韓竇公墓誌銘〕六府從事幾且百人，有愿奸易險賢不肖不同，公一接以和與信，卒⑤莫與公有怨嫌者。——〈愿奸易險〉等皆静字，上貼〈人〉字。凡〈無〉〈有〉兩字後，承以對待静字，所以分别上文所名之人物。此種句法，最爲習見。〔史李將軍列傳〕百姓聞之，知與不知，無老壯皆爲垂涕。——〈老壯〉兩字同上。

①二字原敚。　②〈愚智〉原誤〈智愚〉。　③〈其玄〉原誤〈爾重〉。　④〈若小若大〉原誤〈若大若小〉。
⑤〈卒〉字原敚。

無先焉而静字單用者，則所指人物，必其顯然易知者也①。

〔易謙〕天道虧盈而益謙，地道變盈而流謙，鬼神害盈而福謙，人道惡盈而好謙。〔又〕君子以裒多益寡，稱物平施。——〈盈〉〈謙〉静字，用各不同，並無前文以先焉，然用以各指其義，則甚明也。〈多〉〈寡〉兩字亦然。〔左宣十二〕見可而進，知難而退，軍之善政也；兼弱攻昧，武之善經也。——〈可〉〈難〉〈弱〉〈昧〉，皆静字單用，而上無所承，然皆明知所指之爲何也。〔荀子議兵〕②兵不血刃，遠邇來服。——〈遠邇〉静字，指遠邇之人也，前文並無〈人〉字。〔史馮唐列傳〕賞賜決於外，不從中擾也。——〈中〉〈外〉静字，皆知〈中〉指〈朝中〉，〈外〉指〈邊將〉也。〔漢尹翁歸傳〕緩於小弱，急於豪彊。——〈小弱〉〈豪彊〉諸静字，指如斯之人也。〔又賈誼傳〕衆掩寡，智欺愚，勇威怯，壯陵衰，其亂至矣。——如③静字單用，皆無前文爲先焉，然無不知所指爲如斯之人也。〔後漢宦者傳〕故④中外服從，上下屏氣。——〈中外〉〈上下〉諸静字，雖無前文，而所指爲何，則顯然共知者也。

①刊誤云：「以静爲名，本中國文字所恒有，不必前皆有名先之也。」又云：「馬氏似以有名先之者爲正例，無名先之者爲變例，尤非事實。」　②原衍〈故〉字。　③〈如〉疑爲〈諸〉字之誤。　④〈故〉字原敚。

前文名字不一其類，後用静字爲别者，則殿以〈者〉字，代指其名也。若約數則名字先置以爲母静字後置以爲子，殿以〈者〉字，亦以代名也。母子間概參〈之〉字，其不參者，避重也。前文無名而突用静字，以〈者〉字爲殿者，則其静字必習用者也。

〔史功臣侯年表序〕是以大侯不過萬家，小者五六百户。——〈小者〉，猶云〈小侯〉也，〈者〉殿〈小〉字，以代上文〈侯〉字耳。〔漢溝洫志〕今堤防，陿者去水數百步，遠者數里。——〈陿〉〈遠〉二静字，所以言上文〈堤防〉之各别也；皆殿〈者〉字者，正以代〈堤防〉也。〔韓順宗實録〕峘得晏之舉，分闕，必擇其善者與晏，而以惡者與炎。——〈善〉〈惡〉者，〈闕〉之分别也。〔漢賈誼傳〕然尚有可諉者曰疏，臣請試①言其親者。〔又〕故疏者必危，親者必亂，已然之效也。——〈親〉〈疏〉二静字，所以分貼前文所封之王侯也；〈者〉字殿之，以指〈王侯〉。〔左宣十二〕子姑整軍而經武乎，猶有弱而昧者，何必楚。——〈弱〉〈昧〉兩静字，承上文而言，〈者〉字所以指國也。〔又襄②三十一〕且年未盈五十而諄諄焉如八九十者，弗能久矣。——〈八九十〉静字，〈者〉字所以指有是年之人也③。〔又文元〕楚國之舉，恒在少者。——〈者〉字承上文〈太子〉而言④。〔史匈奴列傳〕有罪，小者軋，大者死。——〈小〉〈大〉者，〈罪〉之别也，〈者〉代〈罪〉字。〔荀子榮辱〕通者常制人，窮者常制於人。——〈窮〉〈通〉兩静字，所以類别前文也。〔又〕材慤者常安利，蕩悍者常危害。安利者常樂易，危害者常憂險。樂易者常壽長，憂險者常夭折。——諸静字皆遞承上而言，〈者〉字指其人。至孟子離婁上「二者皆法堯舜而已矣」，〈二者〉總指上文。論語陽貨「能行五者於天下爲仁矣」，〈五者〉呼起下文。蓋〈二〉〈五〉皆静字，殿以〈者〉字，所以實指其事也。

〔孟離下〕是則罪之大者——〈罪〉名字，先置爲母，〈大者〉後置爲子，中間〈之〉字，以明〈罪〉字之在偏次。〈罪之大者〉，猶云「諸罪中之大罪」也，故〈者〉字所以代名也。〔孟萬下〕伯夷聖之清者也，伊尹聖之任者也，柳下惠聖之和者也，孔子聖之時者也。——四句皆約數，猶云「諸聖中之清聖」云云。〔又告下〕凱風親之過小者也，小弁親之過大者也。——解與上同，惟母子之間，不參〈之〉字者，已有〈之〉字在先，避重也⑤。〔左襄三十〕大夫之忠儉者從而與之，泰侈者因而斃之。——〈忠儉〉兩静字，猶云「諸大夫中忠儉之大夫」也。〈泰侈〉者頂接上文，猶云「大夫之泰侈者」，餘同上。〔韓新修滕王閣記〕於是棟楹梁桷板檻之腐黑撓折者，蓋瓦級甎之破缺者，赤白之漫漶不鮮者，治之則已，無侈前人，無廢後觀。——句法同上。〔又何蕃傳〕司業祭酒⑥撰次蕃之群行焯焯⑦者數十餘事⑧。——〈焯焯〉重言，用如静字，不曰「蕃之群行之焯焯者」，避重也。

〔左襄三十一〕吾聞君子務知大者遠者，小人務知小者近者。——〈大〉〈小〉〈遠〉〈近〉皆静字，並無前文爲指，而各助以〈者〉字者，皆習用字，所指者不言可明也。論語雍也「知者樂水，仁者樂山」，又子路「近者悦，遠者來」，孟子離婁上「恭者不侮人，儉者不奪人」，又公孫丑上「賢者在位，能者在職」，又離婁下「而未嘗有顯者來」，諸句〈者〉字前蒙以静字，皆無前文爲指。經史内類此者所在皆有，蓋皆習用之静字耳。

①〈請試〉原誤〈試請〉。②〈襄〉上原有〈戰國〉二字，從刊誤删。③刊誤云：「此文〈者〉字，乃與〈如〉字相關聯之助字，所以表類似者。古文凡有〈如〉〈若〉〈似〉等字之句皆有之。」④又云：「〈少者〉，謂少子耳。」⑤又云：「此二〈者〉字，孟子意乃代〈詩〉字。」然馬説亦自可通。⑥四字原誤〈於是〉。⑦原誤〈卓卓〉。⑧四字原敚。

静字不附名字，而先以〈其〉字者，必有所指也；若兼助〈者〉字，則各有所指也。至〈其〉字爲母，則附其後者概爲滋静之字，所以言全中之幾分也。

〔史匈奴列傳〕冒頓匿其精兵，見其羸弱。——〈羸弱〉静字，不附名字，今以〈其〉字蒙其先，與上文〈其〉字同指〈冒頓〉也。若將〈其〉字指兵，則猶云「凡兵中之羸弱者」，如是則爲約分矣①。〔又〕匈奴明②以戰攻爲事，其老弱不能鬬，故以其肥美飲食壯健者。——〈老弱〉〈肥美〉皆静字，單用，不附於名，各以〈其〉字蒙之者，皆指〈匈奴〉也。

〔左僖二十八〕原田每每，舍其舊而新是謀。——〈舊〉静字，蒙以〈其〉字，指〈田〉也。〈新〉不蒙〈其〉字者，根上文〈舊〉字也。〔漢朱雲傳〕臣願賜尚方斬馬劍，斷佞臣一人③以厲其餘。——〈餘〉亦静字，〈其〉指〈佞臣〉也④。〔史李斯列傳〕是以太山不讓土壤，故能成其大⑤，河海不擇細流，故能就其深⑥。——〈大〉〈深〉⑦皆静字，各以〈其〉字先之，一指〈太山〉，一指〈河海〉也。

〔莊德充符〕自其異者視之，肝膽楚越也；自其同者視之，萬物皆一也。——〈異〉〈同〉兩静字，而各先以〈其〉字，所以指上文〈天地〉，又各助以〈者〉字，所以指上文〈萬物〉也。且有〈其〉〈者〉二字，一先焉，一後焉，則語氣較爲確實。〔孟告上〕先立乎其大者，則其小者不能奪也。——〈大〉〈小〉兩静字，而各先以〈其〉字，指上文〈天所與〉者也。各助以〈者〉字，一指〈心〉，一指〈耳目〉也。〔趙策〕此其近者禍及身，遠者及其子孫，豈人主之子孫則必不善哉？——〈近〉〈遠〉二静字，各以〈其〉字爲先者，指上文〈諸侯〉也。亦各以〈者〉字爲助者，又指或近或遠之諸侯也⑧。

〔孟公下〕惡得有其一以慢其二哉？——〈一〉〈二〉言數，滋静字也，〈其〉字指上文〈三達尊〉也，猶云「惡得有三之一以慢三之二哉」。〔史貨殖列傳〕計然之策七⑨，越用其五而得意。——〈其五〉者，猶言「七策中之五」也。〔魏策〕以三者身，上也，河内，其下也，秦未索其下而王效其上可乎？——〈上〉〈下〉指序，亦滋静之類也；〈其下〉〈其上〉者，三者之下，三者之上也。〔史平準書〕有能告者，以其半畀之。——〈其〉指上文没入之緡錢，猶云「以没入緡錢之半畀之」也。〔左昭三⑩〕民參其力，二入於公，而衣食其一。——〈其一〉，參分力之一也。〔韓送鄭十校理序〕盡⑪祕書所有，不能處其半。——同上。〔又送鄭尚書序〕嶺之南，其州七十；其二十二隸嶺南節度府，其四十餘分四府。——〈其〉字指〈七十州〉，猶云「七十州中之二十二」，又「七十州中之四十餘州」也。

①刊誤云：「兩〈其〉字同指〈冒頓〉，下〈其〉字不能作〈兵〉解。」　②〈明〉字原敚。　③原衍〈頭〉字。　④又云：「此〈其〉乃静字，猶口語云〈那些〉。」　⑤原誤〈高〉。　⑥〈就其深〉原誤〈成其大〉。　⑦原誤〈高大〉。　⑧刊誤云：「〈者〉字代禍害而言。」　⑨原誤〈也〉。　⑩原誤〈四〉。　⑪〈盡〉字原敚。

凡静字反用者，狀以〈不〉字而已。

〔孟盡下〕狂者又不可得，欲得不屑不潔之士而與之，是獧也。——〈屑〉〈潔〉兩静字，今反用其意，故以〈不〉字狀之。〔莊天下〕不該不遍，一曲之士也。——〈不該不遍〉，解同上。〔論八佾〕關雎樂而不淫，哀而不傷。——〈不淫〉〈不傷〉者，反用〈淫〉〈傷〉兩字之意，連以〈而〉字者，明其爲對待也。〔左襄二十九〕直而不倨，曲而不屈，邇而不偪，遠而不攜。——等語，亦此志也。〔又昭二十六〕帥群不吊之人以行亂于王室。——〈群〉〈吊〉皆静字，反用則〈不〉之。不曰〈群而不吊〉者，非對待也。

若静字先名，而有淺深對待之義者，概參〈而〉字；〈以〉〈且〉兩字亦習用焉。有參以〈又〉字者。惟從未見如名、代諸字以〈與〉〈及〉〈並〉等字爲連者，此名、静兩種字之别也。不然，必其静字用如名字者也。如兩静附名，有反正之意，則正先反後而以〈而不〉兩字連之。不用〈不〉字，則用狀字之有弗詞者亦可。

〔莊列禦寇〕人者厚貌深情，故有貌愿而益，有長若不肖，有順懁而達，有堅而縵，有緩而釬。——諸静字皆耦，而有對待之意，故以〈而〉字連之。惟〈長若不肖〉，猶言「有技與無能者」，用如兩名，故以〈若〉字連焉。〈若〉者，〈及〉也①。〔禮中庸〕君子之道，費而隱。——〈費〉〈隱〉對待静字，〈而〉字參焉。〔後漢崔駰傳〕指切時要②，言辯而确。——同上。〔易繫辭〕是故③蓍之德圓而神，卦之德方以知。——一用〈而〉，一用〈以〉，則〈以〉〈而〉兩字可通用之明證④。〔禮聘義〕温潤而澤，仁也。縝密以栗，知也。——解同上。〔韓鄆州谿堂詩序〕以武則忿以憾，以恩則横而肆。——〈以〉〈而〉兩字互用。〔荀子議兵〕故制號政令欲嚴以威，慶賞刑罰欲必以信。——〈嚴〉〈威〉〈必〉〈信〉，義有淺深，參以〈以〉字。〔韓送孟東野序〕其聲清以浮，其節數以急。——解如前。〔論雍也〕犁牛之子，騂且角。〔又泰伯〕使驕且吝。〔又〕富且貴焉……貧且賤焉。——則參〈且〉字者，義有淺深也。〔韓上于相公書〕今愈雖愚且賤，其從事於文，實專且久，則其贊王公之能而稱大君子之美，不爲僭越也。——兩〈且〉字爲連者，明静字之義各有淺深也。〔公隱元〕隱長又賢，何以不宜立？——〈長〉〈賢〉兩静字，參以〈又〉字者，義猶〈且〉也。以〈又〉字爲連者少見。〔莊逍遥游〕吾聞言於接輿，大而無當，往而不返。——〈而無〉〈而不〉爲參者，皆言其義之有反正也。以〈而不〉爲連者，經籍中往往而有，前節所引可參證。〔史太史公自序〕儒者博而寡要，勞而少功。……墨者儉而難遵。……法家嚴而少恩。——〈寡〉〈難〉〈少〉諸字，皆所以〈不〉之也。〔莊列禦寇〕知道易，勿言難。知而不言，所以之天也，知而言之，所以之人也。古之人，天而不人。——〈知〉〈言〉皆動字，亦以〈而〉字參之，詳後。至〈天而不人〉句，〈天〉〈人〉兩名，用如静字，故〈而〉字參焉。〔史游俠列傳〕關中賢豪，知與不知，聞其聲，争交驩解。——猶云「關中賢豪，無論知之者與不知者」云，故〈知〉字本可動可静字也，而此則用如名字，故以〈與〉字連之，不可不辨也。使解如静字，應云〈知而不知〉，則費解矣。

①刊誤云：「〈長若不肖〉，猶老子言『夫智若愚』耳。〈若〉當訓爲〈如〉，馬氏誤解。〈釋詞云：『外如長者，内不似也。』成玄英疏云：『有心實長者，形如不肖也。』〉」　②原誤〈弊〉。　③二字原敚。　④説本經傳釋詞第一。

象静司詞

象静後之司詞，猶動字後之止詞，所以足其意也。司詞有直接者，則無介字，否則概以〈於〉字爲介；介以〈以〉字者，不習見也。記數静字無司詞。

〔論爲政〕言寡尤，行寡悔，禄在其中矣。——〈寡〉静字也。所〈寡〉者何？〈尤〉與〈悔〉，其司詞也。〔莊逍遥游〕宋人有善爲不龜手之藥者。——〈善〉静字。所〈善〉者何？〈爲不龜手之藥〉也。〈爲〉動字，而爲所司也。〈善〉後習用〈爲〉字，如孟子公孫丑上「善爲説詞」之類。然有司别字者，〔史河渠書〕於是爲發卒萬餘人穿渠，自徵引洛水至商顔下。岸善崩，乃鑿井。——〈岸善崩〉者，岸易崩也。〈崩〉乃〈善〉所司也。〔漢孔光傳〕上重違大臣正①議。——所重者何？〈違大臣正議〉也②。〔史貨殖列傳〕其俗剽輕易發怒。——所〈易〉者〈發怒〉也。〔又曹相國世家〕蓋公爲言治道貴清静③而民自定。——所〈貴〉者〈清静〉也。〔莊應帝王〕吾與汝既其文，未既其實，而固得道與？——〈固〉静字，猶云「而固持己見以爲得道乎」。〔孟梁上〕不遠千里而來。——〈不遠〉者，不以千里爲遠也④。〔漢王尊傳〕明慎所職，毋以身試法。——〈明慎〉者何？〈所職〉之事也。〔齊策〕是故韓魏之所以重與秦戰而輕爲之臣也。——所〈重〉者〈與秦戰〉，所〈輕〉者〈爲之臣〉也。〔漢趙充國傳〕且羌虜易以計破，難用兵碎故⑤也。——猶云「羌虜易破以計，難碎以兵」也。〔又賈誼傳⑥〕高者難攀，卑者易陵。〔韓原道〕其爲道易明，而其爲教易行也。〔史太史公自序〕其實易行，其辭難知。——皆同一句法。是猶論語子路「爲君難爲臣不易」兩句，倒其文曰「君難爲臣亦不易爲」也，其義一也。〔又留侯世家〕羽翼已成，難動矣。——與韓答楊子書「知人堯舜所難」，句法同前。惟又應科目時與人書「其得水，變化風雨，上下於天，不難也」。此以〈不難〉兩字爲表詞，如變其文，曰「不難上下於天」也，則與以前句法無異。若「知人堯舜所難」句，猶云「知人之事堯舜所難」也。〈所〉先〈難〉字者，接讀代字之例，是如云「堯舜亦難知人」。故漢文帝紀「是吏奉吾詔⑦不勤，而勸民不明⑧也」。又張釋之傳「文帝免冠⑨謝曰：『教兒子不謹』」，皆以司詞先置，而以静字爲表詞也。

〔孟盡下〕周于利者，凶年不能殺，周于德者，邪世不能亂。——〈周〉静字，〈于〉同〈於〉，介字。故〈于利〉〈于德〉，其司詞也。〔又告下〕困於心，衡於慮而後作。——同上。〔又公上〕行有不慊於心則餒矣。——〈於心〉者，〈不慊〉之司詞也。〔又滕上〕人倫明於上，小民親於下。——〈於上〉〈於下〉，皆静字之司詞。〔莊天下〕不累於俗，不飾於物，不苟於人，不忮於衆。〔又逍遥游〕夫子固拙於用大矣。〔又田子方〕吾聞中國之君子⑩，明乎禮義而陋於⑪知人心。——〈乎〉亦〈於〉也。〔史屈原列傳〕明於治亂，嫻於辭令。〔又商君列傳〕民勇於公戰，怯於私鬥。〔漢傳常⑫等傳〕投石拔距⑬，絶於等倫。〔吴志大帝傳〕然⑭性多嫌忌，果於殺戮。〔韓答陳商書〕是所謂工於⑮瑟而不工於求齊也。〔又進學解〕業精于勤，荒于嬉。行成于思，毁于隨。〔又孔公墓誌銘〕公於是乎賢遠於人。——以上所引，其静字司詞，皆以〈於〉字爲介，凡以言其所在耳。

〔史項羽本紀〕事成猶得封侯，事敗易以亡，非世所指名也。——〈易〉静字，〈以亡〉其司詞。〔又河渠書〕水湍悍，難以行平地，數爲敗。——〈以行平地〉，〈難〉字司詞。〔孟梁上〕願夫子輔吾志⑯，明以教我。——〈以教〉，〈明〉字司詞。

①〈正〉字原敓。　②刊誤云：「此〈重〉字乃重視之意……與曹參世家之〈貴〉字作尊尚義用者，皆是以静字爲動字之用。（下齊策『重與秦戰』與此〈重〉字同。）」　③原誤〈淨〉，下同。　④又云：「〈遠〉字亦是以静字作動字用。」

⑤〈故〉字原敓。　⑥原誤王尊傳。　⑦原誤〈法〉。　⑧原誤〈易〉。　⑨四字原敓。　⑩此句原誤「中國王

民」。　⑪原誤〈乎〉。　⑫原誤〈當〉。按此爲甘延壽傳文。　⑬原誤〈拔石超距〉。　⑭〈然〉字原敚。　⑮原衍〈鼓〉字。　⑯三字原敚。

滋静三之六

滋静諸式：

滋静言事物之如干也，凡以言數也。滋静象静，皆静字也，故用法大同。惟滋静一字一數，無對待，無司詞，無比品，蓋質言也。凡滋静所獨而不同於象静者今特詳焉。

滋静言數，數别三式：

一、數目：凡可以爲加減乘除者皆隸焉，如〈一〉〈二〉〈三〉〈四〉〈什〉〈百〉〈千〉〈萬〉之屬。疇人家言數，不言其所數，他言數者，必有所附之名。數先於名者常也。

〔左昭二十〕聲亦如味：一氣，二體，三類，四物，五聲，六律，七音，八風，九歌，以相成①也。——〈一〉〈[illegible]〉〈三〉〈四〉等，皆以一遞加，以至於九，是爲諸數之根。九加一爲十，由是十十爲百，十百爲千，十千爲萬。凡數[illegible]名，所以言名之多少如其數也。〈六律〉者，律有六也，餘仿此。至數之加減與其乘除，别詳數學。

①原誤〈濟〉。

而經籍中率後之者，蓋凡以爲表詞耳。

〔禮中庸〕天下之達道五，所以行之者三。——猶云「天下之達道有五焉，所以行之者惟三」。故〈五〉與〈三〉兩後置者，以爲表詞也。〔又〕禮儀三百，威儀三千。——猶云「禮儀有三百之數，威儀有三千之數」也。〔史酷吏列傳〕小群盗以百數。〔又〕大群至數千人。——猶云「小群盗之人有數百」「大群盗有數千」。故〔韓原性〕性之品有上中下三。——即云「性有上中下三品」也。〔公僖十六〕賨石記聞。聞其磌然，視之則石，察之則五。〔又〕六鷁退飛，記見也。視之則六，察之則鷁。——猶云「視之則爲石，數之則有五焉」，又如云「視之則有六，察之則爲鷁」也。以上所引，凡數後者，皆表詞也。

非表詞而後者，必所數者可不言而喻。故凡物之公名有別稱以記數者，如車乘馬匹之類，必先之。有有稱，有無稱，而連記者，則有者稱之，無者第數之，然要皆後乎公名。

〔史平準書〕自山東咸被其勞，費數十百巨萬。——不言所數者，大約隱其時習用之名。如上文言「物踊騰，糶米至石萬錢，馬一匹則百金」，則所數者非錢則金，不言可喻。〔又〕其後四年，而漢遣大將將六將軍，軍十餘萬，擊右賢王。——〈軍十餘萬〉者，即十餘萬人，不言而喻。〔蜀志諸葛亮傳注〕昔世祖之創迹舊基，奮羸卒數千，摧莽彊旅四十餘萬於昆陽之郊。——即言數千人與四十餘萬人，皆可不言也。〔趙策〕使使者致萬家之邑①一於知②伯。——猶云「使使者致知伯一邑，其大與萬家之邑等」也。〔韓平淮西碑〕大戰十六，得柵城縣二十三，降人卒四萬。——單記數者，猶云「大戰十六次，得柵城縣二十三處，降人卒四萬名」，皆可不言而喻。曰〈次〉曰〈處〉曰〈名〉者，即所謂記數之別稱也。

〔史滑稽列傳〕於是齊威王③乃益齎黃金千鎰，白璧十雙，車馬百駟。——曰〈鎰〉曰〈雙〉曰〈駟〉，皆物之別稱，所以記數也。〔秦策〕文侯示之謗書一篋。——猶云「謗書有一④篋之多」也。若云「一篋謗書」，則文氣弱矣，不可不辨也。記物品之別稱者，莫如史記貨殖列傳内兩段，先後參差，足可取法：——故曰陸地牧馬二百蹄，牛蹄角千，千足羊，澤中千足彘，水居千石魚陂，山居千章之材，安邑千樹棗，燕秦千樹栗，蜀漢江陵千樹橘，淮北常山已南河濟之間千樹萩，陳夏千畝漆，齊魯千畝桑麻，渭川千畝竹，及名國萬家之城帶郭千畝，畝鍾之田。若千畝卮茜，千畦薑韭，此其人皆與千户侯等。——其後又云：——通邑大都，酤一歲千釀，醯醬千瓨，醬千甔，屠牛羊彘千皮，販穀糶千鍾，薪稾⑤千車，船長千丈，木千章，竹竿萬个，其軺車百乘，牛車千兩，木器髹者千枚，銅器千鈞，素木鐵器若巵茜千石，馬蹄躈千，牛千足，羊彘千雙，僮手指千，筋角丹砂千斤，其帛絮細布千鈞，文采千匹，榻布皮革千石，漆千斗，糵麴鹽豉千荅，鮐鮆千斤，鯫千石，鮑千鈞，棗栗千石者三之，狐鼦裘千皮，羔羊裘千石，旃席千具，佗果菜千鍾，子貸金錢千貫，節駔會，貪賈三之，廉賈五之，此亦比千乘之家，其大率也。——又〔漢霍光傳〕賜金錢、繒絮，綉被百領。衣五十篋，璧珠璣玉衣、梓宮、便房、黄腸、題湊各一具，樅木外臧椁十五具。——蓋品物之稱盡矣。至〔左昭三〕又弱一个焉。〔荀議兵⑥〕負矢五十箇⑦。——與前引「竹竿萬个」，〈个〉〈箇〉同，人物通稱。〔史陸賈傳〕陳平迺以奴婢百人，車馬五十乘，錢五百萬，遺陸生爲飲食費。——惟〈錢五百萬〉不言其所記，所謂無稱者，第數之也。〔又封禪書〕賜民百户牛一，酒十石，加年⑧八十孤寡，布帛二匹。——曰〈石〉曰〈匹〉，别稱也；〈牛〉〈羊〉第數之。〔韓南海神廟碑〕於是免屬州逋負之緡錢廿有四萬，米三萬二千斛。——〈米〉以〈斛〉稱，〈錢〉無稱，而皆繫數於其後，通例也。

①原誤〈縣〉。　②原作〈智〉。下同。　③五字原敚。　④〈一〉字原敚。　⑤原誤〈槖〉。　⑥原缺篇名。

⑦今本荀子作「負服矢五十個」。盧文弨氏曰：「元刻無〈服〉字。」王念孫氏以爲〈負〉字衍。俞樾氏以爲應作〈負服矢〉。

⑧原誤〈羊〉。下〈羊〉字亦誤。

凡數書零位，率參以〈有〉字，言更有加也。有云〈有〉者〈又〉也。凡零位不言數，以〈餘〉字概之。

〔論鄉黨〕必有寢衣，長一身有半。——〈有半〉者，又一身之半也。〔史孔子世家〕於是肅慎貢楛矢石砮，長尺有咫。——〈有〉者〈又〉也。〔左文十六〕乃出師，旬有五日，百濮乃罷。——〈旬有五日〉者，十日後又加五日也。〔史匈奴列傳〕是後六十有五年。〔又〕千有餘歲。〔又封禪書〕朕臨天下二十有八年。——皆以〈有〉爲〈又〉也。〔韓南海神廟碑〕於是免屬州逋負之緡錢廿有四萬。——同上。〔漢諸侯王表〕封國八百，同姓五百有餘。——〈有餘〉者，又零也。〔又禮樂志〕河間獻王采禮樂古事，稍稍增輯至五百餘篇①。〔史匈奴列傳〕往往而聚者百有餘戎。〔又平準書〕式脱身出分，獨取畜羊百餘。——所引〈餘〉字，零解也。

二、序數：所以第事物之序也。用法，數先冠以〈第〉字，率單用，不先所第之名。有時第一代以相當之字，而第二第三則次之。或單言數以爲第者，要皆先於所第之事焉。凡記時，皆不第也。

〔史賈誼列傳〕聞河南守吳公治平爲天下第一。——此〈第一〉乃表詞，然單用，不先所第之名。〔又蕭相國世家〕平陽侯曹參，身被七十創，攻城略地，功最多，宜第一。——〈宜第一〉亦單用，而無名以先焉。〔又〕蕭何第一，曹參次之。——同上。猶云「蕭何應推第一」也。〔漢蕭望之傳〕君課第六裁自脱，何暇欲爲左右言！——〈第六〉解如前。〔韓王公墓誌銘〕其在蘇州治稱第一。〔蜀志諸葛亮傳①〕開府作牧第一。——諸篇名第至二十四，然則凡數皆可第也。〔韓王公神道碑銘〕第幾人必王某也。——〈第〉字先名者，言當時屈指以次及之也，不若前引者爲排次耳。

〔史平原君列傳〕王當歃血而定從，次者吾君，次者遂。——先言〈王〉，王之〈第一〉，不言可知。〈次者吾君〉，猶云「次於王者吾君」，〈次者遂〉，猶云「次於吾君者遂」耳。〔孟離上〕故善戰者服上刑，連諸侯者次之，辟草萊任土地者次之。——〈上刑〉，刑之至重者，〈次之〉者，次乎上刑也，又〈次之〉者，次乎其次也。〔史貨殖列傳〕故善者因之，其次利道之，其次教誨之，其次整齊之，最下者與之争。——〈善者〉，猶云「最善者」，寓有第一之義。諸〈其次〉，猶云「前事之次」，如此，可蟬聯以次至無限數。〔史萬石君傳〕奮長子建，次子甲，次子乙，次子慶，皆以馴行孝謹。——〈長子〉者，「第一子」也，以下可遞次焉。

〔史平原君列傳〕白起小豎子耳，率數萬之衆，興師以與楚戰。一戰而舉鄢郢，再戰而燒夷陵，三戰而辱王之先人，此百世之怨，而趙之所羞，而王弗知惡焉。——此單數先〈戰〉字，以爲戰之次第者。〔左昭七〕一命而僂，再命而傴，三命而俯，循墻而走，亦莫余敢侮。——〈一〉〈再〉〈三〉先乎〈命〉者，所以次其命也。後人第卷次，則曰〈卷一〉〈卷二〉，或曰〈卷之一〉〈卷之二〉，又有言〈篇之一〉〈章之一〉者。至論事之次，或云〈其一〉〈其二〉，要皆單第以數，

①〈五百餘篇〉，原誤〈百餘事〉。

而無次第之加；且率用約數法，如云〈卷之一〉，猶云「諸卷中之第一」也。〈其二〉者，猶云「其諸事中之第二」也。餘可類推。

凡經傳記年記月記日，皆不第也。如春秋經隱公三年云：「三月庚戌，天王崩。」左傳云：「三年春王三月壬戌，平王崩，赴以庚戌，故書之。」餘皆然矣。〔韓上張僕射書〕九月一日，愈再拜。——〈月〉〈日〉不第如前，〔又韋公墓誌銘〕公去位之明年，江水平堤。——編時於某事之後，古史法也。〔又新修滕王閣記〕至州之七月，詔以中書舍人太原王公爲御史中丞，觀察江南西道。〔又祭十二郎文〕季父愈，聞汝喪之七日。〔楚策[2]〕發子良[3]之明日，遣昭常爲大司馬，令往守東地。遣昭常之明日，遣景鯉車五十乘，西索救於秦。——然則以事記時，其句法已古。惟間用〈之〉字，亦如〈卷之一〉之爲用耳。〔左文十七〕寡君即位三年，召蔡侯而與之事君。——此不言〈即位之三年〉，亦無不可。

①原誤〈集〉。　②原誤〈齊策〉。　③原誤〈常〉。

三、約數：即子母差分之數。母子皆數，先母後子之字，參否無常；母數之後往往綴一名字爲別者，子數或不足焉，藉動字以明之。

〔史曆書「正閏餘」正義〕一月之日，二十九日八十一分日之四十三。——〈八十一〉，分母也，〈四十三〉，分子也。先母後子，而母後綴以〈分日〉二名，有偏有正，猶云「八十一分之日」也，明所分也，中參〈之〉字，常也。此在曆書校勘條內。〔左隱元〕先王之制，大都不過參國之一，中五之一，小九之一。今京不度，非制也，君將不堪。——〈參〉〈五〉〈九〉，皆母也，諸〈一〉字，皆子也。〈參〉後綴以〈國〉字，志所分也，〈五〉〈九〉後不綴自明。母子中參〈之〉字，常也。〔孟盡下〕樂正子，二之中，四之下也。——同前。母後不綴以名者，文已明也。〔後漢律曆志[1]〕冬至日在斗二十一度四分度之一。〔又〕是則日行之終，以周除日，得三百六十五四分度之一，爲歲之日數。〔史天官書〕歲行三十度十六分度之七，率日行十二分度之一。——以上所引，母後綴以〈度〉字，以表所分也。餘同上。〔後漢律曆志〕以日周除月周，得一歲周天之數，以日一周減之，餘十二十九分之七。〔史貨殖列傳〕故關[2]中之地，於天下三分之一，而人衆不過什[3]三，然量其富，什居其六。——〈十九分之七〉與〈三分之一〉，母後皆綴以〈分〉字，明所分也，餘同上。〈不過什三〉者，母子皆數，不參〈之〉字；又〈不過〉者，明子數之不足也。〈過〉動字也。〈什居其六〉，猶云「什分天下之富而居其六分」也，故〈其〉代字爲母，而〈六〉乃其子也。論語泰伯云：「三分天下有其二，」亦此義也。〔韓送廖道士序〕郴[4]之爲州，在嶺之上，測其高下，得三之二焉。——〈三之二〉，母子皆數，中參〈之〉字，常也。〔又論停選狀〕不當京師百分之一。——又〔史淮南王傳〕方今大王之兵衆，不能十分吴楚之一，天下安寧，有萬倍於吴楚[5]之時。——前兩引母數後皆綴以〈分〉字，又附以〈吴楚〉者，皆以志所分也。曰〈不當〉，曰〈不能〉，以言子數之不足也。〔韓黄家賊事宜狀〕其所存者四分纔一。——〈纔〉者，僅足也，此亦約分之式也。〔史汲鄭傳〕二者無一焉。〔又淮陰侯列傳〕以此參之，萬不失一。〔韓孔公墓誌銘〕被霧露毒，相枕藉死，百無一還。〔又論天旱人饑狀〕田種所收，十不存一。——曰〈亡〉曰〈不失〉曰〈無〉曰〈不存〉，皆參於母子數中，亦常用之式也。蓋所以言約分之式盡矣。〔又與孟尚書書〕所謂存十一於千百，安在其能廓如也！——〈存十一於千百〉者，猶云「存十於千存一於百」也，即百分之一也。參以〈於〉字者，〈存〉字後也，是亦一式也。〔史張陳列傳〕胡不赴秦軍俱死[6]，且有十一二相全。〔又匈奴列傳〕卒之墮指者十二三。〔又〕漢兵物故什六七。〔又〕得來還，千人一兩人耳。〔漢趙充國傳〕初是充國計者什三，中什五，最後什八。〔韓平淮西碑〕願歸爲[7]農者十九。〔史曆書[8]〕子一分，丑三分二，寅九分八，卯二十七分十六，辰八十一分六十四，巳二百四十三分一百二十八，午七百二十九分五百一十二……云云，諸所引母子數，皆不參〈之〉字者。

①原誤〈漢書〉。下二例同。　②原誤〈闔〉。　③原誤〈十〉。　④原誤〈彬〉。　⑤〈吴楚〉原誤〈秦〉。
⑥二字原敚。　⑦〈爲〉字原敚。　⑧原誤〈天官書〉。

表詞三之七①

①〈七〉原誤〈八〉，依目録改。

表詞者，以决事物之静境也。

首卷論句讀之成，必有起、語兩詞。起詞者，爲所語也；語詞者，所爲語也。起詞或可隱而不書，而語詞則句讀之所爲語者不可不書。夫事物之可爲語者，不外動静兩境，故動境語以動字，静境語以静字，語詞必以動、静之字爲之者，常也。動字語詞，玆姑不論。静字成爲語詞，更名曰表詞，所以有别也。故曰，表詞者，所以决事物之静境也。

静字而爲表詞，必置起詞之後。後之者，即决爲如斯之口氣也。口氣决而意達，意達而句讀成矣。其句讀之起詞，名、代、頓、豆無論也，而表詞則概爲静字。然有以名字與頓、豆爲之者，則必用若静字然。

〔孟萬下〕故聞柳下惠之風者，鄙夫寬，薄夫敦。——〈鄙夫〉〈薄夫〉皆名也，而爲起詞；〈寬〉〈敦〉兩静字，各置其後以爲表詞，此兩句猶云「鄙夫聞柳下惠之風即寬矣，薄夫聞柳下惠之風即敦矣」。故〈寬〉〈敦〉兩字，所以决言聞風之效有如此者。〔又告下〕長君之惡其罪小，逢君之惡其罪大。——句法同上。〈罪〉字名也，而爲起詞，〈小〉〈大〉各附於後以爲表詞。〔又滕上〕孟子道性善。——〈性〉名也，起詞，〈善〉附後爲其表詞。〈性善〉兩字，〈道〉字之止詞也。〔又萬上〕孰謂子産智。——解同前句。〔又告上〕彼長而我長之。非有長於我也，猶彼白而我白之，從其白於外也。——〈彼〉代字，起詞，〈長〉其表詞也，〈彼白〉兩字仿此，皆句也。〈長之〉〈白之〉則動字矣。〔又盡上〕獨孤臣孽子，其操心也危，其慮患也深，故達。——〈孤臣孽子〉，名也，起詞，〈危〉〈深〉其表詞也。〈其操心也〉〈其慮患也〉兩讀，自爲起語兩詞，一以言危於何事，一以言深於何事也。猶云「獨孤臣孽子，危於操心，深於慮患，故達也」。〔又盡上〕其進鋭者其退速。——〈其進〉〈其退〉皆豆也，而爲起詞，〈鋭〉〈速〉其表詞也。〔又滕上〕然而夷子葬其親厚，則是以所賤事親也。——〈夷子葬其親〉起詞，豆也，〈厚〉其表詞也。〔又梁上〕海内之地，方千里者九。——〈方千里者〉起詞，豆也，〈九〉其表詞也。以上所引，皆出孟子，如是句法，最爲習用，即一書已不勝引矣。學者所當悉心玩索者也。所引諸句，皆以静字爲表詞，而起詞有名焉，有代字焉，有豆焉，下更引他書明之。

〔左宣四〕畜老猶憚殺之，而况君乎。——〈畜〉起詞，名也，〈老〉静字，附後，其表詞也。猶云「畜如老猶憚殺」也，故〈畜老〉兩字豆也。〔又宣二〕晉靈公不君。——〈不君〉表詞，晉靈公不成爲君也，此總冒之句。〔又宣十二〕楚軍討鄭，怒其貳而哀其卑。——〈其貳〉〈其卑〉皆動字後之豆，〈其〉代字而爲起詞，〈貳〉〈卑〉兩字各爲表詞。〔又宣十五〕古人有言曰：雖鞭之長，不及馬腹。天方授楚，未可與争。雖晉之彊，能違天乎？——〈鞭長〉〈晉彊〉皆表詞之豆，間以〈之〉字者，明其爲豆也。詳後。〔秦策〕今攻韓劫天子。劫天子，惡名也，而未必利也；又有不義之名，而攻天下之所不欲，危。——〈危〉静字，表詞，〈又有不義之名而攻天下之所不欲〉者，起詞，豆也。〔史留侯世家〕黥布，天下猛將也，善用兵。——〈黥布〉名也，起詞，〈善〉字表詞，猶云「黥布善於用兵故天下名將也」豆也；〈用兵〉二字。乃〈善〉字之司詞也。〔韓許國公神道碑〕將兵數百人，悉識其材鄙勇怯，指付必堪其事。——〈其〉代字，起詞，下四静字，其表詞也。猶云「悉識其或爲材，或爲鄙，或爲勇，或爲怯」也，所謂决言其已然之象也。蓋彼之爲材鄙勇怯者，於未識之先，已各成爲若斯矣，今之見爲若斯者，乃識者目中决其如斯也，故曰已然之象也。〔莊人間世〕凡溢之類①妄，妄則其信之也莫，莫則傳言者殃。——〈妄〉〈莫〉〈殃〉三静字，皆表詞也，其起詞皆豆也。〈凡溢之類〉一豆，〈妄〉字其表詞也，句止；又〈妄〉一字爲表詞之豆，〈則其信之也莫〉句止；〈莫〉豆，〈則傳言者殃〉句止。〔公隱元〕其爲尊卑也微，國人莫知。——〈微〉表詞，同上。如此句法甚多。如禮大學「生之者衆」，論語陽貨「古之狂也肆」，又「其蔽也愚」，諸排句，皆此例也。惟又子路「爲君難爲臣不易」兩句，其起詞爲頓，即散動字與止詞，并無起詞故也。夫然，〔楚策〕請與而復攻之。與之信，攻之武。〔又〕夫隘楚太子弗出，不仁；

又欲奪之東地五百里，不義；其縮甲則可，不然，則願待戰。〔左僖三十〕因人之力而敝②之，不仁；失其所與，不知；以亂易整，不武，吾其還也。——所謂〈信〉〈武〉〈不仁〉〈不義〉，又〈不仁〉〈不知〉〈不武〉，皆表詞也，其起詞則皆頓也。至論語衛靈公「君子矜而不争，群而不黨」句，以〈矜〉〈争〉〈群〉〈黨〉皆對待静字，以爲表詞，故一是焉，一非焉，而連以〈而〉字耳。似此句法，多不及引。

〔史魏其列傳〕天下者，高祖天下，父子相傳，此漢之約也。——〈天下者〉起詞，〈高祖天下〉，偏正兩名也，其表詞也。猶云「所謂天下者乃高祖之天下」也，此所謂用如静字也。〔漢張敞傳〕舜本臣敞素③所厚吏。——〈吏〉名也，而爲〈舜〉之表詞，猶云「舜本是臣敞所厚之吏」也。〔秦策〕虎者戾蟲，人者甘餌也④。——〈蟲〉〈餌〉皆名也，而爲表詞，用若静字然。〔漢劉歆傳〕且此數家之事，皆先帝所親論，今上所考視，其古文舊書，皆有徵⑤驗，外内相應，豈苟而已哉！——〈此數家之事〉，一頓，起詞也；〈皆先帝所親論，今上所考視〉兩豆，皆爲表詞，猶云「此乃先帝所親論者與今上所考視者」也。〔公僖十六〕霣石記聞，聞其磌然，視之則石，察之則五。〔又〕六鷁退飛，記見也，視之則六，察之則鷁。——〈石〉名也，〈視之則石〉者，猶云「視之則見爲石」，故〈石〉爲表詞，所以決言其所見之象也，與下句〈察之則五〉相對。〈五〉，静字之爲表詞也，〈察之則鷁〉同解。總之名字與頓豆，皆可爲表詞也。

①原衍〈也〉字。下同。　②原誤〈斃〉。　③〈素〉字原敓。　④〈也〉字原敓。　⑤原誤〈效〉。

凡以表決斷口氣，概以〈是〉〈非〉〈爲〉〈即〉〈乃〉諸字，參於起表兩詞之間，故諸字名『斷辭』。或無斷辭，則以助字煞之，或兩者兼用焉亦可。凡以助字爲助者，其辭氣各異，見助字篇内。斷詞，一曰『決詞』。表詞後乎起詞者，常也；先之者，惟咏嘆之句爲然。

〔孟離上〕事孰爲大？事親爲大。守孰爲大？守身爲大。——四句各爲問答，皆有起表兩詞，且各參以〈爲〉字，所以斷之也。猶云「天下事何者爲最大之事？答云守身之事乃至大」也。下兩句同。〔莊秋水〕子非魚，安知魚之樂？——〈子〉，起詞，〈魚〉名也，而爲表詞，參以〈非〉字，所以斷其不然也。〔左僖二十八〕師直爲壯，曲爲老，豈在久乎！——〈壯〉〈老〉兩靜字，各爲表詞，〈師直〉〈師曲〉兩頓爲起詞，〈爲〉字參焉，所以決也。〔史留侯世家〕所與上從容言天下事甚衆，非天下所以存亡，故不著。——〈天下所以存亡〉，豆也，而爲表詞。其起詞乃蒙上文〈非〉字，先乎表詞，所以決其不是也。〔又叔孫通列傳〕人臣無將，將即反。——〈將即反〉者，將即爲反也。〈即〉字所以決將之爲反也。〔又項羽本紀〕梁父即楚將項燕。——〈即〉字所以決兩人之爲一也。〔又李斯列傳〕夫斯乃上蔡布衣。——〈乃〉字所以決斯之爲上蔡之布衣也。〔韓進學解〕投閒置散，乃分之宜。——〈乃〉字所以決言己之閒散爲分所應當也。〈爲〉字常與〈唯〉字呼應，最習用。如〔禮中庸〕唯天下至誠，爲能盡其性。——猶云「能盡其性唯天下至誠爲然耳」。又「唯天下至聖，爲能聰明睿知」，與「唯天下至誠，爲能經綸天下之大經」，以及論語泰伯「唯天爲大」，又陽貨「唯女子與小人爲難養也」，諸句法，皆同例也。

〔左僖十七①〕詩書，義之府也，禮樂，德之則也。——猶云「詩書爲義之府禮樂即德之則」云。〈也〉，助字，以煞句，所以代決斷之口氣也。〔又昭十四〕叔向，古之遺直也。——同上。〔孟離下〕天之高也，星辰之遠也，苟求其故，千歲之日至，可坐而致也。——〈天〉與〈星辰〉起詞，名也；〈高〉〈遠〉靜字，表詞也；〈也〉字決言其爲如此②。猶云「天雖是高，星辰雖是遠，而能求其故則云云。」〔禮中庸〕天地之道，博也，厚也，高也，明也，悠也，久也。——〈天地之道〉一頓，總冒爲起詞，以下六靜字，各助〈也〉字，所以決言其各爲如斯也。〔莊秋水〕無形者，數之所不能分也，不可圍者，數之所不能窮也。——起表兩詞皆豆也，助以〈也〉字，決兩豆之爲一也。〔史日者列傳〕此夫爲盜不操矛弧者也，攻而不用弦刃者也。——〈此〉代字而爲起詞，以下二豆皆表詞也。〈也〉字爲用不一，而用爲斷辭者，則惟以決理之是非也。〔又酷吏列傳〕昔天下之網嘗密矣。——〈天下之網〉一頓而爲起詞，〈密〉其表詞，殿以〈矣〉字，所以決事之曾爲如此也。〔漢高帝紀〕雖日不暇給，規摹弘遠矣。——同前。〔孟盡下〕道則高矣，美矣，宜若登天然。——〈道〉起詞，〈高〉〈美〉表詞，助以〈矣〉字，所以決言其所見之道爲如斯也。〈矣〉字習助靜字者，所以肖其已然之象。故〈矣〉以言事，〈也〉以決理，此〈矣〉〈也〉兩字之大較也。其詳與其同異，則詳於助字篇內。〔史日者列傳〕能知别賢與不肖者寡矣。——至〈者〉字一豆而爲起詞，〈寡〉字表詞，助〈矣〉字者，決其事之必然者也。〔左文二〕子雖齊聖，不先父食久矣。〔莊秋水〕子固非魚矣③，子之④不知魚之樂全矣。〔漢高帝紀〕父老苦秦苛法久矣。〔秦策〕今王倍數險行數千里而攻之，難矣。〔漢朱雲傳〕臣得下從龍逄比干游於地下足矣。〔史李斯列傳〕君侯終不懷⑤通侯之印歸於鄉里明矣。——諸句同前。蓋〈矣〉助静字以決事，爲用至廣。〔史叔孫通列傳〕此特群盜鼠竊狗盜耳。——〈此〉代字，起詞，以下三名爲表詞，助以〈耳〉字者，所以決此人之只爲如斯也。〈耳〉字有決言只此之意。〔論八佾〕管仲儉乎？——〈管仲〉起詞，〈儉〉表詞，助以〈乎〉字者，疑而未決也。猶云「管仲果儉否耶」。〔齊策⑥〕何秦之智而山東之愚耶？——〈智〉〈愚〉表詞，助以〈耶〉字者，設問以反決其何爲如斯也。〔漢文帝紀〕無乃百姓之從事於末以害農者蕃，爲酒醪以靡穀者多，六畜之食焉者衆與？——三豆皆煞〈者〉字而爲起詞，〈蕃〉〈多〉〈衆〉各爲句之表詞，而末助一〈與〉字，直連以上三句，所以決其疑之然與否也。〔莊天道〕然則君之所讀者，古人之糟魄⑦已夫。——〈君之所讀者〉豆也，起詞，〈古人之糟魄〉一頓，表詞；助以〈已夫〉者，決言事之誠爲如斯也。

〔孟公下〕城非不高也，池非不深也，兵革非不堅利也，米粟非不多也，委而去之，是地利不如人和也。——〈城〉〈池〉〈兵革〉〈米粟〉皆名也，而爲起詞，〈不高〉〈不深〉等静字，各爲表詞，參以〈非〉字斷詞；以決其不然，復助〈也〉字，以聲其決絶之辭氣，所謂兩者兼用也。〔又公上〕今人乍見孺子將入於井，皆有怵惕惻隱之心，非所以納交於孺子之父母也，非所以要譽於鄉黨朋友也，非惡其聲而然也。——後三句起詞蒙上，故〈非〉字反決，其後三讀皆爲表詞，煞以〈也〉字，辭氣更爲切實。猶云「見孺子瀕危而若斯者，不是藉以交其父母之事，亦不是因以得名於相識之人，更不是不願聽其呼救之聲而爲之也」。〔又公下〕齊卿之位，不爲小矣，齊滕之路，不爲近矣。——既以〈爲〉字決之，又以〈矣〉字助之者，所謂兼用也。解同上。〔漢張釋之傳〕而君以法奏之，非吾所以共承宗廟意也。——〈非〉〈也〉二字兼用，猶云「不是吾敬祖之意」。〔史刺客列傳〕此必是豫讓也。——〈是〉〈也〉二字兼用。

〔趙策⑧〕即有所取者，是商賈之人也。——同上。〔莊齊物論〕庸詎知吾⑨所謂知之非不知邪？——〈非〉〈邪〉二字同用，決所疑也。〔孟滕上〕夫夷子信以爲人之親其兄之子，爲若親其鄰之赤子乎？——〈信以爲〉後兩豆，一起詞，一表詞，中參〈爲〉字，以決其近似之事，煞以〈乎〉字，摇曳其詞以設問也。有以〈爲若〉解作〈有若〉者⑩，蓋未知〈爲〉字之爲句眼耳。「句眼」二字，評文家嘗言之矣，其實即句豆之語詞耳。〔莊大宗師〕故善吾生者，乃所以善吾死也。——〈乃〉〈也〉兼用，以直決其然。起表兩詞皆豆也。

①原誤〈襄二十二〉。　②刊誤云：「〈天之高〉〈星辰之遠〉，二頓也；〈也〉，助字，與他文用於數字連舉者相同。」

③原誤〈也〉。　④〈之〉字原敚。　⑤原誤〈博〉。　⑥原誤〈秦策〉。　⑦原誤〈粕〉下同。　⑧原誤〈秦策〉。

⑨原誤〈我〉。　⑩「〈爲〉猶〈有〉也。」説見經傳釋詞弟二爲字條。

狀字先乎表詞而有決斷口氣者，則斷辭、助字皆可删也。不删者惟助字爲常。

〔漢賈誼傳〕夫樹國固必相疑之勢，下數被其殃，上數爽其憂，甚非所以安上而全下也。——〈固必〉二狀字，〈相疑之勢〉，表詞也。猶云「夫樹國相敵，必是相疑之勢，理固然也」。有讀作〈樹國固〉爲一頓者亦可，惟與此疏文勢有別耳①。今以〈固必〉二狀字爲斷，故斷詞助字皆可從删。然末句〈甚非所以安上而全下也〉，〈甚〉亦狀字，而〈非〉〈也〉二字兼用者，蓋此句表詞，乃〈所以安上而全下〉之讀。〈甚〉字不能狀讀，則用〈非〉字以間之，此句煞段，則用〈也〉字以助之，率是故歟。〔又〕故曰，選左右，早諭教，最急。——〈急〉表詞，〈最〉狀之，即有決斷辭氣。〔穀僖二〕晉國之使者，其辭卑而幣重，必不便於虞。——〈便〉表詞，〈必不〉兩狀字以決之。至〈辭卑而幣重〉之豆，〈卑〉〈重〉二字後於名字，皆爲表詞，唯以陳明其爲如何，並無決斷口氣也。同爲表詞，有狀與無狀微有輕重耳。〔漢董仲舒傳〕夫上之化下，下之從上，猶泥之在鈞，唯甄者之所爲，猶金之在鎔，唯冶者之所鑄。——起表兩詞皆豆，中以〈猶〉字連之，所以決其有似如是也。故〈猶〉字狀字也，而亦可視同同動字者此也。此乃相比句法，詳於論比篇内。〔論子路〕言必信，行必果，硜硜然小人哉？——兩〈必〉字，所以狀其言之信行之果也。〔漢匈奴列傳〕其不可使隙甚明。——〈明〉爲〈甚〉狀，所以決其明之至也。〔魏策〕大王加惠，以大易小，甚善。——又漢書淮南王傳薄昭書内，一言〈甚盛〉，四言〈甚厚〉，一言〈甚過〉，後又言〈不賢〉〈不誼〉〈不仁〉〈不知〉②〈不祥〉③，諸句皆静字表詞，各以〈甚〉〈不〉兩狀字爲斷，而其起詞則皆長豆，與前引同一句法也。〔韓答呂毉山人書〕足下行天下，得此於人蓋寡。——〈蓋〉狀字，辜較之辭，所以斷言其寡也。此類狀字甚多，即反決狀字如〈不〉〈弗〉〈未〉等字，皆此例也。〔又與衛中行書〕然所稱道過盛。——〈過〉字同上。〔又許國公神道碑〕今見在人莫如韓甥，且其功最大而材又俊。——〈最大〉〈又俊〉，皆以狀表詞，而有決斷之口氣也。〔又論天旱人飢狀〕所徵至少，所放至多，上恩雖弘，下困猶甚。——上兩句表詞，〈至〉字狀之，下兩句則〈雖〉〈猶〉二連字，亦寓有決斷辭氣。統觀以上所引諸句，斷辭助字皆兩删者也。

〔孟公上〕子誠齊人也。——〈誠〉狀〈齊人〉，更以〈也〉字助之，以申其決辭也。猶云「子真是齊人也已」。〔莊田子方〕吾所學者直④土梗耳。——〈直〉狀〈土梗〉，加〈耳〉以重其所決之不謬。〔史叔孫通列傳〕若真鄙儒也。——同上。〔又屈原列傳〕離騷者，猶離憂也。——〈猶〉亦狀也。〔魏志王粲傳〕諸子但爲未及古人，自一時之儁也。——〈但〉狀字，以狀〈爲〉字斷詞。〈一時之儁〉頓也，表詞，〈自〉字狀之，更以〈也〉字助之，而無斷詞。蓋狀字斷詞與助字皆備者，誠罕見也。論語學而「不亦君子乎」，亦惟有狀助耳。

①顔注：「鄭氏曰：『今建立國泰大，其勢必固相疑也。』臣瓚曰：『樹國於險固，諸侯强大，則必與天子有相疑之勢也。』師古曰：『鄭説是也。』」　②原誤〈仁〉。　③原誤〈詳〉。　④原誤〈真〉。下同。

〈以爲〉二字，有解作謂辭者，有解作〈以此爲彼〉者，前論同次已言之矣。解作〈以此爲彼〉者，則〈爲〉字爲斷詞，其後即爲表詞，書籍中最爲習用。至〈以〉字司詞，可先可後，或言或不言，又詳於介字篇内，此非所論也。〔孟滕下〕非其道，則一簞食不可受於人，如其道，則舜受堯之天下不以爲泰，子以爲泰乎？——〈不以爲泰〉者，不以受天下爲泰也，故〈泰〉静字，在〈爲〉字後，而爲表詞，其起詞即〈以〉字司詞，乃蒙上文而言。〔又〕吾必以仲子爲巨擘焉。——〈巨擘〉名字，而爲表詞，〈以〉字司詞，〈仲子〉也。〔又離下〕我欲行禮，子敖以我爲簡，不亦異乎！——〈以〉後〈我〉字，其司詞也。〈爲〉字後〈簡〉字，其表詞也。至如〔孟梁上〕百姓皆以王爲愛也，〔又滕上〕堯以不得舜爲己憂，〔又萬上〕以友天下之善士爲未足，〔又告下〕不知者以爲爲肉也，其知者以爲爲無禮也。——諸句皆同。〔史萬石君傳〕不敢令萬石君知，以爲常。——〈以爲常〉者，以不令知之事爲常也。〈常〉静字而爲表詞也。〔又張耳陳餘列傳〕豈以臣爲重去將哉！——〈重〉表詞，〈去將〉其司詞，〈臣〉則〈以〉字司詞也。〔漢貢禹傳〕何以孝弟爲？財多而光榮。何以禮義爲？史書而仕宦。——猶云「以孝弟爲何以禮義爲何」也，〈何〉字先置者，詢問代字也①。〔韓薛公墓誌銘②〕沈浮閭巷間，不以事自累爲貴。——〈貴〉表詞，〈以事自累〉一頓，〈以〉之司詞。〔穀僖十〕吾寧自殺以安吾君，以重耳爲寄矣。——〈以重耳爲寄〉者，以重耳爲付托也。猶史記曹參世家云「以齊獄市爲寄，慎勿擾」也。〔後漢梁后紀〕夫③陽以博施爲德，陰以不專爲義。〔韓薛君墓誌銘〕君少氣高，爲文有氣力，務出於奇，以不同俗爲主。〔又與陸員外書〕執事好賢樂善，孜孜以薦進良士明白④是非爲己任。〔史信陵君列傳〕市人皆以嬴爲小人，而以公子爲長者能下士⑤也。〔左昭二十八〕鈞將皆死，憖使吾君聞勝與臧之死也，以爲快。〔漢張敞傳〕天下必以陛下爲不忘功德，而朝臣⑥爲知禮。〔又趙充國傳⑦〕擊虜以殄滅爲期，小利不足食。〔又〕充國⑧常以遠斥候爲務，行必爲戰備，止必堅營壁。〔史淮陰侯列傳〕今足下雖⑨自以與漢王爲厚交。〔韓答胡生書〕所示千百言，略不及此，而以不屢相見爲憂，謝相知爲急。——所引皆以此爲彼之解。

〈以爲〉解作謂辭者：〔史汲鄭列傳〕臣愚以爲陛下得胡人，皆以爲奴婢，以賜從軍死事者家。——上〈以爲〉，謂辭也，揣度之辭也；下〈以爲〉者，以所得胡人當作奴婢也。〔漢司馬遷傳〕僕以爲戴盆何以望天。——〈以爲〉者，〈意謂〉也。〔史馮唐列傳〕臣愚以爲陛下法太明，賞太輕，罰太重。〔又淮陰侯列傳〕故臣以爲足下必漢王之不危己，亦誤矣。〔又曹相國世家〕惠帝怪⑩相國不治事，以爲豈少朕與⑪。〔又李將軍列傳〕上誡⑫以爲李廣老，數奇。〔韓上留守鄭相公書〕愚以爲大君子爲政，當有權變，始⑬似小異，要歸於正耳。〔又論停選舉狀〕以臣之愚，以爲宜求純信之士，骨鯁之臣，憂國如家，忘身奉上者，超其爵位，置在左右。——所引〈以爲〉皆連用而解作〈意謂〉者也。

〈以爲〉二字，間有〈以此作爲彼者〉之意，則〈爲〉字不僅爲斷詞，且爲動字而有作用矣。〔孟離上〕恭儉豈可以聲音笑貌爲哉！——猶云「豈可以聲音笑貌即作爲恭儉乎」，〈爲〉動字也。〔史大宛列傳〕⑭以銀爲錢，錢⑮如其王面，王死，輒更錢效王面焉。〔又〕畫革旁行以爲書記。——〈以銀爲錢〉者，以銀鑄爲錢也；〈以爲書記〉者，以旁行作爲書記也。〔又馮唐列傳〕景帝立，以唐爲楚相。——猶云「以馮唐作爲楚相」也。〔韓荊潭唱和詩序〕非性能而好之，則不暇以爲。——猶云「不暇以作詩」也。〈以爲〉二字煞句者，蓋〈爲〉之止詞可蒙上也。若如原解，則表詞不能無矣。經史〈以爲〉二字習作此用，學者所不可忽也。

①刊誤云：「此例二〈爲〉字乃助字，非馬氏所謂決斷之辭。〈何〉乃詢問之狀字；〈以〉作〈用〉解，乃動字。」　②原誤〈胡良公神道碑〉。　③〈夫〉字原敚。　④〈白〉字原敚。又〈薦進良士〉四字原誤在〈是非〉下。　⑤三字原敚。　⑥原誤〈廷〉。　⑦原誤〈又云〉。　⑧二字原敚。　⑨〈雖〉字原敚。　⑩原誤〈見〉。　⑪原誤〈哉〉。　⑫二字原敚。　⑬原誤〈初〉。　⑭原衍〈安息〉二字。　⑮〈錢〉字原敚。

論比三之八①

①〈八〉原誤〈九〉，依目録改。

凡色相之麗於體也，至不齊也。同一静字，以所肖者淺深不能一律，而律其不一，所謂比也。象静爲比有三：曰『平比』，曰『差比』，曰『極比』。

平比者，凡象静字以比兩端無軒輊而適相等者也。等之之字，爲〈如〉〈若〉〈猶〉〈由〉諸字，參諸所比兩端以準其平。

〔莊山木〕且①君子之交淡若水，小人之交甘若醴。——〈淡〉〈甘〉兩象静也，附諸名後，所以比也。其所比之兩端，一則〈君子之交〉與〈水〉，一則〈小人之交〉與〈醴〉也。今以〈淡若〉二字參諸〈君子之交〉與〈水〉之間，猶云「君子相交之淡與水之淡無軒輊」也。又以〈甘若〉二字參於〈小人之交〉與〈醴〉之間，猶云「小人相交之甘與醴之甘適相等」也，此所謂『平比』，兩端無軒輊而適相等者也。〔荀子議兵〕而其民之親我，歡若父母，其好我，芬若椒②蘭。——猶云「民親我之歡與親父母之歡同，民好我之芬與椒蘭之芬同」也。餘同上。〔後漢馮衍傳〕馮子以爲夫③人之德，不④碌碌如玉，落落如石。——〈碌碌〉〈落落〉兩重言，用如静字，〈如〉同〈若〉，解同上。〔後漢黃憲傳〕叔度汪汪若千頃陂⑤。——皆同上。〔韓送楊少尹序〕至今照人耳目，赫赫若前日事。——〈赫赫〉用如静字，餘同上。〔史項羽本紀〕猛如虎，很如羊，貪如狼，彊不可使者，皆斬之。——猶云「其人如虎之猛，如羊之很，如狼之貪」云云。〔韓王君墓誌銘〕我得一卷書⑥粗若告身者。——兩端者，〈一卷〉與〈告身〉也，〈粗若〉二字，所以平比也⑦。〔又董府君墓誌銘〕賓接門下，推舉人士，侍側無虚口。退而見其人，淡若與之無情者。——〈淡〉以像〈退見〉之情，猶云「退見其人淡漠之容一若與其人未曾用情者」也。故所比兩端皆豆也，〈淡若〉參之，即以連焉。

①〈且〉字原敚。　②原誤〈芝〉。下同。　③原誤〈大〉。　④〈不〉字原敚。　⑤〈陂〉原誤〈之波〉。

⑥〈書〉字原敚。　⑦刊誤云：「〈粗〉猶今言〈大致〉，乃狀字，非静字。馬氏以爲静字平比之例，非是。」

静字有位於兩端之後者，則静字惟肖第二端耳。

〔史魏其列傳〕上①察宗室諸竇，毋如竇嬰賢。——〈賢〉静字，所以比也；所比兩端，即〈毋〉與〈竇嬰〉也。今〈賢〉字置於〈竇嬰〉後，所謂後於兩端也。而仍以〈如〉字參於〈毋〉與〈竇嬰〉之間。〈賢〉字後於〈竇嬰〉者，惟以肖〈竇嬰〉，即所比之第二端也。猶云「察宗室諸竇之中無有人如竇嬰之賢」也。若從前式，應云「無人有賢如竇嬰者，」則〈賢〉字惟肖第一端也。凡兩端相比，其所以比者，必有一隱而不出者，此也。〔韓上鄭相公啓〕顧失大君子纖芥意如丘山重。——猶云「重如丘山」也。

①〈上〉字原敓。

有〈若〉〈如〉〈猶〉諸字以等兩端，而無象靜以比者，則所比之情，必隱寓於兩端矣。如下端爲豆，則比事理者，助以〈也〉字，比人者，助以〈者〉字，比容者，助以〈然〉字，此大較也。

〔莊逍遥游〕肌膚若冰雪，淖①約若處子。——〈肌膚〉〈冰雪〉，〈淖約〉〈處子〉，各爲兩端，等以〈若〉字，猶云「肌膚之白若冰雪，淖約之態若處子」也。不言〈白〉與〈態〉者，蓋〈肌膚〉尚〈白〉，而〈冰雪〉爲最；〈淖約〉言〈態〉，而〈處子〉獨多。故〈白〉與〈態〉隱寓於所比之端，不待顯言而自明矣②。〔又列禦寇〕故其就義若渴者，其去義若熱。——猶云「故有勇於爲義急若渴而不可待之人，即他日棄義速若熱之不可嚮邇」也。故〈其就義〉之於〈渴〉與〈去義〉之於〈熱〉，已隱寓〈急〉〈速〉諸字，可不必明言矣。〔孟公下〕天時不如地利，地利不如人和。——〈不如〉者，〈不等〉也，猶云「天時不如地利之爲可恃」也。其〈可恃〉之情，不言自明。〔漢高帝紀〕相人多矣，無如季相。——猶云「予相人多矣，未見人有如季相貴者」也。不言〈貴〉而上下兩端已隱言之矣。〔韓許國公神道碑〕今見在人莫如韓甥。——猶云「見在人中無如韓甥之賢者」也。

〔孟公上〕以齊王由反手也。——猶云「以齊國之大而行王道，易如人之反手」也。此言大國易王之理，〈反手〉爲豆，故助以〈也〉字。至相比極易之意，隱寓於上下兩豆，不言自明。〔論爲政〕子曰：「可也，未若貧而樂，富而好禮者也。」——此言所以不若之理，且爲長豆，故助〈也〉字。〔史匈奴列傳〕其得漢繒絮，以馳草棘中，衣袴皆裂敝③，以示不如旃裘之完善也，得漢食物皆去之，以示不如湩酪之便美也。——此言所以比之理也。〔蜀志諸葛亮傳〕孤之有孔明，猶魚之有水也。——此比其相需之理。〔史韓王信列傳〕僕之思歸，如痿人不忘起，盲者不忘視也。——此言不得不思之情理也。凡煞〈也〉字，雖指一事，必其事爲常有者，無有今昔之限，是則事與理相同矣。〔韓送王秀才序〕道於楊墨老莊佛之學，而欲之聖人之道，猶航斷港絶潢以望至於海也。——此比由邪道而不得至正道之理也。〔又送石處士序〕與之語道理，辨古今事當否，論人高下，事後當成敗，若河決下流而東注，若駟馬

不失也。

駕④輕車就熟路，而王良造父爲之先後也，若燭照數計而龜卜也。——三〈若〉字後三豆，以譬其言理論事評人之〔漢萬石君傳〕至廷見，如不能言者。——猶云「至廷見時，其囁嚅之情，一若不能言之人」也。〈如〉後之豆助以〈者〉字，以比如是之人也；所謂囁嚅之情，乃所以比兩端者，今隱寓句中，不言可明。〔史信陵君列傳〕於是公子立自責，似若無所容者。——猶云「公子自責其愧悔之狀，一如無地以自容之人」也。〔禮大學〕人之視己，如見其肺肝然。——猶云「人視己之明，可達隱微，一若見其內藏之肺肝」也。譬豆後煞以〈然〉字者，以比明見之狀也，其實即以狀豆內之〈視〉字也。〔莊達生〕善養生者，若牧羊然，視其後者而鞭之。——〈若牧羊然〉，以狀其養生之善也。〔史魏其列傳〕其游如父子然。——〈如父子然〉，比同游之狀也。

有煞以〈耳〉字者，以言所爲比者如是而已也。〔史汲鄭列傳〕至如說丞相弘，如發蒙振落耳。——〈如〉後煞〈耳〉字，言「說丞相弘之易，不過如發蒙振落而已」也。〔又封禪書〕吾誠得如黃帝，吾視去妻子如脫躧耳。——猶云「去妻子易如脫躧而已」也。〔又汲黯列傳〕陛下用群臣如積薪耳。——猶云「用人之法不過如積薪而已」。

有時以比附於一端之後，一若助字者然。〔韓爲人求薦書〕今幸賴天子每歲詔公卿大夫貢士，若⑤某等比。——〈若某等比〉，即比如某等也，〈比〉字後者，以足文氣也。〔又柳子厚墓誌銘〕一旦臨小利害，僅如毛髮比。——若云「比如毛髮」，或云「僅如毛髮」，皆不文也。學者當細玩之。

①原誤〈綽〉，下同。　②刊誤云：「〈淖約〉本是靜字……〈態〉字是名字，非靜字也。」　③〈敝〉字原敚。　④原誤〈加〉。　⑤原誤〈如〉。

差比者，兩端相較有差也。差之之字，概爲〈於〉字，〈于〉〈乎〉兩字亦間用焉。其所以爲較者，則象靜字表之。〔論先進〕季氏富於周公。——〈季氏〉〈周公〉，相較之兩端也；其所以爲較者，〈富〉也。〈富〉象靜字也；差其所較者，〈於〉字也。猶云「季氏與周公較富，則此差於彼」也。〔孟公上〕德之流行，速於置郵而傳命。——此以〈郵傳〉較〈德行之速〉也。凡差比一如平比，必有隱含之字在。此句如字字言明，當云「德之流行，速於置郵而傳命之速」也。下〈速〉字不言者，可不言也。前句當云「富於周公之富」也。平比如「君子之交淡若水」，當云「淡若水之淡」也。蓋所以爲平者，非〈周公〉也，非〈水〉也，乃〈周公〉之富與〈水之淡〉也。姑記於此，以俟反隅。孟子比句不一而足，〔梁上〕王如知此，則無望民之多於鄰國也。〔公上〕且王者之不作，未有疏於此時者也，民之憔悴於虐政，未有甚於此時者也。〔又〕以予觀於夫子，賢於堯舜遠矣。〔又〕故君子莫大乎與人爲善。〔公下〕其心曰是何足與言仁義也云爾，則不敬莫大乎是。〔滕下〕脅肩諂笑，病于夏畦。〔離上〕存乎人者，莫良於眸子。〔告上〕人人有貴於己者。〔告下〕方寸之木，可使高於岑樓。——等句，皆有静字爲較，而有〈於〉字爲差，不以〈於〉而以〈乎〉者二，以〈于〉者一。〔莊列禦寇〕凡人心險於山川，難於知天。天猶有春秋冬夏旦暮之期，人者厚貌深情。——曰〈險於〉〈難於〉，皆以爲較勝之辭也。〔左哀十一〕我[1]不如顔羽而賢於邴洩。〔史酷吏列傳〕王温舒等後起，治酷於禹。〔左莊九〕管夷吾治於高傒，使相可也。〔史淮陰侯列傳〕今足下欲行忠信以交於漢王，必不能固於二君之相與也，而事多大於張黶陳澤。〔左襄二十八[2]〕聚其族焉而居之，富於其舊。〔史張釋之列傳〕且下之化上，疾於景響。〔又平原君列傳〕毛先生以三寸之舌，彊於百萬之師。〔趙策〕老臣竊以爲媪之愛燕后賢於長安君。〔莊庚桑楚〕兵莫憯於志，鏌鋣爲下，寇莫大於陰陽，无所逃於天地之間。〔又齊物論〕天下莫大於秋毫之末，而太山爲小；莫壽於[3]殤子，而彭祖爲天。〔漢外戚傳〕此迺孝成皇帝至思所以萬萬於衆臣。〔韓上于相公書〕夫馬之智不賢於夷吾，農之能不聖於仲尼。〔又許國公神道碑〕人得一笑語，重於金帛之賜。——以上所引，皆静字爲比，而綴以〈於〉字也。〔荀子榮辱〕故[4]與人善言，煖于布帛，傷人之言，深于矛戟。〔禮中庸〕莫見乎隱，莫顯乎微。——以上兩引，一以〈于〉字，一以〈乎〉字爲差也。〔吕氏春秋愛士〕人之困窮，甚如饑寒[5]。——此〈如〉代〈於〉，蓋不多見。〔史大宛列傳〕然以畏匈奴於漢使焉。——猶云「畏匈奴甚於漢使焉」。不言〈甚〉字，意自明也。

①原誤〈吾〉。　②原誤〈二十七〉。　③原誤〈乎〉。　④〈故〉字原敚。　⑤原誤〈飢渴〉。

〈焉〉有〈於此〉之解，故差比率用〈焉〉字爲煞以代之。然必有〈有〉〈無〉〈莫〉等字爲首端乃可，孟子習用之。

〔孟盡上〕反身而誠，樂莫大焉；强恕而行，求仁莫近焉。——〈樂莫大焉〉者，〈樂莫大於此〉也。〈此〉指〈反身而誠〉之一讀也。〈求仁莫近焉〉仿此。〔又梁上〕晉國天下莫强焉。——〈莫强焉〉者，〈莫强於此〉也，〈此〉指〈晉國〉。〔又〕殆有甚焉。——即〈甚於此〉也，〈此〉指〈緣木求魚〉也。〔又滕上〕上有好者，下必有甚焉者矣。——〈甚焉〉者，即〈甚於此〉也，〈此〉指上之〈好〉也。〔又離上〕離則不祥莫大焉。——猶云「則不祥莫有大於是者」。

諸所引，其首端非〈莫〉字即〈有〉字也。

差比有不用〈於〉字者，則首端大概爲〈無〉〈莫〉等字；而簡鍊短句，即無〈無〉〈莫〉等字，〈於〉字亦從删矣。

〔秦策〕敝邑之王①所説甚②者無大大王，惟儀之所甚願爲臣者亦無大大王。——〈無大大王〉者，即〈無大於大王〉也。〔史孝文本紀〕宗室將相王列③侯以爲莫宜寡人。——〈莫宜寡人〉者，〈莫宜於寡人〉也。以上兩引，其所比之首端，一爲〈無〉，一爲〈莫〉，皆代字也。〔漢王吉傳〕諸侯骨肉莫親大王。〔又賈捐之傳〕人情莫親父子，莫樂夫婦。〔魏策〕吾所賢者④無過堯舜，堯舜名；吾⑤所大者無大天地，天地名；今母賢不過堯舜，母大不過天地，是以名母也。〔荀子議兵〕是亡國之兵也，兵莫弱是矣。——皆解如前。

〔後漢班固傳〕二班懷文，裁成帝墳。比良遷董，兼麗卿雲。——猶云「比良於遷董，兼麗於卿雲」。夫然則不句矣，故删〈於〉字。〔史廉頗列傳〕退而禪頗，名重太山。——猶云〈重於太山〉也。〔又游俠列傳〕專⑥趨人之急，甚己之私。——猶云「甚於己之私」也。〔韓送温處士序〕夫冀北馬多天下。——即〈多於天下〉也。諸所引皆去〈於〉字，此鍊句之法也。

①二字原敚。　②〈説甚〉原誤〈甚悦〉。　③〈列〉字原敚。　④〈者〉字原敚。　⑤〈吾〉字原敚。　⑥原誤〈長〉。

極比者，言將所以比之象推至於其極也，其式有二：

一、於所比之中而見爲極者，極之之字，〈最〉字最習用，或先象静，或先動字，皆可。獨用則或冠句首，或殿句尾，用如表詞者然。或不言所與比者，必其可以意會者也。

〔史酷吏列傳〕然由①居二千石中，最爲暴酷驕恣。——〈暴酷驕恣〉静字，即所以比之象也；今以〈最〉字先於〈爲〉字，以言其極。猶云「由於二千石之中最暴酷最驕恣」也。即所謂於所比之中而見爲極也。故所比之後，往往綴以〈中〉〈間〉諸字者此也。〔又萬石君列傳〕慶於諸子中最爲簡易矣。——解同上。〔又平原君列傳〕諸子中勝最賢。——此〈最〉字先於静字。〔韓南海神廟碑〕海於天地間爲物最鉅。——猶云「海於天地萬物之中最爲鉅物」也。〔又與華州李尚書書〕愈於久故游從之中，伏蒙恩奬知待，最深最厚，無有比者。——猶云「愈比諸舊游之中恩待最爲深厚」也。〔史封禪書〕其在秦中最小鬼之神者。——猶云「在秦地諸小鬼之中彼爲最神」也。〔又貨殖列傳〕七十之徒，賜最爲饒益。——不言〈七十子之徒中〉者，可自明也，餘同上。〔又萬石君列傳〕諸子孫咸孝，然建最甚，甚於萬石君。——〈然建最甚〉一句，不言所比者，上文諸子孫可意會也。〔又留侯世家〕上平生所憎，群臣所共知，誰最甚者？——猶云「於群臣所共②知上平生所憎者之中誰最甚者」也。〔韓與鄭相公書〕鄭氏兄弟，惟最小者在東都。——猶云「鄭氏兄弟之中」也。〔又送湖南李正字序〕愈於太傅府年最少。——猶云「於太傅府諸人之中」也。〔史五帝紀〕諸侯咸來賓從，而蚩尤最爲暴。——猶云「諸侯之中，蚩尤最暴，故不賓從」也。〔漢鄭吉傳〕吉於是③中西域而立莫府。——師古云：「〈中西域〉者，言最處諸國之中，近遠④均也。」猶云處諸國最中之處也，與諸國相較，適處最中之地。故凡言〈最〉者，必有與比者而後見其爲最也。無與比者，蓋不必言傳，可以意會也。師古以〈最〉字冠乎句首，以表起詞所處之位也。〔韓毛穎傳〕戰國時有毛公毛遂，獨中山之族，不知其本所出，子孫最爲蕃昌。——猶云「諸姓毛者惟中山之族最蕃昌」也。〔又送殷員外序〕四方萬國，惟回鶻於唐最親，奉職尤謹。——猶云「方外諸國中，回鶻國最親於唐也」。〔史賈誼列傳〕是時賈生年二十餘，最爲少。——猶云「賈生在諸臣中年最少」也。不言與比者，可意會也。〔穀文十一⑤〕叔孫得臣最善射者也。——猶云「叔孫得臣於射者之中最爲善射者」也。〔韓送孟東野序〕漢之時，司馬遷相如揚雄最其善鳴者也。——猶云「漢之時，諸善鳴者之中三人爲最」也。故最在句首，用如表詞，必如此解，〈其〉〈者〉二字乃有著落⑥。〔晏子雜篇〕嬰最不肖，故直使楚矣。——猶云「諸臣中嬰最不肖」也。不言與比者，意自明也。〔史封禪書〕成山斗入海，最居齊東北陽，以迎日出云。——猶云「諸山中成山斗入海，居齊最東北方向陽，以迎日出云」。〈最〉先動字，亦用如表詞也。〔又衛將軍列傳〕最，大將軍青，凡七出擊匈奴……云云。——〈最〉一字句，上文云「左右兩大將軍及諸裨將名」下接此句，猶云「諸大將軍裨將中，惟大將軍青七出擊斬無算爲最」也。故〈最〉冠句首，用若表詞然⑦。〔漢韓延壽傳⑧〕斷獄大減，爲天下最。——〈最〉殿句尾，表詞也，猶云「爲天下守之最」也。〔韓太原王公神道碑〕政成爲天下守之最。——同上。〔又劉正夫書〕漢朝人莫不能爲文，獨司馬相如太史公劉向揚雄爲之最。——〈爲之最〉者，爲諸人中之最也。〈之〉字用爲分母，前言之矣。前引三句同義，〈最〉殿句尾，皆表詞也。

①〈由〉字原敚。　②二字原敚。　③三字原敚。　④〈近遠〉原誤〈遠近〉。　⑤原誤〈十二〉。　⑥刊誤云：「〈最〉乃狀字，馬氏認爲表詞，是以爲靜字矣；非也。古人文字之用狀字，往往不緊接其被狀之字；如此文本可云『其最善鳴者也』，而韓文却將〈最〉字先置，其義相同。」　⑦〈最〉，索隱云：「謂凡計也。」刊誤云：「〈左右兩大將軍及諸裨將名〉，乃標題之語。此〈最〉字乃總括之詞，非〈尤最〉之義。」　⑧原誤〈尹翁歸傳〉。

二、泛稱夫極者，即用〈至〉〈極〉〈甚〉等字，或先名字，或先靜字，以極其所至，而無與比者相提並論也。

〔論泰伯〕泰伯其可謂至德也已。——注云：「至德，謂德之至極，無以復加者也。」〈德〉字名也，〈至〉字先之，以推言德之至極也，然未言何者與比而見爲如此也，此即所謂泛稱夫極也。〔莊秋水〕又何以知毫末之足以定至細之倪，又何以知天地之足以窮至大之域①，〔又〕至精无形，至大不可圍。〔又庚桑楚〕故曰至禮有不人，至義不物，至知不謀，至仁无親，至信辟金。——引秋水句，〈至〉先靜字，引庚桑楚句，〈至〉先名字，皆泛稱其極而並未言及與比者也。〔漢賈誼傳〕至孝也。……至仁也。……至明也。……日夜念此至孰也……材之不逮至遠也……德至渥也。〔又〕夫俗②至大③不敬也，至亡等④也，〔又〕而禮之所爲至⑤難知也。——等語，皆以〈至〉字或先名字，或先静字，以極言之也。凡縱横家語多極辭者，所以鋪張也。〔左襄二十九〕雖⑥甚盛德，其蔑以加於此⑦矣。——〈甚〉字所以甚言其德之盛也。漢書淮南王傳薄昭予王書，一言〈甚盛〉，四言〈甚辱〉，皆以〈甚〉字先乎静字，以泛言其極也。〔史刺客列傳〕且吾所爲者極難耳。——〈極〉字先静字同上。〔韓禘祫義〕又常祭甚衆，合祭甚寡，則是太祖所屈之祭至少，所伸之祭至多。——兩〈甚〉字，兩〈至〉字，皆先静字，同上。

①二句原作「至細之倪，至大之域」。　②二字原敚。　③〈大〉字原敚。　④原誤〈己〉。　⑤〈至〉，漢書本作〈生〉，馬氏引誤。　⑥原誤〈非〉。　⑦二字原敚。

或動字，或名字，後續以〈之至〉〈之極〉〈之盛〉諸語者，凡以推極其至也。

〔孟公下〕寡助之至，親戚畔之，多助之至，天下順之。——〈寡助之至〉者，推言助者之寡至於其極也。〈多助之至〉者，推言助者之多至於其極也。〈助〉，動字也，〈之至〉二字續於其後，所加之義有如此者。〔史留侯世家〕此布衣之極，於良足矣。——〈布衣〉，名也，〈之極〉二字續之，猶云「一布衣之賤而榮至於此極，良願足矣」。〔老子〕至治之極，鄰國相望。——猶云「至治而至於其極也，則鄰國相望」矣。〔史匈奴列傳〕而①室屋之極。生力必屈。——猶云「室屋之工而至於其極也，則生力必屈」矣。〔漢賈捐之傳〕臣聞堯舜聖之盛也。——〈聖〉，名也，〈之盛〉二字續之，猶云「聖之無可聖」也。〔莊德充符〕平者，水停之盛也。——猶云「水平者乃停水至平之境」也。〔又人間世〕是以夫事其親者，不擇地而安之，孝之至也。夫事其君者，不擇事而安之，忠之盛也。——〈孝之至〉〈忠之盛〉，皆推言忠孝以至於其極也。

①〈而〉字原敚。

不言〈極〉〈至〉而言〈尤〉〈甚〉，亦有二式：一、有所比而見其尤者，二、泛言夫尤者，要概以〈尤〉〈益〉等字以發明之。

〔史酷吏列傳〕於故人子弟爲吏及貧昆弟，調護之尤厚。——〈調護之尤厚〉者，待之較他人更厚也，不言所比而自明也。〔史大宛列傳〕乃案言伐①宛尤不便者鄧光等。——〈言伐宛尤不便者〉，所言不便較他人更甚也，此亦不明言所比也。〔又伯夷列傳〕此其尤大彰明較著者也。——同上。〔漢張禹傳〕禹成就弟子尤著者，淮陽彭宣，至大司空，沛郡戴崇，至少府九卿。——〈尤著者〉亦同上。以上所引〈尤〉字，皆先静字，有單用者，則或助以〈者〉字，或先以〈其〉字，要以明所尤耳。〔左昭元〕況不信之尤者乎！——猶云「最爲不信之尤」也，〈者〉字指不信之人。〔韓與陸員外書〕文章之尤者有侯喜者。——〈尤者〉同上。〔又送孟東野序〕李翺張籍其尤也。——〈其〉字指〈從吾游者〉，猶云「於從吾游者之中李張爲最」也。〔又送温處士序〕朝取一人焉拔其尤，暮取一人焉拔其尤。——〈其〉字亦指上文，解同前。

〔孟梁下〕如水益深，如火益熱。——又〔史李斯列傳〕法令誅罰，日益刻深。——〈益〉字先乎静字，不過泛言更甚之意耳。有兩句各有〈益〉〈甚〉等字以明其相關之義者，〔莊徐无鬼〕不亦去人滋久，思人滋深乎！——〈滋〉字解同，〈益〉字，猶云「離人之時愈久，則思人之念愈深」也。故〈滋〉字重用，以明其相關之義也。〈最〉字亦然，〔漢賈誼列傳〕淮陰王楚最彊，則最先反。——猶云「其國最强者則反時亦最先」也。至静字於一句中用兩次者，亦有極比之意，〔韓讀荀子〕孟氏醇氏醇者也。——〈醇〉字句中間用兩次，猶云「孟氏乃醇中之最醇者」也。〔漢趙充國傳〕戰而百勝，非善之善者也。——猶云「非善中之最善者」也。以上所引，有類比焉，故附引焉。

①原衍〈大〉字。下同。

實字卷之四

外動字四之一

動字者，所以言事物之行也。

物生而動，物之性也；動斯行矣。夫行，非必有自此達彼之形迹可指也，凡事物之自無而有，自有而無，皆有彼此之分而可以意之者，亦所謂行也。行之所包者廣，故動字之爲數，至爲繁賾，然要不出乎兩種。前卷已略言之矣。一、其動而仍止乎内也，曰内動字。一、其動而直接乎外也，曰外動字。而凡受其行之所施者，曰止詞；言其行之所自發者，曰起詞。公羊傳隱公元年云：「夏五月，鄭伯克段于鄢。克之者何？」注云：「加〈之〉者，問訓詁，并①問施于之爲。」夫〈施于〉者，即行之所施也，止詞也；〈施〉者，起詞也。然則動字之行，可以〈施〉〈受〉二字明之者，有由矣。

姑録孟子滕文公上之文，以内外動字與起止兩詞分注各字之下以明之。

當堯之時，記時之頓。天下起詞。猶未平。内動。洪水起詞。横流，氾濫皆内動字。於天下。記處之頓。草木起詞。暢茂。内動。禽獸起詞。繁殖。内動。五穀起詞。不登。内動。禽獸起詞。偪外動。人。止詞。獸蹄鳥迹之道，起詞。交内動。於中國。記處之頓。堯起詞。獨憂外動。之，止詞。舉外動。舜止詞。而敷外動。治止詞。焉。猶云〈於是〉。舜起詞。使外動。益止詞。掌外動。火，止詞。益起詞。烈外動。山澤止詞。而焚外動。

之。止詞。禽獸起詞。逃匿。內動。禹起詞。疏外動。九河，止詞。瀹外動。濟漯，止詞。而注外動。諸代〈之於〉二字。〈之〉止詞，〈於〉介字。海，〈於〉字賓次。決外動。汝漢，止詞。排外動。淮泗，止詞。而注外動。之亦代〈之於〉二字。〈之〉止詞，〈於〉介字。江。賓次。然狀字。後記時。中國起詞。可得皆助動字。而食此作內動。也。助字煞句，以決事之理也。

故凡外動字概有止詞，而其意始伸，以其行之必及乎外也。內動字皆無止詞，以其行之不通乎外也。〔漢揚雄傳〕昔者三仁去而殷虛②，二老歸而周熾，子胥死而吳亡，種蠡存而粵伯③，五羖入而秦喜，樂毅出而燕懼。——〈去〉〈虛〉〈歸〉〈熾〉〈死〉〈亡〉〈存〉〈伯〉〈入〉〈喜〉〈出〉〈懼〉十二字，皆內動字，以惟言作者之行，而其所發之行全存於發之者之內也。〔又王吉傳〕休則俯仰詘④信以利形，進退步趨以實下，吸新吐故以練臧⑤，專意積精以適神，於以養生，豈不長哉！——〈休〉〈俯〉〈仰〉〈詘〉〈信〉〈進〉〈退〉〈步〉〈趨〉九字，亦內動字，蓋惟言作者所發之行，而其行之效不及於外也。至〈利〉〈實〉〈吸〉〈吐〉〈練〉〈專〉〈積〉〈適〉〈養〉九字爲外動字，以其行及乎外，有止詞以受其所施之行也。〔左文六〕宣子於是乎始爲國政，制事典，正法罪，辟刑獄，董逋逃，由質要，治舊洿，本秩禮，續常職，出滯淹。——〈爲〉〈制〉〈正〉〈辟〉〈董〉〈由〉〈治〉〈本〉〈續〉〈出〉十字，外動字也，蓋其行之施諸外，皆有止詞以見其效也。〈出〉字，外內動字皆可，在所驅使耳。

①原誤〈並〉。　②原依文選作〈墟〉。　③〈粵伯〉，原依文選作〈越霸〉，今均依漢書改。　④原作〈屈〉。

⑤原作〈藏〉。

論外動字

外動行之及於外者，不止一端。止詞之外，更有因以轉及別端者，爲其所轉及者曰『轉詞』①。轉詞例有介字以先焉。介字不外〈於〉〈以〉〈爲〉〈與〉〈自〉諸字，而轉詞介字，一視外動之行而各異。

①『轉詞』，文典稱爲『間接目的格』，語法稱爲『次賓位』。英文爲 Indirect Object，嚴氏譯爲『間接之受事』。對於馬氏所稱

之『止詞』，文典則稱『直接目的格』，語法稱『正賓位』。英文爲Direct Object，嚴氏譯爲『直接之受事』。文典并稱其動詞爲『雙格動詞』。

凡外動字之轉詞，言其行之所歸，與所向之人，或所在之地，則介以〈於〉字而位於止詞之後。

孟子梁惠王上云「王如施仁政於民」一讀，〈施〉外動字也，〈仁政〉其止詞也，〈民〉爲轉詞，介以〈於〉字者，以〈民〉爲〈仁政〉之所歸也。〈於民〉在〈仁政〉之後者，轉詞後乎止詞也，下同。又梁惠王下云「王之臣有托其妻子於其友而之楚游者」一句，〈托〉外動字，〈其妻子〉止詞也，〈其〉友轉詞也。介以〈於〉字者，以〈友〉爲〈托〉字之所歸也。又公孫丑上云：「非所以納交於孺子之父母也，非所以要譽於鄉黨朋友也。」〈父母〉與〈鄉黨朋友〉爲〈交〉爲〈譽〉之所向也，故介以〈於〉字①。又滕文公下云「其有功於子」一讀，〈於子〉者，乃〈功〉之所歸也。〈有〉字用法另詳。又萬章上云「昔者有饋生魚於鄭子産」一句，〈於鄭子産〉者，言〈饋魚〉之所歸也。又云「百里奚自鬻於秦養牲者」，意同上。又告子下云「故天將降大任於是人也」一讀，曰〈於是人〉者，爲〈大任〉之所歸也。〔左成②二〕大國朝夕釋憾於敝邑之地。——〈於敝邑之地〉者，言〈釋憾〉之地也。〔又成十三〕猶願赦罪于穆公。〔又〕穆公是以不克逞志于我。〔又〕君亦悔禍之延而欲徼福于先君獻穆。——〈于穆公〉〈于我〉〈于先君獻穆〉，各爲其行之所向也③。〔史樂毅列傳〕短樂毅於燕惠王④。——〈於燕惠王〉者，言所向〈短〉之人也。〔後漢崔駰傳〕隨形裁割⑤，要措斯世於安寧之域而已⑥。——〈於域〉者，言〈斯世〉所〈措〉之地也。〔韓董公行狀〕退歸，未嘗言所言於上者於人。——〈於上〉〈於人〉者，言所向〈言〉之人也。〔史老莊列傳〕反舉浮淫之蠹而加之於功實之上。——〈於功實之上〉者，言所〈加〉之處也。〔韓曹成王碑⑦〕痛刮磨豪習，委己於學。——〈於學〉者，言〈己〉所向也。〔又〕還王于衡以直前讒⑧。——〈于衡〉者言〈還王〉之地也。〔左隱四〕及衛州吁立，將脩先君之怨於鄭而求寵於諸侯以和其民。〔又隱五〕君將納民於軌物者也。——〈於鄭〉，言〈怨〉所歸；〈於諸侯〉，言〈寵〉所自；〈於軌物〉者，言所〈納〉之處也。〔孟離上〕爲政不難，不得罪於巨室。——〈於巨室〉者，言〈罪〉之所向也⑨。至如孟子離婁上：「小國七年，必爲政於天下矣。」又「今也欲無敵於天下而不以仁」云云，〈於天下〉者，一言〈政〉之所在，一言〈敵〉之所在。又告子下「願留而受業於門」一句，〈於門〉者，言〈受業〉之地也。又梁惠王上「河内凶，則移其民於河東」，〈於河東〉，言民〈移〉往之地也。

①刊誤云：「〈於〉字有表所自者，馬氏於下節已言之。此二句〈納交〉〈要譽〉二字意境不同。〈鄉黨朋友〉乃〈譽〉之所自，非〈譽〉之所向。馬氏云〈譽之所向〉，適得其反。」②原誤〈文〉。③刊誤云：「『猶願赦罪于穆公』，乃謂『願穆公赦晉之罪』，非謂『晉赦穆公之罪』也。故此文乃被動句，〈于〉字與『彌子瑕見愛於衛君』〈於〉字同。下文云『穆公弗聽』，其明證也。馬云『行之所向』，誤矣。『徼福于先君獻穆』，易言之，當云『從先君獻穆徼福』。此與前條『要譽於鄉黨朋友』句例同，〈先君獻穆〉，當爲行之所從，非行之所向。」④按樂毅傳無此語。⑤原誤〈剖〉。⑥原敚〈而已〉二字。⑦原誤〈墓誌銘〉。⑧原作〈嫚〉。⑨刊誤云：「〈巨室〉爲〈罪〉之所自，非〈罪〉之所向。」

轉詞指人，或爲代字，或爲名，而字無過多者，則先諸止詞而無庸介焉。轉詞指地而字數亦少者，則仍後止詞，介字間删焉。

〔孟公下〕子噲不得與人燕。——〈人〉，名也，單字〈與〉字之轉詞，今先於〈燕〉。〈燕〉，〈與〉之止詞也，蓋猶云「子噲不得與燕於人」也。〔又〕我欲中國而授孟子室。——〈授孟子室〉者，猶云「授室於孟子」也，今〈孟子〉轉詞，先乎〈室〉之止詞，介字不用。〔又滕上〕文公與之處。——〈與之處〉者，猶云「與居舍之處於彼」也，〈之〉代字而爲轉詞也。由是孟子滕文公下「湯使遺之牛羊」，又「陽虎矙孔子之亡也，而饋孔子蒸豚」，又萬章上「不能使天與之天下」，又告子下「紾兄之臂而奪之食」，又盡心下「能與人規矩」，諸句，曰〈遺之牛羊〉，曰〈與之天下〉，曰〈奪之食〉者，轉詞爲代字而先於止詞①。曰〈饋孔子蒸豚〉，曰〈與人規矩〉者，轉詞爲名而先於止詞也。〔論雍也〕冉子與之粟五秉。——〈與之粟〉者，與粟於其母也。〔史韓非列傳〕李斯使人遺非藥。——〈遺非藥〉者，「遺藥於非」也。〔莊至樂〕吾使司命復生子形，爲子骨肉，反子父母妻子、閭里、知識，子欲之乎？——猶云「吾使司命生形以與子，爲骨肉以與子，反父母妻子、閭里、知識於子」也②。〔史藺相如列傳〕相如視③秦王無意償趙城。——〈償趙城〉者，「償城於趙」也。〔又滑稽列傳〕置酒後宫，召髡賜之酒。——〈賜之酒〉者，「賜酒於彼」也。〔左莊八〕袒而示之背。——〈示之背〉者，「示背於彼」也。〔左哀十一〕反役，王聞之，使賜之屬鏤以死。將死，曰：「樹吾墓檟，檟可材也，吴其亡乎！」——〈賜之屬鏤〉者，「賜以屬鏤」也④。〈樹吾墓檟〉者，「樹檟於吾墓」也。〔又閔元〕分之都城而位以卿。——〈分之都城〉者，「分都城於彼」也。〔又僖二十三〕野人與之塊。——解同上。〔韓張中丞傳後叙〕授之柄而處其下。——言「授柄於彼」也。〔又諱辨〕愈與李賀書。——言「與書於李賀」也。〔又平淮西碑〕天既全付予有家。——猶云「以有家付予」也。〔公隱元〕公將平國而反之桓。〔史項羽本紀〕賜之卮酒。〔莊逍遥游〕魏王貽我大瓠之種。——四句皆代字轉詞先置者也⑤。

〔孟萬上〕子產使校人畜之池。——〈畜之池〉者，「畜魚於池」也。〈池〉，指所畜之處也。今删〈於〉字，語較遒勁。〔又滕上〕驅蛇龍而放之菹。——言「放之於菹」也。〔又萬上〕象至不仁，封之有庳。——言「封象於有庳」也。〈有庳〉，所封之地也。餘同上。〔史管晏列傳〕遭之塗。——〈遭之塗〉者，猶論語陽貨之「遇諸塗」也。〈諸〉代〈之於〉二字，故〈遇諸塗〉者，即「遇之於塗」也。〔又封禪書〕故作畦時櫟陽。——〈作畦時櫟陽〉者，「作於櫟陽」也。〔又項羽本紀〕使人追宋義子，及之齊，殺之。——〈及之齊〉者，「及之於齊」也。〔左僖二十三〕乃送之秦。——猶「送之於秦」也。別本作「送諸秦」。〔史馮唐列傳〕陛下下之吏。——〈下之吏〉者，「下彼於吏」也，〈吏〉，言所下之處也。〔又平準書〕願輸家之半縣官助邊。——猶云「輸家產之半於國」也。〈縣官〉者，亦言所〈輸〉之處也⑥。〔又滑稽列傳〕封之寢丘四百户。——言「封之於寢丘」也⑦。〔又季布列傳〕迺買而置之田。——言「置之於田」也。〔左襄二十五〕門啓而入，枕尸股而哭。——言「枕尸於股」也，〈股〉言所〈枕〉之處。〔史張釋之列傳〕屬之廷尉。——猶云「屬於廷尉」也。〈廷尉〉言〈屬之〉之處也。〔左哀六〕請就之位。——言「就商之於位」也⑧。〔燕策〕賜之鴟夷而浮之江。——言「浮之於江」也。〔漢蕭望之傳〕皆得以差入穀此八郡贖辠。——言「入穀於此八郡」

也。〔楚策〕趙人李園，持其女弟欲進之楚王。——與〔左定三⑨〕竊馬而獻之子常——同一句法，惟轉詞不言地而言人者，皆以言物之所歸也。〔韓鄆州谿堂詩〕以其人之安公也，復歸之鎮。——〈鎮〉轉詞言所歸之處也。〔左昭十五〕王唯信吳，故處諸蔡。——言「處之於蔡」也，常例也，〈諸〉代〈之於〉也。〔史酷吏列傳〕時薦言之天子。——與〔藺相如列傳〕請奉盆缻秦王以相娛樂——兩句，〈天子〉與〈秦王〉皆轉詞，指人，後乎止詞，而亦刪〈於〉字者，言所歸耳。

①刊誤云：「馬氏意以〈奪之食〉爲等於〈奪食於彼〉，故謂〈之〉爲轉詞。……左傳云：『逃奔有虞，爲之庖正。』論語云：『赤也爲之小，孰能爲之大？』古〈之〉字作〈其〉字用者多矣。〈奪之食〉即〈奪其食〉耳。」按：楊説本吳昌瑩氏經詞衍釋卷九。②又云：「此文只是云『復生子之形，爲子之骨肉，反子之父母、妻子、閭里、知識』耳。……領位名詞或代名詞之下省去〈之〉字。」　③原敚〈相如視〉三字。　④刊誤又云：「當云『賜之以屬鏤，省去〈以〉字』。又，此節馬氏所舉之例，如『子噲不得與人燕』，『吾欲中國而授孟子室』，以下各例，多數皆可云省去〈以〉字。」　⑤又云：「『公將平國而反之桓』，〈之〉字代國，謂『反國於桓』也。〈之〉乃止詞，〈桓〉却是轉詞。」　⑥又云：「『古稱天子曰〈縣官〉』，此指人，非指處。」　⑦又云：「此謂『封之以寢丘四百户』，省去〈以〉字，較省去〈於〉字説爲妥。」　⑧又云：「原文云：『彼，虎狼也，見我在子之側，殺我無日矣。請就之位。』杜注云：『欲與諸大夫謀高國，故求就之。』蓋陳乞此時僞事高國，日在高國之側，今欲去高國而近諸大夫，故云請就之位。〈之〉者，陳乞自謂。〈請就之位〉者，請高國令己就昔日之位也。」按杜注似以〈之〉指〈諸大夫〉言，與楊氏説亦異。

⑨原衍〈唐人謀〉三字。

轉詞不言所歸而言所從所自者，亦介〈於〉字而位後止詞。

〔孟離下〕逢蒙學射於羿。——〈學射於羿〉者，「自羿學射」也。〈於羿〉轉詞，位於〈射〉後，〈射〉動字而爲名也。〔又公下〕子之不得受燕於子噲。——言「自子噲受燕」也。〔又梁下〕民①以爲將拯己於水火之中也。——言「自水火之中」也。〔史管晏列傳〕免子於厄。——猶云「出子自險」也。〔左莊八〕誅屨於徒人費。——猶云「自徒人費誅求其所失之屨」也②。

①〈民〉字原敚。

②刊誤云:「〈誅〉,杜注訓〈責〉是也。責問屨於徒人費,則〈於〉表所向,非表所自。」

動字之有〈於〉字以介轉詞者,間易轉詞爲止詞,删〈於〉字而位於動字之後,又以〈以〉字介止詞,置諸動字之先,不先者,惟司詞長者爲然。

〔孟萬上〕天子不能以天下與人。——猶云「天子不能與天下於人」也,〈人〉爲轉詞,今易爲止詞,位後〈與〉字。〈天下〉本爲止①詞,今爲〈以〉字司詞,置諸〈與〉字之先②。〔左隱十一〕齊侯以許讓公。——猶云「讓許於公」也。〈公〉爲止詞,位於〈讓〉字之後,〈許〉爲〈以〉之司詞,置諸動字之先。〔又僖二十四〕及河,子反以璧授公子曰:——猶云「子反授璧於公子」也。〔莊徐無鬼〕以德分人謂之聖,以財分人謂之賢。——猶云「分德財於人」也。〔史孟嘗君列傳〕今君又尚厚積餘藏,欲以遺所不知③何人,而忘公家之事④日損。——〈欲以遺何人〉者,「欲遺餘藏於何人」也。〈所不知何人〉,本轉詞也,而爲止詞,置諸〈遺〉字之後,〈以〉之司詞蒙上文而不言。詳介字篇。〔又蕭相國世家〕民所上書,皆以與相國。——〈以與相國〉者,「與書於相國」也。〔又廉頗列傳〕秦亦不以城予趙,趙亦終不予秦璧。——〈不以城予趙〉者,「不予城於趙」也。〔漢張禹傳〕卒以肥牛亭地賜禹。——猶云「賜肥牛亭地於禹」也。〔又儒林傳〕臣以詩三百五篇朝夕授王。——同上。〔又外戚傳〕以篋中物書予獄中婦人。——亦同上。〔又司馬相如傳〕故遺信使,曉諭百姓以發卒之事,因數之以不忠死亡之罪。——〈以〉之司詞長,故後置也。〔史樂毅列傳〕令趙嚪秦以伐齊之利。——〈以伐齊之利〉後置者,同前。〔韓曹成王碑〕王出止外舍,禁無以家事關我。——〈以家事〉,轉詞也,短則先置。〔又許國公神道碑〕少誠以牛皮鞵材遺師古,師古以鹽資少誠。——兩〈以〉字司詞,皆先動字。〔又胡良公墓神道碑〕洗手奉職,不以一錢假人。——同上。〔漢張禹傳〕親問禹以天變,因用吏民所言王氏事示禹。——〈以天變〉,轉詞短而後置者,句意未絶也;〈用王氏事〉者,以王氏事也,〈用〉,〈以〉也⑤。又〔秦策〕蘇秦始將連横説秦惠王。——〈將〉,亦〈以〉也⑥。

①〈止〉，原誤〈轉〉，從楊氏改。　②刊誤云：「文言〈與人〉不，言〈與於人〉，故馬氏遂謂易轉詞爲止詞。然以文義言之，〈與〉之止詞，仍當是〈天下〉，〈人〉字上本當有介字〈於〉字，今被省去耳。如此解釋，〈人〉字仍是轉詞，雖有止詞之形式而實非止詞也。」　③原衍〈之〉字。下同。　④〈事〉字原敚。　⑤刊誤云：「馬氏謂〈以〉字及其司詞短者例居動字之前，長者則居動字之後，此但據類例之多少爲言，絶無何等理論爲根據也。如張禹傳此例，〈以天變〉短而後置，〈用吏民所言王氏事〉長而先置，正與馬氏之言相反。以『句意未絶』爲例外之理由，不成爲理由也。」　⑥又云：「此〈將〉字實是助動字……〈連横〉當斷句。」

凡外動字之轉詞，記其行之所賴用者，則介以〈以〉字，置先動字者，常也。蓋必有所賴用而後其行乃發，故先之。

〔孟盡上〕柳下惠不以三公易其介。——〈三公〉轉詞，即所用以〈易〉者也，故以〈以〉介焉。而先乎〈易〉字，〈其介〉者止詞也。〔又天下有道，以道殉身；天下無道，以身殉道。——〈以道〉，〈以身〉皆轉詞，即所執以〈殉〉者也。餘同上。至如又盡心下：「古之爲關也，將以禦暴。今之爲關也，將以爲暴。」又梁惠王上：「士未可以言而言，是以言餂之也。」又：「入以事其父兄，出以事其長上。」又萬章上：「故説詩者不以文害辭，不以辭害志。以意逆志，是爲得之。」又：「伊尹以割烹要湯，有諸？」又梁惠王上：「曰：『將以釁鐘。』」諸句，其轉詞皆介〈以〉字而置先動字。若又盡心上「附之以韓魏之家」，又梁惠王上「申之以孝弟之義」，又梁惠王下「事之以皮幣……事之以犬馬……事之以珠玉」，又離婁上「繼之以不忍人之政」，又萬章上「禄之以天下」，又離婁上「夫子教我以正」，又梁惠王上「殺人以挺與刃」諸句，轉詞介以〈以〉字置於止詞之後者，蓋止詞概爲代字，而轉詞又皆長於止詞，句意未絶耳。〔史封禪書〕天子以他縣償之。——〈以他縣〉轉詞，所用以償者也。〈之〉其止詞，代字也。而不曰「償之以他縣」者，此乃煞句，不若前引諸句，皆在段中故也。且文無定法，先後在所驅遣耳。〔左隱元〕繼室以聲子。——同上。此後直接「生隱公」，則知以〈聲子〉置於〈繼〉之後者，所以爲下文頂接地步，最史傳所習用者。且此句乃過脉，非煞句也。〔史汲鄭列傳〕使黯任職居官①，無以逾人。——〈無以逾人〉者，「無有所以逾人」也。〈以〉之司詞，隱而不書。〔左宣十二〕訓之以若敖蚡冒，篳路藍縷以啓山林。——〈訓之以〉云云者，與「事之以皮幣」同一解。〔莊天道〕臣不能以喻臣之子，臣之子亦不能受之於臣。——〈以〉之司詞指上文。〔史禮書〕誘進以仁義，束縛以刑罰。——〈仁義〉〈刑罰〉皆所藉以〈誘進〉〈束縛〉之者也，止詞不言而喻。〔莊徐無鬼〕無以汝色驕人哉！〔又列禦寇〕委之以財而觀其仁，告之以危而觀其節，醉之以酒而觀其則。〔史叔孫通列傳〕臣願先伏誅，以頸②血汙地。〔又馮唐列傳〕文吏以法繩之。〔韓柳子厚墓誌銘〕願以柳易播。——又論語公冶長云：「禦人以口給。」皆此例也。〈以〉字司詞，先後乎動字無常。〔史張釋之列傳〕吏爭以亟疾苛察相高。——〈相高〉者，「自相高」也。〈自相〉者，〈高〉之止詞也。〈亟疾苛察〉，静字而名用也，即所恃以〈自高〉也。

①〈居官〉原誤〈家居〉。　②原誤〈頭〉。

其他轉詞，有用〈與〉字，有用〈爲〉字爲介者，則皆先乎動字，而各視其意爲别。

〔孟離上〕得其心有道，所欲與之聚之，所惡勿施爾也。——〈與之聚之〉者，「與民聚所欲」也①。〈之〉轉詞，〈與〉字司焉，置先動字。〔又離下〕與其妾訕其良人，而相泣於中庭。——〈與其妾〉，轉詞也。〔又告上〕聖人與我同類者。——〈與我〉者，轉詞也。又滕文公下「王誰與爲善」者，即「王與何人行善」也。又「湯居亳，與葛爲鄰」者，「與葛相爲鄰國」也，故〈誰與〉〈與葛〉，皆轉詞也。〔史項羽本紀〕臣請入與之同命。——〈與之〉者，轉詞也。〔又匈奴列傳〕匈奴所與我界甌脱外棄地，匈奴非能至也，吾欲有之。——〈與我〉者，轉詞也，所〈界〉者動字與其止詞也。〔漢賈誼傳〕陛下雖賢，誰與領此？——〈誰與領此〉者，「與誰領此」也。〔又東方朔傳〕上復問朔：「方今公孫丞相、兒大夫、董仲舒、夏侯始昌、司馬相如、吾丘壽王、主父偃、朱買臣、嚴助、汲黯、膠倉②、終軍、嚴安、徐樂、司馬遷之倫，皆辯知閎達，溢于文辭，先生自視何與比哉？」——師古云：「〈何與〉，猶言〈何如〉也。」愚謂：〈何與比哉〉，猶云：「諸人之中將與何人相比耶？」〈何〉〈誰〉皆詢問代字，爲司詞，則先其所介也。有③解作〈何如比哉〉，是與以上諸人一切相比，而特問其比之之式耳。〔莊人間世〕彼且爲嬰兒，亦與之爲嬰兒，彼且爲无町畦，亦與之爲无町畦，彼且爲无崖，亦[4]與之爲无崖，達之，入於无疵。——三〈與〉字皆介轉詞也。

〔孟梁上〕爲長者折枝，語人曰我不能。——〈折枝〉者，動字與其止詞也，〈爲長者〉其轉詞也，置先動字。〔又梁下〕召太師曰：「爲我作君臣相説之樂。」——〈爲我〉者，轉詞也。〔又滕下〕吾爲之範我馳驅，終日[5]不獲一。——〈爲之〉者，亦轉詞也。〔又滕上〕丈夫生而願爲之有室，女子生而願爲之有家。〔又離上〕故爲淵毆魚者，獺也，爲叢毆爵者，鸇也，爲湯武毆民者，桀與紂也。——諸句皆以〈爲〉字介轉詞焉。〔史河渠書〕於是爲發卒萬餘人穿渠。——〈爲發卒〉者，爲莊熊羆之言而發卒也，〈爲〉之司詞蒙上。〔又大宛列傳〕具爲天子言之。——〈爲天子〉，轉詞，先乎〈言〉字，〈之〉者，止詞也。〔又李斯列傳〕臣請爲子與丞相謀之。——〈爲子與丞相〉者，轉詞也。〔又張陳列傳〕將軍瞋目張膽，出萬死不顧一生之計，爲天下除殘也。——〈爲天下〉，轉詞也。〔又李將軍列傳〕無老壯皆爲垂涕。——〈皆爲垂涕〉者，〈爲〉之司詞蒙上文也。〔公隱三〕先君之所爲不與臣國而納國乎君者，以君可以爲社稷宗廟[6]主也。——〈所爲〉者，言其故也。〈爲〉後乎〈所〉字者常也。〔左隱三〕曰莊姜，美而無子，衛人所爲賦碩人也。——〈所爲〉者，指上文〈美而無子〉也。〔趙策〕所貴於天下士者，爲人排患釋難解紛亂而無所取也。——〈排〉〈釋〉〈解〉三外動字，各有止詞，皆以〈爲人〉爲轉詞，先置。〔秦策〕臣恐王爲臣之投杼也。——〈爲臣〉，轉詞也，〈投杼〉，外動與止詞也。〔齊策〕天下爲秦相割，秦曾不出力；天下爲秦相烹，秦曾不出薪。——〈爲秦〉者，轉詞也，〈相割〉〈相烹〉者，自相割自相烹也。〔齊策〕君家所寡有者以義耳，竊以爲君市義。——〈爲君〉轉詞。〔燕策〕昌國君樂毅爲燕昭王合五國之兵而攻齊。——〈爲燕昭王〉者轉詞。前引轉詞，皆先其動字。

①經傳釋詞卷一云：「〈與〉，猶〈爲〉（去聲）也。言民之所欲，爲民聚之也。」　②原誤〈昌〉。　③〈有〉疑〈若〉字之誤。
④三〈亦〉字，原均誤〈則〉。　⑤原衍〈而〉字。　⑥〈乎〉原誤〈於〉。〈社稷〉原誤在〈宗廟〉下。

〈教〉〈告〉〈言〉〈示〉諸動字後有兩止詞，一記所語之人，一記所語之事。先人後事，無介字以繫者常也。

〔孟滕上〕后稷教民稼穡，樹藝五穀。——〈教〉字後兩止詞，一、〈民〉者，所教之人也，〈稼穡〉者①，所教之事也。先人後事，兩者並置，而無介字以爲繫者也。〔秦策〕樂羊反而語功，文侯示之謗書一篋。——〈示〉字後〈之〉，代字，指所示之人也，〈謗書一篋〉者，指所示之物也。〔左隱元〕公語之故，且告之悔。——〈語〉〈告〉兩字後〈之〉，指告語之人，曰〈故〉曰〈悔〉，乃告語之事。〔史張釋之列傳〕上問上林尉諸禽獸簿。——〈上林尉〉，所問之人，〈諸禽獸簿〉，所問之事。〔又〕上指示慎夫人新豐道曰：——〈慎夫人〉，指示之人也，〈新豐道〉，指示之處也。〔管子四稱〕仲父不當盡語我昔者有道之君乎！——〈我〉，代字，所語之人，其後乃所語之事。〔史魏其列傳〕丞相嘗使籍福請魏其城南田。——〈魏其〉，所請之人，〈城南田〉，所請之事。〔韓王秀才序〕太原王塤示余所爲文。——〈余〉，代字，所示之人，其〈所爲文〉，乃所示之事。〔漢王尊傳〕劾奏尊妄詆欺，非謗赦前事。——〈尊〉者所奏之人，後乃所劾之事。〔又〕上書訟尊治京兆功效日著。——同上。凡〈褒〉〈貶〉〈責〉〈罰〉諸動字間同此例。故漢書張釋之列傳有「而②廷尉迺當之罰金」，又云「吾③屬廷尉者，欲致之族」諸句，兩〈之〉字皆言所罰之人，曰〈罰金〉，曰〈族〉，則所罰之事也。

①〈稼穡〉上疑敚〈二〉字。　②〈而〉字原敚。　③原衍〈欲〉字。

〈爲〉字以決是非，則爲斷辭，已詳於前。〈爲〉字有〈作爲〉之解者，則爲外動字，合於名字，以言所處之境與所作之事爲常。至〈徵〉〈拜〉〈成〉〈化〉諸動字，與〈以〉字後所有〈爲〉字，用如斷辭者其常，而解如〈作爲〉者，亦數覯也。

〔孟公下〕孟子致爲臣而歸。——〈臣〉，名也，〈爲〉字合之，即以言所處臣子之位。故〈致爲臣而歸〉者，猶云「辭齊卿之位而歸於家」也。〔又〕王之爲都者，臣知五人焉。——〈都〉，名也，而〈爲〉合之，〈王之爲都〉者，猶云「王臣居治邑之職者」。如是，又滕文公上「有爲神農之言者……願受一廛而爲氓」，又離婁上「欲爲君，盡君道，欲爲臣，盡臣道」，論學而「其爲人也孝弟」，又述而「其爲人也，發憤忘食」，又「不圖爲樂之至於斯也」，禮大學「爲人君……爲人臣……爲人子……爲人父」等語，凡〈爲〉字合於名字，皆以言其所處之位與所作之事。〔漢賈誼傳〕故主上遇其大臣如遇犬馬，彼將犬馬自爲也，如遇官徒，彼將官徒自爲也。——〈犬馬自爲〉〈官徒自爲〉者，即「自爲犬馬」「自爲官徒」。〈犬馬〉〈官徒〉先乎〈爲〉字者，用若狀字也，猶云「已將作爲犬馬」「已將作爲官徒」也。〔史酷吏列傳〕爲人小吏，必陵其長吏，爲人上，操下如束溼薪。——〈爲人小吏〉〈爲人上〉者，猶云「方其處乎人下」「方其居於人上」也。〔又項羽本紀〕如今人方爲刀俎，我爲魚肉，何辭爲！——猶云「人方刀俎自處，魚肉待我，辭之何爲」也。〔又馮唐列傳〕父老何自爲郎？——猶云「身居郎職」也。〔又〕臣父故爲代相。——猶云「臣父曾任代相之職」也。〔漢陳湯傳〕湯爲人沈勇，有大慮，多策謀，喜奇功。——〈爲人〉同前。〔韓劉公①墓誌銘〕自我爲此邑人可也，何必彭城！——〈爲此邑人〉者，作爲此邑之民也。〔又許國公神道碑〕不縱爲子弟華靡遨放②事。〔又鄭君墓誌銘〕不爲翕翕熱，亦不爲崖岸斬絶之行。——三引〈爲〉字，皆有作爲之解。〔又原道〕其爲道易明，而其爲教易行也。——〈爲道〉〈爲教〉者，即所以立道設教也。

〔史酷吏列傳〕孝景帝乃使使持節拜爲雁門太守③。——此〈拜〉後〈爲〉字可解以〈作爲〉之意，〈雁門太守〉，乃爲之止詞，位在賓次，猶云「拜都使爲雁門太守之官」。〔又〕郅都遷爲中尉。——〈郅都〉乃起詞，〈遷〉受動字也，〈爲〉可視爲斷詞。〈中尉〉與〈郅都〉同次，猶云「郅都被遷而爲中尉」也。〔又〕調爲茂陵尉。——〈爲〉字可有兩意。〔又〕廣平聲爲道不拾遺。——〈聲〉動字也，〈聲〉後〈爲〉字，解作斷詞。猶云「廣平之治聲傳爲道不拾遺」云。大抵〈徵〉〈拜〉〈封〉〈調〉諸字後〈爲〉字，解以〈作爲〉者亦可，前於同次節内皆作斷詞，於義亦通，而句法則兩意皆同。

〈以爲〉二字，經籍習見。其〈爲〉字或爲斷詞，或爲動字，已詳表詞篇内，兹不贅引。〈以爲〉二字共有五解，今各引書以明之。〔漢賈誼傳〕進謀者率以爲是固不可解也。——〈以爲〉解〈意謂〉也，此其一。〔又汲鄭傳〕臣愚以爲陛下得胡人，皆以爲奴婢④，賜從軍死事者家。——其一〈以爲〉者，仍解〈意謂〉也。〈皆以爲奴婢〉者，猶云「皆以胡人當作奴婢」也，故〈爲〉字作動字用。〔史陸賈列傳〕陳平用其計，迺以五百金爲絳侯壽。——〈爲〉字，〈作爲〉也，此其二。〔又信陵君列傳〕市⑤人皆以嬴爲小人，而以公子爲長者能下士也。——兩〈爲〉字皆斷辭也。〔又萬石君列傳〕徙其家長安中戚里，以姊爲美人故也。——言因姊是美人故也。此其三。〔又孟嘗君列傳〕始以薛公爲魁然也，今視之，乃眇小丈夫耳。——〈始以〉云云者，猶云「初以薛公如此」也，則〈爲〉字仍爲斷詞，而〈以〉字有意度之解，此其四。〔莊人間世〕彼亦直寄焉以爲不知己者詬厲也。——〈以爲〉者，〈以被〉也，猶云「以被不知己者詬厲」也。故〈爲〉字乃受動字所習用也。詳下。此其五。表詞同次篇内所引諸句，可參詳焉⑥。

①原誤〈董府君〉。②原誤〈游〉。③原誤「拜都爲雁門太守」。漢書作「景帝迺使使即拜都爲鴈門太守」。④原衍〈以〉字。⑤原誤〈平〉。⑥文典以〈以〉字爲「不完全他動詞」，〈爲〉字爲「不完全自動詞」。其界説云：「不完全動詞者，須取補足語者也。」（如「我爲魚肉」「首陽爲拙」「老而無妻曰鰥」「日之狀如銅盤」「肌膚若冰雪」之〈爲〉〈曰〉〈如〉〈若〉等字。其下之名詞或形容詞，皆補足語也。）「不完全他動字者，謂他動詞帶目的格，仍不能爲完全之動作，而更須一補足語者也。」又曰：「補足語者，立於不完全自動詞之下者也。他動詞所取之補足語，仍須聯用不完全自動詞〈爲〉〈曰〉等字而隸之於其下。」（如「宰衡以干戈爲兒戲」「謂其臺曰靈臺」，〈干戈〉〈其臺〉等爲〈以〉〈謂〉等不完全他動詞之目的格，其下必有〈爲〉〈曰〉等不完全自動詞及〈兒〉戲〈靈臺〉等補足語。）

〈謂〉〈言〉諸動字後，所有頓讀皆爲止詞。〈謂〉與〈爲〉兩字，雖互用而不必同解。〈云〉字用不一式而訓解各異，皆當明辨者也。

〔論公冶〕子謂子賤。〔又雍也〕子謂仲弓。——〈謂〉者，稱其人也；〈子賤〉〈仲弓〉，乃所稱者，其止詞也。〔周語〕謂君其何德之布，以懷柔之，使無有遠志①。——〈謂〉者，述也，其後乃所述者也。〔禮大學〕所謂修身在正其心者，〔又〕所謂齊其家在修其身者。——〈所謂〉者，猶前文所謂之事；〈修身在正其心者〉與〈齊其家在修其身〉者，即〈所〉字所指，而〈所〉乃〈謂〉之止詞也。〔左成二〕以師伐人，遇其師而還，將謂君何？——〈將謂君何〉者，有云「將奈君何」也②。愚以爲「奉君命以師伐人，今遇其師而還，是心無君矣，其將稱君爲何也」。如是，〈謂〉字仍原解，〈君〉止詞，而〈何〉乃〈君〉之加詞也。〔又成十七〕君實有臣而殺之，其謂君何？——〈其謂君何〉者，將以君道爲何也[3]。〔史孝文本紀〕是重吾不德也，謂天下何。——言「將以天下爲何乎？」其意若曰「將何以對天下」也[4]。凡成句不能泥於一解者，類多若斯。

〔禮文王世子〕故[5]父在斯爲子，君在斯謂之臣。——釋詞謂「兩句内〈爲〉與〈謂〉互文同解」。照注内云：「〈爲〉下當有〈之〉字脱去。」[6]愚以爲兩句内〈爲〉〈謂〉兩字當作原解，於意更順。蓋父子天綱，凡父在不能不是其子，故〈爲〉字作斷詞解。至君臣之倫，不若父子之重，故云君在而後稱之曰臣，則詞氣稍緩。〈謂〉字仍作〈稱謂〉之意，而〈爲〉後〈之〉字非脱落明矣。〔穀宣二〕[7]盾曰：「天乎天乎，予無罪，孰爲盾而忍弑其君者乎？」——又〔孟公上〕管仲，曾西之所不爲也，而子爲我願之乎？——〈孰爲盾〉者，言〈孰謂盾〉也。〈子爲〉者，言〈子謂〉也，〈爲〉同〈謂〉之説也[8]。前言〈君在斯謂之臣〉者，〈謂〉乃外動字也，故〈謂之〉者猶云〈稱之〉也，如用爲受動字，則止詞轉爲起詞矣。〔孟告上〕生之謂性，〔又滕下〕此之謂大丈夫，〔又告上〕惟心之謂與！——諸句，與〔韓原道〕博愛之謂仁，行而宜之之謂義，由是而之焉之謂道，足乎己無待於外之謂德。〔左僖五〕一之謂甚，其可再乎！〔周語〕[9]守府之謂多，胡可興也！——皆作〈之謂〉者，因止詞轉爲起詞，故〈之〉字亦先乎〈謂〉字也。詳下受動字篇内。

〔孟梁上〕刑于寡妻，至于兄弟，以御于家邦，言舉斯心加諸彼而已。——〈言〉乃訓釋之詞，故〈言〉後諸語，皆可以爲止詞也。猶云「所引之詩，其意謂舉斯心加諸彼而已」也。〔又告上〕既醉以酒，既飽以德，言飽乎仁義也。——同上。〔又離下〕言人之不善，當如後患何。——〈言〉者，〈道〉也，〈語〉也，〈人之不善〉其止詞。〔史叔孫通列傳〕叔孫通之降漢，從儒生弟子百餘人。然通無所言進，專言諸故群盗壯士進之。——兩〈言〉字皆稱也。〔易繫辭〕德言盛，禮言恭。——本義云：「言德欲其盛，禮欲其恭也。」以〈言〉訓作〈欲〉字，未安，惟句法有〈欲〉字之義。愚謂「德以盛言，禮以恭言」也[10]。至詩經諸〈言〉字，皆可訓爲語辭，與〈曰〉字無别。

〔公文二〕大旱之日短而云灾，故以灾書。此不雨之日長而無灾，故以異書也。——〈云灾〉者，「謂之灾」也，〈云〉

者，〈稱〉也，〈謂〉也。〔楊倞注荀子非十二子引愼子[11]〕云能而害無能，則亂也。〔荀子儒效〕故人無師無法而知則必爲盜，勇則必爲賊，云能則必爲亂。……人有師有法而知則速通，勇則速威，云能則速成。——三引〈云〉字皆〈謂〉也。釋詞解作〈有〉字，未安。蓋〈云〉者，承上文而釋其意之詞也；若以〈有能〉〈無能〉爲對待，實於本文不貫也[12]。〔漢蕭望之傳〕今將軍規橅，云若管晏而休，遂行日[13]昃，至周召乃留乎！——〈云若〉者，乃〈規橅〉之意也。故〈云〉者〈謂〉也，有作爲語辭者，失之矣[14]。〔列子力命〕仲父之病疾矣，不可諱[15]，云至於大病，則寡人惡乎屬[16]國而可？——〈云至於大病〉者，謂或至於大病也。〈云〉者〈謂〉也。此句有〈則〉字爲承，有假設之辭，不必以〈云〉字强解〈如〉字也，蓋假設辭氣，可不言而喻。而釋詞注引禮檀弓「子之病革矣，如至乎大病，則如之何」之句，〈以證云〉作〈如〉字之解，究屬牽合[17]。〔漢甘延壽傳〕所以優游而不征者，重動[18]師衆，勞將率，故隱忍而未有[19]云也。——〈未有云〉者，「未有所言」也，常語也。而有解爲〈未有所如何〉者，則嗜奇之失[20]。〔左僖十五〕歲云秋矣。〔又成十二〕日云暮矣。——〈云〉與〈曰〉字同解，可作〈已〉字解，則與〈矣〉字相應[21]。〔又僖二十九〕是生三犧，皆用之矣，其音云。〔史周本紀〕其色赤，其聲魄云[22]。〔又封禪書〕[23]文公獲若石云[24]于陳倉北阪。〔又〕則若雄雞[25]，其聲殷云[26]。——四引〈云字〉，皆以殿句。釋詞訓爲〈然〉字[27]，愚意猶重述其所聞或重述其所見也。而〈云爾〉者，則重述其所聞或所見蓋如此也。〔公宣元〕猶曰無去是云爾。〔穀隱元〕猶曰取之其母之懷中而殺之云爾。〔論述而〕女奚不曰：……不知老之將至云爾。——〈云爾〉者，重記其所言如是也。〈爾〉者，〈如是〉也[28]。〔莊公二十四[29]〕棗栗云乎，腶脩云乎[30]。〔論陽虎〕禮云禮云，玉帛云乎哉，樂云樂云，鐘鼓云乎哉。——〈云乎〉者，猶曰「謂之乎」也[31]。〈哉〉咏嘆也，是則〈云〉字皆可訓作〈謂〉。〈云〉在句首者，解釋前文也，〈云〉殿句尾者，重述前言也。故述人口氣皆以〈云〉字爲煞者，猶云「以上所述有如此」者。

①〈遠志〉原誤〈後患〉。

② 説見劉淇氏助詞辨略卷二及經傳釋詞卷二。

③ 釋詞亦解爲「其奈君何」。馬氏以〈君〉爲〈君道〉，似誤。

④ 釋詞亦解爲「奈天下何」。原注云：「索隱曰：『言何以謂於天下。』失之。」

⑤ 原敚〈故〉字，蓋

仍釋詞之誤。　⑥亦見釋詞卷二。並引淮南詮言篇「勤而爲之生，死而謂之窮」，說苑臣術篇「從命利君爲之順，從命病君爲之諛，逆命利君謂之忠，逆命病君謂之亂」，以爲〈爲之〉〈謂之〉互用之例。　⑦原衍〈趙〉字，亦仍釋詞之誤。　⑧亦見釋詞卷二。　⑨原衍〈曰〉字。　⑩釋詞卷五云：「〈言〉，〈云〉也，語詞也。語言之〈言〉謂之〈云〉，語詞之〈言〉亦謂之〈云〉。『德言盛，禮言恭』，謂君子勞謙，德盛禮恭也。〈言〉，語詞。」　⑪原作「荀子非十二子篇」，蓋本釋詞而上敚〈楊倞注〉，下敚〈引慎子〉六字。　⑫說見釋詞卷三。刊誤云：「王氏釋〈云〉爲〈有〉，是也。馬說非。」　⑬原誤〈曰〉。　⑭助字辨略卷一云：「〈云若〉，猶言〈將若〉，亦語辭也。」裴學海氏古書虛字集釋云：「〈云〉，猶〈其〉也。」　⑮列子本作「可不諱」，此依釋詞改。　⑯原誤〈厲〉。　⑰釋詞卷三云：「〈云〉，猶〈或〉也。〈或〉與〈有〉，古同聲而通用，故〈云〉訓爲〈有〉，又訓爲〈或〉。」又云：「〈云〉猶〈如〉也。〈如〉與〈或〉，義相近。」因引檀弓以證列子。馬氏以「謂或至於大病」訓「云至於大病」，似仍本釋詞。　⑱原誤〈勤〉。　⑲原衍〈所〉字。下同。　⑳說見助字辨略卷一。　㉑助字辨略卷一云：「諸〈云〉字並語助。釋詞卷三云：「〈云〉，語中助詞也。」　㉒史記集解引馬融云：「〈魄然〉，安定意也。」　㉓〈文公〉上原衍〈秦〉字，蓋仍釋詞之誤。　㉔史記索隱云：「〈云〉，語辭也。」　㉕「則若雄雞，」釋詞作「若雄雉，」蓋誤引漢書郊祀志文。本書仍誤，今從史記改。　㉖集解引瓚曰：「〈殷〉，聲也。〈云〉，足句之辭。」　㉗並見釋詞卷三。　㉘助字辨略卷三云：「〈云爾〉，猶言〈如此〉。」經詞衍釋卷三云：「〈云〉爾，猶〈如此〉也。（〈爾〉，〈此〉也。）」　㉙原誤〈十四〉，仍釋詞之誤。　㉚助字辨略卷一云：「〈云乎〉是詠歎之詞也。」　㉛釋詞卷三云：「〈云爾〉〈云乎〉，皆語已詞也。」

止詞後乎外動字者，常也。惟外動字加弗辭，或起詞爲〈莫〉〈無〉諸泛指代字，其止詞爲代字者，皆先動字。〔論先進〕居則曰不吾知也。——〈知〉外動字，加〈不〉字以弗之，其止詞〈吾〉字，代字也，故先之。〔漢李廣傳〕匈奴必以我爲大軍之誘，不我擊。——〈不我擊〉者，猶云「不擊我」也。〔史吳太伯世家①〕季子雖來，不吾廢也。——皆同上。〔論學而〕不患人之不己知，患不知人也。〔又里仁〕我未之見也。〔又先進〕未之能行。〔又子路〕雖不吾以。〔又先進〕毋吾以也。〔又學而〕不好犯上而好作亂者，未之有也。〔又陽貨〕歲不我與。〔又子罕〕豈不爾思。——諸句，皆有弗辭，其代字止詞，則皆先乎動字。〔吳語〕天若棄吳，必許吾成而不吾足也。〔齊語〕

管子對曰：「未可，鄰國未吾親也。」〔漢賈誼傳〕此之不爲，而顧彼之久行。——〈此之不爲〉者，「不爲此」也，與論語公冶長「吾斯之未能信」句同解，猶云「吾不能信此」也。〈之〉者，明其倒文也，見之字篇。〔左僖七〕女專利而不厭，予取予求，不女疵瑕②也。〔又〕無適小國，將不女容焉。〔又昭十三〕是區區者而不余畀，余必自取之。〔又昭二十五〕僂句不余欺也。〔又昭元〕君曰余不女忍殺，宥女以遠，勉速行乎，無重而罪。〔又襄十四〕晉國之命，未是有也。〔公隱三〕先君之不爾逐可知矣。〔公文十四③〕非吾力不能納也，義實不爾克也。——諸引同上。〔孟離下〕望道而未之見。〔又滕上〕今也④父兄百官不我足也。——所引經史皆同。凡止詞爲代字，而動字有弗辭者，無不先也。

〔論里仁〕不患莫己知，求爲可知也。——〈莫己知〉者，〈莫〉爲起詞，故〈己〉先於〈知〉也。〔孟滕上〕雖使五尺之童適市，莫之或欺。——〈莫之或欺〉者，「無人欺彼」也。〔左昭二十〕聞免父之命，不可以莫之奔也，親戚爲戮，不可以莫之報⑤也。——〈莫之奔〉〈莫之報〉同上。〔又僖二十八〕曰：「莫余毒也已。」〔莊逍遥游〕而後乃今培風。背負青天而莫之夭閼者。——同上。〔禮中庸〕驅而納諸罟擭陷阱之中，而莫之知辟也。——言「無人知所以辟之」也。〔蜀志諸葛亮傳〕每自比於管仲樂毅，時人莫之許也。——言「無一人許之」也。〔莊人間世〕福輕乎羽，莫之知載，禍重乎地，莫之知避。——皆與上同。

〔史平原君列傳〕士不外索，取於食客門下足矣。——〈不外索〉者，「不求之於外」也。〈外〉作狀字用，則狀字先動字者常也，不在此例。〔漢賈誼傳〕德澤亡一有，而怨毒盈於世。——〈亡一有〉者，「德澤無有一」也，〈一〉先〈有〉字。然〈一〉乃約指代字，常先動字，非爲有弗辭而然也。〔又食貨志〕趨利如水走下，四方亡擇也。——〈四方亡擇〉者，「不擇四方」也。〈四方〉非代字而亦先者，記處之語，用如狀字也。〔史淮陰侯傳〕誠能聽臣之計，莫若兩利而俱存之。——〈兩〉〈俱〉二字，約指代字先動字者例也，非爲〈莫〉字也。〔韓上鄭相公書〕安敢閉蓄以爲私恨，不一二陳道。——〈一二〉者，亦約指代字也⑥。〔又張君墓誌銘〕誰之不如，而不公卿。——〈誰之不如〉者，「不如誰」也。〈誰〉先〈如〉者，詢問代字也，非爲〈不〉字也，且有〈之〉字，所以明其爲倒文也。然則止詞之先乎動字者亦多術矣，不可不辨。

①原誤〈魏公子列傳〉。　②原誤〈瑕疵〉。　③原誤〈十五〉。　④二字原敚。　⑤原誤〈救〉。下同。

⑥刊誤云：「〈兩〉〈俱〉〈一二〉皆狀字。」

有弗辭而代字止詞不先置，與無弗辭而先置，皆僅見也。

〔孟告下〕爲其事而無其功者，髡未嘗睹之也。——不曰「髡未之嘗睹也」。莊子徐无鬼云：「丘也聞不言之言矣，未之嘗言，於此乎言之。」則云「未之嘗睹」似無不可。〔禮中庸〕素①隱行怪，後世有述焉，吾弗爲之矣。——不曰「吾弗之爲矣」。〔漢趙充國傳〕漢果不擊我矣。——不曰「不我擊矣」。〔韓釋言〕雖有讒者百人，相國將不信之矣。——不曰「將不之信矣」。而是篇又云：「雖進而爲之，亦莫之聽矣。」句法同而止詞之後先無定，然究以先置爲常。

〔莊則陽〕或之使，莫之爲，疑之所假。——猶云「或使之，莫爲之，皆出於人之疑心，非真知」也。〈或之使〉者，〈之〉止詞，無弗辭而先焉。〔左僖四〕爾貢包茅不入，王祭不共，無以縮酒，寡人是徵；昭王南征而不復，寡人是問。——〈是〉指上文，乃〈徵〉〈問〉之止詞，無弗辭而先置焉。〔韓河中府法曹張君墓誌銘〕若爾吾哀，必求夫子銘，是爾與吾②不朽也。——〈若爾吾哀〉者，「若爾哀吾」也。〔又太傅董公行狀〕諸戎畏我③大國之爾與也，莫敢校焉。——〈大國之爾與也〉者，「大國之與爾」也。〔又平淮西碑〕曰度，惟汝予同。——言「惟汝同予」也。〔又送窮文〕惟我保汝，人皆汝嫌。——言「人皆嫌汝」也。〔又頌風伯〕風伯雖死兮，人誰汝傷。——言〔誰人傷汝〕也。〔又擇言解〕火既我灾，有水而可伏其燄……水既我患，有土而可遏其流。——言「火既灾我」「水既患我」也。諸引皆代字止詞，無弗詞而先乎動字，以韻其句法也。

句中有兩弗辭者，則先者弗其後者，與無弗辭同，而代字止詞亦不先矣。〔史魏其列傳〕後家居長安。長安中諸公莫弗稱之。——不曰「莫之弗稱」者，以〈莫〉〈弗〉兩字自相弗也，與句之無弗辭者同，用特識焉。

①原依朱熹章句作〈索〉。 ②原誤〈吾與爾〉。 ③原誤〈汝〉。

凡止詞爲〈自〉字〈相〉字，概謂之『自反動字』；其止詞先動字者常也，已見代字篇内①。

自反動字有二：一外動字前必加〈自〉字而其意乃達者，如〈自怨〉〈自艾〉〈自驕〉〈自縱〉等語。蓋人凡有〈怨〉〈艾〉〈驕〉〈縱〉之心，必由衷發故也。一外動字之先加以〈自〉〈相〉等字者，以其爲止詞之故也，如〈自稱〉〈自號〉〈相友〉〈相望〉諸語。蓋〈號〉〈稱〉〈友〉〈望〉諸動字，不以〈自〉〈相〉等字爲止詞者常也。惟兩者用法無異，故不爲特別②焉。

〔孟離上〕夫人必自侮，而後人侮之；家必自毁，而後人毁之；國必自伐，而後人伐之。——〈自侮〉者，侮己也。〈自〉爲止詞而先之，故〈侮〉之行，已施之而已受之，謂之自反動字亦可。〈自毁〉〈自伐〉準此。〔楚語③〕是④聚民利以自封而瘠民也，胡美之焉⑤。〔左宣四〕遂歸復命而⑥自拘於司敗。〔又襄二十五⑦〕請自刃於廟。〔史魏其列傳〕魏其者沾沾自喜耳。〔又商君列傳〕自勝之謂彊。〔又任敖列傳〕張丞相由此自絀。〔後漢王丹傳〕其憜孏者耻不致丹，皆兼功自厲。〔漢兒寬列傳〕有廉知自將。——〈自將〉者，「自衛」也。〔又司馬遷傳〕拳拳之忠，終不能自列。——〈自列〉者，〈自明〉也。〔史信陵君列傳〕於是公子立自責。〔又〕意驕矜而有自功之色。——諸引〈自字〉，皆外動止詞而先焉。以是觀之，外動字之可以〈自〉字爲止詞者，難更數也。誠所謂自反動字，如〈自悔〉〈自度〉〈自忖〉者，蓋無幾也。

〔孟滕下〕鑽穴隙相窺逾墻相從。——凡動字前加〈相〉字者，所以明其非成自一人也。故〈相窺〉〈相從〉，言男女兩人，先則彼此相窺，後則彼此相從也。〔史貨殖列傳〕至治之極，鄰國相望，鷄狗⑧之聲相聞。〔漢吴王濞傳〕同惡相助，同好相留，同情相求⑨，同欲相趨。——諸〈相〉字同上。更有加一轉詞，介以〈與〉字以先之者，皆以明交互之意也。〔史封禪書〕而康后有淫行，與王不相中。——〈與王〉者轉詞，而以〈與〉字爲介也。〈與王不相中〉者，言

「康后不與王相得，而王亦不與康后相得」也。〔韓上于相公書〕故其文章言語，與事相侔。——亦以言「其事與文章言語相等」也，皆以言交互之意也。故史記張耳陳餘列傳「兩人相與爲刎頸交」句，〈相與〉者，但言兩人交互而無分彼此也。

①草創云：「馬氏又以〈自〉〈相〉爲止詞，〈自〉非止詞也，惟置諸他動字之上時，類止詞耳。如云『陶然自樂』，決不能謂〈自〉爲〈樂〉之止詞。『徒法不能以自行』，決不能以〈自〉爲〈行〉之止詞也。不寧惟是，〈自〉字之後，常有隨以他動及其止詞者（例如『自賊其身』），如更解〈自〉爲止詞，益增牽强矣。至以〈相〉爲止詞，更爲無理。〈相〉而爲止詞，則〈交〉〈互〉等副字，皆爲止詞矣。〈自〉〈相〉解爲副詞，並無疑問，似無須別立止詞之説。」（頁一〇）　②〈别〉字疑當作〈列〉。　③原誤〈鄭語〉。

④原敚〈是〉字。　⑤原誤〈爲〉。　⑥六字原誤〈箴尹克黄〉。　⑦原誤〈二〉。　⑧原誤〈犬〉。　⑨原誤〈成〉。

受動字四之二

外動字之行，有施有受。受者居賓次，常也。如受者居主次，則爲『受動字』①，明其以受者爲主也。公羊傳莊公二十八年謂：「春秋伐者爲客，伐者爲主。」注謂：「伐人者爲客，長言之；見伐者爲主，短言之；皆齊人語。」是齊人以〈伐〉字之聲短、聲長，以爲外動、受動之别。考經籍中凡外動轉爲受動，約有六式：

一、以〈爲〉〈所〉兩字先乎外動者：

〔漢霍光傳〕衛太子爲江充所敗。——〈敗〉，外動也，〈江充〉其起詞。〈所〉字指〈衛太子〉，而爲〈敗〉之止詞。故〈江充所敗〉實爲一讀，今蒙〈爲〉字以爲斷，猶云「衛太子爲江充所敗之人」，意與「衛太子敗於江充」無異。如此，〈江充所敗〉乃〈爲〉之表詞耳。〔又陳湯傳〕湯尚如此，雖復破絶筋骨，暴露形骸，猶復制於唇舌，爲嫉妬之臣所係虜耳。——〈爲嫉妬之臣所係虜〉者，猶云「湯爲嫉妬之臣所係虜之人」也，不言〈湯〉者，蒙上文也。〈嫉妬之臣所係虜〉一讀，〈係虜〉仍外動也，〈爲〉字至〈耳〉字則句矣。〔史李斯列傳〕微趙君，幾爲丞相所賣。——二世自言。〔又淮陰侯列傳〕吾悔不用蒯通之計，乃爲兒女子所詐。——〈吾〉，爲兒女子所詐者也。〔漢王章傳〕章由是見疑，遂爲鳳所陷。〔又王吉傳〕夏則爲大暑之所暴炙，冬則爲風寒之所匽薄。〔史老申列傳〕無爲有國者所羈。〔又項羽本紀〕漢軍却，爲楚所擠。〔漢傳常傳〕不爲州里所稱。〔又李廣傳〕吏當廣亡失多，爲虜所生得，當斬。〔又〕爲校尉所辱。〔又〕武父子亡功德，皆爲陛下所成就。〔史大宛列傳〕又爲匈奴所敗，乃遠去。〔又游俠列傳〕窮治所犯，爲解所殺，皆在赦前。〔又馮唐列傳〕是以兵破士北，爲秦所禽滅。〔韓與袁相公書〕退勇守專，未爲宰物者所識。〔又答劉正夫書〕若皆與世浮沈，不自樹立，雖不爲當時所怪，亦必無後世之傳也。〔又薦侯喜狀②〕自言爲閣下所知。——以上所引，皆以〈爲〉〈所〉二字間於句讀，雖施受如常，已若轉爲受動之意，惟〈爲〉字之起詞，隱見無定耳。〔又送温處士序〕愈縻於兹③，不能自引去，資二生以待老。今皆爲有力者奪之，其何能無介然於懷邪！——〈爲有力者奪之〉，即「爲有力者所奪」也。愚考先秦諸書，〈爲所〉二字連用以成受動者，實鮮見也。

①『受動字』，文典稱『被動詞』。　②原誤〈答侯喜書〉。　③原誤〈此〉。

二、惟以〈爲〉字先於外動者：

〔莊天下〕道術將爲天下裂。——〈天下裂〉一讀，即「天下所裂」也。〈天下〉，〈裂〉之起詞，其止詞乃〈所〉字，隱而不言。〈爲〉字先乎讀而爲斷詞，其起詞〈道術〉也，句法與前式無異。此則先秦之書常常有之。〔禮大學〕有國者不可以不慎，辟則爲天下僇矣。——〈爲天下僇〉同上。惟起詞蒙上〈有國者〉。〔論子罕〕不爲酒困。——猶云「不爲酒所困」也。〔左僖三十〕且君嘗爲晉君賜矣。——猶云「且君嘗爲晉君所賜」也。〔又襄十八①〕止，將爲三軍獲，不止，將取其衷。——猶云「能止則僅爲三軍所獲」也。〔史游俠列傳〕諸公以故嚴重之，争爲用。——猶云「諸公争爲其所用」也。〔漢司馬遷傳〕僕以口語遇遭此禍，重爲鄉黨戮②笑。——猶云「重爲鄉黨所戮笑」也。〔史屈賈列傳〕兵挫地削，亡其六郡，身客死於秦，爲天下笑，此不知人之禍也。——〈爲天下笑〉者，「爲天下所笑」也，其起詞蒙上文〈懷王〉。〔又淮陰侯列傳〕誠令成安君聽足下③計，若信者亦已爲禽矣。——猶云「亦已爲成安君所禽」也。不言〈成安君〉者，蒙上文也。同傳云：「否必爲二子所禽矣。」故〈爲禽〉者即「爲所禽」也。同傳又云：「多多益善，何爲爲我禽。」〈爲我禽〉者，亦即「爲我所禽」也，同傳又云：「今足下雖自以④與漢王爲厚交，爲之盡力用兵，終爲之所禽矣。」猶云「終爲漢王所禽」也。〈爲〉後不用〈其〉字而用〈之〉字，見代字篇。故韓文守戒云：「今夫鹿之於豹，非不巍然大矣然而卒爲之禽者，爪牙之材不同，猛怯之資殊也。」曰〈卒爲之禽〉者，即「爲之所禽」也，今惟去〈所〉字耳。〔史刺客列傳〕秦之遇將軍，可謂深矣，父母宗族皆爲戮没。——言「皆爲秦所戮没」也。不言〈秦〉者，蒙上文也。

①原誤〈十九〉。　②原作〈僇〉下同。　③原衍〈之〉。　④原衍〈爲〉。

三、外動字後以〈於〉字爲介者：

〔論公冶〕禦人以口給，屢憎於人。——〈屢憎於人〉者，注云「徒多爲人所憎惡」①也。憎惡之情，施自人而受於佞者，今〈佞〉爲起詞而居主次，〈人〉則介〈於〉字，以明其憎惡之情所自發，故〈憎〉字由外動而轉爲受動矣。必介〈於〉字者，明外動之行所自發也。〔趙策〕夫破人之與破於人也，臣人之與臣於人也，豈可同日而言之哉！——〈破於人〉者，「爲人所破」也；〈臣於人〉者仿此。此以〈破人〉與〈破於人〉兩相比，以見同一字之可爲外動與受動也如是。又云：「人之情，寧朝人乎，寧朝於人也？」荀子榮辱云：「通者常制人，窮者常制於人。」孟子滕文公上云：「勞心者治人，勞力者治於人。」漢書趙充國傳云：「善戰者致人不致於人。」史記項羽本紀云：「吾聞先即制人，後則爲人所制。」而漢書改云「先發制人，後發制於人。」諸句，以見同一外動字也，介以〈於〉字，則轉爲受動字矣。〔莊山木〕物物而不物於物，則胡可得而累邪！——〈物於物〉者，「不爲物所物」也。〔漢霍光傳〕帝年八歲，政事壹決於光。——〈決於光〉者，「爲光所決」也。〔史廉頗列傳〕以勇氣聞於諸侯。——〈聞於諸侯〉者，「爲諸侯所聞」也。〔公隱四〕公子翬恐若其言聞乎桓。——言「公子翬心恐如是之言聞於桓」也。〈乎〉即〈於〉也。〔又僖二十二〕宋公[2]釋乎執，走之衛。——〈釋乎執〉者，「爲執者所釋」也。〔史屈原列傳〕故内惑於鄭袖，外欺於張儀。〔漢書叙傳〕然而器不賈於當己，用不效於一世。〔又賈山傳〕然而兵破於陳涉，地奪於劉氏者[3]，何也？〔又司馬遷傳〕至激於義理者不然。〔韓雜説〕麟之爲靈昭昭也，詠於詩，書於春秋。……〔又獨孤府君墓誌銘〕畜於伯父氏。〔又〕其後上將有所相，不可於衆。〔又圬者傳〕妻與子皆養於我者也。〔又與衛中行書〕方甚貧，衣食於人。——諸引外動字後，皆用〈於〉字以介施者，而成爲受動字也。至外動字轉詞本以〈於〉字爲介者，則轉爲受動之後，其轉詞仍舊，不可視爲施者之介字。〔孟告下〕傅説舉於版築之間，膠鬲舉於魚鹽之中，管夷吾舉於士，孫叔敖舉於海，百里奚舉於市。——諸〈舉〉字皆受動字，爲人所舉也；其後〈於〉字，乃記其舉之處，非舉者也，不在此例。〔又離下〕諫行言聽，膏澤下於民。——〈行〉〈聽〉〈下〉三字，皆受動字，〈於民〉者，〈下〉字之轉詞，猶云「施膏澤於民」也，故〈民〉非施者也。〔又告上〕令聞廣譽施於身，所以不願人之文綉也。——〈令聞廣譽施於身〉者，猶云「以聞譽施於身」也。故〈於身〉者非施者也。皆非此例。以上三式，凡外動爲受動，皆見施者之名；以下三式，則有見有不見矣。

①按何晏集解引孔曰：「〈屢〉，〈數〉也，佞人口辭捷給，數爲人所憎惡。」朱熹集注云：「佞人所以應答人者，但以口取辨而無情實，徒多爲人所憎惡爾。」馬氏似用朱注。

②原衍〈於是〉二字。　③〈者〉字原敚。

四、以〈見〉〈被〉等字加於外動之前者：

〔孟梁上〕百姓之不見保，爲不用恩焉。——〈不見保〉者，「不爲保」也。〈保〉前加〈見〉字而成爲受動矣。〔漢司馬相如傳〕先生又見客。——師古云：「〈見〉猶〈至〉也，言至此國爲客也。若今人自稱云〈見顧〉〈見眷〉耳。」而某云：「〈見〉者，加於我之辭也。」[1]近是。案：〈見客〉者，「爲人所見爲客」也。以受動解之，更爲簡捷。〔又〕乃今日見教。——言「受教」也。〔史齊悼惠世家〕若反言漢已破矣，齊[2]趣下三國，不且見屠。——〈見屠〉者，「被屠」也。〔漢汲鄭列傳〕以莊見憚。——〈見憚〉者，「爲人所憚」也。〔又〕其見敬禮如此。——言「爲上敬禮如此」也。〔又霍光傳〕甚見親信。〔又〕陛下未見命高廟。〔又張禹傳〕根[3]言雖切，猶不見從。〔史刺客列傳〕然則將軍之仇報，而燕見陵之愧除矣。〔韓劉公墓誌銘〕明日領騎步十餘抵全義營[4]，全義驚喜迎拜歎息，殊不敢以不見舍望公。〔又釋言〕不見斥以不肖幸矣。〔又毛穎傳〕日見親寵任事。〔又〕雖見廢棄，終默不洩。——諸引句内，動字前蒙以〈見〉字，即轉爲受動矣。〔漢兒寬傳〕廷尉府盡用文史法律之吏，而寬以儒生在其間，見謂不習事，不署曹。——〈見謂不習事〉者，「爲人見以爲不習事」也。猶云「寬儒生而居法律吏之中，人皆稱之爲不習事」也。故〈見謂〉者，即「爲人所稱」也。〔又丙吉傳〕詔丞相御史問以虜所入郡吏，吉具對。御史大夫卒遽不能詳知，以得譴讓，而吉見謂憂邊思職。——言「人見其爲能憂邊思職」也。〔史韓非列傳〕所説出於爲名高者也，而説之以厚利；則見下節而遇卑賤，必棄遠矣。所説出於厚利者也，而説之以名高，則見無心而遠事情，必不收矣。——兩〈見〉字，即漢書〈見謂〉之義。〔史孟荀列傳〕梁惠王不果所言，則見以爲迂遠而闊於事情。——〈見以爲〉者，即「見爲如此」也，故後用表詞。〔韓黃家賊[5]事宜狀〕臣自南來，見説江西所發共四百人。——〈見説〉者，「聞説」也，疑爲唐人方言[6]。〔漢溝洫志〕許商以爲古説九河之名，有徒駭胡蘇鬲津，今見在成平東光鬲界中。——〈見〉在者，「爲人所見在於何處」也。而〈見〉字讀若〈現〉字者，後世之説也[7]。〔韓許國公神道碑〕今見在人莫如韓甥。——〈今見在人〉者，「今爲世所見爲在者之人」云[8]。然韓文進學解云：「然而聖主不加誅，宰臣不見斥，非其幸歟！」其意蓋謂「不爲宰臣所斥」也，則〈見斥〉二字反用矣，未解[9]。

〔史平準書〕式何故見冤於人？——〈見冤於人〉者，「爲人所冤」也。〈於人〉者，明冤之所自也，與前式同。〔又李斯列傳〕且夫臣人與見臣於人，制人與見制於人，豈可同日道哉！〔又禮書〕循法守正者見侮於世。〔莊秋水〕吾長見笑於大方之家。〔史商君列傳〕且夫[10]有高人之行者，固見非於世，有獨知之慮者，必見敖於民。〔又韓非列傳〕昔者[11]彌子瑕見愛於衛君。〔韓原道〕嗚呼，其亦幸而出於三代之後，不見黜於禹湯文武周公孔子也，其亦不幸而不出於三代之前，不見正於禹湯文武周公孔子也！〔又進學解〕然而公不見信於人，私不見助於友。——諸引句，於動字加一〈見〉字，復介以〈於〉字，以言其行之所自發也。〔史酷吏列傳〕錯卒以被戮。——〈被戮〉者，「爲所戮」也。〔又〕被汙惡言而死。——〈被汙〉者，「爲所汙」也。〔又〕是時九卿罪死即死，少被刑。〔漢張敞傳〕身被重劾。——皆同上。〔韓釋言〕子前被言於一相，今李公又相，子其危哉！——〈被言〉，「爲人所讒」也。〈於一相〉者，其轉詞也，非爲一相所言也，猶云「前有讒子於一相者」也。〔又論淮西事宜狀〕所以數被攻劫，〔又〕或被分割隊伍。——皆同上。〔漢張敞傳〕數蒙恩貸。〔又司馬遷傳⑫〕受械於陳。——兩句則〈蒙〉〈受〉二字加諸外動之先，與〈見〉字同。而凡言定爲某罪名者，則惟〈坐〉字。是以〔漢景帝紀〕它物若買故賤，賣故貴，皆坐臧爲盗。——〈坐臧爲盗〉者，猶云「坐爲贓罪如盗」也。案：漢法入罪曰〈坐〉，即定以歸入何罪也⑬。〔漢賈誼傳〕古者大臣有坐不廉而廢者。〔後漢光武紀〕邑曰：「吾昔以虎牙將軍圍翟義，坐不生得以見責讓。」——兩〈坐〉字有解作「因也緣也」⑭，亦可。總之，不失爲受動之意者近是。

①見助字辨略卷四。　②〈齊〉字原敚。　③原誤〈報〉。　④原敚〈全義營〉三字。　⑤〈家賊〉原誤〈州〉。

⑥説本助字辨略卷四。　⑦助字辨略卷四云：「又讀作〈現〉。」刊誤云：「讀若〈現〉字，古有静字狀字二用法。史記項羽紀云：『軍無見糧。』漢書王莽傳云：『倉無見穀。』此静字用法也。漢書外戚傳云：『兒見在，未死。』及溝洫志此文，皆狀字用法也。馬氏以爲後世之説，殊爲失考。」　⑧又云：「此例〈見〉亦當讀若〈現〉。」　⑨又云：「漢書云敞傳云：『莽長子宇非莽鬲絶衛氏，恐帝長大後見怨。』〈見怨〉謂怨王氏也。後漢書吕布傳云：『布往見司徒王允，自陳卓幾見殺之狀。』卓〈幾見殺〉者，卓幾殺布也。是〈見〉字古自有此用法，非韓文創爲也。」　⑩二字原敚。　⑪二字原敚。　⑫原誤〈張禹傳〉。

⑬説及引例均本助字辨略卷三。　⑭同上。

五、〈可〉〈足〉兩字後動字，概有受動之意。①

〔孟公下〕晉楚之富，不可及也。——猶云「晉楚之富非爲人所可及」也。以〈可〉字先乎〈及〉字，〈及〉字即有受動之意。蓋人所不可及者其富，〈富〉爲〈及〉之止詞，今轉爲起詞而居主次。下皆仿此。〔又〕管仲且猶不可召，而況不爲管仲者乎！——言「管仲猶且不可爲人所召」也。〔又公上〕管仲晏子之功，可復許乎？〔又滕上〕民事不可緩也。〔又萬上〕時舉於秦，知繆公之可與有行也而相之，可謂不智乎？〔又〕故君子可欺以其方，難罔以非其道。〔又萬下〕衛卿可得也。〔又盡上〕民可使富也。——諸句〈可〉字下動字，皆受動也。〔左隱元〕蔓草猶不可除②，況君之寵弟乎！〔史季布列傳〕項氏臣可盡誅耶？〔又封禪書〕黄金可成而河決可塞，不死之藥可得，僊③人可致也。〔漢霍光傳〕臣頭可得，璽不可得也。〔史淮陰侯列傳〕吾爲公從中起，天下可圖也。〔漢賈誼傳〕德可遠施，威可遠加，而直數百里外，威令不信，可爲流涕者此也。〔公莊十三〕要盟可犯而桓公不欺，曹子可讎而桓公不怨。桓公之信，著乎天下，自柯之盟始焉。——諸〈可〉字後所有動字，皆受動也。

〔孟梁上〕抑爲采色不足視於目與，聲音不足聽於耳與，便辟不足使令於前與？——三〈足〉字後動字，皆轉爲受動。〈視於目〉者，猶云「爲目所視」也，餘同。〔又公下〕王由足用爲善。——言「其性質尚足爲人所用以爲善」也。〔史黥布列傳〕餘不足畏也。〔又留侯世家〕吾惟豎子固不足遣，而公自行耳。〔秦策〕三王不足四，五霸不足六也。〔韓董公行狀〕凡所謀議於上前者，不足道也。〔又侯喜進士狀〕此乃市道之事，又何足貴乎！〔又論淮西狀〕太山壓卵，未足爲喻。——諸〈足〉字後動字，皆受動也。

他如〈得〉〈當〉諸字後動字，亦有受動之意，然不常見。〔左閔元④〕先爲之極，又焉得立。——〈又焉得立〉者，猶云「太子將何以被立」也。〈立〉在〈得〉字後，有受動意。〔韓答元侍御書〕足下與濟父子俱宜牽聯得書。——〈得書〉者，「能爲人所書」也。〔漢霍光傳〕陛下未見命高廟，不可以承天序，奉祖宗廟⑤，子萬姓，當廢。——〈當廢〉者，應見廢也。〈廢〉在〈當〉字後，有受動意。

①草創云：「表推斷之副字，在文字構造中有特例。今以〈可〉字爲例：即如中庸『爵禄可辭也』之句式是也。此種句式，於解剖時，似可以〈可辭〉二字徑作爲一種象短語之爲説明語者，較爲直捷，決不可認爲目的語倒置也。馬氏文通謂應解此〈辭〉字爲被動，似不可通。凡被動皆得補出其所從被之副語，如〈見殺〉可作〈見殺於某〉是，而此種句式則不能，故有以知其非

被動也。且從條理上玩其語意，似與被動適相反，與〈所〉字之解爲〈被〉義之難通者同。」（頁六三——六四）　②原衍〈而〉字。　③〈僊〉原作〈仙〉，上衍〈而〉字。　④原誤〈二〉。　⑤此句原敚。

六、外動字單用，先後無加，亦可轉爲受動。

此同三式，惟動字後無〈於〉字爲介耳。又同五式，惟動字先無〈可〉字爲助耳。〔禮大學〕物格而後知至，知至而後意誠，意誠而後心正，心正而後身修，身修而後家齊，家齊而後國治，國治而後天下平。——所有〈格〉〈至〉〈誠〉〈正〉〈修〉〈齊〉〈治〉〈平〉諸字，皆單用，先後無加而成爲受動者也。〔孟滕下〕迫，斯可以見矣。——〈迫〉字動用而爲受動也。〔又離下〕諫行言聽。〔史淮陰侯列傳〕言聽計用。〔又屈原列傳〕兵挫地削。〔莊胠篋〕昔者龍逢斬，比干剖，萇弘胣，子胥靡。〔漢景帝紀〕農事傷，則飢之本也。女紅害，則寒之原也。〔史滑稽列傳〕數使諸侯，未嘗屈辱。〔燕策〕珠玉財寶，車甲珍器，盡收入燕，大呂陳於元英，故鼎反於歷[①]室，齊器設於寧[②]臺，薊邱之植植於汶篁[③]。〔史魏其列傳〕夫繫，遂不得告言武安陰事。〔韓答元侍御書〕足下以抗[④]直喜立事，斥不得立朝。〔又進學解〕占小善者率以録，名一藝者無不庸。〔又與孟東野書〕各以事牽，不可合并。——諸引〈行〉〈聽〉〈用〉〈挫〉〈削〉〈斬〉〈剖〉〈胣〉〈靡〉〈傷〉〈害〉〈使〉〈屈辱〉〈收〉〈陳〉〈反〉〈設〉〈植〉〈繫〉〈斥〉〈録〉〈庸〉〈牽〉〈合并〉諸動字，皆受動也。而〈名〉〈化〉等字後綴一〈爲〉字，亦可轉爲受動之意。〔漢陸賈傳〕名爲有口辨士。——〈名爲〉者，爲人所名也。莊子知北游云：「臭腐復化爲神奇，神奇復化爲臭腐。」三國志王粲傳注[⑤]云：「而此諸子化爲糞壤，可復道哉！」〈遷〉〈徙〉〈封〉〈拜〉等字亦然。史記曹相國世家云：「及亢父，先登，遷爲五大夫。」又云：「拜爲假左丞相。」諸句皆與上同解。惟〈爲〉字後所有名代静諸字，皆表詞也，必與起詞同次。同次篇内與論爲字節參觀可也。

①〈於歷〉原依史記作〈乎磨〉。　②原誤〈靈〉。　③士禮居本作〈皇〉。　④原誤〈孤〉。　⑤原誤〈王桑傳〉。

内動字四之三

凡行之留於施者之内者，曰内動字。内動者之行不及乎外，故無止詞以受其所施；内動之不得轉爲受動者此也。而施者因内動之行，或變其處焉，或著其效焉，要不能無詞以明之，是即所謂『轉詞』①也。

① 此種『轉詞』，文典稱『副格』。副格上有介字者，稱『副詞短語』，草創稱爲『目的副語』。語法稱『副位』，又稱『副詞性的賓語』。其上之内動字，草創稱『關係自動字』，語法稱『關係内動詞』。

内動字言去來之行，其轉詞記處者有四：曰從來之處，曰所經之處，曰所至之處，曰所在之處。

一、記從來之處者，其轉詞概以〈自〉字爲介，而先後無常。

〔論公冶〕吾自衛反魯，然後樂正，雅頌各得其所。——〈反〉者，記去來之行，内動字也；其從反之處，〈衛〉也，介以〈自〉字而先於〈反〉字。〔孟滕上〕有爲神農之言者許行，自楚之滕。——〈之〉者，到也，亦内動字也，其從來之處，〈楚〉也，故介以〈自〉字。〔又盡下〕孟子自范之齊。——同上。〔左昭七〕九月，公至自楚，孟僖子病，不能相禮。——〈自楚〉者，言所從來之處也，今後於〈至〉字。〔燕策〕於是昭王爲隗築宫而師之。樂毅自魏①往，鄒衍自齊往，劇辛自趙往，士争湊燕。——〈自燕〉〈自齊〉〈自趙〉皆言所從往之處也，各先〈往〉字。〔史張釋之列傳〕頃之，上出中渭橋，有一人從橋下走出，乘輿馬驚。——〈從橋下〉者，言所從走出之處也。介以〈從〉字而不介以〈自〉字者，〈從〉〈自〉兩字同解，先於〈走出〉兩字。〔史項羽本紀〕從此道至吾軍，不過二十里耳。——〈從此道〉同上。〔又〕於是大風②從西北而起。——〈從西北〉者，言〈風〉所從起之方也。雖先〈起〉字而參以〈而〉字者，以〈從〉雖用如介字，而其用與動字同功。古籍中以〈由〉〈繇〉諸字爲介者有焉。〔孟告下〕他日由鄒之任，見季子，由平陸之齊，不見儲子。——〈由鄒〉〈由平陸〉，記所從來也，不介〈自〉而介〈由〉者，〈由〉即〈自〉也。

① 原誤〈燕〉。　② 原敚〈風〉字。

二、記所經之處，後乎動字而無介焉。

〔孟滕上〕滕文公爲世子，將之楚，過宋而見孟子。——〈過宋〉者，路過宋國。〈宋〉爲所經之處，後乎〈過〉字，而無介字以間之。凡〈經〉〈過〉〈涉〉〈歷〉諸字，皆内動字也，用以轉爲受動者蓋寡。以經過之行，仍止乎發者之内，如

〈過宋〉乃過者自過，與〈宋〉無涉也。曰〈宋〉者，惟以記過者自歷之處耳。〔又〕三過其門而不入。——〈過其門〉者同上。〔論微子〕楚狂接輿歌而過孔子曰。——〈過孔子〉者，身經孔子所在之處也。〔左襄十八〕楚師伐鄭，次於魚陵，右師城上棘，遂涉潁，次于旃然。——〈涉潁〉者過潁水也，同上。〔又〕子庚門于純門，信于下而還，涉于魚齒之下，甚雨，及之。——〈于魚齒之下〉者，記涉河之處，而非所經之處也，故加〈于〉字。〔秦策〕將説楚王，路過洛陽。父母聞之，清宫除道，張樂設飲，郊迎三十里。——〈洛陽〉蘇秦所經也。〔齊策〕襄王立，田單相之。過菑水，有老人涉菑而寒，出，不能行，坐於沙中。——〈過菑〉〈涉菑〉，皆言所經之處也，並無介字居間焉。〔史五帝贊〕余①嘗西至空②峒，北過涿鹿③，東漸於海，南浮江淮矣。——〈過涿鹿〉，〈浮江淮〉，皆記身經之處也。〔韓送韓侍御序〕東起振武，轉而西，過雲州界，極於中受降城，出入河山之際，六百餘里。〔又燕喜亭記〕次其道途所經，自藍田入商洛，涉淅④湍，臨漢水，升峴首以望方城，出荆門，下泯江，過洞庭，上湘水，行衡山之下，繇郴逾嶺，猨狖所家，魚龍所宫，極幽遐瑰詭之觀，宜其於山水飫聞而厭見也。——觀前兩引，記其道途所經之處，皆置内動之後如止詞然，並無介字以間焉。〔公定八〕臨南駷馬而由乎孟氏。——〈由乎孟氏者〉，道經孟氏家也。所經之處介以〈乎〉字者，非常例也。

①原誤〈吾〉。　②原作〈崆〉。　③〈涿鹿〉原誤〈大陸〉，下同。　④原誤〈湘〉。

三、記所至之處，後乎内動，無介字者常也，然有介以〈於〉字者。

〔論子路〕子適衛。〔又子罕〕吾自衛反魯。〔又八佾〕子入太廟。〔又陽貨〕子之武城。〔又微子〕大師摯適齊。——曰〈適衛〉，曰〈反魯〉，曰〈入太廟〉，曰〈之武城〉，曰〈適齊〉者，皆記所到之地而無介字以爲間也。〔孟梁下〕王之臣有托其妻子於其友而之楚游者。〔又公下〕不能造朝。〔又〕孟子之平陸。〔又滕上〕然友之鄒。——曰〈之楚〉，曰〈造朝〉，曰〈之平陸〉，曰〈之鄒〉，皆言所到之處。〔莊達生〕仲尼適楚，出於林中。〔左桓三①〕公子翬如齊逆女。〔又襄十九②〕及著雍疾。〔又昭四〕許男如楚，楚子止之。〔秦策〕陳軫去楚之秦。〔燕策〕五日而至郢③。

〔史叔孫通列傳〕叔孫通已出宫反舍。〔又〕迺亡去之薛。〔又項羽本紀〕項梁起東阿，西北至定陶。〔又〕長史欣恐，還走其軍。〔又〕行至安陽，留四十六日不進。〔又〕項伯乃夜馳之沛公軍④。〔又〕沛公起如厠。〔又黥布列傳〕迺率其曹偶亡之江中。——諸引凡所至之地，皆無介字。

〔孟梁下〕臣始至於境。——〈於境〉者，所至之地也。前引〈至〉字，所至之地無〈於〉字爲介，今加〈於〉字，亦無不可。〔又〕放於琅邪。〔又公下〕反於魯。〔又〕趨造於朝。——曰〈放於琅邪〉，「至琅邪」也。〈反於魯〉者，「反歸魯」也。〈趨造於朝〉者，即上文所云「趨而造朝」也，皆可無介字爲介也。〔莊至樂〕昔者海鳥⑤止⑥於魯郊，〔又秋水〕順流而東行，至於北海。〔公莊三十二〕於是從其言而飲之。飲之無傫氏，至乎王堤而死。〔春⑦桓十五〕鄭世子忽復歸于鄭。〔左僖四〕賜我先君履，東至于海，西至于河，南至于穆陵，北至于無棣。〔又襄十〕晉侯懼而退，入于房。〔又襄十一〕齊太子光、宋向戌先至于鄭，門于東門。其莫，晉荀罃至于西郊。〔又襄十八⑧〕右回梅山，侵鄭東北，至于蟲牢而反。——諸引所到之地，皆爲介字所司。而同一動字後，前節所引，並無〈於〉字爲介者也。

大抵〈之〉〈適〉〈如〉三字，解〈往〉也⑨，其後記所到之地，未見有介字爲介者⑩。

①原誤〈二〉。　②原誤〈十〉。　③原誤〈鄭〉。　④原敚〈軍〉字。　⑤原誤〈島〉。　⑥原誤〈至〉，爲「記所至之處」者，若〈止〉則「記所在之處」，應入下節。　⑦原缺〈春〉字。　⑧原誤〈十九〉。　⑨草創云：「普通外國文法，皆將動字分爲自動他動。更細分之，則又有所謂不完全自動與不完全他動。他動之特徵，在於附有目的語，（馬氏謂之止詞，）且概得變爲被動。（馬氏謂之受動。）不完全自動字，則附有補足語，其補足語有説明主語之作用者也。不完全他動字，則目的語外別有補足語，其補足語有説明目的語之作用者也。至於一般自動字，則無目的語與補足語，此其大別也。馬氏文通於〈之〉〈適〉〈著〉等一類字，大概列之於普通自動字中，固屬不誤。……惟……此等字與普通自動字之用副語與否得以任意者，究屬有別，而又非不完全自動字，（因不完全自動字所須之補足語，係説明主語者，與此不同。）似當另設一系以處之。今擬稱之爲『關係自動字』。關係自動字，原則上必須與副語相伴者也。（例如『子適衛』，〈適〉爲關係自動字，〈衛〉爲目的副語。若省

去〈衛〉字，但留〈子適〉二字，則不成文。故〈衛〉之爲副語，與一般副語異。一般副語，雖被取去，而於文之組織無傷也。」）（頁一七）

⑩ 刊誤云：「莊子徐无鬼篇云：『无幾何而使梱之於燕。』〈之〉字後有〈於〉字爲介。」

四、記所在之處，介以〈於〉字者常也，不介者有焉。

〔孟梁下〕邑於岐山之下居焉。——〈岐山之下〉者，所〈於邑〉之處也，〈焉〉者，〈於此〉也，即所〈於居〉之處也。兩字皆所在之地，而以〈於〉字爲介。〔又公下〕孟子去齊，宿於晝。——〈晝〉地名，孟子所〈於宿〉之處也。〔又梁下〕出舍於郊。——〈郊〉者所〈於舍〉之處也。〔論公冶〕乘桴浮於海。——〈海〉者所〈於浮〉之處也。〔莊秋水〕孔子游於匡。〔又〕莊子釣於濮水。〔又達生〕彼將處乎不淫之度，而藏乎无端之紀，游乎萬物之所終始。〔又山木〕莊子行於山中。〔又〕君其涉於江而浮於海。〔左桓四〕公狩于郎。〔又襄十一〕諸侯會于北林，師于向，右還，次于瑣。〔齊策〕孟嘗君就國於薛。〔趙策〕止於蕩陰，不進。〔左昭二十九〕春，公至自乾侯，處①于鄆。——諸引凡記所在之處，皆有〈於〉字以介焉。以上記所在之處，皆後於内動字。至外動字或受動字，其後記所在之處，亦概以〈於〉字爲介。〔論先進〕子畏於匡。——猶云「子見畏於匡」也。〈畏〉者，受動字也，〈於匡〉者，記〈見畏〉之地也。〔莊山木〕孔子問子桑雽②曰：「吾再逐於魯，伐樹於宋，削迹於衛，窮於商周，圍於陳蔡之間。」——諸受動外動後，所有〈於〉字，皆司所在之地。〔左隱十一〕公祭鍾巫，齊于社圃，館于寫氏。〔春桓三③〕公會齊侯于讙。——諸引同上。外動字轉詞，介以〈於〉字而記處者，可參觀也。

〔孟公下〕孟子去齊，居休。——〈居休〉者，「居於休」也。〈休〉記所〈於居〉之地，而無介字以間焉。〔左昭四〕許男如楚，楚子止之，遂止鄭伯。復田江南，許男與焉。——〈復田江南〉者，「田於江南」也。〈江南〉所〈於田〉之處，而無介字以間焉。〔史魏其列傳〕魏其謝病，屏居藍田南山之下。——〈藍田〉所〈於居〉之處也。〔又項羽本紀〕漢之元年四月，諸侯罷戲下各就國。——〈戲下〉者，記所〈於罷〉之地也，以上内動字後，記所在之地而無介字者，史籍中往往而有。外動字後，其轉詞記所在之地，亦不以〈於〉字爲介者，已詳於前，可取引也。〔史項羽本紀〕乃使使徙義帝長沙郴縣。——猶云「徙義帝於長沙郴④縣」也。〔又黥⑤布列傳〕項王往擊齊，徵兵九江。——猶云「徵兵於九江」也。〔又〕漢之⑥敗楚彭城。——猶云「敗楚於彭城」也。〔又大宛列傳〕於是天子始種苜蓿蒲陶肥饒地。——猶云「種之於肥饒地」也。史記往往同一句法，〈於〉字有用有不用者。項羽本紀云：「今盡王故王於醜地，而王其群臣諸將善地。」前句曰〈於醜地〉，後句惟曰〈善地〉，不介〈於〉字而辭意亦明。同一句也，史記用〈於〉字而漢書刪去者，漢書用〈於〉字而史記刪去者，難僕數也。項羽紀史記云「大破秦軍於⑦東阿」，漢書云「大破秦軍⑧東阿」；史記云「王坐不安席，埽境内而專屬於將軍」，漢書云「埽境内而屬將軍」；高祖紀史記云「乃⑨即皇帝位氾水之陽」，漢書云「漢王⑩即皇帝位于氾水之陽」；蕭何傳史記云「貧，種瓜於長安城東」，漢書云「貧，種瓜長安城東」；張良傳史記云「昔湯伐桀，封其後於杞，武王伐紂，封其後於宋」，漢書云「昔湯伐桀，封其後杞，武王誅紂，封其後宋」；張耳陳餘傳史記云：「然而慈父孝子莫敢倳刃公之腹中者，畏秦法耳」，漢書蒯通傳⑪云「慈父孝子所以不敢事刃於公之腹⑫者，畏秦法也」；韓信傳史記云：「不至十日而兩將之頭可致於戲⑬下」，漢書云「不至十日，兩將之頭可致戲下」；樊噲傳史記云「東攻秦軍於尸，南攻秦軍於犨」，漢書云「東攻秦軍尸鄉，南攻秦軍於犨」。曰〈尸〉曰〈犨〉，兩地名皆單字，皆加〈於〉字以足之；至〈尸鄉〉則雙字矣，不加〈於〉字者，殆爲此耶？前云〈封其後魯〉〈封其後宋〉者，蓋〈魯〉〈宋〉雖爲單字地名，而合於〈封其後〉三字，則四之矣。〈東攻秦軍〉四字，如續以單字地名，則五之，不偶矣，然亦未敢拘爲定例也。劉敬傳史記云「而欲比隆於成康之時，臣竊以爲不侔也」，漢書云「而欲比隆成康之時，臣竊以爲不侔矣」。總觀兩書，史記之文紆餘，漢書之文卓犖，〈於〉字之删不删，其有以夫！

①原誤〈居〉。　②原誤〈虖〉。　③原誤〈二〉。〈桓〉上缺〈春〉字。　④原誤〈彬〉，上同。　⑤原誤〈黔〉。

⑥原誤〈王〉。　⑦原敓〈於〉字。　⑧原衍〈於〉字。　⑨原敓〈乃〉字。　⑩原敓〈漢王〉二字。　⑪原缺〈蒯通傳〉三字。　⑫原衍〈中〉字。　⑬原作〈麾〉。下同。

内動字惟言去來之行而無轉詞以記處者，蓋參觀上下文，其處可知也。

〔論微子〕三日不朝，孔子行。——〈行〉内動字，解〈去〉也。雖不言從去之地，而去魯可知矣。〔又〕佛肸召，子欲往。——〈往〉者至佛肸所召之處也，不言可知。〔春桓四〕夏，天王使宰渠伯糾來聘①。——〈來〉者，至魯也，不言，例也。〔左襄十〕晉侯懼而②退，入于房，去旌卒享而還。——〈還〉者，回晉也。〔燕策〕天下必以王爲能市馬，馬今至矣。〔又〕帝者與師處，王者與友處，霸者與臣處，亡國與役處。〔又〕詘指③而事之，北面而受學，則百己者至，先趨而後息，先問而後嘿，則什己者至，人趨己趨，則若己者至。——諸所至之地與所處之地，皆空論，可不言而喻也。惟〈馬今至矣〉一句，其〈所至〉之地〈燕〉也④，與別引不同。〔史叔孫通列傳〕公所爲，不合古，吾不行，公往矣。——〈所行〉〈所往〉之地，不言可知。〔左襄十八〕鳥烏⑤之聲樂，齊師其遁。——其〈從遁〉之處有不待言者。

①原誤作「隱桓五，天王使宰渠來聘」。　②原敓〈而〉。　③〈指〉，原誤〈己〉。　④按上文僅云「古之君人」，非必燕也。　⑤原誤〈烏烏〉。

内動之行，雖不徑達乎外，至其行之效有所於歸者，則爲轉詞。其轉詞概以〈於〉字爲介焉。

〔孟公下〕王曰：「吾甚慚於孟子。」——〈慚〉者，〈自愧〉也。其自愧之心，發之於内，仍未見之於外也。不曰〈慚孟子〉而曰〈慚於孟子〉者，蓋〈孟子〉非其所慚之人，乃其自慚之效所於歸也。〔又公上〕且以文王之德，百年而後崩，猶未洽於天下。——〈洽於天下〉者，言「浹洽之效普施於天下」也。〔又〕行有不慊於心，則餒矣。——猶云「所行仁義有不足於心」也。故〈心〉者，乃仁義充足之效所於發著也。〔又離上〕故沛然德教溢乎四海。〔又〕苟不志於仁，終身憂辱，以陷於死亡。〔又萬上〕惟順於父母，可以解憂。〔又告下〕若是乎賢者之無益於國也。〔又盡上〕仰不愧於天，俯不怍於人，二樂也。——凡〈充〉〈溢〉〈志〉〈向〉〈順〉〈遜〉〈愧〉〈怍〉〈利〉〈益〉諸動字，其轉詞概以〈於〉字爲介，有如此者。然同一動字，後有〈於〉字與無〈於〉字，其意有因以不同者。〔論爲政〕攻乎異端，斯害也已。——注云「〈攻〉、〈治〉也」，猶治玉石者專精以討求也①，其實應解「致力於異端」也。故以〈乎〉字爲介。〈乎〉、同〈於〉。有以〈攻〉字解爲〈攻擊〉之意，則〈乎〉字費解矣。蓋〈攻人〉〈攻城〉諸語，〈人〉〈城〉、〈攻〉之止詞，而無〈乎〉〈於〉介字以間也。〔史商君列傳〕常人安於故俗，學者溺於所聞。〔又平準書〕然無益於俗，轉騖於功利矣。〔又屈賈列傳〕蟬蜕於濁穢，以浮游塵埃之外。〔又〕夫聖人者，不凝滯於物，而能與世推移。〔左桓十三〕莫敖狃於蒲騷之役，將自用也。〔又莊二十二〕羈旅之臣，幸若獲宥，及於寬政，赦其不閑於教訓而免於罪戾，弛於負擔，君之惠也。〔又成九②〕其爲大子也，師保奉之以朝于嬰齊而夕于側也。〔又隱三〕王貳于虢，鄭伯怨王。〔又襄十四〕不與於會，亦無瞢焉。〔穀僖十九〕梁亡，自亡也。湎於酒，淫於色，心昏耳目塞。〔公文十三〕周公拜乎前，魯拜乎後。〔秦策〕是故兵勝於外，義强於内，威立於上，民服於下。〔又〕今之嗣主，忽於至③道，皆惽於教，亂於治，迷於言，惑於語，沈於辯，溺於辭，以此論之，王固不能行也。〔齊策〕文倦於事④，憒於憂，而性懧愚，沈於國家之事，開罪於先生。〔莊逍遥游〕中於機辟，死於罔罟。〔史禮書〕漸漬於失教，被服於成俗。〔又〕以爲繁禮飾貌，無益於治。〔莊山木〕犁然有當於人心。〔又庚桑楚〕則⑤不免於罔罟之患。〔又徐無鬼〕夫爲天下者，亦奚以異乎牧馬者哉。〔史張釋之列傳〕自度終無益於張廷尉。〔韓與衛中行書〕賢不肖存乎己，貴與賤禍與福存乎天，名聲之善惡存乎人。〔又上李侍郎書〕遂得究窮於經傳史記百家之説，沈潜乎訓義，反復乎句讀，礱磨乎事業，而奮發⑥乎文章。〔又祭田横墓文〕余既博觀乎天下，曷有庶幾乎夫子之所爲。〔又李翊書〕雖如是，其敢自謂幾於成乎！〔又與柳中丞書〕此由天資忠孝，鬱於中而大作於外，動皆中於機會，以取勝於當世，而爲戎臣師，豈常習於威暴之事而樂其鬥戰⑦之危也哉！愈誠怯弱，不適於用，聽於下風，竊自增氣。〔又三上宰相書〕豈復有所計議能補⑧於周公之化者哉！〔又答崔立之書〕以爲人之仕者，皆爲人耳，非有利乎己也。〔又〕退自取所試讀之，乃類於俳優者之辭。〔又〕故凡僕之汲汲於進者，其小得蓋欲以具裘葛，養窮孤，其大得蓋欲以同吾之所樂⑨於人耳。〔又〕若都不可得，猶將耕於寛閑之野，釣於寂寞之濱。〔又與⑩陳給事書〕其後閤下位益尊，伺候於門墻者日益進。〔又〕急於自解而謝，不能竢更寫⑪。〔又答竇秀才書〕念終無以樹立，遂發憤篤專於文學。學不得其術，凡所辛苦而僅有之者，皆符於空言而不適於實用。〔又處州孔子廟碑〕其子弟皆興於學。——凡內動字以〈於〉字介其轉詞者，蓋不勝引也。諸引轉詞，要皆以〈於〉字爲介，而不必泥於效所於歸之意，蓋亦有記效所發現之處者也。如「耕於寬閑之野，釣於寂寞之濱」兩句，兩轉詞介以〈於〉字者，惟記〈耕〉〈釣〉所在之處耳。

①按「攻，治也」，見集解。朱注引范氏曰：「攻，專治也，故治木石金玉之工曰攻。」馬氏似兼采朱注。②原誤〈十九〉。③原誤〈治〉。④原誤〈惓於是〉。⑤〈則〉字原敚。⑥原誤〈發憤〉。⑦原誤〈戰鬥〉。⑧原誤〈外〉。⑨原誤〈得〉。⑩原誤〈答〉。⑪原敚〈竢更寫〉三字。

轉詞有記行之緣起者，概先內動而介以〈自〉字爲是①，〈從〉〈由〉兩字亦間用焉。其記行之所同發者，亦先內動而惟〈與〉字是介。

〔漢賈誼傳〕以爲患之興自此起矣。——〈自此〉者，〈患〉〈興〉之緣〈起〉也，而先乎〈起〉字。〈起〉，內動字也。〔史大宛列傳〕大宛之迹，見自張騫。——〈自張騫〉同上。〈見〉本受動字，而爲〈顯見〉之解，則內動字矣。〔史六國年表序〕六國之盛自此始。——〈自此〉者同前。〈始〉，內動字也。〔孟滕上〕夫仁政必自經界始。〔漢文翁傳〕至武帝時，乃令天下郡國皆立學校官，自文翁爲之始云。〔又儒林傳〕故教化之行也，建首善自京師始。〔史屈原列傳〕屈平之作離騷，蓋自怨生也。〔韓送王秀才序〕故求②觀聖人之道，必自孟子始。〔又張中丞後叙〕城之陷自遠所分始。——皆如前。〔史叔孫通列傳〕諸果獻由此興。〔孟滕上〕之則以爲愛無差等，施由親始。——〈由〉同〈自〉字，餘同上。〔燕策〕今王誠欲致士，先從隗始。——〈從〉同〈自〉字，餘如前。如記緣起之處，仍介〈於〉字。〔史六國年表序〕故禹興於西羌，湯起於亳。——曰〈西羌〉，曰〈亳〉者，皆地名，禹湯興起之處也。〔又月表序〕然王迹之興，起於閭巷。——〈閭巷〉亦王迹所興之處也，故介〈於〉字而後動字。然六國年表云：「秦之帝用雍州興，漢之興自蜀漢。」〈用雍州〉者，即「以雍州」也。是〈雍州〉乃〈秦〉之〈所以興〉，而非〈所於興〉也。自〈蜀漢〉後乎

〈興〉字者，〈漢之興〉成爲一讀，〈自蜀漢〉轉成一句，而〈自〉字則用如動字矣。〔又叔孫通列傳〕原廟起以複道故。——〈複道〉記〈原廟〉緣起之故，故介〈以〉字。見介字篇。

〔孟離下〕孟子不與右師言。右師不悦曰：「諸君子皆與驩言，孟子獨不與驩言，是簡驩也。」——〈言〉字後記所言者，則爲外動字；今不記所言者，則〈言〉作〈對語〉之解，而爲内動字矣。所與對語者，〈右師〉也，〈驩〉也，其轉詞也，介以〈與〉字而先焉。〔又〕堯舜與人同耳。——〈與人〉如上。〔又〕其妻問所與飲食者。——〈所與〉者同飲食之人也。〔又萬下〕思與鄉人處，如以朝衣朝冠坐於塗炭也。〔又〕此五人者亦有獻子之家，則不與之友矣。〔又告上〕雖與之俱學，弗若之矣。〔又盡上〕夫③君子所過者化，所存者神，上下與天地同流，豈曰小補之哉！〔又盡下〕今之與楊墨辨者，如追放豚。〔又梁上〕古之人與民偕樂，故能樂也。〔又滕上〕何爲紛紛然與百工交易。〔又盡上〕舜之居深山之中，與木石居，與鹿豕游。——諸句轉詞，以〈與〉字爲介者，皆與起詞同發一行者也，故位先動字者此也。〔左襄十四〕我諸戎飲食衣服，不與華同。〔又僖二十八④〕晉侯夢與楚子搏。〔又〕請與君之士戲。〔史六國年表序〕而穆公脩政，東竟至河，則與齊桓晉文中國侯伯侔矣。〔又欒布列傳〕吾聞曹丘生非長者，勿與通。——〈勿與通〉者，「勿與之通」也。〔又平原君列傳〕約與食客門下⑤二十人偕。〔史商君列傳〕公與語，不自知厀之前於席也。〔又封禪書〕百餘歲然後得與神通。〔又屈原列傳〕夫聖人者，不凝滯於物，而能與世推移。〔韓禘祫議〕今之所議，與此正同。〔又改葬服議〕近代已來，事與古異。〔又上崔虞部〕其一人者⑥則莫之聞矣，實與華違，行與時乖，果竟退之。〔又上宰相書〕今所以惡衣食，窮體膚，麋鹿之與處，猨狖之與居，固自以其身不能與時從順俯仰，故甘心自絶而不悔焉。〔又孟東野書〕江湖余樂也，與足下終，幸矣。——諸引轉詞，以〈與〉字爲介者，皆先動字，所以明其行之與起詞同發也。⑦

①〈是〉，疑〈常〉字之誤。　②原誤〈欲〉。　③〈夫〉字原敚。　④原誤〈二十六〉。　⑤原敚〈食客門下〉四字。

⑥〈者〉字原敚。　⑦草創云：「馬氏文通沿舊經學家説，舉多數〈與〉字之在句間者之例，以爲〈與〉字可插於語間。其所舉

者多非是。以鄙意解之，中或爲〈參與〉之〈與〉，或爲〈黨與〉之〈與〉，音義當與助字之〈與〉並殊。必悉解爲助字，多所牽强，且多有與〈與〉之語氣不相符者。」(頁九一)

前論止詞必後外動，而轉詞則先後無常。至名字不爲止轉兩詞，而惟以狀動字者，則必先所狀。動字之可狀者，内外一也，此與賓次節所論同例①。

〔史貨殖列傳〕銅鐵則千里往往山出棊置。——言「如圍棊之置」也。〈棊〉名字，先於〈置〉字，以狀其布置之式。〈置〉字用爲受動字。〔又項羽本紀〕項莊拔劍起舞，項伯亦拔劍起舞，常以身翼蔽沛公。——言「身如鳥翼之遮蔽沛公」也。〈翼〉名字，先〈蔽〉字，以狀其左右遮蔽之容。〈蔽〉外動字也。〔又循吏傳〕秋冬則勸民山採。——言「教民山中採伐」也。〈山〉名字，先〈採〉字，以狀採伐之處。〔又汲黯列傳〕黯爲人性倨少禮，面折不能容人之過。——言「當面折責」也，亦以狀折責之光景也。史漢類此者難僕數也。史記吴王濞傳云：「於是②乃使中大夫應高誂膠西王，無文書，口報曰。」張耳列傳云：「頭會箕斂以供軍費。」貨殖列傳云：「則人物③歸之，繈至而輻湊。」又云：「目挑心招，出不遠千里，不擇老少者，奔富厚也。」春申君傳云：「魏之兵雲翔而不敢捄。」始皇本紀云：「入則心非，出則巷議。」陳平世家云：「太后面質呂嬃於陳平。」周勃世家云：「條侯因趨出，景帝以目送之④。」叔孫通列傳云：「公所事者且十主，皆面諛以得親貴。」越世家云：「今王知晉之失計，而不自知越之過，是目論也。」荆軻列傳云：「吾曩者目攝之。」陸賈列傳⑤云：「然⑥漢王起巴蜀，鞭笞天下。」⑦陳平世家云：「項王爲人意忌信讒，必内相誅。」酷吏列傳云：「至則⑧族滅瞯氏首惡，餘皆股栗。」又云：「然⑨奸僞萌起。」主父偃列傳云：「臣聞⑩天下之患，在於土崩，不在於瓦解，古今一也。」蘇秦列傳云：「燕猶狼顧而不能支。」張儀列傳云：「席卷常山之險，必折天下之脊。」主父偃列傳云：「夫⑪匈奴之性，獸聚而鳥散，從之如搏影。」淮陰侯⑫列傳云：「連⑬號一呼，天下之士雲合霧，集魚⑭鱗雜遝。」屈原列傳云：「上官大夫與之同列，爭寵而心害其能。」刺客列傳云：「范⑮中行氏皆衆人遇我，我故衆人報之，至於智伯，國士遇我，我故國士報之。」項羽本紀云：「諸侯吏卒，乘勝多奴虜使之。」漢書匈奴傳云：「雲徹席卷。」相如傳云：「雲布霧散。」趙廣漢傳云：「見事風生。」相如傳云：「武節猋逝。」馬宮傳云：「而⑯希指雷同。」匈奴傳云：「深入霆擊。」中山王傳云：「骨肉冰釋。」陳項⑰傳云：「天下雲合⑱嚮應，贏糧而景從。」谷永傳云：「災異鋒起。」霍光傳云：「今群⑲下鼎沸。」王莽傳云：「三輔盜賊麻起。」谷永傳云：「欲以檻塞大異。」⑳又云：「以㉑鏡考已行。」刑法志云：「毛舉數事。」義縱傳云：「縱以鷹擊毛摯爲治。」韓文㉒：送區册序云：「小吏十餘家，皆鳥言夷面㉓。」送鄭尚書序云：「蜂屯蟻雜，不可爬梳。」又云：「至紛不可治，乃草薙而禽獮之。」藍田丞壁記云：「雁鶩行以進。」南海神廟碑云：「山行海宿。不擇處所。」諸引句皆以名字先乎動字而狀焉。

①原誤〈列〉。　②原敓〈於是〉二字。　③原誤〈民〉。　④原敓〈因〉字〈以〉字。漢書周勃傳作「亞夫因趨出，上目送之」。按此例應以漢書易之。　⑤原誤〈樊噲列傳〉。　⑥〈然〉字原敓。　⑦刊誤云：「此節馬氏所引，皆名字作狀字用之例。然此例之〈鞭笞〉，乃以名字爲外動字，非其類也。」　⑧二字原敓。　⑨〈然〉字原敓。　⑩二字原敓。　⑪〈夫〉字原敓。　⑫原誤〈蒯通〉。　⑬原誤〈建〉。漢書蒯通傳作〈建〉。　⑭原誤〈雷〉。　⑮原衍〈氏〉字。　⑯〈而〉字原敓。　⑰原誤〈賈誼〉。　⑱原衍〈而〉字。　⑲〈今群〉原誤〈天〉。　⑳漢書作「此欲以政事過差丞相父子中尚書宦官檻塞大異」。　㉑〈以〉字原敓。　㉒原誤〈又〉。　㉓原誤〈鳥面夷言〉。

内動字無止詞，有轉詞，固已。然有内動字用若外動者，則亦有止詞矣。

〔莊應帝王〕且也虎豹之文來田，猨狙之便，執斄之狗來藉。——〈來田〉者，使人田之也，〈來藉〉者，致人羈縻也。〈來〉，内動也，今用如外動，故〈田〉與〈藉〉兩字皆其止詞矣。〔左襄二十二〕君三泣臣矣，敢問誰之罪也？——〈泣〉，内動也。〈泣臣〉者，知臣遭患而爲之泣也，用如外動，故〈臣〉字其止詞也。〔史信陵君列傳〕然嬴欲就公子之名，故久立公子車騎市中。——〈久立公子車騎市中〉者，故使公子車騎久立於市中也。〈立〉字用如外動。〔漢高帝紀〕引入坐上坐。——〈坐〉，内動也，〈坐上坐〉，則第一〈坐〉字用如外動矣。〔史張耳陳餘列傳〕張耳數①使人召前陳餘。——齊策之〈王前〉〈觸前〉，〈前〉字，內動也，〈召前陳餘〉，〈前〉字爲外動矣。〔左襄三十〕遂仕之，使助爲政。——論語陽貨云：「吾將仕矣。」〈仕〉，內動字也，〈遂仕之〉者，「使之仕」也，則〈仕〉爲外動字矣。〔又成二〕寧不亦淫從其欲以怒叔父。——詩云：「王赫斯怒。」〈怒〉，內動也，〈怒叔父〉者，「致叔父怒」也，則〈怒〉爲外動矣。〔又宣十七[2]〕吾又執之以信齊沮[3]，吾不既過矣乎。——〈信齊沮〉者，「使齊沮見信」也，則〈信〉爲外動矣。〔又定四〕子期似王，逃王而己爲王。——〈逃王〉者，「使王逃」也，〈逃〉字用如外動。〔漢樊噲傳〕詔户者毋得入群臣。——猶云「不令納群臣」也，〈入〉字用如外動。〔史刺客列傳〕大驚韓市人。——猶言「使之驚」也。〔公莊三十二[4]〕季子和藥而飲之。〔史封禪書〕後子孫飲馬於河。〔漢外戚傳〕告武以篋中物書予獄中婦人，武自臨飲之[5]。——三〈飲〉字皆「使之飲」也，非飲可飲之物也。〔莊駢拇〕伯夷死名於首陽之下，盜跖死利於東陵之上。〔呂覽安死〕夫死其死[6]，視萬世猶一瞚也。——〈死〉字用如外動。〔韓孔公墓誌銘〕天子入先言。——猶言「聽先入之也」，〈入〉字用如外動。〔又韋公墓誌銘〕人去渫污，氣益蘇。〔又〕明年，築堤扞江，長十二里，疏爲斗門，以走潦水。——一〈去〉字，一〈走〉字，皆內動而用如外動。〔又順宗實録〕德宗卒不相延齡渠牟，上有力焉。——左氏莊公九年云：「使相可也」，〈相〉爲內動字，〈不相延齡渠牟〉者，「不使之相」也，用如外動字矣。凡諸所引內動轉爲外動者，皆有止詞繫其後焉。孟子盡心上云：「天下無道，以身殉道，未聞以道殉乎人者也。」同一〈殉〉字，乃一曰〈殉道〉[7]，一曰〈殉乎人〉，即一爲止詞，一爲轉詞。又梁惠王下云「君子不以其所養人者害人」，又滕文公上云「曰害於耕」，同一〈害〉字，一曰〈害人〉，一曰〈害於耕〉，即一爲止詞，一爲轉詞。若是，動字之用有兩岐者，亦時見於書。

①原誤〈故〉。　②原誤〈成二〉。　③原誤〈詛〉，下同。　④原誤〈三十三〉。　⑤原誤「告式以篋中物子獄中婦，式自臨飲之」。　⑥呂覽無第二〈死〉字。此例誤。　⑦原誤〈身〉。

同動助動四之四

凡動字所以記行也；然有不記行而惟言不動之境者，如〈有〉〈無〉〈似〉〈在〉等字，則謂之『同動』，以其同乎動字之用也①。有不記行而惟言將動之勢者，如〈可〉〈足〉〈能〉〈得〉等字，則謂之『助動』，以其常助動字爲功也②。

①『同動字』，語法沿稱爲『同動詞』，分（一）『決定的同動詞』（〈是〉〈非〉〈在〉〈有〉〈無〉等字屬之），（二）『推較的同動詞』（〈似〉〈如〉等字屬之）二種。草創云：「馬氏文通以〈有〉〈無〉〈似〉〈在〉爲同動字。此數字者，實皆可謂之關係自動字。」（頁一八）

②『助動字』，普通稱『助動詞』。英文爲 Auxiliary Verbs，嚴氏譯爲『助謂字』。草創云：「助動字，就性質上，與副字殆不能區別。外國文中，助動字、副字，形式上可分爲兩類，不至相混。而國文則無此形式之界。今馬氏文通以〈可〉〈足〉〈能〉〈得〉入諸助動字之中，蓋亦仿外國文而然。然〈可〉〈足〉二字，在動字之前時，與〈必〉〈宜〉之爲副字用異。（章氏國文典又加入〈欲〉〈當〉〈宜〉〈必〉等字，然若再擴張，則動字中之〈願〉〈冀〉，副字中之〈倘〉〈寧〉等，皆將列入助動矣。）不如徑解之爲副字，於說明爲較便也。」（頁一六）

〈有〉〈無〉兩字，用法不一，有有起詞、有止詞者，有有起詞而止詞則隱見不常者。若記人物之有無，而不明言其爲何者所有、何者所無，則有止詞而無起詞者常也。〈在〉字必有起詞，而後繫者爲止詞，爲轉詞無常。他同動如常例。

〔禮大學〕物有本末，事有終始。——〈物〉與〈事〉，〈有〉之起詞，〈本末〉〈終始〉，皆其止詞也。〔孟梁上〕庖有肥肉，廄有肥馬，民有飢色，野有餓莩。——四句〈有〉字，各有起詞與止詞也。〔莊秋水〕夫物，量无窮，時无止，分无常，終始无故。——四句〈无〉字，各有起止兩詞。〔孟離下〕是故君子有終身之憂，無一朝之患也。——〈有〉〈無〉二字對待爲句，各有起止兩詞。〔左莊二十八〕宗邑無主，則民不威；疆埸①無主，則啓戎心。——兩〈無〉字爲讀同上。間以〈所〉字合動字，繫於〈有〉〈無〉兩字之後以爲止詞者，所字篇内已引證矣。〔禮大學〕身有所忿懥，則不得其正；有所恐懼，則不得其正；有所好樂，則不得其正；有所憂患，則不得其正。——〈忿懥〉，動字也，〈所〉字合之，置於〈有〉字之後，所以爲其止詞也，猶云「忿懥之事」也。故〈所忿懥〉三字合成，爲〈有〉之止詞。〈有所恐懼〉等句同解。〔論八佾〕君子無所争。——〈所争〉二字，〈無〉之止詞，猶云「君子無争之事」也。〔又〕不然，獲罪於天，無所禱也。——猶云：「無所禱之處也，奥竈云乎哉！」〔史游俠列傳序〕此亦有所長，非苟而已也。〔又滑稽列傳〕楚莊王之時，有所愛馬。〔又〕若無遠有所之。〔漢食貨志〕盜賊有所勸，亡逃者得輕資也。〔又高帝紀〕高祖[2]因狎侮諸客，遂坐上坐，無所詘。〔又蘇武傳〕子爲父死無所恨。〔又東方朔傳〕竊有所恨，不勝大願。〔又陳湯傳〕彼亡則無所之，守則不能自保。〔又于定國傳〕論議無所拂。——諸引句皆以〈所〉字合於動字，置於〈有〉〈無〉兩字之後而各爲其止詞也。〈有〉〈無〉兩字後習用〈以〉字介詞，以繫動字於後，而止詞則隱而不書。〔孟梁上〕「殺人以挺與刃，有以異乎？」曰：「無以異也。」「以刃與政，有以異乎？」曰：「無以異也。」——兩言〈有以異〉又兩言〈無以異〉。〈異〉動字也，以〈以〉字介於〈有〉〈無〉兩字之後，其實〈有〉〈無〉兩字之止詞隱而未書。〈有以異乎〉者，猶云「果有何以相異」也，〈無以異也〉者，猶云「實無何以相異也」。〈何〉字乃〈有〉〈無〉之止詞，今不明書，下同。〔易繫辭〕聖人有以見天下之賾。〔又〕聖人有以見天下之動。——其疏云「聖人有其神妙以能見天下深賾之至理也[3]」，「聖人有其微妙以見天下萬物之動也」，是則〈有〉之止詞乃〈其神妙〉與〈其微妙〉也，而〈以〉後諸字，乃所以記〈神妙〉與〈微妙〉之功效耳。〔論子張〕無以爲也，仲尼不可毁也。——猶云「無事以爲」也。〔莊逍遥游〕瞽者無以與乎文章之觀，聾者無以與乎鐘鼓之聲。——猶云「瞽者無目以與」也，「聾者無耳以與」也。〔荀子榮辱〕知慮材性，固有以賢人矣，夫不知其與己無以異也。〔漢賈誼傳〕臣有以知陛下之不能也。〔又賈捐之傳〕臣愚以爲非冠帶之國，禹貢所及，春秋所治，皆可且無以爲。〔莊人間世〕子其有以語我來！〔史平原君列傳〕得十九人，餘無可取者，無以滿二十人。〔韓送石處士序〕先生有以自老，無求於人，其肯爲某來耶？〔又與崔群書〕僕無以自全活者。〔又上張僕射書〕抑而行之，必發狂疾。上無以承事于公，忘其將所以報德者；下無以自立，喪失其所以爲心。——諸引句，〈有〉〈無〉兩字後必有止詞隱而未書者，而後以〈以〉字爲介，即以言〈所有〉〈所無〉之功用也。間有以〈與〉字爲介者，句法亦同。〔左哀八〕魯雖無與立，必有與斃。——猶云「魯雖無人與立，必有人與斃」也。是〈人〉字乃〈有〉〈無〉兩字之止詞，今雖不明書，而其意已顯然矣。

〈有〉字後緊接動字，則有〈惟有〉之解。〔論衛靈〕志士仁人，無求生以害仁，有殺身以成仁。——〈殺〉動字也，緊接〈有〉字，並未間以介字，則作〈惟有〉之解。猶云「志士仁人決不求生以害仁，惟有殺身以成仁而已」。〈無〉字作〈不〉字解者常也。〔孟公下〕故君子有不戰，戰必勝矣。——猶云「故君子惟有不戰而已戰則必勝」也。〔左宣十五〕受命以出，有死無霣。——猶云「受君命以出，惟有死耳，决無廢墜君命之理」。〔又〕雖然，城下之盟，有以國斃，不能從也。——〈有〉後緊接〈斃〉字。〈斃〉，動字也，〈以國〉者，所以狀〈斃〉也。此句内〈有以〉二字不連，不同前例，猶云「城下之盟，寧以國斃，不能從也」。〈寧〉與〈惟有〉同意。以上各節，所引〈有〉〈無〉兩字，皆有起詞。

凡記人物之有無，惟有止詞而無起詞，約指代字篇内，〈有〉〈無〉兩字或以爲代字者，以其隱指某人故耳。今以〈有〉〈無〉兩字列於同動，故類及之。〔孟梁下〕今有璞玉於此。——今以璞玉置之當前，於此見有璞玉焉，至何人有此璞玉則不言也。故〈有〉字見爲無起詞者此也，而〈璞玉〉實爲〈有〉之止詞也。如論語學而「有朋自遠方來」，子罕「有美玉於斯」，雍也「如有復我者」，先進「有民人焉，有社稷焉」，憲問「有荷蕢而過孔氏之門者」，陽貨「不有博弈者乎」等句，孟子梁惠王上「有牽牛而過堂下者」，滕文公上「有爲神農之言者」，滕文公下「今有人日攘其鄰之雞者」，離婁下「有進而與右師言者，有就右師之位而與右師言者」，滕文公下「有童子以黍肉餉」，萬章上「昔者有饋生魚於鄭子産④」，滕文公下「有人於此」，盡心上「有事君人者」「有安社稷臣者」等句，只言有其人耳，而並未言有於何人者，故皆無起詞。以上所引〈有〉字，於約指代字篇内作爲〈某人〉之解者，以其隱有〈人〉字故耳。至梁惠王下「王之臣有托其妻子於其友而之楚游者」句，〈王之臣〉乃約數之母，非起詞也，猶云「王臣之中有如是之人者」。故梁惠王下「古之人有行之者」，離婁上「今天下之君有好仁者」等句，胥是道也。滕文公上「蓋上世嘗有不葬其親者」句内，〈上世〉二字，非起詞，亦非約母，只記時之加語耳，不可不辨也。惟如是句法，鮮有用〈無〉字者。〔孟梁上〕仲尼之徒，無道桓文之事者。——猶云「仲尼徒中無人道及桓文之事」也，舍此則僅見矣。〈無〉字作爲〈無人〉之解，此約指代字篇内所以作爲代字，使學者易於領悟，今既别以同動，故以類焉⑤。〔莊逍遥游〕窮髪之北，有冥海者，天池也；有魚焉，其廣數千里，未有知其修者。〔又〕藐姑射之山，有神人居⑥焉。〔又齊物論〕有始也者，有未始有始也者，有未始有夫未始有始也者，有有也者，有無也者，有未始有無也者，有未始有夫未始有無也者。〔又則陽〕有國於蝸之左角者曰觸氏，有國於蝸之右角者曰蠻氏。〔又〕通達之中有魏，於魏中有梁，於梁中有王。〔又外物〕周昨來，有中道而呼者。周顧視，車轍中有鮒魚焉。——諸〈有〉字句法同上。〔韓應科目與人書〕今又⑦有有力者當其前矣。〔又上張僕射書〕其中不可者，有自九月至明年二月之終⑧皆晨入夜歸。——諸〈有〉字同上。〈有〉〈無〉兩字用以決事之有無者，亦惟有止詞而無起詞，其起詞概爲讀。且〈有〉〈無〉兩字，先後乎其止詞無定。〔禮大學〕所藏乎身不恕，而能喻諸人者，未之有也。——〈所〉字至〈者〉字，讀也，〈有〉之止詞；以其先乎〈有〉字，故加〈之〉字以代止詞；又以有弗辭〈未〉字，故〈之〉字先乎〈有〉字。〔又〕其家不可教而能教人者，無之。——〈之〉字所以指前讀也。前引兩句，〈有〉〈無〉兩字皆後乎讀，惟有止詞而無起詞也。曰〈未有〉，曰〈無之〉，皆決辭也。〔又〕未有上好仁而下不好義者也，未有好義其事不終者也，未有府庫財非其財者也。——猶云「上好仁而下不好義者未有也」，後兩句同此。此〈有〉字則先讀矣，句意同前。〔論里仁〕蓋有之矣。——〈之〉指前文，〈有〉者決辭也。〔又述而〕蓋有不知而作之者。——句義同前。〔孟梁下〕於傳有之。——〈之〉亦指上文。〔又公上〕自生民以來未有夫子也。——〈夫子〉止詞。〔又公下〕焉有君子而可以貨取乎！——猶云「君子而可以貨取者未之有也」。〈焉有〉者，設問以反決也。至孟子滕文公下云「枉己者未有能直人者也」，與夫漢書司馬相如傳云「且夫王者固⑨未有不始於憂勤而終於佚樂者也」兩句，則〈未有〉兩字，錯置於讀之間，猶云「枉己者能直人者未之有也」，他句仿此。韓文歐陽生哀辭云：「自詹以上，皆爲闔越官⑩，至州佐縣令者，累累有焉。」〈有〉字仍爲決辭。統觀諸所引者，所有〈有〉與〈未有〉，惟以決有無其事耳，故其事爲止詞。而未言爲何者所有，故無起詞⑪。如此句法，固不勝書，而〈無〉字往往以〈未有〉二字代之，故罕見焉。〈無〉字代〈不〉字，常語也，此不載，載諸狀字篇內。如句首不言〈無〉而言〈不有〉者，則往往有假設之辭。〔左僖十〕不有廢也，君何以興！〔又僖二十八〕不有居者，誰守社稷？不有行者，誰扞牧圉？〔又文十二〕不有君子，其能國乎？——四引〈不有〉，挺接上文，皆在句首，解若〈若無〉之意。至僖公二十八年云：「以君之靈，不有寧也，」〈不有〉二字非在句首，則無〈若無〉口氣矣。

〈在〉字言人物所處之境，同動也；其止詞則名字、動字皆可。然有介以〈於〉字者，有不介者，意無少異也⑫。〔左桓六〕季梁在，何益？——單言〈在〉字而無止詞，與內動無異。〔禮大學〕大學之道，在明明德，在親民，在止於至善。——三〈在〉之後，皆以動字承之，以明〈大學之道〉所在之事也。其後云「所謂修身在正其心者」「所謂齊其家在修其身者」云云，諸〈在〉字與上同義。〔孟離上〕天下之本在國，國之本在家，家之本在身。——三引〈在〉字後皆以名字爲止詞。〔又告上〕所敬在此，所長在彼。——兩〈在〉字後以代字爲止詞。〔史馮唐列傳〕今吾每飯意未嘗不在鉅鹿也。——〈鉅鹿〉地名，後於〈在〉字，而無介字以間之。〔左文元⑬〕楚國之舉，恒在少者。〔又宣十二〕晉師在敖鄗之間。〔又〕參之肉將在晉軍。〔又僖十五〕群臣敢在下風。〔韓上于襄陽書〕其故在下之人負其能不肯諂其上，上之人負其位不肯顧其下。〔又送孟秀才序〕其要在詳擇而固交之。——諸所引〈在〉字後，或爲名，或爲讀，或爲頓，皆無介字。〔史信陵君列傳〕安在公子能急人之困也。——猶云「公子能急人之困在於何也」。〈安〉狀字，有〈於何〉之解，此爲〈在〉之轉詞，與孟子梁惠王上「惡在其爲民父母也」同一句法。〈惡〉狀字，亦有〈於何〉之解。所引兩讀，各爲〈在〉字起詞。至禮大學「心不在焉」，〈焉〉代字，解〈於此〉也，而爲〈在〉之轉詞。〔漢鼂錯傳〕安邊境，立功名，在於良將。——〈於良將〉，〈在〉之轉詞。〔史淮陰侯列傳〕貴賤在於骨法，憂喜在於容色，成敗在於決斷。——三〈在〉字後所有名字，皆以〈於〉字介焉。〔左僖二十七〕報施救患，取威定霸，於是乎在矣。——〈於是〉二字雖先〈在〉字，乃轉詞也。〔漢賈誼傳〕俗吏之所務，在於刀筆筐篋⑭。〔又〕太子之善，在於早諭教與選左右。——兩引〈在〉字，其後一爲名字，一爲動字，皆有〈於〉字以介焉。〔韓黄家賊事宜狀〕假如盡殺其人，盡得其地，在於國計不爲有益。——〈在〉後名字，亦以〈於〉字爲介。〈在〉字之於句也，有不明書者：〔秦策〕臣聞争名者於朝，争利者於市。——猶言「在於朝」「在於市」也。〔莊達生〕人之所取畏者，衽席之上，飲食之間，而不知爲之戒者，過也。——猶云「人之所取畏者，在衽席之上，飲食之間」云。此句並無介字，然則必有同乎動字者隱而未書，解以〈在〉字，於義最順。

其他同動字，爲〈似〉〈類〉等字。至〈如〉〈若〉等字，雖爲狀字，而其用與動字無異，亦可列入同動字也。〔論鄉黨〕屏氣似不息者。——廣韻：「〈似〉，〈類〉也，〈象〉也。」故〈不息者〉，可爲〈似〉之表詞。〔莊秋水〕計中⑮國之在海内，不似稊米之在大倉乎！——〈不似〉二字，所以決言前後兩讀之不相同也；煞以〈乎〉字，則設問而爲反決之辭。〔左宣十〕「徵舒似女。」對曰：「亦似君。」——兩〈似〉字後，一代一名。〔史曹相國世家〕君似不及也。——然則〈似〉字後或爲名字，或代字，或讀，皆可，此其所以同乎動字也。〔魏策〕夫物多相類而非也，幽莠之幼也似禾，驪⑯牛之黄也似虎，白骨疑象，武夫⑰類玉，此皆似之而非者⑱也。——三言〈似〉字，兩言〈類〉字，皆有相象之意，故兩字用法亦同。〔左莊八⑲〕曰：「非⑳君也，不類。」——〈不類〉者，「不類君」也。〔國策〕王類欲令若爲之。——猶云「王似欲令若爲之」也。〔史酷吏列傳〕吾所爲，賈人輒先知之，益居其物㉑，是類有以吾謀告之者。——〈類〉後一讀，以爲表詞，是則〈類〉字後或名字、或代字或讀皆可。然〔漢書賈誼傳〕夫移風易俗，使天下回心而鄉道，類非俗吏之所能爲也。——〈類〉字疏作〈皆〉字㉒，然解作〈似字〉，則辭意較婉，亦無不可㉓。〔韓答崔立之書〕退自取所試讀之，乃類於俳優者之辭。——〈類〉後以〈於〉字爲介，於義亦順。然昌黎爲韓滂墓誌銘，則云「爲文詞，一日奇偉驟長，不類舊常」，則〈類〉字後并無〈於〉字爲介矣。蓋〈類〉字後如係名字，可介〈於〉字，若静字、若讀，介以〈於〉字則不順也。

〈如〉字爲用不一，而作〈同〉〈若〉之解者，其後皆有名代等字以爲止詞，或爲表詞亦可，與動字無異，故列入同動字。〈若〉字亦然。〔史黥布列傳〕出就舍，帳御飲食從官，如漢王居。——〈如漢王居〉者，「與漢王居相同」。也〔又信陵君傳〕復博如故。——〈如故〉者，「與前無異」也。〔又高帝本紀〕誠如㉔父言，不敢忘德。〔又〕項羽使人還報懷王㉕，懷王曰：「如約。」——〈如父言〉者，「同父所言」也。〈如約〉者，「照所約」也，亦有〈齊〉〈同〉之意。〔又陸賈傳〕太尉亦報如之。——〈如之〉者，「與之同」也。〔又項羽本紀〕勞苦而功高如此，未有封侯之賞。——〈如此〉者，同前所云也。〔論雍也〕知之者不如好之者，好之者不如樂之者。——〈不如〉者，〈不同〉也，比辭也。是則凡言〈如之何〉〈如何〉〈如是〉等語，皆此例也。〔史淮陰侯列傳〕果若人言：狡兔死，良狗亨；高鳥盡，良弓藏；敵國破，謀臣亡。天下已定，我固當亨。——〈果若人言〉者，「誠如人言」也。〔莊秋水〕聞道百以爲莫己若者，我之謂也。〔又〕計人之所知，不若其所不知；其生之時，不若未生之時。——〈若〉與〈不若〉者，即〈如〉與〈不如〉也。是則凡言〈何若〉〈曷若〉者，均此矣。

①原誤〈場〉。　②原誤〈帝〉。　③原敚〈能〉字、〈至〉字。　④原誤作「有饋生魚於鄭子産者」。　⑤刊誤云：「孟子此文，應釋云：『仲尼門徒之中，無有稱述桓文之事之人。』〈者〉字既是代字，則〈無〉字自是動字，非代字。馬氏釋〈無〉爲〈無人〉，〈者〉字無可釋，大非。」　⑥〈居〉字原敚。　⑦〈又〉字原敚。　⑧原誤〈中〉。　⑨〈固〉字原敚。

⑩原誤〈皆閩越宦〉。　⑪草創云：「〈有〉〈無〉二字爲無主動字，其所著之語，不可釋爲主語之倒置。以〈有〉〈無〉爲說明語而以其所著語爲主語者，乃後起之例，非其本質也。其所著語（如孟子『有美玉於此』之〈美玉〉，左傳『無人焉』之〈人〉皆是），既非主語，而又不具備補足語與目的語之條件，獨與目的副語較近，故便宜上亦謂之目的副語。此目的副語所表者，爲〈有〉〈無〉之內容。」（頁四四）　⑫刊誤云：「〈在〉字乃內動字，馬氏此節所引〈在於〉之例，正例也。無介字之例，乃省去介字之變例也。無論有介無介，〈在〉字下之詞，皆轉詞也。馬氏不明省去介字之故，故以有介者爲轉詞，無介者爲止詞，致解釋紛歧不定，非也。又因此疑〈在〉字兼内外兩動而置諸同動字中，又非也。」　⑬原誤〈三〉。　⑭原敚〈筐篋〉二字。　⑮原誤

〈四〉。　⑯原誤〈黧〉。　⑰原作〈碔砆〉。　⑱〈者〉字原敚。　⑲原誤〈桓五〉。　⑳原衍〈其〉字。　㉑此句原敚。　㉒按賈誼傳此句下〈類〉字無注。助字辨略卷四此例下並引後漢書郅壽傳「類不檢節」語云：「諸類字義同。郅傳注云：『〈類〉猶〈皆〉也。』頗爲近之。」馬氏「疏作〈皆〉字」之語，蓋本此。　㉓刊誤云：「〈似〉〈類〉二字，可認爲外動字。至曹參世家及賈誼傳二例，乃表言者不確定之意者，是狀字，非動字也。」按章氏以〈如〉〈若〉等爲『不完全自動字』，陳氏則以爲『關係自動字』。　㉔原衍〈老〉字，下同。　㉕此句原誤「使人還報」。

〈可〉〈足〉〈能〉〈得〉等字，助動字也。不直言動字之行，而惟言將動之勢；故其後必有動字以續之者，即所以言其所助之行也。

〈可〉〈足〉兩助動字後，所續其他動字，概有受動之解，前有證矣。然既曰助動字矣，則所助動字，或爲受動，或爲内外動諸字，亦無不助也。〔孟梁上〕不違農時，穀不可勝食也；數罟不入洿池，魚鼈不可勝食也；斧斤以時入山林，材木不可勝用也。——〈可〉字後續以〈勝食〉〈勝用〉等動字，皆受動也。〔又公下〕其心曰是何足與言仁義也云爾。——〈足〉字後續以〈言〉字，亦受動也。〔莊齊物論〕形固可使如槁木，而[1]心固可使如死灰乎？——〈使〉字後於〈可〉字，受動也。〔左宣十二〕戰而不捷，參之肉其足食乎？——〈食〉字後於〈足〉字，亦受動也。〔韓上張僕射第二[2]書〕諫不足聽者，辭不足感心也；樂不可捨者，患不能切身也。——〈聽〉在〈足〉後，〈捨〉在〈可〉後，皆成受動。總之，凡動字後乎〈可〉〈足〉助動字後，皆可轉爲受動有如此者。〈得〉字後之動字亦然，然不常見。〔左閔二〕先爲之極，又焉得立？——〈焉得立〉者，即「何得見立爲太子」也。故〈立〉字在〈得〉字後，亦轉爲受動矣[3]。〔孟梁上〕王之所大欲，可得聞與？——〈得聞〉者何？〈大欲〉也。故〈得聞〉外動字也，〈可〉字助之。〔又離下〕天之高也，星辰之遠也，苟求其故，千歲之日至，可坐而致也。——〈坐〉内動字也，〈可〉字助之。〔莊天運〕名，公器也，不可多取。——〈取〉外動字也，〈可〉字先之。〔韓論淮西事宜狀〕兵之勝負，實[4]在賞罰，賞厚可令廉士動心，罰重可令凶人喪魄，然可集事。不可愛惜所費，憚於行刑。——凡四引〈可〉字，皆助外動字也。〈然可〉者，猶云

「然後可」也，此唐人公文語也[5]。〔左昭十二〕是四國者，專足畏也，又加之以楚，敢不畏君王哉！——所〈畏〉者，〈四國〉也，〈足〉字助之，〈畏〉字亦可視同受動。〔韓董公行狀〕凡所謀議於上者，不足道也。〔又薦侯喜進士狀〕此乃市道之事，又何足貴乎！〔又論淮西狀〕泰山壓卵，未足爲喻。——凡〈足〉後動字，概爲受動，故重引以明之。

此以上言〈可〉〈足〉兩助動字。

凡動字爲〈能〉字所助者，概非受動，以〈能〉字明有使然之意。〔孟梁上〕孰能一之？——〈一〉，外動字，後乎〈能〉字，有「使之爲一」之解。〔又告下〕我能爲君辟土地，充府庫。——〈能辟〉〈能充〉者，皆有〈使然〉之意。〔左隱十一〕寡人有弟，不能和協，而使餬其口於四方，其況能久有許乎！〔左宣十二[6]〕其君能下人，必能信用其民矣。〔莊秋水〕至德者，火弗能熱，水弗能溺，寒暑弗能害，禽獸弗能賊。非謂其薄之也，言察乎安危，寧於禍福，謹於去就，莫之能害[7]也。——諸引〈能〉字，所助者皆外動字也。〔禮中庸〕唯天下至誠，爲能盡其性，能盡其性，則能盡人之性。……云云，〈能盡其性〉者，猶云「設如能盡其性」也；經生家即以〈能〉字有假設之意。不知凡挺接之句，或重疊前文，如〈能盡其性〉之類，皆寓有假設之語氣，不必以用〈能〉字爲然也。〔左昭二十六〕能貨子猶，爲高氏後，粟五千庾。〔韓平淮西碑〕予不能事事，其何以見於郊廟！〔又董公行狀〕彼不能事君，能以從事公乎？公能事彼，而有不能事君乎？——諸引讀，所有〈能……乎〉，皆有假設口氣。〔又上張僕射第二書〕進若習熟，則無危墮之憂，退能便捷，則免激射之虞。——經生家以句内〈若〉〈能〉兩字互用，即以〈能〉解〈若〉與〈若使〉之明證，蓋刻舟膠柱之見也。〈唯〉〈能〉二字連用爲常，前論〈爲〉字意有未盡，今更引以明之。〔禮中庸〕唯天下至聖，爲能聰明睿知足以有臨也……云云，——〈爲能〉二字相連與上〈唯〉字相應中庸習用之。蓋〈爲〉字斷辭也，孟子梁惠王上有「惟士爲能」一句，與此正同。〔莊秋水〕雖然，夫折大木，蜚大屋者，唯我能也，故以衆小不勝爲大勝也。爲大勝者，唯聖人能之。——此與中庸句法少異。〔又知北游〕唯无所傷者，爲能與人相將迎。〔吴語〕越滅吴，上征上國，宋鄭魯衛陳蔡執玉之君[8]皆入朝。夫惟能下其群臣以集其謀故也。——兩引〈唯能〉之句，一有〈爲〉字，一無之。

〔孟公下〕不得已而之景丑氏宿焉。〔又〕得侍同朝甚喜。——〈得〉解如〈能〉字，故〈已〉〈侍〉兩字，皆爲〈得〉字所助也。〔左宣十二〕不捷，參之肉將在晉軍，可得食乎！——〈可得〉兩助動字連用，並助〈食〉字。〔又襄三十一[⑨]〕逢執事之不閒而未得見，又不獲聞命，未知見時。〔又昭元〕若野賜之，是委君貺於草莽也，是寡大夫不得列於諸卿也。不寧唯是，又使圍蒙其先君，將不得爲寡君老，其蔑以復矣。〔韓論淮西狀〕農夫織婦不得安業。〔又行難〕吾不忍赤子之不得乳於其母也。——〈得〉字後諸動字，概爲外動而爲所助也。

①〈槁木〉上〈如〉字原誤〈爲〉。〈木〉下敓〈而〉字。

②原敚〈第二〉兩字。　③此處原另行。　④〈實〉字原敚。

⑤説本助字辨略卷二。　⑥原誤〈十一〉。　⑦原誤〈違〉。　⑧原敚〈執玉之君〉四字。　⑨原誤〈三十〉。

助動之後，往往介以〈以〉字，而直接所助之動字者，明其所以助也。

〔孟梁下〕然則小固不可以敵大，寡固不可以敵衆，弱固不可以敵强。——〈小固不可以敵大〉者，猶云「小固不可以之敵大」也。〈以之〉者，即〈以小〉也。〈之〉代〈小〉字，而爲〈以〉字之司詞，爲其見於上文，故不書明，詳於介字篇。〈敵〉外動字，爲〈可〉字所助。下二句仿此。〔又梁下〕吾何修而可以比於先王觀也。——〈可以比〉者，猶云「可以所修者比」也。〈以〉之司詞已見上文，故不書。然有書明者：如〔孟公下〕焉有君子而可以貨取乎？——一句，猶云「焉有君子而以貨可取」也，〈貨〉爲〈以〉之司詞。至如〔又公下〕不識王之不可以爲湯武，則是不明也。〔又滕上〕今滕絶長補短，將五十里也，猶可以爲善國。〔又萬上〕故君子可欺以其方，難罔以非其道——諸句，〈以〉字司詞，皆其句之起詞也。如是，以〈以〉字爲受動字，亦無不可，蓋〈以〉字可作〈用〉字解。〔左隱十一〕滕侯曰：「我，周之卜正也，薛，庶姓也，我不可以後之。」——〈我不可以後之〉者，猶云「不可以我後之」也，與前引同。〔又昭十五〕吾不可以欲城而邇奸，所喪滋多。——〈以〉之司詞在上文。〔秦策〕寡人[①]聞之，毛羽不豐滿者，不可以高飛，文章不成者，不可以誅罰，道德不厚者，不可以使民，政教不順者，不可以煩大臣。〔齊策〕蘇秦[②]之事，可以請行，可以令楚王亟欲下東國，可以益割於楚，可以忠太子而使楚益入地，可以爲楚王走太子，可以忠太子使之亟去，可以惡蘇秦③於薛公，可以爲蘇秦④請封於楚，可以使人説薛公以善蘇子，可以使蘇子自解於薛公。〔史淮陰侯列傳〕臣聞⑤敗軍之將，不可以言勇，亡國之大夫，不可以圖存。〔莊秋水〕梁麗可以衝城而不可以窒⑥穴，言殊器也。〔又養生主〕緣督以爲經，可以保身，可以全生，可以養親，可以盡年。〔又至樂〕褚小者不可以懷大，綆短者不可以汲深。〔又馬蹄〕馬蹄可以踐霜雪，毛可以禦風寒。〔又在宥〕敢問治身奈何而可以長久。——諸所引句，〈可〉後〈以〉字，其司詞非其起語，即其前文，故不重書也。〈可以〉兩字，經籍習用有如此者。

〔孟梁上〕吾力足以舉百鈞，而不足以舉一羽，明足以察秋毫之末，而不見輿薪，則王許之乎？——〈力足以舉〉者，猶云「以力足舉」也。〈以〉字司詞，仍爲起詞，與〈可〉字後〈以〉字無異。〔又萬下〕下士與庶人在官者同禄，禄足以代其耕也。——〈禄足以代〉者，即「其禄足以之代」也。〔左隱⑦五〕凡物不足以講大事，其材不足以備器用，則君不舉焉。〔楚語〕圉聞國之寶六而已。明王聖人⑧能制議百物以輔相國家，則寶之；玉足以庇蔭嘉穀，使無水旱之灾，則寶之；龜足以憲臧否，則寶之；珠足以禦火灾，則寶之；金足以禦兵亂，則寶之⑨。山林藪澤足以備財用，則寶之。若夫譁囂之美，楚雖蠻夷，不能寶也。〔史項羽本紀〕書足以記名姓而已；劍一人敵不足學，學萬人敵。〔又汲鄭列傳〕然御史大夫⑩張湯，智足以拒諫，詐足以飾非。〔又貨殖列傳〕然堇堇物之所有，取之不足以更費。〔莊秋水〕由此觀之，又何以知毫末之足以定至細之倪⑪，又何以知天地之足以窮至大之域？〔又人間世〕夫支離其形者，猶足以養其身，終其天年，又况支離其德者乎！〔史趙世家〕循法之功不足以高⑫世，法古之學不足以制今。〔莊知北游〕生者喑醷物也，雖有壽夭，相去幾何？須臾之説也，奚足以爲堯桀之是非！〔又在宥〕而佞人之心，翦翦者又奚足以語至道！——諸引句，〈足〉字後〈以〉字司詞，皆不明書。

〔孟公上〕曰：「有。得百里之地而君之，皆能以朝諸侯，有天下。」——〈皆能以朝諸侯〉者，猶云「皆能以百里之地朝諸侯」也。蓋所能〈朝諸侯〉者，徒以有〈百里之地〉也。〈以〉字司詞見於上文，故不書明，與〈可〉〈足〉兩助動後〈以〉字相同。〔又離上〕故曰徒善不足以爲政，徒法不能以自行。——〈能以〉與〈足以〉對用，用法無異。〔左僖二十七⑬〕過三百乘，其不能以入矣。〔莊天道〕臣不能以喻臣之子，臣之子亦不能受之於臣。〔荀子議兵〕弓矢不調，則羿不能以中微。——三引〈能以〉皆同上。〔史叔孫通列傳〕秦以不早定扶蘇，令趙高得以詐立胡亥，自使滅祀。——〈得以詐立〉者，猶云「以不早定扶蘇之故，趙高能詐立」也。〈得以〉與〈能以〉同解。惟〈得以〉兩字，經史不習見，故不多引。

①〈寡人〉原誤〈臣〉。 ②三〈秦〉字原均誤〈子〉。 ③三〈秦〉字原均誤〈子〉。 ④三〈秦〉字原均誤〈子〉。
⑤原敓〈臣聞〉二字。 ⑥原誤〈塞〉。 ⑦原誤〈桓〉。 ⑧〈明王聖人〉原誤〈聖〉。 ⑨二句原敓。 ⑩五字原敓。 ⑪原誤〈觀〉。 ⑫原誤〈奮〉。 ⑬原誤〈二十六〉。

又助動諸字，亦可單用，而無其他動字爲續者，蓋所助動字已見前文，故不重言也。前文無所助動字而亦單用者，則非助動字矣。

〔孟梁下〕臣弒其君可乎？——〈可乎〉者，「可弒其君乎」也。〈弒〉字在前，故〈可〉字雖單用，而其後當有〈弒〉字意，不言而喻。〔又梁上〕曰：「何由知吾可也？」——〈可〉字後有〈保民〉之意。〔左宣十二〕王曰：「善哉！吾未之聞也，反之，可乎？」①〔又襄二十七②〕天生五材，民並用之，廢一不可。〔又昭五〕可。苟有其備，何故不可？〔又定元〕若從君者，則貌而出者入可也，寇而出者行可也。〔又莊九〕管夷吾治於高傒，使相可也。〔又僖二十二〕利而用之，阻隘可也，聲盛致志，鼓儳可也。〔莊秋水〕然則吾大天地而小毫末可乎？〔史李斯列傳〕必秦國之所生然後可。〔又廉頗列傳〕且以一璧之故，逆彊秦之驩，不可。〔又屈賈列傳〕推此志也，雖與日月争光可也。〔漢賈誼傳③〕今而有過，帝令廢之可也，退之可也，賜之死可也，滅之可也④。若夫束縛之，係緤之，輸之司寇，編之徒官，司寇小吏，詈駡而榜笞之，殆非所以令衆庶見也。〔論先進〕小子鳴鼓而攻之可也。——諸所引〈可〉字，或殿助字，或否，無不單用，而所助動字既在前文，故不重言也。〈足〉字單用不常見。〔左文元〕「能行乎？」曰：「不能。」「能行大事乎？」曰：「能。」——兩答所問，一曰〈不能〉，一曰〈能〉，〈能〉字皆單用。蓋所助動字即〈行〉字已在前文，故不重言耳。〔孟告下〕夫徐行者，豈人所不能哉！——〈所不能〉者即〈徐行〉耳。〔左昭十二〕「若問遠焉，其焉能知之？」王曰：「子能乎？」對曰：「能。」——一問一答，〈能〉字單用同上。〔秦策〕一年之後，爲帝若未能，於以禁王之爲帝有餘。——〈未能〉者，「未能爲帝」也，倒用法。〔莊秋水〕雖然，夫折大木，蜚大屋者，唯我能也。——與孟子〈徐行〉句同法。論語 憲問「夫子欲寡其過而未能也」句，亦此例也。〔孟公下〕前日願見而不可〈得〉。〔又滕上〕然後中國可得而食也。〔又滕下〕雖日撻而求其齊也不可得矣。〔又告下〕國欲治可得乎？〔史刺客列傳〕秦兵旦暮渡易水，則雖欲長侍足下，豈可得哉！——〈可得〉兩字連用爲常。〔孟盡上〕見且由⑤不得亟，而況得而臣之乎！——〈得〉字單用。惟〈臣〉爲〈得〉字所助，間以〈而〉字，另有例也。〔左襄二十七⑥〕若保是言也，欲辭福禄得乎！——〈得〉字單用，猶云「能辭福禄乎」。〔又昭三十一⑦〕事君，臣之所不得也，敢逃刑命。〔又襄十四⑧〕夫二子者⑨，或輓之，或推之，欲無入得乎！——兩引〈得〉字同上。

〈可〉〈足〉二字，間有用如静字者，則非助動字矣。〔左隱元〕子封曰：「可矣。」〔又〕公聞其期，曰：「可矣。」——〈可矣〉者，言其時之可也，故〈可〉字用如表詞。〔漢朱雲傳〕臣得下從龍逢比干游於地下足矣。——〈足矣〉者，亦表詞也。〔孟告下〕地非不足也，而儉於百里。——〈足〉字雖有受動之意，而用如表詞。〔漢文帝紀〕太僕見馬遺財足。〔史張釋之列傳〕法如是足也。——同上。然〈可〉〈足〉〈能〉〈得〉諸字用如外動字者常也。〔史汲黯列傳〕使人可其奏。——所〈可〉者〈其奏〉也，故〈可〉爲外動字。〔韓柳州廟碑〕吾侯聞之，得無不可於意否？——猶云「吾侯於意得無不以所聞之事爲可」也。是恐其所不可者爲所聞之事也，故〈可〉字止詞，隱寓上文。〔梁孟上〕爲肥甘不足於口與？輕暖不足於體與？——〈足〉字用如内動字，故〈於口〉〈於體〉其轉詞也。〔燕策〕於是不能期年，千里之馬⑩至者三。——〈不能期年〉者，「未及期年」也，此〈能〉字之又一解也。至〈得〉字之爲外動字，經書習見，不勝引也。

①原衍「對曰可哉」。　②原誤〈二十六〉。　③原誤〈又〉。　④此句原敚。　⑤〈由〉原作〈猶〉。　⑥原誤

〈三十六〉。 ⑦原誤〈二十五〉。 ⑧原誤〈十三〉。 ⑨原誤「夫二三子」。 ⑩〈之馬〉原誤〈馬之〉。

無屬動字四之五

動字所以記行，行必有所自；所自者，起詞也。然有見其行而莫識其所自者，則謂之『無屬動字』，言其動之無自發也，凡記變，概皆無屬動字。

〔公隱九〕三月癸酉，大雨震電。〔又〕庚辰，大雨雪。——〈雨〉〈電〉〈雪〉三字，皆天變也，然莫識變之所由起，故無起詞；無起詞，則動之行無所屬矣。三傳書天變類如是。〔史汲鄭列傳〕河南①失火，延燒千餘家。——〈失火〉者，非〈河南失〉也，〈於河南失〉也。故〈失火〉無主，亦記變也。〔公桓三〕有年。有年何以書？以喜書也。大有年何以書？亦以喜書也。此其曰有年何②？僅有年也。彼其曰大有年何？大豐年也。——〈有年〉之〈有〉字亦無屬動字，蓋不識其爲何〈有〉也。〈有〉字往往無起詞，不僅書天變也。前論〈有〉〈無〉二字已詳，茲不重贅。

①原誤〈内〉，下同。 ②〈何〉字原敚。

有連字假用動字而無起詞者，亦可謂無屬動字，其詳見連字篇。

〔後漢胡廣傳〕統之方軌易因，險途難御。——〈之〉代字，指上文，〈統〉字止詞。然何爲〈統〉者，則無所指明，故可謂之無屬動字。〈統之〉二字，用爲總結上文之連字。由是〔史五帝本紀〕總之不離古文者近是。——〈總之〉二字亦此例也。不特此也，〔又禮書〕至于高祖，光有四海。〔漢儒林傳〕至於威宣之際，孟子孫卿之列，咸遵夫子之業而潤色之。——所謂〈至於〉者，言其時耳，用爲承上起下之連字。〔史張釋之列傳〕陵遲而至於二世，天下土崩。〔又酷吏列傳〕一歲至千餘章。〔又淮陰侯列傳〕不至十日，而兩將之頭可致於戲下。〔又孟荀列傳〕推而大之至於無垠，〔又〕推而遠之至天地未生，窈冥不可考而原也。〔又〕然要其歸，必止乎仁義節儉，君臣上下六親之施。〔又屈原列傳〕推此志也，雖與日月爭光可也。——所引〈陵遲而至〉，又〈一歲至〉，〈不至〉，與夫〈推而大之〉，〈推而遠之〉，以及〈要其歸〉，〈推此志也〉諸語，皆無屬動字以爲連字者。〔又張釋之列傳〕令他馬，固不敗傷我乎！——〈令他馬〉，「設令爲他馬」也。然誰令〈令〉之，則不言也。故〈假令〉〈假設〉〈浸假〉諸動字，假以爲推宕連字者，亦此志也。

江蘇文脉整理與研究工程

江蘇文庫

精華編

33

馬氏文通校注

下

（清）馬建忠 著 章錫琛 校注

鳳凰出版社

實字卷之五

動字假借五之一

動字既類，其用不紊，其爲體也無方，名字、代字、静字、狀字皆假借焉。有假公名、本名爲動字者：

〔左襄三十〕疑年，使之年。——〈使之年〉者，「使之自言其年」也。〈年〉名也，而假爲外動。〔又昭元〕請皆卒，自我始。——〈請皆卒〉者，「請以車皆改爲卒伍」也。〈卒〉字假爲外動。〔又昭四〕其出入也時，食肉之禄，冰皆與焉。——〈其出入也時〉者，「冰之出入皆以定時」也。〈時〉字假爲内動。〔又哀十一〕樹吾墓檟。檟可材也，吴其沼①乎！——〈樹〉〈材〉〈沼〉三字皆名字也，假爲動字。第一〈樹〉字假爲外動字，〈材〉與〈沼〉二字皆假爲受動字。〔又哀十六〕微二子者，楚不國矣。——〈國〉字假爲受動。〔又定十〕孔丘以公退，曰：「士，兵之。」——史記伯夷列傳有「左右欲兵之」，皆以〈兵〉字假爲外動。〔又昭十九〕建可室矣。——〈室〉假爲受動。〔又昭二十〕余姑爲之求士而鄙以待之。——〈鄙〉者，「居於鄙」也，假爲内動。〔又宣十二〕趙旃夜至於楚軍，席於軍門之外。——〈席〉者，「布席以待」也，假爲内動。〔又昭十六〕日起請夫環，執政弗義，弗敢復也。——〈弗義〉者，「不以爲義」也，假爲外動。〔又襄四〕恃其讒慝詐僞而不德于民。——〈不德〉者，「不施德」也，〈德〉假爲内動。〔又昭二十六〕有君子白皙鬒鬚眉，甚口。——〈甚口〉者，「甚有口辯」也。〈口〉字假爲内動，亦可視同静字。〔又襄十四②〕余不説初矣，余狐裘而羔袖。——〈狐裘〉〈羔袖〉四字，視同静字，於義較順。〔公隱元〕齊人殺無知。何以不地？〔又〕何以不日？〔又〕何以不氏？〔又桓七〕曷爲國之？——所引〈地〉〈日〉〈氏〉〈國〉諸字，皆假爲外動字，所以稱其地，記其日，記其氏與名其國也。此公羊之特筆也。〔又隱四〕吾爲子口隱矣。——〈口隱〉者，「探隱之口氣」也。〈口〉字假爲外動字，與〈甚口〉之〈口〉字有殊。〔又成二〕使耕者東畝，是則土齊也。——〈土〉字假爲外動。〔又莊十三〕曹子手劍而從之。——〈手〉字假爲外動。〔穀莊二十八〕其人衛，何也？以其人齊，不可不人衛也。——〈人〉字假爲外動字。〔莊庚桑楚〕唯蟲能蟲，唯蟲能天。——〈能蟲〉〈能天〉者，「能順乎蟲與天之自然」也，假爲内動。〔又知北游〕物物者與物無際，而物有際者，所謂物際者也。——〈物物〉者，「物成其物」也，第一〈物〉字解如〈造〉字。〔又庚桑楚〕子胡不相與[3]尸而祝之，社而稷之乎？——〈尸〉與〈社〉〈稷〉皆假爲外動。〔又外物〕且以狶韋氏之流觀今之世，夫孰能不波？——〈不波〉者，「不動」也，〈波〉字假爲内動。〔齊策〕孟嘗君客我。〔史信陵君[4]列傳〕公子乃自驕而功之。〔又魏其武安侯列傳〕有如兩宫螫將軍，則妻子毋類矣。〔又張陳列傳〕貫高等[5]乃壁人柏人。〔又留侯世家〕父曰：「履我。」〔又項羽本紀〕馬童面之。〔漢朱雲傳〕小生迺欲相吏邪？〔又于定國傳〕學士咸聲[6]焉。〔史屈原列傳〕然皆祖屈原之從容辭令。〔又刺客列傳〕因自皮面决眼，自屠出腸，遂以死。——所引〈客〉〈功〉〈螫〉〈壁〉〈履〉〈面〉〈吏〉〈聲〉〈祖〉〈皮〉諸名字，皆假爲外動。〔韓薛君墓誌銘〕君執弓，腰二矢，指一矢以興。〔又少尹李公墓誌銘〕公主奪驛田，京兆尹符縣割界之，公不與。〔又房公墓誌銘〕王叔文用事，材公之爲，舉以爲容州經略使。——所引〈腰〉〈指〉〈符〉〈材〉諸名字，假爲外動。韓文假借最多，原道之「道其所道」，「德其所德」，「人其人，火其書，廬其居」諸句之〈道〉〈德〉。〈人〉〈火〉〈廬〉各字皆是也。〔左哀七〕宋百牢我，魯不可以後宋。——〈百牢〉雙名，亦假爲外動。〔公哀四〕其言歸乎楚何？子北宫子曰：「[7]辟伯晉而京師楚也。」——〈京師〉亦雙名，同上。〔莊庚桑楚〕今以畏壘[8]之細民，而竊竊然欲俎豆予於賢人之間，我其杓之人邪？〔穀僖八[9]〕言夫人必以其氏姓，言夫人而不以氏姓，非夫人也，立妾之辭也，非正也。夫人之，我可以不夫人之乎？夫人卒葬之，我可以不卒葬之乎？——〈夫人〉〈卒葬〉四字，用如外動，奇創。〔公僖三⑩十三〕其謂⑪之秦何？夷狄之也。〔韓原道〕諸侯用夷禮則夷之，進於中國則中國之。〔史魏其武安侯列傳〕何爲首鼠兩端？〔又〕魏其武安俱好儒術，推轂趙綰爲御大夫。〔又〕及魏其侯失勢，亦欲依灌夫引繩批根生平慕之後棄之者。〔又貨殖列傳〕故齊冠帶衣履天下。〔又田單列傳〕王蠋布衣也，義不北面於燕。——所引〈俎豆〉〈夫人〉〈卒葬〉〈夷狄〉〈中國〉〈首鼠〉〈推轂〉，皆雙名而假爲外動。至〈引繩批根〉四字，乃外動與其止詞，合之用如外動。而〈冠帶衣履〉四名，并之亦爲外動。〈北面〉則一静字一名字，合成而爲内動。古人用字之神，有味哉，有味哉！

〔孟滕下〕引而置之莊嶽之間數年⑫，雖日撻而求其齊也，不可得矣。——〈齊〉本名也，而假爲動字。〔左定十〕爾欲吳王我乎？——〈吳王〉偶字本名，假爲外動。〔莊德充符〕彼兀者也⑬而王先生，其與庸亦遠矣。——〈王先生〉三字名稱，假爲外動，由是「堯舜其君」等句，所用之本名，皆此志也。

① 左傳作〈亡〉，非名詞，馬引誤。　② 原誤〈十六〉。　③ 二字原敚。　④ 原誤〈魏公子〉。　⑤ 三字原敚。　⑥ 漢書作〈稱〉，非名詞，馬引誤。　⑦ 原衍〈是〉。　⑧ 原誤〈叠〉。　⑨ 原誤〈七〉。　⑩ 原誤〈二〉。　⑪ 原誤〈稱〉。　⑫ 二字原敚。　⑬ 〈也〉字原敚。

有假代字爲動字者：

〔莊大宗師〕且也相與吾之耳矣，庸詎知吾所謂吾之乎？——〈吾之〉者，各成爲吾也，〈吾〉代字也，而外動矣。〔又列禦寇〕夫造物者之報人也，不報其人而報其人之天，彼故使彼。——〈彼故使彼〉者，猶云「彼本有爲墨之根氣，故使之成爲墨耳」，第二〈彼〉代字也，視作〈成彼〉之解，則爲受動矣。〔漢陳項傳贊〕信臣精卒，陳利兵而誰何。——〈誰何〉者，呼叱來者之爲誰爲何也。又云：「勢强則不必懼其爲誰何而皆可誰何之也。」①〈誰何〉本詢問代字，今用如外動矣。師古云：「問之爲誰又云何人，其義一也。」②〔韓董府君墓誌銘〕由我者吾，不我者天。——〈不我〉者，「不以我爲我」也。〈我〉代字而用如外動也。

①按陳項傳無此語。　②按史記秦始皇本紀：「陳利兵而誰何。」集解如淳曰：「〈何〉，猶問也。」索隱崔浩曰：「〈何〉或爲〈呵〉。漢舊儀『宿衛郎官分五夜誰呵。』呵夜行者誰也。〈何〉〈呵〉字同。」文選過秦論：「陳利兵而誰何。」李善注：「〈誰何〉，問之也。漢書有〈誰何卒〉，如淳曰：『〈何〉謂何官也。』廣雅曰：『〈何〉，問也。』」漢書衛綰傳：「景帝立歲餘，不孰何綰。」注引服虔曰：「不問也。」李奇曰：「〈孰〉誰也。〈何〉，呵也。」師古曰：「〈何〉即問也，〈不誰何〉者，猶言不借問耳。」史記衛綰傳作「不譙呵綰。」索隱「〈譙呵〉，音〈誰何〉，猶借訪也。一曰〈譙呵〉者責讓也。」是〈誰何〉〈譙呵〉，本同音假借字耳。

有假静字爲動字者：

〔禮大學〕大學之道，在明明德。——〈明〉本静字，而第一〈明〉字，注云：「明，明之也。」〈明之〉者，使之明也，朱注用以解爲外動也。又大學之「上老老」「上長長」，與孟子梁惠王上之「老吾老」「幼吾幼」，又告子上「彼長而我長之」「彼白而我白之」諸句，所有〈老〉〈長〉〈幼〉〈白〉諸字，本皆静字，而諸句中第一〈老〉字〈長〉字〈幼〉字，與〈長之〉〈白之〉之〈長〉〈白〉兩字，則用如外動矣。〔左桓十三①〕莫敖狃於蒲騷之役，將自用也，必小羅。君若不鎮撫，其不設備乎！——〈小〉本静字，〈小羅〉則用如外動矣。此與孟子梁惠王下「匠人斲而小之」句，義異而法同。〔左昭十二〕齊君弱吾君，歸弗來矣。〔又哀十六②〕其徒微之。〔又襄二十六〕上其手曰：「夫子爲王子圍，寡君之貴介弟也。」下其手曰：「此子爲穿封戌，方城外之縣尹也。誰獲子？」〔又昭十三〕大福不再，祇取辱焉。〔又昭二十四〕寡君以爲盟主之故，是以久子。〔又襄十九〕公曰：「在我而已。」遂東太子光。〔又成十三③〕楚人惡君之二三其德也，亦來告我曰：〔穀僖十〕國，子之國也，子何遲于爲君。〔又僖二十二〕過而不改，又之，是謂之過。〔左④昭二十六〕其御曰：「又之。」〔穀僖四〕齊人者，齊侯也。其人之，何也？於是哆然外齊侯也⑤，不正其逾國而執也。〔莊逍遥游〕衆人匹之，不亦悲乎！〔又大宗師〕彼近吾死而我不聽。〔又秋水〕然則吾大天地而小毫末，可乎？〔又達生〕必盛卒徒而後敢出焉。〔墨子尚賢篇〕譬若欲衆其國之善射御之士者，必將富之貴之，敬之譽之，然后國之善射御之士將可得而衆也。〔齊策〕臣竊度之⑥，下户三男子，三七二十一萬，不待發於遠縣，而臨淄之卒固以⑦二十一萬矣。〔史魏其侯列傳〕如此，上必多君有讓。〔又李斯列傳〕丞相豈少我哉，且固我哉？〔漢趙充國傳〕時充國年七十餘，上老之。〔史屈原列傳〕卒使上官大夫短屈原於頃襄王。〔漢賈誼傳〕況莫大諸侯權力且十此者虖！⑧——所引諸句，〈弱〉〈微〉〈上〉〈下〉〈再〉〈久〉〈東〉〈二三〉〈遲〉〈又〉〈外〉〈正〉〈匹〉〈近〉〈大〉〈小〉〈盛〉〈衆〉〈三〉〈多〉〈少〉〈固〉〈老〉〈短〉〈十〉諸字，本皆静字，今皆假爲外動字矣。

①原誤〈十二〉。　②原誤〈十二〉。　③原誤〈十二〉。　④原誤〈公〉。　⑤〈也〉字原敚。　⑥原誤〈不〉。
⑦原作〈已〉。　⑧原作〈乎〉。

有假狀字爲動字者，無定例。惟狀字所以貌動字之容，用如動字，則止言其容，故以爲内動字者爲常。

〔孟盡下〕賢者以其昭昭使人昭昭，今以其昏昏使人昭昭。——兩言〈使人昭昭〉。〈昭昭〉重言，本狀字也，今用如内動字，以貌起詞之容。夫然，孟子盡心下「説大人則藐之，勿視其巍巍然」，又「其志嘐嘐然」，又「行何爲踽踽涼涼」，諸重言，皆用如内動字矣。〔莊馬蹄〕故至德之世，其行填填，其視顛顛。〔又在宥〕至道之精，窈窈冥冥，至道之極，昏昏默默。〔又寓言〕而睢睢盱盱，而誰與居？〔史平原君列傳〕公等録録，所謂因人成事者也。〔韓重答張籍書〕吾子其何遽戚戚於吾所爲哉！〔又與孟東野書〕以吾心之思足下，知足下懸懸於吾也。〔又房公墓碣銘〕徵拜虞部員外，在省籍籍。〔又祭十二郎文〕吾年未四十，而視茫茫，而髮蒼蒼，而齒牙動摇。——諸句重言，皆假爲内動，以貌起詞之容。其非重言者，亦有然矣。〔莊天道〕老子曰：「而容崖然，而目衝然，而顙頯①然，而口闞然；而狀義然，似繫馬而止也。」——〈崖〉〈衝〉諸字，助以〈然〉字者，本狀字也，今假爲内動矣。〔韓與柳中丞書〕洛汝襄荆許潁②淮江爲之騷然。〔後漢崔實③傳〕海内肅清，天下密如。——〈密如〉本狀字也，〈如〉與〈然〉字同功，今假爲内動。至論語泰伯之「巍巍乎其有成功也，焕乎其有文章」，句中〈乎〉字與前文〈然〉字〈如〉字同一用法，皆以助狀字也。而〈巍巍乎〉〈焕乎〉今皆假爲内動，猶云「其有成功也巍巍乎，其有文章焕乎」，以其爲嘆美之辭，故先置。〔韓送權秀才序〕寂寥乎短章，春容乎大篇。——兩句亦此例也。〔史刺客列傳〕太傅之計，曠日彌久，心惛然恐不能須臾。——〈須臾〉叠韻狀字，亦假爲内動。〔又司馬相如傳〕威武紛云④，湛恩汪濊，群生霑⑤濡，洋溢乎方外。〔後漢蔡邕傳〕連衡者六印磊落，合從者駢組流離。——諸所引狀字，或雙聲，或叠韻，今皆假爲内動。文選古賦，類此者比比也。

①原誤〈頳〉。　②原誤〈潁〉。　③原作〈寔〉。　④原作〈紜〉。　⑤原誤〈澍〉。

其假爲外動者鮮矣，而用如表詞者則習見也。

〔莊應帝王〕吾與汝既其文，未既其實。——〈既〉者，言時之狀字也。〈未既其實〉，則〈既〉字用如外動，然與本字異解。有狀字假爲外動而所解亦同者：〔穀隱元〕何甚乎鄭伯？甚鄭伯之處心積慮，成於殺也。——〈甚〉本狀字，〈極至〉之辭，今假爲外動，同義。韓文釋言云：「傷於讒疾而甚之之辭也。」所用〈甚〉字，原於穀梁。

〔孟離上〕暴其民甚。〔又梁下〕王之好樂甚。〔又告下〕魯之削也滋甚。——諸〈甚〉字皆假爲表詞，〈暴其民甚〉者，猶言「暴其民至極處」也，蓋〈甚〉字所以表暴民之境也。他〈甚〉字同解。〔公宣六〕靈①公聞之怒，滋欲殺之甚。〔史魏其侯列傳〕丞相言灌夫家在潁②川横甚。〔又游俠列傳〕然其自喜爲俠益甚。——諸〈甚〉字用法同上。〔又萬石君列傳〕事有可言，屏人恣言極切。——〈切〉本狀字，今亦用如表詞。夫然，論語述而云：「甚矣吾衰也。」〈甚〉字合〈矣〉字，其爲表詞也明甚，而〈夫然〉，〈所以然〉與〈同然〉諸〈然〉字，亦皆然矣。

①原誤〈文〉。　②原誤〈穎〉。

動字辨音五之二

同一字也，有因異韻而爲名字、爲動字者已略①於名字篇内。更有以音異而區爲静字與動字者，或區爲内、外動字者，或區爲受動與外動者，且有區爲其他字類者，散見於書，難以遍舉，爰書如干以爲例：

〈中〉字：平讀静字也，書大禹謨：「允執厥中。」去讀外動字，矢中的也，史周本紀：「養由基去柳葉射之，百發百中②。」孟：「其中非爾力也。」〈恫〉字：平讀内動字，痛也，詩大雅思齊：「神罔時恫。」去讀静字，不得志也，史蘇秦列傳：「是故③恫疑虚喝。」〈總〉字：平讀名字，縫也，詩召南羔羊：「素絲五總。」上讀外動字，合也，書伊訓：「百官總己。」〈逢字〉：在東韻，狀字，鼓聲也，詩大雅靈臺：「鼉鼓逢逢。」在冬、江兩韻，外動字，值也，左宣三：「不逢不若。」若從〈夆〉則音龐，姓也，孟子離下：「逢蒙學射於羿。」故顔氏家訓有云：「〈逄〉〈逢〉之别，豈可雷同。」④〈重〉字：平讀外動字，複也，易文言：「九三⑤重剛而不中。」上讀静字，不輕之謂也，禮王制：「輕任并，重任分。」又去讀亦外動字，因其重而重之也，禮祭統：「所以明周公之德而又⑥以重其國也。」〈從〉字：平讀外動字，相聽也，書益稷：「汝無面從。」又就也，易文言：「雲從龍，風從虎。」又自也，詩小雅何人斯：「伊誰云從。」去讀名字，書冏命：「其侍御僕從。」放縱之解則爲外動字，亦去讀也，論八佾：「從之純如也。」〈共〉字：平讀外動字，敬也，漢王褒傳：「共惟春秋法五始⑦之要。」其解公同之義者亦外動字，則去讀矣，禮王制：「爵人於朝，與衆共之。」而〈共給〉〈共養〉有平去二音，音别義同。〈縱〉字：平讀静字，南北曰縱，亦作〈從〉字，賈誼過秦論：「合從締交。」假爲外動者亦平讀，詩齊風南山：「衡從其畝。」去讀外動字，説文云：「舍也，緩也。」玉篇云：「放也，恣也。」書太甲：「縱敗禮。」又〈操縱〉亦去讀。〈降〉字：平讀内動字，降伏也，左莊八：「師及齊師圍郕，郕降于齊師。」去讀外動字，升降也，語云：「降心相從。」〈爲〉字：平讀外動字，爾雅釋言云：「作，造，爲也。」書益稷：「予欲宣力四方，汝爲。」去讀介字，以也，緣也，書咸有一德：「臣爲上爲德，爲下爲民。」釋文云：「〈爲上〉〈爲下〉之〈爲〉于僞反。」〈吹〉字：平讀外動，玉篇云：「出氣急也。」莊逍遥游：「生物之以息相吹也。」詩小雅鹿鳴：「鼓瑟吹笙。」去讀名字，禮月令：「上丁命樂正入學習吹。」〈施〉字：平讀外動字，設也，用也，書益稷：「以五采彰施于五色。」去讀亦動字，惠也，與也，易文言：「雲行雨施。」禮曲禮：「其次務施報。」又及也，詩周南葛覃：「施于中谷。」又邪行也，孟離下：「施從良人之所之。」惟施與之施，平仄兼讀。〈遲〉字：平讀，説文云：「徐行也。」則爲狀字，詩邶風谷風：「行道遲遲。」緩也，則爲静字。禮玉藻：「君子之容舒遲。」久也，亦静字，常語也。去讀外動字，待也，後漢章帝紀：「朕思遲直士，側席異聞。」〈遺〉字：平讀受動字，説文云：「亡也。」詩小雅谷風：「棄予如遺。」又餘也，禮樂記：「有遺音者矣。」去讀外動字，投贈也。〈差〉字：平讀叉茲切，静字，不齊也，孟萬下：「其禄以是爲差。」詩周南關雎：「參差荇菜。」初佳切則爲外動字，差使也。初加切則爲内動字，説文云：「貳也，不相值也。」廣韻云：「舛也。」漢東方朔傳：「失之毫釐，差以千里。」〈衰〉字：平讀所危切，減也，弱也，穀梁序[8]云：「昔周道衰陵[9]。」讀〈崔〉音則爲名字，同〈縗〉字。喪服。〈追〉字：平讀中葵切，外動字，隨也，逮也，送也，詩周頌有客：「薄言追之。」説文云：「逐也。」左莊十八：「公[10]追戎于濟西。」都雷切亦外動字，治玉也，詩大雅棫樸：「追琢其章。」又〈毋追〉，冠名，與〈頍〉字通。〈治〉字：凡〈治之〉之〈治〉平讀，外動字也，〈治國〉〈治人〉之類。而〈已治〉之〈治〉去讀，受動字也，〈國治〉〈邑治〉之屬。故州郡所駐曰〈治〉，則用爲名字矣。〈推〉字：平讀川錐切，外動字，順遷也，易繫辭：「寒暑相推而歲成焉。」又擇也，奉也，獎也，亦進之也，書周官：「推賢讓能，庶官乃和。」又通回切，排也，左襄十四：「或輓之，或推之。」注云：「後送曰推。」又讓所有以予人也，史淮陰侯列傳：「解衣衣我，推食食我。」又移也，詩大雅雲漢：「旱既太甚，則不可推。」疏云：「不可令之移去也。」〈居〉字：平讀居之切，助字，禮檀弓：「何居。」斤於切，内動字，安也，坐也，書盤庚：「奠厥攸居。」禮曾子問：「居，吾語女。」又積蓄也，書益稷：「懋遷有無化居。」注云：「化[11]易也。」謂交易其所居積也。〈戲〉字：平讀歎字。又莊子〈伏羲〉作〈伏戲〉。去讀内動字，弄也，禮坊記：「閨門之内，戲而不歎。」又謔也，詩衛風淇奥：「善戲謔兮。」〈委〉字：平讀静字，雍容自得之貌，詩召南羔羊：「委蛇委蛇。」去讀外動字，任也，屬也，左昭元：「徐吾犯之妹美，公孫楚聘之矣[12]，公孫黑又使[13]强委禽焉。」又棄置也，孟公下：「委而去之。」〈幾〉字：平讀静字，説文云：「微也。」易繫辭：「幾者動之微。」上讀狀字，幾何也，左僖二十七：「靖諸内而敗諸外，所獲幾何。」去讀外動字，覬也，左哀十六：「國人望君如望歲焉，日月以幾。」〈予〉字：平讀代字，我也。上讀外動字，賜也，小雅采菽詩：「君子來朝，何[14]錫予之。」〈與〉字：平讀助字。上讀名字，説文云：「黨也。」管子八觀篇：「請謁得於上，則黨與成於[15]下。」又外動字，善也，禮禮運：「諸侯以禮相與。」又許也，從也，論先進：「吾與點也。」又施與也，禮曲禮：「與人者不問其所欲。」去讀介字，論學而：「與朋友交而不信乎。」〈躇〉字：平讀狀字，〈躊躇〉，猶豫不定之容。入讀外動字，公宣七：「躇階而走。」釋文：「〈躇〉與〈踱〉同。」又注云：「猶[16]超遽不暇[17]以次[18]。」〈輸〉字：平讀外動字，以物送之也，左僖十三[19]：「秦於是乎輸粟于晉。」又隳也，詩小雅正月：「載輸爾載。」又俗謂〈勝負〉爲〈輸贏〉。去讀名字，指所送之物也，韻會云：「漢有三輔委輸官。」謂委所輸之物之官也。〈汙〉字：平讀汪胡切，同〈洿〉，名字，説文云：「濁水不流也，一曰窊下。」詩小雅十月之交：「田卒汙萊。」又烏瓜切，外動字，鑿地也，禮禮運：「汙尊而杯飲。」去讀烏故切，亦外動字，染也，又去垢也，詩周南葛覃：「薄汙我私。」〈惡〉字：平讀詢問代字，又狀字，何也。去讀外動字，憎也，左隱三：「周鄭交惡。」入讀静字，不善也，又陋也。〈嘔〉字：平讀匈于切，狀字，史淮陰侯列傳：「言語嘔嘔。」漢書作〈姁姁〉。又烏侯切，内動字，小兒語。又通〈謳〉，漢朱買臣傳：「其妻亦負戴相隨，數止買臣毋歌嘔道中。」〈反〉字：平讀受動字，斷獄平反也，猶云定案爲反回也。漢食貨志：「杜周治之，獄少反者。」上讀内動字，史陳勝列傳：「使者五反。」孟子梁下：「反其旄倪。」則用爲外動字。〈怨〉字：平讀名字，禮儒行：「外舉不避怨。」去讀外動字，「怨天尤人。」〈攤〉字：平讀外動字，開也，一曰手布也，世説云：「王戎滿牀攤書。」去讀亦外動字，按也。〈還〉字：平讀胡關切，内動字，反也，詩小雅何人斯：「爾還而入，我心易也。」又旬宣切，同〈旋〉，亦内動字也。〈閒〉字：平讀居顔切，名字，説文：「隙也。」莊子山木：「周將處乎材與[20]不材之閒。」又何艱切，静字，安也，漢司馬相如傳：「雍容閒雅甚都。」去讀外動字，代也，詩周頌桓：「皇以閒之。」又厠也，左隱三：「石碏曰：『遠閒親，新閒舊。』」又迭也，書益稷：「笙鏞以閒。」〈閒〉者，迭奏也。〈先〉字：平讀名字静字皆通用，老子：「象帝之先。」去讀外動字，在後而先之也，易文言：「先天而天弗違。」〈穿〉字：平讀外動字，説文云：「穴也，通也。」詩召南行露：「何以穿我屋。」去讀亦外動字，貫也，連也，漢司馬遷傳：「貫穿經傳。」〈濺〉字：平讀狀字，水疾流貌。去讀外動字，水激也，史藺相如傳：「相如請得以頸血濺大王矣[21]。」〈挑〉字：平讀他彫切，外動字，俗謂肩荷曰〈挑〉。又取也，今揀人物亦謂之

〈挑〉。又他羔切，静字，挑達也，同〈佻〉，荀子彊國篇：「其服㉒不挑。」上讀外動字，引也，撥也，史項羽本紀：「願與漢王挑戰决雌雄。」〈調〉字：平讀田聊切，外動字，和也，禮月令：「調竽笙篪簧。」又張流切，静字，朝也，詩周南汝墳：「惄如調飢。」毛傳云：「調，朝㉓也，又作〈輖〉。」去讀外動字，選調也，史秦始皇本紀㉔：「下調郡縣轉輸菽粟芻藁。」又名字，賦也，正字通云：「民賦曰調。」由是〈音調〉之謂樂律，〈才調〉之謂韻致，皆名字也。〈要〉字：平讀外動字，約也。論憲問：「久要不忘平生之言。」又求也，勒也。去讀静字，緊要也，孝經：「先王有至德要道。」〈漂〉字：平讀外動字，漂浮也，書武成：「血流漂杵。」又吹也，詩鄭風蘀兮：「風其漂女。」去讀内動字，水中擊絮也，史淮陰侯列傳：「竟漂數十日。」〈徼〉字：平讀外動字，要也，求也，左昭三：「徼福于大公。」禮中庸：「小人行險以徼幸。」又抄也，論陽貨：「惡徼以爲知者。」注云：「抄人之意以爲己有也。」去讀亦外動字，循也，漢百官表：「中尉秦官，掌徼循京師。」至游徼，邏卒也。又〈徼〉解邊塞，與西都賦之「徼道綺錯」解小道，則爲名矣。〈料〉字：平讀外動字，量也，史孔子世家：「嘗爲季氏史㉕，料量平。」又度也，理也，計也，周語：「乃㉖料民於太原。」史李斯列傳：「君侯自料。」晉書王徽之傳：「比㉗當相料理。」去讀如〈材料〉〈物料〉〈意料〉〈詩料〉之類，皆名字也。〈摽〉字：平讀外動字，麾也，孟萬下：「摽使者出諸大門之外。」上去兼讀皆外動字，同義，擊也，落也，詩召南摽有梅：「摽有梅。」〈剽〉字：平讀名字，爾雅釋樂：「大木謂之鏞，其中謂之剽。」疏云：「其不㉘大不小者名剽。」去讀外動字，掠也，史酷吏列傳：「嘗與張次公俱㉙攻剽爲群盜。」又静字，急也，輕也，漢地理志：「自全晉時已患其剽悍。」〈教〉字：平讀外動字，俗解使令也，如〈悔教〉〈肯教〉之屬。去讀名字兼動字，訓也，令也，下所效法也，易觀：「聖人以神道設教。」又〈教訓〉。〈勞〉字：平讀名字，勤也，易兑：「民忘其勞。」又事功曰勞，禮儒行：「先勞而後禄㉚。」去讀外動字，慰問也，禮曲禮：「君勞之則拜。」〈和〉字：平讀名字，又静字也，易乾：「保合太和。」禮中庸：「發而皆中節謂之和。」又詩小雅蓼蕭：「和鸞雝雝㉛。」和，鈴之在軾也。去讀外動字，聲相應也，易中孚：「鳴鶴在陰，其子和之。」又調也，禮檀弓：「竽笙備而不和。」至禮禮運云：「五味六和十二食，還相爲質也。」與禮器云：「甘受和。」兩〈和〉字雖去讀而用如名字矣。〈荷〉字：平讀名字，荷蕖也。上讀外動字，擔也，論憲問：「有荷蕢而過孔氏之門者。」〈過〉字：平讀内動字，經也。去讀外動字，度也，越也，易繫辭：「範圍天地之化而不過。」又過失也，則名字矣。〈瘥〉字：平讀名字，病也，詩小雅節南山：「天方薦瘥。」去讀内動字，疾愈也。〈相〉字：平讀代字，所指不一也，孟滕下：「出入相友。」又名字，質也，詩大雅棫樸：「金玉其相。」去讀外動字，視也，左隱十一：「相時而動。」又助也，易泰：「輔相天地之宜。」〈强〉字：平讀静字，禮曲禮：「四十曰强而仕。」上㉜讀外動字，庸：「或勉强而行之。」〈行〉字：平讀寒岡切，名字，列也，二十五人爲〈行〉。又〈中行〉〈太行〉，皆本名。何庚切，内動字，人之步趨也。去讀户浪切，名字，行輩也。又「行行如也」，則爲狀字，下孟切。又爲名字，如〈德行〉〈言行〉之類。〈慶〉字：平讀音羌，名字，福也，易文言：「必有餘慶。」去讀邱竟切，亦訓〈福〉，而〈賀慶〉則動字矣。〈將〉字：平讀狀字，甫始之辭，易繫辭：「是以㉝君子將有爲也，將有行也。」又外動字，養也，詩小雅四牡：「不遑將父。」送也，又召南鵲巢：「百兩將之。」又鄭風有女同車：「佩玉將將。」又大雅緜：「應門將將。」皆狀字也。去讀則名字，〈將軍〉〈將帥〉之屬。〈傍〉字：平讀静字，通〈旁〉，側也。去讀外動字，倚也。〈當〉字：平讀外動字，值也，任也，論衛靈：「當仁不讓於師。」又敵也，禮王制：「次國之上卿，位當大國之中。」又遇也，又曲禮：「當食不歎。」又學記：「當其可之謂時。」去讀内動字，合宜也，又樂記：「天地順而四時當。」又出物質錢謂之當。〈攘〉字：平讀外動字，竊也，論子路：「其父攘羊。」去讀亦外動字，擾也，漢陳平傳：「傾側擾攘楚魏之間。」〈迎〉字：平讀外動字，人來而接之也，禮中庸：「送往迎來。」去讀則人未來而迓之也，詩大雅大明：「親迎于渭。」〈應〉字：平讀助動字，當也。又料度之辭。去讀外動字，答也，物相應也，易咸：「二氣感應以相與。」〈勝〉字：平讀外動字，任也，舉也，堪也，孟告下：「有人於此，力不能勝一匹雛。」去讀内動字，勝負也，史魏世家：「百戰百勝。」㉞〈留〉字：平讀外動字，止也，遲也，易旅：「君子以明慎用刑而不留獄。」楚語：「舉國留之。」又伺便也，莊山木㉟：「執彈而留之。」禮儒行：「悉數之乃留更僕未可終也。」此〈留〉字解久也。〈留落〉〈遮留〉同韻。去讀内動字，停待也，漢郊祀志㊱：「宿留海上。」〈臨〉字：平讀外動字，視也，詩邶風日月：「照臨下土。」又以尊至卑曰臨，禮曲禮㊲：「臨諸侯，畛于鬼神。」去讀内動字，喪哭也，左宣十二：「卜臨于大宫，且巷出車，吉。」〈任〉字：平讀外動字，當也，左僖十五：「重㊳怒難任。」又負也，詩小雅黍苗：「我任我輦。」又名字，以恩相信也，周禮大司徒：「孝友睦婣任卹。」去讀名字，所負也，論泰伯：「仁以爲己任。」〈禁〉字：平讀受動字，受制也，漢咸宣傳：「猶弗能禁。」又勝也，當也。至天子所在曰禁，猶云被禁之地，則名字矣。去讀外動字，制也，戒也。易繫辭：「禁民爲非曰義。」〈占〉字：平讀外動字，視兆問也。去讀亦外動字，著位也，擅據也，漢宣帝紀：「流民自占八萬餘口。」又隱度其辭口以授人曰〈口占〉，又㊴陳遵傳：「㊵召善書吏十人㊶於前，治私書謝京師故人，遵㊷憑几口占書吏，且治省事㊸，書數百封，親疏各有意。」又有也，韓進學解：「占小善者率以録。」〈漸〉字：平讀外動字，浸也，染也，漢董仲舒傳：「漸民以仁。」又内動字，流入也，書禹貢：「東漸于海。」去讀狀字，凡物變移徐而不速之貌。〈厭〉字：平讀狀字，安舒貌。去讀外動字，滿也，足也，漢王莽傳：「克厭上帝之心。」入讀伏也，壓㊹也，左昭二十六：「將以厭衆。」〈帆〉字：平讀名字，所以使風也。去讀内動字，船使風也。〈種〉字：上讀名字，所種也，詩大雅生民：「誕降嘉種。」去讀外動字，種之也，布也，書大禹謨：「皋陶邁種德。」〈恐〉字：上讀内動字，懼也，禮中庸：「恐懼乎其所不聞。」去讀亦内動字，疑也，慮也，億度也。〈累〉字：上讀外動字，增也，史吴王濞列傳：「脅肩絫足。」〈絫〉古〈累〉字。又律歷志：「權輕重者不失黍絫。」則名字矣。去讀亦外動字，緣坐也，左隱十㊺：「相時而動，無累後人。」書旅獒：「終累大德。」平讀同纍，孟梁下：「係累其子弟。」趙注云：「係累，猶縛結也。」外動字。〈使〉字：上讀令也，役也，禮曲禮：「六十曰耆，指使。」去讀名字，爲所使也，漢韓信傳：「然後㊻發一乘之使，奉咫尺㊼之書以使燕㊽。」〈始〉字：上讀名字，本始之始也，易乾：「萬物資始。」漢王褒傳：「共惟㊾春秋法五始之要。」去讀動字，方始之始也，禮月令：「桃始華。」「蟬始鳴。」〈被〉字：上讀名字，寢衣也。去讀外動字，覆也，詩大雅既醉：「天被爾禄。」〈語〉字：上讀内動字，言論也，詩大雅公劉：「于時語語。」去讀外動字，以言告人也，論陽貨：「居，吾語女。」〈處〉字：上讀内動字，居也，詩召南殷其靁：「莫或遑處。」去讀名字，所也，所於處也。〈女〉字：上讀名字。去讀外動字，以女妻人也，孟離上：「涕出而女於吴。」書堯典：「女于時。」〈去〉字：上讀外動字，除也，禮中庸：「去讒遠色。」去讀内動字，人相違也。〈雨〉字：上讀名字，所雨也。去讀無主動字，詩小雅大田：「雨我公田。」〈吐〉字：上讀外動字，詩大雅蒸民：「剛則吐之。」去讀内動字，嘔也。〈樹〉字：上讀外動字，種也。去讀名字，所樹也。〈數〉字：上讀外動字，計也，詩小雅巧言：「心焉數之。」去讀名字，算數也，易節：「君子以制數度[50]議德行。」入讀静字，頻數也，禮祭義：「祭不欲數，數則煩。」〈悔〉字：上讀名字，去讀外動字。正字通云：「凡言人有悔吝，此〈悔〉字上聲讀。凡言人能改悔，此〈悔〉字去聲讀。」〈采〉字：上讀外動字，詩周南卷耳：「采采卷耳。」又擇也。禮昏義：「納采問名。」又〈采色〉，皆讀上聲。去讀名字，臣食邑也。〈載〉字：上讀名字，年也。去讀外動字，乘也，易[51]大有：「大車以載。」又〈覆載〉〈記載〉從同。〈引〉字：上讀外動字，開弓也，又演也，易繫辭：「引而伸之。」又相薦達曰〈引〉。去讀名字，牽牛紖也。〈準〉字：上讀外動字，平也，書立政：「準人。」又仿也，易繫辭：「易與天地準。」入讀名字，鼻也，史高祖本紀：「隆準而龍顔。」〈近〉字：上讀静字，不遠也，易繫辭：「近取諸身。」去讀居吏切，辭也，詩大雅崧高：「往近王舅。」又巨靳切，親也，近之也，書五子之歌：「民可近，不可下。」兩去讀皆外動字而異義。〈遠〉字：上讀静字。去讀外動字，遠之也，論雍也：「敬鬼神而遠之。」〈飯〉字：上讀外動字，餐飯也，禮曲禮：「飯黍毋以箸。」去讀名字，所食也。〈散〉字：上讀名字，〈閑散〉〈藥散〉之類。去讀外動字，離也，布也。〈善〉字：上讀静字。去讀外動字，善之也，孟梁下：「王如善之。」〈轉〉字：上讀自反動字，詩周南關雎：「輾轉反側。」去讀外動字。凡物自轉則上聲，以力轉物則去聲。〈選〉字：上讀外動字，禮禮運：「選賢與能。」去讀受動字，又王制：「命鄉論秀士，升之司徒，曰選士。」又〈少選〉，狀字，讀上聲。〈好〉字：上讀静字，詩鄭風女曰雞鳴：「琴瑟在御，莫不静好。」去讀外動字，愛而不釋也，好之也。〈造〉字：上讀外動字，建也，作也，書大誥：「予造天役。」注云：「予之所作，皆天所役使也。」去讀受動字，造就也，詩大雅思齊：「小子有造。」禮王制：

「升于學者，不在于司徒，曰造士。」又内動字，詣也，進也，周禮秋官司儀：「凡四方之賓客造焉則以告。」又詩大雅大明「造舟爲梁」者，連舟而爲橋梁以渡也。〈倒〉字：上讀内動字，仆也，如〈絶倒〉〈傾倒〉之類。去讀外動字，翻也，詩齊風東方未明：「顛之倒之，自公召之。」〈左〉字：上讀静字，定位之序，左昭右穆。去讀外動字，襄十[52]：「天子所右，寡君亦右之，所左亦左[53]之。」〈輠〉字：上讀胡果切，名字，車盛膏器。〈炙輠〉者，言言之不盡，如輠之常有膏也。又尺馬切[54]，外動字，迴轉也，禮雜記：「叔孫武叔朝見輪人，以其杖關轂而輠輪者[55]。」謂以杖穿轂而轉其輪也。〈下〉字：上讀静字。去讀内動字，降也。〈瀉〉字：上讀外動字，傾也，周禮地官稻人：「以澮瀉水。」去讀司夜切，静字，鹵也，論衡書解：「地無毛則爲瀉土。」又〈吐瀉〉爲内動字。〈仰〉字：上讀外動字，舉首望也。去讀亦外動字，恃也，資也，史平準書：「衣食仰給縣官。」〈放〉字：上讀内動字，至也，孟離下：「放乎四海。」又梁下：「放於琅邪。」去讀外動字，逐也，棄也，書舜典：「放驩兜于崇山。」〈上〉字：上讀内動字，升也，易需：「雲上於天。」去讀静字，又文言：「本乎天者親上。」〈請〉字：上讀外動字，求也，謁也，禮曲禮：「請業則起。」去讀名字，春朝秋請也。又〈延請〉同。〈首〉字：上讀名字，易説卦：「乾爲首。」去讀〈自首〉爲外動字，〈首向〉爲内動字。禮玉藻：「君子之居恒當户，寢恒東首。」〈後〉字：上讀静字，又用如名字，左桓二：「臧孫達其有後於魯乎。」去讀外動字，後之也，老子：「自後者人先之。」論衡靈：「事君敬其事而後其食。」〈走〉字：上讀内動字，趨也。文選報任少卿書[56]：「太史公牛馬走。」班固答賓戲：「走亦不任厠技於彼列。」兩〈走〉字解僕也，則名字矣。去讀疾趨也，亦内動字，詩大雅緜：「予曰有奔走。」孟梁下：「棄甲曳兵而走。」〈右〉字：上讀静字。去讀外動字，同〈左〉字。〈飲〉字：上讀内動字，周禮天官饍夫：「飲用六清。」去讀外動字，飲之也，禮檀弓：「酌而飲寡人。」〈枕〉字：上讀名字。去讀外動字，枕之也，論述而：「曲肱而枕之。」〈濫〉字：上讀泉名，爾雅釋水：「濫泉[57]正出。」去讀外動字，氾也，家語：「其源可以濫觴。」又浮辭失實也。〈帥〉字：去讀名字，〈將帥〉也。入讀外動字，易師：「長子帥師。」〈刺〉字：从刀朿，去讀外動字，直傷也。又〈刺史〉官名，〈投刺〉柬也，皆爲名字。入讀亦外動字，針黹也，史貨殖傳：「刺綉文不如倚市門。」又偵伺也，漢燕王旦傳：「陰刺候朝廷事。」[58]又撑也，史陳平世家：「平恐，乃躶而佐刺船[59]。」至〈剌〉字從朿入讀，郎達切：静字，戾也，漢杜欽傳：「無乖剌之心。」又謚法：「暴戾無親曰剌。」至〈撥剌〉張弓聲，〈跋剌〉魚躍聲，皆狀字。〈識〉字：上讀記也，書益稷：「書用識哉。」入讀認也，左襄二十九：「如舊相識。」皆外動字。〈食〉字：去讀名字，論爲政：「有酒食。」入讀外動字。〈積〉字：去讀名字，儲蓄也，所積也，詩大雅公劉：「迺積迺[60]倉。」入讀外動字，聚也，易升：「積小以高大。」〈出〉字：正韻[61]云：「凡物自出則入聲，非自出而出之則去聲，然亦有互用者。」此内外動之别也。爾雅釋親：「男子謂姊妹之子爲出。」入讀，名字也。〈咥〉字：許既切，去讀内動字，大笑也，詩衛風氓：「兄弟不知，咥其笑矣。」入讀徒結切，外動字，齧也，易履：「履虎尾，不咥人，亨。」〈度〉字：去讀名字，法制也。入讀外動字，謀也，量也。〈厝〉字：去讀外動字，置也，漢賈誼傳：「夫抱火厝之積薪之下。」入讀名字，厲石也，詩大雅鶴鳴：「可以爲厝[62]。」〈錯〉字：去讀外動字，置也，易繫辭：「苟錯諸地而[63]可矣。」史周本紀：「刑錯四十餘年不用。」入讀外動字，如〈錯雜〉〈錯亂〉〈錯綜〉〈錯誤〉之屬。〈錯刀〉者，説文云：「金涂也。」〈切〉字：去讀音砌，代字，衆也，〈一切〉，大凡也。入讀外動字，刌也，禮少儀[64]：「聶而切之爲膾。」〈畫〉字：去讀圖物也。入讀分界也。皆外動字。〈殺〉字：去讀静字，禮禮器：「不豐不殺。」入讀外動字，戮也。〈喝〉字：去讀噎塞也，後漢竇憲傳：「憲陰喝不能對。」入讀訶也，史蘇秦傳[65]：「恫疑虚喝。」去入皆内動字。〈塞〉字：去讀名字，邊界也，禮月令：「備邊竟[66]，完要塞。」入讀外動字，填也，隔也，又：「天地不通，閉塞而成冬。」〈約〉字：去讀名字，所要約也，漢禮樂志：「明德鄉治本約。」入讀外動字，纏束也，約束也。又〈約劑〉者，要盟之載詞也。〈樂〉字：去讀外動字，喜好也，論雍也：「仁者樂山。」又季氏：「益者三樂。」入讀名字，聲音總名。又内動字，喜也，孟梁下：「與民同樂也[67]。」〈較〉字：去讀外動字，比也。又狀字，著明貌，漢孔光傳：「較然甚明[68]。」入讀名字，車騎上曲銅也。詩：「猗重較兮。」〈覺〉字：去讀内動字，夢醒也，詩王風兔爰：「尚寐無覺。」入讀外動字，曉也，孟萬上：「使先知覺後知。」〈背〉字：去讀補妹切，〈補〉聲促，名字，脊也。又〈堂北〉，詩衛風伯兮：「言樹之背。」又薄昧切，〈薄〉聲舒，外動字，違也，棄也。書太甲：「既往背師保之訓。」此以聲之舒促而用異者。〈暴〉字：去讀静字，書泰誓：「敢行暴虐。」入讀外動字，日乾也，孟告上：「一日暴之。」〈冒〉字：去讀外動字，覆也。又假稱也，漢衛青傳：「故青冒姓爲衛氏[69]。」入讀静字，貪也，左昭三十一：「貪冒之民。」又〈冒頓〉同音。〈藉〉字：去讀外動字。祭藉也，易大過[70]：「藉用白茅。」又〈憑藉〉〈慰藉〉爲外動字，〈蘊藉〉則爲静字。入讀狀字，〈狼藉〉，雜亂離披貌。漢江都易王傳：「國中口語藉藉[71]，無復至江都。」又〈藉田〉同音。〈射〉字：去讀名字，説文謂：「弓[72]弩發于身而中于遠也。」禮射義：「是故[73]古者天子以射選諸侯卿大夫士，射者男子之事也。[74]」論八佾：「射不主皮。」又〈僕射〉官名。入讀外動字，論述而：「弋不射宿。」又詩大雅思齊：「無射亦保。」静字，厭也。〈畜〉字：去讀名字，左僖十九：「古者六畜不相爲用。」疏云：「養之曰畜，用之曰牲。」入讀，許六反，名字，與去讀同解，左桓六：「謂其畜之碩畜大蕃滋也。」又禮曲禮：「問庶人之富，數畜以對。」兩〈畜〉字疏皆作入聲。又丑六切，外動字，積也，禮月令：「仲秋之月，乃命有司趣民收斂，務畜菜。」又内則：「子婦無私貨，無私畜。」又止也，孟梁下：「畜君何尤。」又許六切，外動字，養也，易師：「君子以容民畜衆。」禮儒行：「易禄而難畜也。」至〈大畜〉〈小畜〉卦名，有止之義，音仍丑六切。〈伏〉字：去讀外動字，鳥覆卵也，漢五行志：「丞相府史家，雌[75]雞伏子。」入讀内動字，偃也，禮曲禮：「寢毋伏。」〈讀〉字：去讀名字，凡經書語絶處謂句，語未絶而點之以便誦者曰〈讀〉。入讀外動字，誦書也。〈越〉字：王伐切，外動字，度也，逾也，又國名。户括切，名字，禮禮運：「越席疏布。」又瑟下孔爲〈越〉。〈活〉字：户括切，内動字，生也。古活切，狀字，詩衛風碩人：「北流活活。」水流聲。〈拔〉字：蒲撥切，静字，疾也。禮少儀：「毋拔來。」漢陳項傳：「拔起隴畝之中。」又蒲八切，外動字，擢也，抽也。易文言：「確乎其不可拔。」又泰：「拔茅茹。」〈别〉字：必列切，名字，券書也，周禮天官小宰：「聽稱責以傅别。」注云：「别爲兩，兩家各得一也。」又〈大别〉山名。又辨也，用如名。音便[76]，則外動字，離别也。〈合〉字：候閤切，一作外動字，同也，易乾：「保合大和。」詩小雅常棣：「妻子好合。」又會也，禮王制：「不能五十里者，不合於天子。」

又聚也，論子路：「始有，曰，苟合矣。」又答也，左宣二：「既合而來奔。」此内動字，無止詞也。一作名字，配也，詩大雅大明：「天作之合。」史貨殖列傳：「蘖麴⑰鹽豉千合。」注謂四者輕重多寡相配合耳。又〈六合〉〈宇合〉皆名也。葛合切，則專作名字，漢律歷志：「量者，龠、合、升、斗、斛也，所以量多少也。」

〔附〕案經史中動字，往往取對待兩字連用者，又取雙字義同，且爲雙聲叠韻者，學者閲書，當自得之。

對待兩字連用者：如〈行藏〉〈興亡〉〈窮通〉〈浮沈〉〈悲歡〉〈縱横〉〈安危〉〈盈虚〉〈公私〉〈從違〉〈鈎⑱深〉〈去留〉〈屈伸〉〈抑揚〉〈卷舒〉〈進退〉〈出處〉〈出入〉〈出納〉〈作息〉〈去就〉〈聚散〉〈向背〉〈隱顯〉〈陟降〉〈反復〉〈坐作〉〈逆順〉〈開闔〉〈游息〉〈增損〉〈通塞〉〈操舍〉〈因革〉〈褒貶〉〈辭受〉〈施報〉〈窮達〉〈成毁〉〈張弛〉之屬。

雙字同義者：如〈觀瞻〉〈登臨〉〈追陪〉〈搜尋〉〈棲遲〉〈奔趨〉〈奔馳〉〈謳歌〉〈扶持〉〈提携〉〈施爲〉〈耕耘〉〈調和〉〈藏修〉〈栽培〉〈承宣〉〈旬宣〉〈游揚〉〈調護〉〈維持〉〈切磋〉〈琢磨〉〈品題〉〈品量〉〈較量〉〈激揚〉〈鼓舞〉〈櫛沐〉〈粉飾〉〈顧盼〉〈睥睨〉〈洗滌〉〈選擇〉〈掎角〉〈反側〉〈步驟〉〈贊化〉〈樹立〉〈逍遣〉〈征伐〉〈耕穫〉〈區處〉〈封殖〉〈招携〉〈鋪排〉〈推詳〉〈支掌〉⑲〈驅除〉〈勾銷〉〈薰陶〉〈陶鑄〉〈陶鎔〉〈條陳〉〈吹噓〉〈侵凌〉〈鞭笞〉〈範圍〉〈調停〉〈掩藏〉〈揣摩〉〈破除〉〈鍛錬〉〈周内〉〈整齊〉〈發揮〉〈羽儀〉〈主張〉〈播遷〉〈整葺〉〈脱略〉〈付托〉〈造就〉〈剖决〉〈束縛〉〈掃蕩〉〈誘掖〉〈獎勸〉〈戡定〉〈殞墜〉〈扇惑〉〈摘觖〉〈觖望〉〈怨望〉〈跅弛〉〈陳設〉〈覬覦〉〈窺伺〉〈褒顯〉〈蠲免〉〈創垂〉〈懲勸〉〈扶翊〉〈調處〉〈擔荷〉〈遴選〉〈超擢〉〈商確〉之屬。

雙聲叠韻者：如〈流離〉〈炰烋〉〈躊躇〉〈徜徉〉〈逍遥〉〈猖狂〉〈蹉跎〉〈纏綿〉〈趦趄〉〈綢繆〉〈荒亡〉〈經營〉〈甄陶〉〈周旋〉〈逡巡〉〈相羊〉〈倉忙〉〈遲疑〉〈迍邅〉〈雍容〉〈支離〉〈盤桓〉〈遷延〉〈留連〉〈優游〉〈欷噓〉〈恢諧〉〈劻勷〉〈因循〉〈搶攘〉〈陸梁〉〈逗遛〉〈覬覦〉〈滑稽〉〈卓犖〉〈黽勉〉〈繾綣〉〈嘯傲〉〈怫鬱〉〈恐懼〉〈感慨〉〈酷毒〉〈蔑裂〉〈踧踖〉〈邂逅〉〈偃蹇〉〈辟易〉〈抑鬱〉〈土苴〉〈耿介〉〈勉勵〉〈矯揉〉〈雜遝〉〈慷慨〉〈猶豫〉〈誠悃〉〈顛倒〉〈盤薄〉〈狼戾〉〈鈎距〉〈蕭散〉之屬。然雙聲叠韻諸字，所以狀容者居多，故概通狀字。

①疑敚〈見〉字。　②史記原文作「楚有養由基者，善射者也，去柳葉百步而射之，百發而百中之」。　③二字原敚。

④阮元氏孟子注疏校勘記云：「按〈逢〉字從〈夆〉，逢蒙，逢伯陵，逢丑父，逢公，皆薄紅反；東轉爲江，乃薄江反；德公，士元，非有二字也。宋人廣韻改字作〈逄〉，薄江切，殊謬。孟子音義同謬，不可不正。〈逢蒙〉古書作〈逢蒙〉，則其字不當從〈夆〉可知矣。」　⑤二字原敚。　⑥原誤〈因〉。　⑦原誤〈治〉。　⑧〈序〉字原敚。　⑨原誤〈微〉。　⑩〈公〉字原敚。

⑪原誤〈代〉。　⑫六字原敚。　⑬二字原敚。　⑭原誤〈胡〉。　⑮原誤〈乎〉。　⑯〈猶〉字原敚。　⑰原誤〈順〉。　⑱原衍〈也〉字。　⑲原誤〈十二〉。　⑳原誤〈夫材〉。　㉑〈矣〉字原敚。　㉒原誤〈眼〉。　㉓原誤〈願〉。　㉔原誤〈秦本紀〉。　㉕〈史〉字原敚。　㉖〈乃〉字原敚。　㉗〈比〉字原敚。　㉘〈其不〉原誤〈木〉。

㉙六字原敚。　㉚原誤〈動〉。　㉛原誤〈鏘鏘〉。　㉜原誤〈去〉。　㉝原誤〈故〉。　㉞史記原作「臣有百戰百勝之術」。　㉟原誤〈刻意〉。　㊱原誤〈武帝紀〉。　㊲原誤〈檀弓〉。　㊳原誤〈衆〉。　㊴原誤〈後漢〉。

㊵原衍〈遵常〉二字。　㊶二字原敚。　㊷此五字原誤〈親故〉。　㊸六字原敚。　㊹原誤〈厭〉。　㊺原誤〈十三〉。　㊻二字原敚。　㊼原誤〈下一詔〉。　㊽三字原敚。　㊾二字原敚。　㊿原誤〈度數〉。　(51)原誤〈詩〉。　(52)原誤〈二十〉。　(53)〈左〉原均誤〈右〉。〈右〉均誤〈左〉。　(54)按〈輠〉字無〈尺馬〉音。雜記釋文：「〈輠〉胡罪反，又胡瓦反，又胡管反。」此云尺馬切者誤。　(55)〈者〉字原敚。　(56)原誤〈司馬遷傳〉。　(57)原誤〈水〉。　(58)按傳文無此語，馬氏轉引康熙字典致誤。　(59)原誤「平乃刺船而去」，亦引字典而誤。　(60)二〈迺〉字原誤〈乃〉。　(61)明洪武中敕撰。大旨斥沈約爲吴音，以中原之韻更正其失。其後再校，更名洪武通韻。　(62)原作〈攻厝〉，亦沿康熙字典之誤。然字典〈厝〉字下引說文，並引徐曰：「今詩借作〈錯〉字。」按今詩作「可以爲錯」，釋文云：「〈錯〉七落反，說文作〈厝〉。」今馬氏引詩直作〈厝〉，亦誤。　(63)原誤〈則〉。　(64)原誤〈内則〉。　(65)原作〈國策〉。按國策齊策〈喝〉作〈猲〉，以上皆轉引康熙字典致誤。　(66)原誤〈界〉。　(67)〈也〉字原敚。　(68)按孔光傳顔師古注：「〈較〉音角。」　(69)原誤「冒姓衛氏」。

(70)原誤〈詩〉。　(71)漢書作〈籍籍〉，亦轉引康熙字典而誤。　(72)原誤〈以〉。　(73)二字原敚。　(74)〈也〉字原敚。

(75)原誤〈雄〉。　(76)按離別之〈別〉不音〈便〉，此蓋用康熙字典「便入聲」之文而敚去〈入聲〉二字。　(77)原誤〈蘖麪〉。

⑱按〈鈎深〉非對待字,〈鈎〉疑〈淺〉字之誤。　⑲原誤〈掌〉。

動字相承五之三

凡句讀之成,必有起詞語詞。起詞之隱見,一以上下之辭氣爲定。而語詞則起詞之所爲語也,無語詞是無句讀矣。語詞以言起詞之爲何若者,則名爲表詞;語詞以記起詞之行者,則惟動字是以。而一句一讀之内有二三動字連書者,其首先者乃記起詞之行,名之曰『坐動』;其後動字所以承坐動之行者,謂之『散動』①。散動云者,以其行非直承自起詞也。姑引論語季氏篇與高祖求賢詔分注焉以明之:

季氏起詞。將狀字。伐坐動,以記起詞之行。顓臾。伐之止詞。至此一句。冉有季路起詞。見坐動。於孔子,轉詞。至此一讀,以記述言之時。曰:坐動,其起詞即前讀也。蓋〈曰〉者,非平日之冉有子路,乃見於孔子之冉有季路也。〈曰〉之止詞,即以後所述之語,故至此可略頓。「季氏起詞。將有坐動。事止詞。於顓臾。」轉詞,記處。至此皆〈曰〉之止詞。孔子起詞。曰:坐動,同前。「求,主次,呼其名也。無乃狀字,以狀所疑,與助語〈與〉字相應,反言以决之也。爾起詞。是决辭,以代句之坐動也。過表詞。與?助字。至此一句。大特指代字。②顓臾,主次,冒於句讀之先。特提其名,文勢一振。昔者二字,狀字之記時者。先王起詞。以用也。動字,今爲坐動。爲作也。亦動字,乃上承〈以〉字,所謂散動也。猶云「昔先王用顓臾爲東蒙主」,故〈爲〉字前含有〈顓臾〉二字。以其特提於句讀之先,故不言而喻。東蒙主字之偏次。主,〈爲〉之止詞。如〈爲〉字作〈是〉字解亦可,則〈主〉字乃表詞。猶云「昔先王封之爲東蒙主也」。至此言故之讀,言所以爲〈社稷之臣〉之故也。且連字,進一層,所以連前讀。意謂顓臾之爲社稷之臣,不第先王封之之故,更以〈且在〉云云。在坐動。其起詞空冒於前。邦域之中轉詞,以記處者。矣。助字,以决事之已然者。至此又一讀,亦言故也。兩讀意偏,下句意全。是决辭,可視爲本句之坐動,其起詞〈顓臾〉已先提矣。社稷偏次。之介字。臣表詞。也。助字,决理也。猶云「當日先王封之之故既如此，其所居之地又如此，理當視爲國家社稷之臣也」。至此句全。何詢問代字。乃〈爲〉字司詞倒置於先者。見詢問代字篇。以用也，作動字解。此坐動也，其起詞指與語者，或暗指季氏亦可。猶云「既爲社稷之臣，爾等何爲用伐乎」。伐散動字，上承〈以〉字。爲？」介字，其司詞何字先置，若作爲〈哉〉字解，則〈以〉字爲介字。〈何以伐爲〉者，猶云「爲何伐之哉」。至此一句。冉有起詞。曰：坐動。至此作一頓。「夫子起詞。欲坐動。之。止詞。至此一句。吾二臣者，起詞。皆代字。不狀字。欲坐動。也。」助字，煞句，以助其反決之理。孔子起詞。曰：坐動。「周任起詞。有坐動。言止詞。至此一讀。曰：坐動，其起詞乃前讀。『陳坐動，其起詞即凡爲人臣者，不言可喻。力止詞。就散動，爲司詞。其上當有〈以〉字，可不書明。列，就之止詞。至此一句。不能者起詞。止。』坐動，又一句。危坐動。其起詞乃所相之人，不言而喻。一字爲讀。而連字。不持，坐動，其起詞即相者，止詞乃所相者，皆不明書。至此一全讀。顛而不扶，同上。猶云「如主人顛而相者不扶焉」。則連字，以言效也。將焉皆狀字。用坐動，其起詞即所相之主人也。彼相止詞。矣。助字，決其效之當然也。凡假設之事皆爲讀，以其意未全也。而當然之效則爲句，以其意畢達也。故至此爲句。且爾言起詞。過坐動。矣。決其已然之言如此。至此一句。虎兕起詞。出坐動。於柙，轉詞，至此一讀。龜玉起詞。毀坐動。於櫝中，轉詞。又一讀。是決辭。起詞兩讀。誰之過表詞。與？」助字，反決口氣。至此爲句。冉有曰：同上。「今連字，提起。夫顓臾，起詞。固表詞。而連字。近亦表詞，皆如坐動。於費。司詞，屬於〈近〉字，至此一句。今狀字，言時。不取，坐動，起詞則爲季氏，止詞則爲顓臾，皆不言而喻。此一假設之讀也。後世加詞。記時。必狀字。爲坐動。子孫偏次。憂。」止詞。至此言假設之效，成爲一句。孔子起詞。曰：坐動。『求，主次，呼其名也。君子起詞。疾坐動，下文皆其止詞。大特指代字，直貫辭字。舍坐動，其起詞乃爲是言者，不言而喻。下文曰〈欲之〉，其止詞也。曰欲之皆〈舍〉字止詞。猶云舍其欲利之言。而連字，上接〈舍〉字。必爲坐動，其起詞與〈舍〉字同。之代字。轉詞先置。辭。〈爲〉字止詞。猶云必爲辭以掩飾其欲利之心。〈之〉指上文。故〈舍曰欲之〉一讀，〈而必爲之辭〉又一讀。兩皆〈疾〉字止詞。至此句全。丘也起字。本名後煞〈也〉字，見後。聞坐動。下文皆記所聞，至〈不安〉止，皆其止詞。有國有家者，一讀，爲起詞也。不患坐動。寡止詞。而患不均，同上。至此一讀。不患貧而患不安。又一讀。自〈有國有家者〉至此兩讀，皆〈聞〉字止詞也。蓋連字，言故。均起詞。無坐動。貧，止詞，一小句。下同。和無寡，安無傾。三平句，意皆全。夫代字，指上文起詞。如同動。此爲坐動。是，止詞。猶云所言誠若此也。可爲頓讀。故連字。遠人起詞。不服，坐動。至此一假設之讀。則連字，接言當然之事。脩坐動。其起詞即凡〈有國者〉，不言可知。文德止詞。以介字。來散動，司於介字。之。〈來〉字止詞。至此一句。既連字狀字皆可。來坐動。之。止詞，此假設之讀。則連字。推言假設後應爲之事。安坐動。之。與上〈來〉字，其起詞皆〈有國者〉。之。止詞。至此句意已全。今連字，提起。由與求也，起詞。相坐動。夫子，止詞。至此一讀，記所處之位。遠人起詞。不服坐動，記事之句，口氣未完。而連字，以連上下兩句相反之事。不能坐動，其起詞爲〈由〉〈求〉，已先置。來散動，以承〈能〉字助動。也，助字，反決，又以口氣未完，故煞〈也〉字。邦起詞，言邦内之名③。分崩離析四動字，皆爲坐動。意平而各不相屬。而不能守也，與上句同。而連字。上文自〈遠人不服〉至〈不能守也〉諸句，備陳不能伐人之事。至此〈而〉字爲一大轉，以起下文。謀坐動，〈由〉〈求〉其起詞也。動散動，以承〈謀〉字。干戈〈動〉字止詞。於邦内。轉詞，記處。自〈遠人不服〉至此，諸句皆平面口氣。吾起詞。恐坐動，以下至〈也〉字，皆所〈恐〉也，故爲止詞。季孫之憂，一頓，下文兩讀之起詞。不在坐動。顓臾，轉詞。至此爲一小讀。而反轉連字。在坐動，起詞在前。蕭墻之内轉詞，記處。〈在〉字後無介字。也。至此一讀，乃〈恐〉字止詞。〈也〉字所以決言事理之必將如此，又以煞止詞之讀也。〈今由與求也〉至此一段，句意乃全。而〈吾恐〉至尾，此段中最全之句。其他皆謂之讀可也。

蓋起詞。聞坐動。其起詞即高祖自謂，下文至〈成名〉皆其所聞之事，皆其止詞也。王者偏次，猶云「王者之中」。莫代字，起詞。猶云「王者之中無人」。高表詞。用爲坐動。於介字。用爲比較者。周文，〈於〉字司詞。所比之一端。至此一讀。伯者莫高於齊桓，至此又一讀，與前讀同。然兩讀皆非〈聞〉字止詞，要皆爲後讀之起詞。皆代字。與〈周文〉〈齊桓〉同次，用爲起詞。待坐動。賢人止詞。至此爲半讀。而連上讀，可省〈皆〉字。成坐動。名。止詞。至此一讀全，故〈皆待賢人而成名〉止，乃〈聞〉字止詞。前兩讀，則此讀之起詞。至此句全。今連字提起。天下賢者起詞，猶云「天下所有賢者」，〈天下〉偏次。智能，兩静字表詞，用爲坐動，至此一讀。猶云「今日天下所有賢者，皆是智能之人」，喝起。豈特兩狀字，用如連字。古之人起詞。下暗含〈智能〉，故此句無坐動。凡相比句讀，其坐動同前，故可暗藏也。乎？·助字，反問口氣，至此一句。猶云「今之賢者，亦有智能之人，豈惟古人爲然哉」？·④患起詞，猶云「賢士不進之患」。在句之坐動。人主起詞。不交坐動。〈交〉字爲自反動字。猶云「患在人主不與士相交之故」。〈與士相〉三字不言而喻。〈人主不交〉一讀，爲偏次。其正次〈故〉字，猶云「不交之故」。故〈在〉字止詞。也。助字。决言其事必然之理。自〈患〉字至此一句。士起詞。奚詢問代字。〈由〉字司詞先置例也。由介字。進？·坐動，至此一句。今連字。又一提。吾起詞，先置。其坐動〈欲〉字在後。以介字，因也，用也。天之靈，司詞。賢士大夫，亦〈以〉字司詞。定坐動。有散動，承〈定〉字。天下，兩動止詞。猶云「因天與人，吾定天下而有之」。以介字。使也。爲散動，司於〈以〉字。一家，〈爲〉字止詞。自〈以天之靈〉至此，爲言故之讀。欲坐動。其起詞在前，其止詞乃後讀也。其讀之起詞，指〈天下〉。長久表詞，附於〈其〉字，用爲坐動。世世轉詞。在賓次，以記時也。奉散動，以承〈長久〉二字。宗廟〈奉〉字止詞。亡絶亦散動。皆解〈長久〉二字，猶云「欲天下久長，使世世代代能奉宗廟而不絶」也。也。助字，以煞承讀之爲止詞者。自〈其〉字至此，皆爲承讀，即〈欲〉之止詞。賢人起詞。已狀字，記時。與我司詞。共代字⑤。平坐動。之止詞。矣，助字，言已然之事。而連字，所以連下文〈可〉字。不狀字。與吾⑥司詞。共安利坐動⑦。之，止詞。自〈不〉字至此爲一讀，而爲〈可〉字起詞。可坐動。乎？·助字，反問。至此一句，猶云「賢人已與我平天下，而不與我共安利之，可乎哉」？·賢士大夫偏次。先置。有坐動，無起詞。其止詞乃後讀也，肯坐動，其起詞乃下文〈者〉字。猶云「賢士大夫中有如此者」。從散動，承〈肯〉字。我止詞。游散動，上承〈從〉字。三動字蟬聯承下。者，代字。〈肯〉字起詞，至此一讀，爲〈有〉字止詞。故自〈賢士大夫〉至此，共爲一假説之讀。猶云「士大夫中如有如此之人」。吾起詞。能坐動。尊顯兩散動，皆並承〈能〉字。之。止詞。至此一句。布告兩字並爲坐動。其起詞即對官而言，故不言而喻。其止詞即上文諸事，亦不言明。天下，轉詞，猶云「布告之於天下也」。至此一句。使連字，以言效也。明知坐動，其起詞即暗含〈天下之人〉。朕意。止詞，自〈使〉字至此一讀，以附前句。御史大夫起詞。昌同次。下坐動，其止詞即暗含此詔令也。相國，轉詞，猶云「下之於相國也」。至此一句。相國起詞。酇侯同次。下諸侯王，同上。御史中執法下郡守：又一句，同上。其代字，偏次，猶云「其人之中」也。有坐動，無起詞。其止詞即以後之讀也。意讀之坐動，其起詞即下文〈者〉字。〈意〉字用如受動。稱散動。上承〈意〉字，解合也。明德〈稱〉字止詞。者，煞讀代字，至此一假設之讀。猶云「如有見稱爲明德之人」。必狀字。身自反代字。勸坐動。其起詞即以前所言〈郡守〉。其止詞即可稱明德者。爲之〈之〉指〈明德者〉，介字司詞。駕，亦坐動，與〈勸〉字同。猶云必「身勸而爲之駕」。至此一句。遣坐動。起詞指〈郡守〉。止詞同上。詣散動，承〈遣〉字。猶云「遣之至相國府」。相國府，轉詞，記所到之處。署散動，承〈詣〉字。猶云「遣之詣相國府，使之署」也。行義年。三年〈署〉字止詞。至此又一句止。有坐動，一字爲假設之讀。猶云「如有稱合明德之人」也。而連字。弗言，坐動，其起詞仍指〈郡守〉等。其止詞仍指其人也。猶云「如有其人而郡守不言之於上」云。至此爲讀。覺，受動字，可爲起詞。免。坐動。猶云「凡弗言而爲所覺者即免」。至此句全。年老癃病，猶云「如有老於年而病癃者」。兩静字皆爲表詞，合成一讀。勿遣。諭郡守也。〈遣〉字坐動，其起詞〈郡守〉，止詞即老病之人。

以上引書兩篇，玩索有得，則句讀之法較然矣。

①黎氏國語文法云：「散動詞是馬氏文通上所定的名稱，恰相當於英文中動詞的『無定法』(Infinitivemood)和『分詞』(Participle)。」其定義曰：「凡不作述語的動詞，叫做『動詞的散動式』，簡稱『散動詞』。」並分之爲(1)當名詞用，(2)當形容詞用，(3)當副詞用三種。然與馬氏所謂散動亦不盡相同。　②刊誤云：「〈夫〉是静字。」　③疑〈民〉之誤。　④刊誤云：「此文意云：『今天下之賢者之智能，豈僅古人之智能乎！』〈賢者〉在偏次，〈智能〉乃起詞。」　⑤又云：「〈共〉是狀字。」

⑥原誤〈我〉。　⑦原誤〈讀〉。

夫曰助動，必有所助之動字爲之後焉，後之者，所謂散動也。然動字之可承以散動者，不盡助動然也。凡動字之在句讀，有散動爲承者，概爲坐動。使散動之行與坐動之行，同爲起詞所發，則惟置散動，後乎坐動而已。夫如是，與助動無異。或不然，而更有起詞焉以記其行之所自發，則參之於坐散兩動字之間而更爲一讀，是曰『承讀』，於是所謂散動者，又爲承讀之坐動矣。承讀起詞有不明見者，必其已見於上文者也，不然，必其顯而易知者也，觀於所引斯明矣。

夫動字之可承以散動者，約有三焉：一、凡動字言官司之行者，如〈耳聞〉〈目見〉〈心知〉〈口述〉之類，則有承讀以記所聞、所見、所知、所述之事者，常也。至〈曰〉〈云〉諸動字後，雖皆爲所云之語，而所語甚長，有未能以承讀概之也。

〔孟公上〕今人乍見孺子將入於井，皆有怵惕惻隱之心。——〈見〉字坐動，〈人〉字起詞也，〈入〉字第二動字，上承〈見〉字，〈孺子〉爲〈入〉字起詞，〈孺子將入於井〉六字承讀，即目見之事也。〔又萬上〕吾聞其以堯舜之道要湯，未聞以割烹也。——〈其以堯舜之道要湯〉八字承讀，以記耳聞之事也，〈其〉字爲〈要〉字起詞，〈以割烹〉者，猶云「其以割烹要湯」也，本文不曰〈其〉，不曰〈要湯〉者，已見於上文也。〔又〕不識舜不知象之將殺己與？——〈舜〉字起至〈與〉字止，爲〈識〉字承讀，而〈象之將殺己〉五字，又爲〈知〉字承讀。〔又滕上〕孟子道性善，言必稱堯舜。——〈性善〉所道之事，〈善〉静字，而爲表詞，亦承讀也。〔又梁上〕人皆謂我毁明堂，毁諸已乎？——〈我毁明堂〉四字承讀，即人所謂也。〔又梁上〕王説曰：詩云：他人有心，予忖度之，夫子之謂也。……云云。——〈曰〉後諸句至〈何也〉止，皆所述之語，自爲句讀，不得統名之承讀。又〈詩云〉後所引之詩，一讀一句亦然。〔又梁下〕今燕虐其民，王往而征之，民以爲將拯己於水火之中也，簞食壺漿以迎王師。——〈以爲〉二字，即〈意謂〉也，〈拯己〉字上承

〈以爲〉二字，其起詞乃〈王〉也，今不曰〈民以爲王將拯己〉云者，以〈王〉字見於上文，不必重見也，〈將拯己於水火之中也〉九字爲承讀，承讀助以〈也〉字者居多。〔又盡上〕孩提之童，無不知愛其親也，及其長也，無不知敬其兄也。——〈愛其親〉〈敬其兄〉，皆承〈知〉字。然愛者與敬者，亦即知愛知敬之童，是愛敬之行，同爲知愛知敬之童所發，故〈愛〉〈敬〉二字直承〈知〉字而已，此與助動無異。〔吴語〕臣觀吴王之色，類有大憂。——〈吴王之色類有大憂〉八字承讀，所觀之事也。〔左襄二十五〕南史氏聞太史盡死，執簡以往。聞既書矣，乃還。——〈太史盡死〉四字，〈聞〉字之承讀，〈既書矣〉亦然。惟所爲書之事已見上文，故不重見。〔又僖三十二[1]〕吾見師之出而不見其入也。〔又莊十〕吾視其轍亂，望其旗靡，故逐之。〔又桓十三[2]〕不然，夫豈不知夫楚師之盡行也。〔莊駢拇〕意仁義其非人情乎。〔又在宥〕甚矣吾未知聖知之不爲桁楊椄槢也，仁義之不爲桎梏鑿枘也，焉知曾史之不爲桀跖嚆矢也。〔漢高帝紀〕臣聞順德者昌，逆德者亡。〔又霍光傳〕去病不早自知爲大人遺體也。〔史平準書〕式既在位，見郡國多不便縣官作鹽鐵。〔又李斯列傳〕度楚王不足事，而六國皆弱，無可爲建功者。〔韓送齊[3]皡下第序〕吾用是知齊生後日誠良有司也，能復古者也，公無私者也，知命不惑者也。——諸所引坐動，皆記官司之行，而後皆以承讀承之也。

①〈二〉字原敚。　②原誤〈十一〉。　③原誤〈高〉。下同。

二、凡動字記内情所發之行者，如〈恐〉〈懼〉〈敢〉〈怒〉〈願〉〈欲〉之類，則後有散動以承之者，常也。惟散動所記之事，心欲其然而恐其不然者，則加弗辭以狀之；冀其不然而虞其或然者，則不加弗辭。

〔孟梁下〕今王亦一怒而安天下之民，民惟恐王之不好勇也。——〈恐〉字坐動，内情所發，〈王之不好勇也〉六字承讀。民願王之好勇而恐其不然，故狀以〈不〉字。〔又公上〕宋人有閔其苗之不長而揠之者。——〈閔〉字坐動，亦内情所發，〈其苗之不長〉五字承讀，狀以〈不〉字者，心欲其長也。〔又公上〕矢人豈不仁於函人哉？矢人惟恐不傷人，函人惟恐傷人。——〈恐〉字後一曰〈不傷人〉者，幸其能傷人也，一曰〈傷人〉者，求其不傷也。〔又梁上〕寡人願安承教。——〈願〉者〈王〉自謂也，〈承教〉者亦〈王〉也。坐散兩動，同一起詞，共成一句。〔又〕願夫子輔吾志，明以教我。——〈輔〉字上承〈願〉字，而另有起詞，故爲承讀。此願其如是而無所恐也，故不以弗辭狀之也。至孟子公孫丑上云：「能治其國家，誰敢侮之。」又滕文公上云：「御者且羞與射者比。」又云：「吾他日未嘗學問，好馳馬試劍。」又離婁下云：「中也養不中，才也養不才，故人樂有賢父兄也。」又告子下云：「交得見於鄒君，可以假館，願留而受業於門。」諸句内，曰〈敢侮〉，曰〈羞與比〉，曰〈好馳〉與〈試〉，曰〈樂有〉，曰〈願留〉，皆坐散兩動同一起詞，故祇後先並置耳。〔左昭元〕子姑憂子晳之欲背誕也。——〈子晳〉至〈也〉字止爲承讀，乃所憂之事也；願其不然，故無弗辭。〔又成十三〕楚人惡君之二三其德也，亦來告我曰。——〈君之二三其德也〉承讀，〈楚人〉所〈惡〉也。論語陽貨云：「惡紫之奪朱也，惡鄭聲之亂雅樂也，惡利口之覆邦家者。」三句〈惡〉字後皆有承讀，而惡其誠然也，故皆無弗辭。〔又昭三十〕初而言伐楚，吾知其可也，而恐其使余往也，又惡人之有余之功也，今余將自有之矣，伐楚何如？——一〈恐〉字，一〈惡〉字，後各有承讀，而不加弗辭者，一恐其或然，一惡其誠然也。〔論公冶〕我不欲人之加諸我也，吾亦欲無加諸人。〔史韓非列傳〕余獨悲韓子爲説難，而①不能自脱耳。〔又高帝本紀〕恐事不就，後秦種族其家。〔又〕人又益喜，唯恐沛公不爲秦王。〔又屈原②列傳〕屈平疾王聽之不聰也，讒諂之蔽明也，邪曲之害公也，方正之不容也，故憂愁幽思而作離騷。〔又〕冀幸君之一悟，俗之一改也。〔又項羽本紀〕願伯具言臣之不敢倍德也。〔漢司馬相如傳〕恐遠所谿谷山澤之民不遍聞。〔又楊惲傳〕然竊恨足下不深惟其終始而猥隨俗之毁譽也。〔秦策〕臣恐王爲臣之投杼也。〔公隱元〕且如桓立，則恐諸大夫之不能相幼君也。〔魏策〕子之於學者，將盡行之乎③？願子之有以易名母也。子之於學也，將有所不行乎④？願子之且以名母爲後也。——諸所引〈願〉〈恐〉等坐動後，皆爲承讀，而以〈也〉字煞者爲常。〔吳語〕孤不敢忘天灾，其⑤敢忘君王之大賜⑥乎！〔又襄三十一⑦〕不敢輸幣，亦不敢暴露。〔又僖二十八〕非敢必有功也，願以間執讒慝之口。〔孟公下〕我非堯舜之道，不敢以陳於王前。——五引〈敢〉字，其後散動，直記所敢之事，故不另爲一讀也。

①〈而〉字原敚。　②原作〈平〉。　③〈乎〉字原敚。　④原誤〈也〉。　⑤原誤〈豈〉。　⑥原誤〈耻〉。
⑦原誤〈三十〉。

〈請〉字之後，其承讀起詞如爲所請之人，往往置先〈請〉字，有解爲所呼之名者非是。〔孟梁下〕王曰：「大哉言矣，寡人有疾，寡人好勇。」對曰：「王請無好小勇。」——猶云「請王無好小勇也」。夫〈請〉者，孟子所請之人，謂〈王〉也。所請之事，〈王無好小勇〉也。今〈王〉字先於〈請〉字，一若〈王〉爲〈請〉字起詞矣，故有以王爲對呼之名者此也。是則〈王〉字當爲一頓。至如「王請勿疑」，「王請度之」，「王請大之」等句，皆此例也。〔左襄二十七〕王曰：「釋齊秦，他國請相見也。」——前文云「請晉楚之從交相見也」，今曰「釋齊秦，他國請相見也」，猶云「齊秦兩國外，其餘各國請令其相見也」。〈他國〉置先〈請〉字如前。然此非與他國對語，則〈他國〉之先〈請〉字，不得以呼名例之矣。至如襄公二十九年「請觀於周樂」，昭元年「請垂櫜而入」。桓五年「鄭子元①請爲左拒以當蔡人衛人，爲右拒以當陳人」，又六年「少師侈，請羸師以張之」諸句，皆常例也。秦策云：「秦相應侯曰：『王勿憂也，請令廢之。』」齊策云：「張儀曰：『王勿患，請令罷齊兵。』」韓策云：「穰侯②曰：『公無見王矣，臣請令發兵救韓。』」而史記韓世家作「請今③發兵救韓」。趙策云：「於是秦王乃見使者④曰：『趙豹平原君數欺弄寡人，趙能殺此二人則可，若不能殺，請令⑤率諸侯受命邯鄲城下。』」以上所引，凡言〈請令〉者，經生家以爲〈請今〉之訛也，而以史記本爲證⑥。然〈請〉後加〈令〉之者，猶云「請人轉令他人以爲所請之事」。蓋所請之事，既非請者所可專，亦非爲請之人可自爲，故加〈令〉字，於義甚順。若以〈請令〉改爲〈請今〉，則所請之事，似即請者所自爲也。

①三字原敚。　②原衍〈謂田苓〉三字，係轉引讀書雜志文。　③殿本亦改作〈令〉。　④原作〈秦王謂諒毅〉，亦轉引讀書雜志文。　⑤按此字國策作〈今〉，馬氏此文，蓋自讀書雜志轉引，未檢原書。然雜志此字，明係鐫刻之誤。原文云「『……臣請令發兵救韓』」，〈令〉亦當爲〈今〉，言請即發兵救韓也。史記韓世家作〈今〉，是其證。凡言〈請今〉者，皆謂〈請即〉也。

趙策：『秦王謂諒毅曰：……請令率諸侯受命邯鄲城下。』史記項羽紀：『韓信彭越皆報曰請今進兵。』是其證也。」王氏既以趙策與項紀並舉，證〈令〉之當爲〈今〉，則此文不當爲〈令〉可知。⑥見王念孫氏讀書雜志戰國策第一。按王說是也。穰侯秦王之語，皆謂發兵之事，爲己所可專，非如馬云請人轉令他人以爲所請之事也。

〈使〉字後有承讀，以記所使爲之事，常語也。然〈使〉〈令〉諸字，用以明事勢之使然者，則當視爲連字而非動字也。至禁令無然者，則用〈無得〉〈無令〉〈無使〉〈使無〉諸字，皆當作連字觀。〈使〉字後凡有承讀，其起詞如爲代字，用〈之〉字者其常，〈彼〉〈其〉兩字亦間用焉。

〔孟梁上〕是使民養生喪死無憾也。——〈是〉字代字而爲起詞也，〈使〉字坐動，〈民〉字起至〈無憾〉止，乃承讀也。〔又公下〕孟子爲卿於齊，出吊於滕，王使蓋大夫王驩爲輔行。——〈蓋大夫〉起至〈輔行〉止，〈使〉字承讀也。〔左僖二十八〕欒枝使輿曳柴而僞遁，楚師馳之。——〈輿曳柴而僞遁〉者承讀，即欒枝所使之事也。〔又僖三十三〕君之惠，不以纍臣釁鼓，使歸就戮於秦，寡君之以爲戮，死且不朽。——〈歸就戮〉者，〈纍臣〉也，〈使〉字承讀也。〔史張釋之列傳〕薄太后乃使使承詔赦①太子梁王。——〈使承詔赦太子〉者，即薄太后所使之事也。〔又三王世家②〕陛下過聽，使臣去病待罪行間。——〈臣去病待罪〉者，陛下所使之事，皆爲承讀。

〔孟梁上〕彼奪其民時，使不得耕耨以養其父母。——〈使不得耕耨〉者非〈彼〉也，乃〈彼奪民時〉之事勢使然者也，故〈使〉字當作連字觀也。〔又〕今王發政施仁，使天下仕者皆欲立於王之朝……云云。——〈天下仕者〉皆欲如是者，非王所能使然也，乃〈發政施仁〉之效使然也。〔左隱元〕姜氏何厭之有，不如早爲之所，無使滋蔓。——〈無使滋蔓〉者，乃能〈早爲之所〉之效，非謂莊公能禁其不滋蔓也。故〈無使〉二字，應爲連字，以記禁令之事也。〔又成二〕寡君不忍，使群臣請於大國，無令輿師淹於③君地。——〈無令〉二字，與〈無使〉同。〔史張釋之列傳〕於是釋之追止太子梁王無得入殿門。——〈無得〉亦禁令之連字也。〔左成十三〕穆公不忘舊德，俾我惠公用能奉祀於晉。——〈俾〉字，使令之連字也，與〈使〉字同。〔史匈奴列傳〕願寢兵……以安邊民，使少者得成其長，老者④安其處，世世平樂。〔又〕明告諸吏，使無負約。〔漢李廣傳〕後無以復使邊臣，令漢益輕匈奴。〔史刺客列傳〕願大王少假借之，使得畢使於前。〔又項羽本紀〕今日固決死，願⑤爲諸君決戰，必三勝之，爲諸君潰圍斬將刈旗，令諸君知天亡我，非戰之罪也。〔齊策⑥〕孟嘗君使人給其食用無使乏。〔楚語〕楚之所寶者曰觀射父，能作訓辭以行事於諸侯，使無以寡君爲口實。又有左史倚相，能道訓典以敘百物，以朝夕獻善敗于寡君，使寡君無忘先王之業，又能上下説于⑦鬼神，順道其欲惡，使神無有怨痛于楚國。——諸所引，曰〈使少者〉，曰〈令漢〉，曰〈使得〉，曰〈令諸君知〉，皆以明事勢之使然者也。又曰〈使無負〉，曰〈無使〉，曰〈使無以〉，曰〈使寡君無〉，曰〈使神無〉，皆禁令其無然者，皆連字也。而引論於此者，凡以爲〈使〉字區别，故連及之。

〔史貨殖列傳〕桀黠奴，人之所患也，唯刁⑧閒收取，使之逐魚鹽商賈之利，或連車騎交守相。——〈之逐魚鹽之利〉，〈使〉字後承讀也。承讀起詞例用〈其〉字，今以〈之〉字，唯〈使〉之後承讀有然也。〔荀子議兵〕大寇則至，使之持危城則必畔，遇敵處戰則必北，勞苦煩辱則必犇。——〈使〉字後亦用〈之〉字。〔燕策〕故裂地而封之，使之得比乎小國諸侯。——〈使〉字後承讀起詞亦用〈之〉字。〔史李斯列傳〕遂散六國之從，使之西面事秦，功施到今。——此〈使〉字亦明事勢使然，連字也，〈之〉字同上。〔莊齊物論〕夫吹萬不同而使其自已也。——〈使〉字後承讀用〈其〉字者不常，至孟子盡心上云「何不使彼爲可幾及而日孳孳也」一句，則用〈彼〉字者，指道之高美不可及也。蓋〈彼〉字之用，或褒或貶，皆有不與己類之意，而用爲貶者居多。已詳代字。

①原誤〈謝〉。下同。　②原誤〈本紀〉。　③原誤〈陷入〉。　④原衍〈亦〉字。　⑤〈願〉字原敚。　⑥原誤〈孟嘗君列傳〉。　⑦原誤〈乎〉。　⑧原作〈刀〉。

三、凡動字記有形之動，如〈往〉〈來〉〈奔〉〈馳〉之屬，皆有形迹可指，其後承以散動，以記所爲動之事者，則惟以兩動字先後置之，而不另爲承讀。以兩動之行，異先後而不異所自也。

〔孟梁下〕景公説，大戒於國，出舍於郊。〈出〉字有形之動，〈舍〉内動字承之，以言所爲出之事也。〈出〉者〈舍〉者皆〈景公〉也，故〈出舍〉之行皆景公所自發，惟以〈出舍〉二字先後並置，而〈舍〉字可不另爲承讀矣。〔又公下〕今病小愈，趨造於朝。——〈趨造〉二字同一起詞，故連書。〔又梁上〕天下之欲疾其君者，皆欲赴愬於王。——〈欲疾〉又〈欲赴愬〉同上。〔又滕上〕有王者起，必來取法，是爲王者師也。〔公宣六①〕於是使勇士某者往殺之。〔莊外②物〕莊周家貧，故往貸粟於監河侯。〔左成十三③〕秦背令狐之盟而來求盟於我。〔史信陵君④列傳〕士以此方數千里爭往歸之。——所引曰〈來取〉，曰〈往殺〉，曰〈往貸〉，曰〈來求〉，曰〈爭往歸〉，諸動字並置，皆此例也。

①原誤〈二〉。　②原誤〈則〉。　③原誤〈三〉。　④原作〈魏公子〉。

有形動字後如有止詞或轉詞者，則附於後，而後以散動承之，以記所爲動之事。

〔孟滕上〕然友之鄒，問於孟子。——〈之〉字有形動字，鄒字其轉詞也。〈問〉者，所爲之鄒之事也。〈之〉字後繫以〈鄒〉字，而後承以〈問〉字，此同前例，惟兩動字間參以轉詞耳。〔秦策〕楚絕齊，齊舉兵伐楚。——〈舉〉字有形動字，〈兵〉者，其止詞也。〈伐楚〉者，所爲舉兵之事也，此則兩動字間參以止詞耳。〔左僖二十八〕宋人使①門尹般如晉師告急。——〈如〉〈告〉兩動字間參以轉詞。〔又〕退三舍辟之，所以報也。〔史項羽本紀〕漢果數挑楚軍戰：——〈挑楚軍戰〉四字同上。〔又魏其列傳〕進名士家居者貴之。——〈名士家居者〉一讀，〈進〉字之止詞也，句法同上。〔又李斯列傳〕乃從荀卿學帝王之術。——〈從荀卿學〉四字亦同例。

①二字原敚。

〈至〉字内動也，其後承以散動者，甚言事勢可至之極處也。

〔史酷吏列傳〕匈奴至爲偶人象郅都，令騎馳射莫能中。——〈匈奴至爲〉云云者，猶云「郅都之可畏憚，甚至匈奴爲偶人」云。〔又〕天子至自視病，其隆貴如此。——〈天子至視〉者，猶云「張湯之隆貴，甚至天子往視其病」也。〔又游俠列傳〕居邑屋至不見敬，是吾德不脩也。〔又〕布衣權至使將軍爲言，此其家不貧。〔又貨殖列傳〕畜至用谷量馬牛。〔漢張禹傳〕禹①爲師傅不遵謙讓，至求衣冠所游之道。——諸引〈至〉字，皆此例也。

①〈禹〉字原敚。

兩動字意平而不相承者，則間以〈而〉字連之，兩意相反者亦如之。

〔孟梁上〕曰保民而王，莫之能禦也。——〈保〉〈王〉兩動字，事分先後，兩意平列而不相承，故間以〈而〉字連之。〔又〕王坐於堂上，有牽牛而過堂下者。——〈牽〉〈過〉兩動字，意平列而不相承，故連以〈而〉字。〔又滕下〕且志曰：「枉尺而直尋。」宜若可爲也。——〈枉〉〈直〉二字亦然。此種句法，不勝屈指。〔論衛靈〕君子矜而不争，群而不黨。〔又子路〕君子和而不同，小人同而不和。——〈矜〉〈争〉〈群〉〈黨〉〈和〉〈同〉六動字，意皆相反，亦以〈而〉字轉之。〔莊秋水〕昔者堯舜讓而帝，之噲讓而絶，湯武争而王，白公争而滅。——兩動字意相反者，皆以〈而〉字連之。〔左昭元〕齊衛陳大夫，其不免乎！國子代人憂，子招樂憂，齊子雖憂弗害。夫弗及而憂與可憂而樂，與憂而弗害，皆取憂之道也，憂必及之。——三用〈而〉字，皆以直連動字也。〔又僖二十二〕君未知戰。勁敵之人，隘①而不列，天贊我也。阻而鼓之，不亦可乎！——兩用〈而〉字同上。推此例也，凡句以〈而已〉兩字煞句者，亦此志也。〈已〉，止也，亦動字也，猶曰事惟如是而止。孟子滕文公上曰：「夫道，一而已矣。」又告子上云：「所以考其善不善者，豈有他哉，於己取之而已矣。」〔左襄二十七②〕事利而已，苟得志焉，焉用有信！〔後③漢孔融傳〕每朝會訪對，融輒引正定議，公卿大夫皆④隸名而已。〔韓守戒〕諸侯之於天子，不惟守土地奉職貢而已，固將有以翰蕃之也。——諸引〈已〉字，皆爲動字，故以〈而〉字連之。

①原誤『溢』。　②原誤〈二十六〉。　③〈後〉字原敚。　④〈皆〉字原敚。

若兩外動字參以〈而〉字，止詞同者，有三例焉：

一、其止詞未見於上文者，則名之於第一動字後，而第二動字後代以〈之〉字。

二、其止詞已見於上文者，惟於第二動字後置〈之〉字以代之。

三、第二動字如有弗辭，其止詞未見於上文者，則名之於第一動字後。止詞已見於上文者，亦惟於第一動字後代以〈之〉字，而第二動字後皆無加焉。

〔孟梁下〕乃屬其耆老而告之曰。——〈屬〉〈告〉兩外動字，間以〈而〉字，其止詞皆〈耆老〉也。〈耆老〉二字未見上文，故〈屬〉字後直接〈耆老〉二字，而〈告〉字後置〈之〉字以代焉。〔又公上〕得百里之地而君之，皆能以朝諸侯，有天下。〈得〉〈君〉兩外動字，參以〈而〉字，其止詞一爲〈百里之地〉，一以〈之〉字代之。〔又盡上〕得天下英才而教育之，三樂也。——〈得〉與〈教育〉兩外動字，同上。〔又盡下〕孔子不得中道而與之，必也狂狷乎。〔左宣十二〕王病之，告令尹①，改乘轅而北之。〔又襄二十五〕偃御武子以吊焉②，見棠姜而美之。〔公隱元〕隱長又賢，諸大夫扳隱而立之。〔公宣六③〕有起於④甲中者，抱趙盾而乘之。〔莊達生〕善養生者，若牧羊然，視其後者而鞭之。〔史汲鄭列傳〕擇丞史⑤而任之。〔又淮陰侯列傳〕計功割地，分土而王之。〔漢李廣傳〕徙斬車輻⑥而持之。〔史伯夷列傳〕采薇而食之。〔漢張禹傳〕禹⑦心親愛崇，敬宣而疏之。〔韓送文暢師序〕如欲聞浮屠之説，當自就其師而問之，何故謁吾徒而來請也？〔又與柳中丞書〕一旦去文就武，鼓三軍而進之。〔又南海神廟碑〕明年祀歸，又廣廟宫而大之。——諸所引皆第一例。

〔孟梁下〕匠人斲而小之，則王怒，以爲不勝其任矣。——〈斲〉〈小〉兩外動字，間以〈而〉字，其止詞即〈大木〉，已見上文，故〈斲〉字後不附以〈大木〉二字，惟於〈小〉字後代以〈之〉字而已。〔左襄二十三〕豹自後擊而殺之。〔又三十一〕衣服附在吾身，我知而慎之。大官大邑，所以庇身也，我遠而慢之。〔又昭二十〕夫火烈，民望而畏之，故鮮死焉。水懦弱，民狎而翫之，則多死焉。〔又哀十六〕勝如卵，余翼而長之。〔又僖三十三〕彼實構吾二君，寡君若得而食之不厭。〔又宣十二〕楚師方壯，若萃於我，吾師必盡，不如收而去之。〔史汲鄭列傳〕上賢而釋之。〔又廉頗列傳〕秦間來入，趙奢善食而遣之。〔又項羽本紀〕拔劍撞而破之。〔秦策〕大夫種爲越王……以⑧禽勁吳，成霸功，句踐終掊而殺之。——或云掊，背也。鄭世家贊有云：「甫瑕雖以劫殺鄭子内厲公，厲公終背而殺之。」秦策蓋本此也⑨。〔韓與李拾遺書〕勤儉之聲⑩，寛大之政，幽閨婦女，草野小人，皆飽聞而厭道之。〔又烏氏廟碑〕中貴人承擢即誘而縛⑪之。——諸所引皆第二例。

〔孟公下〕求牧與芻而不得，則反諸其人乎？——〈求〉〈得〉兩外動字，其止詞則皆〈牧與芻〉也。今置〈牧芻〉於〈求〉字後，而〈得〉字後則無止詞，無代字者，蓋〈不〉字狀之也。〔又梁下〕不誅則疾視其長上之死而不救，如之何則可也？——〈救〉外動字，後無止詞者，〈不〉字狀之也。〔又離上〕仁，人心也，義，人路也。舍其路而弗由，放其心而不知求，哀哉！——此皆第一動字後，名其止詞，而其後動字有弗辭者，則無加焉。〔又盡上〕君子之於物也，愛之而弗仁，於民也，仁之而弗親。——第一句〈愛〉〈仁〉兩外動字，其止詞則皆〈物〉字已見上文，故代以〈之〉字，而〈仁〉字後無加焉，第一句亦然。〔又告下〕孟子居鄒，季任爲任處守，以幣交，受之而不報。處於平陸，儲子爲相，以幣交，受之而不報。——「受之而不報」兩句皆同上。〔趙策〕秦之攻趙也，倦而歸乎王，以其力尚能進，愛王而不攻乎。——〈不攻〉後無〈王〉字並無〈之〉字者同上。〔韓科斗書後記〕識開封令服之者⑫陽冰子，授余以其家科斗孝經漢魏宏官書兩部，合一卷，愈⑬寶蓄之而不暇學。——〈蓄〉〈學〉二字亦同上。此三例也。

①三字原敚。②〈焉〉字原敚。③原誤〈二〉。④〈於〉字原敚。⑤原誤〈吏〉。⑥原誤〈平幅〉。⑦〈禹〉字原敚。⑧原以〈王〉與〈禽〉相接。周策原文，〈以〉字上尚有〈辟地殖穀〉等十六字。⑨黄丕烈氏國策札記云：「〈掊〉，鮑本作掊。丕烈案：史記作〈負〉，〈掊〉聲之轉也。」王念孫氏讀書雜志云：「〈掊〉當爲〈倍〉，字之誤也。〈倍〉與〈背〉同，言越王背德而殺之也。史記作『句踐終負而殺之』，〈負〉亦〈背〉也。史記鄭世家曰：『……』語意正與此同。」馬氏蓋本此，然謂秦策本史記則誤矣。⑩原誤〈事〉。⑪原誤〈殺〉。⑫七字原敚。⑬原誤〈余〉。

再，第一動字爲有形動字，如〈往〉〈坐〉〈從〉〈隨〉之屬，其後承以第二動字，往往於第一動字後即以〈而〉字連之，一若兩意平列而不相因者然。

〔孟梁上〕王往而征之，夫誰與王敵！——〈往〉字動字之有形迹可指者。〈往征〉二字，本可相連，如前第三例之動字，今於〈往〉字後即以〈而〉字尾之，蓋變例也。孟子梁惠王上云：「然後從而刑之。」又梁惠王下：「壯者散而之四方者幾千人矣。」又公孫丑下：「故從而征①之。」又滕文公上：「又從而振德之。」又離婁下：「可立而待也。」又：「可坐而致也。」又：「有進而與右師言者。」又：「又顧而之他。」又盡心下：「望見馮婦，趨而迎之」等句，皆如上。〔左襄三十〕大人之忠儉者從而與之，泰侈者因而斃之。〔又〕子張怒，退而徵②役。〔又襄三十一〕使夫往而學焉，夫亦愈知治矣。〔公桓二〕殤公知孔父死，已必死，趨而救③之，皆死焉。〔公莊十七④〕季子起而治之，則不得與于國政⑤；坐而視之，則親親因⑥不忍見也。〔又宣二〕趙盾就而視之，則赫然死人也。〔齊語〕五屬大夫。於是退而脩屬，屬退而脩縣，縣退而脩鄉，鄉退而脩卒，卒退而脩⑦邑，邑退而脩家⑧。是故匹夫有善，可得而舉也，匹夫有不善，可得而誅也。〔秦⑨策〕雖古五帝三王五伯，明主賢君，常欲坐而致之，其勢不能。〔趙策〕太后盛氣而揖之，入而徐趨，至而自謝。〔又〕睹其一戰而勝，欲從而帝之。〔莊田子方〕出而見客，入而歎。〔史封禪書⑩〕於是退而論次自古以來用事於鬼神者。〔漢司馬遷傳⑪〕今舉事一不當，而全軀保妻子之臣，隨而媒孽其短，僕誠私心痛之。——凡所引皆變例也。

①原誤〈振〉。②原誤〈懲〉。③原誤〈迎〉。④原誤〈三十七〉。⑤原誤〈故〉。⑥原誤〈固〉。⑦五字原敚。⑧原誤〈宗〉。⑨原誤〈魏〉。⑩原誤〈司馬遷傳〉。⑪原誤〈李廣傳〉。

散動諸式五之四

以上所論，散動直承動字，與止詞無異。而句讀中所用散動之式，不止此也。有用如起詞者，有用如表詞者，有用如司詞者，有用於偏次者。無論内外動字，各可以其止詞轉詞從之。

散動用如起詞者。

〔孟梁下〕齊宣王問曰：「交鄰國有道乎？」——〈交〉外動字，〈鄰國〉其止詞。〈有〉坐動也，〈道〉則其止詞也。〈交鄰國〉三字爲〈有〉字之起詞，〈交〉字散動而爲〈有〉字之起詞。蓋齊王問交鄰國之道，非交鄰國之人之道也。〔又離下〕孟子曰：「世俗所謂不孝者五：惰其四支，不顧父母之養，一不孝也。博奕好飲酒，不顧父母之養，二不孝也。好貨財，私妻子，不顧父母之養，三不孝也。從耳目之欲，以爲父母戮，四不孝也。好勇鬥狠，以危父母，五不孝也。章子有一於是乎？」——歷數不孝之事，皆散動字與其止詞，而爲各句之起詞，所謂「一不孝也」「二不孝也」云云者，則皆表詞也。〔又告下〕不教民而用之，謂之殃民。——〈教〉〈用〉兩皆散動字，〈民〉與〈之〉字各爲止詞也。〈謂〉坐動字，「不教民而用之」一頓，其起詞也，猶云「用未教之民，所謂殃民之事」也。〔莊胠篋篇〕夫妄意室中之藏，聖也。入先，勇也。出後，義也。知可否，知也。分均，仁也。五者不備而能成大盜者，天下未之有也。——〈意〉〈知〉〈分〉三外動字，而〈入〉〈出〉二內動字，各與其所屬而爲起詞。〈聖〉〈勇〉等字則各爲表詞。〔禮中庸〕踐其位，行其禮，奏其樂，敬其所尊，愛其所親，事死如事生，事亡如事存，孝之至也。——七頓各有散動與其止詞，共爲起詞，〈孝之至〉爲極品，亦表詞也。〔莊達生〕忘足，屨[①]之適也。忘腰[②]，帶之適也。——〈忘足〉〈忘腰〉兩散動字與其止詞，而各爲句起詞。〈屨之適〉與〈帶之適〉，各爲其表詞也。〔左僖三十〕因人之力而敝[③]之，不仁。失其所與，不知。以亂易整，不武。——同上。〈不仁〉〈不知〉〈不武〉各爲表詞。〔論爲政〕子曰：「非其鬼而祭之，諂也。見義不爲，無勇也。」〔楚策〕見菟[④]而顧犬，未爲晚也。亡羊而補牢，未爲遲也。〔荀子議兵〕隆禮，效功，上也。重禄貴節，次也。上功賤[⑤]節，下也。〔漢霍光傳〕夫褒有德，賞元功，古今通誼也。〔史賈誼列傳〕夫立君臣，等上下，使父子有禮，六親有紀，此非天之所爲，人之所設也。〔公僖十六〕曷爲先言霣而後言石？霣石，記聞。又曷爲先言六而後言鷁？六鷁退飛，記見也。——諸所引，皆以散動爲起詞也。

①原誤〈屢〉。下同。　②原作〈要〉。下同。　③原誤〈斃〉。　④原作〈兔〉。　⑤原誤〈賦〉。

散動用如表詞者。

〔孟公下〕若於齊，則未有處也。無處而餽之，是貨之也。——〈貨〉散動字，〈之〉其止詞，〈貨之〉二字，乃以表〈無處而餽之〉之非道也。〔又梁上〕及陷乎罪，然後從而刑之，是罔民也。〔又滕上〕徹者徹也，助者藉也。〔又〕庠者養也，校者教也，序者射也。〔又滕上〕今也滕有倉廩府庫，則是厲民而以自養也，惡得賢！〔又〕如必自爲而後用之，是率天下而路也。〔又滕下〕且夫枉尺而直尋者，以利言也。〔又離下〕孟子獨不與驩言，是簡驩也。〔又萬下〕集大成也者，金聲而玉振之也。〔又告下〕有人於此，越人關弓而射之，則已談笑而道之，無他，疏之也。其兄關弓而射之，則已垂涕泣而道之，無他，戚之也。——諸所引散動字，或有止詞，或無止詞，皆以爲斷語之表詞。〔論子路〕以不教民戰，是謂棄之。——〈棄之〉二字，可謂表詞，所以明以不教民戰之實情也。〔史信陵君①列傳〕名爲救趙，實持兩端以觀望。——〈救趙〉所以表其名也，〈持兩端〉所以指其實也，皆表詞也。〔史貨殖列傳〕故善者因之，其次利道之，其次教誨之，其次整齊之，最下者與之争。——〈因之〉〈利道之〉等散動字，皆表詞也。〔又汲鄭列傳〕其治責大指而已，不苛小。——同上。〔左成二〕先入必屬耳目焉，是代帥受名也，故不敢②。〔又昭七〕吾子取州，是免敝邑於戾而建置豐氏也。〔又桓六〕今以君命奔齊之急，而受室以歸，是以師昏也。——諸〈是〉字後散動等字，皆表詞也。

①原作〈魏公子〉。　②原衍〈入〉字。

散動用如司詞者。

〔孟梁上〕獸相食，且人惡之。爲民父母行政，不免於率獸而食人，惡在其爲民父母也？——〈於〉介字，〈率〉，散動字，〈率獸〉乃〈於〉字之司詞也。〔又〕可使制挺以撻秦楚之堅甲利兵矣。——〈以〉介字，〈撻〉散動字，〈撻〉字與其止詞，皆〈以〉字之司詞也。介字後可以散動字爲司詞者，惟〈於〉〈以〉二字爲習見。如孟子梁惠王上云。「吾力足以舉百鈞，而不足以舉一羽。」又云：「老吾老，以及人之老，幼吾幼，以及人之幼。」又盡心云：「於不可已而已者，無所不已，於所厚者薄，無所不薄也。」等句，皆在此例，惟〈以〉字尤爲習見。〔穀僖十〕吾寧自殺以安吾君，以重耳爲寄矣。——〈以安吾君〉者，介字與其司詞，〈安〉字又爲散動字也。〔史大宛列傳〕因置使者護田，積粟以給使外國①者。〔又日者列傳〕夫卜者多言誇嚴以得人情，虚高人禄命以說人志，擅言禍灾以傷人心，矯言鬼神以盡人財，厚求拜謝以私於己，此吾之所耻。〔穀僖十〕子何遲於爲君？〔禮大學〕於止知其所止，可以人而不如鳥乎？〔漢賈誼傳〕太子之善，在於早諭教與選左右。〔又〕然而曰禮云禮云者，貴絶惡於未萌，而起教於微眇[2]，使民[3]日遷善遠辠而不自知也。——諸所引〈以〉〈於〉兩介字後，其司詞皆散動也。其詳則見於介字篇。

①二字原敚。　②原作〈渺〉。　③原誤〈人〉。

散動用於偏次者[1]。

〔孟梁上〕故王之不王，非挾太山以超北海之類也，王之不王，是折枝之類也。——〈挾〉〈折〉兩散動字，〈太山〉與〈枝〉字各爲其止詞，〈以超北海〉四字則又爲〈挾太山〉之轉詞，要皆用於偏次，而〈類〉字乃其正次也。〔又公下〕故將大有爲之君，必有所不召之臣。——〈大有爲〉與〈不召〉，皆散動字與其狀字，皆在偏次，以附於〈君〉〈臣〉二字者也。〔趙策〕彼秦者[2]弃[3]禮義而[4]上首功之國也。——〈弃〉〈上〉兩散動字，皆在偏次，以附於〈國〉字。〔莊胠篋〕將爲胠篋探囊發匱之盗而爲守備，則必攝緘縢，固扃鐍。——〈胠〉〈探〉〈發〉三散動字，皆在偏次，以明其何爲之〈盗〉。〔史匈奴列傳〕諸引弓之民，並爲一家。——〈引弓〉在偏次，以言何爲之〈民〉也。〔又〕跂行喙息蠕動之類，莫不就安利而辟[5]危殆。——〈行〉〈息〉〈動〉三散動字，皆在偏次。〔荀子脩身[6]篇〕凡治氣養心之術，莫徑由禮，莫要得師，莫神[7]一好。——〈治〉〈養〉二字同上。〔莊人間世〕而幾死之散人，又惡知散木？——〈幾死〉二字，用如静字，以表〈散人〉之爲何如，故用於偏次。〔韓張中丞叙後〕雲知賀蘭[8]終無爲雲出師意。——〈出師意〉，即云出師之意也，故〈出〉字亦在偏次。〔又與柳中丞書〕良用自愛，以副見慕之徒之心。〔又送董邵南序〕燕趙古稱多感慨悲歌之士。——〈見慕〉與〈感慨悲歌〉諸字，皆在偏次，用若静字者然。

①刊誤云：「既有用如起詞，用如司詞，獨無用如止詞，恐是誤脱。」　②〈者〉字原敚。　③原作〈棄〉，下同。
④〈而〉字原敚。　⑤原誤〈趨〉。　⑥原誤〈勸學〉。　⑦原誤〈無謂〉。　⑧〈蘭〉字原敚。

散動後殿〈者〉字，以指其事之人物者，最爲習用，蓋與静字之附以〈者〉字者無異。

〔孟梁下〕文王之治岐也，耕者九一，仕者世禄。——〈耕〉〈仕〉兩散動字，殿以〈者〉字，即指耕田之人與出仕之人也。其實〈耕者〉〈仕者〉各爲一讀，而以〈者〉爲起詞，其〈者〉字即接讀代字耳。〔左昭二十七〕夏四月，光伏甲於堀室而享王。王使甲坐於道，及其門，門階户席皆王親也，夾之以鈹。羞者獻體，改服於門外，執羞者坐行而入，執鈹者夾承之，及體以相授也。——〈羞者〉，進食之人也，〈執羞者〉〈執鈹者〉兩讀，上與〈羞者〉對待，故〈羞者〉二字亦讀也。〔史太史公自序〕故述往事，思來者。——〈來者〉，即來事也，〈者〉字所以指事也。〔又淮陰侯列傳〕臣不敢亡也，臣追亡者。——〈亡者〉即逃亡之人也。〔又曹相國世家〕來者皆欲有言，至者參輒飲以醇酒。——〈來者〉〈至者〉，皆指來此與至此之人也。〔莊齊物論〕夫大塊噫氣，其名爲風。是唯無作，作則萬竅怒呺①。而獨不聞之翏翏乎！山林之畏佳②，大木百圍之竅穴，似鼻，似口，似耳，似枅，似圈，似臼，似洼者，似污者，激者，謞者，叱者，吸者，叫者，譹者，宎③者，咬者，前者唱于而隨者唱喁，冷風則小和，飄風則大和，厲風濟則衆竅爲虚。而獨不見之調調之刁刁乎！——其中所有動字後附以〈者〉字，皆指聲也。〔韓畫記〕馬大者九匹。於馬之中，又有上者，下者，行者，牽者，涉者，陸者，翹者顧者，鳴者，寢者，訛者，立者，人立者，齕者，飲者，溲者，陟者，降者，痒磨樹者，噓者，嗅者，喜相戲者，怒相踶齧者，秣者，騎者，驟者，走者，載服物者，載狐兔者。凡馬之事④二十有七。——所引凡動字後附〈者〉字，皆指馬也。記内動字偕其止詞，殿以〈者〉字，多不勝記。如所引，有「痒磨樹者」「載服物者」，又有「喜相戲者」之類，皆爲之讀，與此例實同而名異。

①原誤〈號〉。　②原誤〈佳〉。　③原誤〈笑〉。　④原誤〈記〉。

實字卷之六

狀字諸用六之一

狀字所以貌動静之容者。

狀字之於動字，亦猶静字之於名字，皆所以肖貌之者也。凡狀者，必先其所狀，常例也。

狀動字則先動字。

〔孟粱上〕天油然作雲，沛然下雨，則苗勃然興之矣。——〈油然〉者，狀字也，所以肖〈作雲〉之狀，故先之。〈沛然〉以狀〈下雨〉，〈浡〉然以狀〈苗〉之〈興〉起，故皆先焉。至孟子粱惠王云「卒然問曰」「填然鼓之」「舉欣欣然有喜色而相告曰」等句，皆此例也。〔史滑稽列傳〕若朋友交游，久不相見，卒然相睹，歡然道故。① ——〈卒然〉〈歡然〉兩狀語，同上。狀字之狀動字其常，故不多引。

① 滑稽傳無此文。

狀静字則先静字。

〔莊庚桑楚〕其臣之畫然知者去之，其妾之挈然仁者遠之。——〈知者〉本静字，〈畫然〉狀之，〈挈然〉之狀〈仁者〉亦然。〔史平原君列傳〕平原君翩翩濁世之佳公子也。——〈濁世之佳公子〉六字，用如静字，以表〈平原君〉爲何如人；〈翩翩〉重言，所以狀也，故先焉。〔莊逍遥游〕非不呺然大也。——〈大〉静字，〈呺然〉狀之。〔史封禪書〕其所語，世俗之所知也，無絶殊者。——〈絶〉狀〈殊〉字。〔左襄二十九〕雖甚盛德，其蔑以加於此①矣。——〈盛〉靜字也，〈甚〉字狀之。〔又二十八②〕車甚澤，人必瘁，宜其亡也。——〈澤〉靜字也，〈甚〉字狀之。〔論八佾〕子謂韶，盡美矣，又盡善也，謂武，盡美矣，未盡善也。——〈美〉〈善〉二字皆靜字，〈盡〉字狀之，而皆先焉。

①二字原敚。　②原誤〈二十五〉。

自狀亦然。

〔孟離上〕既不能令，又不受命，是絶物也。——〈既〉〈又〉〈不〉三字，皆狀字也，兩句〈不〉字，一以〈既〉字狀之，一以〈又〉字狀之，而皆先焉。〔又梁下〕君是以不果來也。〈不〉〈果〉兩字皆狀字；〈不〉狀〈果〉字，故先焉。〔又告上〕今之人，脩其天爵以要人爵，既得人爵而棄其天爵，則惑之甚者也，終亦必亡而已矣。——〈終〉〈亦〉〈必〉三字，皆狀字也，狀者各先其所狀焉。蓋意謂「今之人如是必亡之道也，雖脩天爵亦無不亡之理，即或偶稽天戮而不即亡，然天道昭然，終亦有亡之一日也」。〔左昭五〕楚王汏侈已甚，子其戒也。——〈已〉〈甚〉二字皆狀字。〔莊齊物論〕且女①亦大早計。——〈亦〉〈大〉〈早〉三字皆狀字，而狀者各先所爲狀。〔莊庚桑楚〕庚桑子②聞之，南面而不釋然。——〈釋然〉狀字也，〈不〉字狀之。

①原誤〈子〉。　②原誤〈楚子〉。

不惟此也；名字，代字，頓也，讀也，皆爲狀焉。

〔孟離上〕視天下悦而歸己，猶草芥也。——〈草芥〉名字也，〈猶〉字狀之。蓋舜視天下之歸己，其不足重輕，非真爲草芥也，惟視同草芥耳，此〈猶〉字之所以爲狀也①。〔又離下〕君之視臣如手足，則臣視君如腹心，君之視臣如犬馬，則臣視君如國人，君之視臣如土芥，則臣視君如寇讎。——六〈如〉字皆狀字，而所狀又皆名字。〔左定十〕夏，公會齊侯于祝其，實夾谷。——〈夾谷〉地名也，〈實〉字狀之。〔史封禪書〕獲一角獸，若麟然。——〈若麟然〉者，有似於麟也，非真麟也。先以〈若〉字，復以〈然〉字爲殿者。亦常例也。解見後。

〔孟告上〕是以若彼濯濯也。——〈彼〉代字，〈若〉字狀之。故〈若此〉〈若是〉〈如何〉〈或此〉〈或彼〉諸語，經籍中常常有之，皆此例也。〔漢霍光傳〕去病大爲中孺②買田宅奴婢而去。——〈爲中孺〉三字，司詞與其介字，是爲一頓。〈大〉字本静字也，用如狀字以狀之。蓋去病之買田宅奴婢，皆爲中孺之故，故〈大〉字不狀〈買〉字，而狀〈爲中孺〉三字。又同傳云：「長主大以是怨光。」〈大〉字亦狀〈以是〉二字，不狀〈怨〉字。蓋長主之所以怨光者，多由是耳③。又〔司馬遷傳〕不以此時引維綱④，盡思慮……云云。——〈以此時〉三字一頓，〈不〉字狀之。〔左定九〕吾從子如驂之靳。——〈驂之靳〉一頓，〈如〉字狀之，而先焉。〔孟離上〕事親若曾子者可也。——〈曾子者〉三字一頓，〈若〉字狀焉。

〔禮中庸〕或生而知之，或學而知之，或困而知之，及其知之一也。或安而行之，或利而行之，或勉强而行之，及其成功一也。——〈或〉狀字，六用之以狀讀焉。〔孟離下〕王使人瞷夫子，果有以異於人乎？——〈有以異於人乎〉，〈瞷〉字後之承讀也，〈果〉字狀之。又凡〈惟〉字之在一讀之首者，如「惟奕秋之爲聽」「惟耳亦然」「惟目亦然」等讀，皆爲〈惟〉字所狀。〔孟梁上〕以若所爲，求若所欲，猶緣木而求魚也。——〈猶〉亦狀字，以狀所比之讀而先焉。〔史游俠列傳〕此如順風而呼，聲非加疾，其勢激也。——〈順風而呼〉一讀，〈如〉字狀之。〔莊外物〕有甚憂兩陷而無所逃，螴蜳不得成，心若懸於天地之間。——〈若〉字亦狀讀也。〔韓應科目時與人書〕蓋非常鱗凡介之品彙匹儔也。〔又〕蓋十八九矣。〔又〕蓋一舉手一投足之勞也。——〈蓋〉辜較之辭，狀字也，今置諸句之首以狀焉。狀字之狀句有如此者。

①刊誤云：「〈猶〉字當爲同動字。馬認爲狀字，未安。」　②原誤〈仲儒〉。下同。　③又云：「〈大爲仲孺買〉云云，言其所買之多；〈大以是怨光〉，言怨光之深；〈大〉字仍狀〈買〉與〈怨〉也。蓋古人狀字，不必緊接其所狀之字。……」

④原誤〈綱維〉。

〈甚〉字本狀字也，以煞句讀，則用如静字而爲表詞矣。

〔孟梁下〕王之好樂甚，則齊國其庶幾乎。——〈王之好樂甚〉者，猶云「王好樂之心能至於極」也，故〈甚〉字所以表好樂之心也。〈王之好樂〉一讀而爲起詞，〈甚〉字其表詞也。夫如是，「暴其民甚」，又「魯之削也滋甚」，皆此類也。〔左成二〕子若不許①，讎我必甚。〔又昭五〕楚王汰侈已甚，子其戒也。〔史汲鄭列傳〕觀黯之言也日益甚。〔又六國年表序〕秦既得意②，燒天下詩③書，諸侯史記尤甚。〔漢李將軍傳〕名聲出廣下遠甚。〔史封禪書〕天子病鼎湖甚。——所引諸句，皆以讀爲起詞，而以〈甚〉字爲表詞者也。〔史魏其列傳〕丞相言灌夫家在潁川横甚。——〈灌夫家在潁川横〉七字，爲讀之起詞，〈甚〉字其表詞也。有云〈横甚〉二字，猶言〈甚横〉也，則〈横〉字爲表詞，〈甚〉字狀之而後焉。此異於常例，似不然也④。〔漢萬石君傳〕事有可言，屏人恣言極切。——〈極切〉者，極至也，〈切〉狀字而用爲表詞。若此之類，不可勝記，特舉隅耳。

①〈不許〉原誤〈許我〉。　②原誤〈志〉。　③原誤〈諸〉。　④刊誤云：「後説是也。」

狀字假借六之二

狀字本無定也，往往假借他類字爲狀字者，然必置先於其所狀。

有假借名字爲狀字者，此與賓次節與内動字節内所引同例。

〔孟梁上〕庶民子來。——〈子來〉者，如子之來也。〈子〉名字，先乎動字而成狀字。〔孟萬下〕今而後知君之犬馬畜伋。——〈犬馬畜伋〉者，猶言畜伋如犬馬也。〈犬馬〉二字名字，置〈畜〉字之先而用如狀字。由是左傳莊公八年云：「射之，豕人立而啼。」史記酷吏傳云：「兩人交驩而兄事禹。」趙策云：「彼秦者①弃②禮義而③上首功之國也。④權使其士，虜使其民。」漢書梅福傳云：「故⑤天下之士，雲合歸漢。」又趙光漢傳云：「見事風生。」班固答賓戲云：「游説之徒，風颺電激。」漢書成帝紀云：「帝王之道，日以陵夷。」又蒯通傳云：「常山王奉頭鼠竄以歸漢王。」又叔孫通傳云：「此特⑥群盜鼠竊狗盜⑦。」莊子達生篇云：「柴立其中央。」秦策云：「庭説諸侯之主。」又云：「嫂蛇行匍伏。」史記酷吏傳云：「而刻深吏多爲爪牙用者。」莊子則陽云：「欲惡去就，於是橋起。」韓愈潮州謝表云：「孽臣奸隸，蠹居棊處。」又太原郡公神道碑云：「賓接士大夫，高下中度。」又房公墓碣銘云：「公胚胎前光，生長食息，不離典訓之內，目⑧濡耳⑨染，不學以能。」諸句皆以名字狀動字而先焉。

①〈者〉字原敚。　②原作〈棄〉。　③〈而〉字原敚。　④〈也〉字原敚。　⑤〈故〉字原敚。　⑥原誤〈時〉。
⑦原誤〈偷〉。　⑧原誤〈耳〉。　⑨原誤〈目〉。

有假借静字爲狀字者。

〔莊養生主〕是以十九年而刀刃若新發於硎。——〈新〉字本静字也，今先〈發〉字而爲狀字。〔左襄二十七①〕志誣其上而公怨之。——〈公〉字本静字，以狀〈怨〉字。〔史刺客列傳〕於是襄子大義之。——〈大〉本静字，以狀〈義〉字。〔孟梁上〕及寡人之身，東敗於齊……西喪地於秦七百里，南辱於楚。寡人耻之。——〈東〉〈西〉〈南〉三静字，今先動字，以狀其處也。〔韓與馮宿論文書〕小稱意，人亦小怪之，大稱意，即人必大怪之也。——〈小〉〈大〉二字同上。〔又王公神道碑〕公嫉其爲人，不直視。——〈直〉字同上。

①原誤〈二十六〉。

有假借動字爲狀字者。

〔史張釋之列傳〕且方其時，上使立誅之則已。——〈立〉動字也，今假以狀〈誅〉字而先焉。〔左哀十六〕生拘石乞而問白公之死焉。〔又隱元〕莊公寤生，驚姜氏。〔漢食貨志〕又①動欲慕古，不度時宜。〔又李廣傳〕破廣軍，生得廣。——所引〈生〉〈寤〉〈動〉〈生〉等字，本皆動字，今假爲狀字矣。

①〈又〉字原敚。

狀字諸式六之三

狀字用以象形肖聲者，其式不一。有用雙聲者，有用叠韻者，而雙聲叠韻諸字概同一偏旁者。有重言者，有重言之後加以〈焉〉〈然〉〈如〉〈乎〉〈爾〉諸字者。

狀字爲雙聲叠韻且同一偏旁者。

雙聲狀字。如〈流離〉〈含糊〉〈留連〉〈陸梁〉〈展轉〉〈土苴〉〈閨軨〉〈猶豫〉〈盤薄〉〈顛倒〉〈蕭散〉〈率真〉①等字。至〈躊躇〉〈踟躕〉〈囁嚅〉〈髣髴〉〈砰磅〉〈躑躅〉〈逼迫〉〈悽愴〉等字，則雙聲而同偏旁矣。

叠韻狀字，如〈胡盧〉〈相羊〉〈倉忙〉〈支離〉〈滅裂〉〈章皇〉〈鬱律〉〈軋易〉②等字。至〈炰烋〉〈彷徉〉〈猖狂〉〈蹉跎〉〈纏綿〉〈綢繆〉〈逡巡〉〈彷徨〉〈遷延〉〈劻勷〉〈淹滯〉③〈嶕嶫〉〈鴻濛〉〈沆茫〉〈驞駍〉〈峥嶒〉〈觩觷〉〈峛崺〉〈埢垣〉〈岭嶒〉〈嶙峋〉諸字，則叠韻而同偏旁矣。

①〈率真〉，非雙聲，疑有誤。　②按〈軋易〉非聯緜字，〈易〉疑〈芴〉之誤。　③〈淹滯〉非叠韻字。

有重言者。

如〈匈匈〉〈鞅鞅〉〈謷謷〉〈陳陳〉〈纍纍〉〈録録〉〈期期〉〈鬱鬱〉〈默默〉〈喋喋〉〈沾沾〉〈勤勤〉〈懇懇〉〈卒卒〉〈淵淵〉〈洞洞〉〈屬屬〉〈融融〉〈洩洩〉。

有重言之後加以〈然〉〈如〉〈乎〉諸字者。

論語泰伯曰：「蕩蕩乎民無能名焉。巍巍乎舜禹之有天下也而不與焉。」莊子秋水云：「默默乎河伯，女惡知貴賤之門，小大之家！」漢書司馬相如傳①云：「喁喁然皆鄉風慕義，欲爲臣妾。」孟子公孫丑上云：「芒芒然歸。」論語先進云：「侃侃如也。」「行行如也。」又述而：「申申如也，夭夭如也。」漢書萬石君傳云：「僮僕訢訢如也。」又公孫劉車等傳贊②云：「斷斷焉，行行焉，雖未詳備，斯可略觀③矣。」左傳襄公三十一年云：「且④年未盈五十而諄諄焉如八九十者，弗能久矣。」禮檀弓云：「夫子誨之髽，曰：『爾毋從從爾，爾毋扈扈爾。』」又云：「喪事欲其縱縱爾，吉事欲其折折爾。故喪事雖遽不陵節，吉事雖止不怠。故騷騷爾則野，鼎鼎爾則小人，君子蓋猶猶爾。」又祭義云：「勿勿諸其欲其饗之也。」然則〈爾〉〈諸〉兩字亦可加於重言之後也。

①原誤〈東方朔傳〉。　②原作〈桓寬傳〉。　③原誤〈睹〉。　④〈且〉字原敚。

有任用何字爲狀，煞以〈然〉〈焉〉〈如〉〈乎〉〈爾〉〈若〉〈斯〉諸字者。

孟子梁惠王上云：「天油然作雲，沛然下雨，則苗浡然興之矣。」〈油〉〈沛〉〈浡〉三字，各以〈然〉字爲殿而成狀字。漢書陸賈傳云：「於是[1]佗迺蹶然起坐。」「士大夫悵然失望。」文帝紀云：「故憫然念外人之有非。」匡衡傳云：「學士歙然歸仁。」陳湯傳云：「排妒有功，使湯塊然。」食貨志云：「江淮之間，蕭然煩費矣。」武帝紀云：「屑然如有聞。」董仲舒傳云：「今[2]子大夫褎然爲舉首。」韓信傳云：「諸將皆嘸然陽應曰諾。」[3]左傳莊公十一年云：「其興也浡焉。」「其亡也忽焉。」又襄公八年云：「翦焉傾覆，無所控告。」又昭公五年云：「若驪焉好逆使臣。」易離云：「突如其來如。」漢書叙傳云：「榮如辱如，有機有樞。」高帝紀云：「意豁如也。」諸侯王年表序云：「而[4]海内晏如。」[5]論語泰伯云：「焕乎其有文章。」易文言云：「確乎其不可拔。」論語陽貨云：「夫子莞爾而笑曰。」又先進：「子路率爾而對曰。」又詩小雅皇皇者華云：「六轡沃若。」易乾云：「夕惕若。」公羊傳文公十四年云：「力沛若有餘。」禮玉藻云：「二爵而言言斯。」夫如是，則〈若〉〈斯〉二字亦可藉以爲狀辭之助語矣。

①二字原敚。　②〈今〉字原敚。　③原敚〈諸將〉〈曰諾〉四字。　④〈而〉字原敚。　⑤本節所引漢書，均闕篇名，兹爲檢補。

有時或用名字，或用静字，甚或用讀，以狀一相似之情者，則先以〈若〉〈如〉等字，而復殿以〈然〉字者爲常，且必置於所狀之後，此變例也，已見平比節内。

〔孟公上〕必有事焉而勿正，心勿忘，勿助長也，無若宋人然。——〈宋人〉者，本名也，所以狀助長相似之情者也。今則先以〈若〉字以爲比，而後殿以〈然〉字者，即所以狀之也，而「無若宋人然」五字，置於「勿助長也」一句之後，即置之於所狀之後也。〔又滕下〕陳代曰：「不見諸侯，宜若小然。」——〈小〉静字也，置於〈若〉〈然〉兩字之中者同上。〔又盡下〕道則高矣美矣，宜若登天然。——〈登天〉二字一讀，解同前，猶云「道之高美其不可及之狀，如人之登天者一般」云。孟子公孫丑云：「予豈若是小丈夫然哉！」「今言王若易然。」「夫子若有不豫色然。」三句皆同前。〔公莊三十二〕使托若以疾死然，親親之道也。——〈以疾死〉三字一讀，置於〈若〉〈然〉兩字之中，解與前同。〔韓送文暢師序〕民之初生，固若禽獸夷狄然。〔又畫記〕見之戚然若有感然。〔又進士策問〕考其文章，其所尚若不相遠然。——三引皆同前。惟韓愈圬者王承福傳云：「任有小大，唯其所能，若器皿焉。」是則〈焉〉字亦可用如〈然〉字。

狀字別義六之四①

①原誤〈三〉。

狀字往往單詞隻字，而以義可別者有六：

一、以指事成之處者。

〔孟梁上〕及寡人之身，東敗於齊……西喪地於秦七百里，南辱於楚。寡人恥之。——〈東〉〈西〉〈南〉三字，各記其敗喪與見辱之地，蓋記其喪敗之地，即所以狀其喪敗時之情境，故曰狀字。惟其爲狀字，所以先於動字也。〔史張釋之列傳〕尉左右視，盡①不能對。〔又〕獨奈何廷辱張廷尉。——〈左右〉兩字記所視之處；〈廷〉字記所辱之處。〔又陸賈列傳〕君王宜郊迎北面稱臣。〔又〕迺病免家居。——〈郊〉〈北〉與〈家〉三字，亦記處也。由是史記萬石君傳云：「是時漢方南誅兩越，東擊朝鮮，北逐匈奴，西伐大宛，中國多事。」又汲鄭列傳云：「公爲正卿，上不能褒先帝之功業，下不能抑天下之邪心。」又淮陰侯列傳云：「當今二王之事，權在足下。足下右投則漢王勝，左投則項王勝。」左傳文公七年云：「舍適嗣不立而外求君，將焉置此？」以上諸句內，〈南〉〈東〉〈北〉〈西〉〈上〉〈下〉〈右〉〈左〉〈外〉〈焉〉諸字，皆記處而先所狀也。

①原誤〈竟〉。

二、以記事成之時者。

〔孟梁下〕今乘輿已駕矣，有司未知所之。——〈已〉者，記駕車之時，故先〈駕〉字。〔又〕魯平公將出。——〈將〉者，記其出時也，故先〈出〉字。〔左隱元〕遂惡之。〔又〕君將不堪，〔又〕不如早爲之所。——〈遂〉〈將〉〈早〉三字，皆狀時也。〔莊庚桑楚〕今吾日計之而不足，歲計之而有餘。〔史叔孫通列傳〕願陛下急發兵擊之。〔又〕我幾不脱於虎口。〔漢趙充國傳〕初是充國計者什三，中什五，最後什八。〔史淮陰侯列傳〕吾困於此，旦暮望若來佐我。〔又信陵君[1]列傳〕於是公子立自責。〔又項羽本紀〕如今人方爲刀俎，我爲魚肉。〔又〕今暴得大名，不祥。〔魏文帝與吴質書[2]〕既痛逝者，行自念也。〔史陸賈列傳〕每奏一篇，高帝未嘗不稱善。〔又曹相國世家〕參始微時。〔又陳丞相世家〕及吕后時，事多故矣。然平竟自脱。〔漢卜式傳〕上於是以式終長者。〔史高帝紀〕常從王媪武負貰酒。〔又〕高帝常繇咸陽。〔漢于定國傳〕率常丞相議可。〔韓柳子厚墓誌銘〕率常屈其座人。〔史留侯世家〕良業爲取履，因長跪履之。——諸句中所有〈日〉〈歲〉〈幾〉〈初〉〈旦〉〈暮〉〈立〉〈方〉〈行〉〈嘗〉〈始〉〈竟〉〈終〉〈常〉〈業〉諸字，皆狀時也。至莊子逍遥游云：「然後圖南，且適南冥也。」〈且〉字解如〈將〉字。史記馮唐列傳云：「臣父故爲代相。」〈故〉字解如〈本〉字。〈故〉得爲〈本〉者，〈故〉舊也。漢書趙廣漢傳云：「趙廣漢，字子都，涿郡蠡吾人也[3]，故屬河間。」此〈故〉字亦解如〈舊〉字。又賈誼傳云：「天子春秋鼎盛。」又賈捐之傳云：「顯鼎貴，上信用之。」又匡衡傳云：「無説詩，匡鼎來。」三引〈鼎〉字，解如〈方〉字，〈當〉字，亦狀時也。史記晉世家云：「犂二十五年，吾冢上柏大矣。」〈犂〉者，〈比〉也。故吕后紀云：「犂明孝惠還。」〈犂明〉者，〈比明〉也。又酷吏列傳云：「棃來[4]會春，温舒頓足歎。」〈棃〉通〈犂〉。又有兩字重狀一時者。〔莊逍遥游〕子治天下，天下既已治也。——〈既已〉二字意重，並記過去之時也。〔漢賈誼傳〕夫嘗已在貴寵之位，天子改容而禮貌之矣。——〈嘗已〉〈已嘗〉，竝重言也。〔魏文帝與吴質書[5]〕別來行復四年。——〈行復〉二字，皆記時也。似此者，如〈方且〉〈嘗復〉〈曾復〉諸重言，見於古籍者，往往有之。

至記時之字，置於句首以爲起句之辭者，亦可列爲狀字。〔左隱元〕初鄭武公娶於申，曰武姜。——〈初〉者，原始之辭，今置句首以爲記事推原之例，左氏文習用之。〔漢高帝紀〕前陳王項梁皆敗，不如更遣長者。——〈前〉字置句首，與〈初〉字同例。〔論公冶〕始吾於人也，聽其言而信其行；今吾於人也，聽其言而觀其行。——〈始〉〈今〉兩字同上。〔史高帝本紀〕始懷王遣我，固以能寬容。——史記之用〈始〉字，與左氏之用〈初〉字，漢書之用〈前〉字同，可見諸書皆各有字例也。〔秦策〕已一説而立爲太師⑥。〔史夏本紀〕迺⑦召湯而囚之夏臺，已而釋之。——〈已〉字在句首，與〈初〉〈前〉諸字同例。

①原作〈魏公子〉。　②原作〈漢書王粲傳〉。　③〈也〉字原敓。　④〈來〉殿本史記作〈求〉，漢書〈黎來〉作〈追求〉。　⑤原作〈王粲傳〉。　⑥原誤〈史〉。　⑦〈迺〉字原敓。

三、以言事之如何成者。

此記成事之容，前所謂雙聲疊韻與重言諸字，以爲象形肖聲者，皆此類也。惟彼必雙字，此論單字耳。

〔孟梁下〕景公説，大戒於國，出舍於郊。——〈大〉字假以肖所戒爲如何也。〔又離下〕施從良人之所之。——〈施〉者，言其從之容也。〔漢汲黯傳〕何空取高皇帝約束紛更之爲？——〈空〉字以言所取之狀也。〔又韓信傳〕軍殊死戰。〔史刺客列傳〕前日所以不許仲子者，徒以親在。〔漢元帝紀〕漢家自有制度，本以霸王道雜之，奈何純任德教用周政乎？〔又金日磾傳〕陛下妄得一胡兒，反①貴重之。〔楚策〕今富摯能而公重不相善也，是兩盡也。〔禮檀弓〕壹似重有憂者。〔漢食貨志〕畜積餘贏，以稽市物，痛騰躍。——諸句内所有〈殊〉〈徒〉〈純〉〈妄〉〈重〉〈痛〉諸字，皆以肖成事之容也。

至〈猶〉〈若〉〈如〉等字用以爲比者，亦以記成事之容，可與論比章參觀。〔孟告上〕性猶杞柳也，義猶杯棬也。——〈性〉與〈杞柳〉，〈義〉與〈杯棬〉，本無相關之義，今以〈猶〉字先乎〈杞柳〉，則〈性〉爲所狀矣，先乎〈杯棬〉，則〈義〉爲所狀矣。此〈猶〉字所以記容之狀字也。〈如〉〈若〉諸字同例。禮記大學云：「聽訟吾猶人也。」左傳昭公十二年云：「今與王言如響，國其若之何？」老子云：「吾聞之，良賈深藏若虛，君子盛德容貌若愚。」②史記酷吏列傳云：「有勢家雖有奸如山弗犯。」又貨殖列傳云：「貴出如糞土，賤取如珠玉。」又云：「趨時若猛獸鷙鳥之發。」又云：「夫用貧求富，農不如工，工不如商，刺綉文不如倚市門，此言末業貧者之資也。」又商君列傳云：「君之危若朝露。」諸句内所有〈如〉〈若〉等字，皆以狀所比也。而〈如〉〈若〉〈猶〉諸字之所狀，或爲名字，或爲静字，或爲一讀皆可。至〈如是〉〈如此〉〈如斯〉〈若此〉〈若彼〉〈又若何〉〈若之何〉〈奈何〉〈如何〉諸語，則所狀皆爲代字，經籍習用，已詳於前，故不贅。〈然〉字〈爾〉字解作如是者，亦肖容之狀字也。〔孟梁下〕今也不然。——猶云「今非如此」也。此〈然〉字解作〈如此〉而爲表詞者，實肖容之狀字也。〔又告上〕非天之降才爾殊也，其所以陷溺其心者然也。——〈爾殊〉者，如此有異也。〈爾〉解如〈然〉字。下〈然〉字同前。〔左成八〕唯然，故多大國矣。——〈唯然〉者，猶云，惟其事之如是也。〔漢賈誼傳〕其異姓負彊而動者，漢已幸勝之矣。又不易其所以然，同姓襲是迹而動③，既有證矣，其埶盡又復然。——〈所以然〉者，所以爲如此也；〈復然〉者，復爲如此也。〔公莊三十二〕公子牙今將爾。——〈今將爾〉者，猶云今將如此也。〔韓答馮宿書〕僕何能爾。〔又答陳商書〕不知君子必爾爲不也。——〈能爾〉者，能爲如此也，〈必爾爲不也〉者，必如此爲抑否也。推此類也。〈然〉而〈然則〉諸連辭之〈然〉字，亦有然矣。解見連字篇。

①原作〈即〉。　②語見史記老莊傳，老子無此文。　③原衍〈者〉字。

四、以度事成之有如許者。如許者，言事成而有多少、淺深、厚薄、偏全之各别也。

〔孟離下〕徐子曰：「仲尼亟稱於水曰。」——〈亟〉者，言其稱之如許次也。〔又萬下〕迭爲賓主。——〈迭〉者，言互爲賓主之頻頻也。〔左昭十四〕三數叔魚之惡①，不爲末減。——〈三〉者，言數惡之次也。〈末〉者，言所減之如許也。史記游俠列傳云：「然劇孟母死，自遠方送喪蓋千乘。」又云：「以德報怨，厚施而薄望。」漢書朱雲傳云：「既論難，連拄五鹿君。」又霍光傳云：「長財七尺三寸。」荀子榮辱篇云：「是其爲②相懸也，幾③直夫芻豢稻粱④之縣糟糠爾哉！」左傳昭公十六年云：「韓子亦無幾求。」漢書趙后傳云：「今兒安在，危殺之矣。」蜀志先主傳云：「今大事垂可立。」魏文帝與吴質書云：「孔璋章表殊健，微爲繁富。」莊子人間世云：「彼亦直寄焉以爲不知己者詬厲也。」史記曹相國世家云：「參見人之有細⑤過，專掩匿覆蓋之。」又張歐⑥傳云：「歐⑦爲吏，未嘗言按人，剸以誠長者處官。」又三代世表云：「自殷以前，諸侯不可得而譜，周以來乃頗可著。」漢書田竇傳云：「於是上使御史簿責嬰所言灌夫，頗不讎。劾繫都司空。」又禮樂志云：「質樸日消，恩愛寖薄。」又賈誼傳云：「慮無不帝制而天子自爲者。」又周勃傳云：「吏稍侵辱之。」後漢書馬援傳云：「季孟嘗折愧子陽，而不受其爵⑧，今更共陸陸，欲往附之。」杜預春秋左傳集解序云：「於丘明之傳有所不通，皆没⑨而不説，而更膚引公羊穀梁，適足自亂。」史記蕭相國世家云：「列侯畢已受封。」以上所引句内，〈蓋〉〈厚〉〈薄〉〈連〉〈財〉〈幾〉〈危〉〈垂〉〈微〉〈直〉〈專〉〈剸〉〈頗〉〈寖〉〈慮〉〈稍〉〈更〉〈畢〉諸字，或言其事之多少，或言其事之厚薄也。至於言成事之淺深者，則有〈愈〉〈滋〉〈甚〉〈益〉〈極〉〈至〉諸字以爲狀，蓋與論比篇内所謂泛稱夫極者，大略相似耳。孟子公孫丑上云：「若是則弟子之惑滋甚。」史記五帝本紀云：「舜居溈汭，内⑩行彌謹。」荀子榮辱篇云：「清之而俞濁者口也，豢之而俞瘠者交也。」史記秦本紀云：「遂復三人官秩如故，愈益厚之。」漢書成帝紀云：「其申飭有司以漸禁之。」史記五帝紀云：「余并論次，擇其言尤雅者，故著爲本紀書首。」漢書卜式傳云：「是時富豪皆争匿財，唯式尤欲助費。」史記平準書云：「治樓船高十餘丈，旗幟加其上甚壯。」又秦⑪本紀云：「夫自上聖黄帝，作爲禮樂法度，身以先之，僅以小治。」禮記射義云：「好學不倦，好禮不變，旄期稱道不亂者，不在此位也⑫，蓋勮有存者。」漢書賈誼傳云：「諸公幸者迺爲中涓，其次廑得舍人。」史記封禪書云：「封禪用希曠，絶莫知其儀禮。」又游俠列傳云：「殺者亦竟絶莫知爲誰。」又高帝本紀云：「人⑬又益喜，惟恐沛公不爲秦王。」又云：「豐吾⑭所生長，極不忘爾。」荀子正論篇云：「湯武者，至天下之善禁令者也。」諸句中〈滋〉〈彌〉〈俞〉〈愈〉〈漸〉〈尤〉〈甚〉〈僅〉〈勮〉〈廑〉〈絶〉〈益〉〈極〉〈至〉諸字皆以言事所至淺深之境也。水經注言：「沁水兩岸蒙蘢拔密，奇爲翳薈也。」又言：「廟前有攢柏數百根……青青彌望，奇可玩也。」宋本〈奇〉字皆作〈最〉字，亦通⑮。韓愈與陳給事書云：「其後閣下位益尊，伺候於門墻者日益進。」又答竇秀才書云：「是故學成而道益窮，年老而智益困。」莊子漁父云：「人有畏影惡迹⑯而去之走者，舉足逾數而迹逾⑰多。」史記魏其列傳云：「諸士在己之左，愈貧賤，尤益敬與鈞。」韓愈順宗實録云：「叔文最所賢重者李景儉，而最所謂奇才者呂温，故最在後貶。」諸引句皆以〈益〉〈愈〉〈逾〉〈最〉諸字，兩兩相比，以狀其所至之深淺也。

①原誤〈罪〉，下同。　②〈爲〉字原敚。　③楊倞注：「〈幾〉與〈豈〉〈同〉。」馬誤。　④二字原敚。　⑤〈細〉字原敚。　⑥原誤〈叔〉。　⑦原誤〈歐〉。　⑧五字原敚。　⑨原誤〈設〉。　⑩〈内〉字原敚。　⑪原誤〈五帝〉。　⑫〈也〉字原敚。　⑬原誤〈民〉。　⑭〈吾〉字原敚。　⑮説本劉淇氏助字辨略。然劉氏僅謂「奇爲翳薈」之〈奇〉，宋本作〈最〉，不謂皆作〈最〉也。　⑯二字原敚。　⑰莊子作〈愈〉。

五、以決事之然與不然者。

〔孟公下〕故君子有不戰，戰必勝矣？——〈必〉字所以決勝之當然者也。〔又〕士誠小人也。——〈誠〉字以決其實爲小人也。詩鄭風叔于田云：「洵美且仁。」周語云：「其①叔父實應且憎以非余一人。」左傳昭公十一年云：「今茲諸侯，何實吉，何實凶。」又隱公六年云：「宋衛實難，鄭何能爲。」又僖公二十四②年云：「實紀綱之僕。」易繫辭云：「介如石焉，寧用終日，斷可識矣。」孟子梁惠王下云：「君是以不果來也。」史記高帝本紀云：「雍齒雅不欲屬沛公。」又張耳列傳云：「吾王審出乎？」漢書五行志云：「鄉亡桓公，星遂至地，中國其良絶矣。」史記馮唐傳云：「上既聞廉頗李牧爲人，良悦而搏髀曰③。」又呂后本紀云：「王誠以一郡上太后，爲公主湯沐邑，太后必喜。」孟子梁惠王上云：「臣固知王之不忍也。」史記五帝本紀云：「固難爲淺見寡聞④道也。」禮少儀云：「某固願聞名於將命者。」論語子罕云：「固天縱之將聖，又多能也。」史記田齊世家云：「若夫語五音之紀，信未有如夫子者也。」諸句中，如〈洵〉〈應〉⑤〈實〉〈斷〉〈果〉〈雅〉〈審〉〈良〉〈誠〉〈固〉〈信〉諸字，皆以決事之誠然者也。

答語可單用一字，不必附於他字。禮内則云：「男唯，女諾。」然則〈唯〉〈諾〉二字皆可單用矣。論語里仁云：「曾子曰：『唯。』」又陽貨：「孔子⑥曰：『諾，吾將仕矣。』」禮檀弓云：「有子曰：『然。』」此皆單用一字以爲答也。史記自叙云：「唯唯，否否，不然。」此重言亦所以爲應答之辭也⑦。若以決辭合於助字，則成爲表詞矣，論語子路云：「必也正名乎！」猶云：「爲政所先必爲正名也。」又憲問云：「信乎夫子不言不笑不取乎？」左傳桓公十八年云：「人曰：『祭仲以知免。』仲曰：『信也。』」史記魯仲連列傳云：「新垣衍怏然不悦曰：『噫嘻，亦太甚矣先生之言也，先生又惡能使秦王烹醢梁王？』魯仲連曰：『固也，吾將言之。』」又李斯列傳云：「高聞李斯以爲言，乃見丞相曰：『關東群盗多，今上急發繇治阿房宫，聚狗馬無用之物，臣欲諫，爲位賤。此真君侯之事，君何不見⑧？』李斯曰：『固也，吾欲言之久矣。』」諸句内皆以決辭合於助字而爲表詞也。即如〈信也〉〈固也〉，雖皆爲答語之辭，而其起詞即爲所答之事，故以〈信也〉〈固也〉答之，即以決言其爲如此者。

狀字之決不然者實多，今各詳之。

〈不〉字用於静字、動字、狀字之先，以決事理之無者，常語也。〔孟梁上〕萬取千焉，千取百焉，不爲不多矣，苟爲後義而先利，不奪不饜。——四用〈不〉字。一先〈多〉字，静字也，餘皆先乎動字。又〈不爲不多〉者，言事理之當然者也，〈不奪不饜〉者，決功效之當然者也。至孟子梁惠王下云：「不若與人。」又云：「今也不然。」又公孫丑上云：「雖有智慧，不如待時。」三句〈若〉〈然〉〈如〉三皆狀字，〈不〉字先之，皆所以言事理之如此也。惟〈不〉字先於静字，如〈不仁者〉〈不賢者〉等語，則兩字合成一語，解見静字篇内，並非藉以決事理之當然也。〔史淮陰侯列傳〕奉咫尺之書，暴其所長於燕，燕必不敢不聽從⑨。〔漢高帝紀〕旦日不可不早自來謝。〔又王嘉傳〕人情不能不有過差，宜可闊略，令盡力者有所勸。——所引句内，叠用兩〈不〉字，業已互相對銷，無異正説；然所決者仍爲事理之當然也。又孟子梁惠王上云：「直不百步耳。」韓愈送楊支使序云：「雖有享之以季氏之富，不一日留也。」兩句〈不〉字皆先名字，似含一動字。第一句猶云：「直不走百步耳。」第二句猶云：「不願一日留也。」似此之類，經籍時有，然未可拘定爲所含何字，總以可解爲要。

〈不〉字有代〈非〉字者。禮中庸云：「苟不至德，至道不凝焉。」又云：「苟不固聰明聖知達天德者，其孰能知之。」莊子讓王篇云：「先生不受，豈不命耶！」前引三節内，所云〈苟不〉，解以〈苟非〉較順，所云〈豈〉不，解以〈豈非〉較順。大戴禮王言篇云：「畢弋田獵之得，不以盈宮室也；徵斂於百姓，非以充府庫也⑩。」又墨子非命篇：「上之所賞，命固且賞，非賢故賞也。上之所罰，命固且罰，不暴故罰也。」前引二節内，〈不〉〈非〉兩字互用，釋詞引爲相代之證⑪。

〈不〉字有代無字者。〔漢武五子傳贊〕不一日而無兵。〔又枚皋傳〕凡可讀者不⑫二十篇。〔詩王⑬風〕不日不月。〔周官大司馬〕若師不功，則厭而奉主車。——諸〈不〉字皆可解作〈無〉字，以其先乎名字故也。故釋詞謂論語先進「人不閒於其父母昆弟之言」句，〈不閒〉當作〈非閒〉者，失之矣⑭。以〈閒〉字爲動字故也。

釋詞解〈不〉〈丕〉二字，有解爲語詞，有解爲發聲者。書西伯戡黎云：「我生不有命在天。」又君牙云：「丕顯哉。」⑮芮良夫詩⑯云：「不其亂爾。」詩小雅常棣云：「鄂不韡韡。」又小雅桑扈云：「受福不那。」又大雅文王云：「不顯亦世。」等句，皆解作語詞無解。愚按，似此句法，仍解作〈豈不〉爲順。故論語陽貨云「不曰堅乎」者，猶云：「聞之人豈不曰堅乎。」左傳宣公四年云「若敖氏之鬼，不其餒而」者，「豈不餒而」也。孟子公孫丑上云「吾不惴焉」者，「吾豈不惴焉」也。

〈未〉字以決事之過時者，常語也。〔孟離上〕舍館未定。——〈未定〉者，言時尚未定，故不來也。〔又離下〕民未病涉也。——猶云：「杠梁及時可通，民無病涉之時也。」〈未〉字有與〈嘗〉字相并者。如孟子離婁下云：「而未嘗有顯者來。」又告子上云：「人見其濯濯也，以爲未嘗有材焉。」史記馮唐列傳云：「今吾每飯意⑰未嘗不在鉅鹿也。」漢書儒林傳云：「至於忠臣孝子之篇，未嘗不爲王反復誦之也。」〈未嘗〉二字，皆言已往之無其事也。而〈未嘗不〉者，猶云「往時無不如此」也。〈未〉字後於〈猶〉字者，言事之不及時也。孟子離婁下云：「舜人也，我亦人也，舜爲法於天下，可傳於後世，我由未免爲鄉人也。」〈由未〉者，猶云「同爲人而我及時尚不如是」也。左傳僖公二十四年[18]云：「若猶未也，又將及難。」〈猶未〉者，猶云「及今尚無知」也。至穀梁隱元年云：「若隱者，可謂輕千乘之國，蹈道則未也。」左傳文公元年云：「君之齒未也。」兩〈未也〉皆〈猶未〉之意。而孟子公孫丑下云：「或問勸齊伐燕，有諸？曰：『未也。』」此〈未也〉直是無辭耳。〈未也〉之〈未〉字，用如表詞，而非狀字矣。

〈勿〉〈毋〉二字，禁戒之詞。〔論先進〕己所不欲，勿施於人。〔孟盡下〕勿視其巍巍然。〔左文公元年〕享江芊而勿敬也。〔又成二〕非禮也，勿籍。〔論公冶〕毋以與爾鄰里鄉黨乎！〔史張釋之列傳〕卑之，毋甚高論。〔又趙世家〕毋變而度，毋異而慮，堅守一心，以殁而世！〔漢王尊傳〕賢爲上，毋以富。——所引〈勿〉〈毋〉諸字，皆禁止之辭。〈無〉通〈毋〉，亦禁止之辭。〔孟梁上〕王無罪歲，〔又告上〕無或乎王之不智也。〔莊德充符〕子無乃稱。〔又人間世〕故法言曰，傳其常情，無[19]傳其溢言，則幾乎全。——四引〈無〉字，皆戒辭也。雖然，〈勿〉〈毋〉〈無〉三字有無禁戒之意者。如論語：憲問「愛之能勿勞乎，忠焉能勿誨乎」兩句兩〈勿〉字，又顔淵「非禮勿視」四句四〈勿〉字，又子罕「毋意」四〈毋〉字，又學而「貧而無諂」兩句兩〈無〉字，皆陳述之辭，而無命戒之意。左傳襄公二十五年云：「今大國多數圻矣，若無侵小，何以至焉？」又昭公三年云：「其愛之如父母，而歸之如流水，欲無獲民，將焉辟之？」兩節内〈無〉字皆代〈不〉字。左氏文類此者甚多。至爾雅釋訓云〈勿念〉，詩大雅文王云〈無念〉，左傳襄公二十九年云〈毋寧夫人〉，似此之句，經生家皆以〈勿〉〈毋〉〈無〉三字爲發聲而無解者，恐未盡然也。蓋古書往往有省文兩字並作一字者，與其武斷而强解，毋寧知所省乎[20]。

論語公冶長正義云：「〈弗〉者，〈不〉之深也。」與〈不〉字無異，惟較〈不〉字辭氣更遽耳。〔論公冶〕弗如也，吾與女弗如也。——極言其不如之甚，有不待思索而急遽言之之狀。故孟子盡心下歷數大人之巍巍者，即遽斷之曰：「我得志，弗爲也。」至以後總言其不足畏之理，則用〈不〉字，故曰：「在彼者皆我所不爲也。」左傳宣公十二年云：「鄭人勸戰[21]，弗敢從也；楚人求成，弗能好也。」兩〈弗〉字用以深責，亦匆遽口氣。至史記平準書[22]云：「自高辛氏之前尚矣，靡得而記云。」〈靡〉字解同〈不〉字。左傳文公十七年云：「雖我小國，則蔑以過之矣。」〈蔑〉字解同

〈無〉字而爲動字。蓋〈蔑以〉猶〈無以〉也。〈罔〉字，〈匪〉字，或解如〈無〉字，或解如〈不〉字，則爲書詩專用之字。〈非〉〈無〉二字之爲動字，已見前矣；他如〈微〉字，〈否〉字，非此處所應解；〈休〉字解作〈勿〉字，乃方言也。

①〈其〉字原敚。　②原誤〈二十三〉。　③四字原敚。集解於〈良〉字斷句，引如淳曰：「〈良〉，善也。」馬氏以〈良〉爲狀字，似有誤。　④原衍〈者〉字。　⑤國語韋注曰：「〈應〉，猶受。」馬氏以爲狀字，似有誤。　⑥原誤〈夫〉。　⑦草創云：「〈然〉〈否〉〈唯〉〈諾〉字等……皆當入諸感字之中……似不能入諸副字之中也。」（頁十九）　⑧原誤〈諫〉。　⑨原誤〈信〉。　⑩〈也〉字原敚。　⑪見經傳釋詞弟十。　⑫漢書作〈百〉，馬氏誤引。　⑬原誤〈五〉。　⑭按釋詞弟十解此句云：「言人無有非其父母昆弟之言也。」蓋以〈無〉釋〈不〉，〈非〉釋〈閒〉，非以〈非閒〉釋〈不閒〉也。馬氏殊誤。　⑮按〈丕〉字古未有訓〈不〉者，馬氏以〈丕顯〉作〈豈不顯〉解，似誤。　⑯按此文係自釋詞轉引。釋詞上文四引逸周書，故於此作〈芮良夫曰〉。今馬氏直以爲芮良夫詩，殊非。　⑰〈意〉字原敚。　⑱原誤〈三十一〉。　⑲兩〈無〉字莊子均作〈无〉。　⑳見經傳釋詞。　㉑原誤〈我〉。　㉒原誤封禪書。

六、以傳疑難不定之狀者。

凡疑難之事而爲名字，則有詢問代字以表之；疑難之口氣，則有助字以傳之。茲姑不論；第論疑難之狀字合於動字，以肖其擬議恍惚之貌耳。疑難狀字，有與詢問代字同字而不同用者，如〈何〉〈焉〉〈胡〉〈烏〉〈曷〉〈安〉諸字。至如〈豈〉〈詎〉〈庸〉等字，惟用爲狀字耳。其或兩代字用爲狀字，則不同義。

〔論先進〕夫子何哂由也？——猶云：「夫子爲何哂由也。」〈爲〉字不言，單用〈何〉字合於動字，故爲狀字。若〈何〉字爲動字之止詞，則又爲代字矣。論語先進云：「回何敢死。」又云：「何必讀書。」兩〈何〉字皆狀字也。史記高帝本紀云：「是何治宮室過度也。」又刺客列傳云：「何必①殘身苦形，欲以求報襄子，不亦難乎！」兩〈何〉字有〈爲何〉或〈何故〉之解。總之，凡〈何〉字單用而代轉詞者，則爲狀字；若爲止詞，爲表詞，與爲司詞者，則代字矣。凡〈何〉字合静字者，所以狀之也，故爲狀字。論語子路云：「何晏也？」左傳哀公二十五年云：「何肥也？」漢書東方朔傳云：「受賜不待詔，何無禮也？拔劍割肉，壹何壯也？割之不多，又何廉也？歸遺細君，又何仁也？」諸〈何〉字猶云〈何其〉，歎異之辭也。〈無禮〉二字合用，與静字無異。史記陸賈傳云：「何念之深也？」〈何〉雖不緊靠〈深〉字，然實貼〈深〉字。由是又項羽本紀云：「是何楚人之多也？」齊②策云：「何秦之智而山東之愚耶？」皆此類也。論語先進云：「未能事人，焉能事鬼！」又公治長云：「焉得剛！」左傳閔公二③年：「鶴實有禄位，余焉能戰！」史記河渠書云：「關内則輔渠靈軹是也，焉説三河之地哉？④」韓愈答李翊書云：「焉足以知是且非邪？」諸〈焉〉字皆合助動字以狀之。詩邶風日月云：「胡能有定！」莊子庚桑楚云：「子胡不相與尸而祝之，社而稷之乎！」漢書賈誼傳云：「胡不用之淮南濟北？勢不可也。」史記蕭相國世家云：「今君胡不多買田地⑤，賤貰貸以自汙，上心乃安。」後漢鄭玄傳：「自非拜國君之命，問族親之憂，展敬墳墓，觀⑥省野物，胡嘗扶杖出門乎！」五引〈胡〉字，皆爲狀字。秦策云：「秦⑦烏能與齊懸衡！」班固東都賦：「烏睹大漢之云爲乎！」兩〈烏〉字用如狀字。至孟子盡心上云：「居惡在？」又萬章下云：「惡乎宜乎？」與論語學而云：「人焉廋哉！」〈惡〉字與〈焉〉字雖爲疑辭，然以詢何處者，非以狀猶豫之情者也。書盤庚中云：「曷虐朕民！」又召誥云：「曷其奈何弗⑧敬！」兩〈曷〉字皆解〈何故〉，常語也。至荀子强國篇云：「曷若是而可以持國乎！」〈曷〉字解作〈豈〉字。子史諸籍，用作如此解者，往往有焉。史記淮陰侯列傳云：「安能鬱鬱久居此乎！」漢書霍光傳云：「安得遺詔封三子事！」漢書陸賈傳云：「迺公居馬上得之，安事詩書！」諸〈安〉字，經生家皆解作〈何〉字⑨，故左傳宣公十二年云：「暴而不戢，安能保大！猶有晉在，焉得定功！所違民欲猶多，民何安焉！」此〈安〉〈焉〉〈何〉三字連用解互用之證。惟所引〈安〉字，間可解作〈豈〉字，而諸子籍内〈安〉字有别解者，兹不及論也⑩。

〈豈〉字，廣韻云：「〈安〉也，〈焉〉也，〈曾〉也。」有作〈寧〉字解者。孟子梁惠王上云：「豈能獨樂哉？」〈豈〉字作〈安〉字解。若假以相比，與〈如〉〈若〉〈况〉諸字相合，則可解作〈何〉字矣。論語微子云：「且而與其從辟人之士也，豈若從辟世之士哉！」〈豈若〉者，〈何若〉也。漢書賈誼傳云：「豈如今定經制，令君君臣臣，上下有差，父子六親，各得其宜！」〈豈如〉者，〈何如〉也。後漢爰延傳：「夫以光武之聖德，嚴光之高賢，君臣合道，尚降此變，豈況陛下今所親幸，以賤爲貴，以卑爲尊哉！」〈豈況〉者，〈何況〉也。至漢書卜式傳云：「家豈有寃，欲言事乎[11]！」西南夷傳云：「追觀太宗填撫尉佗，豈古所謂招携以禮，懷遠以德者哉！」兩〈豈〉字皆未定之辭。又吴語曰：「天[12]王豈辱裁之！」莊子外物篇曰：「君豈有升斗之水而活我哉！」兩〈豈〉字作〈其〉字解。〈豈〉字之用，解雖不一，然皆用如狀字。

〈詎〉字，廣韻云：「〈豈〉也。」與〈巨〉〈渠〉〈遽〉〈鉅〉〈距〉通。漢書高帝紀云：「沛公不先破關中兵，公巨能入乎！」史記項羽本紀作「公豈敢入乎」。故〈巨〉與〈豈〉同解而互用也。吴語云：「此志也，豈遽忘於諸侯之[13]耳乎！」荀子正論：「是豈鉅知見侮之爲不辱哉！」史記陸賈傳云：「使我居中國，何渠不若漢！」莊子齊物論云：「庸詎知吾所謂知之非不知邪！庸詎知吾所謂不知之非知邪！」史記張儀列傳云：「且蘇君在，儀寧渠能乎！」曰〈豈遽〉，曰〈豈鉅〉，曰〈何渠〉，曰〈庸詎〉，曰〈寧渠〉，皆重言一義而已。左傳莊公十四年云：「子儀在位十四年矣，而謀召君者，庸非貳乎！」漢書南越王傳云：「雖王之國，庸獨利乎！」兩〈庸〉字並〈寧〉〈豈〉之辭。荀子宥坐[14]篇云：「女[15]庸安知吾不得之桑落之下！」左傳襄公二十五年云：「將庸何歸！」〈庸安〉，〈安〉也，〈庸何〉，〈何〉也，皆重言也。後漢楊秉[16]傳云：「蓋鄭詹來而國亂，四佞放而衆服，以此觀之，容可近乎！」〈容〉通〈庸〉，亦〈豈〉辭也。又公羊傳哀公十四年云：「末不亦樂乎堯舜之知君子也！」〈末不亦〉，猶云〈無亦〉，此〈末〉字亦疑辭也。〈其〉字有擬議不定之意者，亦狀字也。禮中庸云：「舜其大孝也與！」又云：「無憂者其惟文王乎！」論語學而云：「其諸異乎人之求之與！」莊子齊物論云：「人之生也固若是芒乎，其我獨芒而人亦有不芒者乎！」左傳僖公二十三年云：「晉公子有三焉，天其或者將建諸！」論語爲政云：「其或繼周者，雖百世可知也。」凡引〈其〉字，皆未定之詞也，〈其或〉重言也。左傳隱公十一年云：「吾子孫其覆亡之不暇，而況能禋祀許乎！」論語爲政云：「其何以行之哉！」兩引〈其〉字，可解作〈將〉字，亦狀字[17]也。

易文言曰：「或之者，疑之也。」左傳哀公元年云：「今吳不如過，而越大於少康，或將豐之，不亦難乎！」又昭十三年云：「自古以來，未之或失也。」兩〈或〉字並疑詞。易繫辭云：「君子之道，或出或處，或默或語。」與禮中庸「或生而知之」諸〈或〉字，皆辭之未定爲一者也，故皆狀字。

吳語云：「越曾足以爲大虞乎！」閔公二年公羊傳云：「設以齊取魯，曾不興師，徒以言而已矣。」論語八佾云：「曾謂泰山不如林放乎！」又先進云：「吾以子爲異之問，曾由與求之問！」諸〈曾〉字，或訓〈乃〉，或訓〈則〉，或訓〈寧〉，廣韻訓〈豈〉爲〈曾〉，則〈曾〉亦可爲〈豈〉矣。說文曰：「〈曾〉，詞之舒也。」蓋猶豫之詞也。閔元年公羊傳云：「莊公存之時，樂曾淫於宮中。」〈曾〉，猶〈嘗〉也，記時之狀字也。

①原誤〈乃〉。　②原誤〈秦〉。　③原誤〈元〉。　④按此文見漢書兒寬傳顔注，史記無之。馬氏蓋轉引助字辨略卷二焉字條致誤。　⑤原誤〈宅〉。　⑥原誤〈覲〉。　⑦〈秦〉字原敚。　⑧原誤〈不〉。　⑨見助字辨略卷一及卷二經傳釋詞弟二。　⑩經傳釋詞弟二云：「〈安〉，猶於是也，乃也，則也。」又云：「〈安〉猶焉也，然也。」　⑪原誤〈耶〉。　⑫原誤〈大〉。　⑬〈之〉字原敚。　⑭原誤〈生〉。　⑮〈女〉字原敚。　⑯原誤〈乘〉。　⑰原作〈辭〉。

六者皆單字狀字也。更有記時與記處狀字，合於他字以成一語者，此種成語，概位句讀之首，非若單字狀字之必先乎動字也。至記處記時之語，率用〈上〉〈下〉〈左〉〈右〉〈内〉〈外〉〈中〉〈間〉等字，綴於地名人名時代之後，與夫記價值、記度量、記里數諸名字，皆可名爲狀辭，已詳於賓次節矣。

〔孟盡下〕爲閒不用，則茅塞之[1]矣。——〈閒〉狀字也，〈爲〉動字也，兩合焉以成一頓，置諸句首。〔史信陵君[2]列傳〕居頃，復從北方來傳[3]言曰——〈居〉動字也，合於〈頃〉[4]字，又成一頓。惟動字合狀字爲頓，如〈居頃〉〈爲間〉之類不概見。靜字合狀字，如〈良久〉等語亦罕見習見者，狀字合於〈之〉字與〈者〉字也。〔史張釋之列傳〕久之，文帝稱善。〔又〕頃之，太子與梁王共車入朝。〔又曹相國世家〕間之欲有所言。——曰〈久之〉，曰〈頃之〉，曰〈間之〉，皆與〈之〉字合以記時者。〔漢司馬遷傳〕所以自惟，上之不能納忠效信，有奇策材力之譽，自結明主，次之又不能拾遺補闕，招賢進能，顯巖穴之士，外之不能備行伍，攻城野戰[5]，有斬將搴旗之功；下之不能絫日積勞，取尊官厚禄，以爲宗族交游光寵。四者無一遂，苟合取容，無所短長之效，可見於此矣。——所云〈上之〉〈次之〉〈外之〉〈下之〉，皆以歷數地位，列爲狀語，則諸〈之〉字無解而有解矣。故韓文進撰平淮西碑文表仿之云：「今詞學之英，所在麻列，儒宗文師，磊落相望。外之則宰相公卿郎官博士，内之則翰林禁密游談侍從之臣，不可一二遽數，召而使之，無有不可。」所云〈外之〉〈内之〉者，亦以歷數也。匪直此也，齊策云：「無[6]齊，雖隆薛之城到於天，猶之無益也。」〈猶之〉云者，猶云與上文魚失水比，猶無益也。〈之〉字不爲義，故〈猶之〉亦狀語也。論語堯曰：「猶之與人也。」義同。〔史曹相國世家〕乃者我使諫君也。〔漢文帝紀〕間者諸吕用事擅權[7]。〔又楊惲傳〕頃者足下離舊士，臨安定。〔又魏其傳〕今者又與夫有郗。〔韓答張籍書〕愈始者望見吾子於人人之中，固有異焉。〔又〕近者嘗有意吾子之闕焉[8]無言。——〈乃〉〈間〉〈頃〉〈今〉〈始〉〈近〉諸字，合〈者〉字，皆以記時也。仿此例者甚多，如〈日者〉〈前者〉〈昔者〉之類。漢書霍光傳云：「不者且有大患。」史記項羽本紀云：「不者若屬皆且爲所虜。」〈不者〉與〈不然〉〈非然者〉，皆狀語之爲頓者，均在此例。論語先進云：「今也則亡。」曰〈今也〉，則狀字合於〈也〉字矣。

①〈塞〉之，原誤〈塞子之心〉。　②原作〈魏公子〉。　③原誤〈使〉。　④原誤〈閒〉。　⑤原誤〈戰野〉。
⑥原誤〈夫〉。　⑦二字原敚。　⑧原誤〈然〉。

文通之作，其用意具詳前後兩序並凡例矣。一時草創，未暇審定，本不敢出以問世。友人見者，皆謂此書能抉前人作文之奥，開後人琢句之門，非洞悉中西文詞者不辦。人苟能玩索而有得焉，不獨讀中書者可以引通西文，即讀西書者亦易於引通中文，而中西行文之道，不難豁然貫通矣。慫恿就梓，得六卷，而論實字已全。其論虚字，論句讀，且俟續印。建忠自記。

虚字卷之七

介字

凡虚字用以連實字相關之義者，曰『介字』。

介字云者，猶爲實字之介紹耳。夫名代諸字，先乎動字者爲主次，後乎動字者爲賓次。然而實字相關之義，有出乎主賓兩次之外者。泰西文字，若希臘辣丁，於主賓兩次之外，更立四次，以盡實字相關之情變，故名代諸字各變六次。中國文字無變也，乃以介字濟其窮。文心雕龍章句有云：「〈之〉〈而〉〈於〉〈以〉者，劄句之舊體。」〈劄句〉也者，蓋以爲實字之介紹耳。

介字習見者，曰〈之〉，曰〈於〉，曰〈以〉，曰〈與〉，曰〈爲〉，共五字。五字之用，先所介者常也。

之字之用七之一

〈之〉字訓爲代字，訓爲動字，已詳於前。訓爲介字，則不爲義，故曰虚字。經生家訓〈之〉字云：「言之間也。」〈之〉字所間之言不一。一、以介於兩名字之間者。兩名相續，意有偏正，偏者先而正者後，偏正之間，概介〈之〉字。然未可泥也；大抵以兩名字之奇偶爲取舍，論次篇已縷陳之矣。又以意之輕重爲〈之〉字之取舍者，宣公三年穀梁傳云：「春王正月，郊牛之口傷。〈之口〉，緩辭也，傷自牛作也。」是則〈之〉字加否，即爲辭緩急之別。疏釋以爲范氏所引別例，其理迂誕①，而不盡然也。若以緩急二字以解意之輕重，似有可解之處。

秦漢文虛字最少者莫若漢書。漢書諸篇，記事最長者莫若霍光傳。傳文字約六千，所用〈之〉字間於兩名者共計十二。如云：「立少子，君行周公之事。」「及父子竝爲將軍，有椒房中宫之重。」「將軍若能行此，亦漢之伊尹也。」「今日之議，不得旋踵。」「萬姓之命，在於將軍。」「服斬縗亡悲哀之心。」「五辟之屬，莫大不孝。」「昌邑群臣，坐亡輔導之誼。」「在人之右，衆必害之。」「鄉使福説得行，則國亡裂土出爵之費，臣亡逆亂誅滅之敗。」「霍氏之禍，萌於驂乘。」諸句内所間〈之〉字，皆爲意之所重，删之則不辭矣。而諸句用法，與論次篇各例可互證也②。

①按疏稱舊解范氏別例云：「凡三十五。」因謂舊解爲迂誕。馬以別例爲范氏所引，且謂范氏爲迂誕，殊誤。　②按光傳中尚有「且漢之傳謚常爲孝者」「古者放廢之人，屏於遠方」「鄉使聽客之言」「貴曲突徙薪之策，使居焦髮灼爛之右」諸〈之〉字，不止所舉之十二字也。

二、以介於静字名字之間者。

〈左昭六年〉猶求聖哲之上，明察之官，忠信之長。慈惠之師，民於是乎可任使也而不生禍亂。——〈聖哲〉〈明察〉等，皆静字之偶者，而所附名字各皆單字，故參〈之〉字以四之，此例已見静字篇。數目静字之爲分數者，或母爲名而子爲數者，如漢書律曆志云：「一月之日二十九日八十一分日之四十三。」〈八十一分日〉者，母也，〈四十三〉者，子也，間以〈之〉字。又或母子俱爲數者。如左傳文公十八年云：「於舜之功二十之一也。」〈二十〉與〈一〉，母子皆數也，亦間〈之〉字。而不間者，如〈什一〉〈萬一〉之類。凡言分數，〈之〉字加否，皆已散見於代字與静字篇矣。

三、以介於代字名字之間者①。

〈史秦楚之際月表序〉自生民以來，未始有受命若斯之亟也。——〈若斯〉者，指示代字也；〈亟〉字單，故加〈之〉字以足焉。〈又〉以德若彼，用力如此，蓋一統若斯之難也。〈又伯夷列傳〉示天下重器，王者大統，傳天下若斯之難也。——〈若斯之難〉兩句同，並同上。〈漢匈奴傳〉故未服之時，勞師遠攻，傾國殫貨，伏尸流血，破堅拔敵，如彼之難也。既服之後，慰薦撫循，交接賂遺，威儀俯仰，如此之備也。——〈如彼〉〈如此〉後綴以〈之〉字，皆以〈難〉〈備〉兩静各爲單字故也。漢書刑法志云：「夫以孝文之仁，平勃之知，猶有過刑繆論如此甚也。」史記淮陰侯列傳云：「其不知厭足如是甚也。」論語子路云：「言不可以若是其幾也。」漢書刑法志云：「有君若是其賢也。」所引四句，與前同一句法，而〈如此甚也〉〈如是甚也〉兩句，不加〈之〉字；〈若是其賢也〉〈若是其幾也〉兩句，易以〈其〉字，是則〈之〉〈其〉兩字之加否，與文義無涉也。又賈誼傳云：「若夫慶賞以勸善，刑罰以懲惡，先王執此之政，堅如金石，行此之令，信如四時，據此之公，無私如天地耳，豈顧不用哉！」〈此〉指示代字也，後加〈之〉字，不爲義，猶曰〈此政〉〈此令〉云爾。然且加〈之〉者，所以四之耳。此種句法罕見。至其篇末有云「此之不爲」者，〈之〉爲代字②，非此例也。

①刊誤云：「〈名字〉，當作〈静字〉。下文云：『〈難〉〈備〉兩静各爲單字。』足證馬氏本謂代静之間也。此蓋刻本之誤。又按：馬下引賈誼傳以〈此之政〉〈此之令〉連讀，又似謂代名之間，殊覺可疑。」　②按原文爲「此之不爲而顧彼之久行」，兩〈之〉同爲介字。

四、以介於名字動字之間者，又别三式：其一，散動字用於偏次，而名字在正次者，率間〈之〉字以明之。

〔漢賈誼傳〕及太子既冠成人，免於保傅之嚴，則有記過之史，徹膳之宰，進善之旌，誹謗之木，敢諫之鼓。——〈記過〉者，動字及其止詞也；〈宰〉，名字也；中間〈之〉字，以明偏正之次。下句同解。〔又趙后傳〕迺反覆校省，内暴露私燕，誣汙先帝傾惑之過，成結寵妾妒媚之誅，甚失賢聖遠見之明，逆負先帝憂國之意。〔又〕不然，空使謗議，上及山陵，下流後世，遠聞百蠻，近布海内，甚非，先帝托後之意也。蓋孝子善述父之志，善成人之事，惟陛下省察！——引内諸句，以〈過〉〈誅〉〈意〉〈志〉〈事〉五字爲煞字者，皆此例也。諸句動字用如名字，而正次名字又皆隻字，故以〈之〉字四之也。此例已詳於散動之爲偏次節矣。

其二，凡讀於起詞坐動之間，間以〈之〉字，一若緩其辭氣者然。又凡讀爲起詞，爲止詞，皆可間以〈之〉字。讀無起詞而欲間以〈之〉字者，必有字以先其坐動，所以爲〈之〉字可間之地也。讀有〈所〉字先乎坐動者，如間〈之〉字，則不先坐動而先〈所〉字焉。要之，讀無〈之〉字者其常，而有〈之〉字者，必讀也，非句也。

〔孟梁上〕民望之，若大旱之望雲霓也。——〈大旱之望雲霓〉，所以比之讀也。〈大旱〉，起詞也；〈望〉坐動也①；中間〈之〉字，緩辭也。比讀概以〈也〉字助之。〔又離上〕民之歸仁也，猶水之就下，獸之走壙也。——三讀三〈之〉字，各以參於起詞坐動之間，凡所爲比者與所以比者皆讀也，而集成爲句。蓋所爲比者之讀，猶起詞也，而所以比者之讀，表詞也。〈猶〉〈若〉諸字，用若斷詞，所以决其可比之理。〔又告上〕如有能信之者，則不遠秦楚之路，爲指之不若人也。——〈爲〉，言故之連辭也，故〈爲〉後之讀，間以〈之〉字。〔史平原君列傳〕夫賢士之處世也，譬若錐之處囊中，其末立見。——兩比讀皆間〈之〉字。〔左宣十二〕以歲之非時，獻禽之未至，敢獻諸從者。——兩讀言請獻之故，間以〈之〉字，辭氣一宕。〔史衛將軍傳〕自魏其武安之厚賓客，天子常切齒。〔吴語〕爲使者之無遠也，孤用親聽於藩籬之外。——兩讀亦言故也。〔漢匈奴傳〕漢驃騎將軍之出代二千餘里，與左賢王接戰，漢兵得胡首虜凡七萬餘級。〔莊養生主〕始臣之解牛之②時，所見無非牛者。——兩引皆記時之讀也。至左傳宣公十二年云：「楚之無惡，除備而盟，何損於好？若以惡來，有備不敗。」又成公二年云：「大夫之許，寡人之願也；若其不許，亦將見也。」又僖公二十三年云：「寡君之以爲戮，死且不朽。若從君惠而免之，三年，將拜君賜。」經生家皆謂所引傳語各節，首句皆間〈之〉字，而下以〈若〉字對之，故〈之〉與〈若〉互文耳。不知凡起詞坐動有〈之〉字爲間者，皆讀也。而凡讀挺接上文者，時有假設之意，不必以〈之〉字泥解爲〈若〉字也。非然者，書盤庚上云：「邦之臧，惟女衆邦之不臧，惟予一人有佚罰。」又金滕云：「爾之許我，我其以璧與珪歸俟爾命。」又洪範云：「臣之有作福作威玉食，其害於爾家，凶於而國。」凡讀有〈之〉字間者，皆有假設之意，而對句並無〈若〉字以爲互文也，則又何說！以上所引諸讀之有〈之〉字爲間者，皆非起詞與止詞之讀也③。

〔孟離上〕三代之得天下也以仁，其失天下也以不仁。國之所以廢興存亡者亦然。——〈三代之得天下也〉，讀之爲起詞者，故間以〈之〉字，且率以〈也〉字助之，所以跌宕其辭氣也。〈國之所以廢興存亡者〉，亦讀之爲起詞者也；〈之〉字先乎〈所〉，定例也。〔又〕今天下溺矣，夫子之不援，何也？——〈夫子之不援〉，問句之起詞也；無〈也〉字爲助者，辨辭欲其急也。〔又梁上〕宜乎百姓之謂我愛也。——〈百姓之謂我愛也〉，乃〈宜〉字之起詞也；猶云「百姓之謂我愛也宜哉」。〔又公上〕紂之去武丁，未久也。〔又〕且王者之不作，未有疏於此時者也，民之憔悴於虐政，未有甚於此時者也。——〈紂之去武丁〉，亦起詞之讀也，後句猶云「且王者之不作疏於此時者未有也」。故〈王者之不作〉五字，乃〈疏〉字之起詞，而〈疏於此時者〉又〈有〉字之止詞也。下句仿此。三句皆無〈也〉字爲助者，以述事之辭欲其急也。孟子七篇，讀之助以〈也〉字者不可勝數，蓋孟子之文欲其疏暢故耳。〔莊逍遥游〕鵬之徙於南冥也，水擊三千里。〔論學而〕夫子之至於是邦也，必聞其政。〔齊語〕昔者聖王之治天下，參其國而任其鄙。〔史李斯列傳〕彼賢人之用天下也，專用天下適己而已矣。〔又張陳列傳〕秦之滅大梁也，張耳家外黄。〔又商君列傳〕五羖大夫之相秦也，勞不坐乘，暑不張蓋。〔蜀志諸葛亮傳贊〕諸葛亮之爲相國也，撫百姓，示儀軌，約官職，從權制，開誠心，布公道。——共引書七次其讀之爲起詞，各間〈之〉字而助以〈也〉字者，皆以記同時之事也。如鵬之水擊三千里，皆其徙南冥時之事也。餘可類推。〔漢大宛傳〕漢之賂遺王財物，不可勝言。〔史日者列傳〕此之爲德，豈直數十百錢哉！〔楚策〕楚王之貴幸君，雖兄弟不如。〔禮中庸〕喜怒哀樂之未發，謂之中。〔漢六藝志〕仁之與義，敬之與和，相反而皆相成也。——所引諸讀，皆有〈之〉字爲間而無〈也〉字爲助者，以全讀字義皆爲起詞，故直接坐動，無令助字相間以緩辭氣也。〔漢東方朔傳〕若夫燕之用樂毅，秦之任李斯，酈食其之下齊，說行如流，曲從如環，所欲必得，功若丘山，海内定，國家安，是遇其時也。〔禮大學〕古之欲明明德於天下者，先治其國。〔史李斯列傳〕秦之乘勝役諸侯，蓋六世矣。〔又黥布列傳〕我之取天下，可以百全。〔漢賈誼傳〕秦王之欲尊宗廟，安子孫，與湯武同。——所引諸讀，惟間〈之〉字，以讀之起詞，亦即坐動之起詞，故不助〈也〉字，使辭氣較直捷耳。〈古之欲明明德於天下者〉一讀，其起詞即爲〈者〉字，而復冠以〈古〉字者，欲〈之〉字有可間之地也。至莊子秋水云：「五帝之所連[4]，三王之所争，仁人之所憂，任士之所勞，盡此矣。」四讀所間〈之〉字，皆先〈所〉字。〔孟離下〕吾將矚良人之所之也。——〈良人之所之也〉者，讀也，而爲〈矚〉之止詞。間以〈之〉字，置先〈所〉字。助以〈也〉字，結句也。〔又萬上〕敢問瞽瞍之非臣如何？——〈瞽瞍之非臣〉者，〈問〉字承讀也，不助〈也〉字者，非結句也。〔又〕知虞公之不可諫而去之秦，年已七十矣；曾不知以食牛干秦穆公之爲汙也，可謂智乎？——〈虞公之不可諫〉者，〈知〉字承讀也，〈以食牛干秦穆公之爲汙也〉者，亦〈知〉字承讀也。兩讀皆間〈之〉字，而〈也〉字則一助一否者，解同上。〔又告上〕趙孟之所貴，趙孟能賤之。〔又告下〕君子之所爲，衆人固不識也。——兩讀皆有〈所〉字，而〈之〉字先焉。兩讀又皆爲止詞，而置先於句；一則爲〈賤〉之止詞，而復以〈之〉字重指者，所以偶〈賤〉字，且正言也。一則爲〈識〉之止詞，而不復重指者，〈不〉狀〈識〉字，已偶矣，又反言也。〔又〕今之所謂良臣，古之所謂民賊也。——兩讀一爲起詞，一爲表詞，皆有〈之〉字先乎〈所〉字，而兩讀之起詞，各以〈今〉〈古〉二字代之，所以爲間〈之〉字之地也。夫如是，左傳僖公四年云：「不虞君之涉吾地也，何故？」秦策云：「一年之後，爲帝若未能，於以禁王之爲帝有餘。」燕策云：「今王使使者數之罪，臣恐侍御者之不察先王之所以畜幸臣之理，而又不白於臣之所以事先王之心，故敢以書對。」漢書孔光傳云：「有所薦辟，唯恐其人之聞知。」趙策云：「恣君之所使之。」史記管晏列傳云：「知與之爲取，政之寶也。」又大宛列傳云：「大宛聞漢之饒財，欲通不得。」又申韓列傳云：「凡説之務，在知飾所説之所敬而滅其所醜。」又商君列傳云：「公與語，不自知厀之前於席也。」莊子則陽云：「人皆尊其知之所知，而莫知恃其知之所不知而後知，可不謂大疑乎！」韓送孟東野序云：「草木之無聲，風撓之鳴；水之無聲，風蕩之鳴。」所引諸讀，皆爲止詞，而各有〈之〉字間焉者也。又介字後，讀之爲司詞者，亦有〈之〉字間之，與讀之爲止詞者同。蓋司詞止詞，兩皆賓次也。孟子離婁上云：「不以舜之所以事堯事君，不敬其君者也；不以堯之所以治民治民，賊其民者也。」〈舜之所以事堯事君〉者，讀也；〈堯之所以治民治民〉者，亦讀也。兩讀後乎〈以〉字，而爲其司詞，皆有〈之〉字間之。

①刊誤云：「〈望雲霓〉者亦〈民〉耳，非〈大旱〉也。」　②〈之〉字原敓。　③〈之〉猶〈若〉也。見經傳釋詞弟九。
④原誤〈運〉。

其三，凡止詞先乎動字者，倒文也。如動字或有弗辭，或爲疑辭者，率間〈之〉字，辭氣確切者，間參〈是〉字。

〈論里仁〉古者言之不出，耻躬之不逮也。——〈古者〉句之起詞，〈不出〉其坐動也，〈言〉則〈出〉之止詞也。今止詞先置，而〈出〉爲〈不〉字所狀，故間〈之〉字以明焉。〈又公冶〉子曰：「吾斯之未能信。」——〈信〉者，〈吾〉也，所信者，〈斯〉也，〈能〉乃助動，而爲〈未〉字所狀，故〈斯〉先置而間〈之〉字。至動字有弗辭者，其止詞原可先置。故此句可易云「吾未之能信」，文義雖同，而辭氣迥異。若云「吾未斯能信」，又不辭矣。故以〈斯〉爲代字，間以〈之〉字，則神情勃然矣。學者其審辨之。〈又陽貨〉古者民有三疾，今也或是之亡也。——猶云「今也或亡是也」。〈又〉末之也已，何必公山氏之之也。——猶云「何必之公山氏也」。〈又先進〉吾以子爲異之問，曾由與求之問。——猶云「吾以爲子所問之有異也①，乃所問者由與求耳」，蓋皆疑辭也。至論語爲政云「父母唯其疾之憂」一句，無弗辭，無疑辭，而亦間〈之〉字者，蓋有〈唯〉字先之也。如孟子告子上云：「惟奕秋之爲聽。」莊子達生云：「雖天地之大，萬物之多，而唯蜩翼之知。」韓原道云：「惟怪之欲聞。」又與崔群書云：「少飲食而思慮，惟此之望。」又送李愿序云：「起居無時，惟適之安。」又答李翊書云：「惟陳言之務去。」以上六引，皆有〈惟〉字先焉。夫〈之〉字以間倒文，此種句法，左氏論語最所習見。後則韓文襲用者最多。左傳莊公三十二年云：「虢多涼德，其何土之能得！」又成公十七年②云：「不然，豈其死之不恤，而受敵使乎！」又昭公三十一年云：「君與之歸，一慚之不忍，而終身慚乎！」又云：「寡君其罪之恐，敢與知魯國之難。」又宣公十二年云：「非子之求而蒲之愛，董澤之蒲，可勝既乎！」又僖公十五年云：「君亡之不恤而群臣是憂，惠之至也。」又桓公十三年云：「大夫其非衆之謂，其謂君撫小民以信，訓諸司以德，而威莫敖以刑也。」又隱公元年云：「姜氏何厭之有！」論語子張云：「夫子焉不學，而亦何常師之有！」又述而云：「德之不修，學之不講，聞義不能徙，不善不能改，是吾憂也。」史記虞卿列傳云：「趙且亡，何秦之圖乎！」又項羽本紀云：「趙舉而秦彊，何敝之承！」又酷吏列傳云：「當時爲是，何古之法乎！」韓文許國公神道碑云：「天子曰：『大臣不可以暑行，其秋之待！』」又孔公墓誌銘：「海道以年計往復，何月之拘！」又五箴云：「余乎，君子之棄而小人之歸乎！」又守戒云：「賁育之不戒，童子之不抗，魯雞之不期，越雞之不支。」以上所引，皆名字之爲止詞者先置，而或有弗辭，或爲疑辭，故間以〈之〉字。更有承動先置者，如左傳僖公七年云：「鄭將覆亡之不暇，豈敢不懼。」〈覆亡〉，動字也，以承〈不暇〉者，今倒置焉。猶云「鄭[3]將不暇於覆亡」也。又襄公二十四年云：「僑聞君子長國家者，非無賄之患，而無令名之難。」猶云「非患無賄而難無令名也」。韓鄭尚書序[4]云：「及既至，大府帥先入據館，帥守屏，若將趨入拜庭之爲者。」猶云「若將趨入爲拜庭者」。以上三引，皆承動先置，而間以〈之〉字者，蓋非弗辭，即疑辭耳。

至介字後司詞，間亦先置而參以〈之〉字者。〔論先進〕非夫人之爲慟而誰爲？——〈爲〉介字也，〈夫人〉其司詞也。猶云：「非爲夫人慟，將爲誰乎？」〔左隱十一〕寡人之使吾子處此，不唯許國之爲，亦聊以固吾圉也。——猶云「不唯爲許國」也。〔越語〕昔吾先君，固周室之不成子也，故濱於東海之陂，黿鼉[5]魚鼈之與處，而鼃黽之與同渚。[6]——猶云「與黿鼉魚鼈處，而與鼃黽同渚也」。昌黎上宰相書云：「今所以惡衣食，窮體膚，麋鹿之與處，猿狖之與居，固自以其身不能與時從順俯仰，故甘心自絶而不悔焉。」猶云「與麋鹿處，與猿狖居」也。原其句法之所自，則莊子庚桑楚有「擁腫之與居，鞅掌之爲使」兩句，始知〈爲〉〈與〉兩介字，其司詞先置，而可間以〈之〉字也。不寧唯是，狀字必先所狀，常也。而莊子養生主云：「技經肯綮之未嘗，而況大軱乎！」〈未嘗〉兩字，所以狀〈經〉字也，今後置焉，猶云「技未嘗經乎肯綮」也。或云「技經肯綮者未嘗也」，亦通。則〈未嘗〉兩字，用如表詞，而〈技經肯綮〉則爲讀矣，亦無不可。漢書賈誼傳云：「夫習與正人居之不能毋正，猶生長於齊不能不齊言也；習與不正人居之不能毋不正，猶生長於楚之地不能不楚言也。」諸句内所謂〈習與正人居之〉者，猶云〈習與正人居者〉也。〈之〉當解如〈者〉字，於義較順[7]。〈之〉字之用，有時不爲義，而惟以足他字之語氣者，如〈頃之〉〈久之〉〈上之〉〈下之〉等語，見狀字卷尾一節。以上諸引，皆以〈之〉字爲間者。

〔左僖十五〕慶鄭曰：「愎諫違卜，固敗是求，又何逃焉。」——猶云「君之愎諫違卜者，固惟以求敗也」，故〈敗〉爲〈求〉之止詞，今先置焉，而語氣急切，間以〈是〉字，常若含有〈惟〉字之義。〔又〕寡人之從君而西也，亦晉之妖夢是踐，豈敢以至。——猶云「此行也，亦惟實踐爾國人之妖夢而已」。〈夢〉字乃〈踐〉之止詞，今先置而間以〈是〉字，亦含有〈惟〉字之義。〔又〕吕甥曰：「君亡之不恤而群臣是憂，惠之至也，將若君何！」——猶云「君不恤其身之亡，而惟憂群臣，惠之至也」。一間〈之〉字者，以〈恤〉合〈不〉字，已成偶矣；一則間以〈是〉字者，義含〈惟〉字，語較急切故也。然則左傳僖公二十四⑧年云：「除君之惡，唯力是視。」兩句明用〈唯〉字者，以〈力是視〉三字不能句也。故又宣公十二年云：「趙同曰：『率師以來，唯敵是求。』」又成公十三年云：「余雖與晉出入，余唯利是視。」又云：「寡人帥以聽命，唯好是求。」等句，皆此義也。又隱公三年云：「君人者將禍是務去，而速之，無乃不可乎！」又成公二年云：「唯吾子戎車是利，無顧土宜，其無乃非先王之命也乎！」又襄公十四年云：「荀偃令曰：『雞鳴而駕，塞井夷竈，唯余馬首是瞻。』」又襄公二十一年云：「子爲司寇，將盜是務去，若之何不能？」又僖公四年云：「齊侯曰：『豈不穀是爲，先君之好是繼，與不穀同好何如？』」又襄公八年云：「親我無成，鄙我是欲，不可從也。」又昭公二十三⑨年云：「今土數圻而郢是城，不亦難乎！」又云：「今吴是懼而城於郢，守已小矣。」又昭公二十一年云：「釋君而臣是助，無乃不可乎！」又襄公三十年云：「王子相楚國，將善是封殖，而虐之，是禍國也。」又昭公九年云：「文武成康之建母弟以蕃屏周，亦其廢隊⑩是爲，豈如弁髦而因以敝之！」又僖公五⑪年云：「將虢是滅，何愛於虞。」又襄公三十一年云：「若未嘗登車射御，則敗績厭覆是懼，何暇思獲。」太史公史記自序云：「故曰，聖人不朽，時變是守。」韓文上于襄陽書云：「愈今者惟朝夕芻米僕賃之資是急。」又上柳中丞書云：「詩書禮樂是習，仁義是修，法度是束。」又送石處士序云：「使大夫無昧於諂言，惟先生⑫是聽。」又祭十二郎文云：「及長，不省所怙，惟兄嫂是依。」又送陳密序：「今將易其業而三禮是習。」所引諸句内，間以〈是〉字者，皆此例也。惟左傳襄公九年云：「自今日既盟之後，鄭國而不唯有禮與彊可以庇民者是從，而敢有異志者，亦如之。」猶云「鄭國如不從有禮與彊能庇民之人，而敢有異志者，亦如之」。是句有弗詞而亦間以〈是〉字也。蓋句長而〈唯〉字語氣或恐不足也。

①刊誤云：「〈異〉當訓〈他〉。墨子尚同篇、韓非子右儲説上篇皆云『無他故異物』，〈異〉亦〈他〉也。」　②原誤〈十三〉。
③原誤〈陳〉。　④原誤〈又〉。　⑤原誤〈鼂〉。　⑥原誤〈陼〉，下同。　⑦刊誤云：「此〈之〉正所謂言之間者。『習與正人居之不能毋正』，『習與不正人居之不能毋不正』，皆各爲一句。馬氏誤讀於〈之〉字斷句，便謂〈之〉當作〈者〉字解。」　⑧原誤〈十三〉。　⑨原誤〈十五〉。　⑩〈隊〉原作〈墜〉。阮氏校勘記云：「石經〈隊〉初刊作〈墜〉，後磨去〈土〉字，是也。」　⑪原誤〈四〉。　⑫原誤〈王〉。

於字之用七之二

〈於〉，介字也，聯綴實字也，而爲用不一。用於比較，則以表相差之義。

〈於〉字用以表相差之義，已詳於論比篇矣。〔孟告下〕金重於羽者，豈謂一鈎金與一輿羽之謂哉。——金與羽比重，表其相差之義者〈於〉字也，而聯綴其所比者亦〈於〉字也。〔又〕地非不足也，而儉於百里。〔又〕丹之治水也愈於禹。〔又公下〕故君子莫大乎與人爲善。——所引同上。〈乎〉字間代〈於〉字。〔秦策〕君危於累卵而不壽於朝生。〔漢貢禹傳〕其於變世易俗，調和陰陽，陶冶萬物，化正天下，易於決流抑隊。——兩引比語，皆同例也。

用附静字，則以繫所司之詞。

静字後往往附有司詞以足其義者，而所以聯綴司詞以附於静字者，率用〈於〉字。詳見静字篇內。〔漢東方朔傳〕夫談有悖於目，拂於耳，謬於心而便於身者，或有説於目，順於耳，快於心而毁於行①者，非有明王聖主②，孰能聽之。——凡八用〈於〉字，皆以聯綴司詞以附於静字也。莊子駢拇篇内有云「侈於德」「侈於性」「駢於明」「駢於辯」

「枝於手」「枝於仁」「多於聰」等句，與論語「據於德，依於仁，游於藝」，又「興於詩，立於禮，成於樂」諸句，皆以聯靜字之司詞也。

①原誤〈成〉。　②〈明王聖主〉原誤〈明主聖王〉。

用附動字，則以介轉及之詞。

外動字於止詞之外，有轉詞以言其行之所歸，與其行之所自者。又有內動字雖無止詞，而有轉詞以言其行之所向，與其行之所在者，皆已詳論於內外動字諸篇矣。〔孟告下〕故天將降。大任於是人也。——〈降〉外動字，〈大任〉其止詞也，而〈是人〉則〈降大任〉之所歸也，故以〈於〉字介焉。〔又梁上〕言舉斯心加諸彼而已。——〈加〉外動字，〈彼〉爲其轉詞，而〈諸〉代〈之於〉兩字，〈之〉字其止詞也，〈於〉字所以介轉詞也。〔公隱三〕與夷復曰：「先君之所爲不與臣國而納國乎君者，以君可以爲宗廟社稷主也。今君逐君之二子而將致國乎與夷，此非先君之意也。」——〈納國乎君〉，〈致國乎與夷〉，句法同上。〈乎〉代〈於〉字。〔孟離上〕今也小國師大國而耻受命焉，是猶弟子而耻受命於先師也。——〈受命〉者，外動字與其止詞也，〈於先師〉者，言〈受命〉之所自也。〔又〕逢蒙學射於羿，盡羿之道。——〈於羿〉者，亦言〈學射〉之所自也。凡〈於〉字言所自者，以〈乎〉字代者蓋寡。〔又公下〕取諸人以爲善，是與人爲善者也。——〈諸〉代〈之於〉兩字同上。〔漢揚雄傳〕夫藺先生①收功於章臺，四皓采榮於南山，公孫創業於金馬，驃騎發迹於祁連，司馬長卿竊訾於卓氏，東方朔割炙於細君，僕誠不能與此數公者②並，故默然獨守吾太玄。——六用〈於〉字，皆所以介外動字之轉詞，有言所在者，故並及焉。

〔孟離下〕舜明於庶物，察於人倫。——〈明〉〈察〉兩作內動字，介以〈於〉字，以表〈明〉〈察〉之所向。〔又離上〕不得乎親，不可以爲人；不順乎親，不可以爲子。——〈乎〉代〈於〉字，與上同。〔又離下〕舜生於諸馮，遷於負夏，卒於鳴條，東夷之人也。——三介〈於〉字，以記所在也。而孟子滕文公上云：「吾聞出於幽谷，遷于喬木者，未聞下喬木而入於③幽谷者。」〈出於幽谷〉者，〈於〉字以言所自，猶云〈出自幽谷〉也。以後一用〈于〉字，一用〈於〉字，皆言所至也。〔韓原鬼〕民有忤於天，有違於時，有爽於物，逆於倫而感於氣，於是乎鬼有形於形，有憑於聲，以應之而下殃禍焉。——八用〈於〉字，有言其行之所在者，所向者，所受者，閱者可自辨之。內外動字後介〈於〉字爲轉詞者，各詳本篇。

①此節所引，原文悉依文選解嘲篇，如〈夫藺先生〉作〈若夫藺生〉，〈竊訾〉作〈竊貲〉，〈此數公者〉作〈此數子〉，今悉依漢書改。　②此節所引，原文悉依文選解嘲篇，如〈夫藺先生〉作〈若夫藺生〉，〈竊訾〉作〈竊貲〉，〈此數公者〉作〈此數子〉，今悉依漢書改。　③〈於〉，阮刻十三經注疏作〈于〉。阮氏校勘記云：「閩監毛三本同。廖本孔本韓本〈于〉作〈於〉。」

用附受動，則以明行之所自發。

凡外動字之止詞變爲起詞，是即外動字之轉爲受動矣。至外動字之起詞轉爲受動，則有書有不書者，其書者往往介以〈於〉字者，明其行之所自發也，已詳於受動字篇矣。〔孟滕上〕故曰或勞心，或勞力，勞心者治人，勞力者治於人，治於人者食人，治人者食於人，天下之通義也。——曰〈治人〉，曰〈食人〉，則外動字與其止詞；至轉爲受動，則曰〈治於人〉，曰〈食於人〉，介以〈於〉字者，以言〈治〉與〈食〉之行所自發也。〔左成二〕郤克傷於矢，流血及屨，未絶鼓音。——〈傷於矢〉者，「爲矢所傷」也。

以上〈於〉字之用，要皆綴於所附之後。若〈於〉之司詞爲意之所重者，則可先所附焉，〈有〉〈無〉兩動字如有轉詞，以言所於有，所於無者，往往先焉。

〔孟盡下〕吾於武成①取二三策而已矣。——〈取〉外動字，〈於〉武成者，附於〈取〉字而爲其轉詞也。以其爲意之所特重者，故置於動字之先。〔又告上〕萬鍾則不辨禮義而受之，萬鍾於我何加焉？——〈加〉外動字也，〈於我〉者其轉詞也。〔莊徐無鬼〕其於不己若者不比之。——〈於不己若〉者，〈比〉字之轉詞也。〔史平原君列傳〕今仍於毛先生而失之也。——〈於毛先生〉者，〈失〉字之轉詞也。〔韓上張僕射書〕惟愈於執事也，可以言進。——〈於執事也〉者，〈進〉字之轉詞也。〔又釋言〕是三者，於敵以下受之，宜以何報？——〈於敵以下〉，〈受〉字之轉詞也。以上所引，轉詞要皆附於外動字；以其爲意之所重，故置先於所附焉。

〔論陽貨〕於女安乎。——〈安〉内動字也，〈於女〉者，附於〈安〉字而爲其轉詞，以其爲意之所重，故先之。〔禮大學〕人之其所親愛而辟焉，之其所賤惡而辟焉，之其所畏敬而辟焉，之其所哀矜而辟焉，之其所敖惰而辟焉。——〈辟〉，内動字也，〈之〉代〈之於〉兩字，已見代字篇。故〈人之其所親愛〉者，即〈人之於其所親愛〉也，乃〈辟〉之轉詞。〔史留侯世家〕此布衣之極，於良足矣。——〈足〉内動字也，〈於良〉者其轉詞也。以上所引轉詞，要皆附於内動字，以其爲意之所重，故先附焉。〔漢高帝紀〕大王先得秦王，定關中，於天下功最多。——〈多〉，静字也，〈於天下〉，附於静字之司詞也。今司詞置先静字者，以其爲意之所重也。〔史虞卿列傳〕今死而婦人爲之自殺者二人，若是者必其於長者薄而於婦人厚也。——〈於長者〉〈於婦人〉，〈薄〉〈厚〉兩字之司詞也。〔莊逍遥游〕其於光也，不亦難乎！——〈難〉静字，〈於光〉其司詞也。〔三國志諸葛亮傳〕然亮才於治戎爲長，奇謀爲短。——〈長〉〈短〉兩静字，〈於治戎〉〈於奇謀〉其司詞也。〔韓孔君墓誌銘〕君於爲義若嗜欲，勇不顧前後；於利與禄，則畏避退處如怯夫。——以上所引，皆司詞置先於所附之静字，以明其爲意之所重也。然則内外動字之轉詞，静字之司詞，皆可先其所附。惟受動與差比兩端，所有〈於〉字爲介以綴於其後者，則未見有先乎所附者也。

至〈有〉〈無〉兩動字後，其轉詞往往置先所附者。〔孟梁上〕夫子言之，於我心有戚戚焉。——〈於我心〉，〈有〉字之轉詞也。猶云「有戚戚於我心」也。今先置者，亦以明意之所先也。〔論先進〕回也，非助我者也，於吾言無所不説。——〈於吾言〉，〈無〉字之轉詞也。餘同上。〔孟梁下〕孟子對曰：「於傳有之。」——同上。〔史信陵君[2]列傳〕且矯魏王令奪晉鄙兵以救趙，於趙則有功矣，於魏則未爲忠臣也。——〈於趙〉〈有功〉同上。〔漢高帝紀〕吾於天下賢士功臣[3]，可謂亡負矣。——〈亡〉同〈無〉。〔韓與崔群書〕解不解於吾崔君無所損益也。〔又守戒〕先事而思，則其於禍也有間矣。〔又徐偃王廟碑〕天於柏翳之緒，非偏有厚薄，施仁與暴之報自然異也。〔漢文帝紀〕以口量地，其於古猶有餘。〔韓竇公墓誌銘〕自始及終，於公無所悔望有彼此言者。〔又論捕賊行賞表〕臣於告賊之人，本無恩義。〔又送何堅序〕於其不得願而歸，其可以無言邪！——凡〈有〉〈無〉兩動字後，所有轉詞皆先置焉者，蓋皆爲意之所先也。

①原誤〈城〉，下同。　②原作〈魏公子〉。　③二字原敚。

不特此也，外動字之止詞，間有介以〈於〉字而先焉者。其止詞之重否，一以字之奇偶爲定。表詞之偏次，若與起詞有對待之義者，率介〈於〉字而先之。

〔孟萬下〕吾於子思，則師之矣。——〈師〉外動字，〈子思〉其止詞。今爲意之所重，故介〈於〉字而先之。〈師〉字奇，故加之字以偶焉。〔又公上〕我於辭命，則不能也。——〈不能〉二字已偶矣，止詞不重。〔論子路〕君子於其所不知，蓋闕如也。——〈闕如〉二字，用如外動字。〔莊天道〕夫道，於大不終，於小不遺，故萬物備。〔韓上李侍郎書〕愈少鄙鈍，於時事都不通曉。〔又燕喜亭記〕宜其於山水飫聞而厭見[1]也。——所引諸外動字後，止詞不重者，字偶故也。〔左昭二十五〕我不輸[2]粟，我於周爲客。——〈我於周爲客〉者，猶云「我爲周之客」也，則〈客〉爲表詞，〈周〉其偏次也。今〈周〉與〈我〉有對待之義，故介以〈於〉字而先焉。〔又哀十三〕吳人曰：「於周室，我爲長。」晉人曰：「於姬姓，我爲伯。」〔史廉頗列傳〕君於趙爲貴公子。〔韓鄭公神道碑〕曰嘉範，於公爲曾祖。〔又送何堅序〕堅以進士舉，於吾爲同業。〔又新修滕王閣記〕袁於南昌爲屬邑。——六引皆同例。而句中皆有〈爲〉字爲斷詞。間無斷詞而句法亦同者。〔秦策〕子，秦人也，寡人於子，故也。——〈寡人於子故也〉者，猶云「寡人乃子之故」也。句法同上，而少斷詞耳。〔漢王吉傳〕諸侯骨肉，莫親大王；大王於屬則子也，於位則臣也。〔韓答劉正夫書〕愈於足下，忝同道而先進者。——兩引皆無斷詞。

①原誤〈厭聞而飫見〉。　②原衍〈周〉字。

其非表詞之偏次，又非轉止兩詞，而與起詞若有相關之義者，亦從此例。

〔論述而〕不義而富且貴，於我如浮雲。——〈我〉字與前後文義實不相屬，而於〈義〉則與〈浮雲〉之〈富貴〉有相關之義，故介〈於〉字以繫之。〔孟萬上〕父母之不我愛，於我何哉！——〈父母之不我愛〉一讀，而爲〈何哉〉之起詞，猶云：「父母之愛我與否，何有於我哉！」〔左成二〕克於先大夫，無能爲役。〔漢趙充國傳〕於臣之計，先誅先零，已則罕幵之屬，不煩兵而服①矣。〔漢叔孫通傳〕楚戍卒攻蘄入陳，於公何如？〔史淮陰侯列傳〕於諸侯之約，大王當王關中。〔莊駢拇〕伯夷死名於首陽之下，盜跖死利於東陵之上，二人者所死不同，其於殘生傷②性均也，諸引句中，其介〈於〉字者，皆與起詞有相關之義，故先焉。

①原誤〈解〉。　②原誤〈養〉。

是故凡與起詞有對待之義者，必介〈於〉字以繫於其後，而又參以〈之〉字者，所以讀之也。故〈之於〉二字，即所以申其對待之義，而用若讀之坐動者然。

〔論述而〕君子之於天下也，無適也，無莫也，義之與比。——〈君子〉與〈天下〉，兩相對待者也，故以〈於〉字介〈天下〉，以繫於〈君子〉之後，參以〈之〉字者，所以成讀也。故〈之於〉二字相連，一若用爲讀之坐動者然。故孟子告子上有云：「口之於味也，有同嗜焉；耳之於聲也，有同聽焉；目之於色也，有同美焉。」又萬章下云：「晉平公之①於亥唐也，入云則入，坐云則坐，食云則食。」又萬章上云：「周公之不有天下，猶益之於夏，伊尹之於殷也。」又梁惠王上云：「梁惠王曰：『寡人之於國也，盡心焉耳矣。』」論語八佾云：「知其說者之於天下也，其如示諸斯乎！」吳語云：「君王之於越也，繄起死人而肉白骨也。」韓文論小功不稅書云：「君子之於骨肉，死則悲哀而爲之服，豈牽於外哉！」又進學解云：「先生之於儒，可謂勞矣。」又云：「先生之於文，可謂閎其中而肆其外矣。」又云：「先生之於爲人，可謂成矣。」統觀所引〈之於〉兩字，離之則各有其義，合之則有對待之義，玩其口氣，若爲讀中之坐動者然。

①阮刻十三經注疏無〈之〉字。阮氏校勘記云：「廖本閩本同。監毛二本孔本韓本〈於〉上有〈之〉字。石經此字漫漶。」

〈於〉字司詞未見用指名之字者，用〈所〉字者亦罕見也。

〔穀僖五〕晉人執虞公。執不言所於地，緼①於晉也。——〈執不言所於地〉者，猶云「不言所於執之地」也。〈所〉爲〈於〉之司詞而先焉者，例也。〔韓送楊少尹序〕中世士大夫，以官爲家，罷則無所於歸。——〈所於歸〉同上。〈所〉司〈於〉字，實所罕見，而司〈之〉字則未一見也。大抵〈之〉字惟用於賓次，而〈於〉字所司概非賓次故也②。且〈焉〉字可代〈於此〉，詳代字。

①原誤〈滕〉。　②刊誤云：「凡司詞概在賓次。馬氏此語，殊不可解，疑有誤文。」

〈於〉字司讀者爲常。

〔孟梁上〕王無異於百姓之以王爲愛也！——〈百姓之以王爲愛〉一讀，乃〈異〉字轉詞，今爲〈於〉字所司。〔又離下〕有故而去，則君使人導之出疆，又先於其所往。——〈其所往〉一讀，〈於〉字司詞。〔又萬下〕或曰，百里奚自鬻於秦養牲者。——〈秦養牲者〉一讀，〈於〉字司焉。〔論子路〕君子於其所不知，蓋闕如也。——〈其所不知〉一讀，〈於〉字司之。〔公①莊元〕於其出焉，使公子彭生送之。〔又定四〕於其歸焉，用事乎②河。——〈其出焉〉〈其歸焉〉，兩讀之記時者，各司於〈於〉字。〔秦策〕一③年之後，爲帝若未能，於以禁王之爲帝有餘。——〈王之爲帝〉，〈禁〉字止詞；〈禁王之爲帝〉，乃〈以〉字司詞；〈以禁王之爲帝〉，又〈於〉字司詞，句法奇創，禮中庸云：「聲色之於以化民，末也。」〈以化民〉者，介字與其司詞；今又爲〈於〉字司焉，與前同一句法。〔史黥布列傳〕用此得王，亦不免於身爲世大僇。〔又刺客列傳〕豫讓伏於所當過之橋下。〔漢韓安國傳〕孝文寤④於兵之不可宿，故復合和親之約。〔韓與孟尚書書〕其禍出於楊墨肆行而莫之禁故也。〔又送竇從事序〕於其行也，其族人殿中侍御史牟，合東都交游之能文者二十有八人，賦詩以贈之。——諸引句，〈於〉字所司皆讀也。

①〈公〉字原敚。下〈定四〉亦同。　②原誤〈於〉。　③原誤〈二〉。　④原誤〈悟〉。

司詞後乎介字，轉詞後乎動字者，常也；內外傳有反是者，後此則未之見也。

〔左昭十一①〕王②貪而無信，唯蔡於憾③。——〈所於〉憾者〈蔡〉也，故〈於蔡〉乃〈憾〉之轉詞，今先焉。〈蔡〉乃〈於〉

字司詞，今亦先焉。此皆反乎常例，而詞氣較勁。〔又十九〕其一二父兄，懼隊宗主④，私族於謀而立長親。——〈私族於謀〉者，「謀於私族」也，或云「私謀於族」也⑤，是則〈私〉爲狀字，而與〈謀〉字不合也，於例不安。〔又四〕亡於不暇，又何能濟！——〈亡於不暇〉者，「不暇於亡」也⑥。〔又僖九〕入而能民，土於何有！——言「何有於土」也。〔又昭十九〕諺所謂室於怒，市於色者，楚之謂矣。——言「怒於室，色於市」也。〔齊語〕管子對曰：「以魯爲主，反其侵地棠⑦潛，使游於有蔽，渠弭於有渚，環山於有牢。」——言「有蔽於海，有渚於渠弭，有牢於環山」也。諸引句惟見於内外傳者。至書酒誥云：「人無於水監，當於民監。」惟轉詞之先乎動字耳，非倒文也⑧。

①原誤〈十五〉。

②〈王〉字原敚。

③阮刻十三經注疏作〈慼〉。阮氏校勘記云：「諸本作〈感〉。釋文云：『户暗反。』在經亦不加〈忄〉旁，此古字之僅存者。」

④此句原敚，蓋仍釋詞之誤。

⑤見經傳釋詞弟一。原注云：「杜注曰：『於私族之謀，宜立親之長者。』文義未安。

⑥釋詞第一云：「〈於〉，猶〈之〉也。……『亡於不暇』……言『亡之不暇』也。……『唯蔡於感』言『唯蔡之恨』也。」

⑦原誤〈堂〉。

⑧釋詞弟一云：「廣雅曰：『〈於〉，〈于〉，也。』常語也。亦有於句中倒用者：書德誥曰：『人無於水監，當於民監。』猶言『無監於水，當監於民』也。」

〈乎〉〈於〉兩字同一用法，而有時不能相易者，此則繫乎上下文之語氣耳。〈于〉字亦同〈於〉字，見於經籍者居多，後人未之習用也。

〔孟盡下〕是故得乎丘民而爲天子，得乎天子爲諸侯，得乎諸侯爲大夫。——〈得乎丘民〉者，猶云「得之於丘民」也，如易〈於〉字，則不詞矣，餘仿此。〔又〕奮乎百世之上，百世之下聞者莫不興起也。〔又離下〕盈科而後進，放乎四海。〔又離上〕誠身有道，不明乎善，不誠其身矣。——若云「奮於百世之上」，「放於四海」，「不明於善」，詞義同而語氣不順①。〔公隱三〕先君之所爲不與臣國而納國乎君者，以君可以爲社稷宗廟主也。今君逐君之二子，而將致國乎與夷，此非先君之意也。〔莊養生主〕對曰：「臣之所好者道也，進乎技矣。」〔漢王吉傳〕口倦乎叱咤，手苦於箠轡，身勞乎車輿。〔燕策〕先王過舉，擢之乎賓客之中，而②立之乎群臣之上。〔公宣六〕夫畚曷爲出乎閨？〔韓上李侍郎書〕沈潛乎訓義，反復乎句讀，礱磨乎事業，而奮發③乎文章。〔又不貳過論〕夫行發於身，加於人，言發乎邇，見乎遠。〔又祭田横墓文〕余既博觀乎天下，曷有庶幾乎夫子之所爲！——所引句内〈乎〉字，用同〈於〉字，易之則語氣不勁。惟所用〈乎〉字，率以名字爲司詞，罕見有司讀者。〔論里仁〕君子去仁，惡乎成名！〔孟梁上〕天下惡乎定？——兩引〈惡乎〉，猶云〈於何〉也。〔列子力命篇〕仲父之病疾矣，不可諱，云至於大病，則寡人惡乎屬國而可？——〈惡乎屬國〉者，猶云「屬國於誰」也。〈惡乎〉兩字連用，成語也。〔書舜典〕肆類于上帝，禋于六宗。〔詩秦風〕王于興師。〔又召南〕于沼于沚。〔又〕于澗之中。〔易豫〕介于石。——經籍中用〈于〉字者，往往而是，然罕有用以介讀者。左傳宣公十一年云「其君無日不討國人而訓之于民生之不易」云云，〈于〉非〈於〉解，杜注訓「曰也」。〈于〉字用作别解者不贅。

〈於〉字合代字，如〈於是〉〈於此〉之類，散見他處，此故不論。

①刊誤云：「此因吾輩少時便讀四子書，口已順熟，故馬氏泥於習慣而爲此説，於理論不合也。」　②〈而〉字原敚。

③原誤〈發奮〉。

以字之用七之三

〈以〉介字也，聯綴實字也。而用法有二：一司名字者，一司散動字者。

其司名字者，先於所繫動字者常也，而爲義不一。

〈以〉字以言所用者。

〔孟梁上〕殺人以梃與刃，有以異乎？——〈梃〉〈刃〉所用以〈殺人者〉也，〈以〉字介之。〔又滕上〕曰：「許子以釜甑爨，以鐵耕乎？」——〈釜甑〉與〈鐵〉所用以〈爨〉〈耕〉者也。又萬章上：「故説詩者不以文害辭，不以辭害志；以意逆志，是爲得之。」又盡心上：「以佚道使民，雖勞不怨；以生道殺民，雖死不怨殺者。」諸句〈以〉字所司同上。

〔莊徐無鬼〕吾所以説吾君者，横説之則以詩書禮樂，從説之則以金板六弢。〔史匈奴列傳〕以鳴鏑射單于善馬。〔又淮陰侯列傳〕故善用兵者，不以短擊長，而以長擊短。〔莊大宗師〕夫大塊載我以形，勞我以生，佚我以老，息我以死。故善吾生者，乃所以善吾死也。〔左僖二〕晉荀息請以屈産之乘與乘棘之璧，假道於虞以伐虢。〔莊養生主〕方今之時，臣以神遇而不以目視。——諸句内〈以〉字所司名字，皆以言所用者。此即内外動字之轉詞也。

〈以〉字以言所因者。

〔孟梁上〕斧斤以時入山林，材木不可勝用也。——〈以時〉者，〈因時〉也。〔又告下〕乃孔子則欲以微罪行，不欲爲苟去。——〈以微罪行〉者，猶〈因微罪行〉也。〔又萬下〕豈不曰：「以位，則子君也，我臣也，何敢與君友也。以德，則子事我者也，奚可以與我友！」——〈以位〉〈以德〉者，猶云〈案位〉〈案德〉也。〈案〉亦〈因〉也。〔莊秋水〕以道觀之，物無貴賤；以物觀之，自貴而相賤。〔公隱元〕立適以長不以賢，立子以貴不以長。〔漢高帝紀〕鄉者夫人兒子皆以君。〔又南粤傳①〕朕以王書罷將軍博陽侯。〔又陸賈傳〕以客從高祖定天下。〔又張禹傳〕禹雖家居，以特進爲天子師。〔史萬石君列傳〕孝景帝季年，萬石君以上大夫禄歸老于家，以歲時爲朝臣。〔又衛將軍列傳〕將軍②公孫敖義渠人③以郎事武④帝。〔又平原君列傳〕乃欲以一笑之故殺吾美人。〔韓藍田丞壁記〕例以嫌不可否事。〔又不貳過論〕於是居陋巷以致其誠，飲一瓢以求其志，不以富貴妨其道，不以隱約易其心。——諸所引句内，〈以〉字所司皆名字，凡以言所因也。統觀兩節，〈以〉字司詞概先動字，其有後乎動字者，則司詞長，不則語意未絶也。見外動字篇。

①原誤〈文帝紀〉。　②二字原敚。　③三字原敚。　④漢書作〈景〉。

其司散動字者，則必後乎其他動字，凡以言所向也。〈以〉字間有可省者。

〔孟萬上〕晉人以垂棘之璧與屈産之乘，假道於虞以伐虢。——第一〈以〉字司名字，解用也。〈以伐虢〉者，〈伐〉外動字，〈虢〉其止詞，皆爲〈以〉字所司；今後乎〈假〉字者，以言所爲〈假道〉也，即假道之初意也。此〈以〉字以聯先後動字之法，見於書者，所在皆是。〔史日者列傳〕夫卜者多言誇嚴以得人情，虛高人祿命以説人志，擅言禍災以傷人心，矯言鬼神以盡人財，厚求拜謝以私於己，此吾之所耻。〔又匈奴列傳〕願寢兵，休士卒，養馬，除前事，復故約，以安邊民，以應①始古。〔吴語〕請王勵士以奮其朋②勢，勸之以高位重畜，備刑戮以辱其不勵者。——所引〈以〉後散動字，皆言其前動字之所向也。〔史淮陰侯列傳〕解衣衣我，推食食我。——猶云「以衣我」「以食我」也，今省〈以〉字。故同傳下文即云：「衣我以其衣，食我以其食。」〔又管晏列傳〕解左驂贖之。——猶云「以贖之」也。〔漢叔孫通傳〕剸③言諸故群盜壯士④進之。——「以進之」也。〔漢趙充國傳〕擊之恐不能傷害，適使先零得施德於罕羌，堅其約，合其黨。——「以堅其約合其黨」也。〔又溝洫志〕旱則開東方下水門溉冀州，水則開西方高門分河流。——「以溉冀州」「以分河流」也。大抵漢書省〈以〉字者居多。

①原誤〈復〉。　②原誤〈明〉。　③原依史記作〈專〉。　④二字原敓。

〈以〉字先乎動字，間蒙上文而不言所司；助動後〈以〉字，必以爲例。

〔孟滕下〕苟行王政，四海之内，皆舉首而望之，欲以爲君。——〈爲〉動字也，〈以〉字先之而不言所向。蓋〈以〉字司詞即行王政之君，已見上文，故蒙而不書。〔又梁下〕今燕虐其民，王往而征之，民以爲將拯己於水火之中也。——此〈爲〉字作決辭用。〈以爲〉二字不一其解，已見表詞篇内。〔又〕孟子對曰：「凶年饑歲，君之民老弱轉乎溝壑，壯者散而之四方者幾千人矣。而君之倉廩實，府庫充，有司莫以告。」——猶云「有司中無以前事告者」。又滕文公上云：「子力行之，亦以新子之國。」公孫丑下：「我非堯舜之道，不敢以陳於王前。」諸句〈新〉〈陳〉兩動字前〈以〉字，皆不言所向，其司詞皆蒙上文。至助動後〈以〉字習用此例，已見助動篇矣。禮大學所惡節内，「毋以使下」，「毋以事上」，「毋以先後」，「毋以從前」，「毋以交於左」，「毋以交於右」諸句，〈以〉字皆此例也。〔史叔孫通列傳〕陳勝起山東，使者以聞。〔又馮唐列傳〕其軍市租，盡以饗士卒。〔漢楊胡等傳〕夫厚葬誠亡益於死者，而俗人競以相高。〔史信陵君列傳〕趙王所爲，客輒以報臣。〔左僖三十三〕寡君之以爲戮，死且不朽。〔史刺客列傳〕

老母在，政身未敢以許人也。——諸〈以〉字後司詞，皆蒙上文而不書。

〈以〉司〈何〉〈是〉兩代字，倒置爲常，司〈之〉〈此〉諸字則否。

〔孟梁下〕夏諺曰：「吾王不游，吾何以休！吾王不豫，吾何以助。」——〈以〉司〈何〉字而後置焉。〔史淮陰侯列傳〕後有大者，何以加之。——〈何以〉者，猶〈以何〉也。〔左昭十二①〕楚是以無分，而彼皆有。〔莊天道〕是以行年七十而老斲輪。〔漢司馬遷傳〕惜其不成，是以就極刑而無愠色。〔左僖十五〕三施而無②報，是以來也。——引句內〈是以〉者，猶〈以是〉也。〈是以〉皆冠句首，然如「楚是以無分」句，則〈是以〉置於起詞之後，亦順。漢書楊王孫傳③云：「吾是以贏葬，將以矯世也。」同一句法。

〔韓原道〕是故以之爲己，則順而祥；以之爲人，則愛而公；以之爲心，則和而平；以之爲天下國家，無所處而不當。〔又與馮宿書〕然閔其棄俗尚而從於寂寞之道，以之爭名於時也。〔又上張僕射第二書〕及以之馳毬於場，蕩摇其心腑，振撓其骨筋④，氣不及出入，走不及迴旋，遠者三四年，近則一二年，無全馬矣。——所引書內，五言〈以之〉皆如常例。〈以之〉二字，經籍罕用。〔左僖四〕以此衆戰，誰能禦之！以此攻城，何城不克！〔韓與崔群書〕以此而推之，以此而度之，誠知足下出群拔萃，無謂僕何從而得之也！——所引〈以此〉兩字，亦未倒置。禮大學有云「此以没世不忘也」，是〈此〉爲〈以〉字所司而先之者。不知此句暗函〈所〉字，猶云「此所以没世不忘也」，已見代字篇矣。

①原誤〈十一〉。　②原誤〈不〉。　③原誤〈東方朔傳〉。　④原誤〈筋骨〉。

〈以〉司〈所〉字，則必後焉。

〔孟滕上〕學則三代共之，皆所以明人倫也。——〈所〉指上文〈學〉字，〈以〉字司之而後焉。〔又盡下〕人病①舍其田而耘人之田，所求於人者重而所以自任者輕。——〈所以〉同上，〈所〉指〈者〉字。〔史李斯列傳〕所以飾後宮，充下陳，娛心意，説耳目者，必出於秦然後可。〔左襄四〕鹿鳴，君所以嘉寡君也，敢不拜嘉！四牡，君所以勞使臣也，敢不重拜！〔燕策〕臣恐侍御者之不察先王之所以畜幸臣之理，而又不白於臣之所以事先王之心，故敢以書對。〔史平準書贊〕湯武承弊易變，使民不倦，各兢兢②所以爲治。——諸句内〈所以〉兩字，皆〈以〉後於〈所〉，此書中最習用者。

①二字原敚。　②原誤〈競競〉。

後名字者不常。

〔孟離下〕其有不合者，仰而思之，夜以繼日。——猶云「以夜繼日」也。〈以〉司夜字，今反後焉。〔左僖十五〕且晉人慼憂以重我，天地以要我。——猶云「且晉人以慼憂重我，以天地要我」也。〈慼憂〉〈天地〉兩雙名，各爲〈以〉之司詞，而〈以〉字位其後焉。〔又成九〕仁以接事，信以守之，忠以成之，敏以行之，事雖大必濟。——諸排句猶云「以仁接事，以信守之，以忠成之，以敏行之」也。此種句法，亦最習見。論語衛靈公：「禮以行之，孫以出之，信以成之，君子哉！」正與此同。〔又僖十五〕若晉君朝以入，則婢子夕以死夕以入，則朝以死。——猶云「以朝入」「以夕死」也。餘同。〔孟滕下〕曰「是何傷哉，彼身織屨妻辟纑以易之也。」——猶云「彼以身織之屨妻辟之纑易之」也。〈身織屨〉〈妻辟纑〉，兩讀而用如名者也。〔左隱三〕若以大夫之靈，得保首領以没，先君若問與夷，其將何辭以對？——猶云「其將以何辭對」也。諸所引，皆〈以〉後司詞之證。左傳昭公十三年云：「我之不共，魯故之以。」杜注云：「不共晉貢，以魯故也。」倒文也，見之字篇。

兩静字義可分者，參〈以〉字以聯之。

〔禮樂記〕是故治世之音安以樂，其政和。亂世之音怨以怒，其政乖。亡國之音哀以思，其民困①。——〈安〉〈樂〉兩静字，參〈以〉字以聯之，猶〈安而樂〉也。餘同②，見静字篇。〔大戴禮曾子制言〕富以苟，不如貧以譽，生以辱，不如死以榮。——同上。所引〈以〉字，前後間有動字，而亦視同静字者，爲其言已然之境也。〔禮聘義〕温潤而澤，仁也；縝密以栗，知也。——〈以〉〈而〉兩字互用之證，故用義必同也。〔荀子議兵〕故制號政令，欲嚴以威；慶賞刑罰，欲必以信；處舍收臧，欲周以固；徙舉進退，欲安以重，欲疾以速；窺敵觀變，欲潛以深，欲伍以參；遇敵決戰，必道吾所明，無道吾所疑③；夫是之謂六術。——諸用兩静字，皆聯以〈以〉字。〔韓送鄭尚書序〕蠻夷悍輕，易怨以變。——同上。〔晉語〕狐偃其舅也，而惠以有謀。趙衰其先君之戎御趙夙之弟也，而文以忠貞。賈佗公族也，而多識以恭敬④。〔公莊二十四〕戎衆以無義。——曰〈有謀〉，曰〈多識〉，曰〈無義〉，皆可視同静字，故〈以〉字聯之⑤。

① 原作「治世之音安以樂，亂世之音怨以怒，亡國之音哀以思」。 ② 刊誤云：「此種用法之〈以〉，已成爲連字矣。馬氏屬諸介字，非也。」 ③ 原誤〈欲〉。 ④ 原作「狐偃惠以有謀，趙衰文以忠貞，賈佗多識以恭」。 ⑤ 按馬氏此說及所引諸例，均本經傳釋詞弟一。

〈以爲〉二字，或省〈爲〉字，而單用〈以〉字者焉。

〔左昭二十五〕公以告臧孫，臧孫以難；告郈孫，郈孫以可勸。——〈以難〉者，猶云「以爲難」也。其所〈以〉者，即上文逐季氏也。釋文曰：「〈郈孫以可〉絶句，〈勸〉①，勸公逐季氏也。」猶云「郈孫以逐季氏爲可而勸之」也。〈難〉〈可〉兩字皆静字而爲表詞者。又有以〈以〉字解作〈謂〉字者，文義雖同，而以釋字法，則强合矣。〔齊策〕臣之妻私臣，臣之妾畏臣，臣之客欲有求於臣，皆以美於徐公。——猶云「皆以爲美於徐公」也。〈美〉亦表詞。〔史張釋之列傳〕陛下以絳侯周勃何如人也？〔又蕭相國世家〕高祖以蕭何功最盛。——猶云「以絳侯周勃爲何如人」也，「以蕭何功爲最盛」也。〔趙策〕今臣新從秦來，而言勿與，則非計也；言與之，則恐王以臣之②爲秦也。——猶云「以臣爲秦」也。所引皆含〈爲〉字。此種句法，見於今文者蓋寡。

① 原衍〈者〉字。 ② 〈之〉字原誤在〈以〉上。

〈以〉字司〈上〉〈下〉〈往〉〈來〉與方向等字，皆以爲推及之詞。

〔論雍也〕中人以上，可以語上也；中人以下，不可以語上也。——曰〈以上〉，曰〈以下〉，所言不止〈中人〉也，由

〈中人〉而推及於高乎〈中人〉者與降乎〈中人〉者也。〔左僖二十八①〕自今日以往，既盟之後，行者無保其力，居者無懼其罪。〔孟公上〕自有生民以來。〔左襄九〕自公以下，苟有積者盡出之。〔史馮唐列傳〕閫以內者，寡人制之，閫以外者②，將軍制之。〔左定四〕自武父以南及圃田之北竟。〔史平準書〕於是商賈中家以上大率破。——諸引〈以〉字後綴以〈往〉〈來〉〈上〉〈下〉〈南〉〈北〉諸字者，皆以推言其人、其地、其時也。

①原誤〈二十三〉。　②兩句二〈者〉字原敚。

〈以〉字司頓，冠於句首，或頓後聯以〈而〉字者，最習見。

〔史滑稽列傳〕以楚國堂堂之大，何求①不得？——〈楚國堂堂之大〉一頓，〈以〉字司之，冠於句首，文勢一振。〔又李斯列傳〕夫以秦之彊，大王之賢，由竈上騷除，足以滅諸侯，成帝業，爲天下一統，此萬世之一時也。——〈夫以秦之彊大王之賢〉一頓，文氣更勁。又如是句法，習以〈夫以〉〈且以〉爲冒起。〔孟公上〕且以文王之德，百年而後崩，猶未洽於天下。〔史張陳列傳〕夫以一趙尚易燕，况以兩賢王左提右挈而責殺王之罪，滅燕易矣。〔又淮陰侯列傳〕夫以足下之賢聖，有甲兵之衆，據彊齊，從燕趙出空虛之地而制其後，因民之欲，西鄉爲百姓請命，則天下風走而響應矣。〔漢賈誼傳〕夫以天子之位，乘今之時，因天之助，尚憚以危爲安，以亂爲治。假設陛下居齊桓之處，將不合諸侯而匡天下乎！〔又匈奴列傳〕會漢初興，以高祖之威靈，三十萬衆，困於平城。〔又〕以秦始皇之彊，蒙恬之威，帶甲四十餘萬，然②不敢窺西河，迺築長城以界之。〔韓答楊子書〕夫以平昌之賢，其言一人固足信矣③。况又崔與李繼至而交説邪！——統觀引句，〈以〉字冒起一頓，提振文勢，最爲得力，故史籍論事往往用之。

至〈以〉字冒起一頓後聯以〈而〉字者，句法亦同。〔史藺相如列傳〕今以秦之彊而先割十五都予趙，趙豈敢留璧而得罪於大王乎！——〈以秦之彊〉後聯以〈而〉字，文氣較爲宛轉耳。〔莊庚桑楚〕今以畏壘之細民，而竊竊④欲俎豆予于賢人之間，我其⑤杓之人邪！〔史張釋之列傳〕今陛下以嗇父口⑥辯而超遷之，臣恐天下隨風靡靡，争爲口辯而無其實。〔魯語⑦〕以歜之家而主猶績，懼干季孫之怨⑧也。〔史刺客列傳〕夫賢者以感忿睚眦之意，而親信窮僻之人，而政獨安得嘿然而已乎！——此種句法，經史所在皆是。

①原衍〈而〉字。 ②〈然〉字原敚。 ③原誤〈乎〉。 ④原衍〈然〉字。 ⑤原誤〈豈〉。 ⑥原誤〈之〉。 ⑦原誤〈周語〉。 ⑧原誤〈怒〉。

〈以〉字用作別解，不在此例。

列子周穆王云：「宋人執而問其以。」注云：「〈以〉，故也。」詩邶風旄丘云：「何其處也？必有以也。」史記惠景間侯者年表序云：「有以也夫。」兩用〈以〉字，亦解〈故〉也。又論語爲政云：「季康子問使民敬忠以勸。」猶云「敬忠與勸」也。魏書李順傳：「此年行師，當克以否。」猶云「當克與否」也。左傳襄公二十年：「賦常棣之七章以卒。」猶云「賦七章與卒章」也。至易鼎云：「得妾以其子。」言「與其子」也。又剥云：「剥牀以足。」言「及其足」也。

〈以〉代〈與〉字，已見同次篇；〈以〉代〈及〉字，不無牽合，姑存之①。

①諸説均見經傳釋詞弟一。

與字之用七之四

〈與〉，介字也，凡以聯名代諸字之平列者。其與乎動字之功用者，則必先焉。見動字篇。

〔論公冶〕夫子之言性與天道，不可得而聞也。——〈性〉及〈天道〉兩名平列，蓋皆爲夫子所可言者也，故以〈與〉字聯之。論語子罕云：「子罕言利與命與仁。」〈利〉〈命〉〈仁〉三者，皆夫子所〈罕言〉，故聯以〈與〉字。〔左莊二十八〕賂外嬖梁五與東關嬖五。——有云下〈嬖〉字衍，當作〈東關五〉。蓋東關五第二，見於漢書古今人①表者也②。故〈梁五〉及〈東關五〉皆爲〈外嬖〉，皆所當〈賂〉者也，故聯以〈與〉字。〔孟離下〕諸君子皆與驩言，孟子獨不與驩言，是簡驩也。〔又〕與其妾訕其良人，而相泣於中庭。〔又離上〕所欲與之聚之，所惡勿施爾也。——所引〈與〉字之司詞，或名字，或代字，而位皆先乎動字者，蓋皆與乎動字之行也。〔莊德充符〕使日夜无却而與物爲春，〔燕策〕帝者與師處，王者與友處，霸者與臣處，亡國與役處。〔漢賈山傳〕人與之爲役，家與之爲讐。〔史淮陰侯列傳〕足下與項王有故，何不反漢與楚連和。〔又平原君列傳〕約與食客門下二十人偕。〔又屈原列傳〕上官大夫與之同列，争寵而心害其能。〔又項羽本紀〕此迫矣，臣請入，與之同命。——所引〈與〉字司詞，或名字，或代字，皆先動字。凡動字有偕同之意，則必有與同者，故介以〈與〉字。曰〈連和〉，曰〈偕〉，曰〈同列〉，曰〈同命〉，皆有偕同之意。動字有互指代字者亦然。〔齊語〕伍之人，祭祀同福，死喪同恤，禍灾共之，人與人相疇，家與家相疇。世同居，少同游。〔漢司馬遷傳〕夫僕與李陵俱居門下，素非相善也。——〈俱居〉〈相善〉同上。〔韓上于相公書〕故其文章言語，與事相侔。〔又權公墓碑〕前後考第進士，及庭所策試士，踵相躡爲宰相達官，與公相先後。——凡引句内動字，前有〈相〉〈俱〉諸互指代字者，皆有〈與〉字先之也。

①原衍〈物〉字。　②說見經義述聞。

凡歷數諸名諸代字與頓讀之用如名者，可參用〈及〉字。〈與〉〈及〉兩字互文也，見同次節。

〔孟梁上〕湯誓曰：「時日曷喪，予及女偕亡。」——〈予〉〈女〉代字，〈及〉以聯之。〔史叔孫通列傳〕遂[1]與所徵三十人西，及上左右爲學者，與其弟子百餘人，爲綿蕞野外習之。——三頓，以〈與〉〈及〉兩字聯之。〔韓原性〕夫始善而進[2]惡，與始惡而進善，與始也混而今也善惡，皆舉其中而遺其上下者也，得其一而失其二者也。〔漢食貨志[3]〕迺募民能入奴婢，得以終身復，爲郎增秩，及入羊爲郎，始於此。〔左昭元〕夫弗及而憂，與可憂而樂，與憂而弗害[4]，皆取憂之道也。〔史六國年表序〕此與以耳食無異。〔漢賈誼傳〕太子之道，在於早諭教與選左右。〔論子罕〕與衣狐貉者立，而不恥者，其由也與！〔韓上鄭留守啓〕及見諸從事說，則與小人所望信者，少似乖戾。〔又復上宰相書〕向上書及所著文後，待命凡十有九日。〔又〕且今節度觀察使及防禦營田諸小使等，尚得自舉判官，無間於已任未任者。——所引頓讀，有聯以〈與〉字者，亦有聯以〈及〉字者，可與同次節參觀。

①原誤〈適〉。　②原誤〈今〉，下句同。　③原誤〈平準書〉。　④原誤〈樂〉。

句法有兩者相較，則以所與者爲比。

〔史李斯列傳〕且夫臣人與見臣於人，制人與見制於人，豈可同日道哉！〔又淮陰侯列傳〕非愚於虞而智於秦也，用與不用，聽與不聽也。——兩引〈與〉字，皆以聯相比也。〔秦策〕夫取三晉之腸胃，與出兵而懼其不反也，孰利？——〈與〉字以聯兩比之事。〈孰利〉者，兩者之中何爲利也。〔秦策〕今日韓魏孰與始强？——猶言「與始孰强」也。詳詢問代字矣。又漢書高帝紀云：「今某之業①所就孰②與仲多？」同一句法。〔吕氏春秋貴直篇〕與吾得革車千乘也，不如聞行人燭過之一言。——此以〈與〉字爲比者，即論語微子云：「且爾與其從辟人之士也，豈若從辟世之士哉！」禮大學云：「與其有聚斂之臣，寧有盜臣。」漢書劉歆傳云「何則？與其過而廢之也，寧過而立之。」莊子大宗師云：「與其譽堯而非桀③，不如兩忘而化其道。」孟子萬章上云：「與我處畎畝之中，由是以樂堯舜之道，吾豈若於吾身親見之哉！」韓文對禹問云：「與其傳不得聖人而爭且亂，孰若傳諸子，雖不得賢，猶可④守法。」諸引句法皆同。惟左傳閔元年云：「猶有令名，與其及也。」兩句倒置。漢書司馬遷傳云：「假令僕伏法受誅，若九牛亡一毛，與螻蟻何異，而世又不與能死節者比。」此比詞之所以聯以〈與〉字也。有云「而世又不與能死節者」絶句，以〈與〉字解作〈謂〉字，猶云「不謂我能死節」也⑤。蓋未知〈比〉字之義耳。

①〈業〉字原敚。　②〈孰〉字原在〈仲〉下。　③原衍〈也〉字。　④原衍〈以〉字。　⑤説見讀書雜志漢書第十一及經傳釋詞弟一。

〈與〉司〈誰〉〈何〉兩代字，後所司者常也。

〔漢賈誼傳〕陛下雖賢，誰與領此？〔又東方朔傳〕先生自視何與比哉？〔孟滕下〕王誰與爲善？——所謂〈誰與〉〈何與〉者，即〈與誰〉〈與何〉也。〈孰與〉二字，不在此例。〈孰與〉二字所司見上。

司〈所〉字則必後焉。

〔論鄉黨〕揖所與立。——〈與〉司〈所〉字而位於其後。〔孟離下〕其妻問所與飲食者。〔史淮陰侯列傳〕非信無所與計事者。〔漢霍光傳〕發御府金錢刀劍玉器采繒，賞賜所與游戲者。〔韓柳子厚墓誌〕所與游皆當世名人。——引句內〈所與〉二字，皆司者後於所司。

後於名字者不常。

〈與〉司名字而倒置者，必間〈之〉字，已見之字節矣。〔莊庚桑楚〕擁①腫之與居，鞅掌之爲使。——猶云「與擁腫居」也。〔韓上宰相書〕麋鹿之與處，猨狖之與居。〔左昭十五〕晉居深山，戎狄之與鄰。〔越語〕王孫子，昔吾②先君，固周室之不成子也，故濱於東海之陂，黿鼉③魚鼈之與處，而鼃黽之與同渚④。——所引句法同上，皆間〈之〉字。其不間者，則惟論語微子云「吾非斯人之徒與而誰與」，言「吾非與斯人之徒而與誰」也。〈與〉外動字也。

①原作〈臃〉。　②原誤〈我〉。　③原誤〈鼂〉。　④原誤〈睹〉。

〈與〉先動字，其所司有蒙前文而不書者。

〔孟萬下〕弗與共天位也，弗與治天職也，弗與食天祿也。——猶云「晉平公弗與亥唐共天位」也。亥唐在前，故隱而不書。〔漢陸賈傳〕留與飲數月。〔又霍光傳〕引內昌邑從官騶宰官奴二百餘人，常與居①禁闥內敖戲。〔史李斯列傳〕乃召高與謀事。〔漢韓延壽傳〕因與議定嫁娶喪祭儀品。——諸引句內〈與〉字司詞皆在前文，故含而不書。

①〈居〉字原敓。

〈與〉字於助動後，無司詞者常也。

〔論子罕〕子曰：「可與共學，未可與適道；可與適道，未可與立；可與立未可與權。」——〈可與共學〉者，言「可與之共學」也。之者，以指〈可與共〉學之人，下同。〈可〉，助動也。此等句法，動字往往解爲受動。〔又學而〕賜也始可與言詩已矣。——言「可與賜論詩矣」，〈賜〉司詞而爲起詞。故〈可〉〈言〉諸動字，皆可視同受動。有謂禮中庸云：「可與入德矣。」論語陽貨云：「鄙夫可與事君也與哉！」易繫辭云：「是故可與酬酢，可與祐神矣。」史記袁盎列傳云：「妾主豈可與同坐哉！」諸〈與〉字作〈以〉字解，而引史記貨殖傳云：「是故其①智不足與權變，勇不足以決斷，仁不能以取予。」與漢書揚雄傳云：「建道德以爲師，友仁義與爲朋」諸句，以〈與〉〈以〉兩字互文爲證②。不知古人用字不苟，其異用者正各有其義耳。況助動後〈與〉字實有本解。如漢書陸賈傳云：「越中無足與語。」若云「無足以語」，則不詞矣。書籍中〈與〉字往往有不可解之處，釋詞所擬之解，頗可釋疑，然不敢據爲定論也。

①三字原敚。　②說見經傳釋詞弟一。

爲字之用七之五

〈爲〉，介字，以聯實字也，解〈因〉也，〈助〉也。又凡心嚮其人曰〈爲〉。要之，凡行動所以有者曰〈爲〉，故〈爲〉必先乎動字。而〈爲〉爲動字，解〈作爲〉也，〈爲〉爲連字，解〈因爲〉也，皆與此異。〈爲〉字司名者其常。

〔孟離上〕故爲淵毆魚者，獺也；爲叢毆爵者，鸇也；爲湯武毆民者，桀與紂也。——〈獺〉之所以〈毆魚〉者，〈爲淵〉也，故〈爲淵〉者，乃〈獺〉之所以〈毆魚〉也。〈爲〉與司詞先乎〈毆〉字者，此也。〔又告上〕鄉爲身死而不受；今爲宮室之美爲之；鄉爲身死而不受，今爲妻妾之奉爲之；鄉爲身死而不受，今爲所識窮乏者得我而爲之。——六〈爲〉字司詞皆先動字，而〈爲之〉之〈爲〉，動字也。〔莊逍遥游〕之人也，之德也，將磅①礴萬物以爲一世蘄乎亂，孰弊弊焉以天下爲事。〔秦策〕子獨不可以忠爲子主計；以其餘爲寡人乎？〔又〕今臣之賢不及曾子，而王之信臣又不若曾子之母也；疑臣者不適三人，臣恐主爲臣之投杼也。〔漢陸賈傳〕爲天下興利除害。〔史淮陰侯列傳〕吾爲公從中起，天下可圖也。〔公隱元〕故凡隱之立，爲桓立也。〔莊知北游〕夫道窅然難言哉？將爲汝言其崖略。〔韓諫佛骨表〕直以年豐人樂，徇人之心，爲京都士庶設詭異之觀，戲翫之具耳。——諸引句，〈爲〉之司詞皆先動字。然孟子告子下云：「不知者以爲爲肉也，其知者以爲爲無禮也。」又萬章下云：「仕非爲貧也，而有時乎爲貧。」諸〈爲〉字之司詞，皆以煞句，而後無動字者，則以皆爲句之表詞也。故〈爲肉〉者，乃不知者妄度孔子所爲不稅冕而行也。他句同此。

①原作〈旁〉。

司代字則〈之〉字居多。

〔孟滕下〕湯使亳衆往爲之耕。——〈爲之耕〉者，〈爲葛耕〉也。〔又離上〕況於爲之强戰。〔論先進〕而求也爲之聚斂而附益之。〔史淮陰侯列傳〕今足下雖①自以與漢王爲厚交，爲之盡力用兵，終爲之所禽矣。〔韓上留守鄭相公書〕爲其長者，安得不小致爲之之意乎！——所引〈爲之强戰〉、〈爲之聚斂〉、〈爲之盡力〉、〈爲之之意〉皆介字也，至〈爲之禽〉者，猶云〈爲所禽〉也，不在此例。見代字篇。又〔莊齊物論〕故爲是舉莛與楹，厲與西施，恢恑憰怪，道通爲一。——〈是〉代字，〈與〉字所司。其他代字之所司者，詳代字篇。

①〈雖〉字原敓。

司〈所〉字必後之。

〔史大宛列傳〕所爲來誅首惡者毋寡，毋寡頭已至。——〈爲〉司〈所〉字而後焉。〔又周昌列傳〕陛下所爲不樂，非爲趙王年少而戚夫人與吕后有郄邪？〔又項羽本紀〕諭以所爲起大事。〔又蕭相國世家〕上所爲數問君者，畏君傾動關中。〔漢司馬遷傳〕詩三百篇，大氐賢聖發憤之所爲作也。——四〈所爲〉同上。

司詢問代字亦然，且可拆置焉。

〔論先進〕非夫人之爲慟而誰爲？〔公隱元〕曷爲先言王而後言正月？〔論先進〕由之瑟，奚爲於丘之門？〔史淮陰侯列傳〕今戰而勝之，齊之半可得，何爲止？——曰〈誰爲〉，曰〈曷爲〉，曰〈奚爲〉，曰〈何爲〉，皆〈爲〉字後於詢問代字也。〔史張陳列傳〕今怨高祖辱我王，故①欲殺之，何乃洿王爲乎？——言「乃何爲洿王乎」也。〈爲何〉二字，先後拆置。〔又汲鄭列傳〕何乃取高皇帝約束紛更之爲？——言「乃爲何取高皇帝約束而紛更之」也。至孟子萬章上云「我何以湯之聘幣爲哉？」又滕文公下云：「惡用是鶂鶂者爲哉？」與莊子逍遥游云：「奚以之九萬里而南爲？」楚辭漁父篇云：「何故深思高舉，自令放爲？」以及左傳僖公三十三年云：「秦則無禮，何施之爲？」又昭公十三年云：「國不競亦陵，何國之爲？」諸句内〈何〉〈爲〉兩字，或首尾拆置，或間以〈之〉字。然〈爲〉字有解作語助，不爲義者；有解作〈有〉字者；至解作斷詞，則見詢問代字節；今皆解作介字，亦通。②至因所解而音韻有别者，皆後人爲之。孰是孰非，未有確證。

①〈故〉字原敚。　②刊誤云：「莊子云：『予無所用天下爲！』並無〈何〉字在句中，此知馬氏所引史記莊子孟子楚辭之〈爲〉皆助字，與〈何〉字不相關連，其非介字明矣。左傳二〈爲〉字皆是動字，非介字。」

先乎動字，其所司可蒙前文而不書。

〔史張釋之列傳〕一傾而天下用法皆爲輕重。——〈皆爲輕重〉者，言「皆爲一傾之故而有輕重」也。〈一傾〉在前文，故〈爲〉字後，不重言而上蒙焉。〔又孟荀列傳〕自如淳于髡以下，皆命曰列大夫，爲開第康莊之衢，高門大屋，尊寵之。〔漢匡衡傳〕臣竊見大赦之後，奸邪不爲衰止。〔莊養生主〕雖然，每至於族，吾見其難爲。怵然爲戒，視爲止，行爲遲。〔秦策〕妻不下紝，嫂不爲炊。〔韓王公神道碑〕公獨省問①，爲計度論議，直其寃。〔史李將軍列傳〕無老壯皆爲垂涕。〔韓薛君墓誌銘〕軍②帥武人，君爲作書奏，讀不識句，傳一幕以爲笑，不爲變。——諸引動字前〈爲〉字，其司詞皆蒙前文而不書者也。

古籍中〈爲〉字有難解者，釋詞諸書，只疏解其句義耳；而〈爲〉字之真解未得。如是句法，既非數覯，故不列焉。

①省〈問〉，原誤〈有聞〉。　②原誤〈君〉。

由用微自諸字七之六

〈由〉，爾雅云：「〈從〉〈自〉也。」介字。司名字與〈是〉〈此〉諸代字，如常；司〈所〉〈何〉諸字，則後焉。

〔左僖四〕賊由大子。〔孟公上〕禮義由賢者出。——此司名者。〔孟告上〕由是則生而有所不用也。〔史釋之列傳〕文帝①由是奇釋之。〔左僖二十四②〕請由此亡。——此司〈是〉〈此〉諸字常例也。〔史三王世家贊〕自古至今，所由來久③矣。〔孟梁上〕何由知吾可也？——此司〈何〉〈所〉諸字而後之者。〈由〉之司詞，有隱寓者。〔漢文帝紀〕今法有誹謗訞言之罪，是使衆臣不敢盡情，而上無由聞過失也。〔又刑法志〕今人有過，教未施而刑已加焉，或欲改行爲善而道亡繇至。——猶云〈上無所從聞過失〉也，〈道無所從至〉也，〈繇〉，通〈由〉，並訓〈從〉。

①〈文〉字原敚。　②原誤〈二十二〉。　③原誤〈遠〉。

〈用〉，廣韻云：「以也。」介字。司名字不常。司〈是〉〈此〉〈何〉諸字，則後焉。先動字，則司詞可省。〔史酷吏列傳〕用廉爲令史。〔韓鄭公神道碑〕公之①爲司馬，用寬廉平正得吏士心②。——〈用〉〈以〉也。所司皆静字而名用者。司名字罕見。否與名字無異矣。〔漢楊惲傳〕不意當復用此爲譏議也。〔論公冶〕怨是用希。〔左成十三〕狄應且憎，是用告我。〔又〕是用宣之。〔又〕斯是用痛心疾首。〔書大禹謨〕兹用不犯於有司。〔史越世家〕王前欲伐齊，員彊諫。已而有功，用是反怨王③。——此〈用〉字之司〈是〉〈此〉諸字而位於後者。〔後漢④鄧晨傳〕何用知非僕邪⑤？——此司〈何〉字者。〔左僖二十六〕我敝邑用不敢保聚。〔周語〕民用莫不震動，恪恭于農。〔史封禪書〕是以即事用希。——所引〈用〉字，即〈用是〉也。不言〈是〉者，蒙上文也。〔史⑥諸侯年表序〕故廣彊庶孽，以鎮撫四海，用承衛天子也。——〈用〉司散動字，與〈以〉字同，此避重耳。

①原誤〈子〉。　②〈士心〉原誤〈志〉。　③〈王〉字原敚。　④原敚。　⑤原作〈也〉，因轉引助字辨略致誤。
⑥原誤〈漢〉。

〈微〉，非也。介字，惟司名字，置句前則爲假設之辭。

〔莊田子方〕丘之於道也，其猶醯雞與！微夫子之發吾覆也，吾不知天地之大全也。——〈微夫子〉者，〈非夫子〉也。論語憲問「微管仲」，馬注云：「〈微〉，〈無〉也。」未確。〔漢趙充國傳〕微將軍，誰不樂此者。——如云〈無將軍〉則失之矣。〔史李斯列傳〕微趙君，幾爲丞相所賣。〔韓答崔立之書〕微足下，無以發吾之狂言。〔又伯夷頌〕微二子，亂臣賊子，接迹於後世矣。〔左哀六十〕微二子者，楚不國矣。——所引〈微〉字，皆可代以〈非〉字，且皆冠於句首，以爲假設之辭。書大禹謨云：「衆非元后何戴，后非衆罔與守邦。」左傳僖公四年云：「君非姬氏，居①不安。」孟子公孫丑下云：「舍我其誰也②。」〈非〉〈舍〉兩字，與〈微〉字同意，亦可視同介字③。

①原誤〈食〉。左傳此句下有〈食不飽〉句。 ②原誤〈哉〉。 ③草創云：「馬氏文通所認介字範圍綦嚴，極爲有識。惟將〈微〉〈非〉之用於不完全自動者闌入介字，爲不當耳。」（頁七四）

〈自〉，爾雅釋詁云：「由，從，自也。」介字，司名字，司代字，有倒置者，有合〈於〉〈至〉諸字者，要皆與用爲連字者異。

〔詩關雎序〕南①，言化自北而南也。——〈自北〉者，言〈化〉所自來也。〔莊德充府〕自其異者視之，肝膽楚越也，自其同者視之，萬物皆一也。——兩〈自〉字，皆言同異之山，兩讀用如名。〔莊齊物論〕一與言爲二，二與一爲三。自此以往，巧歷不能得。——以上司名代諸字，皆先於所司，常例也。〔左隱三〕驕奢淫佚，所自邪也。〔史馮唐列傳〕父老何自爲郎？〔又留侯世家〕今公何自從吾兒游乎？——此司〈何〉〈所〉兩字，而位於後者。至左傳成十三年云：「康公，我之自出。」言「康公出自我家」也。康公，晉甥也。倒置者，〈之〉字間之也。〔韓上于相公書〕自幕府至鄧之北境，凡五百餘里。自庚子至甲辰，凡五日。〔禮大學〕自天子以至於庶人。〔左昭四〕自命夫命婦至於老疾②，無不受冰。〔韓許國公神道碑〕自是訖公之朝京師，廿③有一年，莫敢有讙呶叫號於城郭者。〔史禮書〕自天子稱號，下至佐僚及宮室官名，少所變改④。——所引〈自〉字後，曰〈至〉，曰〈以至於〉，曰〈至於〉，曰〈訖〉，曰〈下至〉，諸字同一句法，皆自此以往歷叙之辭。〔韓贈崔復州序〕趨走之吏，自長史司馬已下數十人。〔漢賈誼傳〕彼自丞尉以上徧置私人。——所引〈自〉後，承以〈已下〉〈以上〉，與前引〈自此以往〉又一句法，皆原始而統括之辭。至韓文答劉正夫書云：「要⑤若有司馬相如太史公劉向揚雄之徒出，必自於此，不出於循常之徒也。」〈自於〉二字連用，亦訓〈從〉也，〈由〉也。

①〈南〉字原敚。 ②原誤〈病〉。 ③原誤〈二十〉。 ④原誤〈更〉。 ⑤〈要〉字原敚。

總之，介字用法，與外動字大較相似。故外動字有用如介字者。反是，而介字用如動字者，亦有之。〔史張釋之列傳〕虎圈嗇夫，從旁代尉對上所問禽獸簿甚悉。——〈從〉，本動字也。曰〈從旁〉，則以聯〈旁〉與〈代〉之實字矣。故〈從〉字用如介字。〔又〕有一人從橋下走出。——〈從橋下〉，則以聯〈橋〉與〈走〉之實字也。〔史高帝本紀〕公等皆去，吾亦從此逝矣。——〈從此〉者，〈自此〉也。〔史大宛列傳〕則離宮別觀旁，盡種蒲陶苜蓿極望。——〈極〉，亦動字也。曰〈極望〉，則以聯〈望〉與〈蒲〉〈苜〉矣。謂爲介字，亦無不可。〔漢高帝紀〕前有大蛇當徑。——〈當〉，動字，今聯〈徑〉〈蛇〉兩字。易繫辭云：「易之興也，其當殷之末世，周之盛德邪！當文王與紂之事[1]邪！」又史記項羽本紀云：「當是時，楚兵冠諸侯。」兩〈當〉字，皆用如介字。史籍中以動字用如介字者，所在而有，學者可自得之。

至介字用如動字者，說見下卷而字章內。

①原誤〈時〉。

虚字卷之八

提起連字八之一

凡虚字用以提承推轉字句者，曰『連字』。

故連字界説，明分四宗：曰『提起』，曰『承接』，曰『轉捩』，曰『推展』。四宗連字，其不爲義而有當虚字之稱者蓋寡。蓋皆假借動字、狀字以爲用。

連字用以劈頭提起者，本無定字，而塾師往往以〈夫〉〈今〉〈且〉〈蓋〉四字，爲提起發端之辭，今姑仍之。爾雅郭敘：「夫爾雅者。」邢疏云：「〈夫〉者，發語辭，亦指示語。」孝經諫諍章注疏云：「〈夫〉，發言之端。」①劉瓛云：「〈夫〉，猶〈凡〉也。」而〈凡〉亦代字。然則古人以〈夫〉字爲發語之詞者，亦非定論。總之，〈夫〉字以冠句首者，皆以頂承上文，重立新義，故以〈夫〉字特爲指明。是則〈夫〉字仍爲指示代字，而非徒爲發語之虚字也。

〔孟離上〕夫國君好仁，天下無敵。〔又〕夫人必自侮，然後人侮之；家必自毁，而後人毁之；國必自伐，而後人伐之。——兩〈夫〉字，皆頂承上文，重推一義，而以〈夫〉字特爲揭明耳。〔左隱四〕夫州吁，阻兵而安忍。阻兵無衆，安忍無親。衆叛親離，難以濟矣。夫兵，猶火也，弗戢，將自焚也。夫州吁，弑其君而虐用其民，於是乎不務令德而欲以亂成，必不免矣。——連用三〈夫〉字，皆頂承上文，特指其人、其事以爲推論耳。故〈夫〉字必用於論事之文者，此也。〔史汲鄭列傳〕夫以大將軍有揖客，反不重邪！〔又李斯列傳〕夫斯乃上蔡布衣，閭巷之黔首。上不知其駕下，遂擢至此。〔又張陳列傳〕夫天下同心而苦秦久矣。〔又屈原列傳〕夫聖人者，不凝滯於物，而能與世推移。〔史項羽本紀〕夫被堅執鋭，義不如公。坐而運策，公不如義。〔禮中庸〕夫微之顯，誠之不可揜，如此夫！——以上所引〈夫〉字，或冠頓，或冠名，或冠句讀，皆以特指其人其事，而爲更立一義之地耳。

①注本作「經稱〈夫〉有六焉，蓋發言之端也」。馬氏蓋轉引助字辨略者。

〈今〉，狀字也。文中往往先敘他事，而後説到本題，則用〈今〉字。是〈今〉字非以别時也，乃以指見論之事耳。

〈今〉字助以〈也〉字者，亦習見焉①。

〔孟梁下〕今燕虐其民，王往而征之。——上言湯征葛，今説到本題齊伐燕，故以〈今〉字冠之。〔又滕上〕今滕絶長補短，將五十里也，猶可以爲善國。——上言人皆可爲舜，今説到治滕亦然。〔左文十八〕今行父雖未獲一吉人，去一凶矣，於舜之功，二十之一也，庶幾免於戾乎！〔又成二〕若知不能，則如無出。今既遇矣，不如戰也。〔又〕今吾子疆理諸侯，而曰盡東其畝而已。〔史淮陰侯列傳〕今井陘之道，車不得方軌，騎不得成列。〔齊策〕古之五帝三王五伯之伐也，伐不道者。今秦之伐天下不然。必欲反之，主必死辱，民必死虜。今韓梁之目未嘗乾，而齊民獨不也。非齊親而韓梁疏也，齊遠秦而韓梁近。今齊將近矣。〔史蕭相國世家〕今蕭何未嘗有汗馬之勞，徒持文墨議論不戰，顧反居臣等上，何也？——諸引〈今〉字，皆承上文而拍到本題也。國策説士，條陳利害，反覆譬喻，後落到本旨，則用〈今〉字以起句。更有如所引齊策之連用〈今〉字以取勢者。

〔孟梁下〕今也不然。——上引古事，落到今時，〈今〉字後助以〈也〉字，則辭較爲急切。〔又離上〕今也小國師大國而恥受命焉。——助〈也〉字，文勢一頓，有疑訝之辭。〔又離下〕今也爲臣，諫則不行，言則不聽，膏澤不下於民。——〈今也〉同上。至孟子告子上云：「鄉爲身死而不受，今爲宫室之美爲之。鄉爲身死而不受，今爲妻妾之奉爲之。鄉爲身死而不受，今爲所識窮乏者得我而爲之。」又莊子寓言云：「衆罔兩問於景曰：『若向也俯而今也仰，向也括而今也被髮，向也坐而今也起，向也行而今也止。何也？』」兩節皆以〈向〉〈今〉兩字對待，則言時矣。

〈鄉〉，〈向〉同。

① 刊誤云：「〈今〉字仍當定爲狀字，不當以爲連字。」

〈且〉字冠於句首者，緊頂上文，再進一層也，亦有助以〈也〉字者。〈且〉字在句讀中者，不一其義，而非連字也。

〔孟公上〕且以文王之德，百年而後崩，猶未治於天下。——頂上文以齊易王之可惑，即文王有德之久而論，猶尚如此云云，故〈且〉字更進一層，以明所惑之是。〔論季氏〕且爾言過矣。——上責二子當諫，下將責二子居位不去，不得辭其責，故以〈且〉字進説也。〔又微子〕且而與其從辟人之士也豈若從辟世之士哉！〔齊策〕且顔先生與寡人游，食必太牢，出必乘車，妻子衣服麗都。〔莊人間世〕且苟爲悦賢而惡不肖，惡用而求有以異。〔又大宗師〕且汝夢爲鳥而厲乎天，夢爲魚而没於淵，不識今之言者，其覺者乎①，夢者乎？——諸〈且〉字之在句首，皆頂接前文，更進一層説。莊子大宗師云：「且也相與吾之耳矣，庸詎知吾所謂吾之乎？」又人間世云：「且也若與予也②皆物也，奈何哉其相物也？而幾死之散人，又惡知散木！」兩云〈且也〉，義與單用〈且〉字無別。

〈且〉字雜句出中者，爲義不一，而皆狀字也。今附誌焉。〔漢馮奉世傳〕丞相御史兩將軍，皆以爲民方收斂時，未可多發，萬人屯守之且足。〔後漢馮魴傳〕褒等聞帝至，皆自髡負鈇鑕，將其衆請罪，帝且赦之。——曰〈且足〉，曰〈且赦〉，竝是〈聊且〉〈姑且〉之辭。又〔孟梁上〕且人惡之。〔又公下〕然且至。〔又〕管仲且猶不可召。〔後漢孔融傳〕雖無老成人，且有典刑。——諸〈且〉字，皆〈且猶〉之解。〔史秦本紀〕賓客群臣，有能出奇計强秦者，吾且尊官與之分立。〔又項羽本紀〕不者，若屬皆且爲所虜。〔漢杜欽傳〕欽子及昆弟支屬至二千石者，且十人。——諸〈且〉字，猶云〈將且〉也。〔齊策③〕舉韓氏④取其地，且天下之半。〔韓與柳中丞書〕環寇之師，殆且十萬。——兩〈且〉字，〈幾且〉也。又〔詩邶風〕終風且曀。⑤〔漢郊祀志〕黄帝且戰且學僊。〔又鼂錯傳〕險道傾仄，且馳且射。〔又李陵傳〕陵⑥且戰且引南。〔水經注〕且田且漕。——諸〈且〉字，〈又且〉也。凡兩〈且〉字，皆兩務之詞，言方且如此，又復如彼⑦。釋詞引〔公隱元〕且如桓立，則恐諸大夫之不能相幼君也。〔又隱三〕且使子而可逐，則先君其逐臣矣。〔燕策〕燕⑧南附楚則楚重，西附秦則秦重，中附韓魏則韓魏重。且苟所附之國重，此必使王重矣。——謂三〈且〉字，皆借也，若也，假設之辭⑨。不知所引三節，〈如〉〈使〉〈苟〉三字，各有假設之辭，不必以〈且〉字爲解。三〈且〉字，皆承上文而另申一義之連字也。古人用字，各有各義，不可牽混。且假設之詞，有不必書明而辭氣已隱寓者。如釋詞引吕氏春秋知士篇劑貌辨答宣王曰：「王方爲太子之時辨謂靜郭君曰：『太子之不仁，過頤涿視⑩，不若⑪革太子，更立衛姬嬰兒校師。』靜郭君泫而⑫曰：『不可，吾弗忍爲也。』且靜郭君聽辨而爲之也，必無今日之患也。」又去尤篇曰：「邾之故法，爲甲裳以帛，公息忌謂邾君曰：『不若以組。凡甲之所以爲固者，以滿竅也。今竅滿矣，而任力者半耳。且組則不然，竅滿則盡任力矣。』」兩節，謂〈且靜郭君〉云者，齊策〈且〉作〈若〉，而〈且組則不然〉者，亦與〈若〉同義。不知〈且靜郭君〉一句，原是假設之事，而〈且組則不然〉者，申明事理，並無假設之意，何以强解爲哉！且假設之辭氣，有時隱寓於句讀，而不必明言者。至〈且〉字在句讀中，實無義之可解者，經史所罕見，而亦時雜出於諸子之書。

①原衍〈其〉字。　②〈也〉字原敚。　③原作〈國策〉。　④三字原敚。　⑤原誤〈噎〉。　⑥〈陵〉字原敚。
⑦諸說及引例多本助字辨略卷四。　⑧燕策〈南〉上本無〈燕〉字。　⑨見經傳釋詞第八。　⑩原依釋詞作〈太子不仁〉。　⑪二字原敚。　⑫二字釋詞原敚。

〈蓋〉字，孝經天子章①正義云：「辜較之辭。」劉炫云：「辜較，猶梗概。」略陳如此，未能究竟也。②劉瓛云：「不終盡之辭。」然則〈蓋〉字用爲狀字者多，而用若提起連字冠於句首者，實罕見也。

〔漢高帝紀〕蓋聞王者莫高於周文，伯者莫高於齊桓，皆待賢人而成名。——此以〈蓋〉字提起者。然細玩此詔全文，乃知高帝胸中，先有治天下必與賢人共之之意，故以古爲證，而以〈蓋〉字起之。是〈蓋〉字仍有〈大率〉〈辜較〉之義，而非徒以發語也明矣。又董仲舒傳天人策第二起云：「蓋聞虞舜之時③。」第三起云：「蓋聞善言天者，必有徵於人。」兩策之起以〈蓋〉字者④，與求賢詔〈蓋〉字，史記習用以傳疑，如大宛列傳云：「臨大澤無崖⑤，蓋乃北海云。」貨殖列傳云：「蓋天下言治生祖白圭，白圭其有所試矣。」老莊列傳云：「蓋老子百有六十餘歲⑥，或言二百餘歲，以其修道而養壽也。」封禪書云：「上有所幸王夫人。夫人卒，少翁以方，蓋夜致王夫人及竈鬼之貌云。」外戚世家云：「衛皇后，字子夫，生微矣。蓋其家號曰衛氏。」此蓋上文所言諸事，不可根究，故每云〈蓋〉以疑之。此即辜較之意也。〈蓋〉字有用於句中者：如周本紀云：「西伯蓋即位五十年。」伯夷列傳云：「余登箕山，其上蓋有許由冢云。」平原君列傳云：「賓客蓋至者數千人。」諸〈蓋〉字，雖在句中，義與前同，仍不外辜較梗概不定之意。

①五字原缺。　②此兩句見助字辨略，馬氏誤爲劉炫語。　③原誤〈世〉。　④二語皆爲武帝策問起語，非天人策起語也。　⑤原作〈涯〉。　⑥〈歲〉字原敚。

至〈夫〉字合〈今〉字曰〈今夫〉，合〈且〉字曰〈且夫〉者，皆各循本義，並無別解也。

禮中庸云「今夫天」「今夫地」「今夫山」「今夫水」者，承上文渾説，而〈今〉則分提四項也。〈夫〉指分提之物也。漢書鄒陽傳獄中上書云：「今夫天下布衣窮居之士，身在貧羸，雖蒙堯舜之術，挾伊管之辯，懷龍逢比干之意，而素無根柢之容，雖竭精神，欲開忠於當世之君，則人主必襲按劍相眄之迹矣。」此節以〈今夫〉起者，〈今〉説到本人寒士，〈夫〉指之，有激昂慷慨之氣。故韓文柳子厚墓誌銘有云：「嗚呼！士窮乃見節義。今夫平居里巷相慕悦，酒食游戲相徵逐，詡詡强笑以相取下，握手出肺肝①相示，指天日涕泣，誓生死不相背負，真若可信。一旦臨小利害，僅如毛髮比，反眼若不相識，落陷穽②不一引手救，反擠之又下石焉者皆是也。」此段文氣，與前節相同。統觀所引〈今夫〉兩字，皆各循本義。

漢書鼂錯傳言邊務書云：「且夫起兵而不知其埶，戰則爲人禽，屯則卒積死。」所云〈且夫〉者，〈且〉字頂上文而更進一層也，〈夫〉則重指其事耳。莊子逍遥游云：「且夫水之積也不厚，則其負大舟也無力。」魏策云：「且夫欲璽者，段干子也，王因使之割地。欲地者，秦也，而王因使之受③璽。夫欲璽者制地，而欲地者制璽，其勢必無魏矣。

且夫奸臣④固皆欲以地事秦。以地事秦，譬猶抱薪而救火也，薪不盡則火不止。今王之地有盡，而秦之求無窮，是薪火之説也。」漢書匈奴傳云：「且夫前世豈樂傾無量之費，役無罪之人，快心於狼望之北哉。以爲不壹勞者不久佚，不暫費者不永寧，是以忍百萬之師，以摧餓虎之喙，運府庫之財，填盧山之壑，而不悔也。」所引諸節，以〈且夫〉兩字起者，皆各具本義。而有此一提，文氣亦爲一振。

①原誤〈肝肺〉。②原誤〈井〉。③原誤〈授〉。④原誤〈人〉。

是則〈夫〉〈今〉〈且〉〈蓋〉四字，古未有以爲發端之辭者。惟以頂承上文而弁於句讀耳。惟然，而名爲提起連字也可。不然，與承接連字何異。

承接連字八之二

承接連字者，所以承接上下之文，而概施於句讀之中也。

承接連字，惟〈而〉〈則〉兩字，經籍中最習見。經生家以〈而〉〈則〉兩字之别，惟在文氣之緩急。上下文氣緩者，連以〈而〉字；急則連以〈則〉字①。蓋第味乎〈而〉〈則〉之音韻，故爲此浮泛之説耳。雖然，兩字之爲用甚廣，故分疏於下：

①穀梁傳宣公八年云：「〈而〉，緩辭也。」助字辨略卷一云：「〈而〉，承上轉下，語助之辭。」卷五云：「〈則〉語辭也。承上趨下辭之急者也。」

〈而〉字之爲連字，不惟用以承接，而用爲推轉者亦習見焉。然此皆上下文義爲之。不知〈而〉字不變之例，惟用以爲動静諸字之過遞耳，是猶〈與〉〈及〉等字之用以聯名代諸字也。

〈而〉字用以過遞動字者：

前後兩動字，中間〈而〉字以連之。此種句法，有自三字以至八七字、數十字者，爰分引之：

〔莊逍遥游〕怒而飛。——〈怒〉〈飛〉兩動字，中間〈而〉字，以明〈怒〉〈飛〉兩事先後過遞之情。〔又秋水〕昔者堯舜讓而帝，之噲讓而絶，湯武争而王，白公争而滅。〔楚策〕驥於是俯而噴，仰而鳴，聲達於天，若出金石聲者，何也？——所引句中，〈而〉字皆參兩動字間。至上下兩動字一反一正而成爲四字者：如論語八佾云：「關雎樂而不淫，哀而不傷。」又子路云：「君子和而不同，小人同而不和。」左傳襄公二十九年云：「爲之歌頌。曰：『至矣哉！直而不倨，曲而不屈，邇而不偪，遠而不携，遷而不淫，復而不厭，哀而不愁，樂而不荒，用而不匱，廣而不宣，施而不費，取而不貪，處而不底，行而不流。五聲和，八風平，節有度，守有序，盛德之所同也。』」此種句法，經傳有不勝引者。又前後動字，其第二動字有〈之〉字爲止詞者，中參〈而〉字，亦成四字。如孟子公孫丑下云：「環而攻之。」「委而去之。」又萬章上云：「予既烹而食之。」以及第一動字爲有形迹可見者，後承其他動字，率以〈而〉字聯之，可成爲四字者。如孟子離婁下云：「又顧而之他。」「仰而思之。」又梁惠王上：「反而求之。」韓文張中丞傳後序：「觀者見其然，從而尤之。」論語微子云：「趨而辟之，不得與之言。」又左傳隱五年云：「三年而治兵，入而振旅，歸而飲至，以數軍實。」諸句皆詳於動字相承篇矣。又漢書陸賈傳云：「陛下安得而有之。」又匈奴傳云：「其世傳不可得而次①。」孟子萬章上云：「盛德之士，君不得而臣，父不得而子。」又莊子應帝王云：「子之先生不齊，吾无得而相焉。」諸句助動〈得〉字後直承散動，往往間以〈而〉字，亦變例也。動字相承篇内未載，今補志焉。

至五字句最古，今則古文家用成濫觴矣。〔論顔淵〕夫達也者，質直而好義，察言而觀色，慮以下人。在邦必達，在家必達。——〈質直〉者，名字與其表詞也。而〈好義〉〈察言〉〈觀色〉三者，皆動字偕其止詞也。中參〈而〉字，其法不板。〔孟盡上〕親親而仁民，仁民而愛物。——四截皆動字與其止詞也。〔莊胠篋〕夫川竭而谷虚，丘夷而淵實。聖人已死則大盜不起，天下平而无故矣。——〈川竭〉者，起詞與其坐動也。〈谷虚〉〈丘夷〉〈淵實〉同。中參〈而〉字，句法有蟬聯之勢。〔史自序〕易大傳：「天下一致而百慮，同歸而殊塗。」〔又〕指約而易操，事少而功多。〔又〕

主倡而臣和，主先而臣隨。如此，則主勞而臣逸。〔漢賈誼傳〕長沙迺在②二萬五千户耳，功少而最完，埶疏而最忠。非獨性異人也，亦形埶然也。〔韓原毀〕是故事脩而謗興，德高而毀來。嗚呼！士之處此世，而望名譽之光，道德之行，難已！〔又文暢師序〕今吾與文暢，安居而暇食，優游以生死，與禽獸異者，寧可不知其所自邪！〔又盤谷序〕粉白黛緑者，列屋而閒居，妬寵而負恃，争妍而取憐。——以上所引，五字之變盡之矣。至後人爲之，類皆以静字塞之，文氣弱矣。見下：

六字句，有上截三字，下截兩字，中間〈而〉字者，亦有上兩下三者。〔孟離上〕曠安宅而弗居，舍正路而不由，哀哉！——〈曠安宅〉者，外動與其止詞也，此上截三字。〈弗居〉者，即「弗居安宅」也，下截兩字。中間〈而〉字，此動字相承例也。〔史貨殖列傳〕淵深而魚生之，山深而獸往之，人富而仁義附焉。〔莊齊物論〕見卵而求時夜，見彈而求鴞炙③。——此皆上截兩字而下截三字，皆各爲一讀，故〈而〉字連之，以明其相因之理。〔韓上李侍郎書〕惟是鄙鈍，不通曉於時事，學成而道益窮，年高而智益困。〔又進學解〕尋墜緒之茫茫，獨旁搜而遠紹。障百川而東之，迴狂瀾於既倒。〔又〕冬暖而兒號寒，年豐而妻啼飢。〔又燕喜亭記〕斬茅而嘉樹列，發石而清泉激。——所引皆六字句，可見一斑矣。

七字句法不一。〔孟離上〕道在邇而求諸遠，事在易而求諸難。——此上下兩截各爲三字，中間〈而〉字，最習見也。〔又〕不仁者可與言哉？安其危而利其菑，樂其所以亡者。〔史管晏列傳〕倉廩實而知禮節，衣食足而知榮辱。〔莊胠篋〕魯酒薄而邯鄲圍，聖人生而大盗起。〔史李斯列傳〕今棄擊甕叩缻④而就鄭衛，退彈筝而取昭⑤虞，若是者何也？〔漢賈誼傳〕刑罰積而民怨背⑥，禮義積而民和親。〔又吾丘壽王傳〕安居則以制猛獸而備非常，有事則以設守衛而施行陣。〔韓答李翊書〕養其根而竢其實，加其膏而希其光。〔又與孟尚書書〕楊墨交亂而聖賢之道不明，則三綱淪而九法斁，禮樂崩而夷狄横，幾何其不爲禽獸也！——所引七字句，皆上下截各三字者。〔史淮陰侯列傳〕兵法不曰⑦陷之死地而後生，置之亡地而後存。〔齊策〕淳于髡曰：「不然。夫鳥同翼者而聚居，獸同足者而俱行。今求柴葫桔梗於沮澤，則⑧累世不得一焉。」——兩引皆上截四字，下截兩字，中間〈而〉字以爲句者。同爲七字句而與前引異焉。

至八字句，則冗長而不習於用。〔漢揚雄傳〕是以欲談者宛舌而固聲⑨，欲行者擬足而投迹。——此八字句，實同五字以〈欲談者〉〈欲行者〉可另爲一讀也。至韓文進學解云：「今先生學雖勤而不繇其統，言雖多而不要其中，文雖奇而不濟於用，行雖修而不顯於衆。」四句雖皆八字，然間以〈雖〉字，轉以〈而〉字，一推一轉，句法不板。又如前漢書吾丘壽王傳云：「臣恐邪人挾之而吏不能止，良民以自備而抵法禁，是擅賊威而奪民救也。」則爲九字。然上下開闔，故不見冗。過此以往，十餘字者往往有之，然總以自爲轉折爲主。如史記司馬相如列傳云：「且夫清道而後行，中路而後馳，猶時有銜橛之變，而况涉乎蓬蒿，馳乎丘墳，前有利獸之樂而内無存變之意，其爲禍也不亦⑩難矣。夫輕萬乘之重不以爲安，而樂出於萬有一危之塗以爲娱，臣竊爲陛下不取也。蓋明者遠見於未萌，而智者避危於無形，禍固多藏於隱微而發於人之所忽者也。」此段〈而〉字七見，互爲呼應。首兩〈而〉字，乃五字句法。其三〈而〉字〈而况〉云者，乃自段首〈且夫〉起直貫至〈其爲禍也不亦難矣〉句止，〈而〉字横擔前後四十八字。其四〈而〉字，則上下兩截各六字，〈而〉字連之。其五〈而〉字，上截九字，下截十二字，中間〈而〉字以轉焉。其六其七兩〈而〉字亦然，要皆以爲上下截諸動字之過遞也。故録此段，以見〈而〉字用法之不窮。

①原衍〈云〉字。　②〈在〉字原敚。　③原誤〈灸〉。　④二字原敚。　⑤原依文選作〈詔〉。　⑥原誤〈畔〉。　⑦二字原敚。　⑧〈則〉字原敚。　⑨原依文選作〈卷舌而同聲〉。　⑩〈亦〉字原敚，下同。

〈而〉字用以過遞動静諸字者。

諸静字附名而有淺深對待之别者，概參〈而〉字。〈以〉〈且〉兩字，亦間用焉，已詳静字篇矣。其或動静兩種字先後參用，而義有相關者，亦以〈而〉字爲過遞焉。〔禮中庸〕君子之道，淡而不厭，簡而文，温而理。——〈淡〉〈厭〉〈簡〉〈文〉〈温〉〈理〉六静字，三耦，各爲對待，以肖君子之道，故參以〈而〉字，以明其相關之義。〔論述而〕子温而厲，威而不猛，恭而安。〔左桓元年〕目逆而送之曰：「美而豔。」〔公隱元〕桓幼而貴，隱長而卑，其爲尊卑也微，國人莫知。〔左莊四〕王禄盡矣。盈而蕩，天之道也。〔漢疏廣傳〕賢而多財，則損其志。愚而多財，則益其過。〔韓進學解〕易奇而法，詩正而葩。〔又盤谷序〕窈而深，廓其有容。繚而曲，如往而復。——所引〈而〉字，皆參上下兩静字以爲過遞者。至如盤谷序有云「宅幽而勢阻」，又如「泉甘而土肥」，「清聲而便體，秀外而惠中」四句，首兩句静字後於名，後兩句則静先焉。中以〈而〉字聯之者，凡以爲静字也。賈誼過秦論云：「此四君者，皆明智而忠信，寬厚而愛人，尊賢而重士。」此三句，首句上下截皆爲静字，中一句上截静字，下截動字，第三句則皆動字矣。他本第三句無〈而〉字①。〔韓答竇秀才書②〕足下年少才俊，辭雅而氣鋭。〔又〕今乃乘不測之舟，入無人之地，以相從問文章爲事，身勤而事左，辭重而請約，非計之得也。〔又與于襄陽書〕側聞閣下，抱不世之才，特立而獨行，道方而事實。〔又答胡生書〕志深而喻切，因事以陳辭。古之作者，正如是爾。〔又與陸員外書〕地薄而賦多。〔又〕文麗而思深。〔又〕彊志而婉容，和平而有立。〔又〕其爲人賢而有材，志剛而氣和。〔史趙世家〕公子章彊壯而志驕，黨衆而欲大，殆有私乎！——所引皆五字句，上下截静字附名字者居多，其雜用動字者亦有焉。〔禮中庸〕愚而好自用，賤而好自專。〔論公冶〕久而敬之。〔又〕敏而好學。〔左隱三〕夫寵而不驕，驕而能降，降而不憾，憾而能眕者，鮮矣。〔又襄二十九〕廣哉，熙熙乎，曲而有直體。〔孟梁上〕不遠千里而來。〔韓原道〕嗚呼！其亦幸而出於三代之後，不見黜於禹湯文武周公孔子也。其亦不幸而不出於三代之前，不見正於禹湯文武周公孔子也。〔又〕由周公而上，上而爲君，故其事行。由周公而下，下而爲臣，故其説長。——上引諸句，皆一静一動，而以〈而〉字爲轉折者。可知動静兩類字，古人於遣詞造句，視同一律，並無偏重也。至論語爲政云：「吾十有五而志於學。三十而立。四十而不惑。五十而知天命。六十而耳順。七十而從心所欲，不逾矩。」又子罕云：「四十五十而無聞焉。」史記自序云：「年十歲則誦古文，二十而南游江淮。」諸句内如〈十有五〉〈三十〉〈四十〉〈五十〉〈六十〉〈七十〉又〈二③十〉，皆滋静也。下連〈而〉字者，則以未經言明所數之歲耳，不在此例。且凡言時之字，無論爲名字、代字、静字，皆可視同狀字，其例詳下：

①史記漢書均無〈而〉字，此依文選。　②原誤〈送竇秀才序〉。　③原誤〈以〉。

不特此也，〈而〉字亦可用爲狀字與動静諸字之過遞者。

狀字原以肖動静之貌，與静字無别。古人於静字狀字，統以静字名之。今以兩者爲用不一，故特别焉。〔孟萬上〕始舍之，圉圉焉，少則洋洋焉，攸然而逝。——〈攸然〉狀字，所以肖將逝之容。下接〈而〉字，以連〈逝〉字者，則〈攸然〉非〈逝〉時之容，乃〈逝〉前之容也。〔又〕雖然，欲常常而見之，故源源而來。——如是，〈常常〉兩字，不直狀〈見〉字，蓋猶云「欲見之常常」也。〈源源而來〉者，猶云「故其來之源源」也。夫然，〔莊知北游〕使我欣欣然而樂與，樂未畢也，哀又繼之。〔史匈奴列傳〕往往而聚者，百有餘戎。〔禮中庸〕故君子之道，闇然而日章。小人之道的然而日亡①。〔論先進〕子路率爾而對曰。〔莊德充符〕我怫然而怒，而適先生之所，則廢然而反。〔史日者列傳〕宋忠賈誼瞿然而悟，獵纓正襟危坐曰。〔韓通解〕若然者，天下之人，促促然而争，循循然而佞，渾渾然而偷，其何懼而不爲哉！——所引句内，狀字後以〈而〉字承之者，明其與下截諸動字判爲兩事也。至禮大學云：「見君子而后厭然。」〈厭然〉者，〈見君子〉後之容也。凡狀字言時者，與非狀字而亦記時者，皆可自爲上截而以〈而〉字承之也。〔左隱元〕既而太叔命西鄙北鄙貳於己。——〈既〉，言時，狀字也，今爲上截，後以〈而〉字承之。史記管晏列傳云：「已而事齊公子小白。」又云：「既而歸，其妻請去。」漢書賈誼傳云：「今而有過，帝令廢之可也，退之可也，賜之死可也，滅之可也。」公羊襄二十九年云：「今若是迮而與季子國，季子猶不受也。」又桓公二年云：「至乎地之與人則不然，俄而可以爲其有矣。」漢書班婕妤傳云：「始爲少使，蛾而大幸。」師古云：「〈蛾〉與②〈俄〉通。」所謂〈既〉〈已〉〈今〉〈迮〉〈俄〉者，皆言時狀字也，今皆自爲上截，而以〈而〉字承之。〔孟滕下〕終日而不獲一禽。〔又〕一朝而獲十禽。——〈終日〉〈一朝〉，皆名字也。今記時，則自爲上截而接以〈而〉字矣。故魯語云：「士朝受業，晝而講貫，夕而習復③，夜而計過無憾，而後即安。」〈朝〉〈晝〉〈夕〉〈夜〉，皆名字之記時者，今用如狀字。〔漢趙充國傳〕臣恐國家憂累繇十年數，不二三歲而已。〔燕策〕寡人豈敢一日而忘將軍之功哉！〔史大宛列傳〕歲餘而出敦煌者六萬人。〔又刺客列傳〕其後百六十有七年而吴有專諸之事。〔漢賈誼列傳〕此時而欲爲治安，雖堯舜不治。〔又〕當是時而陛下即天子位，能自安乎？〔趙策〕始以先生爲庸人，吾乃今日而知先生爲天下之士也。〔莊徐无鬼〕三年而國人稱之。——曰〈不二三歲〉，曰〈一日〉，曰〈歲餘〉，曰〈百六十有七年〉，曰〈此時〉，曰〈當是時〉，曰〈今日〉，曰〈三年〉，皆滋静附名字而記時者也。故前引「吾十有五而志於學」等句，惟言數而不言年歲，其實皆此例也。至如孟子梁惠王上云「然而不王者，未之有也」一句，〈然〉狀字一頓，指上文，〈而〉字轉下，故當分讀，詳後。莊子德充符云：「且而雌雄合乎前，是必有異乎人者也。」〈且〉亦狀字，〈且〉後接以〈而〉字，與〈然而〉兩字同例，然不數覯。〈然〉〈且〉兩字皆狀字，雖不記時，亦可自爲上截，而以〈而〉字轉接，有如是者。

①刊誤云：「此……〈而〉字乃轉换用法。〈闇然〉〈的然〉，乃静字表詞，非狀字。」　②〈與〉字原敚。　③原誤〈服〉。

又可用爲介字與動静諸字之過遞者，惟不常耳。

介字除〈之〉字外，其本義皆可用如動字〈與〉〈以〉等字是也。論語爲政云：「視其所以。」又先進云：「則何以哉。」又陽貨云：「鄙夫可與事君也與哉！」易繫辭云：「是故可與酬酢，可與祐神矣。」所引〈以〉字，皆作用字解，所引〈與〉字，可作受動觀。故〈以〉〈與〉兩字，用爲動字，與本義無異。惟〈之〉字之爲動字，則解往也，至也，與本義遠矣。又〈用〉〈由〉等字，介、動兩用者，往往而有。夫然，介字既可視同動字，則以〈而〉字爲過遞者，非連介字也，連動字也明矣。

〔周語〕以歜之家而主猶績，懼干季孫之怨[1]也。——〈歜之家〉，〈以〉字之司詞也。下連〈而〉字，則意進一層。猶云「以歜之家世如此，而家主猶自紡績，懼干季孫怨」也，凡以〈以〉字爲上截，而後連以〈而〉字者，皆應重讀，重讀，則含有動字之意。〔莊庚桑楚〕今以畏壘之細民，而竊竊[2]欲俎豆予于賢人之間，我其[3]杓之人耶！〔史張釋之列傳〕今陛下以嗇夫口[4]辯而超遷之，臣恐天下隨風靡靡，争爲口辯而無其實。〔漢東方朔傳〕欲以匹夫徒走之人而超九卿之右，非所以重國家而尊社稷也⑤。〔史游俠列傳〕此皆學士所謂有道仁人也，猶然遭此菑。況以中材而涉亂世之末流乎！〔史刺客列傳〕夫賢者以感忿睚眦之意而親信窮僻之人，而政獨安得嘿然而已乎！〔韓策〕且夫⑥大王之地有盡，而秦之求無已。夫⑦以有盡之地而逆無已之求，此所謂市怨而賈⑧禍者也，不戰而地已削矣。〔史屈原列傳〕以一儀而當漢中地，臣請往如楚。——七引〈以〉字，莫不接以〈而〉字者，皆先將上截頓足，爲〈而〉字跌進一層地步。夫頓足上截，則〈以〉字司詞外，必有若動静等字含而未申者之餘音矣。學者可玩索而得之也。其餘介字之爲上截者，蓋不數覯。〔魏策〕此三子者，皆布衣之士也。懷怒未發，休祲降於天，與臣而將四矣。——〈與臣〉兩字，介字與其司詞也。〔莊胠篋〕將爲胠篋探囊發匱之盜而爲守備，則必攝緘縢，固扃鐍，此世俗之所謂知也。〔又〕然而田成子一旦殺齊君而盜其國，所盜者豈獨其國邪，並⑨與其聖知之法而盜之。——〈將爲〉云云者，〈爲〉介字也，後〈盜〉字其司詞也。又〈並與〉云云者，〈與〉介字，〈法〉字其司詞。後皆連以〈而〉字。其以〈爲〉〈與〉兩介之司詞爲上截者，亦以爲頓足後跌進一層地步。猶云「將爲如是善盜之盜而爲守備」云，又猶云「所盜者不惟其國，並與其治國最聖最知之善法而一切盜之」也。

①〈之怨〉原誤〈怒〉。下同。　②原衍〈然〉字。　③原誤〈豈〉。　④原誤〈之〉。　⑤朔傳無此語。
⑥兩〈夫〉字原敚。　⑦兩〈夫〉字原敚。　⑧〈而賈〉原誤〈結〉。　⑨原誤〈并〉，下同。

若〈而〉字之前若後惟有名字者，則其名必假爲動静字矣。不然，則含有動静之字者也。不然，則用若狀字者也。

〔史酷吏列傳〕其爪牙吏虎而冠。——〈虎〉〈冠〉本皆名字，今〈虎〉用如静字，而〈冠〉用如動字，故以〈而〉字參焉。〔左襄十四①〕余不説初矣，余狐裘而羔袖。——〈狐裘〉〈羔袖〉兩名字，今假爲静字。〔莊列禦寇〕古之人，天而不人。——〈天〉〈人〉兩字，皆假爲静字。〔左成九〕南冠而縶者誰也。——〈南冠〉者，冠南方之冠也，用如動字。〔又僖十五〕臣而不臣；行將焉入？——兩〈臣〉字假爲静字。〔漢枚乘傳〕夫銖銖而稱之，至石必差。寸寸而度之，至丈必過。——〈銖〉〈寸〉兩字重言者，每之也。每之者，則皆用如動字矣。然則凡名字之用爲動静字者，亦動静字也，〈而〉字參之。〔孟公上〕人役而耻爲役，由②弓人而耻爲弓，矢人而耻爲矢也。——〈人役〉〈弓人〉〈矢人〉，三名也，而自爲上截者，蓋上截當重讀，猶云「既爲人役而耻爲人役」云云，故〈人役〉〈弓人〉〈矢人〉雖自爲上截，而其意含有動字者也。〔又梁上〕賢者而後樂此，不賢者雖有此不樂也。——〈賢者〉，静字而成爲名字也。猶云「惟賢者也而後能樂此」也。至如〔禮大學〕可以人而不如鳥乎！〔又中庸〕君子之中庸也，君子而時中。小人之③中庸也，小人而無忌憚也。〔論爲政〕人而無信，不知其可也。〔又述而〕君而知禮，孰不知禮！〔莊德充符〕子而説子之執政而後人者也。〔史大宛列傳〕宛小國而不能下，則大夏之屬輕漢，而宛馬善④絶不來，烏孫侖頭易苦漢使矣，爲外國笑。〔又李斯列傳〕父而賜子死，安用復請。〔左隱十一〕王室而既卑矣，周之子孫，日失其序。——所引諸名字，若〈人〉，若〈君子〉，若〈小人〉，若〈君〉，若〈子〉，若〈小國〉，若〈父〉，若〈王室〉，各爲上截，皆當重頓，則下接〈而〉字，神情躍然矣。有謂〔左襄二十九〕且先君而有知也，毋寧夫人，而焉用老臣。〔又昭二十六〕後世若少惰，陳氏而不亡，則國其國也已。——〈先〉君與〈陳氏〉，皆自爲上截所接，〈而〉字當作〈若〉字解，且以本文相比，則襄公二十九年一節，其前文有「先君若有知也」一句，昭公二十六年一節上文「後世若少惰」接云「陳氏而不亡」是〈而〉〈若〉兩字互用之明證⑤。夫〈而〉字解如〈若〉字之義亦通。然將兩上截重讀，接以〈而〉字，其虚神仍在。如云「且先君雖死而或有知也，」又如云「陳氏之爲陳氏，至後日而仍未亡也」，是將餘味曲包之字補出，則〈而〉字仍不失爲動静諸字之過遞也。而況若而句者，經史往往而有。如執以〈而〉〈若〉兩字互用爲解，遇有〈而〉字而無〈若〉字處者，又將何以自解也。論語述而云：「富而可求也」句，必將〈富〉字重頓，而云「富之爲富而可求也，」則下句〈雖〉字已躍然矣。左傳宣⑥公十二年云：「且君而逃臣，若社稷何。」猶云「且爲一國之君而逃臣」云，如是上截頓足，則下截跌進更有力。若惟云「君若逃臣」云云者，則無餘音矣。孟子萬章上云：「匹夫而有天下者，德必若舜禹，而又有天子薦之者。」此句重在匹夫，故當重頓。猶云「以匹夫之絶無憑藉而能有天下者，則其德必若舜禹」云云。〔孟萬上〕舜南面而立，堯帥諸侯北面而朝之，瞽瞍亦北面而朝之。——一言〈南面〉，兩言〈北面〉，各爲上截，承以〈而〉字者，皆記處也，與狀字同功。〔又〕孔子不悦於魯衛，遭宋桓司馬，將要而殺之，微服而過宋。——〈微服〉者，記容也，亦狀字也。至如孟子公孫丑下云：「千里而見王不遇故去。三宿而後出晝，是何濡滯也？」曰〈千里〉者，記所經之地。曰〈三宿〉者，記所歷之時。皆狀字也。又離婁下云：「君子之澤，五世而斬。小人之澤，五世而斬。」論語子路云：「如有王者，必世而後仁。」曰〈五世〉，曰〈世〉，皆記時也。公羊文公十二年云：「河曲疏矣，河千里而一曲也。」曰〈千里〉，記所歷之處。曰〈一曲〉，記所流之容。皆視同狀字，皆可以〈而〉字連之。越語云：「余雖靦然而人面哉，吾猶禽獸也，又安知是諓諓者乎！」〈靦然〉，狀詞也，〈人面〉，記容也，與狀字同功，故參以〈而〉字。

①原誤〈十六〉。　②原作〈猶〉。　③原衍〈反〉。　④〈善〉字原敚。　⑤説見經傳釋詞第七。
⑥原誤〈女〉。

代字單用爲上下截者，惟詢問代字則然，爲其爲表詞也。是則〈而〉字之上下截，無論字爲何類，然必用若動靜字者然，而後〈而〉字乃爲之過遞也。此不變之例也。

〔左僖二十四〕主晉祀者，非君而誰？——〈誰〉，詢問代字也。繫於〈而〉字之後，猶云「非君而將爲誰」也。故〈誰〉爲表詞。既表詞矣，則視同靜字，故〈而〉字用以爲〈非君〉與〈誰〉之過遞耳。〔又哀十六〕楚國第，我死，令尹司馬非勝而誰？——〈而誰〉同上。〔孟萬上〕奚而不知也。——〈奚〉，詢問代字，亦表詞也，故單用，以〈而〉字承之，猶云「何爲而不知」也。〔齊策〕管燕得罪齊王，謂其左右曰：「子孰而與我赴諸侯乎？」——〈孰〉，詢問代字，表詞也。〈子〉者，稱之也①。若左傳昭公四年云：「牛謂叔孫：『見仲而何？』」猶云「見仲而何如」也。又齊策云：「威王不應，而此者三。」〈而此〉者，即「而如此者」②也。兩引皆可視同狀字。至莊子人間世云：「使予也而有用，且得有此大也邪！」〈予〉指名代字，今單用〈而〉字承之者，〈予〉字應重頓，猶云「使予之爲予而見用於世」也云。故〈予〉乃名字，非表詞也，不在此例。

統觀此篇所引〈而〉字，先後兩截，要皆不失有動静諸字之意者近是。然則謂〈而〉字惟以過遞動静諸字也，信然。

①刊誤云：「〈而〉與〈能〉古音相同，故國策中以〈而〉爲〈能〉者，其例不一。」②經傳釋詞第七云：「〈而〉〈如〉也。」引左昭四、莊人間世爲證。

夫然，〈而〉字之位，不變者也。而上下截之辭意，則又善變者也。惟其善變，遂使不變者亦若有變焉。其變有四：一、凡上下截兩事並舉，則以〈而〉字遞承，若有〈又〉字之意。故〈而又〉兩字相連者，常也。

〔論學而〕學而時習之。——猶云「既已效學，又應時時服習」也。〈學〉〈習〉兩事連書，〈而〉字承之，意同〈又〉字。〔禮大學〕君子賢其賢而親其親，小人樂其樂而利其利。——〈賢〉〈親〉〈樂〉〈利〉兩各並舉，〈而〉字連之，猶〈又〉字也。〔孟公上〕非徒無益，而又害之。〔又萬上〕匹夫而有天下者，德必若舜禹，而又有天子薦之者。〔左文元①〕君之齒未也，而又多愛。黜乃亂也。〔又成二〕夫子有三軍之懼，而又有桑中之喜，宜將竊妻以逃者也。〔又襄二十七〕縱無大討，而又求賞，無厭之甚也。〔又昭十〕大夫之事畢矣，而又命孤。〔吴語〕今天②王既封殖越國，以明聞於天下，而又刈亡之，是天③王之無成勞也。〔左襄十〕既無武守，而又欲易余罪。〔秦策〕是我一舉而名實兩附，而又有禁暴止亂之名。〔莊應帝王〕衆雌而無雄，而又奚卵焉！〔韓爲人求薦書〕以某在公之宇下非一日，而又辱居姻婭之後，是生于匠石之園，長于伯樂之廐者④也。〔又上崔虞部書〕其行道爲學，既已大成，而又之死不倦。〔又答崔立之書〕凡二試於禮部，一既得之，而又黜於中書。〔周語〕布令陳辭，而又不至，則⑤增修於德，而⑥無勤民於遠。〔韓送韓侍御序〕莫不涕泣感奮，相率盡力以奉其令，而又爲之奔走經營，相原隰之宜，指授方法。——諸引上下截，皆以〈而又〉兩字遞輥。惟然，〈而亦〉〈而復〉與〈而况〉〈而且〉，凡進步者，皆在〈又〉字甲裏，經史亦習見焉。〔孟梁下〕此武王之勇也，而武王亦一怒而安天下之民。〔史匈奴列傳〕於是秦有隴西北地上郡，築長城以拒胡，而趙武靈王亦變俗胡服習騎射。〔左襄二十一〕若上之⑦所爲而民亦爲之，乃其所也，又可禁乎！〔又文七〕既不受矣，而復緩師，秦將生心。〔韓禘祫議〕昔者魯立煬宮，春秋非之，以爲不當取已毁之廟，既藏之主，而復築宮以祭。〔莊在宥〕自三代以下者，匈匈焉終以賞罰爲事，彼何暇安其性命之情哉！而且説明邪？是淫於色也。説聰邪？是淫於聲也。〔孟公上〕管仲且猶不可召，而況不爲管仲者乎！〔左僖二十四〕臣之罪甚⑧多矣。臣猶知之，而況君乎！——〈而況〉兩字，見於書者，所在皆有。其實〈而況〉與〈又況〉，義無區别。故莊子人間世云：「夫支離其形者，猶足以養其身，終其天年，又況支離其德者乎！」至如韓文南海神廟碑云：「今王亦爵也，而禮海嶽尚循公侯之事，虚王儀而不用，非致崇極之意也。」莊子逍遥游云：「夫子立而天下治，而我猶尸之。」所謂〈而尚〉與〈而猶〉者，仍在〈又〉字甲裏也。又左傳莊公二十八年云：「若使太子主曲沃，而重耳夷吾主蒲與屈，則可以威民而懼戎，且旌君伐。」所謂〈而重耳夷吾主蒲與屈〉者，即「又使重耳」之意也。史記刺客列傳云：「群臣皆愕，卒起不意，盡失其度。而秦法：群臣侍殿上者，不得持尺寸之兵。」〈而秦法〉云云者，即〈又秦法〉云云之解也。至如又大宛列傳云「而樓蘭姑師小國耳」一句，與莊子逍遥游云「而宋榮子猶然笑之」一句，皆遥承上文而接言所事之又同，故兩〈而〉字又與〈又〉字無别。其他〈而〉字過遞，雖無〈亦〉〈又〉等字，而意則猶是者，蓋不勝書也。

①原誤〈二〉　②〈今天〉原誤〈大〉　③原誤〈大〉。　④〈者〉字原敓。　⑤原衍〈又〉字。　⑥〈而〉字原敓。
⑦〈之〉字原敓。　⑧〈甚〉字原敓。

二、凡上下截兩相背戾，則以〈而〉字捩轉，似有〈乃〉字〈然〉字之意。故〈而乃〉〈然而〉常各相連者，此也。〔論學而〕其爲人也孝弟，而好犯上者鮮矣。——〈孝弟〉與〈犯上〉兩截意相反，猶云「孝弟順德之人乃好爲悖逆犯上之事者蓋寡」云。故〈而〉字有〈乃〉字之意。〔又〕人不知而不愠，不亦君子乎！——猶云「其學問雖不見知於人，然而未見有愠色」也。故〈而〉字意同〈然〉字。是以孟子公孫丑下云：「然而不勝者，是天時不如地利也。」又梁惠王上云：「然而不王者，未之有也。」漢書賈誼傳云：「然而天下少安，何也？」諸〈然而〉字當拆讀。〈然〉字一頓，以承上文，〈而〉字所以拗轉也。至於〔孟公上〕管仲，曾西之所不爲也，而子爲我願之乎？〔又盡下〕以至仁伐至不仁，而何其血之流杵也。〔又梁下〕禮義由賢者出，而孟子之後喪踰前喪。〔論雍也〕斯人也，而有斯疾也。〔孟萬下〕仕非爲貧也，而有時乎爲貧。〔左隱四[1]〕於是乎不務令德而欲以亂成，必不免矣。〔又僖七〕君以禮與信屬諸侯，而以奸終之，無乃不可乎！〔又僖二十四〕天實置之，而二三子以爲己力，不亦誣乎！〔又文七〕此諺所謂庇焉而縱尋斧焉者也，必不可。〔又襄二十七〕廢興存亡昏明之術皆兵之由也，而子求[2]之，不亦誣乎。〔又襄二十三[3]〕欒氏所得，其唯魏氏乎！而可强取也。〔又昭元〕有令名矣，而終之以耻，午也是懼。〔又成八〕霸主將德是以，而二三之，其何以長有諸侯乎！〔又昭七〕其用物也弘矣，其取精也多矣，其族又大，所憑厚矣，而强死，能爲鬼，不亦宜乎！〔穀僖二[4]〕璧則猶是也，而馬齒加長矣。〔史酷吏列傳〕夫古有三族，而王温舒罪至同時而五族乎？〔漢趙充國傳〕釋致虜之術，而從爲虜所致之道，臣愚以爲不便。〔史淮陰侯列傳〕百里奚居虞而虞亡，在秦而秦霸，非愚於虞而智於秦也，用與不用，聽與不聽也。〔又平原君列傳〕此百世之怨，而趙之所羞，而王弗知惡焉。〔齊策〕夫不料秦之不奈我何也[5]，而欲西面事秦，是群臣之計過也。〔魏策〕内王於不可知之秦，而殉王以鼠首，臣竊爲王不取也。〔史秦本紀[6]〕秦無亡矢遺鏃之費，而天下諸侯已困矣。〔韓柳州墓誌銘〕此宜禽獸夷狄所不忍爲，而其人自視以爲得計。聞子厚之風，亦可以少媿矣！〔又張中丞傳後序〕不追議此，而責二公以死守[7]，亦見其自比於逆亂，設淫辭而助之攻也。〔又答陳商書〕今舉進士於此世，求禄利行道於此世，而爲文必使一世人不好，得無與操瑟立齊門者比歟！〔荀子勸學〕青出於[8]藍而勝于藍，冰水爲之而寒于水。——諸引上下截皆兩相背戾，所連〈而〉字，不出〈然〉〈乃〉兩字之意。而經籍中不惟〈而乃〉兩字，即〈而竟〉〈而反〉〈而獨〉等字，意與〈乃〉字相若者，亦時見於書。〔史田儋列傳〕今漢王爲天子，而横迺爲亡虜，而北面事之，其耻固已甚矣。漢司馬遷傳頂承上文一段云：「而事迺有大謬不然者。」莊子逍遥游亦承上文一段云：「而彭祖乃今以久特聞，衆人匹之，不亦悲乎！」〔史趙世家[9]〕齊之事王，宜爲上佼，而今乃抵辠，臣恐天下後事王者之不敢自必也。〔韓與孟尚書書〕孟子不能救之於未亡之前，而韓愈乃欲全之於已壞之後。嗚呼；其亦不量其力，且見其身之危莫之救以死也！〔史項羽本紀〕白起爲秦將，南征鄢郢，北坑馬服，攻城略地，不可勝計，而竟賜死。〔又魏世家〕穰侯舅也，功莫大焉，而竟逐之。〔孟公上〕是氣也，而反動其心。〔韓改葬服議〕又安可取未葬不變服之例，而反爲之重服歟？在喪當葬，猶宜易以輕服；况既遠，而反純凶以葬乎？〔孟公下〕人亦孰不欲富貴，而獨於富貴之中，有私龍斷焉。〔漢董仲舒傳〕今廢先王德教之官，而獨任執法之吏治民，毋乃任刑之意與！〔史六國表序〕詩書所以復見者，多藏人家，而史記獨藏周室，以故滅。〔漢霍光傳〕往事既已，而福獨不蒙其功，惟陛下察之。——諸引上下截意有所背，故以〈而竟〉〈而反〉〈而獨〉等字各爲轉捩，既有證矣。然有時下截之於上截，雖非事理之所必有，而轉以〈而〉字設一或有之境者，亦此例也。故〈而或〉兩字並用者有焉。〔左襄九〕自今日既盟之後，鄭國而不唯晉命是聽而或有異志者，有如此盟。〔又襄二十一〕上所不爲而民或爲之，是以加刑罰焉。〔又昭三〕民人痛疾而或燠休之，其愛之如父母，而歸之如流水，欲無獲民，將焉辟之。——三引皆以〈而或〉爲轉，是特設一或有之境，以與上截相反者。其無〈而或〉字樣而惟有其意者亦如之。前節所引，有單用名字爲上截，先爲重頓而後轉至下截者，亦此志也。論語云：「人而不仁，如禮何！」猶云「爲人而或不仁如禮何」也。他如左傳僖二十三年云：「有人而校，罪莫大焉。」又云：「得志於諸侯而誅無禮，曹其首也。」又僖二十八年云：「戰而捷，必得諸侯。」管子權修第三云：「地之生財有時，民之用力有倦，而人君之欲無窮。以有時與有倦，養無窮之君，而度量不生於其間，則上下相疾也。」漢書賈誼傳云：「使筦子[10]愚人也則可，筦子而少知治體，則是豈可不爲寒心哉？」又云：「中流而遇風波，船必覆矣。」史記趙世家云：「今媪尊長安君之位而封之以膏腴之地，多與之重器，而不及今令有功於國。一旦山陵崩，長安君何以自托於趙？」所引諸句內，其以〈而〉字爲轉者，皆有假設之辭氣也。至論語雍也云：「不有祝鮀之佞，而有宋朝之美」一節，〈而有〉皆解作〈與有〉之意，又以〈不〉字直貫兩句[11]。愚謂〈而〉乃轉捩之辭，常解，方與孔聖平日所言「是故惡夫佞者」與「焉用佞」諸句口氣相合。夫〈不〉字狀字也，若能直貫兩句，則爲連字矣。學者不可不辨。又孟子萬章下云「而居堯之宮，逼堯之子，是篡也」一節，經生家以〈而〉字作〈如〉字解[12]。左傳襄公三十年云：「子產而死」一句，則以〈而〉字解作〈若〉字⑬，又雜引他句，〈而〉字解作〈乃〉字⑭。不知〈而〉字之解〈若〉〈如〉等字者，非其本字，乃上下截之辭氣使然耳。

①原誤〈三〉。　②原衍〈去〉字。　③原誤〈二十一〉。　④原誤〈七〉。　⑤〈也〉字原敓。　⑥原誤〈賈誼傳〉。　⑦〈守〉字原敓。　⑧元刻作〈青出之藍〉，蜀本作〈青出於藍〉，建本作〈青取之於藍〉。　⑨原誤〈趙策〉。按趙策作「夫韓事趙，宜正爲上交，今乃以抵罪取伐，臣恐其後事王者之不敢自必也」。與史記文異。　⑩原衍〈而〉字。　⑪經傳釋詞弟七云：「〈而〉猶〈與〉也，〈及〉也。」引雍也篇云：「言有祝鮀之佞與有宋朝之美也。」注：「皇侃疏：『言人若不有祝鮀佞及有宋朝美則難免今之患難也。』〈及〉亦〈與〉也。」　⑫見釋詞弟七。　⑬見釋詞弟七。　⑭見釋詞弟七。

三、凡上下截一意相因，則以〈而〉字直承，若有〈因〉字〈則〉字之意。此則〈而〉字之本意也。

〔禮大學〕堯舜帥天下以仁，而民從之。桀紂帥天下以暴，而民從之。——猶云「堯舜帥天下以仁，民因而從之。桀紂帥天下以暴，民亦因而從之」也。〔又〕上老老而民興孝，上長長而民興弟，上恤孤而民不倍。——猶云「上老老則民興孝」也，〈而〉〈則〉兩字，其辭氣雖有緩急之分，而所以決言其效者則一也。禮中庸云：「温故而知新，敦厚以崇禮。」又史始皇本紀①云：「及至秦王，續②六世之餘烈，振長策而御宇内，吞二周而亡諸侯，履至尊而制六合，執捶拊以鞭笞天下。」兩引書，〈而〉〈以〉兩字皆互用，蓋〈因而〉〈因以〉兩語，用意不甚相懸也。〔禮中庸〕是故君子動而世爲天下道，行而世爲天下法，言而世爲天下則。〔論子路〕子欲善而民善矣。〔孟滕下〕昔者禹抑洪水而天下平，周公兼夷狄，驅猛獸而百姓寧；孔子成春秋而亂臣賊子懼。〔左成一〕遂奔晉，而因郤至以臣于晉。〔又襄八〕君有楚命，亦不使一介行李告于寡君，而即安于楚，君之所欲也，誰敢違君！〔荀子勸學③〕登高而招，臂非加長也，而見者遠。順風而呼，聲非加疾也，而聞者彰。〔莊齊物論〕見卵而求時夜，見彈而求鴞炙。〔史禮書〕猶云④出見紛華盛麗而説，入聞夫子之道而樂。〔又管晏列傳〕倉廩實而知禮節，衣食足而知榮辱。〔又〕俗之所欲，因而予之。俗之所否，因而去之。〔孟離上〕我不意子學古之道而以餔啜也。〔齊策〕謀成於堂上而魏將已禽於齊矣。〔秦策〕肘足接於車上而智氏分矣。——諸引上下截皆一意相因，〈而〉字承之。有言其效者，有言其向者，故〈而〉字一似有〈因〉〈則〉兩字之意者此也。惟然，煞句〈而已〉兩字，亦在此例。論語里仁云：「夫子之道，忠恕而已矣。」漢書趙充國傳云：「臣恐國家憂累，繇十年數，不二三歲而已。」蓋凡云〈而已〉者，猶云「如是而止耳」。故韓文讀荀子云：「其存而醇者，孟軻氏而止耳，揚雄氏而止耳。」漢書儒林傳云：「至獲麟而止。」兩引〈而止〉，與〈而已〉同解。韓文上宰相書云：「今若聞有以書進宰相〈而求仕者〉，而宰相不辱焉而薦之天子⑤，而爵命之，而布其書於四方，枯槁沈溺魁閎寬通之士，必且洋洋焉動其心，峨峨焉纓其冠，于于焉而來矣。此所謂勸賞不必遍加乎天下，而天下從焉者也。因人之所欲而遂推之之謂者⑥也。」此段八用〈而〉字，皆此例也，故〈而〉字之用最廣者在此，〈而〉字之所以爲承接連字者亦在此。

①原誤〈賈誼傳〉。 ②原依漢書陳項傳作〈奮〉。 ③原誤管子權修第三。 ④二字原敓。 ⑤原誤〈下〉。

⑥〈者〉字原敓。

四、凡上下截有言時者，則以〈而〉字連之，以記其時之同異。

凡兩事並論，以其時相較，則有同時與異時之判。及時者，狀以〈方〉〈適〉等字；異時者，則狀以〈後〉〈先〉等字，而不狀者爲常。蓋連以〈而〉字，其上下截兩時之較，有判然者。論語陽貨云：「孔子時其亡也而往拜之。」猶云「而後往拜之也」。又爲政云：「吾十有五而志於學。三十而立。」猶云「而始志於學」也，「三十而始立」也。孟子離婁下云：「王者之迹熄而詩亡。」猶云「而詩始亡」也。又萬章下云：「堯老而舜攝也。」猶云「而舜乃攝」也。乃言時之後也，非轉詞也。春秋定十五年云：「①丁巳，葬我君定公，而②不克葬。戊午日下昃，乃克葬。」孟子告子上云：「吾退而寒之者至矣。」猶云「而寒之者即至矣」。左傳僖二十三年云：「又如是而嫁，則就木焉。」猶云「又如是而後嫁」也。又僖二十六年云：「豈其嗣世九年而弃命廢職，其若先君何？」猶云「而即弃命廢職」也。又襄二十三年云：「許諾，伏之而觴曲沃人。」猶云「而乃觴曲沃人」也。又隱元年云：「仲子生而有文在其手。」猶云「而即有文」也。史記大宛列傳云：「是歲太初元年也，而關東蝗大起，蜚西至敦煌③。」猶云「而關東蝗適大起」也。又刺客列傳云：「立起如韓之市，而死者果政也。」猶云「而適見死者果政也。」又云：「秦王發圖，圖窮而匕首見。」猶云「而匕首即見」也。至又平準書云：「是固前而欲輸其家半助邊。」又管晏列傳云：「已而鮑叔事齊公子小白。」又云：「既而歸，其妻請去。」公羊襄二十九云：「今若是迮而與季子國，季子猶不受也。」漢書賈誼傳云：「今而有過，」又云：「故胡亥今日即位而明日射④人。」燕策云：「寡人豈敢一日而忘將軍之功哉！」所謂〈前〉〈已〉〈既〉〈迮〉〈今〉與〈今日〉〈明日〉〈一日〉諸字，皆言時也，已詳本篇。史記陸賈傳云：「陸生往請，直入坐，而陳丞相方深念不時見陸生。」韓文上宰相書云：「而方聞國家之仕進者，必舉於州縣。」史記自序云：「天子始建漢家之封，而太史公留滯周南，不得與從事。故發憤且卒，而子遷適使反，見父⑤於河洛之間。」而字後狀以〈方〉〈適〉等字，書不概見，狀以〈後〉字者，則不勝書矣。禮大學云：「知止而后有定。」又云：「物格而后知至⑥。」兩皆排句疊用〈而后〉者。左傳僖二十八⑦年云：「國人聞此盟也而後不貳。」又二十七年云：「民聽不惑而後用之。」史記淮陰侯列傳云：「兵法不曰，陷⑧之死地而後生，置之亡地而後存。」蓋〈而後〉兩字，不惟紀時也，凡言因果，言次第者，胥用焉。總觀所引，上下截之變，盡於是矣。〈而〉字之用，蓋未有外乎是者。經史中遇〈而〉字有作別解者，則解經家一家言也，要未可據爲定論，故不具論。

①原衍〈九月〉兩字。　②春秋本作〈雨〉，此誤引。　③原誤〈蝗〉。　④原誤〈殺〉。　⑤〈父〉字原敚。
⑥原誤〈致〉。　⑦原誤〈二十九〉。　⑧原誤〈置〉。

承接連字八之三

承接連字最習用者，〈而〉字而外，則惟〈則〉字。

〈則〉字乃直承順接之辭與上文影響相隨，口吻甚緊。而爲用有三，一以上下文爲別。

一、凡上下文事有相感者，〈則〉字承之，即爲言效之詞。

〔禮大學〕是故財聚則民散，財散則民聚。——〈財〉之〈聚〉〈散〉與〈民〉之〈散〉〈聚〉，兩相感者也，〈則〉字承之，以言其效。〔又〕道善則得之，不善則失之矣。——此亦感應之事，〈則〉字指其效而復助以〈矣〉字者，所以必其效也。〔孟公上〕仁則榮，不仁則辱。〔又〕信能行此五者，則鄰國之民，仰之若父母矣。〔左莊二十八〕宗邑無主，則民不威。疆埸無主，則啓戎心。〔又文七〕公族，公室之枝葉也。若去之，則本根無所庇蔭矣。〔又襄二十四〕夫諸侯之賄，聚於公室，則諸侯貳；若吾子賴之，則晉國貳。諸侯貳，則晉國壞；晉國貳，則子之家壞。何沒沒也，將焉用賄！〔史李斯列傳〕此臣主之分定，上下之義明，則天下賢不肖，莫敢不盡力竭任以徇其君矣。〔史始皇本紀①〕即四海之内，皆讙然各自安樂其處，唯恐有變，雖有狡猾之民，無離上之心，則不軌之臣無以飾其智，而暴亂之奸止矣。〔趙策〕大王與秦，則秦必弱韓魏；與齊，則齊必弱楚魏。魏弱，則割河外；韓弱，則效宜陽。宜陽效，則上郡絶，河外割，則道不通；楚弱，則無援。此三者，不可不熟計也。夫秦下軹道，則南陽動；劫韓包周，則趙自銷鑠；據衛取淇，則齊必入朝。秦欲已得行於山東，則必舉甲而向趙。秦甲涉河，逾漳，據②番吾，則兵必戰於邯鄲之下矣。此臣之所以爲大王患③也。〔史李斯列傳〕若此，則謂督責之誠，則臣無邪；臣無邪，則天下安；天下安，則主嚴尊；主嚴尊，則督責必；督責必，則所求得；所求得，則國家富；國家富，則君樂豐。故督責之責設，則所欲無不得矣。〔莊胠篋〕夫弓弩畢弋機變④之知多，則鳥亂於上矣；鈎餌罔罟罾笱之知多，則魚亂於水矣；削格羅落罝罘之知多，則獸亂於澤矣；知詐漸毒頡滑堅白解垢同異之變多，則俗惑於辯矣。〔又庚桑楚〕夫函車之獸，介而離山，則不免於罔罟之患；吞舟之魚，碭而失水，則蟻能苦之。〔又外物〕木與木相摩則然，金與火相守則流。〔史大宛列傳〕且誠得而以義屬之，則廣地萬里，重九譯，致殊俗，威德遍於四海。天子欣然以騫言爲然。〔韓與孟尚書〕然向無孟氏，則皆服左衽而言侏離矣。——所引諸句，長短不同者，所以盡其句法之變也。〈則〉字後則皆以言上下文相感之效。至句尾助字，不用則已，用則概皆〈矣〉字。

①原誤〈賈誼傳〉。　②原誤〈取〉。　③原誤〈慮〉。　④四字原敚。

二、凡上下文事有相因者，〈則〉字承之，即爲繼事之詞。

〈論學而〉弟子入則孝，出則弟。謹而信，汎愛衆，而親仁。行有餘力，則以學文。——〈入孝〉〈出弟〉與〈以餘力學文〉，皆相因之事，〈則〉字承之，所以明其後之繼乎先也。〈又〉過則勿憚改。〈又雍也〉如有復我者，則吾必在汶上矣。〈又述而〉子行三軍則誰與？〈孟滕下〉大夫有賜於士，不得受於其家，則往拜其門。〈又離下〉有人於此，其待我以横逆，則君子必自反也。〈又梁下〉爲巨室，則必使工師求大木。〈又離下〉有故而去則君使人導之出疆，又先於其所往。〈又盡下〉説大人，則藐之。〈左文七〉出朝則抱以適趙氏。〈又成二〉不可，則聽客之所爲。〈周語〉有不祭，則修意；有不祀，則修言；有不享，則修文；有不貢，則修名；有不王，則修德；序成而有不至，則修刑。〈莊人間世〉上徵武士，則支離攘臂而游①於其間；上有大役，則支離以有常疾不受功；上與病者粟，則受三鍾與十束薪。〈趙策〉君其②與二君約，破趙，則封二子者各萬家之縣一。〈又〉秦攻韓魏，則楚絶其後，齊出鋭師以佐之，趙涉河漳，燕守雲中。秦攻齊，則楚絶其後，韓守成皋，魏塞午道，趙涉河漳博關，燕出鋭師以佐之。秦攻燕，則趙守常山，楚軍武關，齊涉渤海，韓魏出鋭師以佐之。秦攻趙，則韓軍宜陽，楚軍武關，魏軍河外，齊涉渤海，燕出鋭師以佐之。諸侯有先背約者，五國共伐之。〈史商君列傳〉君之危若朝露，尚將欲延年益壽乎！則何不歸十五都，灌園於鄙。〈漢路温舒傳〉故因人不勝痛，則飾辭以視之。吏治者利其然，則指道以明之。上奏畏却，則鍛錬而周内之。〈史信陵君列傳〉如姬必許諾，則得虎符，奪晉鄙軍，北救趙而西却秦，此五霸之伐也。〈又項羽本紀〉謹守成皋，則漢欲挑戰，慎勿與戰。——〈韓後上宰相書〉將有介於其側者，雖其所憎怨，苟不至乎欲其死者，則將大其聲疾呼而望其仁之也。〈又與陸員外書〉凡此四子，皆可以當執事首薦而極論者。主司疑焉，則以辨之；問焉，則以告之；未知焉，則殷勤而語之，期乎有成而後止可也。——所引各節，其上下文無相感之效，而有相因之序，〈則〉字承之，所以明先後事之有以相繼也。若兩事相遭，絶無相涉之情者，〈則〉字承之，以記其時，亦此例也。

〔孟滕下〕他日歸，則有饋其兄生鵝者。——仲子之〈歸〉與其〈饋生鵝者〉，兩不相涉也。而仲子〈歸〉時，適與〈饋鵝〉之事相值，故〈則〉字承之，所以記其相遭之時也。〔又盡下〕晉人有馮婦者，善搏虎，卒爲善士。則之野，有衆逐虎。——〈則之野〉者，「適之野」也。〔論微子〕至則行矣。〔左僖三十三③〕鄭穆公使視客館，則束載厲兵秣馬矣。〔又〕及諸河，則在舟中矣。〔又襄二十三〕范鞅逆魏舒，則成列既乘，將逆欒氏矣。〔又定十一〕吾僞固而授之末，則可殺也。〔史自序〕年十歲，則誦古文。〔又淮陰侯列傳〕信所出奇兵二千騎，共候趙空壁，逐利則馳入趙壁，皆拔趙旗立漢赤幟二千。〔又廉頗列傳〕三十日不還，則請立太子爲王④以絶秦望。〔漢趙充國傳〕已則罕幵之屬，不煩兵而復矣。〔史項羽本紀〕項王則夜起飲帳中。〔又虞卿列傳〕趙王曰：「善。」則使虞卿東見齊王，與之謀秦。〔公宣六〕勇士入其大⑤門，則無入門焉者；入其閨，則無人閨焉者；上其堂，則無人焉。〔韓新修滕王閣記〕愈少時，則聞江南多臨觀之美。——所引〈則〉字，各記兩事相遭之際，而其事則本無相關之情者也。

①二字原敚。　②〈其〉字原敚。　③原誤〈二十三〉。　④二字原敚。　⑤〈大〉字原敚。

三、凡上下文事有異同者，〈則〉字承之，即爲直決之詞。

事之所謂異同者有三，一、其事或本相同也，或本相異也，〈則〉字承之，所以決其爲是爲非，故〈則〉字之後，即爲表詞。〔孟盡下〕道則高矣美矣，宜若登天然。——〈道〉之爲〈高〉爲〈美〉，固不待人言而已然，今以〈則〉字承之，此公孫丑之所爲讚歎也。〔孟離下〕其妻問所與飲食者，則盡富貴也。——〈則〉字以承所問，決〈所與飲食者〉之皆爲〈富貴〉也。〔論憲問〕孟公綽爲趙魏老則優。〔又公冶〕則曰：「猶吾大夫崔子也。」〔孟滕上〕滕君則誠賢君也。〔左隱四〕君若伐鄭以除君害，君爲主，敝邑以賦與陳蔡從，則衛國之願也。〔又襄二十六〕鄭於是不敢南面，楚失華夏，則析公之爲也。〔又成二〕其自爲謀也則過矣，其爲吾先君謀也則忠。〔穀隱元〕若隱者，可謂輕千乘之國，蹈道則未也。〔莊齊物論〕地籟則衆竅是已，人籟則比竹是已。敢問天籟。〔又〕俄然覺，則蘧蘧然周也。〔又至樂〕種有幾，得水則爲㡭，得水土之際則爲鼃蠙之衣，生於陵屯則爲陵舄，陵舄得鬱棲則爲烏足。〔又田子方〕夫天下也者，萬物之所一也。得其所一而同焉，則四肢百體將爲塵垢，而死生終始將爲晝夜，而莫之能滑，而況得喪禍福之所介乎！〔公莊十三〕寡人之生則不若死矣。〔又僖十六①〕霣石記聞。聞其磌然，視之則石，察之則五。〔又宣二〕趙盾②就而視之，則赫然死人也。〔穀僖二〕璧則猶是也，而馬齒加長矣。〔齊語〕若必治國家者，則其③管夷吾乎。〔吴語〕臣觀吴王之色，類有大憂。小則嬖妾嫡子死，不則國有大難，大則越入吴，將毒，不可與戰，主其許之先，無以待危。〔趙策〕其堅則箘簬之勁不能過也。〔又〕若乃梁，則吾乃梁人也。〔秦策〕得寸則王之寸，得尺亦④王之尺也。〔史自序〕要曰彊本節用，則人給家足之道也。〔漢揚雄傳〕故有造蕭何律於唐虞之世，則誖矣；有作叔孫通儀於夏殷之時，則惑矣；有建婁敬之策於成周之世，則繆矣；有談范蔡之説於金張許史之間，則狂矣。〔史匈奴傳贊〕孔氏著春秋，隱桓之間則章，至定哀之際則微，爲其切當世⑤之文而罔襃忌諱之辭也。〔韓伯夷頌〕若至於舉世非之，力行而不惑者，則千百年乃一人而已耳。〔又争臣論〕問其官，則曰諫議也；問其禄，則曰下大夫之秩也；問其政，則曰我⑥不知也。〔又〕若書所謂，則大臣宰相之事，非陽子之所宜行也。〔又答馮宿書〕此豈徒足致謗而已，不戮於人則幸也。〔又答李秀才書〕見元賓之所與者，則如元賓焉。——諸引〈則〉字後皆爲表詞，所以決事之同異也。又有上下文事本相同，而詳略攸分者，〈則〉字承之，所以實指其詳也。〔史大宛列傳〕其北則康居，西則大月氏，西南則大夏，東北則烏孫，東則扜罙于寘。——〈康居〉居〈北〉，故〈北〉與〈康居〉本相同也。惟〈北〉言其間，而〈康居〉指其名，此詳略攸分也。〈則〉字承之，指其詳也。餘同。〔漢儒林傳〕言詩，於魯則申培公，於齊則轅固生，燕則韓太傅。言禮，則魯高堂生。言春秋，於齊曰胡毋生，於趙則董仲舒。〔又〕於是叙書則斷堯典，稱樂則法韶舞，論詩則首周南。〔又公孫弘傳〕儒雅則公孫弘董仲舒兒寬，篤行則石建石慶。〔史匈奴列傳〕其長兵則弓矢，短兵則刀鋋。〔孟離下〕其事則齊桓晉文，其文則史。〔韓許國公神道碑〕汴之南則蔡，北則鄆。〔又停舉選狀〕一則遠近驚惶，二則人士失業。〔論里仁〕一則以喜，一則以懼。——所引皆如前。

二、事有對待而見爲異同者，〈則〉字承之，乃以決其爲異爲同也。〔孟告上〕指不若人，則知惡之。心不若人，則不知惡，此之謂不知類也。——心不若人，其爲惡更甚於指，乃一惡一不惡，而見爲同異焉，承以〈則〉字，所以決其非也。〔孟萬下〕萬章曰：「庶人召之役則往役，君欲見之，召之則不往見之，何也？」〔又〕爲其多聞也，則天子不召師，而況諸侯乎！爲其賢也，則吾未聞欲見賢而召之也。〔又〕豈不曰：「以位，則子君也，我臣也，何敢與君友也！以德，則子事我者也，奚可以與我友！」〔又公下〕所以爲蚔鼃，則善矣，所以自爲，則吾不知也。〔又滕上〕布帛長短同，則賈相若。麻縷絲絮輕重同，則賈相若。五穀多寡同，則賈相若。屨大小同，則賈相若。〔又滕下〕以母則不食，以妻則食之。以兄之室則弗居，以於陵則居之。是尚爲能充其類也乎？〔莊駢拇〕小人則以身殉利，士則以身殉名，大夫則以身殉家，聖人則以身殉天下。〔趙策〕來年秦復求割地，王將予之乎？不與，則是弃前貴⑦而挑秦禍也。與之，則無地而⑧給之。〔漢馮奉世傳〕臣愚⑨以爲比罪則郅支薄，量敵則莎車衆，用師則奉世寡；計勝則奉世爲功於邊境安，慮敗則延壽爲禍於國家深；其違命而擅生事同。延壽割地封，而奉世獨不録。〔又陳湯傳〕故言威武勤勞，則大於方叔吉甫；列功覆過，則優於齊桓貳師；近事之功，則高於安遠長羅。而大功未著，小惡數布，臣竊痛之。〔秦策〕居彼人之所，則欲其許我也。今爲我妻，則欲其爲我詈人也。〔韓上崔虞部書〕欲事干謁，則患不能小書，困於投刺。欲學爲佞，則患言訥詞直，卒事不成。〔又復讎狀〕蓋以爲不許復讎，則傷孝子之心而乖先生之訓。許復讎，則人將倚法專殺，無以禁止，其端矣。〔又天旱人饑狀〕急之則得少而人傷，緩之則事存而利遠。——凡此所引，皆互相比擬而有對待之情。承以〈則〉字，所以決其有異也。

惟以上所引，皆兩相對比者，各以〈則〉字決之。其上下文有對待之意而無相比之式者，則惟一用〈則〉字，以決其不同而已。且〈則〉字之前，習冠以〈若〉〈至〉等字爲轉者。〔孟公上〕昔者竊聞之，子夏子游子張，皆有聖人之一體。冉牛閔子顔淵則具體而微。——〈子夏〉〈冉牛〉兩等，皆聖人之徒者同也，而一則得其一體，一則具體而微，此不同也。然句法不對，故於第二句始用〈則〉字，以決其不同而已。〔孟梁下〕至於治國家，則曰：「姑舍女所學而從我。」——〈治國家〉與〈彫玉〉相比，句法各異，故下句冠以〈至於〉兩字以爲轉。又承以〈則〉字，反決其不同口氣。至孟子公孫丑上云：「乃所願，則學孔子也。」又滕文公上：「若夫潤澤之，則在君與子矣。」又告子上：「乃若其情，則可以爲善矣。」又梁惠王上：「若民則無恒産，因無恒心。」又滕文公上：「若夫成功，則天也。」等句，皆與前引同一義例也。更有〈則〉字後止詞轉詞等字適與上文對比者，往往提置〈則〉字之先，而其後止詞以代字重指與否，概以坐動之有無弗辭爲定。孟子萬章下云：「其三人，則予忘之矣。」一句，〈其三人〉乃〈忘〉字之止詞，而又與未忘其名之樂正裘牧仲兩人相對，故提置於〈則〉字之先，仍以〈之〉字重指者，〈則〉忘字無弗辭狀之也。他如孟子公孫丑上云「聖則吾不能」一句，〈不能〉之後無代字重指者，有弗辭也。故孟子滕文公上云：「學則三代共之。」又離婁下：「乃若所憂則有之。」「萬鍾則不辨禮義而受之。」「飲食之人則人賤之矣。」又告子下：「有則髡必識之。」等句，皆有〈之〉字重指者，坐動無弗辭也。孟子公孫丑下云：「若於齊，則未有處也。」漢書劉歆傳云：「若立辟雍封禪巡狩之儀，則幽冥而莫知其原。」兩句雖皆有弗辭爲之狀，而〈則〉字之前，一爲轉詞，則不重指；一爲屬次，則有其字指焉。又韓文與崔群書云：「至於遐方異味，則有嗜者，有不嗜者。」一句，〈嗜〉之止詞在前，而〈嗜〉與〈不嗜〉之後，皆無代字重指者，蓋兩動止詞，同一代字，則置於第二動字之後。其例詳前。今則〈不嗜〉兩字已有弗辭，故不重指。孟子告子上云：「吾弟則愛之，秦人之弟則不愛也。」兩句可據以爲例。代字之重指與否，有顯然者。

三、事理以推論而見爲異同者，〈則〉字所以決所推之理與上文之爲異爲同也。〔孟梁下〕則是方四十里爲阱於國中，民以爲大，不亦宜乎！——此孟子先以文王之囿與齊國之囿並論，而後推言齊民以王囿爲大之宜，而不可與文王之囿比而同之也。故此〈則〉字所以決推論之理也。凡推論之理，必根上文並論，見爲同則決其同，見爲異則決其異，此辯才之學也。〔孟滕上〕則是厲民而以自養也，惡得賢！——〈則是〉兩字同上。根上文而推言滕君不並耕之非賢也。〔史李斯列傳〕則是夜光之璧，不飾朝廷，犀象之器，不爲玩好，鄭衛之女，不充後宮。……〔又虞卿列傳〕則是王失之於齊而取償於秦也。〔穀僖二二〕如受吾幣而借吾道，則是我取之中府而藏之外府，取之中廄而置之外庛也。〔韓諱辨〕則是宦官宮妾之孝於其親，賢於周公孔子曾參者邪？——凡言〈則是〉，皆決言所推之理，與上文之或同或不同也。〈則〉字後加〈是〉字者，所以確指其理也。不加者亦有焉。孟子梁惠王上云「則王許之乎」句，此又推上文之不可以爲是也。由是：〔孟萬下〕爲其多聞也，則天子不召師，而況諸侯乎！爲其賢也，則吾未聞欲見賢而召之也。〔又告上〕則亦將戕賊人以爲仁義與？〔莊天地〕夫得者困，可以爲得乎？則鳩鴞之在於籠也，亦可以爲得矣。〔韓讀荀子〕則雄者，亦聖人之徒與！——所引〈則〉字，皆決言所推之理，與上文無異也。惟口氣有反正之辨耳，學者當審之。惟然，而孟子梁惠王上云：「然則小固不可以敵大，寡固不可以敵衆，弱固不可以敵强。」三句，〈則〉字亦推論之詞。〈然〉字重指上文一頓，〈則〉字承之。經生家習見經史中〈然則〉二字連用，即以兩字囫圇斷爲推理之詞，蓋不思之甚也。間有去〈則〉字而惟用〈是〉字，以决所推之理者。如孟子萬章上云：「是無義無命也。」又萬章下云：「是天子而友匹夫也。」韓文原道云「是亦責冬之裘者曰」云云。又祭鱷魚文云：「是終不肯徙也，是不有刺史，聽從其言也。」諸引〈是〉字，皆確指所推之理也。又經籍中習以〈何則〉兩字連用。不知〈何〉字接上文而設爲問者，表詞也。〈則〉字承之，所以申言其故，以答〈何〉字之問。已見代字篇矣。〔漢趙充國傳贊〕何則？山西天水隴西安定⑩北地，處埶迫近羌胡，民俗修習戰備，高上勇力鞍馬騎射。〔又劉歆傳〕義雖相反，猶並置之。何則？與其過而廢之也，寧過而立之。〔荀子宥坐⑪〕百仞之山，任負車登焉。何則？陵遲故也。——〈則〉字後皆决言其故，即以答〈何〉字之問也，猶表詞也，故識焉。

①原誤〈二十一〉。 ②二字原敚。 ③〈其〉字原敚。 ④原誤〈則〉。 ⑤原誤〈時〉。 ⑥原誤〈吾〉。
⑦原誤〈資〉。 ⑧原誤〈以〉。 ⑨〈愚〉字原敚。 ⑩二字原敚。 ⑪原誤〈生〉。

〈則〉字通用，不外是矣。而經史中〈則〉字，其不可以常解解者益寡。〈斯〉〈即〉兩字，有用如〈則〉字者。〔書洪範〕女則有大疑。〔趙策〕彼則肆然而爲帝。〔燕策〕則不可，因而刺殺之。〔史高祖本紀〕今則來，沛公恐不得有此言。——經生家解四〈則〉字，謂〈若〉也，假設之辭，文義較順。〈則〉字常解，决詞也，所以足句也，後乎讀者也。今四〈則〉字皆附於讀則非常解明矣。且古文以〈則〉〈即〉兩字音同互用，而〈即〉字有解作〈若〉字，故〈則〉字從同①。至經籍中其他〈則〉字，要莫逃乎以上三説。而經生家有以解作〈其〉字〈而〉字〈乃〉字者臆説也②。〔論子張〕所謂立之斯立，道之斯行，綏之斯來，動之斯和。〔又鄉黨〕杖者出，斯出矣。〔又述而〕我欲仁，斯仁至矣。〔孟蓋下〕庶民興，斯無邪慝矣。——四〈斯〉字皆可作〈則〉字解，案論語之以〈斯〉字解作〈則〉字者，猶史記之用〈即〉字也，此可以覘世代之別。〔史項羽本紀〕公徐行即免死，疾行則及禍。〔又匈奴列傳〕今單于能，即前與漢戰，天子自將兵待邊。單于即不能，即南面而臣於漢。何待遠走亡匿於漠北寒苦無水草③之地，毋爲也。〔又季布列傳〕以季布之賢，而漢求之急如此④，此不北走胡，即南走越耳。——以上所引，除〈單于即不能〉一讀，皆可作〈則〉字解。而史記項羽本紀云：「公徐行即免死，疾行則及禍。」漢書項籍傳則云：「公徐行則免，疾行則及禍。」皆作〈則〉字。然有史記作〈則〉字，而漢書作〈即〉字者。如史記高祖本紀云：「沛今誅令，擇子弟⑤可立者立之，以應諸侯，則家室⑥完。」漢書高祖紀乃云：「擇可立立之，以應諸侯，即室家完。」總之，〈則〉〈即〉兩字，雖可互用，而辭氣有緩急之別，學者所當辨也。

①經傳釋詞弟八云：「〈則〉猶〈若〉也。……史記項羽紀云：『項王謂曹咎等曰：謹守成皋，則漢欲挑戰，慎勿與戰。』漢書項籍傳作『即漢欲挑戰』。〈即〉與〈則〉古字通，而同訓爲〈若〉。故史記高祖紀作『若漢挑戰』也。」　②又云：「〈則〉猶〈其〉也。」「〈則〉，猶〈而〉也。」「〈則〉，猶〈乃〉也。」「〈則〉，猶〈或〉也。」「〈何則〉，〈何也〉也。」　③〈草〉字原敚。　④原敚〈之〉及〈如此〉三字。　⑤二字原敚。　⑥原誤〈室家〉。

〈而〉〈則〉兩字外，其他承接連字，率皆假借於動狀等字。凡事理可分舉者，則承以〈或〉字；事有蟬聯而至者，承以〈既〉字或〈又〉字。而〈既〉〈又〉兩字又互爲呼應者若上文辭氣畢而後事可類舉者，以〈至〉〈若〉〈及〉〈如〉諸字承之以爲更端之辭。更有以〈非〉〈則〉與〈非〉〈不〉或〈不〉〈不〉各兩字相爲起承者。

〈或〉字分承不一。〔易繫辭〕君子之道，或出，或處，或默，或語。〔禮學記〕學者有四失，教者必知之。人之學也，或失則多，或失則寡，或失則易，或失則止。此四者，心之莫同也。——此〈或〉字分承者，皆單字也。〔又中庸〕或生而知之，或學而知之，或困而知之，及其知之一也。或安而行之，或利而行之，或勉强而行之，及其成功一也。〔漢賈誼傳〕故世主欲民之善同，而所以使民善者或異，或道之以德教，或毆之以法令。——此〈或〉字分承讀也。〔又鼂錯傳〕今使胡人數處轉牧行獵於塞下，或當燕代，或當上郡、北地、隴西，以候備塞之卒。——此〈或〉字分承頓也。〔韓與崔群書〕所與交往相識者千百人，非不多，其相與如骨肉兄弟者，亦且不少。或以事同，或以藝取，或慕其一善，或以其久故，或初不甚知而與之已密，其後無大惡，因不復決捨，或其人雖不皆入於善，而於己已厚，雖欲悔之不可。——六〈或〉字所承，或頓或讀，分爲六類，要皆相識之人也。故必事理分舉，而後〈或〉字承之，方爲連字。否則以狀動静字者，則爲狀字矣，不在此例。

〔漢儒林傳〕仲尼既没，七十子之徒，散游諸侯。〔史貨殖列傳〕既已施於國，吾欲用之家。〔漢陳湯傳〕延壽、湯既未獲受祉之報，反屈捐命之功，久挫於刀筆之前，非所以勸有功，厲戎士也。〔史管晏列傳〕既見其著書，欲觀其行事，故次其傳。——凡言〈既〉字，皆先提一事，後及他事也。〈既〉字所附者，辭氣未完，皆讀也，故列入連字。不則何以異於狀字。

〔史商君列傳〕彼王不能用君之言任臣，又安能用君之言殺臣乎？〔莊秋水〕方存乎見少，又奚以自多？〔史李斯列傳〕地非不廣①，又北逐胡貉，南定百越，以見秦之彊。〔漢賈誼傳〕陛下之與諸公，非親角材而臣之也，又非身②封王之也。〔又楊惲傳〕惲家方隆盛時，乘朱輪者十人，位在列卿，爵爲通侯，總領從官，與聞政事，曾不能以此時有所建明，以宣德化，又不能與群僚同心並力，陪輔朝廷之遺忘，已負竊位素餐之責久矣。〔又趙廣漢傳〕設欲知馬賈，則先問狗，已問羊，又問牛，然後及馬。〔周語〕今天降禍災於周室，余一人僅亦守府，又不佞以勤叔父。〔漢趙充國傳〕從今盡三月，虜馬羸瘦，必不敢捐其妻子於它種中，遠涉河山而來爲寇。又見屯田之士，精兵萬人，終不敢復將其累重還歸故地。——八引〈又〉字，皆繼事之辭。漢書食貨志云：「又私自送往迎來，吊死問疾，養孤長幼在其中。」此〈又〉字所根上文甚遠，亦繼事之辭也。有聯用〈又〉字以爲歷叙之辭者。楚語云：「楚之所寶者曰觀射父。」繼云「又有左史倚相」，又繼云「又有藪曰雲連徒洲」云云。韓文送窮文云：「其名曰智窮。」後乃歷數，則云「其次名③曰學窮」，「又其次曰文窮」，「又其次曰命窮」，「又其次曰交窮」。皆各爲一段，又與袁相公書，首言樊宗師孝友，後言其學問，乃進言其文章。則云「又善爲文章」，一段後又云：「又習於吏職。」皆以〈又〉字上承首段，故〈又〉字雖用爲歷數之辭，而謂爲代指樊宗師亦可。不特此也，又答呂毉山人書云：「以吾子始自山出，有朴茂之美，意恐未礱磨以世事。又自周後文弊，百子爲書，各自名家，亂聖人之宗，後生習傳，雜而不貫，故設問以觀吾子」一段，〈以〉字起至〈不貫〉，皆言故之讀。其故有二：一則始出山而未閲世事，一則周後文雜而後生不能貫通。今於第二〈故〉之前冠以〈又〉字者，即以代〈以〉字也。又答竇秀才書内五用〈又〉字，皆以重申其故，學者可取閲焉④。

〔左僖三十〕既東封鄭，又欲肆其西封。——〈既〉〈又〉兩字互爲呼應有如此者。〔漢司馬遷傳〕李陵既生降，隤其家聲，而僕又茸以蠶室，重爲天下觀笑。〔左襄十〕女既勤君而興諸侯，牽帥老夫以至于此，既無武守而又欲易余罪。〔韓送楊少尹序〕漢史既傳其事，而後世工畫者，又圖其迹。〔又送廖道士序〕衡山之神既靈，而郴之爲州，又當中州清淑之氣，蜿蟺扶輿，磅礴而鬱積。〔左文七〕既不受矣，而復緩師，秦將生心。——此〈既〉字後應以〈而又〉兩字，則上下文不惟蟬聯而下，而又有扭轉之辭氣也。〈而復〉與〈而又〉同。惟〈既〉〈又〉兩字互應最習見。漢書外戚傳云：「愚臣既不能深援安危，定金匱之計，又不知推演聖德，述先帝之志。」又王莽傳贊云：「莽既不仁，而有佞邪之材，又乘四父歷世之權。」韓文與于襄陽書云：「世之齪⑤齪者，既不足以語之，磊落奇偉之人，又不能聽焉，則信乎命之窮也。」又上崔虞部書云：「既以自咎，又歎執事者所守異於人人。」此惟以〈既〉〈又〉兩字爲開闔，而成爲近今作家之濫觴矣。〔論爲政〕至於犬馬，皆能有養。〔孟告上〕至於心，獨無所同然乎？——〈至於〉者，因上文而類及之辭。蓋上文辭氣已畢，而下文又與前文相類，故〈至〉字後加以〈於〉字者，猶云「論及此」云爾。

由是〔孟滕上〕至於子之身而反之。〔漢趙充國傳〕至於虜小寇盜，時殺人民，其原未可卒禁。〔又劉歆傳〕至於國家將有大事，若立辟雍封禪巡狩之儀，則幽冥而莫知其原。〔韓與崔群書〕至於心所仰服，考之言行而無瑕尤，窺之閫奥而不見畛域，明白淳粹，輝光日新者，惟吾崔君一人。〔又潮州刺史表〕至於論述陛下功德，與詩書相表裏，作爲歌詩，薦之郊廟。——所引〈至於〉，皆因上文而論及之耳。〔史游俠列傳〕至如閭巷之俠，修行砥名，聲施於天下，莫不稱賢，是爲難耳。〔又蕭相國世家〕今諸君徒能得走獸耳，功狗也。至如蕭何，發蹤⑥指示，功人也。〔又汲鄭列傳〕至如黯見⑦，上不冠不見也。〔又越世家〕至如少弟者，生而見我富。——不曰〈至於〉而曰〈至如〉者，則有與上文比而同之之意。〔孟盡上〕若夫豪傑之士，雖無文王猶興。〔莊山木〕若夫萬物之情，人倫之傳，則不然。〔漢賈誼傳〕若夫經制不定，是猶度江河亡維楫，中流而遇風波，船必覆矣。〔左隱五〕若夫山林川澤之實，器用之資，皁隸之事，官司之守，非君所及也。——〈若夫〉者，相及而殊上之辭也。有單用〈若〉字者：〔莊哀十四〕若臣則不可以入矣。〔又定元〕若從君者，則貌而出者入可也，寇而出者行可也。若羈也，則君知其出也而未知其入也。羈將逃也。——所引〈若〉字，與〈若夫〉同意。他如孟子滕文公上云：「及至葬。」又：「及其聞一善言，見一善行。」漢書司馬遷傳云：「及其在穽檻之中，搖尾而求食。」曰〈及至〉，曰〈及其〉者，皆因前事而殊後之文也。論語先進云：「如其禮樂。」曰〈如其〉者，亦此志也。

〔莊秋水〕吾非至於子之門，則殆矣。——〈非〉〈則〉二字相爲起承，文勢最緊。故漢書賈誼傳政事疏内，始云：「曰安且治者，非愚則諛。」繼云：「至於髖髀之所，非斤則斧。」又云：「臣以爲不缺則折。」終云：「所習者非斬劓人則夷人之三族也。」連用之以聳聽也。〔韓歐陽生哀辭〕其他時與詹離⑧，率不歷歲，移時則必合。〔又荆潭唱和詩序〕至若王公貴人，氣滿志得⑨，非性能而好之，則不暇以爲。〔又送鄭尚書序〕非有文武威風知大體可畏信者，則不幸往往有事。〔論衛靈〕不莊以涖之，則民不敬。——〈不則〉與〈非則〉同。五引句調各别，而所以互爲起應則同。其以〈非〉〈不〉或〈不〉〈不〉兩字相爲起合者，文勢亦勁。〔莊秋水〕夫鵷鶵，發於南海而飛於北海，非梧桐不止，非練實不食，非醴泉不飲。〔史武安侯列傳〕蚡以肺腑爲京師相，非痛折節以禮詘之，天下不肅。〔漢高帝紀〕今乃事少主，非盡族是，天下不安。〔史刺客列傳〕非有詔召，不得上。〔又項羽本紀〕今欲舉大事，將非其人不可。〔論鄉黨〕非祭肉不拜。〔史汲鄭列傳〕至如黯見⑩，上不冠不見也。〔漢李廣傳〕乏絶處⑪見水，士卒不盡飲不近水，不盡餐不嘗食。〔史商君列傳〕利不百不變法，功不十不易器。〔漢匈奴傳〕以爲不壹勞⑫者不久佚，不暫費者不永寧。〔禮中庸〕有弗學，學之弗能弗措也。……〔韓許國公神道碑〕然不一揃刈，不足令震駴。——〈非〉〈不〉或〈不〉〈不〉之在句讀也，本皆狀字，而引列於連字者，以其相爲呼應，而句讀則由是而連。

①原衍〈也〉字。　②原誤〈自〉。　③〈名〉字原敚。　④答竇秀才書云「又不通時事」「又重以自廢」「今又以罪黜於朝廷」「當道者又皆良有司」「又安敢有愛於左右哉」。　⑤原誤〈齷〉。　⑥原誤〈縱〉。　⑦原衍〈上〉字。　⑧原誤〈辭〉。　⑨原誤〈志滿氣得〉。　⑩原衍〈上〉字。　⑪三字原敚。　⑫原誤〈苦〉。

其承上而申下之辭，則惟〈故〉字，〈故〉，本名也，而假爲連字。　又，〈以〉〈爲〉兩字，介字也，而亦假爲言故之詞，惟與〈故〉字用法各異。

〔孟告下〕故天將降大任於是人也，必先苦其心志，勞其筋骨，餓其體膚，空乏其身，行拂亂其所爲。——〈故〉者，承上文諸人皆起自勞賤，而申言下文天之勞苦是人也。故〈故〉字必根上文。〔孟萬下〕故聞伯夷之風者，頑夫廉，懦夫有立志。〔又梁上〕故王之不王，不爲也，非不能也。〔莊逍遥游〕故九萬里，則風斯在下矣。〔又德充符〕有人之形，无人之情。有人之形，故群於人。无人之情，故是非不得於身。〔吴語〕夫固知君王之蓋威以好勝也，故婉約其辭以從逸王志，使淫樂於諸夏之國以自傷也。〔公僖十七①〕桓公嘗有繼絶存亡②之功，故君子爲之諱也。〔又隱三〕王貳于虢，鄭伯怨王，王曰：「無之。」故周鄭交質。〔史淮陰侯列傳〕故臣以爲足下必漢王之不危己，亦誤矣。——所引〈故〉字，皆承上文而申言之也。　而經書則〈故〉字前習加〈是〉字曰〈是故〉，一若指明前事以爲下文之故者然。　禮大學云：「是故君子先慎乎德。」繼云：「是故財聚則民散。」又云：「是故言悖而出者，亦悖而入。」終云：「是故君子有大道。」云云。禮中庸亦然。禮記則不勝數也。易繫辭云：「是故夫象，聖人有以見天下之賾，而擬諸其形容，象其物宜，是故謂之象。」下〈是故〉是緣上之辭，上〈是故〉則發語之辭。禮曲禮云：「故君子式黄髮。」鄭注以爲：「發句言〈故〉③，明此④衆篇⑤雜辭也。」⑥蓋此句文義與上不屬，故以爲發語辭。而禮經中起句言〈故〉言〈是故〉者，所在而有。

惟句之有〈故〉者，則言〈故〉之固然，而其〈故〉之所以然，則往往假〈以〉〈爲〉兩字以明之。故〈故〉之言固然者，則爲句，殿於後者常也，而〈以〉〈爲〉之言所以然者，則爲讀，置於先者其常，而置於後者則轉爲句矣。〔孟告上〕以其郊於大國也，斧斤伐之，可以爲美乎？——〈郊於大國〉，乃受〈伐〉之所以然，故冠〈以〉字而先焉。〔史平原君列傳〕以君之不殺笑躄者，以君爲愛色而賤士，士即去耳。〔又汲鄭列傳〕以數切諫，不得久留内。〔又信陵君列傳〕當是時，諸侯以公子賢多客，不敢加兵謀魏十餘年。〔又陸賈傳〕以好畤田地善，可以家焉。〔又叔孫通列傳〕秦以不早定扶蘇，令趙高得以詐立胡亥，自使滅祀。——所引〈以〉字皆記下文所以然之故，或先置，或參置，辭氣未完，故爲讀。〔孟萬下〕爲其多聞也，則天子不召師，而况諸侯乎？爲其賢也，則吾未聞欲見賢而召之也。〔漢東方朔傳〕天不爲人之惡寒而輟其冬，地不爲人之惡險而輟其廣，君子不爲小人之匈匈而易其行。〔論八佾〕射不主皮，爲力不同科，古之道也。〔史大宛列傳〕天子爲其絶遠，非人所樂往，聽其言予節。〔晉語〕爲此行也⑦，荆敗我，諸侯必叛之⑧。〔吴語〕爲使者之無遠也，孤用親聽命⑨於藩籬之外。——〈爲〉字冒讀，以言下文之所以然也，與〈以〉字同。其置於後者，如：〔孟告上〕我故曰告子未嘗知義，以其外之也。〔漢霍光傳〕先帝屬將軍以幼孤，寄將軍以天下，以將軍忠賢，能安劉氏也。〔史黥布列傳〕諸侯兵⑩皆以服屬楚者，以布數以少敗衆也。〔又老子列傳〕蓋老子百有六十餘歲，或言二百餘歲，以其脩道而養壽也。〔孟梁上〕然則一羽之不舉，爲不用力焉；輿薪之不見，爲不用明焉；百姓之不見保，爲不用恩焉。〔史張陳列傳〕將軍瞋目張膽，出萬死不顧一生之計，爲天下除殘也。〔又刺客列傳〕然政所以蒙污辱自棄於市販之間者，爲老母幸無恙，妾未嫁也。〔漢食貨志〕聖王在上而民不凍饑者，非能耕而食之，織而衣之也，爲開其資財之道也。——所引〈以〉〈爲〉兩字之句，皆後置，而以言上文之所以然，與先置者無異。然一則先引，叙述之口氣也，一則殿後，則決斷之辭態也。故一爲讀而一爲句，此其異也。

①原誤〈十二〉。　②二字原誤在〈繼絶〉上。　③原衍〈者〉字。　④〈此〉字原敚。　⑤原衍〈之〉字。　⑥説本助字辨略卷四。　⑦〈也〉字原敚。　⑧經傳釋詞弟二云：「〈爲〉，猶〈如〉也。假設之詞也。言『如此行也，而荆敗我，則諸侯必叛之也』。」　⑨〈命〉字原敚。　⑩〈兵〉字原誤在〈皆以〉下。

至如〈方〉〈當〉〈甫〉〈自〉〈比〉〈及〉〈會〉等字，記時之連字也，而皆假於動字。其爲義各别，而用以接夫上下文者則同。

〔史外戚世家〕是時項羽方與漢王相距滎陽。〔漢賈誼傳〕方今之埶①，何以異此。〔庾子山哀江南賦〕天子方删詩書，定禮樂。〔易繫辭〕易之興也，其當殷之末世，周之盛德耶？當文王與紂之事②耶！〔史項羽本紀〕當是時，楚兵冠諸侯。——〈方〉〈當〉兩字，皆正值之辭③。蓋記者叙正事既訖，而又叙同時之事，曰，〈方今之埶〉，〈曰當是時〉，謂爲無主動字也可，謂爲介字也亦可④。〔蜀志秦宓傳〕甫欲鑿石索玉，剖蚌求珠。今乃隨和炳然，有如皎日。——〈甫欲〉者，方欲如何而尚未如何也⑤。〈甫〉字記時，不見於周秦諸書，至後世始用。然必襯以〈欲〉字，曰〈甫欲〉，襯以〈乃〉字，曰〈甫乃〉，單言〈甫〉字，則惟狀字。漢書成許后傳云「今吏甫受詔讀記」是也⑥。〈自〉字，叙時之辭。〔史廉頗列傳〕自邯鄲圍解五年，而燕用栗腹之謀。〔又屈原列傳〕自屈原沈汨羅後百有餘年，漢有賈生。〔又項羽本紀〕自我爲汝家婦，未嘗聞汝先古之有貴者。〔孟梁下〕比其反也。〔史大宛列傳〕比至郁成，士至者不過數千。——〈比〉，〈及〉也，用以領讀，則爲連字。若禮祭義云：「比時具物。」〈比時〉，〈及時〉也，則爲介字。又王制云：「比年一小聘。」〈比年〉，〈每年〉也，則爲代字。而漢書食貨志云：「梁國平原郡，比年傷水灾。」〈比年〉，〈頻年〉也，則爲静字。此〈比比〉之所以解如〈頻頻〉也⑦。〔禮中庸〕及其至也，察乎天地。〔孟盡上〕及其聞一善言，見一善行。〔左莊二十八⑧〕及陳之初亡也，陳桓子始大於齊。〔史大宛列傳〕及天馬多，外國使來衆，則離宮别觀旁盡種蒲陶苜蓿極望。〔韓上于相公書〕及至臨泰山之懸崖，窺巨海之驚瀾，莫不戰悼慴慄，眩惑而自失。〔吳語〕及吾猶可以戰也⑨，爲虺弗摧，爲蛇將若何？〔史項羽本紀〕會其怒，不敢獻，公爲我獻之。〔漢司馬遷傳〕會從東上來，又迫賤事。——〈及〉〈會〉兩字，皆記兩事之相值也。而〈及〉字習用，〈會〉字罕見，然用以領讀而爲承接連字則一也⑩。

① 原誤〈時〉。下同。　② 原誤〈時〉。　③ 此説及引例均本助字辨略卷二。　④ 刊誤云：「外戚世家哀江南賦二〈方〉字乃記時之狀字，賈誼傳〈方〉字及繫辭項羽紀之〈當〉字皆介字。馬氏認爲連字，又以爲動字，皆誤。」　⑤ 此説及引例均本助字辨略卷三。　⑥ 刊誤云：「蜀志〈甫欲〉之〈甫〉，亦記時之狀字也。馬氏定單用者爲狀字，合用者爲連字，非是。」　⑦ 又云：「馬引史記二〈自〉字，孟子大宛傳二〈比〉字，皆介字，非連字。……又王制之〈比年〉〈比〉亦静字，非代字。」　⑧ 原誤〈二十三〉。　⑨〈也〉字原敚。　⑩ 刊誤云：「馬引中庸孟子左傳史記諸〈及〉字皆介字，非連字也。」

轉捩連字八之四

轉捩連字者，所以反上文而轉申一義也。

轉捩連字中，〈然〉字最習用。〈然〉字義本狀字。狀字之〈然〉，用以落句，口然之而意亦然也。連字之〈然〉，用以起句，口雖然而勢已轉也。將飛者翼伏，將躍者足縮，將轉者先諾，同一理也。故〈然〉字非轉也，未轉而姑然之，則掉轉之勢已成。此〈然〉字之所以爲轉語辭也。

〈然〉字之借爲轉説①，有單用者，有襯以他字者，然或無襯，或有襯，其冠句首作爲一頓以取勢者則皆然。〈然〉字一頓，其無襯者，則乘勢掉轉；其有襯者，曰〈然而〉，曰〈然則〉，曰〈然後〉，曰〈然且〉等，則各視其所乘之勢以定。

〔孟萬下〕然終於此而已矣。——〈然〉字一頓，以應上文平公之待亥唐如是也。下乃挺轉，決其終於如此而已矣。

〔史高帝紀〕問其次。上曰：「王陵可。然陵少戇，陳平可以助之。陳平智有餘，然難以獨任。周勃重厚少文，然安劉氏者必勃也。」——三〈然〉字皆轉詞。〔漢陸賈傳〕足下位爲上相，食三萬户侯，可謂極富貴無欲[2]矣。然有憂念，不過患諸吕少主耳。〔史匈奴列傳〕匈奴人衆，不能[3]當漢之一郡。然所以彊者，以衣食異，無仰於漢也。〔漢霍光傳〕然光不學亡術，闇於大理。〔史秦始皇[4]本紀〕然秦以區區之地，千[5]乘之權，招八州而朝同列，百有餘年矣。〔韓雜説〕然龍弗得雲，無以神其靈矣。——所引〈然〉字，皆冠句首，可作一頓，下文則挺轉矣。周秦之書，單用〈然〉字爲轉者不數見。

〈然〉字承上一頓，下文反轉而欲作勢[6]者，則加〈而〉字。〔孟公上〕然，而文王猶方百里起，是以難也。——〈然〉者，然上文所云殷之難變與夫土地人民之衆，〈而〉字則轉言文王以百里而能興，正與上文相反。〔又公下〕然，而不勝者，是天時不如地利也。〔史李斯列傳〕此三臣者，豈不忠哉！然，而不免於死，身死而所忠者非也。〔禮三年問〕將由夫患邪淫之人與？則彼朝死而夕忘之。然，而從之，則是曾鳥獸之不若也。〔史秦始皇[7]本紀〕然，而成敗異變，功業相反[8]也？〔韓燕喜亭記〕吾州之山水名天下，然，而無與燕喜者比。〔又復上宰相書〕然，而周公求之如此其急。——所引〈然而〉皆拆讀。今人用〈然而〉二字則異是。

〈然〉字承上一頓，下文由是而另推事理者，則加〈則〉字。〔孟公下〕然，則子之失伍也亦多矣。——〈然〉者，然其所云失伍之士之當去也，〈則〉者，由士之失伍推及其人之失伍也。故〈然則〉兩字，亦可拆讀。〔孟萬上〕然，則舜僞喜者與？〔莊天道〕然，則君之所讀者，古人之糟魄[9]已夫。〔史李斯列傳〕然，則是所重者在乎色樂珠玉，而所輕者在乎人民也。〔又刺客列傳〕願得將軍之首以獻秦王，秦王必喜而見臣。臣左手把其袖，右手揕其胸。然，則將軍之仇報，而燕見陵之愧除矣。〔漢賈誼傳〕然，則天下之大計可知已。〔韓上張僕射第二[10]書〕然，則毬之害於人也決矣。——所引〈然則〉兩字，皆可拆讀同上。

〈然〉字一頓以承上文，由是而繼以他事者，則加〈後〉字。〔孟告下〕然後知生於憂患而死於安樂也。——〈然後〉

者，明繼事之詞也。經籍最習用之。〔孟梁上〕權，然後知輕重。度，然後知長短。〔漢霍光傳〕諸事皆先關白光，然後奏御天子。〔又司馬遷傳〕士有此五者，然後可以托於世⑪，列於君子之林矣。〔趙策〕始吾以君爲天下之賢公子也，吾乃今然后知君非天下之賢公子也。〔秦策〕故以戰續之。寬則兩軍相攻，迫則杖戟相撞，然後可建大功。——所引〈然後〉兩字，皆以明事之先後也。而所以先後之者，則無以異也。有謂唐時往往以〈然〉字代〈然後〉者。韓文論淮西事宜狀云：「事至不惑，然可圖功。」又論變鹽法事宜狀云：「事須差配，然付脚錢。」⑫兩〈然〉字若曰「然後」，句調不諧矣，而句意則然也。

〈然〉字承上一頓，既已如此。由是而或聊且爲之者，或尚且不可者，則加〈且〉字。〔孟公下〕識其不可，然且至，則是干澤也。——〈然且〉者，知其不可而聊且至也。〔孟告下〕徒取諸彼以與此，然且仁者不爲。〔又〕一戰勝齊，遂有南陽，然且不可。——所引〈然且〉者，猶云「如是而尚且不爲不可」也。至莊子秋水云：「其不可行明矣，然且語而不舍。」此〈然且〉者，亦「如是而尚且」之謂也。又穀梁昭十三年云：「失德不葬，弒君不葬，滅國不葬，然且葬之。」此〈然且〉者，即「如是而聊且葬之」之謂也。韓非子難言篇云：「夫至智説至聖，然且七十説而不受。」猶云「如是而尚且」之謂也。

更有〈然故〉爲承者。禮少儀云：「事君者量而后入，不入而后量。凡乞假於人，爲人從事者亦然。然，故上無怨而下遠罪也。」此則既然上文，而申言其故也。〈然故〉兩字，最見於諸子之書，今人用者蓋寡。又有以〈然乃〉爲轉者。史記淮陰侯列傳云：「其母死，貧無以葬，然乃營高敞⑬地，令其旁可置萬家。」〈然乃〉者，猶云「既已貧無以葬，而反覓善地」也。總之，〈然〉字非轉語詞也，不過一頓，借以取勢。至下文如何轉接，則以續加之字爲定。

① 疑〈語〉之訛。　② 原誤〈歉〉。　③〈能〉原誤〈足以〉。　④ 二字原敚。　⑤〈干〉字，原依漢書陳項傳作〈致萬〉。　⑥ 原誤〈勞〉。　⑦ 二字原敚。　⑧〈反〉字下原依漢書陳項傳有〈何〉字。　⑨ 原作〈粕〉。　⑩ 二字原敚。　⑪〈世〉字下原依文選有〈而〉字。　⑫ 兩例並見助字辨略卷二，云：「諸〈然〉字並是〈然後〉，疑當時方言如此，故

文移皆省去〈後〉字也。」　⑬原作〈廠〉。

〈乃〉字用作〈然後〉〈而後〉之解者，則爲繼事之辭。用作〈於是〉之解者，則爲言故之辭。而皆位於句首。不此之解，則非連字。

〔史馮唐列傳〕王遷立，乃用郭開讒，卒誅①李牧。〔又大宛列傳〕終不得入中②城，乃罷而引歸。〔又魏信陵君列傳〕侯生視公子色終不變，乃謝客就車。〔漢趙廣漢傳〕風諭不改，乃收捕之。〔韓送王秀才序〕及讀阮籍陶潛詩，乃知彼雖偃蹇不欲與世接，然猶未能平其心。——所引〈乃〉字，皆位句首，而可以〈然後〉與〈而後〉代之。此連字之記時者。〔史主父偃列傳〕以爲諸侯莫足游者，乃西入關。〔漢司馬遷傳〕今已虧形爲掃除之隸，在闒茸之中，迺欲卬首伸眉，論列是非，不亦輕朝廷、羞當世之士邪？〔史大宛列傳〕宛貴人以爲昧蔡善諛，使我國遇屠，乃相與殺昧蔡，立母寡昆弟曰蟬封爲宛王。〔又孟荀列傳〕騶衍睹有國者益淫侈，不能尚德，若大雅整之於身，施及黎庶矣。乃深觀陰陽消息，而作怪迂之變終始大聖之篇十餘萬言。〔漢劉歆傳〕孝成皇帝愍學殘文缺，稍離其真，乃陳發祕臧，校理舊文，得此三事，以考學官所傳。——所引〈乃〉字，皆位句首，而皆有〈於是〉之解。此連字之言故者。其在句首而不可以前解解者，則惟用若更端之詞。孟子公孫丑上云：「乃所願，則學孔子也。」〈乃所願〉者，猶言「至若所願」也。然作此解者，概襯〈若〉字。孟子離婁下云：「乃若所憂則有之。」又告子上云：「乃若其情，則可以爲善矣。」墨子兼愛篇云：「乃若夫少食惡衣，殺身而爲名，此天下百姓之所皆難也。」〈乃若〉者，前言方畢而又類及下文也，與〈至若〉〈及其〉諸詞同解。〈乃〉襯〈者〉字，置於句首，則爲言時狀字。史記曆書云：「乃者有司言星度之未定也。」又曹相國世家云：「乃者我使諫君也。」〈乃〉字位於句讀間者，則所解不一，而概爲狀字。故經生家聚訟紛紜，有解若〈方〉字〈寧〉字〈且〉字〈若〉字〈是〉字〈其〉字者，甚至無解而謂之發聲語助者③。其解若〈而〉字者，則惟宗宣八年公羊傳之說云：「④〈乃〉難乎〈而〉也。」

①〈卒誅〉原誤〈間〉。　②原誤〈平〉。　③均見經傳釋詞卷六。　④原衍〈乃〉字。

又有〈第〉〈但〉〈獨〉〈特〉〈惟〉五字，皆轉語辭。五字意雖各别，而前文不論，惟舉一事一理輕輕掉轉者則皆同。雖然，經史中以爲狀字者居多。

〔漢司馬相如傳〕文君久之不樂，謂長卿曰：「弟①俱如臨邛，從昆弟假貸，猶足以爲生，何至自苦如此！」〔又酈食其傳〕食其曰：「第言之。」騎士從容言食其所戒者。〔史陳涉世家〕召令徒屬曰：「公等遇雨，皆已失期。失期，當斬。藉第令毋斬，而戍死者固十六七。」——三〈第〉字師古皆訓〈但〉字②，似皆由上文轉至下文也。〔漢霍光傳〕百官以下。但事馮子都王子方等，視丞相亡如也。〔又趙充國傳〕誠令兵出，雖不能滅先零，亶③能令虜絶不爲小寇。則出兵可也。〔韓與柳中丞書〕但日令走馬來求賞給，助寇爲聲勢而已。——三〈但〉字用如〈第〉字。〔漢趙充國傳〕獨思惟兵利害，至孰悉也。〔史王翦列傳〕將軍雖病，獨忍棄寡人乎？〔又荆燕世家〕今營陵侯澤，諸劉爲大將軍，獨此尚觖望。——所引〈獨〉字同前。〔漢司馬遷傳〕特以爲智窮罪極，不能自免，卒就死耳。何也？〔史陳餘列傳〕王王趙非楚意，特以計賀王，楚已滅秦，必加兵於趙。——〈特〉字與〈但〉〈第〉等字無異。〔史魏其列傳〕唯灌將軍獨不失故。〔莊德充符〕受命於地，唯松柏獨也④在冬夏青青。受命於天，唯舜獨也正⑤。〔韓送湖南李正字序〕唯愈也業不益進，行不加修，顧唯未死耳。〔又處州孔子廟碑〕自天子至郡邑守長，通得祀，而遍天下者，唯社稷與孔子爲然。——〈唯〉字亦同上。統觀五字，皆承上文，不相批駁，只從言下單抽一端輕輕掉轉。猶云别無可説，只有一件如此云云。而所引五字，皆冒句首，此所以爲連字也。非然，其不爲狀字者鮮矣。

①原作〈弟〉。文穎曰：「〈弟〉，〈且〉也。」師古曰：「〈弟〉，〈但〉也。」　②史記無師古注。所引陳涉世家，當係漢書陳勝傳之誤。　③原作〈但〉，漢書作〈亶〉。師古曰：「〈亶〉讀曰〈但〉。」　④原衍〈正〉。　⑤原衍〈在萬物之首〉五字。

顧，動字，回首也，借爲連字，則有轉念及此之意。〈顧〉字於轉語詞中最輕婉，用之有回環往復之態。位必句首否則成爲狀字。

〔燕策①〕吾每念常②痛於骨髓，顧計不知所出耳。〔禮祭統〕是故上有大澤，則惠必及下。顧上先下後耳。〔史匈奴列傳〕漢使無多言，顧漢所輸匈奴繒絮米蘗，令其量中必善美③而已矣。〔漢疏廣傳〕吾豈老誖不念子孫哉！顧自有舊田廬，令子孫勤力其中，足以共衣食，與凡人齊。〔史淮陰侯列傳④〕且天下⑤鋭精持鋒，欲爲陛下所爲者甚衆，顧力不能耳。又可盡亨之邪？——所引〈顧〉字，皆由上文輕輕掉轉而位於句首。有〈而顧〉兩字連用者，史記李斯列傳云：「不能督責，而顧以其身勞於天下之民若堯禹然，故謂之桎梏也⑥。」〈而顧〉者，〈而反〉也。〈顧〉用如狀字。由是史記陳餘傳贊云：「然⑦張耳陳餘，始居約時，相然信以死，豈顧問哉！」又漢書賈誼傳云：「足反居上，首顧居下。」諸此〈顧〉字，皆〈反〉字解，狀字也。然史記王翦列傳云：「今空秦國甲士而專委於我，我不多請田宅爲子孫業以自堅，顧令秦王坐而疑我耶？」後漢馬援傳云：「卿非刺客，顧説客。」齊策云：「夫韓魏之兵未弊而我救之，是我代韓受魏之兵，顧反聽命於韓也。」史記蕭相國世家云：「今⑧蕭何未嘗有汗馬之勞，徒持文墨議論不戰⑨，顧反居臣等上。」諸〈顧〉字，經生家皆以與〈反〉同義，且以〈顧〉〈反〉兩字連文證之。不知〈顧反〉兩字雖同義，而〈反〉爲狀字，諸〈顧〉字爲連字，應以〈乃〉字解之⑩。況以〈顧反〉連文，證〈顧反〉兩字可互解，則〈顧〉〈顧〉〈反〉〈反〉，無解而有解矣。

①原作〈刺客列傳〉。蓋轉引助字辨略致誤。　②〈常〉字原敚。此句燕策作「吾每念常痛於骨髓」，刺客傳作「於期每念之，常痛於骨髓」。　③〈美〉字原敚。　④原誤〈張陳列傳〉。　⑤〈天下〉原誤〈夫〉。　⑥〈也〉字原敚。
⑦〈然〉字原敚。　⑧〈今〉字原敚。　⑨此句原敚。　⑩經傳釋詞弟五引齊策、蕭相國世家兩例爲〈顧〉〈反〉連文之證。助字辨略卷四引王翦傳、馬援傳兩例，云：「〈顧〉與〈故〉通，猶云〈乃〉也。」

推拓連字八之五

推拓連字者，所以推開上文而展拓他意也。作文切忌平衍，須層層開展，方有波折。

推拓連字，要皆用以連讀而已。

其拓開跌入之辭，則有〈雖〉〈縱〉兩字。而〈雖〉字尤習用，與〈而〉〈則〉兩字，同爲作家所重。

〔史汲鄭列傳〕且已在其位，縱愛身，奈辱朝廷何？——〈縱愛身〉一讀，〈縱〉字連之。先將文勢推開一宕，旋復跌入本意。〔又張陳列傳〕縱上不殺我，我不愧於心乎？〔又田儋列傳〕縱彼畏天子之詔不敢動我①，我獨不愧於心乎？〔又項羽本紀〕縱江東父兄憐而王我，我何面目見之？縱彼不言，籍獨不愧於心乎？〔又汲鄭列傳〕陛下縱不能得匈奴之資以謝天下，又以微文殺無知者五百餘人，是所謂庇其葉而傷其枝者也。——諸〈縱〉字皆以領讀，意在推開上文而跌落本意也。而經籍中〈縱〉字不多見，〈雖〉字則所在而有。

〈雖〉字有以領一字者，有以領一讀者。〔論鄉黨〕②見齊衰者，雖狎必變。見冕者與瞽者，雖褻必以貌。〔禮中庸〕果能此道矣，雖愚必明，雖柔必强。〔左宣三〕德之休明，雖小，重也。其奸回昏亂，雖大，輕也。——諸〈雖〉字皆領一字以爲推宕者。然所領者雖僅一字，而與讀無别。〈雖狎必變〉者，猶云「雖素與之狎而必變其容」也。故〈雖狎〉二字，已成一讀矣。餘同此。〔孟盡上〕若夫豪傑之士，雖無文王猶興。〔又梁上〕雖有臺池鳥獸，豈能獨樂哉！〔又公下〕予雖然，豈舍王哉！〔左隱十一〕雖君有命，寡人弗敢與聞。〔又襄三十一〕雖君之有魯喪，亦敝邑之憂也。〔史孟荀列傳〕作先合，然後引之大道。騶衍其言雖不軌，儻亦有牛鼎之意乎！〔又刺客列傳〕秦兵旦暮渡易水，則雖欲長侍足下，豈可得哉！〔漢司馬相如傳〕雖萬全而無患③，然本非天子之所宜近也。〔又司馬遷傳〕僕雖罷駑，亦嘗側聞長者之遺風矣④。〔史魏其列傳〕魏其大望曰：「老僕雖棄，將軍雖貴，寧可以勢奪乎？」〔漢賈誼傳〕雖有愚幼不肖之嗣，猶得蒙業而安。〔又食貨志〕夫腹饑不得食，體寒不得衣，雖慈母不能保其子，君安能以有其民哉？〔韓與崔群書〕雖抱羈旅之念，亦且可以度日。〔又送王秀才序〕及讀阮籍陶潛詩，乃知彼雖偃蹇不欲與世接，然猶未能平其心。〔又董太傅行狀〕庶人服而請罪有司，雖有大過，猶將揜焉，如公則誰敢議！——諸此〈雖〉字，皆以領讀，後各有〈猶〉〈豈〉〈亦〉〈儻〉〈然〉〈寧〉〈安〉諸字，以爲呼應，因以收轉煞句，最爲得用。若無呼應諸字，則〈雖〉字與〈即〉字同解。〔史萬石君列傳〕雖燕居必冠，申申如也。——猶云「即燕居」也。〔又蕭相國世家〕夫曹參雖有野戰略地之功，此特一時之事。〔漢梅福傳〕越職觸罪，危言世患，雖伏質横分，臣之願也。〔莊逍遥游〕庖人雖不治庖，尸祝不越樽俎而代之矣。〔史屈原列傳〕推此志也，雖與日月争光可也。——所引〈雖〉字，皆可以〈即〉字代之。惟史籍中有時〈唯〉字與〈即〉字同解，而經生家以〈唯〉〈雖〉兩字同韻，往往以〈雖〉字解〈唯〉字，拘矣。〔史汲黯列傳〕弘湯深心疾黯，唯天子亦不説也。〔又淮陰侯列傳〕惟信亦以[5]爲大王不如也。——猶云「即天子亦不説」也，「即信亦以爲大王不如也」。其類此者，不能盡引。穀梁[6]桓公十四年云：「御廩之災不志，此其志何也！以爲唯未易災之餘而嘗可也，志不敬也。」此〈唯〉字，經生家用以解作〈雖〉字之左證，然不如解以〈即〉字之爲明晰也。猶云「以爲災之餘即未易而嘗亦可」也[7]。又有一節内兩用〈雖〉字者。漢書趙充國傳云：「將軍其引兵便道西並進，雖不相及，使虜聞東方北方兵並來，分散其心意，離其黨與，雖不能殄滅，當有瓦解者。」韓文歐陽生哀辭云：「詹雖未得位，其名聲流於人人，其德行信於朋友，雖詹與其父母皆可無憾也。」兩節兩用〈雖〉字，皆以領讀，轉折分明。

①〈我〉字原敚。　②原衍〈子〉字。　③原誤〈害〉。　④此兩句依文選、漢書無〈僕〉字〈之〉字。　⑤〈以〉字原敚，係轉引經傳釋詞致誤。　⑥原誤〈公羊〉。　⑦經傳釋詞卷六云：「〈唯〉〈雖〉古字通。」又卷八云：「説文〈雖〉字以〈唯〉爲聲，故〈雖〉可通作〈唯〉，〈唯〉亦可通作〈雖〉。」刊誤云：「以〈雖〉釋〈唯〉，乃王氏父子之説。〈雖〉字從〈唯〉聲，故二字通用，王氏之説堅卓，非馬氏所得議也。而馬氏以爲同韻，王氏之説並不如此。又馬解〈唯〉爲〈即〉字，固可通，然與王解爲〈雖〉者又何以異耶！」

〈若〉〈苟〉〈使〉〈如〉〈設〉〈令〉〈果〉〈即〉〈誠〉〈假〉諸字，皆事之未然而假設之辭，亦爲推拓連字，惟以連讀而已。而諸字單用，先後乎起詞者不常。〔孟梁上〕王如知此，則無望民之多於鄰國也。〔又〕王若隱其無罪而就死地，則牛羊何擇焉。〔又〕苟能充之，足以保四海。苟不充之，不足以事父母。——三節内所有〈如〉〈若〉〈苟〉三字，皆假設之辭，用以連讀者。〈如〉〈若〉兩字，皆後乎〈王〉字，〈王〉乃讀之起詞也。〈苟〉字冠讀者，無起詞也。故設辭單用後乎起詞者常也。〔左隱十一〕寡人若朝于薛，不敢與諸任齒。君若辱貺寡人，則願以滕君爲請。〔又①〕若寡人得没于地，天其以禮悔禍於許，無寧兹許公復奉其社稷。〔又僖七〕若君去之以爲成，我以鄭爲内臣，君亦無所不利焉。——所引四〈若〉字，皆以連讀，而兩後起詞，兩先焉。〔史張釋之列傳〕令他馬，固不敗傷我乎？〔又田竇列傳②〕即宫車晏駕，非大王立當誰哉？〔又趙世家〕是以聖人果可以利其國，不一其用；果可以便其事，不同其禮。〔又吕后本紀〕王誠以一郡上太后，爲太后湯沐邑，太后必喜。〔又田竇列傳〕此時帝在即録録。設百歲後，是屬寧復有可信者乎？〔荀子非十二子篇〕假今之世，飾邪説，文姦言，以梟亂天下，欺惑愚衆，矞宇嵬瑣，使天下混然不知是非治亂之所存者，有人矣。〔魏志辛毗傳〕就與孫劉不平，不過令吾不作三公而已。——所引諸設辭，皆以連讀。〈即〉字兩引，一先起詞，一後焉。〈令〉與〈假〉兩字，皆先起詞。〈果〉〈誠〉兩字則後之。〈就〉字無起詞，故先讀焉。惟〈使〉字必先起詞。〔史廉頗列傳〕使趙不將括即已，若必將之，破趙軍者必括也。〔又平原君列傳〕使遂蚤得處囊中，乃穎脱而出，非特其末見而已。〔又魏信陵君列傳〕使秦破大梁而夷先王之宗廟，公子當何面目見天下乎？〔莊知北游〕使我欣欣然而樂與，樂未畢也③，哀又繼之。——諸〈使〉字皆在起詞之先。蓋〈使〉字雖設辭，而有使令之意，故皆先起詞。然則〈令〉〈假〉兩字當從同與。

①原衍〈十二〉兩字。　②原敚〈田竇列傳〉。　③原衍〈而〉字。

連用兩字者，則先起詞，而無有後焉者。

設辭往往借用兩字者：〔史蕭相國世家〕鄉使魯君察於此變，宜亡此害。①〔史李斯列傳〕向使四君却客而不内，疏士而不用，是使國無富利之實，而秦無彊大之名也。〔後漢張衡傳〕向使能瞻前顧後，援鏡自鑒，則何陷於凶患乎？〔漢賈誼傳〕假設陛下居齊桓之處，將不合諸侯而匡天下乎？〔又司馬遷傳〕假令僕伏法受誅，若九牛亡一毛，與螻蟻何異。〔史淮陰侯列傳贊〕然②假令韓信學道謙讓，不伐己功，不矜其能，則庶幾哉於漢家勳可以比周召太公之徒，後世血食矣。〔莊大宗師〕浸假而化予之左臂以爲雞，予因以求時夜。〔史張釋之列傳〕今盜宗廟器而族之，有如萬分之一，假令愚民取長陵一抔③土，陛下何以加其法乎？〔又魏其列傳〕有如兩宫螫將軍，則妻子毋類矣。〔又游俠列傳〕誠使鄉曲之俠，予季次原憲比權量力，效功於當世，不同日而論矣。——諸引内所有曰〈鄉使〉，曰〈向使〉，曰〈假設〉，曰〈假令〉，曰〈浸假〉，曰〈有如〉，曰〈誠使〉，皆連用兩字，而皆先乎讀之起詞。〈浸假〉後承以〈而〉字者，蓋用如無主動字而假爲連字者也。又張釋之傳云「有如萬分之一」，而復言〈假令〉者，重爲設辭以諱之也。統觀諸引設辭，皆推宕之讀。讀則辭意未畢，故必有收句以爲應者。而收應之句，有承以〈則〉字〈必〉字〈亦〉字者，有煞以〈矣〉字〈也〉字〈而已〉者，有無承無煞，而句意相應者。詳觀諸引，閲者可自得之。

設辭之後，復有以〈雖〉字宕跌者，亦習見也。

〔禮大學〕心誠求之，雖不中不遠矣。——〈心誠求之〉者，設辭之讀也。〈雖不中〉者，跌進一步也。〈不遠矣〉句，則折收矣。〔又中庸〕果能此道矣，雖愚必明，雖柔必强。〔論顔淵〕苟子之不欲，雖賞之不竊。〔又〕信如君不君，臣不臣，父不父，子不子，雖有粟，吾得而食諸？〔史釋之列傳〕使其中有可欲者，雖錮南山，猶有郄；使其中無可欲者，雖無石槨，又何戚焉？〔漢梅福傳〕故誠能勿失其柄，天下雖有不順①，莫敢觸其鋒。〔史管晏列傳〕假令晏子而在，余雖爲之執鞭，所忻慕焉。〔漢賈誼傳〕曩令樊酈絳灌據數十城而王，今雖以殘亡可也。令信越之倫列爲徹侯而居，雖至今存可也。〔燕策〕苟可以明君之義，成君之高，雖任惡名，不難受也。〔韓上張僕射書〕苟如是，雖日受千金之賜，一歲九遷其官，感②恩則有之矣，將以稱於天下曰知己知己，則未也。〔又答劉正夫書〕若皆與世浮沈，不自樹立，雖不爲當時所怪，亦必無後世之傳也。——諸所引節，始則以設辭一推，繼以〈雖〉字一跌，而後折收本意。句法盡同，最爲可法。

其餘連字用以較量者，則以〈猶〉〈尚〉與〈況〉〈矧〉等字，又以〈與〉〈豈〉〈寧〉〈孰〉等字互爲呼應。〔左宣十二〕困獸

①蕭相國世家無此語。　②〈然〉字原敚。　③原誤〈杯〉。

猶門，況國相乎！——〈猶〉字低一層比，〈況〉字跌入有勢。〈況〉字後但有〈國相〉一名字，並無動字相續，似不成句。不知〈況〉字後凡爲所比者，概皆不言而喻。此處爲所比者，非徒〈困獸〉與〈國相〉也，乃以困獸之尚鬥襯出子玉之復讎也。今不言明，此所謂意已到而筆未到也。有時〈況〉字上文雖無〈猶〉〈尚〉等字，而從低一層說，即在〈猶〉〈尚〉等字之甲裏矣。又〈況〉字前有加以〈而〉字〈又〉字者，所以助轉折之勢。〈況〉字後有襯以〈於〉字〈乎〉字者，所以明比於之義。要之於句法則皆與單有〈況〉字者無別。〔左僖十五〕公曰：「一夫不可狃，況國乎！」〔又成八[3]〕勇夫重閉，況國乎！〔孟盡上〕王子宮室車馬衣服，多與人同，而王子若彼者，其居使之然也，況居天下之廣居者乎！——三引上文，皆無〈猶〉〈尚〉等字以爲呼起，但皆從低一層說，則與書明者無異矣。〔孟公下〕管仲且猶不可召，而況不爲管仲者乎？〔穀[4]僖十六〕石鷁[5]且猶盡其辭，而況於人乎！〔史貨殖傳[6]〕夫千乘之王，萬家之侯，百室之君，尚猶患貧，而況匹夫編户之民乎！——三引〈況〉字，皆加〈而〉字。〔韓送孟秀才序〕苟如是，其於高爵，猶階而升堂，又況細者邪！〔又齋郎議〕大凡制度之改，政令之變，利於其舊，不什則不可爲已，又況不如其舊哉！——此〈況〉字前加以〈又〉字者。〔孟公下〕仁智，周公未之盡也，而況於王乎！〔又萬下〕況乎以不賢人之招賢人乎！〔漢張敞傳〕其夫小國中[7]君，猶有奮不顧身之臣，況於明天子乎！——此〈況〉字後以〈乎〉字〈於〉字爲襯者。統觀諸引，凡〈況〉字之有加於前，有襯於後，與無加無襯者同一句法。故漢書陳湯傳云：「夫犬馬有勞於人，尚加帷蓋之報，況國之功臣者哉！」趙策云：「人主之子也，骨肉之親也，猶不能恃無功之尊，無勞之奉，而[8]守金玉之重也，而況人臣乎！」史記律書云：「自含血戴角之獸，見犯則校，而況於人懷好惡喜怒之氣！」又禮書云：「自子夏，門人之高弟也，猶云出見紛華盛麗而悦，入聞夫子之道而樂，二者心戰，未能自決[9]，而況中庸以下，漸漬於失教，被服於成俗乎！」諸所引皆合例〈況〉字後句長者，有將爲所比者說明以足辭氣者。左傳昭七年云：「匹夫匹婦强死，其魂魄猶能馮依於人，以爲淫厲[10]，況良霄，我先君穆公之胄，子良之孫，子耳之子，敝邑之卿，從政三世矣。鄭雖無腆，抑諺曰，蕞爾國，而三世執其政柄。其用物也弘矣，其取精也多矣，其族又大，所馮厚矣，而强死，能爲鬼，不亦宜乎！」此節〈況〉字後四用〈矣〉字，一用〈雖〉字，皆讀也，直至〈能爲鬼不亦宜乎〉，方上接〈況〉字之句。 如此長句，如不將〈能爲鬼〉提明，則辭氣不貫矣。

〈矧〉，爾雅釋言云：「況也。」經史不習見，見於書者異解⑪。 詩大雅蕩抑云：「矧可射思。」義同。 韓文鄂人對有云：「矧非是而希⑫免輸者乎！」又送董邵南序云：「矧燕趙之士出乎其性者哉！」其用法同〈況〉字。

以〈與〉字作比辭而後應以〈寧〉字，如論語八佾云：「與其奢也寧儉。」以及應以〈豈〉字，如孟子萬章上云：「與我處畎畝之中，由是以樂堯舜之道，吾豈若使是君爲堯舜之君哉，吾豈若使是民爲堯舜之民哉，吾豈若於吾身親見之哉！」又或應以〈孰若〉等字，如韓文送李愿序云：「與其有譽於前，孰若無毁於其後，與其有樂於身，孰若無憂於其心。」云云，皆已見〈與〉字篇内。

①原誤〈孫〉。 ②〈感〉字原敚。 ③原誤〈十八〉。 ④原誤〈公〉。 ⑤原誤〈雞〉。 ⑥原誤〈食貨志〉。
⑦原誤〈之〉。 ⑧原誤〈以〉。 ⑨二句原敚。 ⑩此句原敚。 ⑪書大禹謨「矧茲有苗」，仲虺之誥「矧予之德言是聽聞」，傳並云：「〈矧〉，〈況〉也。」此云「見於書者異解」，未詳。 ⑫〈希〉字原敚。

用以遞進者，則以〈抑〉〈將〉〈寧〉等字以爲詢商之辭，又或以〈非惟〉〈不惟〉與〈亦〉〈抑〉〈復〉等字爲撇轉之辭。要之，此種連字，皆從假借而來，本無定式，而經史往往藉以推宕文機，故臚舉焉。

〔論學而〕求之與，抑與之與？〔禮中庸〕南方之强與，北方之强與，抑而强與？〔孟公下〕求牧與芻而不得，則反諸其人乎，抑亦立而視其死與？〔秦策〕誠病乎，意亦思乎？——三引〈抑〉字，皆以領起進商之句者，暗寓轉意。 所引秦策句内，〈意〉同〈抑〉字。 左傳莊六年云：「若不從三臣，抑社稷實不血食，而君焉取餘！」又昭元年云：「子晳信美矣，抑子南夫也。」韓文與崔群書：「其精麤巨細，出入明晦，雖不盡識，抑不可謂不涉其流者也。」三引〈抑〉字，皆轉折之辭。 〔莊秋水〕此龜者，寧其死爲留骨而貴乎？寧其生而曳尾於塗中乎？〔楚辭卜居〕吾寧悃悃款款朴以忠乎，將送往勞來斯無窮乎？……〔史孟嘗君列傳〕①人生受命於天乎，將受命於户邪？〔韓送孟東野序〕三子者之鳴信善矣，抑不知天將和其聲而使鳴國家之盛耶，抑將窮餓其身，思愁其心腸而使自鳴其不幸邪？——諸引句中兩商之辭，有皆用〈寧〉字者，有〈寧〉〈將〉兩字爲先後呼應者，有單用〈將〉字，又有〈將〉〈抑〉並用者，皆無定式，唯其是爾。經史内於兩商之句，有以〈其〉字領起者：左傳昭十年云：「孤斬焉在衰絰之中，其以嘉服見，則喪禮未畢。其以凶服見，是重受吊也，大夫將若之何？」韓文答吕毉山人書云：「其已成熟乎，將以爲友也。其未成熟乎？將以講去其非而趨是耳！」史記魏世家則云：「富貴者驕人乎？且貧賤者驕人乎？」是〈其〉字之外，又以〈且〉字再商者，姑録之，以見文之善變。

〔孟嘗下〕非惟百乘之家爲然也，雖小國之君，亦有之。〔漢賈誼傳〕非獨性異人也，亦形埶然也。〔左隱十一〕寡人之使吾子處此，不惟許國之爲，亦聊固以吾圉也。〔史平準書〕非獨羊也②，治民亦猶是也。〔又刺客列傳〕非獨政能也，乃其姊亦烈女也。〔韓禘祫議〕今一朝遷之，豈惟人聽疑惑，抑恐二祖之靈，眷顧依遲，不即饗③於下國也。〔又三上宰相書〕不惟不賢於周公而已，豈復有賢於時④百執事者哉？豈復有所計議能補於周公之化者哉？〔又守戒〕諸侯之於天子，不惟守土地，奉職貢⑤而已，固將有以翰蕃之也。——諸引節皆一推一轉，以〈不惟〉〈非獨〉〈豈惟〉爲擻者，即以〈亦〉〈抑〉〈固〉〈復〉等字爲轉。而概煞以〈也〉字者，所以足收轉之勢也。亦猶兩商之辭，煞以〈乎〉〈與〉〈耶〉等助字者，所以寫其擬度之情也。其他或假狀字，或假動字，以爲連字者，繁不悉載。學者披閲往籍，當自得之。

①原誤〈孟嘗君傳〉。
②〈羊也〉原誤〈治羊〉。
③原誤〈謇〉。
④〈時〉字原敓。
⑤原誤〈貢職〉。

虛字卷之九

傳信助字九之一

凡虛字用以結煞實字與句讀者，曰『助字』。文心雕龍章句云：「〈乎〉〈哉〉〈矣〉〈也〉，亦送末之常科。」〈送末〉云者，即結煞實字與句讀之謂也。故古人謂助字爲語已之辭，所以别於連字爲句端之辭也。

泰西文字，原於切音，故因聲以見意，凡一切動字之尾音，則隨語氣而爲之變。古希臘與辣丁文，其動字有變至六七十次而尾音各不同者。今其方言變法，各自不同，而以英文爲最簡。惟其動字之有變，故無助字一門。助字者，華文所獨，所以濟夫動字不變之窮。

字以達意。意之實處，自有動静諸字寫之。其虛處，若語氣之輕重，口吻之疑似，動静之字無是也，則惟有助字傳之。

助字所傳之語氣有二：曰信，曰疑。故助字有傳信者，有傳疑者。二者固不足以概助字之用，而大較則然矣。『傳信助字』，爲〈也〉〈矣〉〈耳〉〈已〉等字，決辭也。『傳疑助字』，爲〈乎〉〈哉〉〈耶〉〈歟〉等字，詰辭也。古籍中參用〈兮〉〈些〉〈只〉〈且〉諸字，然皆用爲有韻之文，而非所施於古文辭也，故不載。

助字中惟〈也〉〈矣〉兩字最習用，而爲用各别。〈也〉字所以助論斷之辭氣；〈矣〉字惟以助叙説之辭氣。故凡句意之爲當然者，〈也〉字結之；已然者，〈矣〉字結之。所謂當然者，決是非，斷可否耳。所謂已然者，陳其事，必其效而已。凡此皆以爲句也，而未始言讀。茲先引經籍中諸句有〈也〉〈矣〉兩字並用者，以明其所以各別之說，而後分疏焉。

〔論先進〕子曰：「由也升堂矣，未入於室也。」——〈升堂〉乃已見者，故煞〈矣〉字。〈室〉之〈未入〉，夫子斷之，故煞〈也〉字。〔又季氏〕吾聞其語矣，未見其人也。——〈語〉〈聞〉在昔，〈矣〉字煞之。〈其人〉〈未見〉，斷自於今，〈也〉字煞之。〔又憲問〕君子而不仁者有矣夫，未有小人而仁者也。——〈君子〉而或〈不仁〉，事之可〈有〉者也，尾以〈矣〉字。小〈人〉而〈仁〉，理之所必無也，斷以〈也〉字。〔又八佾〕子謂韶，盡美矣，又盡善也。謂武，盡美矣，未盡善也。——〈韶〉〈武〉之〈盡美〉，已見者也，故結以〈矣〉字。而〈韶〉之〈盡善〉與〈武〉之〈未盡善〉，一是一非，乃定論於目前也，故煞以〈也〉字。〔孟離上〕今天下溺矣，夫子之不援，何也？——〈天下〉之〈溺〉，已見者也，煞〈矣〉字。〈不援〉之詰，詰其故也，煞〈也〉字。〔禮中庸〕道之不行也，我知之矣。知者過之，愚者不及也。道之不明也，我知之矣，賢者過之，不肖者不及也。——〈道〉之〈不行〉與〈不明〉，已知之事，結〈矣〉字，〈賢〉〈知〉之〈過〉，〈愚〉〈不肖〉之〈不及〉，斷其故也，結〈也〉字。至〈不行也〉與〈不明也〉兩〈也〉字，煞讀，不在此例。〔莊養生主〕臣之所好者道也進乎技矣。——〈所好者道〉，決其是也，故煞〈也〉字。〈進乎技〉者，言已造之境也，故煞〈矣〉字。〔左桓八〕天去其疾矣隨未可克也。〔周語〕火朝覿矣，道茀不可行①。〔吴語〕夫差將死，使人說於子胥曰：「使死者無知則已矣，若其有知，吾何面目以見員也。」〔史李廣列傳〕中石没矢；視之石也。他日射之，終不能入矣。〔又信陵君列傳〕於趙則有功矣，於魏則未爲忠臣也。〔又刺客列傳〕是謂委肉當餓虎之蹊也，禍必不振矣。雖有管晏，不能爲之謀也。〔漢蕭望之傳〕敞備早衣二十餘年，嘗聞皐人贖矣，未聞盗賊起也。〔三國諸葛亮傳〕本欲與將軍共圖王霸之業者，以此方寸之地也。今已失老母，方寸亂矣。〔韓原鬼〕曰：有形而無聲者，物有之矣。土石是也。有聲而無形者，物有之矣。風霆是也。——所引諸句，凡決事物之已然者，皆煞〈矣〉字。凡決其當然者，皆煞

〈也〉字。又左傳成公十六年云：「王曰：『騁而左右，何也？』曰：『召軍吏也。』『皆聚於中軍矣。』曰：『合謀也。』『張幕矣。』曰：『虔卜於先君也。』『徹幕矣。』曰：『將發命也。』『甚囂且塵上矣。』曰：『將塞井夷竈而爲行也。』『皆乘矣，左右執兵而下矣。』曰：『聽誓也。』『戰乎？』曰：『未可知也。』『乘而左右皆下矣。』曰：『戰禱也。』」一節，凡句述所見之事者，煞〈矣〉字；凡答其事之所爲者，煞〈也〉字。夫然，〈也〉〈矣〉兩字之所别，其大較如是也。

①原衍〈也〉字。

廣韻云：「〈也〉，語助也，辭之終也。」顔氏家訓[①]書證篇亦云：「〈也〉，語已及助句之辭。」然此不足以概〈也〉字之變。古人有謂〈也〉字三用，有用於句末者，有用於句中者，有用於稱謂者[②]，蓋近之矣。愚謂〈也〉字所助有三：曰助句，曰助讀，曰助實字，以視所謂三用者較爲涵蓋。

莊子天道云：「聖人之静也，非曰静也，善，故静也；萬物无足以鐃心者，故静也。」節内第一〈也〉字，助讀，所以爲頓挫也。第二〈也〉字，助實字，所以助字也。第三第四〈也〉字，助句，所以表論斷也。〈也〉字之用，盡於是矣，故先爲隅舉焉。

①原誤〈子〉。　②見助字辨略卷三。

一、〈也〉字助句，大抵助論斷之辭氣耳。而句之有待於論斷者，以表詞之句爲最。助以〈也〉字，所以斷起詞與表詞之爲是爲非也。斷其爲是者，斷詞可省。

卷三表詞節内云：「凡決斷口氣，概以〈是〉〈非〉〈爲〉〈即〉〈乃〉諸字參於起詞表詞之間，而謂之斷詞。或無斷詞，則以助字煞之，或兩者兼用焉亦可。」惟句有表詞，煞〈也〉字以決其是者，概無斷詞參之。其式不一：有以名字爲表詞者：〔孟滕上〕徹者，徹也，助者，藉也。〔又〕庠者，養也，校者，教也，序者，射也。——所引表詞皆名字，而〈也〉字煞之，以斷起表兩詞字義之爲一，而無〈爲〉〈是〉諸斷詞之加焉。此訓詁之式也。〔又〕陳良，楚産也。〔又萬上〕百里奚，虞人也。〔史伯夷叔齊列傳〕伯夷叔齊，孤竹君之二子也。〔又管晏列傳〕管仲夷吾者，潁上人也。

〔又〕晏平仲嬰者，萊之夷維人也。——此傳記之式。餘同上。〔孟滕上〕君子之德，風也。小人之德，草也。〔又離上〕故爲淵敺魚者，獺也，爲叢敺爵者，鸇也，爲湯武敺民者，桀與紂也。〔又告下〕欲輕之於堯舜之道者，大貉小貉也，欲重之於堯舜之道者，大桀小桀也。〔左成十六①〕占之曰：「姬姓，日也，異姓，月也，必楚王也。」〔又僖九〕「何謂忠貞？」對曰：「公家之利，知無不爲，忠也，送往事居，耦俱無猜，貞也。」——所引皆名字爲表詞，煞以〈也〉字，而無斷詞參焉者也。至於代字爲表詞而助以〈也〉字者，概皆詢問代字。經籍習有「何謂也」「何也」「誰也」等句是也。靜字爲表詞，煞〈也〉字以決其是者，比比皆是。〔禮中庸〕天地之道，博也，厚也，高也，明也，悠也，久也。〔論季氏〕生而知之者，上也，學而知之者，次也，困而學之，又其次也。〔孟離下〕先聖後聖，其揆一也。〔又盡上〕行之而不著焉，習矣而不察焉，終身由之而不知其道者衆也。〔又公下〕前日之不受是，則今日之受非也，今日之受是，則前日之不受非也。〔左文元〕君之齒未也。〔莊在宥〕天下將安其性命之情，之八者，存可也，亡可也。天下將不安其性命之情，之八者，乃始臠卷搶②囊而亂天下也。〔又達生〕人之所取畏者，衽席之上，飲食之閒，而不知爲之戒者，過也。——所引〈博厚〉〈高明〉〈悠久〉〈上〉〈次〉〈一〉〈衆〉〈非〉〈未〉〈可〉〈過〉諸字，皆用作靜字而煞以〈也〉字，以助其決斷口氣，故無斷詞參焉。前引諸句，其起詞類皆爲讀，更有以長段用如起詞者，如漢書趙充國傳上留屯十二便，每段結句，各以數目靜字爲表詞，〈也〉字煞之。如「一也」「二也」以至「十二也」爲止，蓋猶云各段所論者，乃十二便之〈一也〉〈二也〉云云。史記留侯世家記張良借箸籌策，其不可封六國後有八事，曰：「其不可一也……二也……三也。」至第四節，則曰「其不可四矣」，直至第八節，皆以〈矣〉字爲煞者，蓋前三節之事，時尚可爲也，故煞〈也〉字，後五節之事，則時已不可爲矣，故煞〈矣〉字。然此乃曲爲之説，非實義也。經籍中〈也〉〈矣〉兩字，有時本可互用者。此其證也。又介字篇論之字下所引史記秦楚之際月表云：「以德若彼，用力如此，蓋一統若斯之難也。」〈難〉靜字，而煞以〈也〉字者，所以決傳天下之難。此節諸引，可取觀也。至靜字前往往益以〈之〉字者，所以四之也。〔左文③三〕君子是以知秦穆公之爲君也，舉人之周也，與人之壹也。〔又襄二十九〕聖人之弘也，而猶有慚德，聖人之難也。——〈周〉〈壹〉〈弘〉〈難〉，皆靜字之奇者也，益以〈之〉字，則偶矣。說見前。史記張耳傳云：「何鄉者相慕用④之誠，後相倍之戾也？」韓文上于襄陽書云：「何其相須之殷而相遇之疎也？」左傳襄二十九年云：「不然，何憂之遠也？」其句法與前相似。然細味其文，〈也〉字煞〈何〉字，不煞靜字，猶云：「鄉者相慕用之誠，後相倍之戾，何也？」已見詢問代字。不然，〈何〉字當用如狀字矣，所罕見也。更有以狀字爲表詞，煞以〈也〉字，所以決其容之如是也。論語鄉黨云「恂恂如也」「侃侃如也」「誾誾如也」等句，皆是也。漢書萬石君傳云：「子孫勝冠者在側，雖燕居必冠，申申如也，僮僕訢訢如也，唯謹。」皆此例也。

有以頓爲表詞，煞以〈也〉字，以決其是者。〔孟告下〕五霸者，三王之罪人也，今之諸侯，五霸之罪人也，今之大夫，今之諸侯之罪人也。——諸此表詞，皆有偏次先焉。表詞用以結煞一段，往往以〈此〉〈是〉兩代字爲起詞，以指前文也。〔孟滕上〕此天下之通義也。——〈此〉指上文勞心勞力者之所以治人與治於人也。〔漢賈捐之傳〕人情莫親父母，莫樂夫婦，至嫁妻賣子，法不能禁，義不能止，此社稷之憂也。——漢書鼂錯傳言兵事書，各段之末，有云「此步兵之地也」「此長戟之地也」云云，諸〈此〉字皆指上文。〔孟告下〕無他，疏之也。〔又〕無他，戚之也。——〈疏〉〈戚〉兩外動字，〈之〉其止詞，合之成頓，而爲句之表詞。有先以〈是〉字指上文而明所推之理者。〔孟公下〕無處而餽之，是貨之也。——〈是貨之也〉句，即以言所推上文之理也。〔又離上〕既不能令，又不受命，是絕物也。〔又梁下〕今又倍地而不行仁政，是動天下之兵也。〔史虞卿列傳〕秦以其力攻其所不能取，倦而歸，王又以其力之所不能取以送之，是助秦自攻也。——三引同上。〈是〉字與〈是則〉同一用法。此種句法，經史習見，故不多引。

有以讀爲表詞，煞〈也〉字以決其是者。〔孟離上〕君不行仁政而富之，皆棄於孔子者也。——猶云：「如是皆爲孔子所棄之人。」〈者〉乃接讀代字。凡讀爲表詞，類有接讀代字者，其常也。〔孟離下〕大人者，不失其赤子之心者也。〔又〕良人者，所仰望而終身也。〔左莊三十二〕神，聰明正直而壹者也。〔又閔二〕夫帥師，專行謀，誓軍旅，君與國政之所圖也。〔又桓八〕季梁請下之，弗許而後戰，所以怒我而怠寇也。——所引同上。讀爲表詞，而有〈此〉

〈是〉等字先之者，皆以收束上文或指所推之理也。〔孟梁下〕此匹夫之勇，敵一人者也。〔又滕下〕是率天下而路也。〔又告下〕此則滑釐所不識也。〔又離上〕是天下之父歸之也。〔又離下〕此其爲饜足之道也。〔左隱三〕若弃德不讓，是廢先君之舉也。〔莊至樂〕今又變而之死，是相與爲春夏秋冬四時行也。〔漢蒯通傳〕然則慈父孝子，將爭接刃於公之腹，以復其怨而成其功名，此通之所以吊者也。——詳觀引句，凡有〈是〉字爲首者，類無接讀代字爲之後焉。

間有以〈所謂〉〈此謂〉諸語爲先，而煞以〈也〉字者，亦在此例。蓋〈所〉〈此〉兩字後，其繼之者或名或讀，皆與同次而爲之表詞者也。〔孟滕上〕彼所謂豪傑之士也。——〈所〉指〈彼〉而〈豪傑之士〉與〈所〉字同次，以〈也〉字煞之，所以論斷其如是也。〔又離上〕言非禮義，謂之自暴也，吾身不能居仁由義，謂之自棄也。——兩〈之〉字各指前文，〈自暴〉〈自棄〉各在〈謂〉字後，與〈之〉字同次。〔史平原君列傳〕公等録録，所謂因人成事者也。〔漢蒯通傳〕范陽令先下，而身富貴，必相率而降，猶如阪上走丸也。此臣所謂傳檄而千里定者也。〔又息夫躬傳〕因下其章諸將軍，令⑤匈奴客聞焉，則是所謂上兵伐謀，其次伐交者也。——引内〈因人成事者〉，〈傳檄而千里定者〉，與夫〈上兵伐謀其次伐交者〉三讀，皆〈所〉字同次，〈此〉字乃各句之起詞，而〈也〉字所以決其是也。夫然，而〈此之謂〉〈或之謂〉〈或謂之〉諸語之〈之〉字，亦指前文，正此例也。

更有比擬之句，率以〈也〉字爲煞，以決所比之誠然者。〔孟離上〕舜不告而娶，爲無後也，君子以爲猶告也。〔又〕視天下悦而歸己，猶草芥也。〔左隱四〕夫兵，猶火也。〔史平準書〕非獨羊也，治民亦猶是也。——所謂〈猶告〉〈猶草芥〉〈猶火〉〈猶是〉者，皆比擬之字，率煞〈也〉字，以決其所比之不謬。〔孟告上〕人性之無分於善不善也，猶水之無分於東西也。〔又〕今之爲仁者，猶以一杯水救一車薪之火也。〔左隱四〕以亂，猶治絲而棼之也。〔又襄二十九〕曰：「德至矣哉大矣，如天之無不幬也，如地之無不載也。」〔莊應帝王〕其於治天下也，猶涉海鑿河而使蚉負山也。〔史李斯列傳〕夫人生居世間也⑥，譬猶騁六驥過決隙也。〔韓送石處士序〕與之語道理，辨古今事當否，論人高下，事後當成敗，若河决下流而東注，若駟馬駕輕車就熟路，而王良造父爲之先後也⑦，若燭照數計而龜卜也。——所引比儗之讀，皆煞〈也〉字。其或煞以〈耳〉〈乎〉等字或無助字爲煞者，亦時見焉。然終未見煞有以〈矣〉字者。

①原誤〈十七〉。②原誤〈愴〉。③原誤〈成〉。④〈用〉字原敚。下同。⑤原誤〈今〉。⑥〈也〉字原敚。⑦〈也〉字原敚。

斷爲非者，煞以〈也〉字，而必以〈非〉字先焉。

表詞之句，决爲非者，式亦不一。有爲名者，有爲頓者，有爲讀者，爰各引數則以明之。〔孟公上〕由是觀之，無惻隱之心，非人也，無羞惡之心，非人也，無辭讓之心，非人也，無是非之心，非人也。〔又離上〕故曰城郭不完，兵甲不多，非國之灾也，田野不闢，貨財不聚，非國之害也。〔又〕孔子曰：「求，非吾徒也。」〔又萬下〕子思以爲鼎肉使己僕僕爾亟拜也，非養君子之道也。〔論公冶〕雖在縲絏之中，非其罪也。〔左桓二〕戊申，納于大廟，非禮也。〔又哀十一〕不屬者，非魯人也。〔史淮陰侯列傳〕且陛下所謂天授，非人力也。〔漢趙充國傳〕此人臣不忠之利，非明主社稷之福也。〔又息夫躬傳〕辯士見一端，或妄以意傳著星曆，虚造匈奴烏孫西羌①之難，謀動干戈，設②爲權變，非應天之道也。——以上所引，其結句或爲名，或爲頓，皆各蒙以〈非〉字而煞以〈也〉字，有如此者。〔孟滕下〕子路曰：「未同而言，觀其色赧赧然，非由之所知也。」〔又公上〕今人乍見孺子將入於井，皆有怵惕惻隱之心。非所以内交於孺子之父母也，非要譽於鄉黨朋友也，非惡其聲而然也。〔論先進〕回也非助我者也。〔左隱五〕若夫山林川澤之實，器用之資，皁隸之事③，官司之守，非君所及也。〔史商君列傳〕今君之見秦王也，因嬖人景監以爲主，非所以爲名也。〔漢賈誼傳〕若夫束縛之，係緤之，輸之司寇，編之徒官，司寇小吏，詈罵而榜④笞之，殆非所以令衆庶見也。夫卑賤者習知尊貴者之一旦吾亦迺可以加此也⑤，非所以習天下也，非尊尊貴貴之化也。〔吴語〕夫越⑥非實忠心好吴也，又非攝畏吾兵甲⑦之强也。——諸引結句，皆以讀爲表詞，蒙〈非〉字以斷其不然，煞〈也〉字以助直決口氣，與前節所引辭義相同。

經籍中有〈是〉〈非〉兩句並置，然先〈非〉而後〈是〉者爲常，所以明反正之意，以助決斷之辭氣耳。〔孟滕下〕爲其殺是童子而征之，四海之内皆曰，非富天下也，爲匹夫匹婦復仇也。〔又萬上〕舜相堯，二十有八載，非人之所能爲也。天也。〔又〕舜禹益相去久遠，其子之賢不肖，皆天也，非人之所能爲也。〔魏策〕唐且⑧曰：「此庸夫之怒也，非士之怒也。」〔漢鼂錯傳〕其民如是，則邑里相救助，赴胡不避死，非以德上也，欲全親戚而利其財也。〔史信陵君列傳〕趙王田⑨獵耳，非爲寇也。〔又淮陰侯列傳〕非愚於虞而智於秦也，用與不用，聽與不聽也。〔漢酈食其傳〕此黄帝之兵，非人之力，天之福也。〔又婁敬傳〕天下莫朝周，周不能制。非德薄，形勢弱也。〔又息夫躬傳〕所以遣子侍單于者，非親信之也，實畏之耳。〔韓重答張籍書〕雖誠有之，抑非好己勝也，好己之道勝也。非好己之道勝也，己之道乃夫子孟軻揚雄所傳之道也。——諸引兩句，皆一反一正。決非之句，先者爲常。句無〈也〉字爲助者，其辭氣直貫下句，可通用也。決是之句，兩助〈耳〉字，皆帶有決斷之意。

①二字原敚。　②原誤〈妄〉。　③原誤〈司〉。　④原誤〈鞭〉。　⑤〈也〉字原敚。　⑥二字原敚。

⑦原誤〈甲兵〉。　⑧原誤〈雎〉。　⑨〈田〉字原敚。

他如言事理之句，有結〈也〉字者，要皆以論斷其然耳。然所爲論斷者，不一其情。

有斷其誠然者。

〔孟萬上〕孔子主我，衛卿可得也。〔又滕上〕禄足以代其耕也。〔又萬下〕惟君子能由是路，出入是門也。——諸引句坐動字，〈可〉〈足〉〈能〉，助動字也。夫曰〈可得〉，曰〈足代〉，曰〈能由〉，則猶〈未可〉，〈未足〉，〈未能〉也，煞以〈也〉字，所以斷其〈卿〉之誠，〈可得〉也，〈禄〉之誠〈足代〉也，〈路〉與〈門〉之誠〈惟君子〉〈能由〉〈能出入〉也。故曰，煞〈也〉字者，斷其誠然也。故句有助動字爲坐動者，概煞〈也〉字，而〈可〉〈足〉兩字最習用也。〔齊策〕如此，則兵不費，權不輕，地可廣，欲可成也。〔左宣十二〕中軍下軍争舟，舟中之指可掬也。〔齊策〕今①齊楚燕趙韓梁六國之遞甚也，不足以立功名，適足以强秦而自弱也。〔漢劉向傳〕及秦惠文武昭嚴襄五王，皆大作丘隴，多其瘞臧，咸盡發掘暴露，甚足悲也。——似此句法，時見於書，故不多引。

〈有〉〈無〉兩字，同動字也，其煞〈也〉字者，與助動同。〔孟離下〕是故君子有終身之憂，無一朝之患也。〔又滕上〕且志曰：「喪祭從先祖。」曰吾有所受之也。〔齊策〕孟嘗君曰：「客何好？」曰：「客無好也。」曰：「客何能？」曰：「客無能也。」〔左襄二十三〕奉君以走固宫，必無害也。〔秦策〕王雖有之，不爲得地，是王有毁楚之名②，無得地之實也。——諸引句，各以〈有〉〈無〉字爲助動，結以〈也〉字，所以論斷其所有所無之誠然也。至如孟子滕文公上云：「親喪固所自盡也。」又公孫丑下云：「王使人來曰：『寡人如就見者也。』」又云：「今願竊有請也。」又離婁下云：「予未得爲孔子徒也。予私淑諸人也。」齊策云：「梁使三反，孟嘗君固辭不往也。」左傳襄二十六年云：「初，楚③伍參與蔡太師子朝友，其子伍舉與聲子相善也。」又云：「楚師輕窕，易震蕩也。」諸引句内本無助動同動之字，而所記者或即爲言者同時之事，或以明言者心中之願，結以〈也〉字者，所以决其誠如是也。又孟子盡心上云：「孩提之童，無不知愛其親也。及其長也，無不知敬其兄也。」兩句亦此例也。蓋〈無不〉兩字，皆弗辭也。連用相消，同乎正意。不然，當列下節矣。是則左傳定公元年云：「子家子亟言於我，未嘗不中吾志也。」漢書馮唐傳云：「今吾每飯意④未嘗不在鉅鹿也。」又儒林傳云：「至於忠臣孝子之篇，未嘗不爲王反復誦之也。」史記自序云：「然其正名實，不可不察也。」又云：「若夫控名責實，參伍不失，此不可不察也。」諸引結以〈也〉字者，决其然也。而句内〈未〉〈不〉與〈不〉〈不〉兩弗辭互消，正此例也。

①原誤〈令〉。　②原衍〈而〉字。　③〈楚〉字原敚。　④〈意〉字原敚。

有斷其不然者。

此節反乎前節，以其所包者廣，故别爲兩節耳。故凡句之坐動而爲助動之字，有弗辭先焉者，皆在此例。〔孟滕上〕民事不可緩也。〔又公下〕晉楚之富，不可及也。〔又滕上〕北方之學者，未能或之先也。〔又離下〕雖孝子慈孫，百世不能改也。〔又滕下〕予豈好辨哉，予不得已也。〔又萬上〕語云：盛德之士，君不得而臣，父不得而子也①。〔周語〕大物其未可改也。〔左襄二十九〕表東海者，其太公乎！國未可量也。〔又昭五②〕今政令在家，不能取也。有子家羈，弗能用也。〔史自序〕若夫列君臣父子之禮，序③夫婦長幼之别，雖百家弗能易也。〔漢食貨志〕民如鳥獸，雖有高城④深池，嚴法重刑，猶不能禁也。〔齊策〕今有一窟⑤，未得高枕而卧也。〔漢匈奴傳〕卒其所以脱者，世莫得而言也。〔韓策〕以韓卒之勇，被堅甲，蹠⑥勁弩，帶利劍，一人當百，不足言也。——諸句之以〈可〉〈能〉〈得〉〈足〉諸助動字爲坐動，而先之以〈莫〉〈不〉〈弗〉〈未〉之辭者，皆煞〈也〉字，所以决其不然也。孟子梁惠王上云：「然而不王者，未之有也。」禮大學云：「未有學養子而后嫁者也。」燕策云：「自五伯以來，功未有及先王者也。」〈有〉同動字也；〈未有〉二字相連，或冠句首，或間句中，而間以〈之〉字，必置於末。其殿以〈也〉字者，所以斷之也，此可與同動節參觀。至句中有〈不〉〈未〉〈弗〉〈無〉〈莫〉諸弗辭，而煞以〈也〉字者，皆所爲斷其不然而助其决然之辭氣也。〔孟公下〕所以自爲，則吾不知也。〔又〕仁智，周公未之盡也。〔又萬上〕非其義也，非其道也，禄之以天下弗顧也。繫馬千駟，弗視也。〔又滕上〕吾宗國魯先君莫之行，吾先君亦莫之行也。〔左襄三十一〕子皮曰：「愿，吾愛之，不吾叛也。」〔吴語〕天若棄吴，必許吾成而不吾足也。〔左襄二十六〕引領南望曰：「庶幾赦余。」亦弗圖也。〔又二十九〕美哉！其細已甚，民弗堪也。〔又昭二十三〕苟不能衛，城無益也。〔又定四〕不然，文武成康之伯猶多，而不獲是分也，唯不尚年也。〔漢司馬遷傳〕夫僕與李陵俱居門下，素非相善也。〔秦策〕其道若將⑦弗行，則久留臣無爲也。〔莊齊物論⑧〕近死之心，莫使復陽也。〔又秋水〕還虷蟹與科斗，莫吾能若也。〔公宣六〕君將使我殺子，吾不忍殺子也。——諸引句，皆有弗辭。其殿以〈也〉字者，不之之甚也。

①孟子原文無〈也〉字。　②原誤〈四〉。　③〈序〉字原敚。　④原誤〈臺〉。　⑤原誤〈策〉。　⑥原誤〈蹠〉。　⑦四字原誤〈若臣〉。　⑧原誤〈謂〉。

有斷其所以然者。

凡言故之句，皆類於此，殿〈也〉字者，決言其故之誠然也。〔孟公下〕子之辭靈丘而請士師，似也，爲其可以言也。〔又離上〕舜不告而娶，爲無後也。〔又離下〕孟子曰：「中也養不中，才也養不才，故人樂有賢父兄也。」〔左僖二十八〕三月丙午，入曹，數之，以其不用僖負羈而乘軒者三百人也。〔又襄十四〕執莒公子務婁，以其通楚使也。〔公隱元〕故凡隱之立，爲桓立也。〔燕策〕夫燕之所以不犯寇被兵者，以趙之爲蔽於[1]南也。〔秦策〕臣出，必故之楚，以順王與儀之策，而明臣之楚與不也。〔公隱三〕先君之所爲不與臣國而納國乎君者，以君可以[2]爲宗廟社稷主也。〔莊知北游〕黄帝曰：「彼其真是也，以其不知也，此其似之也，以其忘之也，予與若終不近也，以其知之也。」〔史張耳列傳〕遣人立六國後，自爲樹黨，爲秦益敵也。〔左襄二十九〕其出聘也，通嗣君也。〔漢司馬遷傳〕所以隱忍苟活，函糞土之中而不辭者，恨私心有所不盡，鄙没世而文采不表於後也。〔又霍光傳〕此縣官重太后，故不竟也。——所引言故之句，有〈爲〉〈以〉〈故〉各字弁於其首者，有無連字者，要以句意爲主。故凡有〈是則〉〈是故〉與〈是〉〈此〉各字冠句首，而推論所以然者，皆在此例。此等句法，以〈也〉字爲助者爲常。至〈以〉〈爲〉兩字所冠者，有句讀之分。左傳隱十一年云：「爲其少故也，吾將授之矣。」齊策云：「左右以君賤之也，食以草具。」兩引，一爲〈爲〉，一爲〈以〉，所冠者皆先於正句，則爲讀，至前文所引，則爲句。其詳已見連字篇矣。又所以然之故，有藉問答之句以明之者，概以〈也〉字決之。孟子萬章上：「萬章問曰：『舜往于田，號泣于旻天，何爲其號泣也？』曰：『怨慕也。』」猶云：「其號泣何故也？曰：怨慕故」也。〔公隱元〕公何以不言即位？成公意也。〔又〕曷爲褎之？爲其與公盟也。〔穀隱元〕君之不取爲公，何也？[3]將以讓桓也。〔又莊七〕其不曰恒星之隕，何也？我知恒星之不見而不知其隕也。——公穀兩傳，皆設爲問答以解經。穀梁則問答兩句，概殿〈也〉字，而公羊則殿於答句者爲常，其問句煞以〈也〉者，未之見也。此亦其筆法使然耳。

① 原衍〈其〉字。　② 〈以〉字原敚。　③ 原衍〈曰〉字。

有斷其將然者，而諭之使然與禁其不然者，亦附焉。

〔孟滕下〕梓匠輪輿，其志將以求食也。〔又離上〕問有餘，曰：「亡矣。」將以復進也。〔又萬上〕予，天民之先覺者也，予將以斯道覺斯民也。——三引末句煞〈也〉字者，皆以必將來之事也。〔左昭七〕曰：「壬子，余將殺帶也。明年壬寅，余又將殺段也。〔又僖二十三①〕得志於諸侯而誅無禮，曹其首也。〔又桓十三②〕莫敖狃于蒲騷之役，將自用也。〔莊庚桑楚〕千世之後，其必有人與人相食者也。〔漢伍被傳〕昔子胥諫吴王，吴王不用，迺曰：「臣今見麋鹿游姑蘇之臺也。」今臣亦將見宫中生荆棘，露霑衣也。——所引句煞〈也〉字者，皆以斷其將然也。

〔左僖十五〕且告之曰：「孤雖歸，辱社稷矣，其卜貳圉也。」〔又文元〕潘崇曰：「享江芈，而勿敬也。」〔又哀十二〕吴雖無道，猶足以患衛，往也。〔又僖二十三〕姜曰：「行也。懷與安，實敗名。」〔又昭三〕君其往也。苟有寡君，在楚猶在晉也。——五引傳文，諭令之句，皆煞〈也〉字者，以其所諭皆將來之事也。〔史曹相國世家③〕然無言吾告若也。〔又〕以齊獄市爲寄，慎勿擾也。——兩引禁令之句，亦煞〈也〉字，蓋所禁者亦未來之事也。有禁在目前而亦煞〈也〉字者。論語先進云：「子曰：『以吾一日長乎爾，毋吾以也。』」孟子萬章下云：「王勃然變乎色。曰：『王勿異也。』」曰〈毋吾以〉曰〈王勿異〉，皆當時事，而煞〈也〉字者，蓋以助其禁令之辭氣耳。然有諭禁之句無助字爲殿者。漢書高帝紀云：「其以沛爲朕湯沐邑。」莊子山木云：「少君之費，寡君之欲，雖無糧而乃足。君其涉於江而浮於海。」史記刺客列傳云：「子④其自爲計。」韓文平淮西碑云：「曰『度，汝其往衣服飲食予士，無寒無飢，以既厥事』。」又云：「不可究武，予其少息。」以上所引諭令之句，亦未來之事，惟先以〈其〉字，以狀其屬望之辭氣，而句末無〈也〉字爲殿也。至禁令之句，則必以〈毋〉〈勿〉〈無〉諸字先之。如漢書張釋之傳云：「卑之，毋甚高論。」又朱雲傳云：「勿易。因而輯之，以旌直臣。」史記淮陰侯列傳云：「信乃令軍中：毋殺廣武君。」漢書王尊傳云：「賢爲上，毋以富。」又司馬遷傳云：「闕然久不報，幸勿過。」韓文平淮西碑云：「凡兹廷臣，汝擇自從，惟其賢能，無憚大吏。」以上所引，其句末皆無〈也〉字爲助也。左傳閔二年⑤云：「皆曰『使鶴』。」漢書李廣傳云：「令曰：『前！未到匈奴陳二里所止。』」又霍光傳云：「太后曰：『止！爲人臣子⑥，可當悖亂如是邪！』」三引曰〈使鶴〉，曰〈前〉，曰

〈止〉，惟以動字以諭其然，而先後並無他字爲襯也。至莊子秋水云：「往矣，吾將曳尾于塗中。」此諭其往而助以〈矣〉字者，幸其速往也。書經諭令之句，率襯〈哉〉字，如〈欽哉〉〈往哉〉〈臣哉〉〈鄰哉〉之類，所以勗之也。此因命戒之辭有煞〈也〉字者，故及之。

①原誤〈二十二〉。　②原誤〈八〉。　③原誤〈蕭相國世家〉。　④原誤〈君〉。　⑤原誤〈元年〉。　⑥〈子〉字原敚。

傳信助字九之二

二、〈也〉字助讀。其爲用也，反乎其助句也。助句以結上文，而助讀則以起下文。其起下文也，所爲頓宕取勢也。蓋讀句相續而成文，患其冗也，助以〈也〉字，則辭氣爲之舒展矣。夫讀之爲式，至不一矣，而其可襯〈也〉字者，約計有四：

其一、讀之爲起詞也，有助以〈也〉字者。

〔孟滕上〕且天之生物也，使之一本；而夷子二本故也。——〈天之生物〉一讀，而爲下文之起詞，〈也〉字助之，而辭氣一宕。〈使之一本〉者，句也。〈生物〉而〈使之〉，讀句兩者，時同，事同，而功用又相通也。此〈也〉字助讀之通例也。起詞之讀殿〈者〉字者，則惟言起詞爲何如之人物，而與下文之功用有絶不相涉者矣。此〈也〉〈者〉兩字所以助讀之别也。〔孟告下〕魯之削也滋甚。〔又滕上〕民之爲道也，有恒産者有恒心，無恒産者無恒心。〔又離下〕地之相去也，千有餘里；世之相後也，千有餘歲。〔論陽貨〕古之狂也肆，今之狂也蕩。〔莊人間世〕凡溢之類①妄，妄則其信之也莫。〔又逍遥游〕鵬之徙於南冥也，水擊三千里。〔左襄三十一〕子産之從政也，擇能而使之。〔又哀十一〕二子之不欲戰也宜。〔周語〕昔我先王之有天下也，規方千里，以爲甸服，以供上帝山川百神之祀，以備百姓兆民之用，以待不庭不虞之患。——所引諸讀，皆殿〈也〉字，而中間〈之〉字者，與〈也〉字相爲頓挫者也。至如論語里仁云：「君子之於天下也，」孟子梁惠王上云：「寡人之於國也。」又萬章下：「晉平公之於亥唐也。」周語云：「先王之於民也。」諸讀，以〈之於〉二字爲坐動，率皆助以〈也〉字，而又爲起詞之讀者，常也，已見介字篇矣。孟子離婁下云：「其涸也可立而待也。」左傳隱元年云：「其樂也融融。」「其樂也洩洩。」又昭七年云：「及其將死也，召其大夫曰。」又云：「其共也如是。」莊子逍遥游云：「其自視也，亦若此矣。」又齊物論云：「其分也成也，其成也毁也。」又田子方[2]云：「其諫[3]我也似子，其道我也似父，是以歎也。」諸讀皆以〈其〉字爲起詞者，故無〈之〉字襯焉。凡静字有助以〈矣〉〈乎〉〈哉〉諸字以爲咏歎者，則其起詞之讀，助以〈也〉字者，概後置焉。〔論述而〕甚矣吾衰也，——〈吾衰也〉者，讀之爲起詞也，〈甚矣〉者，其表詞也。今則起詞倒置於表詞之後，此歎辭之常例也。非歎辭，則起詞之讀先置，此孟子公孫丑下所以云：「然則子之失伍也亦多矣。」〔又告下〕固哉高叟之爲詩也。〔論泰伯〕巍巍乎舜禹之有天下也。〔又〕大哉堯之爲君也。〔左桓一[4]〕異哉君之名子也。〔史汲鄭列傳〕甚矣汲黯之戇也。〔莊齊物論〕不亦善乎而問之也。〔又在宥〕甚矣天下之惑也，豈直過也而去之邪！——皆同上。又大宗師云：「古之真人，其狀義而不朋，若不足而不承。與乎其觚而不堅也，張乎其虚而不華也，邴邴乎其似喜乎，崔乎其不得已乎，滀乎進我色也，與乎止我德也，厲乎其似世乎，謷乎其未可制也，連乎其似好閉也，挽[5]乎忘其言也。」韓送齊皞下第序云：「故上之人行志擇誼，坦乎其無憂於下也。下之人剋己慎行，確乎其無惑於上也。」所引〈與乎〉〈張乎〉以及〈坦乎〉〈確乎〉皆同上，可視同表詞。以爲狀詞，則冠於一讀之首，似非其所。又有與此種句法相似者。孟子梁惠王上云：「如之何其使斯民飢而死也？」猶云「其使斯民飢而死也如之何」也。又告子下：「若是乎賢者之無益於國也。」又梁惠王上：「宜乎百姓之以我爲愛也。」「惡在其爲民父母也？」又左傳成二年云：「若之何其以病敗君之大事也？」韓文原道云：「奈之何民不窮且盗也？」諸句，皆此類也，有起詞繫以一讀而爲决辭者，亦在此例。〔史貨殖列傳〕清，寡婦也，能守[6]其業，用財自衛，不見侵犯。〔史留侯世家〕黥布，天下猛將也，善用兵。〔漢楊惲傳〕家本秦也，能爲秦聲。婦趙女也。雅善鼓瑟。〔公宣六〕子，大夫也，欲視之，則就而視之。——曰〈清〉，曰〈黥布〉，曰〈子〉，皆名之爲起詞也。曰〈寡婦也〉，曰〈天下猛將〉也，曰〈大夫也〉，則皆加讀而爲決辭。莊子逍遥游云「野馬也，塵埃也，生物之以息相吹也」一節，與此正同。〈野馬也〉，公名爲起詞，而助以〈也〉字也。〈塵埃也〉，加讀也，下爲表詞之句。統觀以上諸引，可見讀爲起詞之變止矣。

①原衍〈也〉字。　②原誤〈山木〉。　③原誤〈誘〉。　④原誤〈三〉。　⑤原誤〈悦〉。　⑥原誤〈惠〉。

其二、讀之記時記處也，有助〈也〉字者。

〔孟公下〕及其更也，民皆仰之。——〈及其更也〉者，記時之讀也。〔又〕當在宋也，予將有遠行。——〈當在宋也〉者，記處之讀也。似此句法，經史最習用之。〔左僖二十二〕及其未既濟也，請擊之。〔又昭七〕及其將死也，召其大夫曰。〔史貨殖列傳〕秦之敗也，豪傑皆争取金玉，而任氏獨窖倉粟。楚漢相距滎陽也，民不得耕種，米石至萬，而豪傑金玉盡歸任氏。〔吴語〕及吾猶可以戰也，爲虺弗摧，爲蛇將若何？〔論衛靈〕居是邦也，事其大夫之賢者，友其士之仁者。〔左僖三十①〕臣之壯也，猶不如人。〔又隱四②〕宋殤公之即位也，公子馮③出奔鄭。〔莊至樂〕是其始死也，我獨何能無概然！〔韓張中丞傳後叙〕當二公之初守也，寧能知人之卒不救，棄城而逆遁。苟此不能守，④雖避之他處，何益。——諸引中記時者居多。至言故之讀，有助〈也〉字者。如孟子告子上云：「以其郊於大國也，旦旦而伐之，可以爲美乎？」左傳僖三十三年云：「爲吾子之將行也，鄭之有原圃，猶秦之有具囿也。吾子取其⑤麋鹿以問敝邑，若何？」〈以〉與〈爲〉皆爲連字，以其所連者辭氣未完，故爲讀。若置後以爲殿，則成爲句，已詳於前。

①原誤〈二十二〉。　②原誤〈二〉。　③原誤〈憑〉。　④以上三句原敚。　⑤〈其〉字原敚。

其三、讀之爲懸設也，有助〈也〉字者。

〔孟萬上〕非其義也，非其道也。禄之以天下，弗顧也，繫馬千駟，弗視也。非其義也，非其道也，一介不以與人，一介不以取諸人。——〈非義〉〈非道〉皆懸設之辭。〔孟滕下〕丈夫之冠也，父命之。女子之嫁也，母命之。——

設爲〈男冠〉〈女嫁〉以申其禮也[1]。又孟子梁惠王上云：「誠如是也。」又萬章上云：「信斯言也。」皆假設之讀而助以〈也〉字也。〔左桓五〕苟自救也；社稷無隕，多矣。〔魏策〕如臣之賤也，今人有謂臣曰：「入不測之淵而必出。不出，請以一鼠首爲汝殉者[2]。」臣必不爲也。〔莊田子方〕微夫子之發吾覆也，吾不知天地之大全也。〔又徐无鬼〕風之過河也，有損焉；日之過河也，有損焉；請只風與日相與河，而河以爲未始其攖也，恃源而往者也。〔韓原道〕相欺也，爲之符璽斗斛權衡以信之；相奪也，爲之城郭甲兵以守之。〔又祭十二郎文〕信也吾兄之盛德而夭其嗣乎？汝之純明不克蒙其澤乎？少者彊者而夭殁，長者衰者而存全乎？未可以爲信也。夢也，傳之非其真也，東野之書，耿蘭之報，何爲而在吾側也？——諸引皆有假設之讀先置，而皆助以〈也〉字。且其讀與句所載者，亦皆並時之事理也。齊語云：「夫是故民皆勉爲善。與其爲善於鄉也，不如爲善於里。與其爲善於里也。不如爲善於家。」〈與其〉云云者，設譬之讀也，故亦先置。左傳閔元年云：「猶有令名，與其及也。」〈與其及也〉，同爲設譬之讀也，而後置焉。解經家謂之倒文。又僖五年云：「且虞能親於桓莊乎，其愛之也？」讀也而後置，亦謂之倒文。然句讀雖倒，而辭意不拗，考之古籍，亦僅見矣。

讀有助以〈也〉字而承以〈而〉字者，轉折之句也。〔孟萬下〕諸侯惡其害己也，而皆去其籍。——〈害己也〉一頓，〈而〉字承轉一折。〔又告下〕地非不足也。而儉於百里。〔左襄二十九〕聖人之弘也，而猶有慚德，聖人之難也。〔秦策〕今三川周室。天下之市朝也，而王不争焉。〔莊逍遥游〕天下既已治也，而我猶代子。[3]〔又德充符〕彼兀者也，而王先生，其與庸亦遠矣。〔又天道〕昔者子呼我牛也，而謂之牛；呼我馬也，而謂之馬。〔又在宥〕今世殊死者相枕也，桁楊者相推[4]也；刑戮者相望[5]也，而儒墨乃始離跂攘臂乎桎梏之間。〔荀子勸學〕假輿馬者，非利足也，而致千里。假舟楫者，非能水也，而絶江河。〔史貨殖列傳〕夫纖嗇筋力，治生之正道也，而富者必用奇勝。〔又〕賣漿小業也，而張氏千萬；洒削薄技也，而郅氏鼎食。〔李斯列傳〕吾非不諫也，而不吾聽也。〔又淮陰侯列傳〕公[6]所居，天下精兵處也，而公，陛下之信幸臣也。人言公之畔，陛下必不信。——諸引〈也〉字後接以〈而〉字，無非爲頓挫文勢耳。用附於此，以見〈也〉字助讀之爲用不窮有如此者。

①刊誤云：「冠嫁所以紀時，非爲懸設。當屬於上條記時節中。」　②〈者〉字原敓。　③原誤〈之〉。　④原誤〈望〉。　⑤原誤〈推〉。　⑥原衍〈之〉。

其四、讀之承動字也，有助〈也〉字者。

動字相承篇内，言凡動字或記官司之行，或言内情所發之行，概承以讀，而以〈也〉字爲助者，常也。〔孟公下〕丑見王之敬子也，未見所以敬王也。——〈見〉者，目所司也。〈王之敬子〉者，〈見〉字之承讀也。助以〈也〉字者，决言所見之誠然也。其二句同此。惟承讀置在句後，不若前三式之讀之必先置也。〔又滕下〕有楚大夫於此，欲其子之齊語也。〔又離下〕吾將瞷良人之所之也。〔又盡下〕孔子曰：「惡似而非者。惡莠，恐其亂苗也，惡佞，恐其亂義也，惡利口，恐其亂信也，惡鄭聲，恐其亂樂也，惡鄉原，恐其亂德也。」〔左昭元〕子姑憂子皙之欲背誕也。〔又宣十二〕晉人懼二子之怒楚師也，使輔車逆之。〔又昭三十〕余知其可也，而恐其使余往也。〔又隱九〕彼徒我車，懼其侵軼我也。〔又桓十三[1]〕不然，夫豈不知楚師之盡行也。〔又僖二十四〕鄭伯怨惠王之入而不與厲公爵也，又怨襄王之與衛滑也，故不聽王命而執二子。〔又襄二十一〕祁懼其討也，愬諸宣子曰。〔又〕宣子畏其多士也，信之。〔漢張陳傳〕已聞此兩人魏之名士也。〔史信陵君列傳〕秦數使反間，僞賀公子得立魏王未也。〔韓與陳商書〕不知君子必爾爲不也。〔又答李翊書〕愈之所爲，不自知其至猶未也。——諸引承讀，皆助〈也〉字，可與動字相承篇參觀。

①原誤〈十二〉。

三、〈也〉字助實字。凡實字之注意者，借助〈也〉字，則辭氣不直下，而其字有若特爲之揭出矣。助字中之助實字者惟〈也〉字，餘只助句、助讀而已。而實字借助於〈也〉字者，不一其類。

公名有助以〈也〉字者。

〔孟公下〕夫士也亦無王命而私受之於子，則可乎？——〈士〉公名，而助以〈也〉字一頓，以指注意之所在。名字篇已言之矣。〔又滕下〕其母殺是鵝也，與之食之。〔左莊二十八〕先君以是舞也，習戎備也。〔又僖二十八〕君子謂是盟也信，謂晉於是役也能以德攻。〔又公僖四〕楚有王者則後服，無王者則先叛。夷狄也而亟病中國。〔莊逍遥游〕是鳥也，海運則將徙於南冥。〔又〕之人也，物莫之傷。大浸稽天而不溺，大旱金石流土山焦而不熱。〔又天道〕輪扁曰：「臣也以臣之事觀之。」——諸引内，曰〈鵝〉，曰〈舞〉，曰〈盟〉，曰〈役〉，曰〈夷狄〉，曰〈鳥〉，曰〈人〉，曰〈臣〉，諸公名皆助〈也〉字，借此一頓，特地指出，方接下文，此所謂頓住起下也。凡〈也〉字助字，皆此義也。

本名有助以〈也〉字者。

〔論公冶〕賜也所爾非及也。〔又先進〕今由與求也，可謂具臣矣。〔又〕回也非助我者也。〔孟萬下〕然而軻也嘗聞其略也。〔左襄二十一〕若之何其以虎也弃社稷。〔又隱十一〕吾將使獲也助吾子。〔又昭二十八〕吾與戎也縣，人其以我爲黨乎！〔又哀十一〕須也弱。〔公襄二十九〕飲食必祝曰：天苟有吴國，尚速有悔於予身。故謁也死，餘祭也立。餘祭也死，夷昧也立。夷昧也死，則國宜之季子者也。季子使而亡焉。〔公莊三十二〕魯一生一及，君已知之矣？慶父也存。〔莊大宗師①〕丘也請從而後也。——諸本名後，助以〈也〉字，與公名助〈也〉字者同義。名字助以〈也〉字，當重讀，經生家即解以假設之辭。不知字經重讀，則文勢一停，即有含而未伸之意。其有假設之辭者，勢也，非字也。左傳文七年云：「此子也才，吾受子之賜；不才，吾唯子之怨。」子，公名也，助以〈也〉字而承以〈才〉字，讀之，自覺有含意未伸者矣。又宣四年云：「椒也知政，乃速行矣，無及於難！」椒，本名，助以〈也〉字，義同上。又凡〈也〉字所助，其所指之事，不在當前，即在將來，從未有助夫已往之事者。助已往者，惟〈矣〉字爲然。前兩引，一曰〈此子也才〉，一曰〈椒也知政〉，皆指將來之事。猶云「此子異日而竟才」也，猶云「他日椒如知政」也云爾。

①原誤〈德充符〉。

其餘實字，有助〈也〉字者，要皆藉以停頓而引起下文也。

〈也〉字助静字者，惟爲論斷其是非而已。孟子離婁下有云：「中也養不中，才也養不才。」〈中〉〈才〉兩静字，而助以〈也〉字者，是猶云「子弟之德本中也，而以不中養之；其能本才也，而以不才養之」也①。是則〈也〉字仍有論斷其爲〈中〉爲〈才〉之口氣。然則〈也〉助静字，不爲讀，不爲句，而惟以助其停頓之勢者，未之見也。

〈也〉字助代字，經史中僅見。莊子人間世云：「使予也而有用，且得有此大也邪？」予，指名代字，助以〈也〉字，所以頓住而起下也。然此乃僅見之句。詢問代字助〈也〉字者，〈何〉字而已。詳見詢問代字篇。

〈也〉字助動字，所以直指其動字之行，其爲用也同乎名。孟子滕文公上云：「夫泚也，非爲人泚。」〈泚〉内動字也。〈泚也〉者，所以解其動字之行，而用如名字之爲起詞也。〔論衛靈〕耕也餒在其中矣，學也禄在其中矣。〔莊養生主〕吾生也有涯，而知也无涯。〔又知北游〕生也死之徒，死也生之始。〔韓五箴〕行也無邪，言也無頗。〔又〕從也爲比，捨也爲仇。——諸引内動字，助以〈也〉字，皆可視同名字。

〈也〉字有助静字而成爲狀字者。如〈今也〉〈昔也〉之類。莊子山木云：「向也不怒而今也怒，向也虚而今也實。」至論語「必也使無訟乎」，又雍也「必也聖乎」，所謂〈必也〉，亦視同狀字。左傳昭十二年云：「仲尼曰：『古也有志。』」論語陽貨云：「古者民有三疾，今也或是之亡也。」②同一〈古〉字，一助〈也〉字一助〈者〉字，而有不可互易者，蓋助〈也〉字有低徊咏歎之意，而助〈者〉字則惟直陳其已事而已。至歎今日之亡，故又助以〈也〉字者，此也。

① 趙岐孟子注云：「中者，履中和之氣所生，謂之賢。才者，是謂人之有俊才者。有此賢者，當以養育教誨不能，進之以善，故樂父兄之賢以養己也。」馬氏解誤。

② 經傳釋詞第五引此例云：「〈也〉猶〈者〉也。」

傳信助字九之三

矣，傳信助字也。説文謂之『語已辭』，而柳州又謂之『決辭』①，則與諸傳信助字無别。〈矣〉字者，所以決事理已然之口氣也。已然之口氣，俗間所謂〈了〉字也。凡〈矣〉字之助句讀也，皆可以〈了〉字解之。

① 柳宗元復杜温夫書云：「所謂〈乎〉〈歟〉〈也〉〈哉〉者，疑辭也。〈矣〉〈耳〉〈焉〉〈也〉者，決辭也。」

〈矣〉字之助句與助讀也無定式，惟視所助者之所置耳。所助者置諸前，辭意未足，則爲讀，置諸後而辭意已完，則爲句。

〈矣〉字助静字，常也。静字有二：曰象静，曰滋静。

〈矣〉字助象静字以成句者固多，而以讀爲起詞者，尤習見也。

〔孟公下〕公孫丑曰：「齊卿之位，不爲小矣，齊滕之路，不爲近矣。」——〈小矣〉〈近矣〉者，猶云：「卿位之非小與齊滕之非近，亦既章章明矣。」此所謂已然之口氣也。〈小〉〈近〉兩静字，皆助〈矣〉字。〔又離下〕夫尹公之他，端人也，其取友必端矣。〔論子路〕始有，曰「苟合矣」。少有，曰「苟完矣」。富有，曰「苟美矣」。〔左昭元〕小旻之卒章，善矣。〔又〕劉子曰：「美哉禹功，明德遠矣。」〔穀僖十〕吾君已老矣，已昏矣。〔莊知北游〕無始曰：「不知，深矣。知之，淺矣。弗知，内矣。知之，外矣。〔史管晏列傳〕今者妾觀其志，志念深矣。——諸引助〈矣〉字者義同上。而其所以皆成爲句者，以其置於句末，而辭氣已足故也。

〔孟公上〕曰：「若是，則夫子過孟賁遠矣。」——〈遠矣〉者，煞句也。〈遠〉者何也？〈夫子〉之〈過孟賁〉也。此讀之爲起辭也。〔又公下〕然則子之失伍也亦多矣。〔論學而〕其爲人也孝弟，而好犯上者鮮矣。〔又里仁〕以約失之者鮮矣。〔左哀二十五〕是食言多矣。〔又十一〕魯之群室，衆於齊之兵車，一室敵車，優矣。〔莊山木〕送君者皆自崖而反，君自此遠矣。〔論八佾〕天下之無道也久矣。〔史蕭相國世家〕夫上與楚相距五歲，常失軍亡衆，逃身遁[1]者數矣。然蕭何常從關中遣軍補其處。非上所詔令召，而數萬衆會上之乏絶者數矣。〔漢張敞傳〕吾爲是公盡力多矣。〔史衛將軍列傳〕人奴之生，得毋笞駡即[2]足矣。〔又日者列傳〕能知别賢與不肖者寡矣。〔又信陵君列傳〕吾所以待侯生者，備矣。〔又項羽本紀贊〕及羽背關懷楚，放逐義帝而自立，怨王侯叛己，難矣。〔又〕身死東城，尚不覺寤[3]，而不自責，過矣。〔又五帝贊〕學者多稱五帝，尚矣。〔又〕其發明五帝德，帝繫姓，章矣。〔秦策〕今王倍數險，行千里而攻之，難矣。〔韓重上張僕射書〕以擊球事諫執事者多矣。〔又〕然則球之害於人也决矣。——諸引皆象静字，煞以〈矣〉字爲絶句，而其起詞則無一之非讀也。此種句法，凡以爲論議也。

〔論學而〕鮮矣仁。——猶云「仁鮮矣」也。以其爲感歎之句，故倒之。莊子田子方云：「遠矣全[4]德之君子。」書經牧誓云：「逖[5]矣西土之人。」兩句皆此例也。

其以讀爲歎句之起詞者，尤數見也。公羊莊公十二年云：「甚矣魯侯之淑，魯侯之美也。」此例已前見矣。助字内惟〈矣〉〈哉〉〈乎〉〈歟〉四字有用此式者。

以上〈矣〉字之助象静，皆置句末，故謂之句。而同一助也，置於先者則爲讀。〔左昭三〕姜族弱矣，而嬀將始昌。——〈弱矣〉者，象静之助以〈矣〉字也，承以〈而〉字，則前此者辭氣未完，所謂讀也。〔荀子榮辱〕故君子者信矣，而亦欲人之信己也。〔左襄十四〕武子所施没矣，而黶之怨責章。〔又昭七〕其用物也弘矣，其取精也多[6]矣。其族又大[7]，所馮厚矣，而强死，能爲鬼，不亦宜乎！〔又昭十五〕子亦長矣，而在下位，辱，必求之，吾助子請。——諸引〈矣〉字後承以〈而〉字，皆同上。

①〈逃身遁〉原誤〈脱身逃〉。 ②〈即〉字原敓。 ③原作〈悟〉。 ④原誤〈成〉。 ⑤原誤〈遍〉。 ⑥原誤〈大〉。 ⑦原誤〈多〉。

〈矣〉字助滋静字以成句者，凡以記時之久暫，或以記數之如干也。

〔論季氏〕禄之去公室，五世矣，政逮於大夫，四世矣。——〈五世〉〈四世〉者，記歷時之數也，煞以〈矣〉字者，决已然之口氣也。此種句法，記時者多。〔孟梁下〕壯者散面之四方者，幾千人矣。〔又滕下〕井上有李，螬食實者過半矣。〔史李斯列傳〕秦之乘勝役諸侯，蓋六世矣。〔齊策〕不待發於遠縣，而臨淄之卒，固以二十一萬矣。〔史淮陰侯列傳〕然兵困於京索之間，迫西山而不能進者，三年於此矣。〔又平原君列傳〕今先生處勝之門下，三年於此矣。

〔漢司馬遷傳〕僕賴先人緒業，得待罪輦轂下，二十餘年矣。〔又趙充國傳〕今天子遣趙將軍來，年八九十矣。〔韓與陸員外書〕其足迹接於門墻之間，陞乎堂而望乎室者，亦將一年於今矣。〔又鄆州谿堂詩序〕上之三①年，公爲政於鄆曹濮也，適四年矣。——諸引惟孟子兩句言人物之如干，餘記時耳。而記時諸句，已極用法之變。又諸引皆以絶句，故謂句，至如史記李斯列傳云：「今反者已有天下之半矣，而心尚未寤也。」〈天下之半〉者，記分數。莊子養生主云：「今臣之刀十九年矣，所解數千牛矣，而刀刃若新發於硎。」〈十九年〉者，記時，〈數千牛〉者，記物。又左傳莊公十四年云：「子儀在位十四年矣，而謀召君者，庸非貳乎？」〈十四年〉者，記時。諸引皆助以〈矣〉字，而承以〈而〉字，則又爲讀矣。此所謂諸煞〈矣〉字者，其讀句之别，惟視所置之先後耳。

①原誤〈二〉。

句讀之述往事者，〈矣〉字助之。〈既〉〈已〉等狀字，加否無常。

〔孟公上〕夏后殷周之盛，地未有過千里者也，而齊有其地矣。鷄鳴狗吠相聞，而達乎四境，而齊有其民矣。——〈而齊有其地矣〉者，猶云「而齊已有其地矣」也。〈矣〉字之助，已寓〈已〉字矣，下句仿此。

〔左僖二十八〕險阻艱難，備嘗之矣，民之情僞，盡知之矣。〔又僖三十二〕爾何知，中壽，爾墓之木拱矣。〔又文十七〕雖我小國，則蔑以過之矣。〔又文十八〕夫莒僕，則其孝敬，則弑君父矣，則其忠信，則竊寶玉矣。〔又成十六〕初隕師徒者，而亦聞之矣。〔周語〕吾聞夫犬戎樹惇①，帥舊德，而守終純固，其有以禦我矣。〔史酷吏列傳〕及身久任事，至三公列，子孫尊官，家訾累數巨萬矣。——諸引，皆述往事②。其助〈矣〉字之句，雖無〈已〉字，而其意已隱寓矣。

〔孟萬上〕長息問于公明高曰：「舜往于田，則吾既得聞命矣。」〔又告上〕牛山之木嘗美矣。〔又告下〕夫苟不好善，則人將曰：「訑訑予既已知之矣。」〔左僖三十〕秦晉圍鄭，鄭既知亡矣。〔又宣十一〕牽牛以蹊者，信有罪矣，而奪之牛，罰已重矣。〔齊策〕三窟已就，君姑③高枕爲樂矣。〔又〕謀成於堂上，而魏將已禽於齊矣。衡櫓未施，而西河之外已④入於秦矣。〔趙策〕虞卿未反，秦之使者已在趙矣。〔又〕平原君曰：「勝已泄之矣。」〔又〕魯連曰：「吾將使梁及燕助之，齊楚則⑤固助之矣。〔史刺客列傳〕今太子聞光盛壯之時，不知臣精已消亡矣。〔漢食貨志〕今法律賤商人，商人已富貴矣。尊農夫，農夫已貧賤矣。——諸引皆述往事也。其絶句助〈矣〉字外，復蒙〈已〉〈既〉〈固〉〈嘗〉各字，而辭氣益復闡緩矣。然諸狀字之加否，於句義無增損也。

同此句法也，先置則爲讀，而〈既〉〈已〉各字之有無，與〈而〉字之承否無別也。〔左成二〕齊疾我矣，其死亡者，皆親暱也⑥。〔莊逍遥游〕日月出矣，而爝火不息。其於光也，不亦難乎！時雨降矣，而猶浸灌，其於澤也，不亦勞乎！〔越語〕范蠡對曰：「臣聞命矣，君行制，臣行意。」〔史虞卿列傳⑦〕王曰：「請聽子割矣，子能必使來年秦之不復攻我乎？」〔楚策⑧〕今妾自知有身矣，而人莫知。〔漢鄭吉傳〕漢之號令，班西域矣，始自張騫而成於鄭吉。〔韓潮州謝表〕高祖創制天下，其功大矣，而⑨治未太平也。太宗太平矣，而大功所立，咸在高祖之代。——諸引〈矣〉字，述往事無〈既〉〈已〉狀字爲先，句法同前。以其先置而辭氣未足，則爲讀。至承之者，則有〈而〉字者，有無者，而與〈矣〉字所助之所以爲讀者無涉也。其有〈既〉〈以〉狀字先之者如下：〔漢高帝紀〕賢人已與我共平之矣，而不與吾⑩共安利之，可乎？〔史游俠列傳〕既已存亡死生矣，而不矜其能，羞伐其德，蓋亦有足多者焉。〔漢賈誼傳〕國已屈矣，盜賊直須時耳。〔又僖二十八〕既不獲命矣，敢煩大夫，謂二三子，戒爾車乘，敬爾君事，詰朝將⑪見。〔又僖三十〕且君嘗爲晉君賜矣，許君焦瑕，朝濟而夕設版焉。〔又文七〕既不受矣，而復緩師，秦將生心。〔趙策〕魯仲連曰：「昔齊威王嘗爲仁義矣，率天下諸侯而朝周。」〔吴語〕吴既敗矣，將夾溝而脅我，我無生命矣。〔越語〕今事已濟矣，蠡請從會稽之罰。〔莊大宗師〕夫堯既已黥汝以仁義，而劓汝以是非矣，汝將何以游夫遥蕩恣睢轉徙之途乎？——諸引同上，皆讀也，所異者有〈既〉〈已〉等狀字先之耳。又〈矣〉字間助設事之讀者。論語云：「苟志於仁矣，無惡也。」中庸云：「果能此道矣，雖愚必明，雖柔必强。」左傳隱公十一年云：「天而既厭周德矣，吾其能與許爭乎！」三節，設事之讀，皆助〈矣〉字者，猶云浸假而已有此矣也。

①原衍〈能〉字。　②刊誤云：「僖二十八年左傳及國語二例，皆推斷之詞，非述往事也。」　③原誤〈始〉。　④國策無〈已〉字。　⑤〈則〉字原敚。　⑥此句原誤「非其父兄，即其子弟」，乃襄八年傳文。　⑦原作〈趙策〉。趙策〈請〉作〈誠〉，又無〈使〉字。　⑧原誤〈秦策〉。　⑨原誤〈其〉。　⑩原誤〈我〉。　⑪原誤〈相〉。

言效之句，率以〈矣〉字助之。

〔孟梁上〕如有不嗜殺人者，則天下之民，皆引領而望之矣。——〈民〉之〈引領望之〉者，〈不嗜殺人〉之效也，故煞以〈矣〉字而蒙以〈則〉字。茲有不可不辨者二：一、言效之句，概有連字先之。其連字則〈則〉〈斯〉〈而〉諸字不定。連字篇各字下，已詳言之矣。論語習用〈斯〉字，孟子間用之，後此用之者僅矣。二、〈矣〉字者，决已然之口氣也，而效則惟驗諸將來。〈矣〉字助之者，蓋效之發見，有待於後，而效之感應，已露於先矣。蓋不嗜殺人之君，民之望之者已久矣。今誠有之，豈有不然者矣乎！〔論述而〕我欲仁，斯仁至矣。〔孟離上〕既竭心思焉，繼之以不忍人之政，而仁覆天下矣。〔左僖二十七〕楚始得曹，而新昏於衛。若伐曹衛，楚必救之，則齊宋免矣。〔又文七〕公族，公室之枝葉也。若去之，則本根無所庇蔭矣。〔吴語〕王孫雒進，顧揖諸大夫曰：「危事不可以爲安，死事不可以爲生，則無爲貴智矣。」〔趙策〕今知伯帥二國之君伐趙，趙將亡矣，則二君爲之次矣。〔又〕如是，則二主之心可不變，而君得其所欲矣。〔齊策〕今雖干將莫邪，非得人力，則不能割劌矣。〔莊應帝王〕順物自然而无容私焉，而天下治矣。〔史陸賈列傳〕足下反天性，棄冠帶，欲以區區之越與天子抗衡爲敵國，禍且及身矣。〔又汲鄭列傳〕公列九卿，不早言之，公與之俱受其[1]僇矣。〔又大宛列傳〕宛小國而不能下，則大夏之屬輕漢，而宛善馬絶不來，烏孫侖頭易[2]苦漢使矣，爲外國笑。——諸引助以〈矣〉字者，其句首或有連字，或無連字，至不一矣，而以言效之必至者一也。

有兩事同時，其先者助以〈矣〉字，蓋視他事又爲已然矣。左傳僖公三十三年云：「鄭穆公使視客館，則束載厲兵秣馬矣。」又云：「公使陽處父追之，及諸河，則在舟中矣。」穀梁傳莊公七年云：「失變而録其時，則夜中矣。」三絶句之助〈矣〉字者，皆可加以已字，蓋視他事又爲先矣。

①原誤〈大〉。　②原誤〈益〉。

至句非前例所概，而亦助〈矣〉字者，要不外〈了〉字之口氣也。

〈了〉者，盡而無餘之辭。而其爲口氣也，有〈已了〉之〈了〉，則〈矣〉字之助靜字而爲絶句也，與助句讀之述往事也。有〈必了〉之〈了〉則〈矣〉字之助言效之句也。外此，諸句之助〈矣〉字而不爲前例所概者，亦即此〈已了〉〈必了〉之口氣也。是則〈矣〉字所助之句，無不可以〈了〉字解之矣。

〔論學而〕父在觀其志，父没觀其行。三年無改於父之道，可謂孝矣。——〈可謂孝矣〉者，猶云「即此已可」之謂也。論語述而云：「聖人吾不得而見之矣，得見君子者斯可矣。」猶云「見聖人既已不得矣，而得見君子者亦已可」也。〔史留侯世家〕孺子可教矣。〔公宣六〕雖然，吾亦不可復見吾君矣。〔漢李廣傳〕且廣年六十餘，終不能復對刀筆之吏矣。〔左閔元〕太子不得立矣。〔莊秋水〕今爾出於崖①涘，觀於大海，乃知爾醜，爾將可與語大理矣。〔又徐无鬼〕聞人足音跫然而喜矣。〔趙策〕請發而用之，則有餘銅矣。〔漢賈誼傳〕夫存亡之變，治亂之機，其要在是矣。〔論八佾〕禘自既灌而往者，吾不欲觀之矣。——諸引句坐動或爲〈可〉〈能〉〈得〉之助動字，或爲〈有〉〈在〉之同動字，或爲〈喜〉〈欲〉之外動字，而皆以〈矣〉字助之者，蓋事非已過，而其理勢已一定而無復有變矣。此亦可謂决其必了之口氣也。

〔論陽貨〕孔子曰：「諾，吾將仕矣。」——〈吾將仕矣〉者，猶云「吾之出仕於將來，已可必於今日」也。於將來之事而助〈矣〉字者，所謂决其必了之口氣也。〔左僖二十八〕今日必無晉矣。〔又襄十八②〕師速而疾，略也，將退矣。〔又襄八〕自今鄭國不四五年，弗得寧矣。〔越語〕君王勉之，臣不復入③越國矣。〔魏策〕支期曰：「王急召君，君不行，血濺君襟矣。」〔又〕懷怒未發，休祲降於天，與臣而將四矣。〔左僖五〕曰：「虞不臘矣。在此行也，晉不更舉矣。」〔又僖二十五〕諜出曰：「原將降矣。」〔又昭三〕此季世也，吾弗知，齊其爲陳氏矣。〔又昭十二〕王出，吾刃將斬矣。〔又〕齊君弱吾君，歸，弗來矣。——諸引句之助〈矣〉字者，其事則屬將來，而其理勢已可決其如是而必無他變矣。又論議之文，〈矣〉字往往上連〈而已〉兩字者，所以重言之也。孟子梁惠王上云：「古之人所以大過人者無他焉，善推其所爲而已矣。」〈而已矣〉者，止此而無餘之辭也。凡語已辭咏歎深至，而辭氣紆餘而長，所謂重疊言之也。如此句法，不絕於書。然孟子萬章上云：「如以辭而已矣，雲漢之詩曰：『周餘黎民，靡有孑遺。』信斯言也，是周無遺民也。」此〈而已矣〉，與上義同而用別。蓋兩〈而已矣〉，其辭氣則止此而無餘之義也。而彼爲絕句，辭意已全，此爲起讀，反起下文。此正所謂〈矣〉字之助句與助讀也無定式，惟視所助者之所置耳。

經生家謂經籍内有〈也〉〈矣〉兩字互相代用者。論語先進云：「從我於陳蔡者，皆不及門也。」以爲〈也〉代〈矣〉字。論語里仁云：「其爲仁矣。」又以爲〈矣〉代〈也〉字之證④。蒙謂〈皆不及門也〉者，決言同時之事，〈也〉字爲宜。至〈其爲仁矣〉之讀，夫子自歎未見好仁者之真惡不仁者，故追憶真惡不仁者之曾已爲仁之時，直使不仁者不得加乎其身云。此似追記已事，助〈矣〉字爲宜。夫〈矣〉〈也〉兩字皆決辭，有時所別甚微。若非細玩上下文義，徒以一時讀之順口，即據爲定論，此經生家未曾夢見文通者，亦何怪其爾也。

①原作〈涯〉。　②原誤〈十九〉。　③原衍〈於〉字。　④見經傳釋詞弟四。

已，語終辭，與〈矣〉同義。

〈已〉字有爲狀字者，有爲歎字者，兹不論。論其爲語已辭，則與〈矣〉字同義。〔禮檀弓〕生事畢而鬼事始已。〔左襄二十九〕雖有他樂，吾不敢請已。〔漢禮樂志〕自夏以往，其流不可聞已。——三引〈已〉字絕句，皆同〈矣〉字，決已然之口氣，而皆有已了之意也。莊子養生主①云：「吾生也有涯，而知也无涯。以有涯隨无涯，殆已。」〈殆已〉者，即〈殆矣〉也。惟〈已〉字單用，不時見於書，而與其他助字合者詳下。〈已〉爲動字，故〈而已〉兩字，間亦殿句。左傳桓公六年云：「在我而已，大國何爲！」又成公十六年云：「楚之良，在其中軍王族而已。」凡云〈而已〉者，皆盡而無餘之辭也。若漢書序傳云：「敞義依霍，庶幾云已。」〈云已者〉猶〈云爾〉也②，見下。蓋〈已〉〈矣〉〈耳〉〈爾〉

四助字，其義有相似者。

①原誤〈逍遥游〉。 ②漢書如淳注曰：「若此人等無益於治，可爲庶幾而已也。」與馬氏解異。

日知録謂「而已爲耳。」〈耳〉與〈矣〉同義，有止此之解。助句助讀，惟所用耳。

〔論陽貨〕前言戲之耳。——此〈耳〉字，助句也；解同〈而已〉，而有止此之意。〔孟離下〕堯舜與人同耳。〔史魏其傳〕太尉丞相，尊等耳。〔史張陳列傳〕令事成歸王，事敗獨身坐耳。〔又淮陰侯列傳〕若雖長大，好帶刀劍，中情怯耳。〔又留侯世家〕願棄人間事①，從赤松子游耳。〔漢戾太子傳〕子盜父兵，以救難自免耳。臣竊以爲無邪心。〔齊策〕狡兔有三窟，僅得免其死耳。〔魏志王粲傳注②〕志意③何時復類昔日，已成老翁，但未白頭耳。〔韓復上宰相書〕誠其材能不足當吾賢相之舉耳。若所謂時者，固在上位者之爲耳。非天之所爲也。〔又諫佛骨表〕伏以佛者，夷狄之一法耳。〔又〕漢明帝時，始有佛法，明帝在位纔十八年耳。——諸引句，皆助〈耳〉字，同上。且皆居後，辭意已定，故謂之句。

〔孟梁上〕直不百步耳，是亦走也。——〈直不百步耳〉者，猶云「止此百步而已」也④。然先置，提起下文，故謂之讀。〔孟告下〕人病不求耳，子歸而求之，有餘師。〔史貨殖列傳〕此有知盡能索耳，終不餘⑤力而讓財矣。〔又項羽本紀〕此亡秦之續耳，竊爲大王不取也。〔漢賈誼傳〕逐利不耳，慮非顧行也。〔又〕故化成俗定，則爲人臣者，主耳忘身，國耳忘家，公耳忘私，利不苟就，害不苟去，唯義所在，上之化也。〔史信陵君列傳〕趙王田⑥獵耳，非爲寇也。〔又〕平原君之游，徒豪舉耳，不求士也。〔漢張敞傳〕夫周公七年耳，而大將軍二十歲。海内之命，斷於掌握。〔又賈山傳〕一君之身耳，所以自養者，馳騁弋獵之娱，天下弗能供也。〔又司馬遷傳〕所謂强顔耳，曷足貴乎！〔又楊惲傳〕人生行樂耳，須富貴何時。〔又劉歆傳〕夫可與樂成，難與慮始，此乃衆庶之所爲耳，非所望士君子也。——諸引讀之助〈耳〉字者，皆有止此而已之解。在文爲撇筆，故多引以盡其變。

〈耳〉字，後世用之，有非〈而已〉之解者。魏志崔琰傳注：「後與南郡習授同載，見曹公出。授曰：『父子如此，何其快耳。』⑦」又吴志劉惇傳注：「吴主共論繪魚，何者最美？象曰：『鯔魚爲上。』吴主曰：『論近道耳，此出海中，安可得邪？』象曰：『可得耳。』」〈何其快耳〉之〈耳〉，有咏歎之意。〈可得耳〉之〈耳〉，乃語之餘聲，言外猶云易得也。皆與〈而已〉義别。⑧

①原誤〈世〉。　②原無〈注〉字。　③王粲傳注無〈志意〉二字，此依文選魏文帝與吴質書。　④刊誤云：「孟子文謂『但不曾走百步而已』，馬釋殊謬。」　⑤原誤〈量〉。　⑥〈田〉字原敚。　⑦〈耳〉字，殿本作〈耶〉，百衲本二十四史作〈耳〉。　⑧此説及舉例均本助字辨略卷三。

〈尔〉字，廣韻云：「詞之必然也。」〈尔〉通〈爾〉。鄭注檀弓，謂「爾，語助」也。〈爾〉本狀字，解〈如是〉也。今爲傳信助字，可殿句，可殿讀焉，而亦有〈而已〉〈如是〉之意。其所以别於狀字者，蓋加有決斷之口氣耳。

〔論鄉黨〕便便言，唯謹爾。——〈唯謹爾〉者，猶云「唯有謹而已」也，言外有決其如是也。〔公莊四〕其國亡矣，徒葬於齊爾。〔又莊十二〕萬曰：「甚矣魯侯之淑，魯侯之美也。天下諸侯①宜爲君者，唯魯侯爾。」〔又僖三十一〕不崇朝而遍雨乎天下者，唯太山爾。〔又僖二〕君若用臣之謀，則今日取郭而明取虞爾。〔又宣十五〕莊王圍宋，軍有七日之糧爾。盡此不勝，將去而歸爾。——諸引〈爾〉殿句，義同上。皆出公羊傳，他書不概見。公羊傳又以〈爾〉字助詢問之句，而帶有若是之義。隱公元年云：「然則何言爾？」猶云「然則何爲言之若是」也。其二年云：「何譏爾？」三年又云：「何危爾？」至僖公二年云：「②則中國曷爲獨言宋齊至爾？」諸此句又公羊傳所獨也。惟昌黎答馮宿書，有云：「君子不爲小人之恟恟而易其行，僕何能爾。」此〈爾〉字，有如是之解，與公羊句同。

〈爾〉字合〈云〉字，重述前文也。〔孟滕下〕不行王政云爾。〔又離下〕薄乎云爾。〔又盡上〕子謂之③姑徐徐云爾。〔又公下〕是何足與言仁義也云爾。〔穀隱元〕猶曰取之其母之懷中而殺之云爾。〔韓盧君墓誌銘〕其義以爲道可與古之夔皋者侔，故④云爾。——凡引〈云爾〉者，猶云重決其所云之如是也。若〈云爾〉兩字間於句中，則其義同，而無決斷之口氣矣。論語述而云：「則可謂云爾已矣。」猶云「可謂所云如是而已」也。蓋此句以〈已矣〉爲決辭矣。是猶〈爾〉字施於句讀之中，則爲狀字而非助字矣。孟子告子上云「非天之降才爾殊也」，「彼有取爾也」，猶云「降才如此」也，「彼有取而如是」也。有以〈爾〉字合〈焉〉字者。隱公二年公羊傳曰：「前此，則曷爲始乎此？托始焉爾。」何注：「〈焉爾〉，猶於是也。」蒙謂〈托始焉爾〉者，「托始於此而已」也。以〈於此〉解〈焉〉字，〈而已〉解〈爾〉字，於辭意正合。傳者之意，以爲始滅先乎春秋者有之矣，春秋時則未之聞，今故托始於此時而已，非謂自古及今始乎此也。是年公羊傳又曰：「紀子伯者何？無聞焉爾。」〈無聞焉爾〉者，無聞於其時而已。蓋公羊氏口授相傳，至漢始記於竹帛。而當時紀子之稱君稱大夫者，失其聞矣。以上諸引，皆〈爾〉字之助句也。

漢書田叔傳云：「相曰：『王自使人償之。不爾，是王爲惡而相爲善也。』」〈不爾〉者，「不如此」也。兩字爲讀，〈爾〉字助之，以爲決辭。於是〈果爾〉兩字亦然，是則〈夫如是〉〈若是〉〈不然〉與〈然而〉〈然則〉之爲讀，爲頓，均此志也。

①二字原敚。　②原衍〈然〉字。　③三字原敚。　④〈故〉字原敚。

傳信助字九之四

顔氏家訓音辭篇曰：「按[①]諸字書，〈焉〉者[②]鳥名，或曰語詞，皆讀於愆反。自[③]葛洪要用字苑分〈焉〉字音訓，若[④]訓〈何〉訓安，當音[⑤]於愆反。」此〈焉〉字之爲代字、爲狀字也。「若送句及助詞，當音矣愆反。」此〈焉〉字之爲助字也。以上見助字辨略[⑥]。然江南讀音，分別易曉，而河北則混同一音[⑦]。要之俗音有輕重，而字義無分也。〈焉〉字之爲代字、爲狀字，已散見於前矣。而其爲助字也，玉篇所謂「語已之辭」，柳子厚仍謂之「決辭」，是皆助字之公家言，而非〈焉〉字之所獨。

①〈按〉字原敚。　②原誤〈字〉。　③原誤〈而〉。　④〈若〉字原敚。　⑤〈當音〉原誤〈者讀〉。下〈當音〉原誤〈讀〉。　⑥見卷三。〈助字辨略〉，原誤〈動字辨略〉。　⑦此亦顔氏家訓語。

〈焉〉爲助字，所以助陳述之口氣也。〈焉〉字之用，在〈也〉〈矣〉兩字之間。其爲口氣也，案而不斷，而以之結句，隱然有坐鎮之概焉。〈焉〉，代字也，及爲助字，概寓代字本意。是猶〈爾〉字本狀字也，及爲助字，仍不失有狀字之義耳。〈焉〉字所助有三：曰句，曰讀，曰字。

一、助句。凡述往事，其結句有助以〈焉〉字者。

〔論堯曰〕謹權量，審法度，修廢官，四方之政行焉。興滅國，繼絶世，舉逸民，天下之民歸心焉。——兩節皆述往事，其結句各以〈焉〉字助之。不曰〈行矣〉〈歸心矣〉者，蓋其〈政〉之〈行〉與〈民〉之〈歸心〉，非一過即了之事也。且記者之舉〈行政〉〈歸心〉兩事，非斷其效之必然，惟叙其事之如是耳。此兩〈焉〉字似無所指，並無代字本義，然有一助，其句自覺爲之鎮定矣。〔孟萬上〕象不得有爲於其國，天子使吏治其國，而納其貢税焉。〔左僖十五〕穆姬聞晉侯將至，以大子罃弘與女簡璧，登臺而履薪焉。〔史汲鄭列傳〕莊兄弟子孫，以莊故至二千石六七人焉。〔漢趙充國傳〕朝廷每有四夷[1]大議，常與參兵謀，問籌策焉。〔又鄭吉傳〕都護之置，自吉始焉。〔史孟荀列傳〕齊尚脩列大夫之缺，而荀卿三爲祭酒焉。〔又大宛列傳〕以銀爲錢，錢[2]如其王面。王死，輒更錢，效王面焉。〔又〕其人民乘象以戰[3]，其國臨大水焉。——以上所引〈焉〉字，以鎮結句而述往事。諸〈焉〉字似無所指，其有所指者，蓋不勝引也。論語微子云：「長沮桀溺耦而耕，孔子過之，使子路問津焉。」〈問津焉〉者，「問津於是」也。〈是〉，指〈長沮桀溺〉也。孟子公孫丑下云：「不得已而之景丑氏宿焉。」〈宿焉〉者，「宿於景丑氏」也。左傳隱元年云：「虢叔死焉。」〈死焉〉者，「死於制」也。又隱三年云：「宋穆公疾，召大司馬孔父而屬殤公焉。」〈屬殤公焉〉者，「屬殤公於孔父」也。又僖五年云：「初，晉侯使士蔿爲二公子築蒲與屈，不慎，寘薪焉。」〈寘薪焉〉者，「寘薪於所築之城」也。於是〔又僖十五〕晉侯之入也，秦穆姬屬賈君焉。〔又〕秦伯曰：「是吾心也。」改館晉侯，饋七牢焉。〔又〕於是秦始征晉河東，置官司焉。〔又僖二十三[4]〕秦伯納女五人，懷嬴與焉。〔又僖二十八〕執衛侯，歸之于京師，寘諸深室。甯子職納槖饘焉。〔又襄三十一〕子産使盡壞其館之垣而納車馬焉。〔又莊二十八〕楚令尹子元欲蠱文夫人，爲館於其宮側而振萬焉。〔穀宣十五〕古者公田爲居井竈，葱韭盡⑤取焉。〔周語〕晉文公既定襄王于郟⑥，王勞之以地。辭，請隧焉。〔史項羽本紀〕項羽由是始爲諸侯上將軍，諸侯皆屬焉。〔又陸賈列傳〕及誅諸呂，立孝文帝，陸生頗有力焉。〔又大宛列傳〕是時上方數巡狩海上，乃悉從外國客。大都多人則過之，散財帛以賞賜，厚具以饒給之。以覽示漢富厚焉。〔又游俠列傳〕自關以東，莫不延頸願交焉。〔又〕諸公聞之，皆多解之義，益附焉。〔又貨殖列傳〕故齊冠帶衣履天下。海岱之間，斂袂而往朝焉。〔又〕故君子富，好行其德，小人富，以適其力。淵深而魚生之，山深而獸往之，人富而仁義附焉。〔又封禪書〕蓋嘗有至者，諸僊人及不死之藥皆在焉。——所引諸結句，皆述往事，其〈焉〉字皆有〈於是〉之解。然仍不失爲助字者，蓋有此一助收句，辭氣頓覺寬緩而不迫矣。

句述往事，〈焉〉字助之，並有〈之〉字之解者。如孟子滕文公上云：「陳相見許行而大悦，盡棄其學而學焉。」〈學焉〉者，「學之」也，即學許行也。又「孔子曰：『大哉堯之爲君。唯天爲大，唯堯則之，蕩蕩乎民無能名焉。』」〈名焉〉者「名之」也。〈之〉，指〈堯〉也。左傳僖公二十三年⑦云：「過衛，衛文公不禮焉。」〈不禮焉〉者，「不禮之」也。〈之〉指〈晉文公〉也。漢書李廣傳云：「上壯之，遂救止焉。」〈止焉〉者，「止之」也。又朱雲傳云：「時⑧乘牛車從諸生，所過皆敬事焉。」〈敬事焉〉者，「敬事之」也。又于定國傳云：「定國皆與鈞禮，恩敬甚備，學士咸稱⑨焉。」又陳湯傳云：「郅支單于囚殺使者吏士以百數，事暴揚外國，傷威毁⑩重，群臣皆閔焉。」〈閔焉〉者，〈閔之〉也。以上引〈焉〉字，所助者皆結句也，而兼有〈之〉字之解。然經史中不數覯也。

①二字原敚。　②〈錢〉字原敚。　③二字原敚。　④原誤〈二十五〉。　⑤原誤〈皆〉。　⑥原誤〈陝〉。
⑦原誤〈二十五年〉。　⑧原衍〈出〉字。　⑨〈咸稱〉，原誤〈皆聲〉。　⑩原誤〈損〉。

其陳當前之事理，與叠句以歷叙事實也，亦如之。

〔禮中庸〕君子之道，費而隱。夫婦之愚，可以與知焉，及其至也，雖聖人亦有所不知焉。夫婦之不肖，可以能行焉，及其至也，雖聖人亦有所不能焉。——四句，不助〈也〉字而助〈焉〉字者，其辭氣蓋惟直陳其理而未爲論斷也。

四〈焉〉字皆無所指，惟助結句，自爲停頓耳。〔孟告上〕今有場師，舍其梧檟，養其樲棘，則爲賤場師焉。〔又盡上〕窮不失義，故士得已焉；達不離道，故民不失望焉。——第一〈焉〉字，助推論之句，餘兩〈焉〉字，助言效之句。其不助〈矣〉字者，所謂案而不斷也。餘同上。〔莊養生主〕文惠君曰：「善哉！吾聞庖丁之言，得養生焉。」〔左莊四〕故臨武事，將發大命而蕩王心焉。〔又僖二十三①〕對曰：「我二十五年矣。又如是而嫁，則就木焉。」〔公莊三十二〕君親無將，將而誅焉。〔吳語〕天若棄吳，必許吾成而不吾足也，將必寬然有伯諸侯之心焉。——諸引結句，皆陳當前之事理。其不助〈矣〉字者，同上。諸〈焉〉字皆助字，似無他解。其有解者，如禮中庸云：「語大，天下莫能載焉；語小，天下莫能破焉。」〈莫能載焉〉者，「莫之能載」也。〈莫能破焉〉者，「莫之能破」也。論語述而云：「自行束脩以上，吾未嘗無誨焉。」〈誨焉〉者，「誨之」也。又子罕云：「有鄙夫問於我，空空如也。我叩其兩端而竭焉。」又先進云：「非曰能之，願學焉。」左傳莊公十四年云：「且寡人出，伯父無裏言；入，又不念寡人。寡人憾焉。」又僖公二十三年云：「晉鄭同儕，其過子弟，固將禮焉。」又襄公三十一年云：「子有美錦，不使人學製焉。大官大邑，身之所庇也，而使學者製焉，其爲美錦，不亦多乎！」莊子應帝王云：「子之先生不齊，吾无得而相焉。」左昭公三年云：「君若不有寡君，雖朝夕辱於敝邑，寡君猜焉。」其十二年云：「對曰：『臣嘗問焉。』」公羊宣公六年云：「吾聞子之劍，蓋②利劍也。子以示我，吾將觀焉。」以上所引，皆當前之事，所殿〈焉〉字，助字也，而兼有〈之〉字之解。

其兼有〈於是〉之解者：〔禮中庸〕今夫天，斯昭昭之多。及其無窮也，日月星辰繫焉，萬物覆焉。——〈繫焉〉者，「繫於天」也。〈覆焉〉者同。以下又云：「及其廣大，草木生之，禽獸居之，寶藏興焉。」又云：「及其不測，黿鼉蛟龍魚鼈生焉，貨財殖焉。」此益明〈焉〉字之解〈於是〉也。引句内，〈草木生之禽獸居之〉者，蓋〈生〉〈居〉兩内動之後，仍用賓次若止詞然也。若〈興〉〈殖〉兩内動字之後，則惟轉詞是用矣。〔論先進〕宗廟之事，如會同，端章甫，願爲小相焉。〔孟盡上〕君子所性，雖大行不加焉，雖窮居不損焉。〔又盡下〕君子之言也③，不下帶而道存焉。〔左莊九④〕管召，讎也，請受而甘心焉。〔又僖二十三⑤〕得志於諸侯而⑥誅無禮，曹其首也，子盍蚤自貳焉。〔莊山木〕是故无責於人，人亦无責焉。〔又僖二十七〕民易資者，不求豐焉。〔又襄三十一〕棟折榱崩，僑將厭焉。〔莊天道〕水静則明燭鬚眉，平中準，大匠取法焉。〔齊語〕管子對曰：「作内政而寄軍令焉。」〔公宣六〕噫，子誠仁人也！吾⑦入子之大門，則無人焉。入子之閨，則無人焉。上子之堂，則無人焉。是子之易也。〔史屈原列傳〕不願得地，願得張儀而甘心焉。〔秦策〕王既無重世之德於韓魏⑧，而有累世之怨焉⑨。〔漢刑法志⑩〕今人有過，教未施而刑已加焉。——以上所引，皆爲結句，以陳當前之事理，而所助〈焉〉字，則皆兼有〈於是〉之解焉。

〔禮中庸〕致中和，天地位焉，萬物育焉。——兩〈焉〉字，助叠句。他如論語陽貨云：「天何言哉！四時行焉，百物生焉，天何言哉！」又先進云：「有民人焉，有社稷焉，何必讀書，然後爲學！」孟子滕文公上云：「夫滕壤地褊小，將爲君子焉，將爲野人焉。」又萬章上云：「仁人之於弟也，不藏怒焉，不宿怨焉，親愛之而已矣。」又梁惠王下云：「文王之囿，方七十里，芻蕘者往焉，雉兔者往焉，與民同之。」左傳昭公二十七年云：「令曰：『不爇郤氏，與之同罪。』或取一編菅焉，或取一秉秆焉。國人投之，遂弗爇也。」齊語云：「令⑪夫士，群萃而州處。閒燕則父與父言義，子與子言孝，其事君者言敬，其幼者言悌，少而習焉，其心安焉，不見異物而遷焉。」莊子應帝王云：「子之先生，死矣，弗活矣，不以旬數矣。吾見怪焉，見溼灰焉。」又在宥云：「於是乎釿鋸制焉，繩墨殺焉，椎鑿决焉。天下脊脊大亂，罪在攖人心。」又天運云：「故曰，至貴，國爵并焉，至富，國財并焉，至願，名譽并焉。是以道不渝。」以上所引各節，皆有叠句間於中段，〈焉〉字助之，所以歷叙事實也。其〈焉〉字有有解者，有無解者，閲者觀於前，可以反隅矣，而無庸多贅也。

①原誤〈二十五〉。　②〈蓋〉字原敚。　③此句原誤〈故君子〉。　④原誤〈四〉。　⑤原誤〈二十五〉。

⑥此六字原誤〈若〉。　⑦〈吾〉字原敚。　⑧〈魏〉字原敚。　⑨〈焉〉，國策本作〈矣〉。史記春申君列傳作〈焉〉，上句無〈既〉字。　⑩原誤〈文帝紀〉。史記文帝紀此句無〈已〉字。　⑪原誤〈今〉。

句有以〈有〉〈無〉兩字爲坐動者，助〈焉〉字者有之，助〈焉〉字而以爲提頓之句者亦有焉。至詢問之句，亦有助以〈焉〉字者，則與〈也〉〈乎〉兩字有别。

〔禮中庸〕王天下有三重焉，其寡過矣乎！——首句以〈有〉字爲坐動，〈焉〉字助之，辭氣一頓。句置段首，故爲提頓之句。其餘論語泰伯云：「有婦人焉，九人而已。」又公冶長云：「子謂子産有君子之道四焉。」又子罕云：「四十五十而無聞焉，斯亦不足畏也已。」孟子萬章下云：「孟獻子，百乘之家也，有友五人焉，樂正裘，牧仲，其三人則予忘之矣。」又公孫丑下云：「有賤丈夫焉，必求龍斷而登之，以左右望而罔市利。」論語述而云：「三人行，必有我師焉，擇其善者而從之，其不善者而改之。」又公冶長云：「十室之邑，必有忠信如丘者焉，不如丘之好學也。」左傳僖公二十三①年云：「晋公子有三焉，天其或者將建諸，君其禮焉。」又襄公四年云：「對曰：『和戎有五利焉。戎狄薦居，貴貨易土，土可賈焉，一也。』」又昭公二年云：「既享，宴於季氏，有嘉樹焉。宣子譽之。」穀梁傳桓公十四年云：「夫嘗，必有兼甸之事焉。壬申，御廪災，乙亥，嘗，以爲未易災之餘而嘗也。」諸句助〈焉〉字者，皆以〈有〉字爲坐動，而每句先置一提，下文承之，所謂提頓之句也。至如〔禮中庸〕素②隱行怪，後世有述焉。〔又〕君子無入而不自得焉。〔又〕有宋存焉。〔論雍也〕井有仁③焉。〔又微子〕殷有三仁焉。〔孟離下〕孟子曰：「是亦羿有罪焉。」公明儀曰：「宜若無罪焉。」〔又梁下〕無已則有一焉。〔左莊十〕夫大國，難測也，懼有伏焉。〔又僖三十〕然鄭亡，子亦有不利焉。〔宣十二〕武有七德，我無一焉。〔又僖七〕若君去之以爲成，我以鄭爲内臣，君亦無所不利焉。〔又昭十二〕昔穆王欲肆其心，周行天下，將皆必有車轍馬迹焉。〔史管晏列傳〕後百餘年而有晏子焉。——上引〈焉〉字，所助之句，各以〈有〉〈無〉兩字爲坐動，用爲結句，或述往事，或陳事理，與以上諸句之煞〈焉〉字者無異。所異者，徒以〈有〉〈無〉動字後往往助以〈焉〉字，故特爲别耳。

經學家見經史中詢問之句，有助以〈也〉字〈焉〉字者則謂〈也〉〈焉〉兩字同乎〈乎〉字④。不知詢問之句，助以〈也〉字者，寓有論斷口氣。〈也〉字節下已言之矣。其助以〈乎〉字者詳後。兹助〈焉〉字者，藉問而陳義耳。此所以與

〈乎〉〈也〉兩字少有區別也。〔孟梁上〕王若隱其無罪而就死地，則牛羊何擇焉？——〈牛羊何擇焉〉者，猶云「牛羊兩者一無所擇」也。此惟直陳其事理，以見〈無罪就死〉之可〈隱〉〈牛羊〉同也。若云「則牛羊何擇也」，是有責王之口氣，以惟知隱牛而不知隱羊也。若云「則牛羊將何擇乎」，則惟有詰王之口氣，以同爲〈無罪就死〉，兩者之中，何一可擇乎。今助〈焉〉字，既不論斷其曲直，又不詢王以何者當擇也。〔論陽貨〕子如不言，則小子何述焉？〔孟萬上〕故誠信而喜之，奚僞焉？〔左成十六〕晉楚唯天所授，何患焉？〔又僖三十三〕君何辱討焉？〔莊大宗師〕我則悍矣，彼何罪焉？〔又襄二十一〕對曰：「不棄其親，其有焉？」又〔漢張釋之列傳〕使其中亡可欲，雖無石椁，又何戚焉？——諸引句，皆藉問以陳義耳，故其辭氣非若〈乎〉字之專主於問也。閱者試於所引之句，以〈乎〉〈也〉兩字遞與〈焉〉字代嬗而玩索之，即可知所區別矣。

①原誤〈二十五〉。　②原改作〈索〉。　③原改作〈人〉。　④經傳釋詞卷二云：「〈焉〉，猶〈乎〉也。」又卷四云：「〈也〉猶〈邪〉也，〈歟〉也，〈乎〉也。」

差比之句，其〈焉〉字本代字也，而既以殿句，亦可視同助字，用若〈然〉字。以狀句者亦然。

〔孟盡上〕反身而誠，樂莫大焉。强恕而行，求仁莫近焉。——〈焉〉字所助者，差比之句也。〈焉〉字解如〈於是〉，代字也。今如云「樂莫大於是」，則語氣不完，仍應加以〈焉〉字云「樂莫大於是焉」，方可煞住。是〈焉〉字既爲代字，又爲助字，一字而兩用明矣。〔左桓二〕郜鼎在廟，章孰甚焉？〔又僖十五〕貳而執之，服而舍之，德莫厚焉，刑莫威焉。〔又昭二十八①〕主以不賄聞於諸侯，若受梗陽人，賄莫甚焉。——諸引同上。此種句法，國策以下不習見焉。

孟子盡心下云：「孟子曰：『舜之飯糗茹草也，若將終身焉。』」〈焉〉代〈然〉字，猶云「若將終身然」，與盡心上「宜若登天然」之句法同，見狀字篇。左傳哀公十六年云：「國人望君，如望慈父母焉。」又云：「國人望君，如望歲焉。」莊子逍遥游云：「堯治天下之民，平海内之政，往見四子藐姑射之山，汾水之陽，窅然喪其天下焉。」句法皆同。

①原誤〈三〉。

二、〈焉〉字助讀，凡以爲頓挫之辭耳。其爲義也，與助句同。

〈焉〉字助讀，仍寓有陳述口氣，與代字之解。惟讀之辭氣未完，助以〈焉〉字，又兼有抑揚頓挫之致焉。至所助之讀，不一其式。設事之讀，有助〈焉〉字者。〔禮大學〕心不在焉，視而不見，聽而不聞，食而不知其味。——〈心不在焉〉者，猶云「心如不在」也，此所謂設事之讀，即假設一境以觀後效也。〔孟梁下〕見賢焉，然後用之。〔又〕見不可焉，然後去之。〔又〕見可殺焉，然後殺之。〔又公下〕欲有謀焉，則就之。——所引皆設事之讀也。〈焉〉字後三承〈然後〉，一承〈則〉字，皆繼事之連字也。餘同上。至左傳文公十二年云：「若使輕者肆焉，其可。」周語云：「若不然，叔父有地而隧焉，余安能知之。」所引兩讀，皆有〈若〉字冠焉，其爲設事之讀無疑矣。以上諸讀，助〈焉〉字而不助〈也〉字者，蓋欲全其案而不斷之口氣，且欲令讀者稍一停頓，而味其抑揚頓挫之神焉。又上引諸〈焉〉字，皆無代字之解。一、記時之讀，有助〈焉〉字者。〔孟離上〕聖人既竭目力焉，繼之以規矩準繩，以爲方員平直，不可勝用也。既竭耳力焉，繼之以六律，正五音，不可勝用也。既竭心思焉，繼之以不忍人之政，而仁覆天下矣。——三云〈既竭焉〉而皆承以〈繼〉字，所謂前事與後事相際也，故謂爲記時之讀。助〈焉〉字者，與上節同。然不助〈矣〉字者，蓋助〈矣〉字，則必前事已終，而後事方來，與前事不並時而立者也。夫竭目力以用規矩準繩，是目力猶用也，而繼以規矩準繩者，惟在目力用足之時，非謂用規矩準繩時，即將目力置而不用也。〔公莊元〕於其出焉，使公子彭生送之。於其乘焉，搚幹而殺之。〔又定四〕於其歸焉，用事乎河。——三讀皆助〈焉〉字，記時之讀也。釋詞謂三〈焉〉字猶〈也〉字也①。蓋〈也〉字助並時之讀，常也；惟助以〈焉〉字，則前後兩事之相際益明矣。〔公定八〕於其乘焉，季孫謂臨南曰。〔漢霍光傳〕還，復過焉，迺將廣西至長安。〔莊養生主〕向吾入而吊焉，有老者哭之，如哭其子，少者哭之，如哭其母。——所引三讀，皆記時而助〈焉〉字者也。同上。高郵王氏引呂氏春秋季春篇云：「乃告舟備具於天子②，天子焉始乘舟。」又引晉語曰：「盡逐群公子，乃立奚齊，焉始爲令。」又引墨子魯問篇曰：「公輸子自魯南游楚，焉始爲舟戰之器。」三引皆記時之讀。王氏謂〈焉〉字解「猶〈於是〉也，」是矣。愚嘗引入代字篇，以見〈焉〉字之爲代字之證。然王氏必以〈焉始〉兩字連讀，誤矣。而又推及諸他〈焉〉字之助讀者。謂〈焉〉字皆「猶於是也」「乃也」「則也」，與前引同解，而强割〈焉〉字與下句連讀，則尤誤矣。於是引禮祭法曰：「壇墠有禱焉祭之；無禱乃止。」以〈焉〉字作〈則〉字，下屬爲句，讀作「焉祭之」，與下文「乃止」相對爲文。其引大戴禮王言篇曰：「七教脩，焉可以守；三至行，焉可以征。」以〈焉〉作〈乃〉字，謂〈焉可以守〉、〈焉可以征〉也③。引曾子制言篇曰：「有知，焉謂之友；無知，焉謂之主。」以〈焉〉作〈則〉字，謂〈焉謂之友〉〈焉謂之主〉也。引管子幼官篇曰：「勝無非義者，焉可以爲大勝。」引墨子兼愛篇曰：「必知亂之所自起，焉能治之；不知亂之所自起，則不能治。」引莊子則陽篇曰：「君爲政焉勿鹵莽，治民焉勿滅裂。」又引荀子非相篇曰：「面長三尺，焉廣三寸。」以上所引〈焉〉字，或助言故之讀，或助言容之讀，皆以解作〈乃〉字或〈則〉字，而又强令〈焉〉字與下文連讀。誠如是也，則王氏以後所引楚辭招魂云「巫陽焉乃下招」，可讀若「乃乃招魂」矣④。漢書霍光傳云「還復過焉，酒將廣西至長安」，可讀若「酒酒將廣西至長安」矣。又孟子告子上云「無尺寸之膚不愛焉，則無尺寸之膚不養也」，可讀若「則則無尺寸之膚不養也」。韓文原性云：「中焉者之於五也，一不少有焉，則少反焉。」可讀若「則則少反焉」，是皆不詞矣。夫〈焉〉字助讀，頓挫有力，其寓有承轉之勢，自隱然有〈乃〉〈則〉兩字之意，呼起下文。而必强令〈焉〉字解作〈乃〉〈則〉兩字以代其位而冠諸句首，不亦固哉！且試將王氏所引，悉按本文，遇有〈焉〉字而重讀之，與從王氏遇〈焉〉字必下屬而連讀焉，其詞氣之順逆，有不待辨而已定矣。王氏又引禮鄉飲酒義云「乃立司正，焉知其能和樂而不流也」，與下兩節皆强割〈焉〉字連下，而讀爲「焉知其能和樂而不流也」云云，蓋以上文衆賓自入，及不酢而降，句末皆無〈焉〉字爲證⑤，是誠不知所證之謂何矣。詳觀本文，前後各節，句法不同，則用字自別。即制藝之文，其對比所助虚字，尚有岐異之處，而謂周秦之文，必令句句合掌乎？就令兩節諸句應比而同之矣，則夫以上文無〈焉〉字在句末，以證下文〈焉〉字之宜下屬者，愚亦可以上文無〈焉〉字在句首，以證〈焉〉字之宜上屬矣，豈非子矛子盾乎哉？

至王氏所引楚辭九章曰：「焉洋洋而爲客。」又曰：「焉舒情而抽信兮。」爲〈焉〉字弁句之證，不知兩〈焉〉字乃狀字也。故王氏又引⑥遠游篇曰：「焉乃游以徘徊。」列子周穆王篇曰：「焉迺觀日之所入。」以爲古人用〈焉乃〉二字連文之證。不知兩〈焉〉字亦狀字也，解同〈何〉字〈曷〉字〈安〉字，常語也⑦。總之，〈焉〉在句首，自不能使爲助字，亦猶〈焉〉爲助字，自不能强爲狀字也明矣。又莊子逍遥游云：「覆杯水於坳堂之上，則芥爲之舟；置杯焉則膠。」又田子方云：「曰：『心困焉而不能知，口辟焉而不能言，嘗爲女議乎其將。』」又知北游云：「寥已吾志，无往焉而不知其所至。去而來，而⑧不知其所止。吾已往來焉而不知其所終。彷徨乎馮閎，大知入焉而不知其所窮。」凡六引〈焉〉字，皆以助讀，而承之者則有〈則〉〈而〉各字。然則〈焉〉字之不能下屬也益信。

①見經傳釋詞卷二。下同。　②今本作「乃告舟備具於天子焉」，王氏以〈焉〉字乃校吕氏春秋者依誤本月令增入。　③王氏原注云：「家語作『然後可以守』，『然後可以征』。」　④王氏原注云：「家大人曰：招魂曰：『巫陽對曰：「掌瘳，上帝其命難從。若必筮予之，恐後謝之，不能復用。」』王注曰：『〈謝〉，〈去〉也。巫陽言如必欲先筮問求魂魄所在，然後與之，恐後世怠懈，必去卜筮之法，不復能備用。』下文『巫陽焉乃下招曰』注曰：『巫陽受天帝之命，因下招屈原之魂。』據此則〈不能復用〉爲句，〈巫陽焉乃下招〉爲句明矣。〈焉乃〉者，語詞，猶言『巫陽於是下招』耳。王注曰『因下招屈原之魂』，〈因〉字正釋〈焉乃〉二字。今本皆以〈不能復用巫陽焉〉爲句，非也。〈不能復用〉者，謂『不用卜筮』，非謂『不用巫陽』。且〈用〉字古讀若〈庸〉，與〈從〉字爲韻，若以〈不用巫陽〉連讀，則既失其義而又失其韻矣。」　⑤釋詞云：「鄉飲酒義曰『焉知其和樂而不流也』，又曰『焉知其能弟長而無遺矣』，又曰『焉知其能安燕而不亂也』，皆言『於是知其能如此』也。」原注：「三〈焉〉字屬下讀，不屬上讀。上文〈衆賓自入〉及〈不作而降〉，句末皆無〈焉〉字，是其證。正義以〈焉〉字屬上讀，失之。此劉氏端臨説。」　⑥原衍〈九章〉二字。　⑦遠游〈焉〉字，朱熹集注云：「〈焉〉，語辭也。」列子文云：「西王母爲王謡，王和之，其辭哀。焉乃觀日之所入，一日行萬里。」〈焉〉字似均不能作〈何〉字〈曷〉字〈安〉字解。　⑧〈而〉字原敚。

三、〈焉〉字助字，與助讀同。

〈焉〉字助字，其見於經籍者，不若其助讀之數數也。而其爲義也，亦惟以足所助者之語氣耳。莊子德充符云「先生之門，固有執政焉如此哉！」〈執政〉，公名，助以〈焉〉字，宛若一頓，而語氣以足。墨子非攻篇云：「天乃命湯於鑣宮，用受夏之大命。湯焉敢奉率其衆以鄉有夏之境。」〈湯〉本名也，〈焉〉字助之，文勢一振。此王氏所以誤解〈焉〉如〈乃〉字而以屬下讀者此也。蓋凡讀與字，一爲〈焉〉字所助，文勢停蓄，一若下文接縫中隱然有〈乃〉〈則〉各字之神情躍於紙下，固不必强指〈焉〉爲〈乃〉〈則〉之字，而始有其意存焉也。至王氏引山海經大荒南經云：「雲雨之山，有木，名曰①欒，群帝焉取藥。」又引楚辭招魂云：「巫陽焉乃下招曰。」以兩〈焉〉字作〈於是〉解者，是矣，不知〈群帝〉與〈巫陽〉一公名，一本名，助以〈焉〉字，文氣以足。是則禮三年間云：「故先王焉爲之立中制節。」經生家皆以〈焉〉字解作〈於是〉②，而視同助字，於義更順。不特此也，詩陳風之防有鵲巢云：「誰侜予美，心焉忉忉。」又小雅巧言云：「往來行言，心焉數之。」左傳隱公六年云：「我周之東遷，晉鄭焉依。」又襄公三十年云：「安定國家，必大焉先。」又昭公九年云：「使逼我諸姬，入我郊甸，則戎焉取之。」吴語云：「今王播棄黎老，而孩童焉比謀。」六引〈焉〉字，王氏皆解如〈是〉字，而以周語作「晉鄭是依」爲辭。③愚以〈是〉字代所引各句〈焉〉字讀之，舍〈晉鄭是依〉一句外，餘皆不詞。試以諸句分疏焉。則引詩兩句與左昭九年傳句之〈焉〉字，起詞也，故皆助字也。如讀若〈是〉字，則爲倒文，而爲止詞矣。所引左襄三十年傳與吴語之〈焉〉字，既不能以〈是〉字代讀，亦可視爲助字。蓋止詞置先於其動字，亦非創例，故頓以〈焉〉字，使之讀若兩節，而語氣較爲遒勁。是則左隱六年傳句〈焉〉字，句法相似，謂之助字，似無不可。如必以周語改〈是〉字爲證，則將以傳句改語句，誰曰不宜。蓋攻實學者，皆以同文互證之不足獨證也，於斯益明。此以上，皆〈焉〉字之助名字也。

禮中庸云「上焉者」「下焉者」，與韓文原性云：「上焉者，善焉而已矣。中焉者，可導而上下也。下焉者，惡焉而已矣。」七引〈焉〉字，皆助静字，而無所指。其有所指者，則爲比句。如左僖十五年傳「德莫厚焉，刑莫威焉」之類。至論語泰伯：「邦有道，貧且賤焉，耻也。邦無道，富且貴焉，耻也。」孟子公孫丑上云：「夫志至焉，氣次焉。」四

〈焉〉字，所助者讀也，非静字也。左哀十七年傳云：「裔焉大國，滅之將亡。」孟子盡心上云：「人莫大焉無親戚君臣上下。」兩〈焉〉字，王氏解作〈於〉字，謂「邊於大國」也[4]。有以〈裔焉〉解作〈遠焉〉，則〈焉〉爲狀辭，同〈然〉字，而以〈大焉〉仍解〈於是〉兩字，下文〈無親戚君臣上下〉，乃〈是〉之加辭。兩説姑兩存焉。要之〈焉〉字助静字以爲頓挫者，不概見也。

〈焉〉字助動字，有在句讀中者。〔孟盡下〕其爲人也寡欲，雖有不存焉者寡矣。其爲人也多欲，雖有存焉者寡矣？〔又〕孔子曰：「過我門而不入我室，我不憾焉者，其惟鄉愿乎！」〔左襄三十一[5]〕他日，我曰：「子爲鄭國，我爲吾[6]家以庇焉，其可也。」〔又文七〕此諺所謂庇焉而縱尋斧焉者也，必不可。〔莊天道〕口不能言，有數存焉於其間。〔又山木〕其畏人也而襲諸人間，社稷存焉爾。〔又秋水〕事焉不借人，不多食乎力。〔又養生主〕然則吊焉若此，可乎？——諸〈焉〉字皆助動字，間於句中而若有所指也。所引天道云：「有數存焉於其間。」如〈焉〉非助字，而惟爲代字，解作〈於是〉，則〈於其間〉三字綴於〈焉〉字之後，非疊床架屋而何？故所引〈焉〉字，謂之助字，而仍不失有代字之意者，此也公羊僖公元年云：「然則曷爲不於弑焉貶？」又莊公十二年云：「此虜也，爾虜焉故。」〈不於弑焉貶〉者，「不於弑之之時貶」也。〈爾虜焉故〉者，「爾虜於是故」云也。是兩〈焉〉字，代字也。〈焉〉助動字後，有承以連字者。〔莊天地〕夫大壑之爲物也，注焉而不滿，酌焉而不竭。〔左襄二十一[7]〕叔向亦不告免焉而朝。〔韓原道〕郊焉而天神假，廟焉而人鬼饗。〔又與陸員外書〕主司疑焉則以辨之，問焉則以告之，未知焉則殷勤而語之。——諸引〈焉〉字，所助者惟動字耳。不知諸動字有此一助，自成上截，承以〈而〉字〈則〉字，則下截或爲繼事，或爲言效之句。是〈焉〉字所助之上截，讀也，非僅爲動字而已。莊子田子方云：「文王於是焉以爲大師。」荀子正論篇云：「於是焉桀紂群居，而盜賊擊奪以危上矣。」〈焉〉字助〈於是〉兩字一頓。此兩〈焉〉字，非代字而無所指也明矣。夫〈焉〉爲助字而無有所指者蓋寡。

統考所引，無論爲讀、爲字、爲句，助以〈焉〉字，胥覺有頓挫之勢。即〈焉〉字確有所指而爲代字，仍若寓有助字之用，故統謂之助字者近是。

①〈曰〉字原敚。　②原誤〈字〉。　③助字辨略亦曰：「『晉鄭焉依』之〈焉〉，語助辭，猶云『晉鄭是依』也。如詩國風『心焉忉忉』之類。」　④「邊於大國」之解，王氏本諸顧炎武氏左傳杜解補正。「人莫大焉」之〈焉〉，助字辨略亦解作〈於〉。　⑤原誤〈二十一〉。　⑥原誤〈我〉。　⑦原誤〈二十二〉。

至助字助讀而不助句者，則惟〈者〉字。

〈者〉字，說文謂「別事詞」也。王氏解謂「或指其事，或指其物，或指其人」也①。所謂接讀代字也，見代字篇。〈者〉字有助本名者、公名與静、動諸字者，觀其所助各字，亦皆有指物、指事、指人之别焉。此亦散見於各篇矣。其助狀字也，如〈今者〉〈昔者〉〈不者〉〈且者〉等語，皆無所指，借以頓住起下而已。若非代字而殿讀焉，亦惟以推原事理以求其故耳，已見代字篇。其助頓也，同乎名。禮大學云：「如切如磋者，道學也；如琢如磨者，自修也；瑟兮僩兮者，恂慄也；赫兮喧兮者，威儀也；有斐君子終不可諠兮者，道盛德至善，民之不能忘也。」凡皆重引前文，助以〈者〉字，一若將前文併成名字，以便詮解也。前文有注意之字句，欲重引焉以申其義，則先助〈也〉字，復綴〈者〉字。禮中庸云：「中也者，天下之大本也；和也者，天下之達道也。」孟子萬章下云：「金聲之也者，始條理也；玉振之也者，終條理也。」諸句皆以〈也者〉兩字叠助前文而爲之申解也。總之，〈者〉字之助字、助讀、助頓，業已散見於前，而又習見於經史，固無事博引爲也。遍攷古籍，〈者〉字無助句者。而經學家有以論語衛靈公：「事其大夫之賢者。」又憲問：「君曰：『告夫三子者。』」左傳隱公五年：「公將如棠觀魚者。」三〈者〉字謂爲語已辭②。不知〈事其大夫之賢者〉，猶云「事其邦大夫中之賢者」也；〈告夫三子者〉，猶云「其告諸所稱爲三子者」；〈如棠觀魚者〉，猶云「如棠以觀漁人」也。三〈者〉字用以助字，非以助句也。惟至唐人疏狀，凡引敕旨訖，則以〈者〉足之。韓昌黎論變鹽法事宜狀：「右奉敕③，將變鹽法，事貴精詳，宜令臣等各陳利害可否聞奏者。」宋明因之。今則平行公事文尾，與民間券契，概以〈者〉字爲煞者，此殆所謂〈者〉字助句也。求之古文，則未之見。

傳信助字，〈也〉〈矣〉〈已〉〈耳〉〈爾〉〈焉〉〈者〉，都計七字盡矣。而方言不與焉。

①見釋詞第九。　②說見助字辨略卷三。　③原衍〈旨〉字。

傳疑助字九之五①

①原誤〈四〉。

傳疑助字六：〈乎〉〈哉〉〈耶〉〈與〉〈夫〉〈諸〉是也。其爲用有三：一則有疑而用以設問者；一則無疑而用以擬議者；一則不疑而用以詠歎者。三者用義雖有不同，要以傳疑二字稱焉。

六字所助者，句讀中之動字耳。而一切摹擬、量、度，與夫抑揚、往復之神情，僅恃助字，有難盡傳者，則往往視句讀所冠狀字之順逆，以爲意之反正云爾。此其大凡也。

〈乎〉字，說文謂「語之餘」也。禮檀弓正義云「疑辭」也①。語餘者，助字也；疑辭者，傳疑也。合兩說而猶云傳疑助字也，而究未悉其用。

①見檀弓上鄭注「鹿裘亦用綌乎」疏。

〈乎〉字喉音，圓滿氣足，凡事理可直言而不必婉陳者則用之。

一、〈乎〉字之助設問之句者，其常也。凡設問之句，皆質言也。質言，則句首概無狀字先之。

〔論八佾〕或曰：「管仲儉乎？」〔又〕然則管仲知禮乎？〔又鄉黨〕廄焚，子退朝，曰：「傷人乎？」〔又憲問〕子問公叔文子於公明賈曰：「信乎夫子不言不笑不取乎？」〔孟梁上〕王曰：「叟不遠千里而來，亦將有以利吾國乎？」〔又梁下〕齊宣王問曰：「交鄰國有道乎？」〔又〕人皆謂我毀明堂，毀諸已乎？〔又〕曰：「若是其大乎？」〔又公上〕公孫丑問曰：「夫子當路於齊，管仲晏子之功，可復許乎？」〔又公下〕孟子之平陸，謂其大夫曰：「子之持戟之士，一日而三失伍，則去之否乎？」——論孟問句，其助概用〈乎〉字有如此者。諸引句所問之事，既無忌諱，〈乎〉字最宜。而凡問句助以〈乎〉字者居多，他字不若也。問句不用〈乎〉字，往往以詢問代字代之。如〈如何〉〈何以〉〈若之何〉等語，此凡例也。又所引問句，皆無狀字冠之者，蓋既疑而問，質言之而已，奚暇緣飾哉。〔左文元〕潘崇曰：「能事諸乎？」曰：「不能。」「能行乎？」曰：「不能。」「能行大事乎？」曰：「能。」〔又襄二十二〕令尹之不能，爾所知也。國將討焉，爾其居乎？〔又〕既葬。其徒曰：「行乎？」〔又〕曰：「然則臣王乎？」〔又昭五〕若吾以韓起爲閽，以羊舌肸爲司宮，足以辱晉，吾亦得志矣，可乎？〔又襄二十六〕夫獨無族姻乎？〔又定四〕若[1]聞蔡將先衛，信乎？〔漢萬石君傳〕若能從我乎？〔又卜式傳〕家豈有冤欲言事乎？——諸引問句，悉與上同。以上諸引，皆事之實有可疑者，故設問以詰之。至楚策云：「王獨不見夫蜻蛉[2]乎？」秦策云：「子獨不可以忠爲子主計，以其餘爲寡人乎？」莊子人間世云：「汝不知夫螳螂乎？」又云：「汝不知夫養虎者乎？」韓愈爭臣論云：「陽子將爲祿仕乎？」所引諸句，皆非可疑之事，而假前設問，呼起下文以應之。以其句法同上，故附於此。

①原誤〈吾〉。　②原作〈蜓〉。

二、〈乎〉字有助擬議之句者。夫擬議之句，本無可疑之端，而行文亦無句句儷説之法，往往信者疑之，而後信者愈信矣。惟一切較量計度之神情，有僅恃〈乎〉字傳之者，亦有兼用疑難不定之狀字者。而句意與狀字，往往有反比例焉。

〔論學而〕子曰：「學而時習之，不亦説乎！有朋自遠方來，不亦樂乎！人不知而不愠，不亦君子乎！——猶云：「學而時習，誠可悦也。朋來遠方，洵足樂也。不知不愠，君子人也。」故所引各節，上下相關之理，本無疑也。惟其無疑也，故助以〈乎〉字，而先加〈不亦〉狀字，似與本意相反，其實狀字與〈乎〉字互相呼應，而正意始托出焉。故句意正者，狀字弗之；而句意反者，弗辭反不加焉。此所謂反比例也，亦即前所謂視句讀所冠狀字之順逆，以爲意之反正云爾也。下皆仿此，不重贅焉。〔秦策〕子常宣言代我相秦，豈有此乎？〔漢高祖紀〕沛公不先破關中兵①，公巨能入乎！——猶云：「子常之言，無此說也。」②「沛公不先破關中，公不能入矣。」故兩節之意，本爲反說也，而所加狀字，止有〈豈〉〈巨〉兩字，與〈乎〉字相呼應，並無弗辭之加焉。此所謂句意反者，弗辭不加是也。由是，〔論憲問〕子曰：「法語之言，能無從乎！改之爲貴。巽與之言，能無說乎！繹之爲貴。」〔又顏淵〕子曰：「爲之難，言之得無訒乎！」〔左哀元〕今吳不如過，而越大於少康，或將豐之，不亦難乎！〔周語〕其無乃廢先王之訓，而王幾頓乎！〔漢貢禹傳〕方今天下饑饉，可亡大自損減以救之，稱天意乎！〔又襄二十四〕有基無③壞，無亦是務乎！〔孟告上〕至於心，獨無所同然乎！〔莊秋水〕計四海之在天地之間也，不似礨空之在大澤乎！計四國之在海内，不似稊米之在大倉乎？〔史平原君列傳〕觀此豎子，乃欲以一笑之故，殺吾美人，不亦甚乎！〔三國志孫權傳注④〕卿好於衆中面諫，或失禮敬，寧畏龍鱗乎！——諸句内如〈能無〉〈得無〉〈不亦〉〈無乃〉〈可亡〉〈無亦〉〈獨無〉〈不似〉與〈寧〉等弗辭狀字，皆以呼起句中正意也。〈寧〉猶〈寧不〉也⑤。又〔孟滕下〕是尚爲能充其類也乎！〔又公上〕仁人固如是乎！〔又滕上〕夫夷子信以爲人之親其兄之子，爲若親其鄰之赤子乎！〔漢楊惲傳〕豈意得全首領，復奉先人之丘墓乎！〔史黥布列傳〕人相我當刑而王，幾是乎！〔吳語〕大夫奚隆⑥於越，越曾足以爲大虞乎！〔史王翦列傳〕將軍雖病，獨忍棄寡人乎！〔又淮陰侯列傳〕吾豈可以鄉利倍義乎！〔又商君列傳〕君之危若朝露，尚將欲延年益壽乎！〔墨子非樂篇〕然，即當爲之撞巨鐘，擊鳴鼓，彈琴瑟，吹竽笙而揚干戚，民衣食之財，將安可得而具⑦乎！即我以爲未必然也。〔趙策〕雖强大不能得之於小弱，而小弱顧能得之⑧强大乎！——諸句内，〈尚〉〈固〉〈若〉〈豈〉〈幾〉〈曾〉〈獨〉〈豈〉〈尚〉〈安〉〈顧〉諸狀字，皆以托出句意之不然也。以上諸引，皆以疑難不定之狀字與〈乎〉字相配，以繪出擬議之神情也。

其不用疑難不定之狀字者：〔孟滕上〕聖人之憂民如此，而暇耕乎！〔又公下〕如使予欲富，辭十萬而受萬，是爲欲富乎！〔又公上〕管仲，曾西之所不爲也，而子爲我願之乎！〔又萬下〕又尚論古之人，頌其詩，讀其書，不知其人，可乎！〔又告上〕旦旦而伐之，可以爲美乎！〔穀宣二〕趙盾曰：「天乎，天乎，予無罪，孰爲盾而忍弒其君者乎！

〔漢司馬相如傳〕且夫⑨齊楚之事，又烏足道乎！〔史游俠列傳〕解奈何乃從他縣奪人邑中賢大夫權乎！〔又酷吏列傳〕前主所是著爲律，後主⑩所是疏⑪爲令，當時爲是，何古之法乎！——所引諸句，不加疑難狀字，而句意仍然反説也。如〈而暇耕乎〉者，猶云「不暇耕」也。〈是爲欲富乎〉者，即「不爲欲富」也。〈而子爲我願之乎〉者，即「而子可知我之不願」也。〈可乎〉者，即「不可」也。其餘猶云：「盾不忍殺君者」也，「不足道」也，「解不欲奪權」也，「古不足法」也。諸句助以〈乎〉字，則不僅説而筆下鬆活，其句意則隱然無疑矣。

凡事屬量度兩商，可直陳無隱者，其疊句或皆用〈乎〉字助之，或首句用〈乎〉字而後句用他字者。惟句首有不用連字者，有疊用〈寧〉字者，或以〈寧〉〈抑〉與〈寧〉〈將〉各字相爲呼應者，要以肖其疑似不定之貌耳。孟子滕文公上云：「滕，小國也，間於齊楚，事齊乎？事楚乎？」告子上云：「孟子曰：「敬叔父乎？敬弟乎？」」兩引皆無連字先之，而疊用〈乎〉字以兩詰者。由是齊策云：「王以天下爲尊秦乎？且尊齊乎？」史記魏世家云：「富貴者驕人乎？且貧賤者驕人乎？」孟子告子下云：「子以爲有王者作，則魯在所損乎？在所益乎？」三引同上，雖有〈且〉〈則〉承接連字爲領，而非〈寧〉〈抑〉折轉諸連字也。越語云：「孰使我⑫蚤朝⑬而晏罷者，非吴乎？與我争三江五湖之利者，非吴耶⑭？」兩句亦平列，同上。〔左昭三十〕不知天將以爲虐乎？使翦喪吴國而封大異姓乎？其抑亦將卒以祚吴乎？〔莊秋水〕此龜者，寧其死爲留骨而貴乎？寧其生而曳尾於塗中乎！〔吕氏春秋貴信篇〕君寧死而又死乎？其寧生而又生乎！〔又愛類篇〕必得宋乃攻之乎！亡其不得宋且不義猶攻之乎！〔趙策〕秦之攻趙也，倦而歸乎？亡⑮其力尚能進，愛王而不攻乎？〔秦策〕誠病乎？意亦思乎？——六引疊助〈乎〉字，而句首以〈抑〉〈寧〉〈亡〉〈意〉諸字，或呼應，或轉折，皆以寫其擬議未定之情。故楚辭卜居七疊〈乎〉字，每疊首句以〈寧〉字，次句以〈將〉字領之，皆以寫其忠愛鬱抑之情思也。孟子公孫丑下云：「求牧與芻而不得，則反諸其人乎？抑亦立而視其死與？」周語云：「敢問天道乎？抑人故也？」趙策云：「人之情，寧朝人乎？寧朝於人也？」史記孟嘗君列傳云：「人生⑯受命於天乎！將受命於户邪？」韓文行難云：「某之胥，某之商，其得任與誅也有由乎？抑有罪不足任而誅之邪？」諸節，首句助以〈乎〉字，而後句則各以〈與〉〈邪〉〈也〉等字爲助。至承轉連字，則猶是〈抑〉〈寧〉〈將〉等字也。下句所用助字，則觀其句義之處實爲定。

又有以〈乎〉字分助兩句，故設兩難，而後各爲之解以夾出真義者，則其量度懸揣之狀，自流露於行間矣。〔吴語〕將盟，越王又使諸稽郢辭曰：「以盟爲有益乎？前盟口血未乾，足以結信矣。以盟爲無益乎？君王舍甲兵之威以臨使⑰之，而胡重於鬼神而⑱自輕也？」〔燕策〕寡人雖不肖乎！未如殷紂之亂也。君雖不得意乎！未如商容⑲箕子之累也。〔漢食貨志〕法錢不立⑳，吏急而壹之虖？則大爲煩苛而力不能勝。縱而弗呵虖？則市肆異用，錢文大亂。〔韓答呂毉山人書〕其已成熟乎？將以爲友也。其未成熟乎？將以講去其非而趨是耳。〔又重答張籍書〕天不欲使兹人有知乎？則吾之命不可期。如使兹人有知乎？非我其誰哉。——五引皆自設難而自答之，反正夾攻，真義躍然，文筆摇曳，無逾斯者。答張籍書四句，即自論語子罕「天之將喪斯文也」一段映出。論語兩提句，助以〈也〉字，韓文則助〈乎〉字，而句調無别。此可知〈乎〉字非徒爲助問辭也明矣。莊子逍遥游云：「子治天下，天下既已治也，而我猶代子，吾將爲名乎？名者實之賓也，吾將爲賓乎？」此則先解後問，亦猶先問後解也。論語里仁云：「有能一日用其力於仁矣乎？我未見力不足者。」此單提單應之句，仍寓有較量之情，故附識焉。夫如是，〔論里仁〕能以禮讓爲國乎？何有！〔莊天地〕與之配天乎？彼且乘人而無天。〔又〕夫得者困，可以爲得乎？則鳩鴞㉑之在於㉒籠也，亦可以爲得矣。〔燕策〕苟與人之㉓異，惡往而不翻乎？猶且黜乎！寧於故國爾。〔莊天道〕聖人之心静乎！天地之鑑也，萬物之鏡也。〔荀子子道篇〕子貢出㉔，謂子路曰：「女謂夫子爲有所不知乎？夫子徒無所不知。——皆單提法，同上。莊子天運云：「天其運乎？地其處乎！日月其争於所乎！孰主張是？孰維綱㉕是？孰居无事推而行是？」又云：「雲者爲雨乎？雨者爲雲乎？孰隆㉖施是？孰居无事淫樂而勸是？」此則三提三應，與兩提兩應諸叠句皆同義，是猶單提單應也。又孟子告子上云：「紾兄之臂而奪之食則得食，不紾則不得食，則將紾之乎？逾東家墻而摟其處子則得妻，不摟則不得妻，則將摟之乎？」兩段設譬，先則反正設難，而後夾出問句，法與前之先解後問同。録之，以極〈乎〉字之用之變。

①〈兵〉字原敚。　②刊誤云：「二語爲范雎問蔡澤之辭，〈子〉，雎稱澤也。馬氏誤釋，謂此爲無疑反問之辭，大謬。」③原誤〈勿〉。　④〈注〉字原敚。　⑤此説及引例本助字辨略卷二。　⑥原誤〈降〉。　⑦墨子無〈而具〉二字，此依經傳釋詞卷二補入，王氏謂〈安〉猶〈於是〉也，言衣食之財將於是可得而具也。　⑧原衍〈於〉字。　⑨二字原敚。　⑩二〈主〉字原均誤〈之〉。　⑪原誤〈著〉。　⑫〈我〉字原敚。　⑬原誤〈暮〉。　⑭原誤〈乎〉。　⑮〈亡〉，一本作〈王以〉。　⑯〈生〉字原敚。　⑰〈臨使〉原誤〈武臨〉。　⑱原誤〈以〉。　⑲原誤〈齊〉。　⑳原誤〈壹〉。　㉑原誤〈鴞〉。　㉒〈於〉字原敚。　㉓〈之〉字原敚。　㉔〈出〉字原敚。　㉕〈維綱〉，原誤〈綱維〉。　㉖原誤〈降〉。

三、〈乎〉字之助詠歎之句者，非其常。蓋〈乎〉字喉音，滿口直呼，未能含詠盡致。雖然〈乎〉字所助之句，有冠以〈其〉字者，有配狀、静等字而先置者，有合公名、本名而呼告者，此蓋言者皆有所難告之隱，故藉以申其詠歎云爾。

〔孟滕下〕是故孔子曰：「知我者其惟春秋乎！罪我者其惟春秋乎！」〔又梁下〕王之好樂甚，則齊其庶幾乎！——孔子之一喜一懼之深慮，與孟子幸王求治之深情，皆從〈乎〉〈其〉兩字摹出。〔易困〕困而不失其所亨，其唯君子乎！〔又復〕復其見天地之心乎！〔又繫辭〕知變化之道者，其知神之所爲乎！〔禮檀弓〕歌曰：「泰山其頹乎！梁木其壞乎！哲人其萎乎！」〔左僖五〕一之謂甚，其可再乎！〔又襄二十九〕欒氏加焉，其以宋升降乎！〔又哀元[1]〕退而告人曰：「越十年生聚，而十年教訓，二十年之外，吴其爲沼乎！」——六引同上。孟子盡心下云：「而況於親炙之者乎！」一句。凡〈況〉字冠乎句首，往往助以〈乎〉字，蓋句内皆有含蓄之語。此猶云：「而況於親炙之者，其奮起當何如乎。」故有無限深情，蘊於句内，列於詠歎之句，似無不可。惟似此之句，已詳於運字篇矣。茲惟揭而出之，不贅引矣。

〔孟滕上〕孔子曰：「大哉堯之爲君也，惟天爲大，惟堯則之，蕩蕩乎民無能名焉。君哉舜也，巍巍乎有天下而不與焉。」——〈大哉〉〈君哉〉其爲詠歎之辭固矣。〈蕩蕩乎〉〈巍巍乎〉與之平列，其爲詠歎之辭，亦無疑矣。此〈乎〉字助狀字先置，而其後之讀，謂爲起辭可也。〔莊養生主②〕恢恢乎其於游刃必③有餘地矣。〔禮檀弓〕孔子曰：「拜而后稽顙，頹乎其順也。稽顙而后拜，頎④乎其至也。」〔論子罕〕惜乎吾見其進也，未見其止也。〔莊秋水〕嚴乎若國之有君，其无私德。繇繇乎若祭之有社，其无私福。泛泛乎其若四方之无窮，其无所畛域。〔又〕默默乎河伯，女惡知貴賤之門，小大之家！〔韓送齊皞下第序〕故上之人，行志擇誼，坦乎其無憂於下也。下之人，剋己慎行，確乎其無惑於上也。——所引皆〈乎〉字助狀，静各字，先置句首以爲詠歎者也。莊子齊物論云：「君乎，牧乎！固哉！」此〈乎〉字助公名以爲慨歎者。又大宗師云：「吾師乎，吾師乎！」穀梁僖公十年⑤云：「天乎，天乎！」〈師〉與〈天〉皆公名，〈乎〉字助之以疊呼者。論語里仁云：「子曰：『參乎，吾道一以貫之。』」左傳宣公十七年⑥云：「召文子曰：『燮乎，吾聞之。』」〈參〉〈燮〉兩本名，〈乎〉字助之，所以召告者。是則〈烏乎〉〈嗟乎〉諸歎辭，以附此例，殆無不可。

①原誤〈襄九〉。　②原誤〈齊物論〉。　③〈必〉字原敓。　④原誤〈欣〉。　⑤原誤〈六年〉。　⑥原誤〈十二年〉。

〈哉〉字，説文謂：「言之間也。」禮記曾子問正義曰：「〈哉〉者，疑而量度之辭。」①説文之解不切，正義之解不全。蓋〈哉〉音啓齒，其聲悠長，經籍用以破疑，而設問者蓋寡；用以擬議、量度者居多，而用以往復詠歎者則最稱也。所用一切句式，與〈乎〉字同。

〔論顏淵〕子曰：「何哉爾所謂達者？」〔孟梁下〕何哉君所謂轉身以先於匹夫者，以爲賢乎？——兩〈何哉〉有若設問之辭。然此皆無疑而反詰也。史記季布列傳云：「足下何以得此聲於梁楚間哉？」又汲鄭列傳云：「汲黯何如人哉？」兩句，似皆問其所不知。不知兩句口氣，一則奇其有〈此聲〉，一則奇其爲〈人〉，此所以助以〈哉〉字也。至所以爲問辭者，在〈何〉字，不在〈哉〉字，故〈哉〉字助句，專以解惑，而設問者蓋不多見。惟〈哉〉字所助之句，凡有〈奚〉〈何〉詢問代字在先，如孟子離婁下：「此物奚宜至哉？」又梁惠王下：「君如彼何哉？」又離婁下：「如此則與禽獸奚擇哉？」等句，姑以列入設問句内，以後不再引。

〔孟公下〕不遇故去，豈予所欲哉！〔又〕予豈若是小丈夫然哉！〔又〕予雖然，豈舍王哉！〔又滕上〕陶冶亦以其械器易粟者，豈爲厲農夫哉！〔又〕堯舜之治天下，豈無所用其心哉！〔又〕巨屨小屨同賈，人豈爲之哉！——六引孟子，其與〈哉〉字呼應者，惟〈豈〉字耳，而擬議情狀溢於口角。他書亦然。〔史項羽本紀〕今將軍内不能直諫，外爲亡國將，孤特獨立而欲常存，豈不哀哉！〔又李斯列傳〕然則夫所貴於有天下者，豈欲苦形勞神，身處逆旅之宿，口食監門之養，手持臣虜之作哉！〔又袁盎列傳〕妾主豈可與同坐哉！〔荀子榮辱篇〕是其爲[2]相縣也，幾直夫芻豢稻粱之縣糟糠爾哉！〔又大略篇〕利夫秋豪，害靡國家，然且爲之，幾爲知計哉！〔韓子奸劫篇〕處非道之位，被衆口之譖，溺於當世之言，而欲當嚴天子而求安，幾不亦難哉！〔莊外物〕君豈有升斗之水而活我哉！〔又天運〕夫迹，履之所出，而迹豈履哉！〔又大宗師〕浸假而化予之尻以爲輪，以神爲馬，予因以[3]乘之，豈更駕哉！〔呂氏春秋無義篇〕今秦令鞅將，魏令公子當之，豈且[4]忍相與戰哉！〔漢刑法志〕今律令煩多而不約，自典文者不能分明，而欲羅[5]元元之不逮，斯[6]豈刑中之意哉！——諸引同上。以見〈哉〉〈豈〉兩字自爲呼應，而〈豈〉字後不加弗辭，則句意相反，與前論〈乎〉字同有定律也。荀韓兩子句内，〈幾〉即〈豈〉也。又有〈哉〉字助句，先爲一提，而後推言其事理者，孟子最習用也，孟子公孫丑上云：「有若曰：『豈惟民哉！』」此句一提，下至「未有盛於孔子也」，皆承此句而來。又云：「矢人豈不仁於函人哉！矢人惟恐不傷人，函人惟恐傷人。巫匠亦然。」又離婁上云：「不仁者可與言哉！安其危而利其菑，樂其所以亡者。」又離婁下云：「夫章子豈不欲有夫妻子母之屬哉！爲得罪於父母，出妻屏子，終身不養焉。」又滕文公下云：「豈好辨哉！予不得已也。」又滕文公下云：「公孫衍張儀，豈不誠大丈夫哉！一怒而諸侯懼，安居而天下息。」又滕文公上云：「堯舜之治天下，豈無所用其心哉！亦不用於耕耳。」七引，皆以〈哉〉字助句先提，初以反説而後推言其正意也。其見於他書者。莊子逍遥游云：「豈惟形骸有聾盲哉！夫知亦有之。」又駢拇云：「駢拇枝指，出乎性哉！而侈於德。附贅縣疣，出乎形哉！而侈於性。多方乎仁義而用之者，列於五藏哉！而非道德之正也。」漢書賈誼傳云：「豈惟胡亥之性惡哉！彼其所以道之者非其理故也。」又匈奴傳云：「且夫前世豈樂傾無量之費，役無罪之人，快心於狼望之北哉！以爲不壹勞者不久佚，不暫費者不永寧。是以忍百萬之師，以摧餓虎之喙，運府庫之財，填盧山[7]之壑而不悔也。」又揚雄傳云：「唯其人之贍知哉！[8]亦會其時之可爲也。」韓文往往用之，學者可檢閲也。夫〈哉〉字助句一提，摇曳有姿，擬議之狀，不言而喻。有平叠數句，皆助〈哉〉字者，則有擬議情狀，又兼有詠歎之意矣。孟子萬章上有云：「我何以湯之聘幣爲哉！我豈若處畎畝之中，由是以樂堯舜之道哉！」又云：「與我處畎畝之中，由是以樂堯舜之道，吾豈若使是君爲堯舜之君哉！吾豈若使是民爲堯舜之民哉！吾豈若於吾身親見之哉！」首引兩句，叠用〈哉〉字，後引三叠，其一種較量往復之情，溢於言表矣。若昌黎復上書云：「其所求進見之士，豈復有賢於周公者哉！不惟不賢於周公而已，豈復有賢於百執事者哉！豈復有所計議能補於周公之化者哉！」此則以〈哉〉字助句喝起，使下文跌進，故三叠〈哉〉字，所以逼至盡頭，而後折轉得勢，故諸叠句皆自爲量度而已，並無詠歎之情也。文字之不可拘於一説也如斯。惟如漢書司馬遷傳云：「嗟乎，嗟乎！如僕尚何言哉，尚何言哉！」論語爲政云：「人焉廋哉，人焉廋哉！」孟子萬章上云：「得其所哉，得其所哉！」又漢書李斯列傳云：「丞相豈少我哉，且[9]固我哉！」此則連叠兩句，或同字，或同式，其爲詠歎之句，自不待言矣。至不叠句而深得詠歎之神者，則惟視其相配之字而已。〔論爲政〕大車無輗，小車無軏，其何以行之哉！〔禮大學〕寔能容之，以能保我子孫黎民，尚亦有利哉！〔孟梁下〕臧氏之子，焉能使予不遇哉！〔後漢李雲傳〕若夫托物見情，因文載旨，使言之者無罪，聞之者足以自戒。貴在於[10]意達言從，理歸乎正，曷其絞訐摩上以衒沽成名哉！〔左襄二十五〕烏乎！詩所謂「我躬不説，[11]皇[12]恤我後」者，甯子可謂不恤其後矣，將可乎哉！〔孟公下〕彼以其富，我以吾仁，彼以其爵，我以吾義，吾何慊乎哉！〔秦策〕人生世上，勢位富貴[13]，蓋可⑭忽乎哉！〔論陽貨〕鄙夫可與事君也與哉！——所引〈哉〉字各句，與配之字，則有〈其〉〈何〉〈尚〉〈亦〉〈焉〉〈能〉〈曷〉〈其〉等語在先，以及〈乎哉〉〈與哉〉合助諸字以殿後，而詠歎之神，自寓其中。然〈哉〉字所以最稱詠歎之句者，則惟在單助動靜等字耳。論語八佾云：「管仲之器小哉？」孟子離婁上云：「曠安宅而弗居，舍正路而不由，哀哉！」兩引〈哉〉字，一助靜字，一助動字，皆以殿句。而如是句法，先置者居多，其起詞則爲名、爲頓、爲讀皆有焉。〔禮中庸〕大哉聖人之道！〔論八佾〕大哉問！〔又顏淵〕富哉言乎！〔又子路〕野哉由也！〔又先進〕孝哉閔子騫！〔又子路〕有是哉子之迂也！〔又〕小人哉樊須也！〔又泰伯〕大哉堯之爲君也！〔孟盡下〕大哉居乎！〔又梁下〕善哉問也！〔禮檀弓〕張老曰：「美哉輪焉！美哉奂焉！」〔左襄二十七〕尚矣哉，能歆神人，宜其光輔五君以爲盟主也！〔又〕趙孟曰：「善哉民之主也！」〔又襄二十九〕美哉，周之盛也，其若此乎！〔又〕廣哉熙熙乎！曲而有直體，其文王之德乎！〔又〕思深哉，其有陶唐氏之遺民乎！〔莊人間世〕奈何哉其相物⑮也！〔又在宥〕意⑯，毒哉，僊僊乎歸矣！〔韓樊紹述墓誌銘〕多矣哉，古未嘗有也！——諸引〈哉〉字，各助一實字。本表詞也，而先置者，所以勃發其感喟之情也。繼之者或爲名，或爲頓，或爲讀，皆其起詞也。此與論語學而「鮮矣仁」及子罕「惜乎吾見其進也，未見其止也」兩句，同爲贊歎之式，而尤深者，則惟用〈哉〉字。故曰，〈哉〉字用於詠歎者爲最稱也。經生家謂句法以「鮮矣仁」爲最奇，不知禮中庸有「强哉矯」之句。〈强哉〉乃上文表詞，而綴以〈矯〉字以狀〈强〉字，則〈强哉〉二字之辭氣，更爲勁挺。遍閱史籍，句法之變，無與匹者。又孟子盡心下云：「膾炙哉！」三字用以答問，而贊歎亦深矣。

①「孔子曰祭哉」注。　②〈爲〉字原敚。　③原誤〈而〉。　④原誤〈其〉。　⑤原誤〈處〉。　⑥〈斯〉字原敚。　⑦原誤〈慮山〉。　⑧原依文選作「雖其人之膽知哉」。　⑨原誤〈豈〉。　⑩〈於〉字原敚。　⑪原依詩作〈閱〉　⑫原作〈遑〉。　⑬原誤〈厚〉。　⑭原衍〈以〉字。　⑮原誤〈須〉。　⑯原作〈噫〉。

〈耶〉字，古同〈邪〉。顏氏家訓音辭篇曰：「未定之辭。」是也。蓋〈邪〉係牙音，聲出則口開而不能合，經籍用以助設問詠歎之句者，則不概見；而用以助擬議未定之辭氣者，則習見也。

〔莊天道〕問①桓公曰：「敢問公之所讀者②何言邪？」公③曰：「聖人之言也。」〔又外物〕周問之曰：「鮒魚，來！子何爲者邪？」〔又秋水〕河伯曰：「然則何貴於道邪？」——三引〈邪〉字助句，似皆設問之辭。不知所以問者，在〈何〉字也。〈邪〉字在四書左傳不多見，自語策諸子始用之。〈邪〉係楚音，此戰國時南學漸北之證。〔魯語〕魯其亡乎，使僮子備官而未之聞耶！〔漢霍光傳〕君未諭前畫意邪？——兩引有似設問，然言者意中已無疑矣，而未便質言，故出以擬議之辭氣耳。

其助擬議之句法同〈乎〉字。〔漢魏其傳〕天下方有急，王孫寧可以讓邪！〔史貨殖列傳〕夫倮，鄙人牧長，清，窮鄉寡婦，禮抗萬乘，名顯天下，豈非以富邪！〔又張陳列傳〕此亦各欲南面而王，豈欲爲卿相終已邪！〔莊德充符〕子既若是矣，猶與堯争善，計子之德不足以自反邪！〔又大宗師〕庸詎知夫造物者之不息我黥而補我劓，使我乘成以隨先生邪！〔又德充符〕無趾語老聃曰：「孔丘之於至人，其未邪！彼何賓賓以學子爲？彼且蘄以諔④詭幻怪之名聞，不知至人之以是爲己桎梏⑤邪！」〔又盜跖〕柳下季曰：「今者闕然數日不見，車馬有行色，得微往見跖邪！」〔漢朱雲傳〕小生迺欲相吏邪！〔史封禪書〕此豈所謂無其德而用事者邪！〔又吴王濞傳贊〕毋爲權首，反受其咎，豈盎錯邪！〔又項羽紀贊〕羽豈其苗裔邪？〔魏志温恢傳〕得無當得蔣濟爲治中邪！——諸引〈邪〉字所助之句，各有〈豈〉〈寧〉〈庸詎〉〈得微〉〈得無〉〈不知〉等字先之，與〈乎〉字所助擬議之句同，而正意反説、反意正説亦同。不寧惟是。〈邪〉字助叠句以爲兩商者，所用連字，亦與〈乎〉字同。〔莊齊物論〕雖然，嘗試言之：庸詎知吾所謂知之非不知邪！庸詎知吾所謂不知之非⑥知邪！〔又天運〕意者其有機緘而不得已邪！意者其運轉而不能自止邪！〔左昭二十六⑦〕不知天之棄魯邪！抑魯君有罪于鬼神邪！〔莊盜跖〕知不足邪！意知而力⑧不能行邪！〔又外物〕抑固窶耶！亡其略弗及邪！〔秦策〕意者臣愚而不闔於王心邪！亡⑨其言臣者將賤而不足聽邪？〔趙策〕不識三國之憎秦而愛懷邪？亡⑩其憎懷而愛秦邪！——引内所用〈意者〉〈庸詎〉〈亡其〉與〈抑〉等字，皆〈乎〉字助叠句所用者也，又有先問後解之句亦同。〔荀子榮辱篇〕將以爲智邪？則愚莫大焉。將以爲利邪？則害莫大焉。〔史黥布列傳〕使何得見⑪，言之而是邪？是大王所欲聞也。言之而非邪？使何等二十人伏斧質淮南市，以明王倍漢而與楚也。〔莊在宥〕自三代以下者，匈匈焉終⑫以賞罰爲事，彼何暇安其性命哉！而且說明邪？是淫於色也。說聰邪？是淫於聲也。說仁邪？是亂於德也。說義邪？是悖於理也。說禮邪？是相於技也。說樂邪？是相於淫也。說聖邪？是相於藝也。說知邪？是相於疵也。〔又達生〕弟子曰：「不然。孫子之所言是邪？先生之所言非邪？非固不能惑是。孫子所言非邪？先生所言是邪？彼固惑而來矣，又奚罪焉！」——至先解後問者，則如莊子寓言云：「有以相應也，若之何其无鬼邪？无以相應也，若之何其有鬼邪？」又齊物論云：「既使我與若辯矣，若勝我，我不若勝，若果是也⑬，我果非也邪？我勝若，若不吾⑭勝，我果是也，而⑮果非也邪？其或是也，其或非也邪？其俱是也，其俱非也邪？」疊用〈邪〉字煞句，揣摩量度之辭氣，自流露於口吻矣。故韓文圬者傳云：「吾以是觀之，非所謂食焉怠其事而得天殃者邪？非强心以智而不足，不擇其才之稱否而冒之者邪？非多行可愧，知其不可而强爲之者邪？將富貴難守，薄功而厚饗之者邪？抑豐悴有時，一去一來而不可常者邪？」疊用五〈邪〉字，自爲商度，而感歎之情，溢于言表，可與楚辭卜居篇後先媲美矣。

〈邪〉字助詠歎之句，亦時帶有擬議之意。〔易繫辭〕乾坤其易之門邪！〔又〕妻其可得見邪！〔又〕於稽其類，其衰世之意邪！〔莊逍遥游〕天之蒼蒼，其正色邪！其遠而無所至極邪！〔荀子彊國篇〕然而縣之以王者之功名，則倜倜然其⑯不及遠矣。是何也？則其殆無儒邪！——諸引皆有〈其〉字與〈邪〉字相應以爲詠歎者。若莊子齊物論云：「景曰：『吾有待而然者邪！吾所待，又有待而然者邪！吾待蛇蚹蜩翼邪！』」又知北游云：「東郭子問於莊子曰：『所謂道，惡乎在？』莊子曰：『无所不在。』東郭子曰：『期而後可。』莊子曰：『在螻蟻。』曰：『何其下邪！』曰：『在稊稗。』曰：『何其愈下邪！』曰『在瓦甓。』曰：『何其愈甚邪！』」兩節疊用〈邪〉字，詠歎其意，擬議其貌耳。漢書霍光傳云：「爲人臣子，當悖亂如是邪！」又秋水云：「仰而視之⑰曰：『嚇！』今子欲以子之梁國而嚇我邪！」兩引雖不疊用〈邪〉字，而皆寓感喟之意。一則歎其不稱位，一則歎其不足羨耳。然則齊策云：「松邪，柏邪，住建共者客邪！」大宗師云：「父邪，母邪！」又在宥云：「天忘朕邪，天忘朕邪！」史記伯夷列傳云：「由此⑱觀之，怨邪，非邪！」所引疊句，謂之詠歎可，謂爲擬議亦可。所謂〈邪〉字用於擬議最稱者此也。

①〈問〉字原敚。　②原誤〈爲〉。　③〈公〉字原敚。　④原誤〈淑〉。　⑤原衍〈者〉字。　⑥原衍〈不〉字。
⑦原敚〈昭二十六〉。　⑧〈力〉字原敚。　⑨士禮居本作〈以〉。　⑩士禮居本作〈忘〉。　⑪〈見〉字原敚。
⑫〈終〉字原敚。　⑬原衍〈邪〉字。　⑭原誤〈我〉。　⑮原誤〈若〉。　⑯〈其〉字原敚。　⑰原無此四字。
⑱原誤〈是〉。

〈歟〉字，古同〈與〉，玉篇曰：「〈歟〉，語末辭。」皇侃疏曰：「〈與〉者，語不定之辭。」①廣韻解同玉篇。增韻曰：「疑辭也。」解同皇侃。總之曰傳疑助字耳。〈與〉字之音，與〈乎〉字相終始。〈乎〉喉音，音之始；〈與〉唇音，音之終。其用法亦大同。〈與〉字以助設問，以助擬議者其常，而以助詠歎，則不若〈哉〉字。惟以其音之紆徐，故凡所助者，不若〈乎〉字之可以質言也。

〔論學而〕求之與？抑與之與？〔又先進〕然則師愈與？〔又微子〕是魯孔丘與？〔又〕是魯孔丘之徒與？〔禮中庸〕南方之强與，北方之强與，抑而强與？〔孟梁上〕然則廢釁鐘與！〔又〕抑王興甲兵，危士臣，搆怨於諸侯，然後快於心與？〔又〕王之所大欲，可得聞與？〔又〕王曰：「若是其甚與？」〔又公上〕則文王不足法與？〔史屈原列傳〕子非三閭大夫與？〔公桓九〕春秋有譏父老子代從政者，則未知其爲在齊與，曹②與？〔莊養生主〕是何人也？惡乎介也？天與，其人與？〔又齊物論〕何其無特操與？——以上所引〈與〉字助句，皆疑而設問者。

〔論憲問〕是知其不可而爲之者與！〔又子罕〕語之而不惰者，其回也與！〔又憲問〕丘何爲是栖栖者與！〔又衛靈〕無爲而治者，其舜也與！〔又〕臧文仲其竊位者與！〔禮中庸〕舜其大知也與！〔又〕舜其大孝也與！〔孟公上〕管仲晏子，猶不足爲與！〔莊外物〕夫流遁之志，决絶之行，噫，其非至知③厚德之任與！〔公桓六〕子公羊子曰：「其諸以病桓與！」〔又莊十三〕曹子曰：「城壞壓竟，君不圖與！」〔魏策〕今吾以十倍之地請廣於君，而君逆寡人者，輕寡人與！〔韓諱辨〕④作法制以教天下者，非周公孔子歟！——諸引〈與〉字助句，或有〈其〉字在先，或有〈非〉〈不〉等字反説，似有詠歎之神，而實有擬議之意。至若〈與〉助一二字置於句中，一如〈惜乎〉〈大哉〉之式。如左傳僖公二十三年云：「其人能靖者與有幾？」猶云「有幾人能靖者與」也⑤。又襄公二十九年云：「是盟也，其與幾何！」猶云「其幾何與」也⑥。越語云：「如寡人者，安與知耻？」猶云「安知耻與」也。周語云：「若壅其口，其與能幾何。」猶云「其能幾何與」也⑦。又云：「余一人其流辟於裔土，何辭之與有！」猶云「有何辭與」也，或猶云「何辭之有與」也。晉語云：「亡人何國之與有！」猶云「何國之有與」也。禮檀弓云：「微與，其嗟也可去，其謝也可食。」猶云：「其嗟也可去，其謝也可食與」也。〈微〉，〈無〉也。〈無〉〈亡〉通。一切〈與〉字，在句中者，並皆頓挫之辭，故於詠歎爲近。至論語公冶長云：「於予與何誅！」「於予與改是！」是猶大戴禮五帝德篇云：「吾欲以⑧顔色取人，于滅明邪改之。吾欲以語言取人，于予邪改之。吾欲以容貌取人，于師邪改之。」則論語兩句，猶云「於予何誅與」「於予改是與」也⑨。本句倒文與前引同義，蓋深責而歎之之辭也。〈與〉字用以助擬議之句者。〔孟梁上〕曰：「爲肥甘不足於口與，輕煖不足於體與！抑爲采色不足視於目與，聲音不足聽於耳與，便辟不足使令於前與！」〔又公下〕仲子所居之室，伯夷之所築與，抑亦盜跖之所築與！所食之粟，伯夷之所樹與，抑亦盜跖之所樹與！〔又〕今有受人之牛羊而爲之牧之者，則必爲之求牧與芻與！求牧與芻而不得，則反諸其人乎，抑亦立而視其死與！〔公哀十四⑩〕則未知其爲是與，其諸君子樂道堯舜之道與！〔荀子修身篇〕將以窮無窮，逐無極與，意亦有所止之與！〔墨子明鬼篇〕豈女爲之與！意鮑爲之與！〔大戴禮武王⑪踐祚篇〕黄帝顓頊之道存乎，意亦忽不可得見與！〔墨子非攻篇〕爲其上中天之利，而中中鬼之利，而下中人之利，故譽之與，意亡非爲其上中天之利，而中中鬼之利，而下中人之利，故譽之與！〔又非命篇〕不識昔也三代之聖善人與，意亡昔三代之暴不肖人與！〔莊齊物論〕不知周之夢爲胡蝶與，胡蝶之夢爲周與！〔呂氏春秋審爲⑫〕君將攫之乎，亡其不與！〔韓上宰相書〕其將往而全之與，抑將安而不救與！〔又行難〕先生之所謂賢者，大賢歟，抑賢於人之賢歟！——所引皆兩商之句，與〈乎〉字所助者同式。至孟子公孫丑下云：「豈謂是⑬與！」又梁惠王上：「今恩足以及禽獸，而功不至於百姓者，獨何與！」又滕文公上：「然則治天下獨可耕且爲與！」滕文公下：「君子之爲道也，其志亦⑭將以求食與！」又告子上：「孟子曰：『生之謂性也，猶白之謂白與！』曰：『然。』『白羽之白也，猶白雪之白，白雪之白，猶白玉之白與！』」論語顏淵云：「子曰：『善哉問！先事後得，非崇德與，攻其惡，無攻人之惡，非修慝與，一朝之忿，忘其身以及其親，非惑與！』」莊子達生云：「器之所以疑神者，其是與！」又田子方云：「丘之於道也，其猶醯雞與！微夫子之發吾覆也⑮，吾不知天地之大全也。」又知北游⑯云：「運量萬物而不匱，則君子之道，彼其外與！萬物皆往資焉而不匱⑰，此其道與！」又云：「山林與，皐壤與⑱，使我欣欣然而樂與！」韓文守戒云：「野人鄙夫能之，而王公大人反不能焉，豈材力爲有不足歟！」諸引句，〈與〉字所配之字，猶是〈豈〉〈獨〉〈將〉等字，與〈乎〉字所用者同，惟辭氣較爲婉轉耳。此〈與〉〈乎〉兩字之微異與！

①此係轉引經傳釋詞卷四。釋詞本作皇侃論語學而篇疏。　②〈曹〉原誤〈在魯〉，監本毛本〈曹〉上有〈在〉字。
③原誤〈治〉。　④原衍〈夫〉字。　⑤助字辨略卷一引顧炎武氏左傳杜解補正云：「邵氏曰：『此倒語也，若曰其有幾人能靖者與』。」經傳釋詞卷一云：「〈與〉語助也……言能靖者有幾也。」原注「〈與有幾〉三字連讀。釋文曰：『其人能靖者與，音餘，絶句。』失之。」　⑥釋詞於以下諸〈與〉字，均以爲語助。　⑦助字辨略引邵氏曰：「〈其與〉，語辭，猶云〈其諸〉也。」
⑧〈以〉字原敓。　⑨釋詞卷四云：「〈與〉猶〈也〉也。……猶言『於予也何誅』『於予也改是』。」注又引大戴禮曰：「〈與〉〈邪〉古同聲，故〈邪〉亦與〈也〉同義。」　⑩原誤〈十〉。　⑪原誤〈子〉。　⑫原誤「莊子外物」。按莊子讓王篇亦載此事，惟字句小異。〈將〉作〈能〉，無「亡其不與」句。　⑬〈謂是〉原誤〈不謂〉。　⑭〈亦〉字原敓。　⑮〈也〉字原敓。
⑯原誤〈田子方〉。　⑰兩〈匱〉字原均誤〈匵〉。　⑱原衍「與我無親」四字。

〈諸〉字，廣雅曰：「〈於〉也。」廣韻曰：「〈之〉也。」日知録則合言之曰：「〈之於〉爲〈諸〉，〈之乎〉亦爲〈諸〉。」

〈夫〉字，孝經諫諍章注疏云：「〈夫〉，發言之端。」爾雅郭叙有「夫爾雅者」，邢疏云：「〈夫〉者，發語辭，亦指示語。」兩解一見於連字篇，一見於代字篇矣。惟趙岐注孟子告子篇曰：「〈夫〉，歎辭也。」①在句末者，此即所謂傳疑助字也。趙岐以〈夫〉字在句末，專解歎辭，不知〈夫〉〈諸〉兩字之爲助字，仍不失有代字之意。蓋傳疑助字之有此兩字，是猶傳信助字之有〈焉〉〈爾〉兩字，皆各抱其本解而爲助者也。

〈夫〉〈諸〉兩字之傳疑也，音二，形二，而合之止一字之用。〈諸〉字長於設問，〈夫〉字工於詠歎。至〈諸〉字之不能詠歎，是猶〈夫〉字之不能設問也。若擬議，則兩字皆兼焉。此形音二而用一之説也。

論語先進云：「子路問：『聞斯行諸？』」猶云：「聞斯行之乎」也。〈之〉指所聞也。又季氏云：「求善價而沽諸？」猶云：「沽之乎」也。〈之〉指〈美玉〉也。孟子梁惠王下云：「文王之囿方七十里，有諸？」猶云：「有之乎」也。〈之〉指前文也。又云：「人皆謂我毁明堂，毁諸已乎？」猶云：「毁之乎，抑不毁之乎」也。禮檀弓云：「書云：『高宗三年不言，言乃讙，』有諸？」以上皆〈諸〉字之助設問句也。論語顔淵云：「雖有粟，吾得而食諸！」猶云「吾得而食之乎」也。〈之〉指〈粟〉，此量度之辭也。孟子滕文公下云：「有楚大夫於此，欲其子之齊語也，則使齊人傳諸，使楚人傳諸？」此兩商之辭也。左傳昭公二十年云：「亡愈於死，先諸？」此計議之辭也。禮檀弓云：「吾惡乎哭諸！」莊子應帝王云：「人孰敢不聽而化諸！」此擬度之辭也。孟子公孫丑下云：「王如改諸，則必反予。」此冀倖之辭也。韓文李公墓誌銘云：「公行應銘法，子又禮葬，敢不諾而銘諸！」此定擬之辭也。要皆總之曰擬議之辭。至論語雍也所云：「山川其舍諸！」「堯舜其猶病諸！」與左傳僖公二十三年所云：「天其或者將建諸！」以及禮文王世子所云：「君王其終撫諸！」亦皆擬議之辭，而帶有感歎之情爾。以上〈諸〉字，代〈之乎〉兩字，其一切〈之〉字皆有可指者。在〈諸〉字有無解而惟爲辭者。如左傳文公二年云：「皐陶庭堅，不祀忽諸！」又詩邶風日月云：「日居月諸。」〈諸〉字若代〈之乎〉，則〈之〉字無著。禮祭義有云：「勿勿諸其②欲其饗之也。」〈諸〉

作狀字，解如〈然〉字③。則〈忽諸〉亦可解如狀字，〈月諸〉者，毛傳解爲〈乎〉字④，姑識於此。

〈夫〉字有在句尾者。左傳隱公三年云：「立穆公，其子饗之，命以義夫！」又成公二年云：「誰居，後之人必有任是夫！」莊子齊物論云：「汝聞人籟而未聞地籟，汝聞地籟而未聞天籟夫！」所引三節，〈夫〉字殿句，皆有量度口氣。且〈夫〉字一頓，有反指本句之事之意。故〈夫〉字重聲讀，則聲情並出矣。凡〈夫〉字爲助者，皆律此。又易繫辭云：「古之聰明睿知神武而不殺者夫！」禮檀弓上云：「爾責於人，終無已夫！」「三年之喪，亦已久矣夫！」莊子逍遥游云：「則夫子猶有蓬之心也夫！」又天道云：「然則君之所讀者，古人之糟魄⑤已夫！」左傳成公十六年云：「天敗楚也夫！」以上所引諸句〈夫〉字皆與他字合助，如〈也夫〉〈已夫〉〈者夫〉〈矣夫〉，其爲詠歎，不言而喻。又諸引〈夫〉字，皆在句尾。

其在句中者，有與〈大哉〉同式，則其爲詠歎也更無疑矣。論語子罕云：「逝者如斯夫，不舍晝夜。」左傳昭公十四年云：「曰義也夫，可謂直矣。」禮檀弓云：「仁夫公子重耳！」莊子徐無鬼云：「久矣夫莫以真人之言謦欬吾君之側乎！」管子霸形云：「桓公視管仲云：『樂夫仲父！』」漢書司馬相如傳云：「微夫斯之爲符也。」猶云〈仁哉〉〈樂哉〉〈微哉〉也。至史記伯夷列傳云：「巖穴之士，趣舍有時，若此類名堙滅而不稱，悲夫！」莊子山木云：「胡可得而必乎哉，悲夫！」與齊策⑥云：「是以侯王稱孤寡不穀，是其賤之本與非夫！」⑦則〈夫〉字殿句矣。而與在句中者同式，又同爲詠歎之辭。

是則助字傳信者六，傳疑者六，古今文所通用者盡之矣。外此論語與左氏，一用〈而〉字，論語微子云：「已而已而，今之從政者殆而！」左傳宣公四年云：「若敖氏之鬼，不其餒而！」是也。論語子罕云「偏其反而」「室是遠而」者，引詩句也。至詩之助字，曰〈兮〉〈猗〉〈只〉〈止〉〈思〉〈云〉〈員〉〈且〉〈其〉〈忌〉〈旃〉者，單助字也，曰〈乎而〉，曰〈只且〉，曰〈也且〉者，合助字也。與招魂之〈些〉字，大招之〈只〉字，大抵取其音長以寫其欣戚悲感之意，是皆古文詞所不取，故不録。

①見「必子之言夫」注。　②〈其〉字原敚。　③助字辨略卷一引陳氏集説曰：「〈諸〉語辭，猶〈然〉也。」釋詞弟九云：「〈諸〉，〈乎〉也。……祭義『勿勿諸其欲其饗之也』，禮器〈諸〉作〈乎〉。」　④毛傳云：「日乎月乎，照臨之也。」　⑤原作〈粕〉。　⑥原誤〈趙策〉。　⑦助字辨略引注曰：「非夫猶云『非邪』。」

合助助字九之六

合助助字者，或兩字疊助一句，則謂之「雙合字」。或疊三字，則謂之「參合字」。古人謹爾話言，往往意在言外，記者追憶其言而筆之，筆之或不足擬其辭，故助以聲。一之不足，而再焉，而參焉，至辭氣畢達而止。求之今文，雙合字之助句者鮮矣，而參合者則僅見於論語、檀弓、左傳，且其句大抵皆記者追述言者之辭氣已耳。故凡句之有合助者，大抵皆由詠歎而發。又凡助字之叠助一句也，各以本意相加，非以二三字之合助而更幻一新意者也。

合助之式不一，有惟以傳信助字雙合以助句者，如是則〈矣〉〈已〉兩字爲殿者其常，〈耳〉〈爾〉兩字亦間用焉。論語學而云：「子曰：『賜也始可與言詩已矣。』」又八佾曰：「商也始可與言詩已矣。」〈已矣〉者，雙合助字，皆以狀句中〈可〉字也。凡助字，皆以傳動字之辭氣耳。〈已〉者，止也，曰〈可已〉者，決言詩之僅可與言而止也。然兩賢悟詩之深不止此也，故復助以〈矣〉字者，決言詩之不僅可與言也，且已足可與言矣。此〈已矣〉合助，而各傳其辭氣之分際也。又子張：「子張曰：『士見危致命，見得思義，祭思敬，喪思哀，其可已矣。』」此〈已矣〉同上，決其不僅可爲士也，且已足可爲士矣。或謂〈已矣〉者，皆所以決言其事之已定而無或少疑也。亦一解也。至禮中庸云：「君子遵道而行，半途而廢，吾弗能已矣。」又論語陽貨云：「鑽燧取火，期可已矣。」兩〈已矣〉，非合助字也。〈已〉動字，解止息也。故兩句猶云「弗能止矣」也，「期則可止矣」也。而〈已矣〉之解，正同此義。

論語子張云：「就有道而正焉，可謂好學也已。」〈也已〉者，〈也〉字斷詞，常語也，所以助〈好學〉也。〈已〉字助〈可〉

字，所以決其已然也。故此句猶云「謂其好學也可無疑矣」也。蓋〈已〉〈矣〉兩字通，合之則少異，分之則相通矣。然則〈也已〉兩字，所助不同，雖曰合助，謂之分助可也。夫如是，論語雍也所云「能近取譬，可謂仁之方也已」，又泰伯「其餘不足觀也已」，又子罕「四十五十而無聞焉，斯亦不足畏也已」，又陽貨「年四十而見惡焉，其終也已」諸句，皆以〈也已〉爲助，亦此志也。有以〈耳矣〉兩字合助者。孟子離婁上云：「人之易其言也，無責耳矣。」〈耳矣〉者，猶言「止此矣」也，或言「而已矣」也。呂氏春秋壹行篇曰：「釋十際則①與麋鹿虎狼無以異，多勇者則爲制耳矣。」莊子人間世云：「大多政，法而不諜，雖固亦无罪，雖然，止是耳矣。」韓文送鄭十校理序云：「如是而在選，公卿大夫家之子弟，其勸耳矣。」諸〈耳矣〉者，同上。有用〈焉爾〉者。莊子德充符云：「適見㹠子食於其死母者，少焉眴若，皆棄之而走，不見已焉爾，不得類焉爾。」禮檀弓下云：「不以食道用美焉爾。」又云：「唯祭祀之禮，主人自盡焉爾。」四引〈焉爾〉者，〈焉〉乃句中頓挫之辭，而帶有〈於是〉之解也。〈爾〉助字，仍解若〈如此〉，又解若〈而已〉也。又云：「敬之斯盡其道焉耳。」大戴記曾子立事篇云：「嗜酤酒，好謳歌，巷游而鄉居者乎，吾無望焉耳。」禮樂記云：「則樂之道歸焉耳。」韓文雜説云：「傳數十王②而天下不傾者，紀綱存焉耳。」四引〈焉耳〉者，〈焉〉解同上，〈耳〉解〈止此〉也。然則雙合助字，各皆以其本意爲助，閱者自爲領會焉耳。

① 四字原敚。　② 〈十王〉原誤〈世〉。

有以傳信助字參合以助句者，則惟以〈矣〉字爲殿。凡以傳信助字爲殿者，從未見有參以傳疑助字者也。

論語泰伯云：「子曰：『泰伯其可謂至德也已矣。』」又：「周之德，其可謂至德也已矣。」〈也已矣〉者，參合助字也。其實〈也〉貼〈至德〉，而〈已矣〉兩字，仍解如前，重言以決其事之已定而無可少疑也。是則仍謂之雙合助字可也。論語子罕云：「説而不繹，從而不改，吾末如之何也已矣。」又衛靈公：「不曰如之何如之何者，吾末如之何也已矣。」又先進：「亦各言其志也已矣。」又顔淵：「可謂明也已矣。」「可謂遠也已矣。」五句皆參合助字，解同上。禮檀弓上云：「勿之有悔焉耳矣。」又祭統云：「夫銘者，壹稱而上下皆得焉耳矣。」〈焉耳矣〉者，亦參合助字也。

〈焉〉，辭之頓挫也。〈耳矣〉者，猶〈而已矣〉也，義皆同前。惟助字三疊，其贊歎悲感之情，各有所寄，斯爲不同耳。

論語陽貨云：「不有博弈者乎，爲之猶賢乎已。」〈乎已〉者，有似疑信兩助之合用。不知兩字皆非助字，一爲介字，一爲動字，故「爲之猶賢乎已」者，猶云「其爲博弈也，猶賢於其閒居而無所爲」也。〈已〉者，〈止〉也。

其以傳信助字與傳疑助字雙合爲助者，則惟傳疑者殿句，殿以〈乎〉〈哉〉兩字者其常，殿以〈與〉〈夫〉兩字者有焉，而殿以〈邪〉字者僅矣。

論語子路云：「子曰：『庶矣哉！』」〈矣哉〉者，雙合助字也。〈矣〉，助字之傳信者，〈哉〉，傳疑者。〈庶〉，静字，〈矣〉助〈焉〉，常例也。殿以〈哉〉字者，歎辭也。又衛靈公云：「好行小慧，難矣哉！」又陽貨「飽食終日，無所用心，難矣哉！」皆此例也。齊策云：「若乃得去不肖者而爲賢者狗，豈特攫其腓而噬之耳哉！」〈耳哉〉者，猶〈而已乎〉也。莊子人間世云：「子綦曰：『此何木也哉？此必有異材夫。』」詩秦風終南云：「其君也哉！」〈也哉〉者，〈也〉字助句，加〈哉〉字以爲量度詠歎也。以上所引雙合字，皆先以傳信助字而後殿以〈哉〉字者。

禮中庸云：「父母其順矣乎！」〈矣乎〉者，雙合助字也。〈矣〉助静字，助事之已往者與有效者，皆常例也。〈順矣〉者，言效也，〈乎〉歎辭也。又云：「子曰：『鬼神之爲德，其盛矣乎！』」又云：「子曰：『武王周公，其達孝矣乎！』」又云：「子曰：『王天下有三重焉，其寡過矣乎！』」又檀弓下云：「孔子曰：『延陵季子之於禮也，其合矣乎！』」所引〈矣乎〉，皆前志也。惟論語里仁云：「有能一日用其力於仁矣乎？」又陽貨：「女爲周南召南矣乎？」兩〈矣乎〉之義有異。〈矣〉者，已經也；〈乎〉者，設問而擬議之辭也。兩句猶云「如已用力於仁乎」也，「女已爲此詩乎」也。又左傳成公二年云：「無爲，吾望爾也乎？」〈也〉以煞句，〈乎〉以設問，義同〈矣乎〉，惟〈也〉同助時之事耳。此雙合字，先以傳信助字而後殿以〈乎〉字者。

禮中庸云：「子曰：『舜其大孝也與！』」〈也與〉者，雙合字也。〈也〉煞句，加〈與〉字以詠歎也。論語子罕云：「子曰：『語之而不惰者，其回也與！』」又憲問：「子曰：『道之將行也與！命也。道之將廢也與！命也。』」又陽貨：

「人而不爲周南召南，其猶正墻面而立也與！」又：「子曰：『色厲而内荏，譬諸小人，其猶穿窬之盜也與！』」禮檀弓上云：「曾子曰：『始死之奠，其餘閣也與！』」諸〈也與〉皆同前義。此以上殿以〈與〉字者。

論語雍也云：「子曰：『君子博學於文，約之以禮，亦可以弗畔矣夫！』」〈矣夫〉者，雙合助字也。〈矣〉煞句，猶前例也；〈夫〉詠歎而回指前文也。又憲問云：「君子而不仁者有矣夫！」又衛靈公：「今亡矣夫！」禮檀弓上云：「夫子曰：『由，爾責於人，終無已夫！』」又：「三年之喪，亦已久矣夫！」諸〈矣夫〉同上。〈終無已夫〉之〈已〉作動字解。莊子大宗師云：「然而至此極者，命也夫！」論語憲問云：「莫我知也夫！」〈也〉煞句，〈夫〉歎辭，指上文。以上皆殿以〈夫〉字者。殿〈邪〉字者不數見。莊子人間世云：「且得有此大也邪！」〈也〉助句，〈邪〉擬議之辭也。

以上諸引，皆以兩種助字雙合爲助者，而惟以傳疑助字爲殿者。

有惟以傳疑助字雙合爲助者，則惟以〈乎哉〉兩字爲殿。

論語顏淵云：「爲仁由己，而由人乎哉！」此句可以〈乎〉字煞句云。〈而由人乎〉，續以〈哉〉字者，爲詠歎也。又衛靈公云：「言不忠信，行不篤敬，雖州里行乎哉！」又陽貨云：「子曰：『禮云禮云，玉帛云乎哉！樂云樂云，鐘鼓云乎哉！』」莊子齊物論云：「民溼寢則腰疾，偏死，鰌然乎哉！木處則惴慄恂懼，猨猴然乎哉！」禮檀弓上云：「今一日而三斬板而已封，尚行夫子之志乎哉！」又云：「吾縱生無益於人，吾可以死害於人乎哉！」又檀弓下云：「哀哉，死者而用生者之器也，不殆於用殉乎哉！」又云：「吾得已乎哉！魯人以妻我。」史記孟荀列傳云：「其游諸侯見尊禮如此，蓋與仲尼菜色陳蔡，孟軻困於齊梁同乎哉！」論語子罕云：「君子多乎哉！」諸〈乎哉〉皆同義。

其以兩種助字參合爲助者，亦惟以〈哉〉〈乎〉兩字爲殿。

左傳襄公二十五年云：「其人曰：『死乎？』曰：『獨吾君也乎哉！吾死也。』曰：『行乎？』曰：『吾罪也乎哉！吾亡①也。』」〈也乎哉〉者，參合助字也。〈也〉以煞句也，〈乎〉以自問也，〈哉〉以感歎也。論語陽貨云：「鄙夫可與事君也與哉！」禮檀弓下云：「我吊也與哉！」〈也與哉〉者，亦參合助字也。〈也〉以助句也，〈與〉以擬議也，〈哉〉以慨歎也。

論語雍也云：「女得人焉耳乎？」或作〈焉爾乎〉，皆參合助字也。〈焉〉在句中，所以頓挫也，而亦有於此之意。〈耳〉〈爾〉兩字，仍解〈止此〉與〈如此〉也。〈乎〉以疑問也。至論語公治長云：「已矣乎，吾未見能見其過而内自訟者也。」〈已矣乎〉者，〈已〉動字，非助字也。總之，合助之字，各抱本意，藉以畢達句中所孕之辭氣耳。助字之妙，惟古人能用之，周秦以下無繼之者。

〈者〉字之後，凡助字皆可助也，如〈者也〉〈者矣〉〈者耳〉〈者乎〉〈者哉〉〈者邪〉之類。然〈者〉字之可列爲助字者，以其可殿夫句讀而不爲他字所殿。〈者〉字先乎諸助字者，如〈者也〉〈者矣〉等語，皆爲接讀代字，而不能以助字目之。既非助字，則非合助矣，故不載學者其檢閲焉。

①原誤〈行〉。

歎字九之七

凡虚字以鳴心中不平者，曰『歎字』。

夫言者，心之聲也，而字者，所以記言也。於是記言天下之事物者，則有名字，有代字；記言事物行止之狀者，則有静字，有動字；記言事物之離合乎動静者，則有介字；記言動静之互相維繫者，則有連字；而記言動静之幻變，使有以寄其神而寫其情者，則有助字。凡茲諸字，皆所以記心中之聲，發於口而爲言者也；而所以記心中之感，矢諸口而爲聲者，則惟歎字。歎字者，所以記心中不平之鳴也。

喜怒哀樂之未發，心至平也，有感而應，心斯波矣，波，斯不平矣。其感之輕者，心有主焉，於是因所感而成意。此諸字之所記也。感之猛者，心無主焉，於是隨所感而爲聲。此歎字之所鳴也。歎字者，所以鳴心中猝然之感發，而爲不及轉念之聲也。斯聲也，人籟也，盡人所同，無間乎方言，無别乎古今，無區乎中外。迺旁考泰西，見今英法諸國之方言，上稽其羅馬希臘之古語，其歎字大抵〈啞〉〈呵〉〈哪〉之類，開口聲也；而中國伊古以來，其歎字不出〈呼〉〈吁〉〈嗟〉〈咨〉之音，閉口聲也。然聲有開閉之分，而所以鳴其悖發之情則同。歎字終於單音，而極於三音，至矣。其發而爲歎美、爲傷痛者，或音[1]同而字異，或字同而情變，所謂隨事見情，因聲擬字，不可拘也。至應答呵責之字，有聲無義，亦附識焉。

〈於〉歎辭。加一言則曰〈於乎〉，或作〈於戲〉，又作〈嗚呼〉，其義一也。〈噫〉歎聲。釋文〈噫〉作〈意〉[2]。禮檀弓下：「國昭子曰：『噫』」鄭注爲「不寤之聲。」哀公十四年公羊傳：「子曰：『噫。』」何注爲「咄嗟貌」。論語先進：「子曰：『噫。』」包注爲「痛傷之聲」。再詩小雅節南山十月曰：「抑此皇父。」又大雅蕩瞻卬曰：「懿厥哲婦。」箋謂〈抑〉〈懿〉皆同〈噫〉，而一則疾呼聲，一則痛傷聲。是則〈噫〉〈意〉〈抑〉〈懿〉竝皆字異而同音[3]，而情則隨事而有變也。

〈嘻〉歎聲。禮檀弓上：「夫子曰：『嘻！』」鄭注爲「悲恨之聲。」僖公元年公羊傳：「慶父聞之曰：『嘻！』」何注爲「發痛語首之聲。」大戴禮少閒篇：「公曰：『嘻！』」盧辯注爲「歎息之聲」。莊子養生主篇作〈譆〉。「文惠君曰：『譆！』」魏策作〈誒〉。「魏王曰：『誒！』」史記項羽本紀作〈唉〉：「唉，豎子不足與謀。」漢書翟義傳作〈熙〉：「熙，我念孺子。」是〈嘻〉〈譆〉〈誒〉〈唉〉〈熙〉五字，並字異而同意。餘同上[4]。

〈吁〉歎聲，與〈呼〉通。左傳文公元年曰：「呼，役夫[5]。」説文謂〈呼〉爲「驚語」。禮檀弓上：「曾子聞之，瞿然曰：『呼！』」釋文作〈吁〉，正義謂「聞童子之言乃更[6]驚駭」也[7]。

〈嗞〉説文謂「嗟也。」廣韻：「〈嗞嗟〉，憂聲也。」有倒作〈嗟嗞〉或〈嗟茲〉，更有作〈嗟子〉者。管子小稱篇曰：「嗟茲乎，聖人之言長乎哉！」秦策曰：「嗟嗞乎司空馬！」楚策曰：「嗟乎子乎，楚國亡之日至矣！」書大傳曰：「嗟子乎，此蓋吾先君文武之風也夫！」説苑貴德篇曰：「嗟嗞乎，我窮必矣。」而毛傳謂詩唐風綢繆言「子兮子兮」者，猶曰「嗟茲」也。以上諸字，亦皆同音而異字。又〈𧧑〉者，説文謂「嗞也」。爾雅曰：「〈嗟〉；蹉也。」故〈𧧑〉〈嗟〉〈蹉〉並同。詩周頌臣工曰：「嗟嗟臣工。」箋謂重言者，「美歎之深也」⑧。詩周南麟趾曰：「于嗟麟兮。」〈于嗟〉，同〈吁嗟〉，亦歎辭。然則統觀諸歎辭，或單音，或雙音，音至於三至矣，無過之者。

至若書大誥曰：「已，予惟小子。」孔傳謂〈已〉爲「發端歎辭」⑨。莊子秋水云：「仰而視之，曰：『嚇！』」恐之之聲也⑩。史記外戚世家云：「武帝下車泣曰：『嚄，大姊，何藏之深也！』」正義解〈嚄〉謂「驚愕貌。」⑪漢書東方朔傳云：「朔笑之曰：『咄，口無毛，聲謷謷。』」〈咄〉者，戲弄之聲也。又後漢書袁譚傳云：「譚墮馬，顧曰：『咄，兒過我，我能富貴汝。』」〈咄〉者，怒叱之辭也⑫。所謂字同而情異也。史記陳涉世家云：「夥頤，涉之爲王沈沈者。」〈夥〉，楚音，多也。漢書省〈頤〉字。蓋〈夥頤〉者，驚歎之聲，有聲無義。〈夥〉之餘聲即爲〈頤〉，此漢書所以刪去也。有〈頤〉字則聲舒，無則促耳⑬。至書之〈都〉〈俞〉，禮之〈唯〉〈俞〉〈然〉〈諾〉，並是應答之聲。趙策云：「叱嗟，而母婢也！」〈叱嗟〉怒叱之聲也。漢書韓信傳云：「項王意烏猝嗟，千人皆廢。」〈意烏〉史記作〈喑噁〉⑭〈猝嗟〉，猶〈咄嗟〉也，皆怒聲也。又呂氏春秋權勳篇：「子反叱曰：『訾退，酒也。』」〈訾〉同〈呰〉，呵責也。然則〈叱嗟〉〈意烏〉〈猝嗟〉〈咄嗟〉〈訾〉〈呰〉，並皆怒叱之聲。以上諸字，並皆有聲無義，而以其皆感於情而發也，故及之⑮。

①原誤〈首〉。　②釋詞卷四云：「〈噫〉，歎聲也。詩噫嘻曰：『噫嘻成王。』傳曰『〈噫〉，歎也。〈嘻〉，和也。』釋文〈噫〉作〈意〉。」釋文乃陸德明「經典釋文」之略，王氏蓋謂釋文「噫嘻成王」作「意嘻成王」也。馬氏本此而刪其引詩句及毛傳之文，僅存「釋文噫作意」一語，而意晦矣。　③此説亦本釋詞卷四。釋詞引詩十月曰：「『抑此皇父』箋曰：『〈抑〉之言〈噫〉』，〈噫是皇父〉，疾而呼之。』」又引瞻卬曰：「『懿厥哲婦。』箋曰：『〈懿〉，有所痛傷之聲也。』〈噫〉〈意〉〈懿〉〈抑〉，並字異而義同。」馬氏謂「箋謂〈抑〉〈懿〉皆同〈噫〉，」詩箋實無此語也。　④此説及引例，均本釋詞。　⑤二字原敓。　⑥〈乃更〉原作〈而〉。

⑦此説及引例亦均本釋詞。　⑧説及引例亦均本釋詞。　⑨引例本助字辨略卷三。劉氏云：「〈已〉音與〈噫〉〈嘻〉相近，故得爲發端歎辭也。」　⑩此説及引例均本助字辨略卷五。　⑪引例亦本助字辨略。惟〈武帝〉上原有「褚先生曰」四字，蓋此爲褚先生所補，非司馬遷本文也。　⑫説及引例亦本助字辨略卷五。　⑬説及引例亦均本助字辨略卷一。　⑭原誤〈惡〉。　⑮説及引例均本釋詞。

歎字既感情而發，故無定位之可拘。在句首者其常，在句中者亦有之，句終者不概見焉。

禮大學引詩云：「於緝熙敬止。」「於戲前王不忘。」趙策云：「嘻，亦太甚矣先生之言也。」莊子在宥云：「意，毒哉，僊僊乎歸矣。」又庚桑楚云：「已，我安逃此而可！」史記匈奴列傳云：「嗟，土室之人顧無多辭。」又淮陰侯列傳云：「嗟乎，寃哉亨也。」又廉頗列傳云：「吁，何見之晚也！」莊子人間世云：「惡，惡可。」左傳定公八年云：「從者曰：『嘻，速駕。』」韓文貓相乳云：「噫，亦異之大者。」以上諸引歎辭，皆在句首者。

禮檀弓上云：「魯哀公誄孔丘曰：『天不遺耆老，莫相予位焉，嗚呼哀哉！尼父！』」莊子徐无鬼云：「戒之哉，嗟乎，无以汝色驕人哉！」韓文讀儀禮云：「惜乎吾不及其時進退揖讓於其間，嗚呼，盛哉！」又書張中丞傳後序云：「雖至愚者不忍爲，嗚呼，而謂遠之賢而爲之邪！」以上所引歎辭，皆在句中者。詩王風中谷有蓷云：「何嗟及矣。」〈嗟〉在句中，歎辭也。詩小雅節南山云：「民言無嘉，憯莫懲嗟。」言在位①者無所懲也，故嗟歎其如此。〈嗟〉在句末，歎辭也②。莊子大宗師云：「嗟來桑户乎，嗟來桑户乎，而已反其真，而我猶爲人，猗！」〈猗〉者，亦句末之歎聲也③。

古人凡用歎字，皆因其情之所感，有不得不發之勢，又庸可以句首句中句末以例之。故其用之也寡，而位之也當。今之爲文者，遇有結束提開過脉處，無可轉者，輒用歎字，別開議論。故一篇之中，往往不一用者，而文氣亦因以少弱焉。噫！

①原誤〈信〉。　②説本釋詞。　③釋詞釋此〈猗〉爲「兮也」。

論句讀卷之十

首卷界説有言曰：「凡有起詞、語詞而辭意已全者曰『句』，未全者曰『讀』。」起詞者，即所志之事物也；語詞者，事物之動静也。故欲知句讀之所以成，當先知起詞、語詞之爲何。於是焉第二卷之論名字、代字者，所以知起詞之所從出也。後四卷之論動字、静字者，所以知語詞之所由生也。七卷之論介字者，爲夫起詞、語詞之意或有不足也，則知所以足之者也。八卷之論連字者，爲夫語詞與語詞之或相承轉也，則知所以維繫之者也。九卷之論助字者，爲夫語詞辭氣之有疑、有信也，則知所以傳之者也；猝有所感，則辭氣不及傳，而發而爲聲者，附以歎字終焉。字分九類，凡所以爲起詞、語詞者盡矣。至進論夫起、語兩詞之成爲句、成爲讀者，是則此卷之所由作也。然此卷所論者，有已散見於前者，有未見者。今則散見者總之，未見者補之。支分節解，先綱後目。綱以彖之，目以系之。

彖一

凡句讀各有起詞。爲起詞者，名、代、頓、讀四者皆習見焉。

句也，讀也，皆所以語或動或静之情也，所謂語詞也。而動静之情，不能不有所從發。其所從發者，起詞也。然則起詞者非他，即所發動静之情之事物也，此起詞所以爲句讀所必需也。爲起詞者，名字與代字，固已；而頓與讀之用如名字者，其爲起詞亦習見也。

論語雍也云：「子見南子。子路不説。夫子矢之曰①：『予所否者，天厭之，天厭之！』」此節六句，皆有起詞。第四句之起詞，代字也。第二句之起詞，本名也。他句皆以公名爲起詞。左傳隱公三年云：「鄭武公莊公，爲平王卿士。王貳于虢。鄭伯怨王。王曰：『無之。』故周鄭交質。王子狐爲質於鄭。鄭公子忽爲質於周。王崩，周人將畀虢公政。四月，鄭祭足帥師取温之麥。秋，又取成周之禾。周鄭交惡。」共十二句，内惟〈秋又取成周之禾〉一句，起詞連上，他句皆有起詞。

論語學而云：「有子曰：『其爲人也，孝弟而好犯上者鮮矣。不好犯上而好作亂者，未之有也。君子務本，本立而道生。孝弟也者，其爲仁之本與。』」此節句與讀共計有十。〈有子曰〉第一爲句，〈有子〉其起詞也。〈其爲人也〉第二爲讀，〈其〉代字，起詞也。〈孝弟而好犯上者〉第三爲讀，〈者〉代字，起詞也。〈鮮矣〉第四爲句，〈孝弟而好犯上者〉之讀，乃其起詞也。〈不好犯上而好作亂者〉第五爲讀，〈者〉代字，其起詞也。〈未之有也〉第六爲句，第五讀乃其止詞也。〈君子務本〉第七爲句，〈君子〉起詞。〈本立而道生〉第八爲雙扇之句，〈本〉與〈道〉其起詞也。〈孝弟也者〉，一頓，本句之起詞，〈其爲仁之本與〉第八爲句。此節之爲起詞，有讀，有頓，而句讀亦各有起詞，學者可玩索也。孟子滕文公下云：「孔子懼，作春秋。春秋，天子之事也。是故孔子曰：『知我者，其惟春秋乎；罪我者，其惟春秋乎！』」此節句讀有八。〈孔子懼〉一讀，〈孔子〉其起詞。〈作春秋〉二句，第一讀其起詞也。〈春秋，天子之事也〉三句，〈春秋〉起詞。〈是故孔子曰〉四句，〈孔子〉起詞。〈知我者〉五讀，〈者〉代字，起詞也。〈其惟春秋乎〉六句，第五讀其起詞也。〈罪我者〉七讀，〈其惟春秋乎〉八句皆同上。又史記貨殖列傳云：「是以無財作力，少有鬥智，既饒争時。」三平句，起詞爲〈無財〉〈少有〉〈既饒〉三頓。又平準書云：「守閭閻者食粱肉，爲吏者長子孫，居官者以爲姓號。」三句，起詞皆讀也。又左傳閔二年云：「内寵並后，外寵二政，嬖子配適，大都耦國，亂之本也。」此節首三讀，其起詞皆爲頓，末句則前三讀乃其起詞也。又襄公八年云：「敝邑之衆。夫婦男女，不遑啓處，以相救也。」一句，〈敝邑之衆〉一頓，起詞也。〈夫婦男女〉又一頓，與前頓同次。

① 此句原誤「子曰」。

【系一】議事論道之句讀，如對語然，起詞可省。

論語學而云：「子曰：『道千乘之國，敬事而信，節用而愛人，使民以時。』」四單句，皆無起詞。蓋泛論治國，起詞即治國之人也。又賢賢易色章皆無起詞，蓋論立身之道也。他如信近於義章，貧而無諂章，爲政以德章，又學而章，大抵論議句讀皆泛指，故無起詞。此則華文所獨也。泰西古今方言，凡句讀未有無起詞者。史記淮陰侯列傳云：「蓋聞天與弗取，反受其咎。時至不行，反受其殃。」四句，〈弗取〉〈不行〉者誰，〈受咎〉〈受殃〉者又誰，皆未指明，蓋公論也。穀梁僖公二十二年傳云：「倍則攻，敵則戰，少則守。」三平句，無起詞，論治兵也。左傳僖公十五年云：「古者大事必乘其產。」〈乘〉者爲誰，不言可知。莊子則陽云：「舊國舊都，望之暢然。雖使丘陵草木之緡，入之者十九，猶之暢然。」句中望之者誰，未明言也。所引皆同上。史籍凡議事論道，其句讀概無起詞也。又莊子胠篋起句即云「將爲胠篋探囊發匱之盗而爲守備」云云，韓文送高閑上人序起云「苟可以寓其巧智」云云，兩篇起句，即無起詞，振起有勢。論語公冶長云：「子曰：『忠矣。』曰：『仁矣乎？』曰：『未知，焉得仁！』」〈忠矣〉與〈仁矣乎〉，皆對語答問之句，起詞在上，故本句可删。又述而云：「入曰：『伯夷叔齊何人也？』曰：『古之賢人也。』曰：『怨乎？』曰：『求仁而得仁，又何怨！』」此亦對語答問也。又公冶長云：「顔淵季路侍。子曰：『盍各言爾志！』子路曰：『願車馬……』顔淵曰：『願無伐善……』」此亦問答之辭。左傳隱公元年云：「欲與大叔，臣請事之。若弗與，則請除之，無生民心。」一節。〈與〉而〈弗與〉者公也。對語，故不言。又：「公曰：『無庸，將自及。』」答辭無起詞。又三年云：「若弃德不讓，是廢先君之舉也，豈曰能賢！」一讀兩句，皆無起詞，公自言也。凡問答之句，起詞有無無定，一視辭意之所順而已。韓文諍臣論云：「問其官，則曰諫議也，問其禄，則曰下大夫之秩也。」兩答皆無起詞。左傳成公十六年云：「『騁而左右，何也？』曰：『召軍吏也。』『皆聚于中軍矣。』曰：『合謀也。』『張幕矣。』曰：『虔卜於先君也。』『徹幕矣。』曰：『將發命也。』『甚囂且塵上矣。』曰：『將塞井夷竈而爲行也。』『皆乘矣，左右執兵而下矣。』曰：『聽誓也。』『戰乎？』曰：『未可知也。』『乘而左右皆下矣。』曰：『戰禱也。』」八問八答，皆無起詞，所指已明，不言可知。

【系二】命戒之句，起詞可省。

論語雍也云：「子曰：『毋，以與爾鄰里鄉黨乎。』」此禁止之辭，〈與〉者何人，不明言，其實猶對語者然。左傳襄公十四年云：「來，姜戎氏！」又十八年又云：「止，將爲三軍獲，不止，將取其衷。」又宣公十二年云：「進之！」又襄公二十三年云：「矢及君屋死之！」穀梁僖公十年①云：「入自明！」山木云：「少君之費，寡君之欲，雖無糧而乃足。」以上所引，皆非戒即命之辭，而皆無起詞，如對語者然。又，凡有所爲條誡者亦然。孟子告子下云：「初命曰：『誅不孝，無易樹子，無以妾爲妻。』再命曰：『尊賢，育才，以彰有德。』」云云。史記商君列傳云：「不告奸者腰斬。告奸者與斬敵首同賞。匿奸者與降敵同罰。民有二男以上不分異者，倍其賦。」云云。兩引一盟一誡，諸句皆無起詞。

①原誤〈五年〉。

【系三】讀如先句，句之起詞已蒙讀矣，則不復置。

孟子梁惠王上云：「寡人之於國也，盡心焉耳矣。」〈寡人之於國也〉一讀，冒下句。〈寡人〉起詞，已蒙讀矣。下句〈盡心焉耳矣〉之起詞，可不重提。論語子罕云：「吾少也賤。」〈吾〉代字，既爲〈少也〉一讀之起詞，又爲〈賤〉字一句之起詞，而〈吾〉字已蒙乎讀，則下句不復提矣。左傳襄公四年云：「昔周辛甲之爲大史也，命百官，官箴王闕。」一讀一句，〈周辛甲〉蒙讀而爲下句之起詞。其二十一年云：「於是祁奚老矣，聞之，乘馹而見宣子。」〈祁奚〉乃讀句之起詞。史記陸賈列傳云：「今足下反天性，棄冠帶，欲以區區之越，與天子①抗衡爲敵國。」〈足下〉既爲兩讀之起詞，又爲下句之起詞。又叔孫通列傳云：「叔孫通知上益厭之也，說上曰。」同上。由是魏其列傳云：「丞相入奏事，坐語移日。」又汲鄭列傳云：「黯學黄老之言，治官理民，好清靜。」漢書高祖紀云：「蕭曹等皆文吏自愛，恐事不就，後秦種族其家，盡讓高祖。」史記淮陰侯列傳云：「今足下戴震主之威，挾不賞②之功，歸楚，楚人不信；歸漢，漢人震恐。」漢書賈捐之傳云：「今陛下不忍悁悁③之忿，欲驅士衆擠之大海之中，快心幽冥之地，非所以校④助饑饉，保全元元也。」史記李斯列傳云：「是以太山不讓土壤，故能成其大。河海不擇細流，故能就其深。王者不却衆庶，故能明其德。」周語云：「昔我⑤先王之有天下也，規方千里，以爲甸服，以供上帝山川百神之祀，以備百姓兆民之用，以待不庭不虞之患。」莊子應帝王云：「至人之用心若鏡，不將不迎⑥，應而不藏。」韓文送殷員外序云：「今人適數百里，出門惘惘有離⑦別可憐之色；持被入直三省，丁寧顧婢子語，刺刺不能休。今子使萬里外國，獨無幾微出於言面，豈不真知輕重大丈夫哉！」諸所引皆同前。爲讀句之式之多變也，故繁引焉，使閲者有所玩索也。

①原誤〈下〉。　②原誤〈貲〉。　③原誤〈區區〉。　④原作〈救〉。　⑤原誤〈者〉。　⑥原誤〈逆〉。
⑦原誤〈難〉。

【系四】句讀起詞既見於先，而文勢直貫，可不重見。

論語子張云：「子張曰：『士見危致命，見得思義，祭思敬，喪思哀，其可已矣。』」〈子張曰〉後凡五句，皆以〈士〉爲起詞。而既見於首句，以其文勢直貫至終，故〈士〉字不復再見矣。禮大學云：「身有所忿懥，則不得其正，有所恐懼，則不得其正，有所好樂，則不得其正，有所憂患，則不得其正。」共計讀四，句四，皆以〈身〉爲起詞，而〈身〉只見於首句，後則不復見矣。又云：「人之其所親愛而辟焉。……」共計讀五，句五，同上，皆以〈人〉字爲起詞也。荀子榮辱篇云：「彼臭之而嗛①於鼻，嘗之而甘於口，食之而安於體，則莫不弃此而取彼矣。」共計讀三，句四，除收句外，皆以〈彼〉代字爲起詞也。論語鄉黨一章，惟第一句記〈孔子〉，以下凡記孔子之行事，皆無起詞。而一言「君子不以紺緅飾」，一言「子退朝」而已。不特此也，又凡句讀起詞，所指之字，無論其爲起詞，爲止詞，既已先見矣，則文勢直下，以後起詞皆可不提。左傳僖公二十五年云：「晉侯朝王……請隧，弗許。……與之陽樊温原欑茅之田。」共四句，〈晉侯朝王〉句，〈晉侯〉起詞，〈王〉止詞也。〈請隧〉之起詞，〈晉侯〉也；〈弗許〉之起詞，〈王〉也；〈與之〉之起詞，亦〈王〉也。以〈晉侯〉與〈王〉，一爲起詞，一爲止詞，既已先見矣，故以後諸句之起詞，皆未再見者此也。又莊公八年②云：「期戍，公問不至，請代，弗許，故謀作亂。」又云：「反，誅屨於徒人費，弗得，鞭之見血。走出，遇賊於門。」又昭公二十八年云：「退朝，待於庭。餽入③召之。比置，三歎。既食，使坐。」又哀公十六年云：「乃從白公而見之。與之言，説。告之故，辭。承之以劍，不動。」諸引皆短句魚貫而下，而每句起詞不一，然既見於先，故不復置。莊子天運云：「且子獨不見夫桔槔者乎，引之則俯，舍之則仰。彼，人之所引，非引人也，故俯仰而不得罪於人。」共計讀三，句五，蓋〈引之〉〈舍之〉兩讀起詞，乃〈桔槔者〉；〈則俯〉〈則仰〉兩句起詞，即〈桔槔〉也。〈人之所引〉，又一讀也。後兩句，則以〈彼〉字爲起詞矣。

①〈嗛〉上本有〈無〉字。此從王念孫讀書雜志删。　②原誤〈九年〉。　③二字原誤在〈比置〉下。

【系五】無屬動字，本無起詞；〈有〉〈無〉兩字，間亦同焉。

此見第四卷無屬動字與同動字下。

【系六】有不用起詞本字，而以公共之名代之者，如人以地名是也。

此見第二卷名字篇矣，而未詳也。史記平準書云：「河南上富人助貧人者籍。」〈河南〉，指大吏，此以地代人也。漢書梅福傳云：「是以天下布衣，各厲志竭精以赴闕廷。」以〈布衣〉代衣之者。又云：「廟堂之議，非草茅所當言也。」〈草茅〉以代居之者。左傳定公三年云：「聞諸道路，信否？」〈道路〉，以代行之者①。史記陸賈列傳云：「今辟陽侯幸太后，而下吏，道路皆言君讒，欲殺之。」〈道路〉同上。又平準書云：「布告天下，天下莫應。」〈天下〉代人。又貨殖列傳云：「海岱之間，斂袂②而往朝焉。」〈海岱之間〉，以代居其間者。又伯夷列傳云：「若③至近世，操行不軌，專犯忌諱，而終身逸樂，富厚累世不絶。」〈近世〉〈累世〉，皆代其人。諸引公共之名以爲代者，皆起詞也。然止詞、轉詞亦可用也。此舉起詞以概耳。

①刊誤云：「〈道路〉非起詞。〈諸〉代〈之於〉，〈道路〉乃〈於〉之司詞也。」 ②原誤〈祚〉。 ③原誤〈然〉。

【系七】句讀内有同指一名以爲主次、爲賓次或爲偏次者，往往冠其名於句讀之上，一若起詞者然，避重名也。論語季氏云：「夫顓臾，昔者先王以爲東蒙主，且在邦域之中矣，是社稷之臣也，何以伐爲！」〈夫顓臾〉三字冒起，一若起詞者然。第一讀猶云「先王以顓臾爲東蒙主」也。是〈顓臾〉乃〈以〉字後之止詞，則爲賓次。第二讀猶云「且顓臾在邦域之中矣」也，則〈顓臾〉在主次，〈是社稷之臣也〉一句，猶云「顓臾是社稷之臣」也，則〈顓臾〉又在主次。今〈顓臾〉冒之於先，故以後句讀内所當位之者，皆隱指焉。孟子云：「子路，人告之以有過則喜。」猶云「人告子路以有過，子路則喜」也。今〈子路〉弁首，故於讀之賓次，則以〈之〉字代焉，下句主次則隱指焉。論語公冶長云：「甯武子，邦有道則知，邦無道則愚。」猶云「邦有道，甯武子則知」也。孟子告上云：「今夫麰麥，播種而耰之，其地同，樹之時又同，浡然而生，至於日至之時皆熟矣。」〈麰麥〉二字若不弁首，則句讀内皆當補出，豈不重累生厭哉。論語雍也云：「仁者雖告之曰，井有仁焉，其從之也？」〈仁者〉居首，指之者〈告〉字後之賓次也。〈從〉字前之主次也。莊子逍遥游云：「是鳥也，海運，則將徙於南冥。」〈是鳥〉先置，〈則〉字後主次指之。又云：「之人也，物莫之傷。大浸稽天而不①溺，大旱金石流土山焦而不熱。」〈之人也〉先置，以爲〈傷〉字後之賓次，與〈不溺〉〈不熱〉先之主次也。史記游俠列傳云：「殺者亦竟絶莫知爲誰。」〈殺者〉乃〈爲誰〉之主次也。漢書東方朔傳云：「天不爲人之惡寒而輟其冬，地不爲人之惡險而輟其廣，君子不爲小人之匈匈而易其行。」〈天〉字乃〈輟其冬〉之主次也，下仿此。又趙充國傳云：「臣位至上卿，爵爲列侯，犬馬之齒七十六，爲明詔填溝壑死，骨不朽，亡所顧念②。」〈臣〉字乃〈填溝壑〉之主次，而爲前三讀之偏次也。猶云「臣之位、臣之爵、臣之犬馬之齒」也。又食貨志云：「夫珠玉金銀，饑不可食，寒不可衣，然而衆貴之者，以上用之故也。」〈夫珠玉金銀〉冒於句讀之上，而句讀賓次胥指焉。史記老莊列傳云：「鳥，吾知其能飛；魚，吾知其能游；獸，吾知其能走。」三讀〈其〉字各指其前置之名，此韓文獲麟解「角者吾知其爲牛；鬣者吾知其爲馬；犬豕豺狼麋鹿吾知其爲犬豕豺狼麋鹿」三句之由來也。又平淮西碑表③

云：「乾坤之容，日月之光，知其不可繪畫，强顔爲之，以塞詔旨，罪當誅死。」諸句調亦胎於此。人間世云：「夫柤梨④橘柚果蓏之屬，實熟則剥，剥⑤則辱，大枝折，小枝泄，此以⑥其能苦其生者也。」一頓冠首，而爲〈剥〉〈辱〉與〈能苦〉⑦諸讀之主次。論語公治長云：「由也千乘之國，可使治其賦也。」〈賦〉者，〈千乘之國〉之〈賦〉也。故〈千乘之國〉先置，以爲止詞之偏次也。又云：「求也千室之邑，百乘之家，可使爲之宰也。」〈爲之宰〉者，猶云「爲其宰」⑧也。又子罕云：「三軍可奪帥也，匹夫不可奪志也。」猶云「三軍之帥」也，「匹夫之志」也。文帝紀云：「細大之義，吾未能得其中。」左傳宣公二年云：「疇昔之羊子爲政，今日之事我爲政。」猶云「子爲之政我爲之政」也。漢書循吏列傳云：「凡治道去其泰甚者耳。」猶云「凡治道惟求去治道之泰甚者」也。近五引，皆先置一頓，以爲下文偏次所指之地。復上書云：「如周公之心，設使其時輔理承化之功未盡章章如是，而非聖人之才，而無叔父之親，則將不暇食與沐矣，豈特吐哺握髮爲勤而止哉！」〈如周公之心〉一頓，有似空置，弁諸句讀之首，然實爲設辭諸讀之起詞也，異於本例。猶云「按周公心内之意見其時誠如是矣則將……」也。又莊子胠篋云：「昔者容成氏、大庭氏、伯皇氏中央⑨氏、栗陸氏、驪畜氏、軒轅氏、赫胥氏、尊盧氏、祝融氏、伏戲氏、神農氏，當是時也，民結繩而用之。」歷數諸氏，先置，與下文毫不相涉。其實猶云「昔當諸氏之時也」也。史記禮書云：「人，體安駕乘，爲之金輿錯衡以繁其飾，目好五色，爲之黼黻文章以表其能。耳樂鐘磬，爲之調諧八音以蕩其心。口甘五味，爲之庶羞酸鹹以致其美，情好珍善，爲之琢磨圭璧以通其意。」五排以〈人〉字弁之，先爲五讀起詞之偏次，猶云「人之體、人之目、人之耳、人之口、人之情」也，而後爲五句之起詞，猶云「人爲之……」也。又莊子馬蹏云：「馬，蹏可以踐霜雪，毛可以禦風寒，齕草飲水，翹足而陸，此馬之真性也。」〈馬〉字冠首，而後猶云「馬之蹏馬之毛」也。〈齕草〉句，〈馬〉爲主次，故與所引禮書同例。韓文釋言云：「若夫狂惑喪心之人，蹈河而入火，妄言而罵詈者⑩，則有之矣；而愈，人知其無是疾也。」文家謂此句，以〈而愈〉一轉，先提〈愈〉字醒目。實則與「鳥吾知其能飛」句同法。此例爲華文所獨，故不憚繁引如是。

①原誤〈弗〉，下同。　②原誤〈忌〉。　③原衍〈文序〉二字。　④原誤〈黎〉。　⑤〈剥〉字原敓。　⑥原衍〈知〉字。　⑦按此句之〈能〉爲名字，馬氏因上文誤衍〈知〉字，遂以爲動字也。　⑧「〈之〉，〈其〉也。」説本經傳釋詞卷九。　⑨原誤〈爽〉。　⑩〈者〉字原敓。

彖二

凡句讀必有語詞。語詞後而起詞先者，常也。言語詞，則内動、外動、受動，與凡爲表詞者皆賅焉。

語詞之説，已見彖一下之解矣，引句亦同。論語八佾云：「哀公問社於宰我。宰我對曰：『夏后氏以松，殷人以柏，周人以栗，曰使民戰栗。』」六句之起語兩詞皆備，惟〈戰栗〉兩字，内動字而爲語詞者也，餘皆外動字。漢書揚雄傳云：「昔者禹任益虞而上下和，中木茂，成湯好田，而天下用足，文王之囿百里，民以爲尚小，齊宣王囿四十里，民以爲大，裕民之與奪民也。」句讀有十，煞句無起詞，餘則兩詞皆備。其語詞則有内動、有外動、有表詞也。論語八佾云：「子曰：『管仲之器小哉！』或曰：『管仲儉乎？』」共四句，〈小哉〉〈儉乎〉兩表詞，而爲句之語詞也。兩引諸句，皆起詞先乎語詞。左傳隱公四年①云：「衛國褊小，老夫耄矣。」又桓公十三年云：「舉趾高，心不固矣。」其六年云：「漢東之國，隨爲大，隨張，必棄小國，小國離，楚之利也。」所引〈褊小〉〈耄矣〉〈趾高〉，〈固矣〉〈爲大〉與〈楚之利也〉，皆表詞而爲句之語詞，此公例也。諸引句，皆可證焉。

①原誤〈三年〉。

【系一】詠歎語詞，率先起詞。

論語泰伯云：「大哉堯之爲君也！」〈大哉〉，語詞，〈堯之爲君也〉，起詞，而反後焉。此已散見於助字篇矣。左傳襄公二年云：「免寡人，唯二三子。」①成公二年云：「異哉，夫子有三軍之懼，而又有桑中之喜，宜將竊妻以逃者也。」論語雍也云：「難乎免於今之世矣！」莊子徐无鬼云：「久矣夫莫以真人之言謦欬吾君之側乎！」鬼谷子與蘇秦張儀書云：「夫女愛不極席，男歡不卑輪，痛哉夫君！」所引皆詠歎之句，其語詞率助助字，而先乎起詞，經生家以論語學而「鮮矣仁」三字爲句法之奇，然〈鮮矣〉助字，與前引同。惟左傳宣公二年云：「睅其目，皤其腹，弃甲而復。」〈睅〉與〈皤〉皆隻字爲表詞而先乎起詞者，是爲奇耳，經籍中未之重見。周語因之云：「民所曹好，鮮其不濟；民所曹惡，鮮其不廢。」猶云「民所同好，其不濟者鮮矣」。下句仿此。

①按此例似不類，疑有誤。

【系二】〈何〉字詢問，有先起詞者，惟爲表詞則然。

孟子梁惠王上云：「鄰國之民不加少，寡人之民不加多，何也？」公羊隱公元年云：「元年[1]者何君之始年也。」二引〈何〉字，皆爲表詞後置，常也。論語子路云：「何哉爾所謂達者？」孟子梁惠王下云：「何哉君所謂逾者？」所引〈何〉字，皆表詞先置，已見代字篇矣。

①〈年〉字原敚。

【系三】排行句讀，坐動同者，一見而已，下句可省。

凡内外動字，以言起詞之情者，曰坐動。左傳僖公十五年云：「晉侯許賂中大夫，既而皆背之；賂秦伯以河外列城五，東盡虢略，南及華山，内及解梁城；既而不與。」〈晉侯許〉三字，〈晉侯〉起詞也，〈許〉坐動也。所〈許〉者，〈賂中大夫〉與〈賂秦伯〉也，而〈賂秦伯〉之坐動字爲〈許〉字，同乎首句，故删之。孟子萬章上云：「吾聞其以堯舜之道要湯，未聞以割烹也。」〈吾聞〉後兩排讀，坐動字即〈要湯〉也。故第二讀内删去。左傳隱公元年云：「先王之制，大都不過參國之一；中五之一；小九之一。」是猶云「大都不過參國之一，中都不過五國之一，小都不過九國之一」也。今以三句同式，故後二句，凡與首句同者盡删矣。又襄公二十一年云：「若大盗，禮焉以君之姑姊與其大邑，其次皁牧輿馬，其小者衣裳劍帶，是賞盗也。」三讀坐動，皆〈禮焉〉外動字，故只一見。史記自序云：「年十歲，則誦古文，二十而南游江淮。」不曰〈年二十〉者，〈年〉字已先見也。漢書高帝紀云：「吕后具言：『客有過相我子母，皆大貴。』高祖問，曰『未遠』。乃追及，問老父①。老父曰：『鄉者夫人兒子皆以君。』」猶云「皆以君貴也」。不言〈貴〉者，已見於前也。史記吳王濞列傳云：「能斬捕大將者，賜金五千斤，封萬户；列將三千斤，封五千户；裨將二千斤，封二千户；二千石千斤，封千户；千石五百斤，封五百户；皆爲列侯。」首句，〈能斬捕〉三字，讀之坐動也。〈賜金〉，首句之坐動也，皆一見耳，後從删。史記屈原列傳云：「儀與王約六里，不聞六百里。」省一〈約〉字，莊子庚桑楚云：「蹍市人之足，則辭以放驁，兄則以嫗，大親則已矣。」第一讀與第一句皆全，以後兩讀兩句，凡同者皆删矣。不删則云：「蹍兄之足，則辭以嫗；蹍大親之足，則不辭矣。」如此句法，原不概見，兹舉數則以示隅耳。又所謂坐動者，即句讀之語詞也。

①〈高祖〉至此十六字，原作「高祖追問」。

【系四】比擬句讀，凡所與比者，其語詞可省。

此節已散見於前，今特爲發明語詞之可省耳。史記貨殖列傳云：「夫千乘之王，萬家之侯，百室之君，尚猶患貧，而況匹夫編户之民乎！」其與〈王〉〈侯〉〈君〉比者，〈匹夫編户之民〉也，其語詞省而不書，是猶云「而況匹夫編户之民，能不患貧乎」。漢書李廣傳云：「如浞野侯爲虜所得，後亡還，天子客遇之，況於將軍乎！」猶云「況於將軍還，天子又當何如乎」。又陳湯傳云：「夫犬馬有勞於人，尚加帷蓋之報，況國之功臣者哉！」猶云「況國之功臣，其應得之報當何若哉」。燕策云：「隗且見事，況賢於隗者乎！」莊子人間世云：「鬼神將①來舍，而況人乎！」同上。史記刺客列傳云：「誠得劫秦王，使悉反諸侯侵地，若曹沫之與齊桓公，則大善矣。」猶云「若曹沫之與齊桓公使反魯地」也，今省「使反魯地」四字。如此句法，已見於六卷狀字、九卷助字矣，故不繁引。

又凡差比、平比，其所爲比之字，寓於其中，概不言也，所爲比者即語詞也。故比擬之句，語詞可删者，此也。孟子公孫丑上云：「以齊王，由反手也。」猶云「以齊王之易，猶反手之易也」。〈易〉静字，而爲表詞，即兩比句之語詞也，此平比也。論語先進②云：「季氏富於周公。」猶云「季氏之富，更富於周公之富」也。兩人之〈富〉，即所以比也，皆省而不書。此差比也，亦已詳於三卷論比章矣。

①原誤〈尚〉。②原誤孟子。

【系五】句讀表詞，往往以名、代、頓、讀爲之者，而起表兩詞之間，無斷辭爲間者，常也。此亦散見於前卷矣，而特詳於三卷之表詞篇。左傳隱公元年云：「公曰：『制，巖邑也。』」〈巖邑〉，本名而爲表詞也，〈制〉其起詞也。中無斷辭如〈爲〉〈是〉〈即〉之類，惟〈非〉字不省。又云：「今京不度，非制也。」〈制〉公名而爲表詞，加〈非〉字以決其不然。孟子公孫丑上云：「又曰：『持其志，無暴其氣者，何也？』」何，詢問代字，而爲表詞，起詞一讀，無斷辭間焉。左傳隱公十一年云：「我周之卜正也。」〈我〉起詞，〈周之卜正〉，偏次之頓，表詞也，中無斷詞參焉。又宣公十二年云：「夫武，禁暴，戢兵，保大，定功，安民，和衆，豐財者也。」〈武〉一字起詞，下七動字與其止詞，各爲一頓，同爲表詞也。又閔公二年云：「夫帥師，專行謀，誓軍旅君與國政之所圖也，非大子之事也。」此句起詞三頓，表詞一讀，中無斷詞爲間。末句〈太子之事〉一頓，表詞間以〈非〉字，決其不然。是則名、代、頓、讀之可爲表詞而無斷辭加焉者，觀所引而已明。前卷類此者多矣，可檢閱焉。惟所引類皆有助字者，今姑引表詞之無助字無斷辭者以爲則。論語先進云：「德行，顔淵，閔子騫，冉伯牛，仲弓。言語，宰我，子貢。政事，冉有，季路。文學，子游，子夏。」又八佾云：「其争也君子。」孟子公孫丑下云：「知其罪者，惟孔距心。」左傳襄公二年云：「免寡人，唯二三子。」管子樞言篇第十二云：「日益之而患少者惟忠。日損之而患多者惟欲。」諸引表詞，無助無斷。加〈惟〉字者，專辭也。

彖三

凡爲外動止詞者，位其後。

外動字或爲語詞，或爲散動，其止詞必位其後。而爲止詞者，不外名、代、頓、讀四者而已。左傳桓公二年云：「故天子建國，諸侯立家，卿置側室，大夫有貳宗，士有隸子弟，庶人工商各有分親，皆有等衰。是以民服事其上，而下無覬覦。」計九句，其坐動皆外動字，而止詞則皆名字，各附於其後者。趙策云：「彼秦者①弃禮義而②上首功之國也，權使其士，虜使其民。」〈弃禮儀〉〈上首功〉六字內，〈弃〉〈上〉兩外動字，而止詞名字，各位其後，以爲〈國〉字之偏次。又兩〈使〉字皆外動字，止詞後焉。左傳隱公十一年云：「山有木，工則度之，賓有禮，主則擇之。」〈度〉〈擇〉兩外動字，其後止詞皆代字也。史記伯夷列傳云：「孔子序列古之仁聖賢人，如吴太伯伯夷之倫，詳矣。」〈序列〉兩字，外動字也。〈古之仁聖賢人〉一頓，止詞也。又曹相國世家云：「參見人之有細③過，專掩匿覆蓋之。」〈見〉外動字，其後止詞一讀。又〈之〉乃代字，止詞，代諸外動字後。統觀諸引，外動字之止詞，常位於後，而名、代、頓、讀皆可爲其止詞。頓讀不一其式，未能枚舉，故各引一則舉隅云爾。

①〈者〉字原敚。　②〈而〉字原敚。　③〈細〉字原敚。

【系一】外動字之止詞而爲意之所重者，率先弁諸句首。其外動字無弗辭者，則其後加代字以重指焉。有弗辭者，則不重於外動字後，而有重於其先者焉。

論語公冶長云：「子曰：『巧言，令色，足恭，左丘明耻之。丘亦耻之，匿怨而友其人，左丘明耻之，丘亦耻之。』」此一節，〈耻〉外動字，其止詞一爲〈巧言令色足恭〉，一爲〈匿怨而友其人〉，以其爲意之所重，弁諸句首。〈耻〉上既無弗辭，故其後各加代字爲止詞以重指焉。又云：「聖人，吾不得而見之矣。」〈見〉字後加〈之〉字，以指句首之〈聖人〉。〈不得〉兩字，雖有弗辭，而〈聖人〉非其止詞也。論語八佾云：「子曰：『禘，自既灌而往者，吾不欲觀之矣。』」〈不〉字狀〈欲〉字而不狀〈觀〉字，〈禘〉爲〈觀〉之止詞，先置，復加〈之〉字以重指。〈自既灌而往者〉一讀，用如狀字，以言時也。又云：「夏禮，吾能言之。」又述而云：「雖執鞭之士，吾亦爲之。」孟子公下云：「三里之城，七里之郭，環而攻之。」又滕文公上云：「學則三代共之。」又告子上云：「今夫水，搏而躍之，可使過顙，激而行之，可使在山。」又云：「萬鍾，則不辨禮義而受之。」「拱把之桐梓，人苟欲生之，皆知所以養之者。」左傳閔公二年云：「是服也，狂夫阻之。」又僖公四年云：「五侯九伯，女實征之。」又昭公四年云：「諸侯，君實有之，何辱命焉！」又成公二年云：「此車，一人殿之，可以集事。」又哀公十三年云：「佩玉繠兮，余無所繫之。旨酒一盛兮，余與褐之父睨之。」周語云：「亦唯是死生之服物采章，以臨長百姓，而輕重布之，王何異之有！」秦策云：「夫徒處而致利，安坐而廣地，雖古五帝、三王、五伯、明主、賢君，常欲坐而致之，其勢不能。」莊子齊物論云：「毛嬙麗姬，人之所美也，魚見之深入，鳥見之高飛，麋鹿見之決驟。四者孰知天下之正色哉！」史記李斯列傳云：「諸侯名士，可下以財者，厚遺結[1]之，不肯者，利劍刺之。」又趙世家云：「雖驅世以笑我，胡地中山，吾必有之。」漢書兩粵傳云：「服領[2]以南，王自治之。」又趙廣漢傳云：「郡中盜賊，閭里輕俠，其根株窟穴所在，及吏受[3]取請求銖兩之奸，皆知之。」趙策云：「公宫之垣，皆以荻蒿苦楚廧之。」韓文祭十二郎文云：「是疾也，江南之人，常常有之。」又與李拾遺書云：「勤儉之聲，寬大之政，幽閨婦女，草野小人，皆飽聞而厭道之。」又孔公墓誌銘云：「公屢言，遠人急之則惜性命相屯聚爲寇，綏之則自相怨恨而散。此禽獸耳，但可自計利害，不足與論是非。」又許國公神道碑云：「此軍，司徒所樹，必擇其骨肉爲士卒所慕賴者付之。」又歐陽生哀辭云：「詹之事業文章，李翺既爲之傳，故作哀辭，以舒余哀，以傳於後，以遺其父母，而解其悲哀，以卒詹志云。」諸引皆同式。有以〈此〉字踞首，而後以〈之〉字重指者。穀梁僖公二年云：「此中知以上[4]乃能慮之，臣料虞君中知以下也。」更有以〈此〉字代〈之〉字以爲重指者。魏策[5]云：「夫挾强秦之勢以內劫其主，罪無過此者[6]。」〈此〉指前頓，然不若〈焉〉代〈之〉字之爲習見也。左傳僖公二十三年云：「晉鄭同儕，其過子弟，固將禮焉。」〈焉〉指子弟。又云：「子女玉帛，則君有之，羽毛齒革，則君地生焉。」〈焉〉指上四時，與〈之〉字互文，所以殿句也。史記淮陰侯列傳云：「狂夫之言，聖人擇焉。」又趙世家云：「狂夫之樂，智者哀焉，愚者所笑，賢者察焉。」韓文釋言云：「二公者，吾君朝夕訪焉，以爲政於天下而諧太平之治。」諸此引皆以〈焉〉代〈之〉也。論語先進云：「子曰：『弑父與君，亦不從也。』」所〈不從〉者，〈弑父與君〉也，〈不〉字狀焉，故不重指。又述而云：「若聖與仁，則吾豈敢。」〈豈敢〉兩字，反説之辭也。孟子公孫丑上云：「夫聖，孔子不居。」

又云：「隘與不恭，君子不由也。」又告子上云：「一簞食，一豆羹，得之則生，弗得則死。」皆前志也。又萬章上云：「語云：『盛德之士，君不得而臣，父不得而子。』」此句與「聖人吾不得而見之矣」同式，而〈之〉字則一無一有者，語氣使然。左傳隱公十一年云：「凡爾器用財賄，無寘于許。」又僖公七年⑦云：「夫諸侯之會，其德刑禮義，無國不記。」又宣公十五年云：「雖然，城下之盟，有以國斃，不能從也。」楚語云：「若夫譁囂之美，楚雖蠻夷，不能寶也。」史記自序云：「明主賢君忠臣死義之士，余爲太史而弗論載，廢天下之史文，余甚懼焉。」漢書陳湯傳云：「大夏之西，以爲彊漢不能臣也。」又高祖紀云：「年老癃病，勿遣。」韓文師説云：「巫醫樂師百工之人，君子不齒。」又答侯繼書云：「自五經之外，百氏之書，未有聞而不求，得而不觀者。」諸引動字，有弗辭爲狀。或句字已偶，則不復加代字以重指矣。其加者則以代字先乎動字，與下例同。所異者，下例無首踞之語耳。論語衛靈公云：「子曰：『俎豆之事，則嘗聞之矣，軍旅之事，未之學也。』」其二句〈未之學也〉，〈之〉乃〈學〉字止詞，重指前頓，今以先乎〈學〉字者，則〈未〉字之故也。孟子公孫丑下云：「仁智，周公未之盡也。」滕文公上：「諸侯之禮，吾未之學也。」左傳僖公二十八年云：「楚君之惠，未之敢忘，是以在此。」諸引皆有〈未〉字爲狀，故以重指代字，先乎其外動字也。

以上諸引，其踞首者，名、代、頓三者而已，而先之以讀，又以止詞重指者，亦此例也。禮中庸云：「故栽者培之，傾者覆之。」〈栽者〉〈傾者〉突起，有似一讀，〈之〉字指之。論語子張云：「可者與之，其不可者拒之。」又公冶長云：「老者安之，朋友信之，少者懷之。」孟子萬上云：「五十而慕者，予於大舜見之矣。」又梁惠王上云：「無恒産而有恒心者，惟士爲能。」又盡心上云：「君子居是國也，其君用之，則安富尊榮。」左傳襄公二十六年云：「大夫逆於竟者，執其手而與之言，道逆者自車揖之，逆於門者，頷之而已。」史記叔孫通列傳云：「諸言盜者，皆罷之。」又汲鄭列傳云：「合己者，善待之，不合己者，不能忍見。」漢書路温舒傳云：「正言者，謂之誹謗，遏過者謂之妖言。」韓文許國公神道碑云：「自吾舅殁，五亂於汴者，吾苗薅而髮櫛之幾盡。然不一揃刈，不足令震駴。」又與衛中行書云：「存乎己者，吾將勉之。存乎天存乎人者，吾將任彼而不用吾力焉。」又上張僕射書⑧云：「其所不能，不彊使爲。」諸所引皆以讀先起詞，而下文止詞可指焉。其不指者，有不辭也。孟子〈惟士爲能〉一句，不重指者，〈能〉字之先已有〈爲〉字。故中庸云：「唯聖者能之。」與此同而異者非與。至漢書兩粵傳云：「親兄弟在真定者，已遣人存問。」此無弗辭而不重指者，以〈存問〉二字已偶矣，加〈之〉字以參之，則不便誦矣，所謂聲調者此也。間有以轉詞先置者。左傳莊公九年云：「子糾，親也，請君討之。管召，讎也，請受而甘心焉。」第一句，常例也；第二句〈甘心焉〉者，猶云「甘心於管召」也，是管召爲轉詞。今先置，而以〈焉〉字重指之。又昭公十三年云：「叔向曰：『諸侯不可以不示威。』」猶云「不可不示威於諸侯」也。〈諸侯〉先置，後無重者，不辭狀也。燕策云：「大不憂百里之患而重千里之外，計無過於此者。」〈於此〉者，轉詞也，重指前頓。論語泰伯云：「曾子曰：『以能問於不能，以多問於寡，有若無，實若虛，犯而不校，昔者吾友，嘗從事於斯矣。』」〈於斯〉者，轉詞也，指前五頓。此例見於同次而未詳，以其爲作家所重，故博引以盡其變。

①原誤〈詰〉。　②原作〈嶺〉。　③原誤〈所〉。　④原誤〈下〉。　⑤原誤〈趙策〉。　⑥〈者〉字原敚。

⑦原誤〈九年〉。　⑧原誤〈與崔群書〉。

【系二】凡外動字狀以弗辭，或起詞爲〈莫〉〈無〉等字，其止詞如爲代字者，概位乎外動之先。非代字而先焉者蓋寡。

外動字有弗辭，或起詞爲〈無〉〈莫〉等字，其止詞若爲代字，位在外動字之先，此例已詳於卷之四外動字篇矣。茲姑再引數則以明之。左傳襄公十年云：「余恐亂命，以不女違。」〈違〉字外動，其止詞〈女〉代字，故先焉。又昭公十二年云：「今鄭人貪賴其田而不我與，我若求之，其與我乎！」又哀公六年云：「三代命祀，祭不越望。江漢睢章，楚之望也；禍福之至，不是過也。」又襄公六年①云：「子蕩射子罕之門，曰：『幾日而不我從。』」莊子知北游云：「吾問狂屈，狂屈中②欲告我而不我告，非不我告，中欲告而忘之也。」又齊物論云：「我勝若，若不吾③勝，我果是也，而果非也邪！」又至樂云：「吾觀夫俗④之樂舉群趣者，誙誙然如將不得已，而皆曰樂者，吾未之樂也。亦未之不樂也。」諸引止詞代字，先乎其動字者，以動字爲弗辭所狀也。齊語云：「故天下小國⑤諸侯既許桓公，莫之敢背。」〈莫之敢背〉者，「莫敢背之」也。〈莫〉爲起詞，〈之〉乃先焉。左傳定公四年云：「會同難，嘖有煩言，莫之治也，其使祝佗從。」又襄公二十七年⑥云：「夫以信召人，而以僭濟之，必莫之與也。」其二十八年⑦云：「夫子愎，莫之止，必不出。」三引皆以〈莫〉字爲起詞，止詞所以先也。檢閱卷四外動字，則加詳焉。

止詞非代字而有先焉者。左傳昭公二十四年云：「老夫其國家不能恤，敢及王室。」猶云「老夫不能恤其國家」也。〈國家〉名字，而亦先焉矣。又隱公十一年云：「寡人唯是一二父兄，不能共億，其敢以許自爲功乎！」猶云「寡人唯不能共億是一二父兄」也。史記項羽本紀云：「臣死且不避，卮酒安足辭。」猶云「臣且不避死，安辭卮酒」也。賈子淮難⑧篇云：「陛下於淮南王，不可謂薄矣。然而淮南王，天子之法，咫蹂促而弗用也，皇帝之令，咫批傾而不行也。」〈咫〉字，釋詞解如〈則〉字⑨。〈天子之法〉，〈皇帝之令〉，兩止詞先置。不特此也，書蔡仲之命云：「詳乃視聽，罔以側言改厥度，則予一人汝嘉。」〈汝嘉〉者，〈嘉汝〉也。〈汝〉雖代字，而〈嘉〉無弗詞，亦先焉矣。又君牙云：「今命爾予翼，作股肱心膂。」〈予翼〉者，〈翼予〉也，同上。荀子修身篇⑩云：「是無它故焉，或爲之，或不爲爾。」盧⑪從元刻於〈不爲〉下增〈之〉字，群書治要⑫無〈之〉字，雜志謂「〈之〉字蒙上而省也」⑬，是也。否則應云「或不之爲爾」也。

①原誤〈四年〉。　②〈中〉字原敚。　③原誤〈我〉。　④原誤〈世〉。　⑤中字原敚。　⑥原誤〈二十六年〉。　⑦原誤〈二十四年〉。　⑧原誤〈南〉。　⑨見釋詞卷九。　⑩原誤〈勸學篇〉。　⑪盧文弨，字紹弓，號抱經，清餘姚人，乾隆進士。嘗校正荀子，由嘉善謝墉金圃參攷刊行。故或稱謝校，或稱盧校。　⑫唐魏徵等奉敕撰。原書五十卷，今闕三卷。　⑬見讀書雜志荀子弟一。

【系三】詢問代字爲止詞，則先其動字；爲司詞，則先其介字。

此例詳二卷詢問代字節。論語子路云：「子將奚先？」奚，止詞，今先〈先〉字，詢問代字也。公羊宣公六年云：「夫畚曷爲出乎閨？」〈曷爲〉者，〈爲何〉也。〈曷〉先介字，亦詢問代字也。

【系四】止詞先乎動字者，倒文也。動字如有弗辭或有疑辭者，率參〈之〉字。辭氣確切者，或參〈是〉字。

此例詳七卷〈之〉字節。左傳僖公十五年云：「君亡之不恤，而群臣是憂，惠之至也。」猶云「君不惜其亡而惟憂群臣」也，皆倒文也。一有弗辭，則參〈之〉字，一有專辭，則參〈是〉字。

彖四

凡轉詞繫於動字者，其先後之位，與所用介字，一以所繫動字之類爲別。

曰動字，則內外動字與受動皆舉焉。外動內動與受動之轉詞，其位之先後與所用介字，已詳四卷。孟子梁惠王上云：「王如施仁政於民。」〈施〉外動字，〈於民〉兩字後之者，其轉詞也。又盡心上云：「柳下惠不以三公易其介。」〈易〉外動字也。〈以三公〉三字先之者，其轉詞也。又告子上云：「聖人與我同類者。」〈與我〉兩字先乎〈同〉字。秦策云：「臣恐王爲臣之投杼也。」〈爲臣〉兩字先乎〈投〉字。又左傳隱公元年云：「公語之故，且告之悔。」〈語〉〈告〉兩動字後，所有〈故〉〈悔〉兩字，皆轉詞，並無介字爲介。以上所引，外動字之轉詞也。荀子榮辱篇云：「通者常制人。窮者常制於人。」〈制〉動字，〈於人〉者，受動之轉詞也。此受動諸式之一。史記商君列傳云：「常人安於故俗，學者溺於所聞。」〈安〉〈溺〉二字，內動也，其轉詞介〈於〉字而後焉。孟子滕文公上云：「夫仁政，必自經界始。」〈始〉內動字，其轉詞介〈自〉字而先焉。左傳僖公二十八年云：「晉侯夢與楚子搏。」〈搏〉內動字，其轉詞介〈與〉字而亦先焉。以上所引，內動字之轉詞也。至諸轉詞所處先後之位，其常其變，皆詳四卷。

【系一】記處轉詞，有有介、無介之別。

前卷論記處不一其處，附於内動字者，則詳於四卷内動字節；記以狀字者，則詳於七卷狀字；記以名字者，則詳於三卷之賓次節。此系所論無介字者，同賓次節；餘同内動字節。左傳莊公二十八年云：「楚公①子元歸自伐鄭，而處王宮。」〈自伐鄭〉者，言從來之處也。又僖公二十三年②云：「出於五鹿，乞食於野人。」兩〈於〉字，亦言所自也。然凡言從來之處，概以〈自〉字爲介，而置先於其動字。史記五帝贊云：「吾嘗西至空③峒，北過涿鹿④，東漸於海，南浮江淮矣。」〈過涿鹿〉，〈浮江淮〉，記所經之處也，無介字。又刺客列傳云：「光⑤竊不自外，言足下於太子也⑥，願足下過太子於宮。」〈於宮〉者，言太子所在之處也。〈過太子〉者，所經見之人也，則無介字。左傳隱公元年云：「五月，辛丑，太叔出奔共。」〈共〉者，奔至之處也，無介字。又僖公四年云：「賜我先君履，東至于海，西至于河，南至于穆陵，北至于無棣。」四〈至于〉言所至之處也，則有介字矣。又魏其列傳云：「魏其謝病，屏居藍田南山之下。」〈藍田南山下〉，記所在之處也，而無介字者。史漢言所在之地，介字概從删也。又莊公二十八年云：「楚令尹子元欲蠱文夫人，爲館於其宮側而振萬焉。」〈於其宮側〉者，記所在之處，而介以〈於〉字也。論語公冶云：「十室之邑，必有忠信如丘者焉。」左傳隱公元年云：「大隧之中，其樂也融融。」「大隧之外，其樂也洩洩。」又宣公十二年云：「城濮之役，晉師三日穀，文公猶有憂色。」莊子秋水云：「秋水時至，百川灌河，涇流之大，兩涘渚崖之間，不辨牛馬。」又達生云：「人之所取畏者⑦，衽⑧席之上，飲食之間，而不知爲之戒者，過也。」孟子梁惠王下云：「臣聞郊關之内，有囿方四十里。」左傳隱公十一年云：「鄭伯使許大夫百里，奉許叔以居許東偏。」所引内有以〈邑〉〈中〉〈外〉〈役〉〈間〉〈上〉〈内〉〈偏〉等字以記處者，要亦詳於三卷之賓次節，可檢閱也。

①〈公〉原誤〈令尹〉。　②原誤〈二十七年〉。　③原作〈崆〉。　④原誤〈大陸〉。　⑤原誤〈兄〉。　⑥〈也〉字原敚。　⑦原敚〈取〉字〈者〉字。　⑧原誤〈枕〉。

【系二】記時轉詞，概無介詞爲介。

左傳僖公二十四年云：「蒲城之役，君命一宿，女即至。」其四年云：「姬寘諸宮六日，公至，毒而獻之。」又襄公十年云：「帶其斷以徇於軍三日。」〈一宿〉〈六日〉〈三日〉，皆記幾時之間也。又僖公二十三年[1]云：「我二十五年矣，又如是而嫁，則就木焉。」孟子盡心下云：「由孔子而來，至於今百有餘歲。」兩引皆記既往至今之時也。左傳成公十八年云：「二三子用我今日，否亦今日。」論語鄉黨云：「吉日，必朝服而朝。」兩引，記事成之時也。左傳哀公元年云：「越十年生聚，而十年教訓，二十年之外，吴其爲沼乎！」漢書周勃傳云：「君後三[2]歲而侯，侯八歲爲將相。」此記未來之時也。凡記此四時，類無介字爲介，然終不失有介字之義，故以列於轉詞，其詳則見諸三卷之賓次節。至記時而襯以〈中〉〈間〉等字者，亦詳是節。

[1] 原誤〈二十二年〉。　[2] 原誤〈八〉。

【系三】凡記價值、度量、里數、距度之文，皆無介字爲介。而記事之所以、所爲者，則介介字。

史記孟嘗君列傳[1]云：「此時孟嘗君有一狐白裘，直千金。」莊子逍遥游云：「客聞之，請買其方百金。」〈千金〉〈百金〉，記價也。左傳昭公二十六年云：「射之，中楯瓦，繇朐汰輈，匕入者三寸。」論語鄉黨云：「必有寢衣，長一身有半。」〈三寸〉〈一身有半〉，記度量也。史記李將軍列傳云：「前未到匈奴陳二里所。」左傳定公十四年云：「闔廬傷將指，取其一屨[2]還，卒於陘[3]，去檇李七里。」韓文烏氏廟碑云：「尚書領所部兵，塞其道，塹原累石，綿四百里，深高皆三丈。」三引皆記里數也。左傳哀公元年云：「楚子圍蔡，報柏舉也。里而栽，廣丈，高倍。」〈里而栽〉者，言距蔡城一里而版築也；〈廣丈高倍〉，言度也。漢書賈山傳云：「道廣五[4]十步，三丈而樹。」〈三丈而樹〉者，言樹樹各距三丈也。此記距度也。此以上皆無介者，並見三卷賓次節。

孟子離婁下云：「子産聽鄭國之政，以其乘輿濟人於溱洧。」左傳昭公三年[5]云：「以家量貸，而以公量收之。」一引，所以〈濟〉者；一引，所以〈貸〉與〈收〉者，皆記所以也。史記李將軍傳云：「廣行取胡兒弓，射殺追騎，以故得脱。」又游俠列傳云：「解布衣，爲任俠[6]行權，以睚眦殺人。」左傳莊公十四年[7]云：「蔡哀侯爲莘故，繩息嬀以語楚子。」又襄公十九年云：「欒懷子曰：『其爲未卒事於齊故也乎！』」四引皆言故，而以〈以〉〈爲〉兩介字介焉。凡有介字與司詞，皆可統名之曰轉詞。轉詞之用之正變，皆詳於八卷介字。

①原誤〈滑稽列傳〉。②此句原敚。③原誤〈脛〉。④原誤〈三〉。⑤原誤〈四年〉。⑥〈任俠〉原誤〈人〉。⑦原誤〈十二年〉。

彖五

凡句讀中，字面少長，而辭氣應少住者，曰『頓』。頓者，所以便誦讀，於句讀之義無涉也。然起詞、止詞、轉詞，與凡一切加詞，其長短之變，微頓將安歸焉。故立彖五，論頓。頓之爲式不一：

一、起詞有爲頓者。

秦策云：「當此之時，天下之大，萬民之衆，王侯之威，謀臣之權，皆欲決①蘇秦之策。」起詞排頓四，每頓皆以名爲偏次焉。左傳昭公三十一年云：「若艱難其身，以險危大人，而有名章徹，攻難之士，將奔走之。若竊邑叛君，以徼大利而無名，貪冒之民，將寘力焉。」〈攻難之士〉者，起詞也，一頓。〈攻難〉者，外動偕止詞而爲偏次也。〈貪冒之民〉者，起詞也，一頓，則以静字附之，若偏次焉也。莊子齊物論云：「山林之畏隹，大木百圍之竅穴，似鼻，似口，似耳，似枅，似圈，似臼，似洼者，似污者。」首句記處，一頓也；第二句起詞，亦偏次之頓也；以後排頓，皆爲表詞，以表竅穴之形也。此以上起詞，皆以偏次之頓爲之者。左傳隱公四年云：「於是陳蔡方睦於衛，故宋公陳侯蔡人衛人伐鄭，圍其東門。五日而還。」第二句起詞，四本名皆各爲頓。凡排行必頓。莊子齊物論云：「百骸，九竅，六藏，賅而存焉。」起詞三物名，亦各爲頓，排行故也。又云：「喜怒，哀樂，慮歎，變慹，姚佚，啓態，樂出虚，蒸成菌。日夜相代乎前，而莫知其所萌。」〈相代〉之起詞，即前〈喜怒〉等十二字。每頓二字，共六排。以上起詞，皆以排頓爲之者。左傳隱公四年云：「此二人者，實弑寡君，敢即圖之。」〈此二人者〉一頓，名字前加指示代字，而殿以〈者〉字，以爲起詞也。莊子田子方云：「若夫人者，目擊而道存矣。」吴語云：「勾踐請盟，一介嫡女，執箕帚以晐姓於王宮；一介嫡男，奉盤匜以隨諸御。」左傳宣公十二年云：「其佐先縠，剛愎不仁，未肯用命。其三帥者，專行不獲。」所云〈若夫人者〉，〈一介嫡女〉〈一介嫡男〉，〈其佐先縠〉，〈其三帥者〉，五頓皆起詞也。是皆以代字静字附於名字而成者也。

左傳宣公十二年云：「伐叛，刑也；柔服，德也。」〈伐叛〉〈柔服〉兩頓，各爲起詞，每頓皆以外動偕其止詞爲之。公羊桓公十一年云：「殺人以自生，亡人以自存，君子不爲也。」起詞兩頓。左傳隱公五年云：「故講事以度軌量，謂之軌，取材以章物采，謂之物。不軌不物，謂之亂政。亂政亟行，所以敗也。」各句起詞，皆爲一頓，以上所引，起詞之頓，皆以散動與其止轉之詞爲之者。其詳見五卷散動節。

易繫辭云：「是故夫象，聖人有以見天下之賾，而擬諸其形容，象其物宜，是故謂之象。」此節首〈是故夫象〉一頓，有若起詞，然以爲下文所指也。象一之七系，即此志也。此故不贅。又起詞往往爲意之所重，提置於先，讀時應略頓者。史記藺相如列傳云：「大王必欲急臣，臣頭，今與璧俱碎矣。」〈臣頭〉一頓，擲地有聲。如云「今臣頭與璧俱碎矣」，則弱矣。又淮陰侯列傳云：「今臣，敗亡之虜，何足以權大事乎！」〈今臣〉一頓有力，〈敗亡之虜〉同次，又一頓也。荀子議兵篇云：「身苟，不②狂惑戇陋，誰睹是而不改也哉！」〈身〉一頓。左傳哀公十一年云：「且子季孫，若欲行而法，則周公之典在。若欲苟而行，又何訪焉！」〈且子季孫〉一頓。韓文送鄭尚書序云：「公卿大夫士，苟能詩者，咸相率爲詩以美朝政，以慰公南行之思。」〈公卿大夫士〉一頓，非起詞，乃偏次也。蓋偏次而爲頓者，猶云「公卿大夫士之中，苟有能爲詩者」也。此見二卷約指代字。孟子公孫丑上云：「市，廛而不征。」「關，譏而不征。」「廛，無夫里之布。」〈市〉〈關〉〈廛〉皆作一頓讀。左傳隱公十一年云：「禮，經國家，定社稷，序民人，利後嗣者也。」〈禮〉隻字一頓。史記叔孫通列傳云「儀，先平明，謁者治禮」云云。〈儀〉總冒一頓。所引各頓，弁諸句首，若起詞然，故附識焉。

①原衍〈於〉字。　②原誤〈非〉。

二、語詞有爲頓者。

凡曰語詞，則動字與其所繫者皆舉焉。然既曰語詞，即句讀矣，何以頓爲！蓋單行語詞之爲句讀也，固矣。有時語詞短而多至三四排者，誦時必少住焉，此其所以爲頓也。漢書儒林傳云：「今陛下昭至德，開大明，配天地，本人倫，勸學興禮，崇化厲賢，以風四方，太平之原也。」〈陛〉下後，三字者四，四字者二，要皆爲語詞，謂之爲頓也可，謂之爲句也亦可。又匡衡傳云：「宜遂減宫室之度，省靡麗之飾，考制度，修外内，近忠正。遠巧佞，放鄭衛，進雅頌，舉異材，開直言，任温良之人，退刻薄之吏，顯絜白之士，昭無欲之路，覽六藝之意，察上世之務，明自然之道，博和睦之化，以崇至仁，匡失俗，易民視，令海内昭然咸見本朝之所貴。」排行語詞共計十八頓，同上。左傳昭公三十二年云：「己丑，士彌牟營成周，計丈數，揣高卑，度厚薄，仞溝洫，物土方，議遠邇，量事期，計徒庸，慮財用，書餱糧，以令役於諸侯。」計十一頓。又桓公六年云：「公問名於申繻。對曰：「名有五：有信，有義，有象，有假，有類。」此五頓皆語詞，分解〈名有五〉也。又云：「以名生爲信，以德命爲義，以類命爲象，取於物爲假，取於父爲類。」此五類續解，繼云：「不以國，不以官，不以山川，不以隱疾，不以畜牲，不以器幣。周人以諱事神，名終將諱之。故以國則廢名，以官則廢職，以山川則廢主，以畜牲則廢祀，以器幣則廢禮。晉以僖侯廢司徒，宋以武公廢司空，先君獻武廢二山。是以大物不可以命。」共計前六頓，後五頓，末又三頓，皆有外動止詞等字。是頓分三排，每排即可視作一句，而每頓謂之爲句亦可。又莊子齊物論於形大木竅穴之後，而記其聲，則云：「激者，謞者，叱者，吸者，叫者，譹者，宎者，咬者。」共八頓，皆内動字，襯以〈者〉字，以爲表詞也。蓋竅穴非有〈激〉〈謞〉等聲也，惟其聲之似耳。此〈者〉字之用。左傳隱公十一年云：「禮，經國家，定社稷，序民人，利後嗣者也。」三頓皆散動字爲表詞也。統觀上引，凡語詞排行字少，誦時不能不爲之少住，故謂之頓耳。

三、止詞、轉詞有爲頓者。

左傳昭公十二年云：「楚子狩于州來，次于潁尾，使蕩侯，潘子，司馬督，囂尹午，陵尹喜①帥師圍徐以懼吴。」〈使〉

後止詞五②本名，排作五頓。又云：「昔我先王熊繹，與呂伋，王孫牟，燮父，禽父，並事康王。」〈與〉介字，後四本名，四頓。此轉詞之頓也。又定公四年云：「分魯公以大路大旂，夏后氏之璜，封父之繁弱，殷民六族，條氏，徐氏，蕭氏，索氏，長勺氏，尾勺氏。」分魯公以後，皆可爲轉詞之頓。趙策云：「人主之子也，骨肉之親也，猶不能恃無功之尊，無勞之奉，而③守金玉之重也，而況人臣乎！」〈無功之尊〉、〈無勞之奉〉兩止詞兩頓。韓文潮州刺史謝表云：「至於論述陛下功德，與詩書相表裏，作爲歌詩，薦之郊廟，紀泰山之封，鏤白玉之牒，鋪張對天之閎休，揚厲無前之偉迹，編之乎詩書之策而無愧，措之乎天地之間而無虧，雖使古人復生，臣亦未肯④多讓。」〈至於〉後諸排，皆頓也。凡介字後司詞長者，皆可謂頓，可參閱七卷介字篇。總之，止詞、轉詞之可謂頓者，其式不及備載。而尤習見者，則凡止詞爲意之所重者，先置句首耳。左傳桓公二年云：「夫德，儉而有度，登降有數，文物以紀之，聲明以發之，以臨照百官。」〈夫德〉兩字，置句首一頓，下文之字指焉。又昭公二十年云：「山林之木，衡鹿守之。澤之萑蒲，舟鮫守之。藪之薪蒸，虞侯守之，海之鹽蜃，祈望守之。」計四句，每句止詞先置爲頓，此即彖二系一之例，試檢閱之。史記刺客列傳云：「老母在，政身未敢以許人也。」〈政身〉乃〈以〉之司詞，先置，一頓。此式可參觀卷七介字篇。至記價值、度量、里數、距限等語，概爲賓次，有可爲頓者，則見於彖四之系三矣。

四、狀語有爲頓者。

凡狀字或名字，集至兩字或三四字，以記時記處者，往往自成一頓，無所名也，名之狀語。此與彖四之系一系二相類，可參觀也。其已成狀字者，史記曹相國世家云：「乃者我使諫①君也。」〈乃者〉，狀字記時之頓，見卷六狀字篇。於是〈間者〉〈頃者〉〈今者〉〈始者〉〈近者〉〈不者〉，又〈不然〉〈非然〉〈雖然〉與〈如是〉〈若是〉〈夫如是〉之屬，皆可置諸句首以爲頓也。而〈久之〉〈頃之〉與夫〈今也〉〈始也〉〈且也〉之屬，亦此志也。不寧唯是。左傳成公十六年云：「韓之戰，惠公不振旅，箕之役，先軫不反命，邲之師，荀伯不復從，皆晉之耻也。」〈韓之戰〉三字一頓，記其事也。

①三字原敚。　②原誤〈四〉。下同。　③原誤〈以〉。　④原誤〈敚〉。

餘同。史記匈奴列傳云：「自是之後，漢使欲辯論者，中行説輒曰。」〈自是之後〉一頓，記時，凡以〈後〉〈先〉〈中〉〈外〉〈間〉〈側〉等字記時與處者，皆類此，已見於卷三賓次節。漢書食貨志云：「先是十餘歲，河決灌，梁楚地固已數困。」〈先是十餘歲〉記時一頓。又凡經傳如：「元年，春王正月。」「五月，辛丑，太叔出奔共。」「初，鄭武公娶於申，曰武姜。」②所記年月時日，皆各爲一頓。左傳昭公二十五年云：「自莒疆以西，請致千社，以待君命。」又昭公二十年云：「聊攝以東，姑尤以西，其爲人也多矣。」地名後介以〈東〉〈西〉方向諸字，自成一頓，所以記處也。韓文應科目時與人書云：「天池之濱，大江之濆，曰有怪物焉。」又潮州謝上表云：「雖在萬里之外，嶺海之陬，待之一如畿甸之間，輦轂之下。」計四字者六，各襯偏次，自爲一頓，亦所以記處也。而類此者往往而是，此所謂狀語之爲頓也。

①原誤〈讓〉。　②均見隱公元年春秋及左傳。

五、同次有爲頓者。

同次者，同乎前次也，即所指者與前次所指者一也。見三卷同次節。莊子達生云：「臣工人，何術之有！」〈臣〉者，梓慶①自稱，一頓；〈工人〉，自稱所執之事，與〈臣〉同指梓慶一人，故爲同次，一頓。此同次之爲頓也。左傳隱公十一年云：「鄭伯使許大夫百里，奉許叔以居許東偏。」〈百里〉一頓，與〈許大夫〉同爲賓次。又僖公四年云：「公殺其傅杜原款。」〈杜原款〉本名一頓，與〈其傅〉同次。其二十三年②云：「狄人③伐廧咎如，獲其二女叔隗季隗。」〈叔隗季隗〉本名，一頓，與〈二女〉同次。其二十四年云：「秦伯送衛於晉三千人，實紀綱之僕。」〈實紀綱之僕〉一頓，與〈三千人〉同次。又襄公八年云：「敝邑之衆，夫婦男女，不遑啓處，以相救也。」〈夫婦男女〉一頓。昭公七年云：「匹夫匹婦强死，其魂魄猶能馮依於人，以爲淫厲④。況良霄，我先君穆公之胄，子良之孫，子耳之子，敝邑之卿，從政三世矣。」〈良霄〉後四頓，皆與同次。又昭公二十年云：「聲亦如味，一氣，二體，三類，四物，五聲，六律，七音，八風，九歌，以相成也。清濁，小大，短長，疾徐，哀樂，剛柔，遲速，高下，出入，周流⑤，以相濟也。」韓文原性云：「其所以爲性者五：曰仁，曰禮，曰信，曰義，曰智。」又云：「其所以爲情者七：曰喜，曰怒，曰哀，曰懼，曰愛，曰惡，曰欲。」又送鄭尚書序云：「其海外雜國，若躭浮羅，流求，毛人，夷亶之州，林邑，扶南，真臘，于陀利之屬，東南際天地以萬數。或時候風潮入貢，蠻胡賈人，舶交海中。」凡所引平列諸名，皆同次而可頓者也。左傳莊公二十八年云：「晉人謂之二五耦。」又僖公七年云：「洩氏孔氏子人氏三族，實違君命。」孟子滕文公上云：「陳良之徒陳相，與其弟辛。」曰〈二五耦〉，曰〈三族〉，曰〈陳相〉，曰〈辛〉雖皆同次，而可不謂之頓也。其餘同次之可爲頓者，可檢閱同次節諸引而别之。

①〈梓慶〉原誤〈斵輪〉，下同。　②原誤〈二十二年〉。　③〈人〉字原敓。　④四字原敓。　⑤原誤〈疏〉。

六、言容諸語，有爲頓者。

句讀中往往有連兩字、三字或四字、五字，以肖面貌、體態、服製、情性、材質等事，類若狀語，而誦時應少住者，故謂之言容之頓。孟子滕文公上云：「孔子曰：『君薨，聽於冢宰，歠粥，面深墨，即位而哭。』」〈歠粥〉兩字，〈面深墨〉三字，間於句中，非起詞，非語詞，惟言諒陰之容。又〈歠粥〉者，外動與止詞也，而〈面深墨〉者，則名字與其表詞也，似讀非讀，與上下文無涉也。無可强名，故謂之頓，視同狀辭耳。左傳文公元年云：「且是人也，蠭目而豺聲，忍人也，不可立也。」〈蠭目而豺聲〉一頓，言其〈目〉如〈蠭〉而〈聲〉如〈豺〉也。又宣公四年云：「是子也，熊虎之狀而豺狼之聲，弗①殺，必滅若敖氏矣。」兩頓同上。其十二年云：「訓之以若敖蚡冒，篳路藍縷，以啓山林。」又昭公十二年云：「雨雪，王皮冠，秦復陶，翠被，豹舄，執鞭以出。」其元年云：「吾與子弁冕端委以治民，臨諸侯，禹之力也。」秦策云：「説秦王書十上而説不行，黑貂之裘弊②，黄金百斤盡，資用乏絶，去秦而歸，羸③縢，履蹻，負書，擔橐④，形容枯槁，面目犂⑤黑，狀⑥有愧色。」史記陸賈列傳云：「尉他⑦魋結箕倨見陸生。」又云：「陸生常安車駟馬，從歌舞，鼓琴瑟，侍者十人，寶劍直百金。謂其子曰。」漢書高帝紀云：「高祖爲人，隆準而龍顔，美須髯，左股有七十二黑子，寬仁愛人，意豁如也。」又云：「秦王子嬰，素車，白馬，繫⑧頸以組，封皇帝璽符節，降枳道旁。」又霍光傳云：「光爲人，沈静詳審，長財七尺三寸，白皙，疏眉目，美須髯。」史記管晏列傳云：「其夫爲相御，擁大蓋，策駟馬，意氣揚揚⑨，甚自得也。」又廉頗列傳：「相如因持璧却立，倚柱，怒髮上衝冠，謂秦王曰。」漢書食貨志云：「因其富厚，交通王侯，力過吏勢，以利相傾，千里游敖，冠蓋相望，乘堅策肥，履絲曳縞。」又楊惲傳云：「是日也，拂衣而喜奮褎⑩，低卬⑪，頓足起舞。」史記刺客列傳云：「樊於期偏袒搤腕而進。」又云：「太子及⑫賓客知其事者，皆白衣冠以⑬送之。」又留侯世家云：「四人從太子，年皆八十有餘，髮眉皓白，衣冠甚偉。上怪之。」韓文送殷員外序云：「朱衣象笏，承命以行。」又送石處士序云：「先生居嵩邙瀍穀之間，冬一裘，夏一葛，食朝夕飯一盂，蔬一盤。」又云：「坐一室，左右圖書⑭。」又云：「冠帶出見客。」又新修滕王閣記云：「春生秋殺，陽開陰閉，令修於庭户，數日之間，而人自得於湖山千里之外。」又石鼎聯詩序云：「夜與劉説詩，彌明在其側，貌極醜，白鬚黑面，長頸而高結，喉中又作楚語，喜視之若無人。」又盤谷序云：「才畯滿前，道古今而譽盛德，入耳而不煩，曲眉豐頰，清聲而便體，秀外而惠中，飄輕裾，翳長袖，粉白黛緑者，列屋而閑居，妒寵而負恃，争妍而取憐。」又少監馬君墓誌云：「姆抱幼子立側，眉眼如畫，髮漆黑，肌肉玉雪可念，殿中君也。當是時，見王於北亭，猶高山深林鉅谷，龍虎變化不測，傑魁人也。退見少傅，翠竹碧梧，鸞鵠停峙，能守其業者也。幼子娟好静秀，瑶環瑜珥，蘭茁其牙，稱其家兒也。」諸引内，所有自二字以至五字之頓，凡以肖面貌、體態、服製、情性、材質等者，皆狀語也。其爲頓也，既與句讀之起詞語詞無涉，而自集之字，類又無定，嵌諸句讀，文勢頓宕。前卷末之一言，故博引諸式以爲則。

至如平比之句，亦以肖容也。有以二三字綴諸句尾，宛若一頓。然似此之句，率連上文，不可謂之頓也。且比句必有所隱之語，謂爲讀者近是。左傳昭公十二年云：「今與王言如響。」〈如響〉者，如響之應也。又連上一氣讀，是讀也，非頓也。又定公九年云：「吾從子如驂之靳。」論語先進云：「回也視予猶父也，予不得視猶子也。」左傳昭公二十年云：「事建如。事余。」又云：「自以爲猶宋鄭也。」又云：「歸，從政如他日。」莊子應帝王云：「至人之用心若鏡。」韓文孔君墓誌銘云：「君於爲義若嗜欲⑮，勇不顧前後；於利與禄，則畏避退處如怯夫然⑯。」凡引内所言〈如〉〈若〉〈猶〉以爲比者，皆有隱語；實讀也，不得視猶頓也。而所以引之者，蓋無於歸，故附此使式焉爾。

①原誤〈不〉。 ②原作〈敝〉。 ③原作〈嬴〉。 ④原誤〈囊〉。 ⑤原作〈蟄〉。 ⑥原誤〈面〉。 ⑦原依漢書作〈佗〉。 ⑧原作〈係〉。 ⑨原誤〈洋洋〉。 ⑩原作〈袖〉。 ⑪原作〈昂〉。 ⑫〈及〉字原敚。 ⑬〈以〉字原敚。 ⑭原誤〈左圖右史〉。 ⑮原作〈慾〉。 ⑯〈然〉字原敚。

彖六

凡有起詞、語詞而辭氣未全者，曰『讀』。讀有讀之式，有讀之用。讀之式有二，曰記，曰位。記有三：

一、接讀代字也。

公羊莊公十二年云：「天下諸侯，宜爲君者，唯魯侯爾。」〈宜爲君者〉，一讀，而爲起詞也。〈者〉字，接讀代字也。凡有接讀代字者，斯爲讀。左傳成公二年云：「不可，則聽客之所爲。」〈客之所爲〉者，止詞也，一讀。〈所〉字，接讀代字也。莊子秋水云：「無形者，數之所不能分也；不可圍者，數之所不能窮也。」兩句，句集兩讀，起詞之讀有〈者〉字，表詞之讀有〈所〉字。又人間世云：「存於己者未定，何暇暴人之所行。」兩句，第一句起詞〈者〉字爲讀，第二句止詞〈所〉字爲讀。又云：「回聞衛君，其年壯，其行獨，輕用其國而不見其過。」〈其年壯〉〈其行獨〉，兩〈其〉字指〈衛君〉而居偏次，所以領讀也。史記老莊列傳云：「子所言者其人與骨皆已朽矣，獨其言在耳。」〈其人與骨〉同上。莊子秋水云：「此其比萬物也，不似豪末之在於馬體乎！」〈其〉接〈此〉字，讀之起詞，以上所引，皆已詳卷二接讀代字矣。故接讀代字者，乃所以爲讀之記也。又〈其〉字指名，用於主次，或單用，或與連字並用，所附者惟讀而已，亦見卷二指名代字。又齊物論云：「其發若機栝①，其司是非之謂也；其留如詛盟，其守勝之謂也。」兩用〈其〉字，指名代字，皆爲讀之起詞。左傳昭公二十年云：「雖其善祝，豈能勝億兆人之詛。」〈雖其〉二字，〈雖〉連字，〈其〉起詞。故凡讀之起詞有用代字爲指者，概爲〈其〉字。是則同一〈其〉字；或接讀，或指名，其爲用則一。

其位則緊接所指，而嵌於句中者，接讀代字也。遥應所指者，指名代字也。詳觀卷二代字之有涉乎〈其〉字者，知所區别矣。〈者〉字之所以爲接讀代字者，以其爲讀之起詞而有所指也。不則〈者〉字惟爲煞讀之用。史記蕭相國世家云：「王暴衣露蓋，數使使勞苦君者，有疑君心也。」又項羽本紀云：「天下匈匈數歲者，徒以吾兩人耳。」兩引〈者〉字，而兩讀之起詞皆已備在，則〈者〉字之無所指也明矣。此已見諸卷二接讀代字矣，又見諸卷九傳信助字矣。夫如是，蕭相國世家云：「上暴露於外，而君守於中，非被矢石之事，而益君封置衛者，以今者[2]淮陰侯新反於中[3]，疑君心矣。」又留侯世家云：「昔者湯伐桀而封其後於杞者，度能制桀之死命也。」漢書儒林傳云：「陳涉起匹夫，敺適戍以立號，不滿歲而滅亡，其事至微淺。然而搢紳先生負禮器往委質爲臣者何也？以秦禁其業，積怨而發憤於陳王也。」齊策云：「孟嘗君爲相數十年，無纖介之禍者，馮諼[4]之計也。」三國志諸葛亮傳云：「士大夫隨大王久勤苦者，亦欲望尺寸之功，如純言耳。」又云：「然侍衛之臣，不懈於内，忠志之士，忘身於外者，蓋追先帝之殊遇，欲報之於陛下也。」歷引諸〈者〉字，既非起詞，又無所指，蓋惟用以煞讀，以明辭氣之未完而已。

①原誤〈括〉。　②三字原敚。　③原衍〈有〉字。　④原作〈煖〉。

二、起語兩詞之間參以〈之〉字也。

此例詳諸七卷之字節。孟子公孫丑上云：「北宫黝之養勇也，不膚撓，不目逃。」又盡心上云：「流水之爲物也，不盈科不行；君子之志於道也，不成章不達。」又梁惠王上云：「故民之從之也輕。」又梁惠王下云：「吾之不遇魯侯，天也。」又告子上云：「不知子都之姣者，無目者也。」韓文張中丞傳後叙云：「愛霽雲之勇且壯，不聽其語。」史記淮陰侯列傳云：「諸侯之見項王遷逐義帝置江南，亦皆歸逐其主而自王善地。」又云：「信之下魏破代，漢輒使人收其精兵，詣滎陽以距楚。」又自序云：「我欲載之空言，不如見之於行事之深切著明也。」左傳襄公二十九年云：「夫子之在此也，猶燕之巢於幕上。」韓文圬者傳云：「雖然，其賢於世之患不得之而患失之者，以濟其生之欲，貪邪而亡道以喪其身者，其[1]亦遠矣。」歷引諸讀，或爲起詞，止詞，或爲司詞，其起詞坐動之間，皆有〈之〉字參焉。故參以〈之〉字者，乃所以爲讀之記也。

①原誤〈蓋〉。

三、弁讀之連字也。

凡連字之必弁乎讀者，惟推宕者爲然。〈以〉〈爲〉兩連字先乎句，則所弁者讀，後則爲句。凡此皆詳於卷八連字矣。左傳隱公十一年云：「寡人若朝於薛，不敢與諸任齒。君若辱貺寡人，則願以滕君爲請。」史記魏其列傳云：「即宮車晏駕，非大王立當誰哉！」公羊宣公十二年云：「君如矜此喪人，錫之不毛之地，使帥一二耋[1]老而綏焉，請唯君王之命。」漢書梅福傳云：「故[2]誠能勿失其柄，天下雖有不順，莫敢觸其鋒。」韓文答孟尚書書云：「與之語，雖不盡解，要自胸中無滯礙。」又云：「雖然，使其道由愈而粗傳，雖滅死萬萬無恨。」史記汲鄭列傳云：「且已在其位，縱愛身，奈辱朝廷何！」漢書東方朔傳云：「使蘇秦張儀與僕並生於之今世，曾不得掌故，安敢望常[3]侍郎乎！」諸引內，有〈若〉〈即〉〈如〉〈使〉〈雖〉〈縱〉〈曾〉諸連字，皆所以爲讀之記，故所弁者皆讀也。吳語云：「爲使者之無遠也，孤用親聽命[4]於藩籬之外。」史記平準書云：「鄭當時爲渭漕渠回遠，鑿直渠，自長安至華陰，作者數萬人。」又汲鄭列傳云：「夫以大將軍有揖客，反不重邪！」漢書兩粤傳云：「朕以王侯吏不釋之故，不得不立，今即位。」兩引〈爲〉字，兩引〈以〉字，以其先乎句也。辭氣未完，故所弁者爲讀。又食貨志云：「聖王在上而民不凍饑者，非能耕而食之，織而衣之也，爲開其資財之道也。故堯禹有九年之水，湯有七年之旱，而國亡捐瘠者，以畜積多而備先具也。」所引分兩段，每段皆有結束之句。第一結束，〈爲〉字領之，第二結束，〈以〉字領之。則〈爲〉〈以〉兩連字，所弁者又爲句矣。此〈以〉〈爲〉兩連字之所弁者，爲讀爲句，一視其位之謂也。

①原誤〈耄〉。　②〈故〉字原敚。　③〈常〉字原敚。　④〈命〉字原敚。

位亦有三：一、讀先乎句而有助字爲殿者。

讀之殿以〈也〉字者，最所習見；而〈矣〉〈耳〉〈焉〉諸傳信助字，〈與〉〈乎〉〈哉〉〈耶〉諸傳疑助字，皆可假以煞讀者，已散見於九卷助字矣。兹爲各舉一二以示隅。左傳文公三年云：「君子是以知秦穆公之爲君也，舉人之周也，與人之壹也。孟明之臣也，其不解也，能懼思也。子桑之忠也，其知人也，能舉善也。」九〈也〉字，煞讀者五，皆先乎句；煞句者四，皆後乎讀。齊策云：「故剛平之殘也，中牟之墮也，黄城之隊也，棘溝①之燒也，此皆非趙魏之欲也。」穀梁桓公十四年云：「國非無良農工女也，以爲人之所盡事其祖禰，不若以己所自親者也。」史記扁鵲列傳云：「越人非能生死人也，此自當生者，越人能使之起耳。」引内〈也〉字所煞者之讀，其位皆先乎句也。左傳昭公三年云：「姜族弱矣，而嬀將始昌。」楚策云：「今妾自知有身矣，而人莫知。」楊惲傳云：「人生行樂耳，須富貴何時。」漢書賈誼傳云：「逐利不耳，慮非顧行也。」左傳昭公三十二年云：「民之服焉，不亦宜乎！」其十二年云：「若問遠焉，其焉能知之！」漢書賈誼傳云：「豈惟胡亥之性惡哉，彼其所以道之者非其理故②也。」莊子駢拇云：「駢拇枝指，出乎性哉，而侈於德。③」燕策云：「寡人雖不肖乎，未如殷紂之亂也。君雖不得意乎，未如商容箕子之累也。」荀子榮辱篇云：「將以爲智邪，則愚莫大焉。將以爲利邪，則害莫大焉。」以上所引〈矣〉〈焉〉〈耳〉〈與〉〈乎〉〈哉〉〈邪〉諸助字所煞之讀，皆位先乎句，是非諸助字所殿者之必爲讀也，乃其所位者之先乎句，而辭氣又惟讀之是稱也。此不可不辨也。

①原誤〈蒲〉。　②〈理故〉原誤〈具〉。　③原誤〈生〉。

二、讀先乎句，而有起詞爲聯者。

夫句者，乃以達所説之正義也。欲明正義，應將前後左右之情境先述焉，而正義乃明，故凡讀之先乎句者，皆所以述正義之情境也。讀之先乎句而有助字爲煞者，前節已言之矣。其無助字爲煞者，有有起詞，無起詞爲聯之别。無起詞爲聯者，下節言之。有起詞爲聯者，如左傳隱公三年云：「宋穆公疾，召大司馬孔父而屬殤公焉。」傳之正義，記穆公之召耳，故爲句。曰〈疾〉者，言〈召〉之故也，故爲讀，有其故而後有其事，故先讀於句。〈疾〉也，〈召〉也，皆宋穆公也，故曰〈宋穆公〉爲起詞，所以聯句讀也。又莊公二十八年云：「楚令尹子元欲蠱文夫人，爲館於其宮側而振萬焉。」〈欲蠱文夫人〉者，言故之讀，先乎句，聯乎句讀者，則皆以〈令尹子元〉爲起詞也。是年又云：「驪姬嬖，欲立其子，賂外嬖梁五與東關嬖五。」論語學而云：「君子食無求飽，居無求安。」史記呂后紀云：「太尉尚恐不勝諸呂，未敢訟言誅之。」莊子逍遥游云：「堯治天下之民，平海内之政，往見四子藐姑射之山，汾水之陽。」漢書賈捐之傳云：「今陛下不忍悁悁①之忿，欲驅士衆擠之大海之中，快心幽冥之地，非所以校②助饑饉，保全元元也。」左傳宣公二年云：「晉靈公不君，厚斂以彫墻，從臺上彈人而觀其辟丸也。」其十二年云：「孤不天，不能事君，使君懷怒以及敝邑，孤之罪也。」韓文楊燕奇碑文序云：「公結髮從軍，四十餘年，敵攻無堅，城守必完，臨危蹈難，歔欷感發，乘機應會，捷出神怪，不畏義死，不榮幸生，故其事君無疑行，其事上無間言。」又太原郡公神道碑文云：「公起外戚子弟，秩卑年少，歲餘超居上班，官尊職大，朝夕兩宫，而能敬讓以敏，持以禮法，不挾不矜。」史記樂毅列傳云：「諸侯害齊湣王之驕暴，皆争合從，與燕伐齊。」韓文扶風郡夫人墓誌銘云：「初，司徒與其配陳國夫人元氏，惟宗廟之尊重，繼序之不易，賢其子之才，求婦之可與齊者。」又王君墓誌銘云：「君諱適，姓王氏，好讀書，懷奇負氣，不肯隨人後，選舉③見功業，有道路可指取，有名節可以戾契致，困於無資地，不能自出。」諸引皆讀先乎句，而讀句皆同一起詞以爲聯也。其實此例與彖一之三系同義。總之，華文動字無變，故惟以動字之位之先後，以爲讀句之別。若泰西古今文字，其動字有變，故遇此種句法，率以動字之變同乎静字者爲讀，而句讀判然矣。

①原誤〈區區〉。　②原誤〈救〉。　③〈舉〉字原敚。

三、讀先乎句，而無起詞爲聯者。

此節之異於前節者，在無起詞以聯句讀耳。即有焉，而亦不相共。夫讀之先既無起詞，則或挺接前文，或疊用前語爲接者，皆此例矣。論語衛靈公云：「立則見其參於前也，在輿，則見其倚於衡也，夫然後行。」〈立〉〈在〉之前，皆無起詞，而〈立〉〈在〉二字，先乎句而各自爲讀。此即無起詞先乎句讀爲聯之式也。夫如是，論語季氏君子之九思：「視思明，聽思聰，色思温，貌思恭，言思忠，事思敬，疑思問，忿思難，見得思義。」九句，各有讀以先焉。猶云：「方其視也明，思所以能明也。」他句同此。左傳僖公十五年云：「出因其資，入用其寵，飢食其粟。」三句同上。又哀公十一年云：「得志於齊，猶獲石田也，無所用之。越不爲沼，吳其泯矣。使醫除疾而曰必遺類焉者，未之有也。」共三句，第一句無所用之，先之者讀也，亦無起詞。漢書西域傳贊云：「民力屈財用竭，因之以凶年，寇盗[1]並起，道路不通，直指之使始出，衣綉杖斧，斷斬於郡國，然後勝之。」自〈民力屈〉挺起，至〈道路不通〉，皆以記〈直指〉未〈出〉之情，斯謂之讀。又〈衣綉〉挺接至〈郡國〉，言能〈勝〉之由，亦讀也。句讀皆有起詞，而又各不相共。又匡衡傳云：「道德弘於京師，淑問揚乎疆外，然後大化可成，禮讓[2]可興也。」同上。又秦策云：「據九鼎圖，按籍，挾天子以令天下，天下莫敢不聽。」與左傳僖公三十年云：「秦晉圍鄭，鄭既知亡矣。」又襄公三年云：「君合諸侯，臣敢不敬。君師不武，執事不敬，罪莫大焉。臣懼其死，以及揚干，無所逃罪。不能致訓，至於用鉞，臣之罪重，敢有不從，以怒君心。」又云：「合諸侯，以爲榮也，揚干爲戮，何辱如之。」又僖公四年[3]云：「君非姬氏，居不安，食不飽，我辭，姬必有罪。君老矣，吾又不樂。」又桓公八年云：「不當王，非敵也。」又莊公八年云：「曰『捷，吾以女爲夫人。』」漢書陳湯傳云：「報十年之逋誅，雪邊吏之宿耻，威震百蠻，武暢四海。漢元以來，征伐方外之將，未嘗有也。」韓文權公墓碑云：「薦士於公者，其言可信，不以其人布衣不用。即不可信，雖大官勢人交言，一不以綴意。」諸此所引，其句讀或散或整，或長或短，莫不挺接上文。而句讀之起詞，有皆無者，有皆有而不同者，所以極用句讀之變，庶閱者有所心得，而徵之於書不至隔閡焉，斯可矣。禮記大學云：「詩云：『宜兄宜弟。』宜兄宜弟，而后可以教國人。」叠接〈宜兄宜弟〉者，即有〈若是〉之解。故叠接者自成爲讀矣。又中庸云：「其次致曲，曲能有誠。」一節叠用前文一字。「唯天下至誠，爲能盡其性。能盡其性，則能盡人之性。」叠一句。論語子路：「名不正」一節，亦叠一句。孟子公孫丑上云：「以力假仁者霸，霸必有大國。以德行仁者王，王不待大。」又公孫丑下云：「得道者多助，失道者寡助。寡助之至，親戚畔之。多助之至，天下順之。以天下之所順，攻親戚之所畔，故君子有不戰，戰必勝矣。」又滕文公下云：「晉國亦仕國也，未嘗聞仕如此其急。仕如此其急也，君子之難仕，何也？」左傳隱公三年④云：「夫寵而不驕，驕而能降，降而不憾，憾而能眕⑤者，鮮矣。」又四年⑥云：「夫州吁，阻兵而安忍。阻兵無衆。安忍無親，衆畔親離。難以濟矣。」又僖公三十三年云：「秦師輕而無禮，必敗。輕則寡謀，無禮則脱，入險而脱，又不能謀，能無敗乎！」又昭公二十五年云：「衆怒不可蓄也。蓄而弗治將藴，藴蓄民將生心，生心同求將合，君必悔之。」穀梁僖公二年云：「且宫之奇之爲人也，達心而懦，又少長於君。達心則其言略，懦則不能强諫，少長於君，則君輕之。」其十年云：「世子之傅里克謂世子曰：『入自明！入自明，則可以生；不入自明，則不可以生。』」楚策云：「誠以君之重而進妾於楚王，王必幸妾。妾賴天而有男，則是君之子爲王也。」燕策云：「王若欲攻之，則必舉天下而圖之。舉天下而圖之，莫徑於結趙矣。」漢書叔孫通傳云：「太子天下本，本壹⑦摇，天下震動。」史記匈奴列傳云：「今單于變俗，好漢物。漢物不過什二，則匈奴盡歸於漢矣。」又衛將軍列傳云：「陛下幸已益封臣青，臣青子在襁褓中，未有勤勞。」又大宛列傳云：「即不聽，我盡殺善馬，而康居之救且至。至，我居内，康居居外，與漢軍戰。漢軍熟計之，何從？」又藺相如列傳云：「奢因説曰：『君於趙爲貴公子⑧。今縱君家而不奉公，則法削；法削則國弱，國弱則諸侯加兵，諸侯加兵，是無趙也。』」又李斯列傳云：「今一使者來⑨即自殺，安知其非詐，請復請。復請而後死，未暮也。」韓文師説云：「人非生而知之者，孰能無惑。惑而不從師，其爲惑也終不解矣。」又送王秀才序云：「故學者必慎其所道。道於楊墨老莊佛之學，而欲之聖人之道，猶航斷港絶潢以望至於海也。」諸此引皆疊用前文，或字，或句，而自成爲讀者，以其無起詞之先，故列於此。斯式之讀，前卷未之一言，故縷引若是。凡疊用前文以之成讀者居多，而以成句者亦有焉。如左傳僖公四年⑩云：「公祭之地，地墳；與犬，犬斃；與小臣，小臣亦斃。」三疊前字，皆爲句之起詞。史記以疊字爲接者最習見，有不泥於成讀成句者矣。張陳列傳云：「然今范陽少年，亦方殺其令，自以城距君。君何不齎臣侯印，拜范陽令，范陽令則以城下君，少年亦不敢殺其令。令范陽令乘朱輪華轂，使⑪馳驅燕趙郊。燕趙郊見之，皆曰：『此范陽令先下者也。』」四疊前文之字，惟用以承接耳，而非以成句讀也。夫疊用前文者，即重言前文若是也。惟然，而〈惟然〉〈如是〉〈若是〉〈夫如是〉等語之先乎句者，皆如重申前文而自成爲讀矣。論語季氏云：「夫如是，故遠人不服，則修文德以來之。」左傳成公八年云：「唯然，故多大國矣。」莊子大宗師云：「若然者，過而弗悔，當而不自得也。」又云：「夫若然，又惡知死生先後之所在。」漢書趙充國傳云：「如是，虜兵寖多，誅之用力數倍。」又梅福傳云：「若此，則天下之士，發憤懣，吐忠言，嘉謀日聞於上。」韓文上崔虞部書云：「如是，則可見時之所與者、時之所不與者之相遠矣。」諸引皆以〈如是〉等語重申前文者也。至此而讀之諸式全矣，進論其用。

①〈寇盗〉原誤〈盗賊〉。②原誤〈樂〉。③原誤〈十年〉。④原誤〈四年〉。⑤原誤〈畛〉。⑥〈四年〉二字原敓。⑦原依史記作〈一〉。⑧此句原敓。⑨〈來〉字原敓。⑩原誤〈十年〉。⑪〈使〉字原敓。

讀之用有三焉：其一、用如名字者。

凡讀之用，皆已散見於前，此第類焉耳，故不詳。名字之用於句讀也，或爲起詞，或爲止詞，或爲轉詞而已。是則讀之用如名字者，亦有三焉：一、用爲起詞者。論語公冶長云：「始吾於人也，聽其言而信其行；今吾於人也，聽其言而觀其行。」兩讀之煞以〈也〉字者，各爲句之起詞。又云：「其行己也恭，其事上也敬，其養民也惠，其使民也義。」四起詞之讀同上。孟子盡心上云：「爲機變之巧者，無所用恥焉。」又滕文公下云：「鳥獸之害人者消。」穀梁莊公二十九年[1]云：「古之君人者，必時視民之所勤。」韓文權公墓碑文云：「其所設張舉措，必本於寬大以幾教化。」莊子秋水云：「五帝之所連[2]，三王之所争，仁人之所憂，任士之所勞，盡此矣。」左傳桓公六年云：「所謂馨香，無讒慝也。」又莊公六年云：「亡鄧國者，必此人也。」莊子德充符云：「從之游者，與夫子中分魯。」八引起詞之讀，皆以接讀代字爲之者，左傳隱公元年云：「潁考叔[3]爲潁谷封人，聞之，有獻於公。」又宣公十五年云：「君能制命爲義，臣能承命爲信，信載義而行之爲利。」又襄公十四年[4]云：「天之愛民甚矣，豈其使一人肆於民上，以從其淫而棄天地之性，必不然矣。」又宣公十二年云：「今我使二國暴骨，暴矣。」韓文代齋郎議云：「學生或以通經舉，或以能文稱，其微者至於習法律，知字書，皆有以贊於教化，可[5]以使令於上者也。」又對禹問云：「得其人而傳之，堯舜也；無其人，慮其患而不傳者，禹也。」又六引，諸起詞皆讀也。而讀不一式，以見凡讀之皆可爲起詞也。

二、用爲止詞者。論語八佾云：「孰謂鄹人之子知禮乎？」又云：「定公問君使臣，臣事君，如之何？」又公治長云：「願車馬，衣輕裘，與朋友共。」又子罕云：「惜乎吾見其進也，未見其止也。」左傳宣公十二年云：「楚自克庸以來，其君無日不討國人而訓之[6]于民生之不易，禍至之無日，戒懼之不可以怠。」[7]公羊隱公元年云：「隱於是焉而辭立，則未知桓之將必得立也。且如桓立，則恐諸大夫之不能相幼君也。」左傳宣公三年云：「楚子問鼎之大小輕重焉。」公羊隱公七年云：「曷爲大之？不與夷狄之執中國也。」左傳成公二年云：「不可，則聽客之所爲。」史記平準書云：「屯戍者多，邊粟不足給食當食者。」莊子秋水云：「無形者，數之所不能分也，不可圍者，數之所不能窮也。」穀梁莊公元年云：「仇讎之人，非所以接昏姻也。衰麻，非所以接弁冕也。」韓文房君墓誌銘云：「今壓於上命，不得視[8]吾兄之棺[9]入此土也，豈非天邪？」又盧君墓誌銘云：「天下未知君者，惟奇大夫之取人也不常，必得人。其知君者，謂君之從人也非其常守，必得其從。」諸引止詞，皆有讀爲之者，而讀之爲式亦至不齊，故略舉焉。內兩引以讀爲表詞者，附志焉，其不及引者，皆見前卷。又凡動字後有使令之讀者，亦可附志於此。左傳僖公二十八年云：「今天誘其衷，使皆降心以相從也。」又三十年[10]云：「寧俞貨醫，使薄其酖。」又宣公十二年[11]云：「孤不天，不能事君，使君懷怒以以敝邑，孤之罪也。」公羊莊公三十二年云：「行誅乎兄，隱而逃之，使托若以疾死[12]然。」莊子田子方云：「物無道，正容以悟之，使人之意也消。」左傳襄公十四年云：「天生民而立之君，使司牧之，勿使失性，有君而爲之貳，使師保之，勿使過度。」史記張釋之列傳云：「卑之，毋甚高論，令今可施行也。」此使令之讀，繫於動字之後，若爲其止詞者然。至於〈如〉〈過〉諸字之後，接以所與比之讀，亦可視同止詞。史記淮陰侯列傳云：「夫以交友言之，則不如張耳之與成安君者也；以忠信言之，則不過[13]大夫種范蠡之與句踐也。此二人者，足以觀矣。」莊子天道云：「夫子亦放德而行，循道而趨[14]，已至矣，又何偈偈乎揭仁義，若繫鼓以求亡子焉。」

史記貨殖列傳⑮云：「趨時若猛獸摯鳥之發。」又淮陰侯列傳云：「故曰，猛虎之猶豫，不若蜂蠆之致螫；騏⑯驥之跼躅，不如駑馬之安步；孟賁之狐疑，不如庸夫之必至也。雖有舜禹之知，吟而不言，不如瘖聾之指麾也。」諸引〈如〉〈若〉等字後，皆有讀與比，一若止詞然者。故識於此，與四卷同動字同義。

三、用爲轉詞者。左傳宣公十二年云：「趙旃求卿未得，且怒於失楚之致師者，請挑戰，弗許。」又云：「訓之以若敖蚡冒篳路藍縷以啓山林。」孟子梁上云：「王無異於百姓之以王爲愛也。」又滕文公上云：「欲以所事孔子事之。」左傳僖公二十八年云：「爲其所得者棺而出之。」莊子人間世云：「故解之以牛之白顙者，與豚之亢鼻者，與人有痔病者，不可以⑰適河，此皆巫祝以知之矣。」韓文圬者傳云：「雖然，其賢於世之患不得之而患失之者，以濟其生之欲，貪邪而亡道以喪其身者，其⑱亦遠矣。」諸引內〈於〉〈以〉〈爲〉諸介字後，其所司者皆讀也，而皆爲動字轉詞。惟〈賢〉字後〈於〉字，所介者，比讀也。又史記刺客列傳云：「今乃以妾尚在之故，重自刑以絕從，妾其奈何畏殁身之誅，終滅賢弟之名。」又萬石君列傳云：「高祖東擊項籍，過河內時，奮年十五，爲小吏，侍高祖。」又張陳列傳云：「然而慈父孝子，莫敢傳刃公之腹中者，畏秦法⑲耳。」莊子養生主云：「始臣之解牛之時，所見无非牛者。」韓文上張僕射書云：「受牒之明日，在使院中，有小吏持院中故事節目十餘事來⑳示愈。」所引內如〈妾尚在之故〉、〈過河內時〉、〈畏秦法〉、〈臣之解牛之時〉與〈受牒之明日〉，是皆以讀爲偏次也。以其爲〈之〉字所介，故繫於轉詞之後。

①原誤〈二十八年〉。　②原誤〈運〉。　③兩〈潁〉字原均誤〈頴〉。　④原誤〈二十八年〉。　⑤〈可〉字原敚。
⑥以上十七字原敚。　⑦刊誤云：「〈于〉爲介字，〈民生之不易〉以下三讀，乃司詞，非止詞矣。」　⑧原誤〈見〉。
⑨〈棺〉字原敚。　⑩原敚〈三十年〉。　⑪原誤〈十一年〉。　⑫〈死〉字原敚。　⑬原衍〈夫〉字。　⑭二字原敚。
⑮原誤〈貸〉。　⑯原誤〈繫〉。　⑰原衍〈之〉字。　⑱原誤〈蓋〉。　⑲原誤〈故〉。下同。　⑳〈來〉字原敚。

其二、用如静字者。

凡讀之用如静字者，即讀之用爲表詞也。而讀之用爲表詞者，有煞以助字者，綴以静字而最爲習用者，則接讀代字也。其煞以〈也〉字者，左傳隱公元年云：「潁考叔①，純孝也；愛其母，施及莊公。」〈純孝〉而煞以〈也〉字，所以表潁考叔之爲人也。又定公四年云：「三者，皆叔也，而有令德，故昭之以分物。」〈皆叔也〉如上。又隱公三年②云：「公子州吁，嬖人之子也，有寵而好兵。」〈嬖人之子也〉同上。又宣公四年云：「諺曰：『狼子野心。』是乃狼也，其可畜乎！」又云：「君，天也，天可逃乎？」秦策云：「劫天子，惡名也，而未必利也。」以上皆以〈也〉字煞表詞之讀。煞〈矣〉字〈耳〉字者，間亦有焉，見卷九各助字下。其綴以静字者，左傳隱公四年云：「衛國褊小，老夫耄矣，無能爲也。③此二人者，實弑寡君，敢即圖之。」〈褊小〉，兩静字之綴於〈衛國〉而爲表詞也，猶〈耄矣〉之爲〈老夫〉之表詞也。此兩語，即所以請陳國〈圖之〉之故，故謂之讀。又僖公二十二年云：「彼衆我寡，及其未既濟也，請擊之。」〈衆〉〈寡〉兩静字同上。又襄公三十年云：「國小而偪，族大寵多，不可爲也。」又桓公六年云：「吾牲牷肥腯，粢盛豐備，何則不信？」又宣公十二年云：「晉之從政者新，未能行令。其佐先縠，剛愎不仁，不肯用命。」又宣公三年云：「德之休明，雖小，重也，其奸回昏亂，雖大，輕也。」又昭公三年云：「子之宅近市，湫溢囂塵，不可以居。」又哀公十六年云：「『吾聞勝也詐而亂，毋乃害④乎！』子西曰：『吾聞勝也信而勇，不爲不利。』」吴語云：「大夫種勇而善謀，將還玩吾⑤國於股掌之上，以得其志。」諸引皆以静字綴諸名字後，而成爲表詞之讀者也。

惟讀之有接讀代字也，則其用如静字者審必矣。論語述而云：「我非生而知之者。」猶云：「我不是生而知之之人」也。故〈生而知之者〉一讀。〈者〉接讀代字也，今爲表詞，故用若静字者然。孟子萬章上云：「天之所廢，必若桀紂者。」猶云：「天所廢之人，必如桀紂之人」也，故兩讀皆用如静字。史記楚世家云：「請遂畫地爲蛇，蛇先成者獨飲之。」又蘇秦列傳⑥云：「臨菑甚富而實，其民無不吹竽鼓瑟，彈琴擊筑，鬥雞走狗，六博蹋鞠者。」又云：「龍賈之戰，岸門之戰，封陵之戰，高商之戰，趙莊之戰，秦之所殺，三晉之民數百萬，今其生者，皆死秦之孤也。」漢書劉歆傳云：「且此數家之事，皆先帝所親論，今上所考視，其古文舊書，皆有徵驗，外内相應，豈苟而已哉！」復上書云：「愈聞之，蹈水火者之求免於人也，不惟其父兄子弟之慈愛，然後呼而望之也。將有介於其側者，雖其所憎怨，苟不至乎欲其死者，則將大其聲疾呼而望其仁之也。」又答崔立之書云：「夫所謂博學者，豈今之所謂者乎！夫所謂宏辭者，豈今之所謂者乎！」又與柳中丞書云：「頡頏作氣勢，竊爵位自尊大者，肩相摩，地相屬也。不聞有一人援桴鼓誓衆而前者。」又送王塤序云：「吾嘗以爲孔子之道大而能博，門弟子不能遍觀而盡識也，故學焉而皆得其性之所近。其後離散分處諸侯之國，又各以所能授弟子，原遠而末益分。」又董公行狀云：「在宰相位凡五年，所奏於上前者，皆二帝三王之道，由秦漢以降未嘗言；退歸，未嘗言所言於上者於人。子弟有私問者，公曰：『宰相所職繫天下，天下安危，宰相之能與否可見。欲知宰相之能與否，如此視之其可。凡所謀議於上前者，不足道也。』」諸此所引，凡有〈者〉〈所〉兩字之讀，皆用如静字者然。蓋若此之讀，皆以表爲代者之何爲何若也。是皆散見於前，閲者可覆按也。

①原誤〈穎〉。②原誤〈四年〉。③此句原敚。④原誤〈亂〉。⑤原誤〈吴〉。⑥原誤〈齊世家〉。

其三、用如狀字者。

狀字爲用有三：曰記處，曰記時，曰記容。惟容之所包者廣，凡言及舉止、比較、情景、緣因，與夫擬議、設想之情狀者，胥賅焉。

一、讀之記處者。論語衛靈公云：「居是邦也，事其大夫之賢者，友其士之仁者。」〈居是邦也〉一讀，記所在之處。又鄉黨云：「其在宗廟朝廷，便便言，唯謹爾。朝與下大夫言，侃侃如也。」左傳僖公四年云：「君處北海，寡人處南海，唯是風馬牛不相及也。不虞君之涉吾地也，何故？」前兩平讀又一總，皆記處之讀也。又宣公十二年云：「在軍，無日不討軍實而申儆之。」〈在軍〉一讀，同上。史記平準書云：「上郡以西旱，亦復脩賣爵令。」又封禪書云：「臣嘗游海上，見安期生。」又云：「四月，還至奉高，上念諸儒及方士，言封禪人人殊，不經，難施行。」又云：

「於是五利常夜祠其家，欲以下神，神未至而百鬼集矣。」漢書趙廣漢傳云：「廣漢由是侵犯貴戚大臣，所居好用世吏子孫①新進年少者。」莊子山木云：「君其涉於江而浮於海，望之而不見其崖，愈往而不知其所窮。送君者皆自崖而反，君自此遠矣。」韓文釋言云：「吾見子某詩，吾時在翰林，職親而地禁②，不敢相聞。」諸引，皆有記處之讀先乎其句。二、讀之記時者。左傳僖公二十七年③云：「楚子將圍宋，使子文治兵于睽④，終朝⑤而畢，不戮一人。子玉復治兵于蔿，終日⑥而畢，鞭七人，貫三人耳。」《終日而畢》、《終朝而畢》，兩記時之讀也。又宣公三年云：「昔夏之方有德也，遠方圖物，貢金九牧，鑄鼎象物，百物而爲之備。」昭公元年云：「子相晉國，以爲盟主，於今七年矣。再合諸侯，三合大夫，服齊狄，寧東夏，平秦亂，城淳于，師徒不頓，國家不罷，民無謗讟，諸侯無怨，天無大灾，子之力也。」又襄公三年云：「言終，魏絳至。」公羊隱公二年⑦云：「女，在其國稱女，在塗稱婦，入其國稱夫人。」史記信陵君列傳云：「語未及卒，公子立變色，告車趣駕歸救魏。」吳語云：「及吾猶可以戰也，爲虺弗摧，爲蛇將若何！」漢書賈誼傳云：「國已屈矣，盜賊直須時耳。」史記李將軍傳云：「胡騎得廣，廣時傷病，置廣兩馬⑧間，絡而盛卧廣，行數十里。」又云：「且廣年六十餘矣⑨，終不能復對刀筆之吏。」又大宛列傳云：「自博望侯開外國道以尊⑩貴，其後從吏卒皆争上書，言外國奇怪利害求使。」莊子列禦寇云：「无幾何而往，則户外之屨滿矣。」韓文與柳中丞書云：「愈初聞時，方食，不覺棄匕箸起立。」又張中丞後叙云：「雲來時，睢陽之人不食月餘日⑪矣。雲雖欲獨食，義不忍；雖食，且不下咽。」又上李尚書書云：「愈來京師，於今十五年，所見公卿大臣，不可勝數，皆能守官奉⑫職，無過失而已，未見有赤心事上，憂國如家，如閤下者。」又曹成王碑云：「及是，然後跪謝告實。」又王君墓誌銘云：「諸公貴人既志得，皆樂熟軟媚耳目者，不喜聞生語。」又施先生墓誌銘云：「貴游之子弟，時⑬先生之説二經，來太學，帖帖坐諸生下，恐不得卒聞。」諸引，各有記時之讀，而又各不相類，故臚舉焉以爲式。

三、有以記舉止之容者。左傳宣公十四年云：「楚子聞之，投袂而起，屨及於窒皇，劍及於寢門之外，車及於蒲胥之市。」後三讀，所以記楚子急遽之容也。又襄公十四年云：「乃祖吾離，被苫蓋，蒙荆棘，以來歸我先君。我先君惠公有不腆之田，與汝剖分而食之。」記其所〈被〉〈蓋〉⑭者，服飾之容也。荀子議兵篇云：「魏氏之武卒，以度取之，衣三屬之甲，操十二石之弩，負服矢五十个，置戈其上，冠軸帶劍，贏三日之糧，日中而趨百里，中試則復其户，利其田宅。」其中七讀，記兵容也。左傳昭公二十五年云：「諸臣僞劫君者，而負罪以出，君止。」〈僞劫君者〉，記飾似之容也。又襄公二十九年云：「夫子之在此也，猶燕之巢于幕上。」此譬其所在之危也。又昭公三年云：「其愛之如父母，而歸之如流水，欲無獲民，將焉辟之！」莊子列禦寇云：「巧者勞而知者憂，无能者无所求，飽食而敖游，汎若不繫之舟，虚而敖游者也。」又云：「凡人心，險於山川，難於知天。天猶有春秋冬夏⑮旦暮之期，人者，厚貌深情。」諸所引，各有比較之讀，以狀其所比之容也。漢書蕭望之列傳云：「仲翁出入，從倉頭廬⑯兒，下車趨門，傳呼甚寵。顧謂望之曰：『不肯碌碌，反抱關爲！』」句前諸讀，記情景也。漢書司馬遷傳云：「今交手足，受木索，暴肌膚，受榜箠，幽於圜墻之中。當此之時，見獄吏則頭搶地，視徒隸則心惕息。何者？積威約之勢也。」又司馬相如傳云：「南夷之君，西僰之長，常效貢職，不敢惰怠，延頸舉踵，喁喁然皆鄉風慕義，欲爲臣妾。道里遼遠，山川阻深，不能自致。」又賈捐之傳云：「當此之時，寇賊並起，軍旅數發。父戰死於前，子鬥傷於後。女子乘亭鄣，孤兒號於道，老母寡婦，飲泣巷哭，遥設虚祭，想魂乎萬里之外。」三引内各有排讀，皆以記事之情景也。至記事之緣因者，最所習見。左傳桓公二年云：「君子以督爲有無君之心，而後動於惡，故先書弒其君。」〈以督爲有無君之心〉者，言〈先書〉之故也。漢書梅福傳云：「自霍光之賢，不能爲子孫慮，故權臣易世則危。」又西域傳贊云：「孝⑰武之世，圖制匈奴，患其兼從西國，結黨南羌，迺表河曲，列西郡，開玉門，通西域，以斷匈奴右臂，隔絶南羌月氏。」史記陸賈傳云：「以好畤田地善，可以家焉。」又叔孫通傳云：「秦以不早定扶蘇，令趙高得以詐立胡亥，自使滅祀。」又孟荀列傳云：「荀卿嫉濁世之政，亡國亂君相屬，不遂大道，而營於巫祝，信禨祥，鄙儒小拘，如莊周等，又滑稽亂俗，於是推儒墨道德之行事興壞，序列著書萬言而卒。」韓文送董邵南序云：「夫以子之不遇時，苟慕義彊仁者，皆愛惜焉，矧燕趙之士出乎其性者哉！」又平淮西碑云：「天以唐克肖其德，聖子神孫，繼繼承承於千萬年，敬戒不怠，全付所覆，四海九州，罔有内外，悉主悉臣。」又南海廟碑云：「既貴而富，且不習海事，又當祀時，海常多大風，將往，皆憂戚，既進，觀顧怖悸，故常以疾爲解，而委事於其副。」以上所引諸句之先，皆有讀以記其事之緣因也。擬議設想者，皆以言事之未定，而或假設其事以覘其效之有無或理之向背也。孟子離婁上云：「不以舜之所以事堯事君，不敬其君者也；不以堯之所以治民治民，賊其民者也。」此設一〈事君〉不如舜，〈治民〉不如堯之事，以觀其合理與否也，故决之以爲〈不敬君者〉〈賊其民者〉也。而所以可爲狀讀者，蓋不如〈舜之事君〉，即以狀〈敬君〉之何若也。凡假設擬議之讀言理者，皆可解如〈若是〉也。言效者，則假設之讀，乃其效之因也。左傳莊公十四年云：「納我而無二心者，吾皆許之上大夫之事。」〈無二心〉〈納我〉，乃所以〈許之〉之因也。又襄公三十一年云：「使夫往而學焉，夫亦愈知治矣。」漢書樊噲傳云：「是日，微樊噲奔入營，譙讓項羽，沛公幾殆。」史記淮陰侯列傳贊云：「使信不伐己功，不矜其能，則⑱庶幾哉於漢家勳，可以比周召太公之徒，後世血食矣。」又李將軍列傳云：「如令子當高帝時，萬户侯豈足道哉！」又陳丞相世家云：「然⑲大王能饒人以爵邑，士之頑鈍嗜利無耻者，亦多歸漢。」韓文柳子厚墓誌銘云：「使子厚在臺省時，自持其身，已能如司馬刺史時，亦自不斥；斥時有人力能舉之，且必復用不窮。然子厚斥不久，窮不極，雖有出於人，其文學詞章，必不能自力以致必傳於後如今無疑也。縱使子厚得所願，爲將相於一時，以彼易此，孰得孰失，必有能辨之者。」凡此所引，所有假設之讀，閲者既已數見於前矣，必能辨之。然而言容之讀，尚不止此，此第舉其大凡以爲則。

①原衍〈及〉字。　②原誤〈近〉。　③原誤〈二十六年〉。　④原誤〈睽〉。　⑤原誤〈日〉。　⑥原誤〈朝〉。　⑦原誤〈三年〉。　⑧原誤〈騎〉。　⑨〈矣〉字原敚。　⑩原誤〈爲〉。　⑪〈日〉字原敚。　⑫〈奉〉字原敚。　⑬原誤〈侍〉。　⑭〈蓋〉疑〈蒙〉字之誤。　⑮原誤〈春夏秋冬〉。　⑯原誤〈盧〉。　⑰原誤〈光〉。　⑱〈則〉字原敚。　⑲〈然〉字原敚。

凡讀先乎句者，常也。其後之者，可條舉焉。

本節所引諸讀，皆先乎句，無事重引以爲證。讀之後乎句者，或爲歎辭，則見彖二之系一。或用爲止詞、轉詞，與比較之讀者，則見諸本節。舍此而外，則散見於書，而無例之可繩者僅矣。左傳閔公元年云：「猶有令名，與其及也。」此倒文也。是猶云：「與其及也，猶有令名。」又僖公五年[1]云：「且虞能親於桓莊乎，其愛之也？」是猶云：「其愛之也，且虞能親於桓莊乎？」又僖公[2]二十五年云：「『此誰非王之親姻，其俘之也？』乃出其民。」是猶云：「其俘之也，此誰非王之親姻乎，乃出其民！」[3]又襄公三十年云：「子産請其田里，三年而復之。反其田里，及其入焉。」是猶云「及其入焉，反其田里。」趙策云：「吾將使梁及燕助之，齊楚則[4]固助之矣。」是猶云：「齊楚則固助之矣，吾將使梁及燕助之。」諸讀之後置者，於義無關焉，而於文則非其常，故識之。

①原誤〈二年〉。　②原誤〈襄公〉。　③刊誤云：「馬氏所引三例，僅閔元一例爲倒文，餘二例非倒文也。」

④〈則〉字原敚。下同。

彖七

凡有起詞、語詞而辭意已全者，曰『句』。首卷界說之十一曰：「凡字相配而辭意已全者曰『句』。」蓋初立界說，〈起〉〈語〉兩詞猶未詮解，故以〈字相配〉三字隱之耳。所謂「辭意已全」者，即或惟有起詞、語詞而語意已達者，抑或已有兩詞而所需以達意，如轉詞、頓、讀之屬，皆各備具之謂也。是則句之爲句，似可分爲兩類：一則與讀相聯者，一則舍讀獨立者。至不需讀而惟需頓與轉詞者，則所別甚細，不更爲類焉。夫與讀相聯之句，已具見於論讀節矣。今復引數則，而於句語下注明焉，俾閱者知所區別已耳。

史記貨殖列傳云：「白圭，周人也[1]。……能薄飲食，忍嗜欲，節衣服，與用事僮僕同苦樂。至此一句。趨時若猛獸摯鳥之發。比讀，連〈趨時〉爲一句。」趙策云：「段規諫曰：『不可。答句。夫智伯之爲人也。讀，起詞。好利而鷙復②，静讀。來請地。句不與，狀讀。必加兵於韓矣。句。君其與之。句。與之③，彼狃，狀讀。又將請地於他國。句他國不聽④，狀讀。必鄉之以兵。句。然則韓可以免於患難而待事之變。句。』漢書司馬相如傳云：「今封疆之内，頓，記處。冠帶之倫，頓，起詞。咸獲嘉祉，句。靡有闕遺矣。句。而夷狄殊俗之國，遼絶異黨之域，兩頓，或記處，或以地代人，爲句之起詞。舟車不通，人迹罕至，兩讀言處。政教未加，流風猶微，兩狀讀，記情景。内之則犯義侵禮於邊境，外之則邪行横作，兩狀讀，跟上兩讀。放殺其上，君臣易位，尊卑失序，父兄不辜，幼孤爲奴虜，五狀讀，言内亂。係纍號泣，静讀，貼起詞。内嚮而怨。至此一句。其實此段只一句，猶云「中國既受祉矣，一讀，而夷狄之國，未有教化，不禁内嚮而怨，」一句。』又云：「伊上古之初，頓，記時。肇自顥穹生民，讀，起詞。歷選列辟，以迄乎秦。句。率邇者静讀，起詞。踵武，逖聽者風聲，兩狀讀。紛綸葳蕤，頓，言容。湮滅而不稱者，静讀，起詞。不可勝數也⑤。句。繼昭⑥夏，崇號謚，兩狀讀。略可道者，静讀，起詞。七十有二君。句。罔若淑而不昌，疇逆失而能存。兩扇句，平列。』又張敞傳云：「朝臣宜有明言曰：對所言則爲句，對全節則爲讀。『陛下褒寵故大將軍以報功德，讀，起詞。足矣。就所論則爲句。間者輔臣顓政，貴戚太盛⑦，君臣之分不明，三讀，言故。請句之坐動，貫下。罷霍氏三侯，皆就第，及衛將軍張安世，宜賜几杖歸休，時存問召見，以列侯爲天子師。三讀皆所謂之止詞，至此句止，其實自〈朝臣〉至此，爲一假設之讀。』明昭以恩不聽；群臣以義固争而後許。又兩句，其實至此皆假設之讀，後乃言效。天下必以陛下爲不忘功德，而朝臣爲知禮。一句，言兩效。霍氏世世無所患苦。又一句，言效節全。』又劉歆傳云：「往者綴學之士，頓，起詞。不思廢絶之闕，讀。苟因陋就寡，分文析字，煩言碎辭。三短句。學者罷老，静讀。且不能究其一藝。句信口説而背傳記，是末師而非往古。兩平句，接上。至於國家將有大事，狀讀。若立辟雍封禪巡狩之儀，頓，解大事。則幽冥而莫知其原。句。猶欲保⑧殘守缺，狀讀。挾⑨恐見破之私意，而無從善服義之公心。兩句，反正。

或懷妒嫉，讀。不考情實。句。雷同相從，隨聲是非，兩狀讀。抑此三學，句。以尚書爲不⑩備，謂左氏爲不傳春秋。兩平讀，分承上句。豈不哀哉！結句。」又劉向傳云：「今以陛下明知，讀。誠深思天地之心迹，察兩觀之誅，兩對讀，皆假設也。覽否泰之卦，觀雨雪之詩，兩對讀。歷周唐之所進止詞之讀。以爲法，轉詞。原秦魯之所消以爲戒，兩對讀。考祥應之福，省災異之禍，兩對讀。以揆當世之變，轉詞，連上，兩讀所共。放遠佞邪之黨，壞散險詖之聚，杜閉群枉之門，廣開衆正之路，四對讀。決斷狐疑，分別猶豫，又兩對讀。使是非炳然可知，禁令之讀，爲前兩讀所共。至此計十四讀，皆爲「誠」字所連，讀式五變。則百異消滅，而衆祥並至。兩平句，言效。太平之基，萬世之利也。總結。兩決句。」韓文諫佛骨表云：「今聞句之坐動。陛下令群僧迎佛骨於鳳翔，御樓以觀，舁入大內，又令諸寺遞迎供養。四讀，止詞。至此句止。臣雖至愚，静讀。必知陛下不惑於佛，静讀，貼〈陛下〉。作此崇奉以祈福祥也。一讀，〈知〉之止詞。句止。直以年豐人樂，讀，言故。狥人之心，讀。爲京都士庶頓，轉詞。設詭異之觀，戲翫之具耳。句。安有聖明若此，静讀。而肯信此等事讀，〈有〉之止詞。哉！連上〈安有〉兩字爲句。」又鄭公神道碑文云：「公與賓客朋游飲酒，讀，記處。必極醉，句。投壺博弈窮日夜，句。若樂而不厭者。比讀。平居簾閣據几，讀，記處。終日不知有人。句。別自號白雲翁。句。名人魁士，頓，分母，〈鮮〉⑪之偏次。鮮不與善。句。好樂後進。句。及門接引，讀。皆有恩意。句。」又袁氏先廟碑云：「公惟讀之坐動。曾大父、大父、皇考起詞。比三世，頓，同次。存不大夫食，歿祭在子孫，兩讀。唯又一坐動。將相能致備物，世彌遠，禮則益不及，三讀，言所以〈唯〉立功之故。在慎德行業治，圖功載名，以待上可。兩讀，一頓，至此以言所〈惟〉如是故。無細大，静讀。無敢不敬畏。句。無早夜，無敢不思。同上。成於家，進於外，以立於朝。兩句一頓，以言其效，以上皆心中所〈惟〉者。下以實徵。自侍御史歷工部員外郎、祠部郎中、諫議大夫、尚書右丞、華州刺史、金吾大將軍，七頓同次。由卑而鉅，讀。莫不官稱。句。遂爲宰相，以贊辨章，仍持節將蜀渭襄荆。又兩句，頂上〈將相〉二字。略苞河山，秩登禄富，兩讀。以有廟祀，轉詞，至此爲下句之起詞。具如其志。句。又垂顯刻，以教無忘。又一句。讀句分頂上文〈圖功載名〉兩事。可謂大孝。總結。」又與袁相公書云：「閣下儻引而致⑫之，讀附起詞。密加識察。狀讀。有少不如意，讀，乃〈識察〉止詞。愈爲欺罔大君子。句。便宜得棄絶之罪於門下。再足一句。誠不忍狀讀。奇寶横棄道側，讀，〈忍〉之止詞。而閣下篋櫝頓，起詞。尚有少闕不滿之處，又一狀讀。猶足更容，讀，〈忍〉之止詞，與〈奇寶〉一讀，皆以言故。其實自〈誠不忍〉至此爲一正讀。輒冒言之。句，以〈不忍〉之故，故〈冒言之〉也。」又上鄭尚書啓云：「愈幸甚，静讀。三得爲屬吏。句。朝夕不離門下，讀。出入五年，讀，言時。竊自計較，讀之坐動。受與報，頓，下讀之起詞。不宜在門下諸從事後，止詞之讀。自〈計較〉至此止，爲言故之讀。故連字一頓。事有當言，讀，未嘗敢不⑬言。句。有不便於己，讀。輒吐私情。句。閣下所宜憐也。結句。猶云「此乃閣下所宜憐也。」故静讀爲表詞。」歴引諸書，分注讀句區别，或有未當，知所難免，而大致若是。學者誠密加察識，則讀與讀與夫句讀之所以相輔而能足其辭氣者，知泰半矣。因更引昌黎全序以明之。

送高閑上人序云：「苟可以寓其巧智，假設狀讀。使機應於心，不挫於氣，讀〈使〉字連上。則神完而守固。句，言效。雖外物至，宕讀。不膠於心。足句。堯舜禹湯治天下，連下計八讀，皆起詞。養叔治射，庖丁治牛，師曠治音聲，扁鵲治病，五讀同式。僚之於丸，秋之於弈，伯倫之於酒，三讀，又一式，共計八讀。樂之終身不厭，句。奚暇外慕！足一句。夫外慕徒業者，讀起詞。皆不造其堂，不嚌其胾者讀，表詞。也。句。兩讀集成。往時張旭善草書，讀，貼起詞。不治他伎。句。喜怒窘窮、頓。憂悲愉佚、怨恨思慕、酣醉無聊不平，共計四頓，皆分母偏次。猶云「諸情之中」也。下文乃云「如有動於心。」有動於心，至此一狀讀。必於草書焉發之。句。觀於物：句，挺接前文。見讀之坐動。山水崖谷、一頓，見之止詞，下同。鳥獸蟲魚草木之花實、日月列星、風雨水火、雷霆霹靂、歌舞戰鬥，共計五頓。天地事物之變，頓，總前五頓。可喜可愕，表詞，貼前頓。或云「凡天地事物之變之可喜愕者，皆寓於書也。」一寓於書。句。故旭之書，頓，起詞。變動猶鬼神，不可端倪。句。以此終其身而名後世。句。今閑之於草書，頓，有旭之心哉？句。不得其心而逐其迹，狀讀。未見其能旭也。句。爲旭有道。句，提起。利害必明，讀。無遺錙銖。句。情炎於中，利欲鬥進，兩讀平。有得有喪，勃然不釋，兩讀承上。然後一決於書，而後旭可幾也。兩句有先後。今閑師浮屠氏，頓，同次。一死生，解外膠，讀。是其爲心，讀。必泊然無所起；句。其於世，必淡然無所嗜。句，同上。泊與淡相遭，狀讀。頹墮委靡，頓狀。潰敗不可收拾，讀，足上讀。則其於書，得無象之然乎？句。然吾聞浮屠人善幻，靜讀。多伎能，靜讀，至此句止。閑如通其術，狀讀。則吾不能知矣。句。」

①原作〈周人白圭〉。②〈鷙復〉原誤〈愎諫〉。〈復〉，一本作〈愎〉。③二字原敓。④原誤〈與〉。⑤〈也〉字原敓。⑥原作〈韶〉。⑦原誤〈甚〉。⑧原誤〈抱〉。⑨原衍〈惟〉字。⑩〈不〉字原敓。⑪原誤〈解〉。⑫原誤〈進〉。⑬〈不〉字原誤在〈敢〉字上。

至舍讀獨立之句，非謂句之前後皆無讀也，惟句與句或自相聯屬，而前後之或有讀焉，亦不若句讀錯置若犬牙者然也。原夫句之爲句也，至爲繁賾，要無定例之可循。今欲資爲論説，試別其式爲四：一、排句而意無軒輊者。

凡有數句，其字數略同，而句意又相類，或排兩句，或疊數句，經籍中最習用也。論語學而「曾子曰：『吾日三省吾身』」後四章，皆有排句，爲其句字、句意近似故也。又「子曰：『君子食無求飽』」則疊排四句。餘如里仁「君子喻於義，小人喻於利」，公冶長「回也聞一以知十；賜也聞一以知二」「朽木不可雕也；糞土之墻不可圬也」，泰伯「曾子曰：『鳥之將死，其鳴也哀；人之將死，其言也善』」，先進「冠者五六人；童子六七人。浴乎沂；風乎舞雩；詠而歸」，季氏「丘也聞有國有家者，不患寡而患不均；不患貧而患不安。蓋均無貧；和無寡；安無傾」。孟子滕文公下云：「孔子曰：『知我者其惟春秋乎！罪我者其惟春秋乎！』……昔者禹抑洪水而天下平；周公兼夷狄驅猛獸而百姓寧；孔子成春秋而亂臣賊子懼。」又離婁上云：「孟子曰：『有不虞之譽，有求全之毁。』」又云：「孟子曰：『仁，人心也；義，人路也。舍其路而弗由，放其心而不知求，哀哉！』」左傳隱公九年云：「戎輕而不整，貪而無親；勝不相讓，敗不相救；先者見獲必務進，進而遇覆必速奔；後者不救，則無繼矣，乃可以逞。」又僖公三十三年云：「武夫力而拘諸原，婦[1]人暫而免諸國，墮軍實而長寇讎，亡無日矣。」所引諸叠句，或兩排，或三排，其字數意義大略相同。間有先之以讀者，仍不失爲排句也。至如趙策云：「安民之本，在於擇交。擇交而得則民安，擇交不得則民終身不得安。請言外患：齊秦爲兩敵，而民不得安。倚秦攻齊，而民不得安。倚齊攻秦，而民不得安。故夫謀人之主，伐人之國，常苦出辭斷[2]絶人之交。」又云：「大王誠能聽臣，燕必致氈裘狗馬之地，齊必致海隅魚鹽之地，楚必致橘柚雲夢之地，韓魏皆可使致湯沐之邑，貴戚父兄皆可以受封侯。」楚策云：「夫隘楚太子弗出，不仁；又欲奪之東地五百里，不義；其縮甲則可，不然則願待戰。」秦策云：「[3]韓魏父子兄弟，接踵而死於秦者，累[4]世矣。本國殘，社稷壞，宗廟隳，刳腹折頤，首身分離，暴骨草澤，頭顱僵仆，相望於境，父子老弱，係虜相隨於路，鬼神狐祥無所食，百姓不聊生，族類離散，流亡爲臣妾，滿海内矣。」漢書東方朔傳云：「遵天之道，順地之理，物無不得其所，故綏之則安，動之則苦，尊之則爲將，卑之則爲虜，抗之則在青雲之上，抑之則在深泉之下，用之則爲虎，不用則爲鼠，雖欲盡節效情，安知前後。」又王尊傳云：「臣等竊痛傷尊修身絜己[5]，砥節首功，刺譏不憚將相，誅惡不避豪彊，誅不制之賊，解國家之憂，功著職修，威信不廢，誠國家爪牙之吏，折衝之臣。今一旦無辜制於仇[6]人之手，傷於詆欺之文，上不得以功除罪，下不得蒙棘木之聽，獨掩怨讐之偏奏，猥[7]被共工之大惡，無所陳怨愬罪。」又匈奴傳云：「外國天性忿鷙，形容魁健，負力怙氣，難化以善，易隸以惡，其强難詘，其和難得。故未服之時，勞師遠攻，傾國殫貨，伏尸流血，破堅拔敵，如彼之難也；既服之後，慰薦撫循，交接賂遺，威儀俯仰，如此之備也。」韓文南海神廟碑云：「公遂陞舟，風雨少弛。櫂夫奏功，雲陰解駮，日光穿漏，波伏不興。省牲之夕，載暘[8]載陰，將事之夜，天地開除，月星明概[9]。五鼓既作，牽牛正中。公乃盛服執笏，以入即事。文武賓屬，俯首聽位，各執其職。牲肥酒香，罇爵靜潔，降登有數，神具醉飽。海之百靈祕怪，慌惚畢出，蜿蜿虵虵，來享飲食。闔廟旋艫，祥飈送颿，旗纛旄麾，飛揚晻藹，鐃鼓嘲轟，高管噭噪，武夫奮櫂，工師唱和，穹龜長魚，踊躍後先，乾端坤倪，軒豁呈露。祀之之歲，風灾熄滅，人厭魚蟹，五穀胥熟。」又答尉遲生云：「實之[10]美惡，其發也不揜。本深而末茂，形大而聲宏；行峻而言厲，心醇[11]而氣和；昭晰者無疑，優游者有餘。體不備不可以爲成人，辭不足不可以爲成文。愈之所聞者如是。」所引諸段，排句多而式亦各異，可取則焉。

疊句有以狀字連字爲呼應者，已詳於八卷承接連字節矣。重録數則以爲式。穀梁僖公二年云：「且夫玩好在耳目之前，而患在一國之後，此中知以上乃能慮之，臣料虞君中知以下也。」首兩排句，連以〈而〉字。史記藺相如列傳云：「秦亦不以城予趙，趙亦終不予秦璧。」此兩句遠以〈亦〉字。又季布列傳云：「當是時，諸公皆多季布能摧剛爲柔，朱家亦以此名聞當世。」下句以〈亦〉字爲承。又云：「漢購[12]將軍急，迹且至臣家。」[13]莊子秋水云：「由[14]此觀之，又何以知毫末之足以定至細之倪，又何以知天地之足以窮至大之域。」左傳昭公四年云：「鄰國之難，不可虞也。或多難以固其國，啓其疆土，或無難以喪其國，失其守宇，若之何虞難。」史記刺客列傳云：「荆軻奉樊於期頭函，而秦舞陽奉地圖匣以次[15]進。」韓文與于襄陽書云：「世之齪[16]齪者，既不足[17]以語之；磊落奇偉之人，又不能聽焉；則信乎命之窮也！」又送楊少尹序云：「漢史既傳其事，而後世工畫者又圖其迹。」黄家賊狀云：「德既不能綏懷，威又不能臨制。」又上崔虞部書云：「既以自咎，又歎[18]執事者所守異於人人。」又謝孔大夫狀云：「欲致辭爲讓，則乖伏屬之禮；承命苟貪，又非循省之道。」諸引排句，各有〈且〉〈或〉〈亦〉〈而〉〈又〉〈既〉〈則〉諸連字，與狀字相爲承接，則疊句便覺靈動矣。又以上所引一切排句，其句意並無淺深之别，是不可以不辨者。不然，則爲下式矣。

①原誤〈夫〉。　②〈出辭斷〉原誤〈斷辭以〉。　③原衍〈夫〉字。　④士禮居本作〈百〉。　⑤原誤〈行〉。　⑥殿本作〈僥〉。宋祁曰：「一作仇人之手。」　⑦殿本無〈猥〉字。宋祁曰：「當作猥被共工之大惡。」　⑧原作〈陽〉。　⑨原誤〈概〉。　⑩原衍〈之〉字。　⑪原誤〈醉〉。　⑫原誤〈素〉。　⑬刊誤云：「二句乃上下承接之句，非疊句，與各例不類。」　⑭原誤〈以〉。　⑮〈次〉字原敓。　⑯原誤〈齷〉。　⑰原誤〈能〉。　⑱原誤〈欲〉。

二、疊句而意別淺深者。

疊句有似排句，其格式相似，其字數略等。所謂意別淺深者，先後句意，或判輕重，或相比較之謂也。漢書賈誼傳云：「臣故曰非徒病瘇也，又苦蹠盭。」又云：「非亶倒縣而已，又類辟，且病痱。」又云：「欲諸王之皆忠附，則莫若令如長沙王；欲臣子之勿葅醢，則莫若令如樊酈等。欲天下之治安，莫若衆建諸侯而少其力。」三引，所謂先後句，意有輕重比較之別者皆具焉。左傳昭公三年云：「若惠顧敝邑，撫有晉國，賜之内主，豈惟寡君，舉群臣實受其貺，其自唐叔以下實寵嘉之。」〈豈惟〉以下，三句之意，皆遞進也。即隱公元年云：「蔓草猶不可除，況君之寵弟乎！」〈猶〉〈況〉兩字相比，〈況〉字後所有語詞隱寓者，十而有九，然辭意盡達矣，不謂之句可乎。是則昭公元年云：「不寗唯是，又使圍蒙其先君，將不得爲寡君老，其蔑以復矣。」又云：「子木之信稱於諸侯，猶詐晉而駕焉，況不信之尤者乎！」燕策云：「隗且見事，況賢於隗者乎！」史記平準書云：「非獨羊也，治民亦猶是也。」漢書趙充國傳云：「誠令兵出，雖不能滅先零，亶能令虜絶不爲小寇，則出兵可也。即今同是，而釋坐勝之道，從乘危之勢，往終不見利，空内自罷敝，貶重而自損，非所以視①蠻夷也。」又賈捐之傳云：「人情莫親父母②，莫樂夫婦。至嫁妻賣子，法不能禁，義不能止，此社稷之憂也。」又劉向傳云：「陛下爲人子孫，守持宗廟，而令國祚移于外親，降爲皁隸，縱不爲身，奈宗廟何。」所引諸句之式，或不相類，而各有連字呼應，故皆有淺深之別。左傳昭公元年云：「若野賜之，是委君貺於草莽也，是寡大夫不得列於諸卿也。」又襄公三十一年云：「大決所犯，傷人必多，吾不克救也。不如小決使道，不如吾聞而藥之也。」又哀公六年③云：「再敗楚師，不如死；弃盟逃讎，亦不如死。」莊子天運云：「故曰，以敬孝易，以愛孝難；以愛孝易，以④忘親難；忘親易，使親忘我難；使⑤親忘我易，兼忘天下難；兼忘天下易，使天下兼忘我難。」韓文潮州刺史謝上表云：「高祖創制天下，其功大矣，而治未太平也。太宗太平矣，而大功所立，咸在高祖之代。非如陛下承天寶之後，接因循之餘，六七十年之外，赫然興起，南面指麾，而致此巍巍之治功也。」趙策云：「故勸王無齊者，非知不足也⑥，則不忠者也。非然，則欲用⑦王之兵成其私者也。非然，則欲輕王以天下之重取行於王者也。非然，則位尊而能卑者也。」諸此六引，雖各有讀交錯其間，而句意則層層遞進，可取法焉。凡此句法，皆詳諸八卷連字矣。

①原作〈示〉。　②原誤〈子〉。　③原誤〈襄公〉。　④原誤〈而〉。　⑤〈使〉字原敚。　⑥〈也〉字原敚。
⑦〈用〉字原敚。

三、兩商之句。

公羊隱公三年云：「宣公謂繆公曰：『以吾愛與夷，則不若愛女；以爲社稷宗廟主，則與夷不若女，盍終爲君矣。』」此兩商之句也。一見於八卷之終，又見於卷九傳疑助字，大致皆先之以讀，以爲兩設者也。公羊桓公十一年①云：「祭仲不從其言，則君必死，國必亡；從其言，則君可以生易死，國可以存易亡。」又襄公二十九年云：「闔廬曰：『先君之所以不與子國而與弟者，凡爲季子故也②。將從先君之命與，則國宜之季子者也。如不從先君之命與，則我宜立者也。』」左傳昭公三年云：「敝邑之往，則畏執事，其謂③寡君而固有外心；其不往，則宋之盟云。」又哀公十二年云：「天或者以陳氏爲斧斤，既斲喪公室，而他人有之，不可知也；其使終饗之，亦不可知也。」又昭公三十年云：「舊有豐有省，不知所從。從其豐，則寡君弱，是以不共。從其省，則吉在此矣。唯大夫圖之。」史記淮陰侯列傳云：「今足下戴震主之威，挾不賞之功，歸楚，楚人不信；歸漢，漢人震恐。」漢書楊惲傳云：「言鄙陋之愚心，若逆指而文過。默而息乎，恐違孔氏各言爾志之義。」又鼂錯傳云：「陛下不救，則邊民絕望而有降敵之心；救之，少發則不足，多發，遠縣纔至，則胡又已去。聚而不罷，爲費甚大；罷之則胡復入。如此連年，則中國貧苦而民不安矣。」韓策云：「今茲効之，明年又益求割地。與之，即④無地以給之，不與，則棄前功而後更受其禍。」魏策云：「子之於學者，將盡行之乎，願子之有以易名母也。子之於學也，將有所不行乎⑤，願子之且以名母爲後也。」趙策云：「今臣新從秦來，而言勿與，則非計也，言與之，則恐王以臣之爲秦也。」韓文論變鹽法事宜狀云：「臣以爲鄉村遠處，或三家五家，山谷居住，不可令人吏將鹽家至户到。多將則糶貨不盡，少將則得錢無多。」又復讎狀云：「伏以子復父讎，……最宜詳於律。而律無其條，非闕文也。蓋以爲不許復讎，則傷孝子之心而乖先王之訓；許復讎，則人將倚法專⑥殺，無以禁止其端矣。」又論變鹽法事宜狀云：「百姓寧爲私家載物取錢五文，不爲官家載物取十文錢⑦也。」又云：「臣以爲若法可行，不假令宰相充使；若不可行，雖宰相爲⑧使無益也。」諸引兩商之句，大致相類，概皆先之以讀，所以爲設問也。其於設問之讀，有煞以傳疑助字者，則見諸九卷。要之此種句法，辨事理最爲便利。

①原誤〈十三年〉。　②此句原敚。　③原誤〈畏〉。　④原誤〈則〉。　⑤原誤〈也〉。　⑥原誤〈多〉。
⑦〈錢〉字原誤在〈十文〉上。　⑧原誤〈充〉。

四、反正之句。

反正之句者，即前後句意義相背，中假連字以捩轉也。捩轉而不用連字者亦有焉，然不概見也。此種句法，詳於八卷轉捩連字矣。史記游俠列傳贊云：「太史公曰：『吾視郭解，狀貌不及中人，言語不足採者，然天下無賢與不肖，知與不知，皆慕其聲。』」漢書霍光傳贊云：「光爲師保，雖周公阿衡，何以加此。然光不學亡術，闇於大理。陰妻邪謀，立女爲后，湛溺盈溢之欲，以增顛覆之禍。死財三年，宗族誅夷，哀哉！」兩引，上下句義相反者，參〈然〉字以轉焉。史記秦始皇本紀①云：「秦無亡矢遺鏃之費，而天下諸侯已困矣。」漢書趙充國傳云：「釋致虜之術，而從爲虜所致之道，臣愚以爲不便。」兩引，以〈而〉字爲轉者。考工記云：「材美，工巧，然而不良，則不時，不得地氣也。」公羊僖公三十三年云：「或曰往矣，或曰反矣，然而晉人與姜戎要之殽而擊之。」此兩引，轉以〈然而〉者。至如史記大宛傳云：「終不得入中城，乃罷而引歸。」又蕭相國世家云：「今②蕭何未嘗有汗馬之勞，徒持文墨議論不戰③，顧反居臣等上。」漢書王尊傳云：「天下皆言王勇，顧但負貴，安能勇，如尊乃勇耳。」韓文與崔群書云：「比亦有人説足下誠盡善盡美，抑猶有可疑者。」魏志吴質傳云：「公幹有逸氣，但未遒耳。」史記王翦列傳云：「今聞荆兵日進而西，將軍雖病，獨忍棄寡人乎！」漢書司馬遷傳云：「而世④又不與能死節者比，特以爲智窮罪極，不能自免，卒就死耳。」諸引上下句，則以〈乃〉〈顧〉〈抑〉〈但〉〈獨〉〈特〉爲掉轉者。又賈誼傳云：「進言者皆曰，天下已安已治矣，臣獨以爲未也。」吴語云：「孤之事君在今日，不得事君亦在今日。」韓文讀荀子云：「考其辭，時若不粹，要其歸，與孔子異者鮮矣。」趙策云：「始吾以君爲天下之賢公子也，吾乃今然后知君非天下之賢公子也。」左傳僖公二十八年云：「楚一言而定三國，我一言而亡之。」論語里仁云：「蓋有之矣，我未之見也。」又子罕云：「可與共學，未可與適道；可與適道，未可與立；可與立，未可與權。」左傳成公十六年云：「今三彊服矣，敵，楚而已。」莊子德充符云：「彼且蘄以諔詭幻怪之名聞，不知至人之以是爲己桎梏邪？」穀梁隱公元年云：「若隱者，可謂輕千乘之國，蹈道則未也。」以上諸引，上下句義相背，而無連字爲轉也。〈今〉字用於節首，往往以代轉捩連字，而參於句中者，間有然矣。　孟子告子上云：「鄉爲身死而不受，今爲宫室之美爲之。鄉爲身死而不受，今爲妻妾之奉爲之。鄉爲身死而不受，今爲所識窮乏者得我而爲之。」又告子下云：「是故禹以四海爲壑，今吾子以鄰國爲壑。」論語雍也云：「力不足者，中道而廢，今女畫。」三引〈今〉字，用以指時，而亦藉以爲轉也。　其在句首者，國策最習見也。　又論語先進云：「吾以子爲異之問，曾由與求之問。」孟子梁惠王下云：「寡人非能好先王之樂也，直好世俗之樂耳。」則以〈曾〉〈直〉兩狀字爲轉矣。　故反正之句，所用以爲掉轉之字者，難以枚舉，然終以〈然〉〈抑〉〈而〉及〈然而〉諸連字爲常，故不憚再引數則以究其用。　左傳宣公十一年云：「牽牛以蹊者，信有罪矣；而奪之牛，罰已重矣。」又襄公二十七年云：「善哉，民之主也。　抑武也不足以當之。」又襄公十年⑤云：「曰：『是實班師，不然克矣。』」秦策云：「無刺一虎之勞，而有刺兩虎之名。」齊策云：「今韓梁之目未嘗乾，而齊民獨不也。」燕策云：「本欲以爲明寡人之薄，而君不得厚，揚寡人之辱，而君不得榮，此一舉而兩失也。」魏策云：「秦未索其下，而王效其上，可乎！」司馬相如傳云：「夫不順者已誅，而爲善者未賞，故遣中郎將往賞⑥之。」又云：「揆厥所元，終都攸卒，未有殊尤絶迹可考於今者也。然猶躡梁甫，登太山，建顯號，施尊名。」又趙充國傳云：「蠻夷習⑦俗雖殊於禮義之國，然其欲避害就利，愛親戚，畏死亡，一也。」又匈奴傳⑧云：「自是之後，匈奴震怖，益求和親。然而未肯稱臣也。」韓文禘祫議云：「今輒先舉衆議之非，然後申明其説。」又上張僕射第二書云：「其指要非以他事外物牽引⑨相比也，特以擊球之間之事明之耳。」史記田齊世家⑩云：「豨膏棘軸，所以爲滑也，然而不能運方穿。」韓文答陳商書云：「今舉進士於此世，求禄利行道於此世，而爲文必使一世人不好，得無與操瑟立齊門者比與！」又樊紹述墓誌銘云：「曰，多矣哉，古未嘗有也。然而必出於己，不襲蹈前人一言一句，又何其難也！必出入仁義，其富若生蓄，萬物必⑪具，海函地負，放恣横從⑫無所統紀，然而不煩於繩削而自合也。」又太學博士李君墓誌銘云：「余不知服食説自何世起，殺人不可計，而世慕尚之益至，此其惑也。」繁引諸句，皆反正相生，文筆流動而不板滞，學者所最當取則者也。

①原誤〈賈誼傳〉。　②〈今〉字原敚。　③此句原敚。　④原衍〈俗〉字。　⑤原誤〈十四年〉。　⑥原誤〈賓〉。　⑦〈習〉字原敚。　⑧原誤〈揚雄傳〉。　⑨二字原誤。　⑩原作〈齊世家〉。　⑪原誤〈畢〉。　⑫〈横從〉，原誤〈縱横〉。

四式既定，凡類是者，舉可隸焉。惟此四式，要皆施於段落之中。至如段落所有之結句、起句，迄無定則，然要不越連字、助字兩卷所引句式之外，學者貴觀其會通焉。

泰西方言之論句法也，四式之外，加一相因之句，即謂上下之句有相因之理，或言固然，或言所以然也。而此式於第二式意有淺深之句，與第四式反正之句，皆可歸焉。故漢書趙充國傳云：「戰而百勝，非善之善者也①，故先爲不可勝以待敵之可勝。」又匈奴傳②云：「以爲不壹勞者不久佚，不暫費者不永寧，是以忍百萬之師，以摧餓虎之喙，運府庫之財，填盧山之壑，而不悔也。」齊策云：「非齊親而韓梁疏也，齊遠秦而韓梁近。」秦策云：「子待傷完而刺之，則是一舉而兼兩虎也。」四引，上下句中，有間〈故〉〈是以〉與〈則是〉者，有不間者，而兩句之意，要皆有淺深異同之各别，故可隸於前式。而句法之類是者，亦皆然也。

段落之長者，概有起句。論語季氏云：「且爾言過矣。」一提，下文申説。孟子梁惠王上云：「今夫天下之人牧，未有不嗜殺人者也。」一句決事，下文翻説。又梁惠王下云：「今燕虐其民，王往而征之，民以爲將拯己於水火之中也。」③下文翻説。又公孫丑上云：「人皆有不忍人之心。」一句立義，下文接説。又離婁上云：「是以惟仁者宜在高位。」又盡心上云：「民非水火不生活。」左傳文公七年云：「同官爲寮。」其十三年云：「晉人，虎狼也。」又成公二年云：「其晉實有闕。」其九年云：「楚囚，君子也。」又襄公三十一年云：「子産之從政也，擇能而使之。」又定公四年云：「以先王觀之，則尚德也。」莊子人間世云：「汝不知夫養虎者乎！」又云：「夫④傳兩喜兩怒之言，天下之⑤難者也。」又秋水云：「且子獨不聞⑥壽陵餘子之學行於邯鄲與！」魏策云：「夫物相多類而非⑦也。」秦策云：「臣固疑大王之不能用也。」齊策云：「今齊將近矣。」秦策云：「王既無重世之德於韓魏，而有累世之怨矣⑧。」漢書司馬相如傳云：「蓋聞天子之於夷狄也，其義羈縻勿絶而已。」又云：「且夫賢君之踐位也，豈特委瑣握躪⑨，拘文牽俗，循誦習傳，當世取説云爾哉！」又黄霸傳⑩云：「臣敞非敢毁丞相也。」又楊惲傳云：「伏惟聖主之恩，不可勝量。」又云：「夫人情所不能止者，聖人弗禁。」又疏廣傳云：「吾豈老誖不念子孫哉！」又匈奴傳云：「且夫前世豈樂傾無量之費，役無罪之人，快心於狼望之北哉！」韓文送許郢州序云：「凡天下之事，成於自同而敗於自異。」又論小功不税書云：「君子之於骨肉，死則悲哀而爲之服者，豈牽於外哉！」又禘祫議云：「毁廟之主，皆當合食於太祖。獻懿二主，即毁廟主也。」諸此所引，皆於段落之始，先樹一義，以爲下文展拓地步。其句式則已散見於八九兩卷矣。至段落之結句，所以結束一段之意，概皆助以助字，其句式則加詳於助字篇。禮大學云：「此謂唯仁人，爲能愛人，能惡人。」又云：「此謂國不以利爲利，以義爲利也。」兩引皆所以結上文者也。論語學而云：「可謂好學也已。」又爲政云：「回也不愚。」又八佾云：「足則吾能徵之矣。」又子路云：「焉用稼。」又季氏云：「吾恐季孫之憂，不在顓臾，而在蕭墻之内也。」孟子梁惠王上云：「王亦曰仁義而已矣，何必曰利。」又云：「古之人與民偕樂，故能樂也。」又公孫丑上云：「故久而後失之也。」又云：「惟此時爲然。」又滕文公上云：「然後中國可得而食也。」又云：「而暇耕乎！」又滕文公下云：又：「此之謂大丈夫。」又云：「子以爲泰乎。」又云：「國之所存者幸也。」又離婁上云：「此所謂率土地而食人肉，罪不容於死。」又告子下云：「君子之所爲，衆人固不識也。」左傳文公七年云：「爲同寮故也。」又襄公三十一年云：「是以鮮有敗事。」又定公四年云：「不然，文武成康之伯猶多，而不獲是分也，唯不尚年也。」秦策云：「此所謂天府，天下之雄國也。」齊策云：「則是非徒示人以難也，又且害人者也，然則天下仇之必矣。」秦策云：「是王有毁楚之名，無得地之實也。」又云：「一年之後，爲帝若未能，於以⑪禁王之爲帝有餘。」莊子至樂云：「今又變而至死，是相與爲春秋冬夏⑫四時行也。」又人間世云：「意有所至而愛有所亡，可不愼邪！」史記貨殖傳云：「此所謂得勢而益彰者乎！」漢書高帝紀云：「三者⑬皆人傑，吾能用之⑭，此吾所以取天下者⑮也。項羽有一范增而不能用，此所以⑯爲我禽也。」史記張陳列傳云：「此臣之所謂傳檄而千里定者也。」漢書食貨志云：「此令臣輕背其主而民易去其鄉，盜賊有所勸，亡逃者得輕資也。」又秦策云：「此乃方其用肘足時也，願王之勿易也。」趙策⑰云：「是使三晉之大臣⑱，不如鄒魯之僕妾也。」漢書賈誼傳云：「胡不用之淮南濟北，埶不可也。」諸此引，皆以結束段落，而句法之變，止於是矣。

①〈也〉字原敚。　②原誤〈揚雄傳〉。　③此句原誤「夫誰與王敵」。　④原誤〈凡〉。　⑤原衍〈至〉字。　⑥原衍〈夫〉字。　⑦原誤〈似〉。　⑧原誤〈焉〉。　⑨〈握齱〉原作〈齷齪〉。　⑩原誤〈張敞傳〉。　⑪原誤〈此〉。　⑫原誤〈春夏秋冬〉。　⑬〈三者〉原誤〈此三人〉。　⑭此句原敚。　⑮〈者〉字原敚。　⑯原誤〈爲〉。　⑰原誤〈又〉。　⑱原誤〈夫〉。

又敘記之文，所以記事，事萬變而不齊，文必屈曲而適如其事，故其句讀長短不一。有一字者，有長至數十字者。又往往句勝於讀，迴不若論議者之句讀錯落相間者也。史記項羽本紀、刺客列傳，漢書霍光傳，皆傳文之尤佳者，蓋皆膾炙人口，故不録。録其可爲法者數則，而爲句、爲讀分注於下，則閲者庶不歎其闕如。而種種句式，既皆論及，可謂無遺憾矣。

史記封禪書云：「少君者，頓。故深澤侯舍人，同次。主方。句。匿其年及其生長，讀。常自謂七十。句。能使物却老。句。其游，讀。以方遍諸侯。句。無妻子。句。人聞讀。其能使物及不死，讀爲止詞。更饋遺之。句。常餘金錢衣食。句。人皆以爲讀。不治生業而饒給，讀爲止詞。又不知其何所①人，讀爲止詞。愈信，總上兩句。争事之。句。少君資好方，讀。善爲巧發奇中。句。嘗從武安侯飲，讀。坐中有九十餘老人，讀。少君乃言與其大父游射處。句。老人爲兒時，讀。從其大父識其處，讀。一坐盡驚。句。少君見上，讀。上有故②銅器，讀。問少君。句。少君曰：句。『此器，頓。齊桓公十年陳於柏寢。』句。已頓。而案其刻，讀。果齊桓公器。句。一宮盡駭，讀。以爲頓③。少君神，讀。數百歲人也。句止。少君言上曰：句。『祠竈，讀。則致物；句。致物，讀。而丹沙可化爲黄金；句。黄金成，以爲飲食器，讀。則益壽；句。益壽，讀。而海中蓬萊僊者乃可見；句。見之以封禪，讀。則不死。句。黄帝是也。句。臣常④游海上，讀。見安期生。句。安期生食巨⑤棗。句。大如瓜。讀。安期生僊者，讀。通蓬萊中。句。合，讀。則見人；句。不合，讀⑥。則隱。句。』於是天子始親祠竈；句。遣方士入海求蓬萊安期生之屬；句。而事化丹沙諸藥齊爲黄金矣。句止。」

又河渠書云：「夏書曰：句。『禹抑鴻水。句，冒起。十三年過家不入門，讀。陸行載車，水行載舟，泥行蹈毳，山行即橋，以别九州，三平句，共一頓。隨山浚川，任土作貢。兩平句。通九道，陂九澤，度九山。』三小句束。然河菑衍溢，讀，上讀起詞。害中國也讀，起詞。尤甚，讀。唯是爲務。句。故道河，句。自積石，頓。歷龍門，南到華陰，東下砥柱，三讀平，及孟津雒汭，頓。至于大邳，又一讀。於是禹以爲總讀，坐動。河所從來者静讀。高，讀，言故。水湍悍，狀讀。雖以行平地，讀，亦言故。數爲敗；總讀，止詞。乃厮二渠，句以引其河，北載之高地，讀，〈引〉字止詞。過降⑦水，至於大陸，讀。播爲九河，同爲逆河，兩讀，同上。入于勃海。讀，皆〈引〉字所屬，至此〈厮二渠〉之句止。九川既疏，九澤既灑，兩平讀。諸夏艾安。句。功施于三代。又結句。自是之後，頓，言時。滎陽下，頓，指地。引句之坐動。河東南爲鴻溝，讀。以通宋鄭陳蔡曹魏，頓，記地。與濟汝淮泗會。又讀，皆〈引〉字止詞。句止。於楚頓，指地。西方，頓，指向。則通渠漢水雲夢之野；句。東方則通鴻溝江淮之間；同上。於吳，則通渠三江五湖；於齊，則通菑濟之間；又二句，同上。於蜀，頓。蜀守冰鑿離碓，頓，起詞。辟沬水之害，讀，言故。穿二江成都之中；句。此渠皆可行舟。句總。有餘，讀。則用溉浸。句。百姓饗其利。句。至于所過，讀。往往引其水，益用溉田疇之渠以萬億計，句。然莫足數也。句束。」

又大宛列傳云：「自博望侯開外國道以尊貴，讀，言故。其後從吏卒頓，起詞。皆争上書。句。言外國奇怪利害，讀，爲止詞。求使。頓，即以〈求使〉也。至此句止。天子爲其絶遠，讀，言故。非人所樂往，静讀。聽其言予節，句，兩扇。募吏民，句。毋問讀。所從來，又一讀。爲具備人衆遣之，句。以廣其道。頓，自〈募吏民〉至此句止。來還不能毋侵盗幣物，讀。及使失指，讀。天子爲其習之，讀。輒覆案致重罪，句。以激怒，頓。令贖復求使。頓後之讀，至此句止。使端無窮而輕犯法。句，兩扇。其吏卒亦輒復盛推句。外國所有。讀爲止詞，句止。言大者，讀。予節；句。言小者，爲副。同上。故妄言無行之徒，頓，起詞。皆争效之。句。其使，頓。皆貧人子，讀，表詞。私縣官齎物，讀。欲賤市以私其利外國。句。外國亦厭漢使，讀。人人有言輕重。句。度漢兵遠不能至，讀。而禁其食物，句。以苦漢使。頓。漢使乏絶，讀。積怨至相攻擊。句。」

韓文順宗實録云：「陽城⑧，頓。字亢宗⑨，讀。北平人。句。代爲宦族。句。好學。句。貧不能得書，讀，言故。乃求入集賢爲書寫吏，讀。竊官書讀之。句。晝夜不出，讀。經六年，讀。遂無句。所不通。讀承，句止。乃去滄州中條山下。句。遠近慕其德行，讀。來學者讀。相繼於道。句。閭里有争者，讀。不詣官府，句。詣城以決之。句。李泌爲相，讀。舉爲諫議大夫。句。拜官不辭。句。未至京師，讀。人皆想望風⑩采。句。云：句『城山人，頓。能自苦刻，不樂名利，兩讀。必諫諍死職下。』句。咸畏憚之。句。既至，讀。諸諫官紛紛言事，讀。細碎無不聞達。句。天子益厭苦之。句。而城方與其二弟牟容⑪頓連夜痛飲。句。人莫能窺其意。句。有懷刺譏之者，讀。將造城而問之⑫。句。城揣知其意，讀。輒彊與酒。句。客或時先醉，讀。仆席上，讀⑬。或時先醉，讀。卧⑭客懷中，讀，皆言故。不能聽客語。句。約其二弟讀。云：句『吾所得月俸，讀。汝可度總讀坐動。吾家有幾口，承讀。月食米當幾何，承讀。買薪菜鹽米，頓。凡用幾錢，承讀，皆爲〈度〉字所屬。先具之。句。其餘悉以送酒媪，句。無留也。句。』未嘗有句。所貯積。讀，句止。雖其所服用，讀。切急不可闕者，讀。客稱其物可愛，讀。設辭。城輒喜，讀。舉而授之。句。陳萇者，頓。候讀。其始請月俸，承讀。常往稱其錢帛之美，句。月有獲焉。句。」

①〈所〉字原敓。　②原誤〈古〉。　③原誤〈句〉。　④原誤〈嘗〉。　⑤原作〈臣〉。索隱云：「包愷曰：『〈巨〉或作〈臣〉。』」　⑥原誤〈句〉。　⑦原誤〈洚〉。　⑧韓集無〈陽〉字。　⑨原誤〈元〉。　⑩原誤〈丰〉。　⑪二字原誤〈矣〉。　⑫〈之〉，東雅堂本作〈者〉，注云：「今按此二句亦衍一句，疑亦以修改重複而誤也。今當削去〈譏之者將〉四字。」　⑬原衍〈城〉字。　⑭原誤〈仆〉。

付印題記

馬氏文通是中國最初的文法書，馬建忠氏是中國文法的創始者——這是中國文法研究者公認的事實。雖然在馬氏以前，也曾經有過西洋和中國的傳教徒，用所謂「葛郎瑪」的系統試圖建立中國文法的，但那些書條理没有他這樣完整，而且那些教徒們對中國語文既没有什麽研究，文字技術又不十分高明，因此不能引起當時知識分子的注意，馬氏固然也並不能算做中國語文專家，甚至受同時代語文專家的鄙視，（如章炳麟氏的新方言卷一，説「馬建忠文通，徒知推遠言『其』，引近言『之』，乃謂『之』『其』不可互用，寧獨不知古訓，亦不通今義也」。）却由於他通曉英法諸國和古代希臘拉丁的文字，技術也在以前那些教徒們之上，能够引用經史子集的例句來做説明，因而受到維新時代知識分子的重視，使文通得以風行一時，成爲最初的中國文法書。

這書出版於一八九八年，到現在已經有五十四年的歷史。這五十四年正是中國大轉變的時代，也是世界局勢大轉變的時代。在這期間裏面，不但中國的文法學家——比馬氏高明得多的文法學家先後輩出，中國文法的專著已有多種出版，而文法研究的對象，更早已從古文擴展到廣大人民群衆的語體文；就是西洋各國文法學的理論，也在推陳出新，有了空前的發展和進步。因此這部最初的中國文法書，不斷受着許多人的批評指摘。但馬氏以後新出的中國文法書，雖然都比文通進步，其中却仍有不少因襲馬氏的觀點或應用他的方法，尤其是實用文法方面，直到今天還不能完全脱出他的窠臼。許多中國文法書上，所以還會常常提到他的名字，並且不能不承認這是最初的中國文法書，就是爲此。馬氏不幸在本書出版後的次年（一八九九年）即已去世，自己不及加以訂正，他的早世，不僅是他個人的不幸，也是中國文法學界的大損失。

馬氏的缺點——恐怕也是許多中國文法學家的缺點，如何容氏在他的中國文法論所指出的，用演繹的研究法來建立中國文法，要算是最主要的缺點之一。他説：

……自馬氏文通以來的中國文法學家，恐怕大部分的通則，甚至於整個的基礎，是用演繹的研究法建立起來的。我們可以想得出來，中國文法學家研究中國文法的時候，並不曾觀察一些同樣的例，再設一個假設的通則來説明這些例，而是把歐洲語言的文法裏的通則，拿來支配我們的語言；這就是馬氏文通的後序裏所説的「因西文已有之規矩，於經籍中求其所同所不同者」，和用西文所以達意之「一定不易之律」，「以律夫吾經籍子史諸書」。而且在區分詞類的時候，他們所拿來的通則，還不是「詞類有區分的必要」，而是「詞有區分爲名詞、代名詞、動詞、形容詞、副詞、介詞、連詞、歎詞八類的必要」。因爲詞之分爲八類，先被認爲「世界文法分別詞品的通規」了。

——中國文法論，開明版，頁三二——三三

（新著國語文法節七，頁八）

這種演繹的研究法，正是非科學的唯心論的方法，用來建立中國文法學，不用説是會有缺點，有錯誤的。但是直到現在，對於這些缺點和錯誤，雖然有不少人提出了批評和糾正，更有不少人試圖應用他國最新的文法學理論來從新建立中國文法，但事實上真正能够用唯物論的科學方法研究中國文法的，似乎還不多見。我們相信，在這歷史的新時代裏，中國文化建設的高潮不久即可到來，文法學界一定會出現一種科學的新文法，能够根據世界語言的公律，同時根據中國語言的特別現象，歸納成若干規律而成立一種有獨立個性的系統學説。但在這樣文法學研究發展的過程中，這部「一時草創」的最初的中國文法書，即使不免「掛一漏萬」，甚至缺點很多，也還不能説是毫無參考的價值。

專爲訂正馬氏文通錯誤的著作，先有陶奎氏的文通質疑，後來又有楊樹達氏的馬氏文通刊誤；何容氏的中國文法論裏也有專章（第七）論及馬氏文通的句讀論（頁一二六——一七〇）。楊氏的書出版於一九三一年，流行較廣，但基本上仍然没有跳出一般英文法的範圍，僅僅不過從枝節上來抉摘修正，而且本身更不免有不少的錯誤，以致又有人再來刊他的誤，這原是不足爲怪的事。可是，即使如此，這種辛勤刊訂的工作，還是應該加以鼓勵，不能爲了有誤就被一筆抹煞的。

這個校注的目的，本來偏重在校的方面，就是僅僅打算校正馬氏「參引書句」裏面的錯誤，同時引證陶氏、楊氏和其他手頭僅有的幾本文法書可與本書參證的作一些簡略的注解，並没有别的更大的企圖。工作的開始，還在一九四一年淪陷區的上海，以後隨排隨校，時作時息，直到一九四九年上海解放以後才得排成。由於自己對文法的研究没有入門，參考的書籍又僅僅是手頭有限的幾本，不但掛一漏萬，更難免有很多錯誤之處。排成以後，又擱了三年之久，現在看來，尤其覺得很少出版的價值。因爲在這十多年裏面，關於文法的新著作出版很多，其中頗有不少對文通提出的寶貴意見，在這裏都没有收入。雖然當時在「校」的方面曾經費了一些時間，但也衹校出了個别出處、篇章、字句的錯誤，於文法原則的本身關係不大。最近開明編輯部方面，認爲做文法研究工作的人對這書還需要參考，而市場上却不容易買到，這個校注本既然用過一番功夫，可能比原本略勝一籌，因此決定把它印刷出來，並要我寫一點題記，特把工作的經過作一簡略的説明。

此外在排校進行中間，曾經做了索引，原打算附印在後面，但直到今天還没完工，分量又是相當的多，所以不再印入了。又，排版的時候原是親手校對，衹有最後的一百多頁没有經過覆校；更因排校並不是依照常軌進行，前後相隔至八九年之久，所以此刻再加檢查，發現有不少錯誤和先後體例不符的地方，但因爲書中所用許多符號當時都在上海特製銅模，今天在北京付印要徹底改正，技術上發生重大困難，衹能部分的加以修改。這些内容的錯誤和排校技術上的缺點，當然都應該由我個人負完全的責任，從嚴肅認真的觀點上看，是非常做得不够的，不得不先在這裏做一番自我檢討。

一九五二年十一月，章錫琛，於北京。

前面的「付印題記」，是在前年開明書店準備付印的時候寫的，後來爲了發行上的問題仍然没有印出。不久，開明書店和青年出版社合併，改爲公私合營的中國青年出版社，確定了專業出版的方向，這本書就決定中止出版。現在移轉到中華書局付印，才得第一次和讀者見面，距排版完成也快五年了。

一九五四年二月，又記。